Arnold Hottinger
Die Mauren – Arabische Kultur in Spanien

Arnold Hottinger

Die Mauren

Arabische Kultur in Spanien

Verlag Neue Zürcher Zeitung

For my children
who all love Spain

Umschlag- und Textabbildungen sowie Karten:
Mäddel Fuchs, Gais, und NZZ-Archiv

© 2005 Reprint Verlag Neue Zürcher Zeitung, Zürich
© 1995 Verlag Neue Zürcher Zeitung, Zürich

Die Originalausgabe erschien 1995, der Text dieses Reprints von 2005 folgt der 3. Auflage 1997.

Dieses Werk ist urheberrechtlich geschützt. Die dadurch begründeten Rechte, insbesondere die der Übersetzung, des Nachdrucks, des Vortrags, der Entnahme von Abbildungen und Tabellen, der Funksendung, der Mikroverfilmung oder der Vervielfältigung auf anderen Wegen und der Speicherung in Datenverarbeitungsanlagen, bleiben, auch bei nur auszugsweiser Verwertung, vorbehalten. Eine Vervielfältigung dieses Werkes oder von Teilen dieses Werkes ist auch im Einzelfall nur in den Grenzen der gesetzlichen Bestimmungen des Urheberrechtsgesetzes in der jeweils geltenden Fassung zulässig. Sie ist grundsätzlich vergütungspflichtig. Zuwiderhandlungen unterliegen den Strafbestimmungen des Urheberrechts.

ISBN 3-03823-142-8
www.nzz-buchverlag.ch

Inhaltsverzeichnis

Vorwort   11

Ein Überblick über die Geschichte von al-Andalus   19

   Statthalter 19 – Ein geflüchteter Omayyade 19 – Emire und Kalifen von Córdoba 20 – Revolution in Córdoba 21 – Die Kleinreiche 1031–1085 22 – Almovariden und Almohaden 23 – Das lange Nachspiel von Granada 24 – Noch ein Nachspiel von einem Jahrhundert 25 – Epochen der Kulturgeschichte 26 – Die Rolle der Juden 27 – Der arabische Name «al-Andalus» 27

Die arabische Hochkultur auf der Iberischen Halbinsel   29

Die Eroberung Spaniens. Erringung und Konsolidierung der Macht   31

   Schwierige und leichte Eroberungen der Araber 31 – Das rasche Eindringen der Muslime in Iberien 33 – Innere Kämpfe 35 – Die 23 Statthalter 36 – Die Machtergreifung des Omayyaden Abdurrahmân 36 – Der saftige Ton der arabischen Quellen 37 – Neue Fragen an die historischen Quellen 42 – Die brüchige Gesellschaft der Westgoten 43 – Judenverfolgung 44 – Innenpolitische Wirren im Gotenstaat 45 – Die neue «Toleranz» der Araber 46 – Eine vielschichtige neue Gesellschaft 47 – Das Ende der arabischen Eroberungszüge 48

Die Herrschaft der Omayyaden   50

   Die Omayyadendynastie von Córdoba 52 – Gesellschaft in Segmenten 53 – Ein einziger Chef 53 – Nachfolgefragen 53 – Der Hof als Herrschaftszentrale 54 – Vom Grossvater zum Enkel 55 – Ein Kind auf dem Thron 55 – Aufstände über Aufstände 56 – Das Epos von Ibn Hafsûn 58 – Religiöse Unruhen 60 – Christliche Märtyrer in Córdoba 63 – Die Aussenpolitik 65 – Der Hof von Saragossa 66 – Der «Gallego» 67 – Die Vorstösse nach Norden 68 – Der jüdische Vertrauensmann des Kalifen 70 – Botschaften in Córdoba 73 – Al Hakam 75 – Al-Mansur: Der «andalusische Napoleon» 76 – Al-Mansur als Reichsverweser 77 – Der Anfang vom Ende des Kalifats 82 – Die grossen Feldzüge nach Norden 85 – Die dritte Erweiterung der grossen Moschee in Córdoba 90 – Die Nachfolge al-Mansurs 90 – Revolutionsausbruch 93

Die Kultur der Omayyaden. Anlehnung an den Osten   97

   Ibn Hâni' 98 – Al-Ghazâli 100 – Der Aufbau des Gottesgesetzes 101 – Zir yâb, Übermittler aus Bagdâd 102 – Die Adab-Sammlung des Ibn Abdur-Rabbîhi 105 – Al-Qâli 106 – Bildende Künste 107 – Die Palaststadt Medinatu-z-Zahrâ 108 – Prachtentfaltung im Kunsthandwerk 108 – Die Überreste von Medinatu-z-Zahrâ 109 – Grossstadt Córdoba 115 – Die Moschee von Córdoba: Sinnbild der Dynastie der Omayyaden 116 – Die letzte Erweiterung 119 – Die Zeit der Christen 119 – «Der begnadigte Prinz» 122

Revolution in Córdoba 125

Die Berber als Gegenkraft 125 – Drei Kalifen kämpfen um Córdoba 126 – Palastputsch 127 – Elegie auf eine zerstörte Stadt 128 – «Sklaven» gegen Berber 129 – «Sklaven» gegen Hammudiden 130 – Ausschaltung des Kalifen Abdurrahmân IV. 131 – Córdoba gegen die Berber 131 – Kalifenwahl in Córdoba 132 – Muhammad III. 133 – Hishâm III. 133 – Ausschaltung des Ministers al-Hakam 134 – Die Revolution von Córdoba 134

Die Kleinreiche der Ta'ifa (Mulûk at-Tawâ'if) 136

Die Vielfalt der Kleinreiche 136 – Das Ende der Dynastie von Sevilla 139 – Die neue Macht der Almoraviden 139 – Die Kleinreiche der Berber 140 – Die Herrscherfamilie von Toledo 140 – Die kastilische Macht in Toledo 142 – Die Zîriden von Granada 144 – Ein jüdischer Wesir in Granada 144 – Pogrom in Granada 146 – Die schlechte «Presse» der Tawâ'if 148 – Córdoba als Kleinfürstentum 151 – Eine dezentralisierte Kultur 151 – Machtverlust gegenüber dem Norden 152 – Wachsender europäischer Einfluss in Nordspanien 154

Die Kultur der Ta'ifa-Zeit 157

Ibn Hazm, erste Periode 158 – Ibn Shuhayd 161 – Ibn Hazm, zweite Periode 162 – Ibn Hayyân, der grösste Historiker von al-Andalus 165 – Eine Zeit der Dichter 168 – Dichterinnen 170 – Wallâda und Ibn Zaydûn 174 – Am Hof von Sevilla 181 – Die Höfe als Kulturzentren 182 – Saragossa, die Wiege der Philosophie: Ibn Bajja 190 – Das Muwashshaha 192 – Das Zajal 197 – Zajal vor Muwashshaha 199 – Die nordafrikanischen Spiegelungen der Musik von al-Andalus 201 – Die Übermittlung nach Spanien und der Provence 204 – Ibn Hayyân über den Fall von Barbastro 205

Die Almoraviden (al-Murâbitûn) 207

Die Unterwerfung der Kleinfürsten 209 – Das Ende al-Mu'tamids 210 – Unterdrückung der Mozaraber und Juden 212

Die Almohaden (al-Muwahhidûn) 215

Ein neuer Mahdi 215 – Die zweite Ta'ifa-Periode in al-Andalus 217 – Zu hohe Steuern 219 – Die Zeit der Almohaden 220 – Al-Andalus: Eine unruhige Provinz 222 – Das Ethos des almohadischen Gottesstaates 226 – Massnahmen gegen die Juden 226 – Zulassung der Juden nach Aragón 229 – Die letzten 280 Jahre 230 – Die Berberdynastien: Anderthalb Jahrhunderte mehr für den Islam 231 – Das philosophische Vermächtnis 233 – Der philosophische Roman Ibn Tufayls 234 – Anregung für Ibn Rushd 237 – Ibn Rushd, Krönung der Philosophie im arabischen Westen 238 – Die Wirkung Ibn Rushds auf Europa 241 – Im Gefolge der arabischen Philosophie: Maimonides 243

Ibn Arabi: Mystik nach Philosophie   247

    Eine innere Biographie 251 – Die Gottesliebe 255 – «Reisen» 262 – Der Schüler: Sadr ad-Din Konawi 263 – Die Wirkung nach Osten 264

Die Pilgerfahrt Ibn Jubayrs   265

    Schwere Reisebedingungen 266 – Beobachtungen in Bagdad 267 – Die Welten der Ungläubigen 268 – Das verlorene Paradies von Sizilien 270 – Ratschläge für Mit-Maghrebiner 272

Ibn Khafâya, der letzte grosse Dichter von al-Andalus   274

II. Die muslimische Herrschaft in der Defensive   279

«Vae victis!» Land für die Christen   281

    Die Sonderstellung der Juden 282 – Die katalanische «Rückeroberung» 283 – Das Überleben des Reichs von Granada 284 – Granada als kastilisches Lehen 286 – Herrscher gegen Vasallen 287 – Die Schaukelpolitik Granadas 289 – Die Grossen Kastiliens 290 – Die letzte Offensive aus Marokko 292

Blüte und Fall Granadas   294

    Granada nach 1340 294 – Die kastilischen Wirren 295 – Die letzte Blütezeit von Granada 296 – Muhammed V. 298 – Der letzte grosse Wesir 299 – Besucher Granadas: Ibn Khaldûn 304 – Ibn Khaldûn: Briefe an Ibn al-Khatîb 306 – Das Ende der Waffenruhe: Muhammed VII. und Fernando de Antaquera 307 – Wirren in Granada 308 – Die kastilischen Kriegszüge unter Álvaro de Luna 309 – Die Abencerrajes im Bunde mit Kastilien 310 – Der letzte Krieg gegen Granada 312 – «Boabdil» 312 – Die Kriegsdiplomatie Fernandos II. 313 – Die Rolle Isabels. 313 – Die türkische Bedrohung 314 – Die Endphase des Granada-Krieges 314 – Tragödie in Málaga 316 – Erholungspause 316 – Winterfeldzug 316 – Die «Goldene Brücke» Kastiliens 317 – Epilog auf Granada 318 – Das Wunderwerk der Alhambra 321 – Der Schmuck ist innen 326

Die neue Lage nach der Eroberung von Granada   330

    Zerbrechen des Gleichgewichtes 331 – Ein Jahrhundert der Pogrome 332 – Krone, Hochadel und «ihre» Juden 333 – Agitation in den Städten 335 – Die «europäischen» Judenverfolgungen 336 – Die Zwangsbekehrten als doppelte Opfer 336 – Die Aufgaben der Inquisition 337 – Eine allzu günstige Kapitulation 338 – Zwei Gesichter der Kirche 339 – Der Rechtsbruch der «Ungläubigen» 340 – Zwangsbekehrung und Krypto-Islam 343 – Geld für Aufschub 344 – Unbeugsamkeit unter Philipp II. 345 – Talavera als Opfer der Inquisition 346 – Sprachprobleme der Moriscos 347 – Der grosse Aufstand der Moriscos 348 – Das Ende des Aufstands: Deportationen 350

Die Austreibung der Moriscos   352

Eine humane Gegenstimme 354 – Die bürokratische Mehrheit 356 – Eine wohlgeplante Aktion 357 – Der «Morisco» als Erinnerung 359

Die Kultur der Moriscos   360

Aljamiado: Spanische Literatur in arabischer Schrift 360 – Der «Junge Mann von Arévalo» 361 – Ein Seekapitän in Tunis 363 – Ein Fluchtbericht 363

III. Die arabische Welt als Horizont
Auswirkungen der islamischen Präsenz auf Spanien   369

Santiago und die Ritterorden   370

Hilfspatron gegen die «moros» 371 – Pilgerziel 372 – Das Grenzland Kastilien 373 – Hinterland der Kampfgrenzen 374 – Die «frontera» 375 – Ritterorden 376

Der Cid als Vorbild der Kastilier und die Folgen   379

Ein Grenzkrieger 379 – Ideal des Kastiliers 381 – Das Imperium der Persönlichkeit 383 – Der «hidalgo» als Erbe des Cid 383 – Der Ehrbegriff des «hidalgo» 384 – Kasten der «Ehrlosen» 384 – Suche nach Auswegen aus der Verurteilung 386 – Formen der Weltflucht 387 – Die Verteidiger der Konventionen 388 – Der hermetische Stil als ein weiterer Ausweg 389

Die Übersetzungen aus dem Arabischen   390

Gerbert von Aurillac 390 – Die Juden als Übersetzer 393 – Toledo als neues Zentrum kultureller Kontakte 394 – Das Patronat der Dhû-n-Nûn 395 – Christliche Grenzstadt 395 – Mozarabische Gemeinschaftskultur 396 – Ein christlicher «Maravedí» 396 – Toledo: Das «arabische» Stadtbild 398 – Die Übersetzungen ins Lateinische: Die erste Epoche (1126–1187) 400 – Avendehut 401 – Gundisalinus übersetzt Philosophie 404 – Gerhard von Cremona sucht den Almagest 404 – Marcus von Toledo überträgt Galen 406 – Toledo: Die zweite Epoche der Übersetzungen 1252–1284 407 – Der «mitschwingende» Stil Alphons des Weisen 407 – Der König als Redaktor 408 – Die wirklichen Übersetzer sind Juden 409 – Zwei Hauptperioden 412 – Die entscheidende Rolle der Juden 413 – Das Interesse an Astrologie 414 – An der Wiege der spanischen Schriftsprache 416 – Das Arabische als Zugang zur Kultur 417 – Patronage für Hofjuden 418

Weitere Einflüsse der maurischen Kultur   419

Der Ursprung des X-Symboles in der Mathematik 419 – Die «arabischen» Zahlen 420 – Dinge und ihre Namen 422 – Schiffahrt 428 – Das Schiesspulver 430 – Majolica aus Mallorca 431 – Seide, Papier und Windmühlen 431 – «Eisgekühlt» 432 – Madrid = Majrît 432

Ramón Llull: Die Suche nach den Gemeinsamkeiten
von Christentum und Islam   434

    Bekehrung eines Weltmannes 435 – Arabisch-Studien 436 – Die Schwierigkeit der
    Bekehrung 436 – Die «Grosse Kunst» 437 – Selbstbekämpfung? 438 – Zwischen
    Symbol und Allegorie 439 – Wettkampf zwischen drei Religionen? 439 – Keine
    Entscheidung 441 – Trost und Ermahnung 441 – Lehrromane 442 – Katalanisch zur
    Schriftsprache 443 – Aus dem Islam für die Muslime 443 – Nach dem Vorbild der
    Sufis 444 – «Liebender und Geliebter» 444 – Der Drang nach dem Heiligen Land
    446 – Allegorie eines geistigen Lebens 447

Die «Reconquista» in Nordafrika   449

    Eine Vorgeschichte von Übergriffen 450 – Der Kreuzzug des Kardinals Cisneros 451
    – Der Gegenschlag der Freibeuter 452 – Karl V. in Nordafrika 453 – Das Ende der
    aktiven Afrikapolitik Spaniens 455 – Portugal in Nordafrika 455

Die Conquistadores   457

    Eine Flutbewegung aus Spanien 458 – Von der «Reconquista» zur «Conquista» 459
    – Eine neue Welt 460 – Bartolomé de las Casas: Erfahrung der Grausamkeit 461 –
    Der Verteidiger der Indios – ein «Nuevo Cristiano»? 464

Die Zusammenstösse des «Goldenen Zeitalters»   466

    Der wirtschaftliche Niedergang Spaniens 466 – Überlebensstrategien der «Neuchristen» 468 – Selbstdarstellung 469 – Sta Teresa und ihre Burg Gottes 469 – Literarische Einflüsse oder «Kastenzugehörigkeit»? 470 – Weltflucht und Kampf bei Luis de León 472 – Der Islam und die grossen spanischen Mystiker 475 – Die «Alumbrados» vor der Inquisition 476 – Von «Lazarillo» zu Cervantes 477 – Cervantes: Auch ein «Neuchrist»? 480 – Der Standpunkt eines Aussenseiters 481 – Geistig erschöpft ins 19. Jahrhundert 482 – Leben unter einem ungerechten Gesetz 483 – Die Festung des «Ich» 484

Schlussbetrachtung   485
Über das hispanische Zusammenleben

Anhang   491

Die Herrscherdynastien   492

Vorwort

Das vorliegende Buch ist ein Versuch, die Bedeutung der arabisch-muslimischen Präsenz auf der Iberischen Halbinsel gesamthaft, das heisst in sich selbst und in ihren Folgen, zu würdigen und darzustellen. Dies ist ein dermassen anspruchsvolles Ziel, dass eine solche Übersicht notwendigerweise unvollkommen ausfallen muss. Schon in der Auswahl der berichteten Tatsachen und der verwendeten Dokumente liegen viel persönliches Vorverständnis und Urteil des Verfassers. Auch wird die Gesamtsicht, die er vorträgt, nicht ohne Widerspruch bleiben. Es gibt andere Kenner der spanischen Geschichte, die nicht bereit sind, dem arabisch-muslimischen Hintergrund eine ähnlich bedeutungsvolle Rolle zuzuschreiben, wie sie dieses Buch darzustellen und, soweit in einer Übersicht möglich, zu dokumentieren versucht.

Die Glaubwürdigkeit einer geschichtlichen Sicht liegt letzten Endes darin, ob und wie weit sie den von ihr geschilderten historischen Ablauf zu «erklären», das heisst verständlich und nachvollziehbar zu machen vermag. Natürlich gibt es Zufälle in einem jeden geschichtlichen Prozess. Doch Geschichtsschreibung, wenn sie Sinn haben soll, muss darauf ausgehen, Zusammenhänge zu erkennen und erkennbar zu machen. Wie und warum geht das Neuere aus dem Älteren hervor? Dies ist zum mindesten eine berechtigte Fragestellung, auch wenn man einräumen mag, dass es andere gibt, wie etwa die bis vor kurzem als «moderner» angesprochene, die untersucht: Welche waren die materiellen und die Umweltbedingungen, unter denen die Menschen «damals» lebten, und wie haben sie sich allmählich verändert?

Um Fragen der ersten Art anzugehen, bedarf es einer Gesamtschau, deren Vorläufigkeit einzuräumen ist, die aber implizit oder explizit immer vorhanden sein muss, um Verständnis und Beurteilung geschichtlicher Abläufe zu erlauben. Darstellungen der zweiten Art scheinen auf einen erklärenden Rahmen verzichten zu können. Doch dies ist nicht wirklich der Fall. Der Rahmen, in den sie ihr Geschichtsverständnis einspannen, ist der einer «materialistischen» Weltanschauung, die annimmt, materielle Gegebenheiten alleine genügten, um Menschenleben und damit Geschichte verständlich zu machen.

Der Verfasser verdankt dem Werk *Américo Castros* sein Verständnis der Art, wie die beiden Hauptkulturen der Iberischen Halbinsel, die muslimische und die christliche, unter Vermittlung und Mitwirkung der jüdischen, aufeinander eingewirkt und gemeinsam das spezifische Geschick, ja das Wesen der Spanier geformt haben.

Das Ausmass dieser intellektuellen Schuld des Verfassers wird durch die Zahl der Zitate von Castro und der Hinweise auf seine Bücher und Ideen belegt, die sich besonders im zweiten und dritten Teil in dieses Buches finden. Doch sie geht darüber hinaus. Die Entdeckungen Castros haben erst eine Sicht der Vergangenheit der Halbinsel erlaubt, die den besonderen Umständen der hispanischen Geschichte Rechnung trägt und Sinn verleiht. Heute über die Araber in Spanien, ja über das mittelalterliche und klassische Spanien überhaupt, schreiben zu wollen und dabei von Castro und seiner Sicht der Geschichte der Halbinsel abzusehen, wäre dem Versuch vergleichbar, sich mit moderner Physik zu befassen, aber die Relativitätstheorie abzustreiten.

Von *Américo Castro* gibt es ein *Hauptwerk,* das er mehrmals umgeschrieben und neu formuliert hat. Es hiess zuerst *«España en su Historia*. Cristianos, Moros y Judíos», Buenos Aires 1948. Später erschien es «erneuert» als ein weitgehend überarbeitetes Werk unter dem Titel *«La realidad histórica de España»*, Mexico 1966, und von dieser neuen Fassung liegt eine englische Übersetzung vor unter dem Titel *«The Structure of Spanish History»*, translated by Edmund L. King, Princeton University Press 1954. Von früheren Fassungen gibt es auch eine deutsche, eine französische und eine italienische Übersetzung. (Deutsch: Spanien in seiner Geschichte, Kiepenheuer u. Witsch, Köln 1956; Französisch: La Réalité de l'Espagne, Paris, Klienksieck, 1963; Italienisch: La Spagna e la sua Realtá Storica, Sansoni, Firenze 1955.)

Für die späteren Perioden der spanischen Literatur- und Kulturgeschichte sind die drei Titel Américo Castros wichtig: *«De la edad conflictiva»*, zweite, erweiterte Auflage, Madrid 1961; *«Cervantes y los casticismos españoles»,* Madrid 1966; und: *«Hacia Cervantes»,* dritte, erweiterte Auflage, Madrid 1967. Das letzte Buch Castros erschien 1973 posthum in Madrid. Es trägt den Titel *«Sobre el nombre y el quién de los Españoles»*. Alle diese Werke des illustren Spaniers, sowie auch andere, haben entscheidend zur Entstehung dieses Buches beigetragen. Américo Castro (1885–1972) war schon vor dem Spanischen Bürgerkrieg einer der bekanntesten Fachleute für spanische Literatur. Er war, wie damals so mancher der führenden Intellektuellen, für kurze Zeit Botschafter der Spanischen Republik, die er von 1933 bis 1936 in Berlin vertrat. Die Erschütterungen des Bürgerkriegs waren es, die ihn auf die grosse Fragestellung seines Lebens brachten: Wie sind die Spanier zu dem geworden, was sie in ihrer Geschichte waren und in der Gegenwart sind? – Er ist dieser Frage während eines langen Exils in Princeton nachgegangen, und er fand, wie seine Bücher im einzelnen darlegen, die Antwort in der Betrachtung des konfliktgeladenen Zusammenlebens der drei Völker und Religionen, Muslime, hispanische Christen und Juden, auf der Halbinsel in den gut fünf Jahrhunderten von der arabischen Invasion bis zur Zeit der Eroberung von Córdoba und Sevilla. Dieses halbe Jahrtausend sieht er als die formative Epoche der spanischen Nation an, während der und durch die sich die spanische Eigenart herausbilden sollte.

Die Werke Castros haben in Spanien eine gewaltige Polemik ausgelöst, in deren Verlauf er seine Thesen präzisierte und vertiefte, was die vielen Fassungen seines Hauptwerkes erklärt. Seine Gegner wollten mit hispanischer Leidenschaft an einem aus dem Mittelalter überlieferten, traditionellen Spanienbild festhalten, nach welchem bereits die Iberer von Numancia, Seneca und die Westgoten «Urspanier» gewesen seien. Nach dieser Konzeption sollte Spanien ein «historisches Wunder» (so Sánchez Albornoz) sein, das nicht erklärt werden könne (und auch nicht müsse).

Der Verfasser dieses Buches hatte das Glück, Castro mehrmals in seinem Leben zu begegnen und des öfteren mit ihm Gespräche zu führen, in Antibes, in Princeton und in Madrid. Für ihn ist deutlich, dass die Entdeckungen Castros über Genese und Eigenart des spezifisch Spanischen grosse und zentrale Zonen des Lebens und Wesens der Spanier neu erhellen und erklären. Ohne seine Einsichten bliebe «das Spanische» («lo español») ebenso amorph wie unverständlich und unerklärlich.

Natürlich ist der Einfluss Américo Castros nicht der einzige, dessen der Verfasser sich dankbar zu erinnern hat. Das grosse Gebiet der Erforschung der arabischen Kultur auf hispanischem Boden hat seine Klassiker und seine modernen Fachleute unter Spaniern, anderen Europäern, unter Arabern und Amerikanern. Die Literaturfülle ist gewaltig. Allein das vorzügliche historische Übersichtswerk über das «Muslimische Spanien» *(España Musulmana, siglos VIII-XV)* von *Rachel Arié* (Barcelona 1984, Band III einer «Historia de España», die Manuel Tuñón de Lara herausgab), enthält eine Bibliographie von 428 Nummern. Weitere bibliographische Angaben, die über die reine Geschichtswissenschaft hinausgehen, findet man in dem grossen Sammelwerk von Fachgelehrten aus dem ganzen Bereich von al-Andalus, das *Salma Khadra Jayyusi* herausgab und *«The Legacy of Muslim Spain»* betitelte (E. J. Brill, Leiden 1992), nach einem jeden der gegen 50 Einzelbeiträge.

Doch vor allen Übersichtswerken der modernen Wissenschaftler sind die *arabischen Quellen* zu nennen, die uns eine Kenntnis der muslimischen Kultur und Geschichte auf der Halbinsel überhaupt erst ermöglichen. Viele der grossen arabischen Geschichtswerke aus der alten Zeit sind nicht erhalten, unter ihnen die meisten Werke des grössten der Geschichtsschreiber von al-Andalus, des *Abu Marwân Hayyân Ibn Hayyân* (987/8–1076). Doch Verfasser von grossen Anthologien und Enzyklopädien literarischer und historischer Natur haben Teile der verlorenen Werke in ihre Sammlungen aufgenommen. Unter ihnen ist *al-Maqqari* (1577–1632) als erster zu erwähnen. Dieser Gelehrte, mit vollem Namen: Shihâb ad-Din Abu'l-Abbas al-Maqqari, war eigentlich ein Fachmann für Überlieferungen (Hadîth). Er ist in Tlemcen geboren und erzogen worden, hat Marrakesh besucht, war Imam und Mufti an der Karawiyyîn-Moschee in Fès und reiste im Jahr 1617 oder 1618 nach dem Osten für die Pilgerfahrt und wiederholte Aufenthalte in den Städten Damaskus und Jerusalem. In Kairo fand er eine Bleibe in der Madrasa Taschmakiya, an welcher sein Freund, der Gelehrte Ahmed Shahîn, wirkte. Dieser forderte ihn im Jahr 1629 auf, eine Biographie des berühmten Lisân ad-Dîn Ibn al-Khatîb von Granada (1313–1375) zu verfassen, von dem in diesem Buch noch oft die Rede sein wird. Aus dieser Biographie wurde ein riesiges Werk über das muslimische Spanien, das in den modernen arabischen Ausgaben acht Bände umfasst. Al-Maqqari gab ihm den poetischen Titel: *«Wohlgeruch vom frischen Zweig Andalusiens und Lebensbeschreibung seines Wesirs, Lisân ad-Dîn Ibn al-Khatîb»*, was auf arabisch sich dreimal reimt. Das Werk besteht aus zwei Hauptteilen, deren erster von al-Andalus allgemein handelt, der zweite vom Leben des berühmten Wesirs von Granada. Im ersten Teil finden sich Materialien zusammengetragen über die Geographie von al-Andalus, die Eroberung durch die Araber, die Geschichte der Omayyaden und Kleinfürsten, die Beschreibung von Córdoba und seiner Monumente, sowie deren Geschichte; Biographien von Arabern aus al-Andalus, die nach dem Osten gereist waren, Lebensbeschreibungen von Arabern, die aus dem Osten nach al-Andalus gekommen waren; die Literaturgeschichte von al-Andalus; die intellektuellen und moralischen Qualitäten seiner Bewohner; die Eroberung der arabischen Gebiete und Austreibung der Muslime. Dabei werden natürlich bei allen Gelegenheiten zahlreiche Gedichte zitiert und oft kommt der Anthologe von einem Gegenstand auf den anderen, um erst nach längeren Abschweifungen zu seinem eigentlichen Thema zurückzukehren.

Der zweite Teil des grossen Sammelwerkes handelt von den Vorfahren Ibn al-Khatîbs; von seinem eigenen Leben; er gibt die Lebensbeschreibungen seiner Lehrer, dann eine Anthologie von Schreiben in Reimprosa, die Ibn al-Khatîb absandte oder erhielt; weiter eine Auswahl aus seinen Werken in Vers und Prosa sowie schliesslich eine Liste all seiner Werke mit Inhaltsangaben.

Die Materialien für seine grosse Textsammlung hat al-Maqqari in der Bibliothek der Saaditischen Sultane von Marrakesh gesammelt. Doch ob er sie abschrieb und nach Kairo mitführte, oder ob er sie alle auswendig wusste, ist unklar. Dass solch umfangreiche Materialien ihn auf seine Reise nach Kairo begleitet hätten, ist fast ebenso unwahrscheinlich wie dass er sie alle auswendig wusste, so fabelhaft die Gedächtnisse der grossen Gelehrten der arabischen Welt auch gewesen sind. Wir wissen immerhin, dass al-Maqqari seine Bibliothek sowie seine Frau und Tochter in Fès zurückliess, als er sich auf die Reise nach Osten begab.

Die erste Hälfte des Werkes von al-Maqqari wurde von *Dozy, Dugat, Krehl* und *Wright* zwischen 1855 und 1861 in Leiden publiziert unter dem Titel: *Analectes sur l'histoire et la littérature des Arabes d'Espagne*, und sie ist eine der wichtigsten Quellen für Dozy's grundlegende Geschichte der Araber in Spanien geworden, besonders für die vielen Anekdoten, Gedichte und Einzelberichte, welche sie schmücken.

Für die Chronologie der Ereignisse und deren Verlauf allgemein haben Dozy und nach ihm der Historiker *Evariste Lévi-Provencal* (in dessen drei heute massgebenden Bänden: «Histoire de l'Espagne musulmane», Leiden und Paris 1950–53) einen anderen marokkanischen Kompilatoren benützt: *Ibn al-Idhari al-Marrâkushi*, von dem wir nur wissen, dass er Qa'id (Gouverneur) von Fès war und im Jahr 1312/3 noch mit der Niederschrift seiner Chronik beschäftigt war. Sie umfasst in konzentrierter, analytischer Form die Ereignisse und Dynastien von Nordafrika und Spanien bis zur Zeit der Almohaden. Dabei fliesst viel älteres Material mit ein, das in den Originalschriften verloren ist, so vor allem auch wieder Werke des Ibn Hayyân. *Dozy* hat zwei Bände der Chronik veröffentlicht (Leiden 1848–51). *Lévi Provençal* zusammen mit *G. S. Colin* hat eine neue Ausgabe auf Grund von neu aufgefundenen, besseren Handschriften besorgt (Leiden, 1948–1951), und ein dritter Teil der Chronik, der die Zeiten der Almoraviden und Almohaden umfasst, wurde später gefunden und veröffentlicht (*A. Huici,* Tetouan 1953–4, sowie spanische Übersetzungen daraus, Valencia 1963). Dieses Geschichtswerk bietet das grundlegende Gerüst, auf das sich alle Darstellungen der nordafrikanischen und andalusischen Geschichte stützen. Die Geschichte der Berber und Araber des *Ibn Khaldûn* (1332–1406) wird oft als eine zweite Gesamtübersicht hinzugezogen.

Ibn Bassâm aus Santarem («ash-Shantarîni») ist ein anderer der grossen Anthologisten, denen wir unsere Kenntnis von anderweitig verlorenen Texten aus al-Andalus verdanken. Er wirkte als Buchhändler und Verfasser von Gedichtsammlungen, heute würden wir ihn einen Herausgeber nennen, in Sevilla, nachdem er aus seiner Heimatstadt hatte fliehen müssen, weil Santarem im Jahr 1092/3 vorübergehend von Raimund von Burgund erobert wurde. Er reiste nach Córdoba und dann nach Sevilla aus. Neben Diwanen verschiedener Dichter, die uns nicht erhalten sind, stellte er eine grosse Anthologie der Literaten von al-Andalus zusammen. Sie ist nach geographischen Kriterien geordnet: Dichter und Schriftsteller aus Córdoba; aus den westlichen Teilen der Halbinsel; aus den östlichen; schliesslich Ausländer, die in al-Andalus schrieben und wirkten. In dem vierbändigen Werk sind uns viele Texte erhalten, die als separate, natürlich handschriftliche, Bücher verloren sind. Ibn Bassâm überlieferte besonders viele Fragmente des Ibn Hayyân, den er bewunderte und so oft wie möglich zitierte. Als armer Flüchtling sah sich Ibn Bassâm darauf angewiesen, von den zeitgenössischen Literaten, die er in seine Anthologie aufnahm, Entschädigungen zu fordern. Er zeigt sich als ein ausgesprochener Parteigänger von al-Andalus und spottet über die Tendenz der Bewohner der Halbinsel, alles, was aus dem arabischen Osten komme, höher einzustufen, als was das eigene Land hervorbringe. Ibn Bassâm ist 1147 gestorben. Seine Anthologie hat er «*Schatzhaus der Meisterwerke der Bewohner der Halbinsel*» (ein Reim auf arabisch) genannt (Ausgabe Kairo 1939–45).

Für das vorliegende Buch ist weiter von grosser Bedeutung die Schrift von *Ibn al-Khatîb*, dem berühmten Wesir von Granada, die *Wilhelm Hoenerbach* in Auszügen ins Deutsche übersetzt hat und mit der Hilfe von ergänzenden Absätzen aus anderen Quellen in eine Gesamtübersicht über die Geschichte von al-Andalus verwandelte. Diesem Buch, das Hoenerbach *«Islamische Geschichte Spaniens»* genannt hat, «dargestellt von Wilhelm Hoenerbach auf Grund der *A'mal al-A'lâm* und ergänzender Schriften» (Bibliothek des Morgenlandes, Artemis Verlag, Zürich 1970), liegt eine historische Schrift des berühmten Wesirs und Historikers von Granada zugrunde, in der er sich besonders mit den jungen Herrschern von al-Andalus abgibt, die vor ihrer Reife zur Macht gelangten. Der gesamte Titel, wie immer reimend, wird von Hoenerbach übersetzt: «Buch der Taten Tüchtiger [lobesam]* über jeden König des Islam*, der vor der Reife die Huldigung annahm*».

Anlass der Schrift war der Umstand, dass der Beschützer Ibn al-Khatîbs, als dieser sich im Exil in Marokko befand, Abu Fâris Abdulazîz, im Jahr 1372/3 starb und sein vierjähriger Sohn, Abu Zayyân Muhammed as-Sa'îd, auf den Thron gehoben wurde, wo er nur vier Jahre verbleiben sollte. In jenem Augenblick ging es dem exilierten Ibn al-Khatîb darum, die Gunst des Regenten, Abu Bakr Ibn Ghâzi, zu erlangen. Seine Schrift hebt vergleichbare Zustände aus der Vergangenheit von al-Andalus hervor, in denen ebenfalls ein Kind auf dem Thron sass und die Staatsmacht von einem Regenten wahrgenommen wurde. Dabei sollen die Präzedenzfälle der Vergangenheit die

Gegenwart rechtfertigen. Doch gleichzeitig versucht Ibn al-Khatîb, den Gesamtablauf der Geschichte des Landes bis auf die Zeit der Almohaden aperçuartig prägnant zu schildern und seine Beurteilung der jeweiligen Herrscher und ihrer Taten und Werke miteinzuflechten. Ibn al-Khatîb hat sich dabei ebenfalls auf die oben erwähnte Chronik des *Ibn al-Idhari* gestützt, doch gibt er zugleich auch zahlreiche andere Historiker als Quellen an, beruft sich auf Dokumente und geht sogar auf die Bautätigkeit der verschiedenen Herrscher ein.

Weil Ibn al-Khatîb es wie kein anderer verstand, sein Urteil und seine Bewertung in kurzen und markanten Worten zu formulieren, ist seine Darstellung besonders lebendig und aussagekräftig. Das vorliegende Buch hat an vielen Stellen einzelne Abschnitte aus der zusammenfassenden Schrift des intimen Kenners seines Landes und dessen Politik, der Ibn al-Khatîb war, in der Übersetzung Wilhelm Hoenerbachs übernommen. Sie sind jeweilen als Zitate kenntlich gemacht. Wenn dieses Buch als Anregung und Einführung zur Lektüre der ganzen, überaus dichten Darstellung Hoenerbachs dienen kann, die viele ungehobene Schätze enthält, hat der Verfasser eines seiner Ziele erreicht.

Niemand, der sich mit al-Andalus beschäftigt, darf die grossen spanischen Arabisten übersehen, von denen *Miguel Asín Palacios* die Mystik von al-Andalus und die Zusammenhänge zwischen christlicher und muslimischer Gottesschau besonders erforscht hat, während *Emilio García Gómez* durch seine Doppelbegabung als Sprachforscher und als Dichter hervortrat. Einzig in seinen kongenialen Nachdichtungen einzelner arabischer Verse und Gedichtfragmente wird eine echte Spiegelung des Glanzes und der Subtilität der andalusischen Dichtung so direkt übermittelt, dass – wenigstens für diese kleine Zahl von Versen, ausgewählt aus einem Meer von Gedichten – die künstlerischen und ästhetischen Werte der andalusischen Dichter dem heutigen Leser in einer Fremdsprache deutlich werden. (Besonders: *Poemas arabigo-andaluces,* 4. Auflage, Madrid 1959 und, mehr interpretativ, *Cinco poetas musulmanes,* 2. Auflage, Madrid 1959. Auch: *Arabe en endecasílabos,* Casidas de Andalucía, Poesias de Ben al-Zaqqaq, Madrid 1967).

Weitere primäre und sekundäre Quellen sind jeweilen in Klammern hinter den auf ihnen beruhenden Texten angeführt. Dort finden sich gelegentlich auch weitere bibliographische Angaben. Dieses Verfahren scheint dem Verfasser zweckmässiger als, wie das heute so häufig geschieht, Noten hinter den Text oder hinter ein jedes Kapitel zu stellen, die der Leser dann jedesmal unter Unterbrechung des Lesezusammenhangs nachblättern muss.

Die *Umschrift aus dem Arabischen* ist immer eine umstrittene Frage. Hier ist versucht, sie möglichst einfach zu halten und sich dabei neben dem deutschen an den englischen Sprachgebrauch anzulehnen. ‹j› steht, wie im Englischen, für den weichen dsch-Laut (James); ‹z› wie im Englischen für ein weiches s (zeal); dh und th wie im Englischen; ‹sh› wie im Englischen für den sch-Laut; ‹s› ist immer hart auszusprechen wie Fass; ‹kh› steht für ein hartes ch (Bach), und ‹q› für ein kehlig ausgesprochenes k. Das arabische 'ain (Glottalverschluss, wie zwischen dem e und dem a von ‹be-achten›) ist mit ' angegeben, wenn es zum Verständnis des Wortes notwendig ist. Längezeichen (â und û, î) dienen auch dazu, die Aussprache zu erleichtern. Der Ton liegt stets auf den langen Buchstaben.

Die Ortsnamen werden normalerweise in ihrer spanischen Form verwendet, wenn nicht deutsche Formen vertraut sind. Wo die arabischen Formen vorkommen, sind sie erklärt.

Die Jahreszahlen wurden immer in jene der christlichen Ära umgerechnet, was allerdings den Nachteil hat, dass man in bestimmten Fällen, wenn in den arabischen Quellen nur das Jahr angegeben ist, ohne Monat und Tag, zwei mögliche Jahreszahlen angeben muss, etwa 1192/3.

Ein Überblick über die Geschichte von al-Andalus

Die Araber haben nicht weniger als 780 Jahre lang über Teile der Iberischen Halbinsel geherrscht. Eine Zeit von so vielen Jahrhunderten umfasst natürlich eine komplexe Geschichte mit zahlreichen verschiedenartigen Erscheinungen und Entwicklungen: Mit Grossreichen, Kleinreichen, marokkanischer Herrschaft unter zwei aufeinanderfolgenden Dynastien und mit dem zweieinhalb Jahrhunderte lang überlebenden Restreich von Granada.

Als erster Überblick seien hier die grossen Linien der Geschichte der arabischen Reiche auf der Iberischen Halbinsel kurz zusammengefasst:

Statthalter

Nach der berberisch-arabischen Eroberung (711), die rasch das ganze Land und grosse Teile von Südfrankreich überflutete, wurden zuerst Statthalter ernannt, die dem Kalifen der Omayyaden in Damaskus entweder direkt unterstanden oder indirekt über die Statthalter in Kairouan im heutigen Tunesien. Diese Statthalter wechselten sehr schnell, viele herrschten weniger als ein Jahr. Die schwankende Gunst der Kalifen spielte dabei eine Rolle, aber auch innere Kämpfe in der weit abgelegenen hispanischen Randprovinz, «am äussersten Ende der Welt», wie es die arabischen Muslime empfanden. Die inneren Kriege und Aufstände wurden meist durch die Gruppensolidarität der verschiedenen Stammesföderationen und Ethnien hervorgerufen. Den Südarabern standen die Nordaraber gegenüber, beiden die Berber, und alle Parteien konnten sich der verschiedenen Christengruppen bedienen, die innerhalb von al-Andalus als Untertanen lebten, sowie jener ausserhalb des arabischen Herrschschaftsbereiches unter ihren eigenen Fürsten in den Gebirgen des Nordens, in den Pyrenäentälern und kantabrischen Bergen.

Ein geflüchteter Omayyade

Nach 23 aufeinanderfolgenden Statthaltern, die während 46 Jahren al-Andalus regierten, konnte *«ad-Dâkhil»*, der «Eindringling», schliesslich dem Land seine Herrschaft aufzwingen. Er war ein Omayyadenfürst, ein Enkel des Omayyadenkalifen Hishâm ibn Abdel Malik (Regent in Damaskus 723–743), der letzte seines Hauses, der dem Massaker entronnen war, das die Gründer der neuen Dynastie, die Abbasiden, im Jahr 750 den Omayyaden bereitet hatten. Er hiess *Abdurrahmân ibn Marwân,* und seine Mutter stammte aus dem Berberstamm der Nafza, die an der marokkanischen

Mittelmeerküste beheimatet waren. Dies ist wahrscheinlich der Hauptgrund, weshalb er vor seinen abbasidischen Verfolgern nach Westen floh. Er erreichte seinen mütterlichen Stamm vier Jahre nach dem Massaker, und er sandte seinen Freigelassenen, al-Badr, aus, um die politische Lage jenseits der Meerenge zu erkunden. Es gelang dem Freigelassenen und später seinem Herren selbst, ein Bündnis mit einem Teil der streitenden Stämme und Völkerschaften gegen deren Gegner zu schliessen. Dabei spielten syrische Soldaten, die 14 Jahre zuvor, zur Zeit des grossen Berberaufstandes in Nordafrika, nach al-Andalus gelangt waren, eine wichtige Rolle, da sie den Omayyaden als ihren Herren anerkannten. Mit der Hilfe bestimmter Teile der südarabischen Stammesföderation, berberischer Truppen und dieser Syrer vermochte «der Eindringling» die damals das Regiment führenden nordarabischen Stammesverbände zu schlagen und sich zum Herrscher der hispanischen Gebiete aufzuschwingen. Er nannte sich Emir, Befehlshaber, Herrscher, noch nicht Kalif; er war jedoch ein Todfeind des in Bagdad herrschenden Kalifen und seines Hauses, der Abbasiden, und als solcher nie der Macht der Abbasiden unterstellt.

Die Emire und die späteren Kalifen von Córdoba pflegten als Gegengewicht gegen Bagdad und die dortigen Abbasiden die Allianz von Byzanz, der damals wichtigsten Mittelmeermacht, die auch ein natürlicher Gegner des Abbasidenreichs war.

Emire und Kalifen von Córdoba

Nach Abdurrahmân Ibn Marwân (r. 756–788) gab es weitere sieben Emire: Hishâm Ibn Abdurrahmân (788–796); al-Hakam I. Ibn Hishâm (796–822), Abdurrahmân II. Ibn al-Hakam I. (822–852); Muhammed I. Ibn Abdurrahmân II. (852–886); al-Mundhir Ibn Muhammed I. (886–888); dessen Bruder, Abdallah Ibn Muhammed I. (888–912) und dessen Enkel: Abdurrahmân III., Ibn Muhammed.

Abdurrahmân III. regierte zuerst als Emir von 912–929, dann ernannte er sich zum Kalifen und herrschte weiter als solcher bis 961. Der Kalifentitel («Khalîfa» = Nachfolger, nämlich des Propheten Muhammed) bedeutete, dass der Herrscher das Recht für sich in Anspruch nahm, als Nachfolger des Propheten die gesamte Gemeinschaft der Gläubigen, d.h. alle Muslime, zu regieren. Dieser Anspruch war im Falle der Omayyaden von Córdoba natürlich nur theoretisch. Die Annahme des Titels bedeutete jedoch, dass der Omayyade die Kalifen von Bagdad als falsche Kalifen sah, es konnte nur einen «echten» Kalifen geben.

Unter den drei Emiren und Kalifen mit Namen Abdurrahmân ist Córdoba jeweilen mächtig gewesen und hat fast immer ganz al-Andalus beherrscht. Andere, vor allem die Emire *al-Mundhir* und *Abdallah* sowie schon *Muhammed I.*, hatten gegen beständige Aufstandsversuche zu kämpfen, die ihr Reich manchmal bis auf die Mauern der Hauptstadt zusammenschrumpfen liessen. Es waren nach wie vor die verschiedenen Gemeinschaften, die in al-Andalus als Eroberer und Eroberte zusammenlebten, welche in den Zeiten der Unruhen das Reich unter sich zerrissen: Berber waren es, verschiedene Gruppen von Arabern, erfolgreiche Strassenräuber, Statthalter der aussen gelegenen Marken wie Saragossa, Toledo, Badajoz, neu zum Islam übergetretene christliche Adlige, welche die schier endlosen Aufstände trugen.

Herrscher, die das Glück hatten, lange Jahre an der Macht zu bleiben, vermochten sich am ehesten gegen die Vielfalt der zentrifugalen Kräfte durchzusetzen.

Der grosse Abdurrahmân III., der sich selbst zum Kalifen aufschwang, als Kalifentitel liess er sich den Namen an-«Nâsir li-d-dîn-illâh» (Siegreich für die Religion Gottes) erteilen, hat das Reich von Córdoba als einen mächtigen, zentral regierten Staat gegründet. Sein Sohn, al-Hakam II. (961–976), ein grosser Gelehrter und Freund der Bücher, hielt das Reich aufrecht. Doch schon sein Enkel, Hishâm II. («herrschte» zweimal 976–1009 und 1010–1013), war nur noch nomineller Herrscher. Die Substanz der Macht übernahm sein Kämmerer, *Muhammed ibn Abi'l-Amir «al-Mansur»* (der Siegreiche), der *Almanzor* der spanischen Romanzen, der sich gestützt auf die Kalifenmutter und im Kampf gegen andere grosse Würdenträger des Hofes zur absoluten Macht emporrang und dann in seinen vielen Feldzügen nach Nordspanien zum Schrecken der christlichen Bewohner der Halbinsel wurde.

Al-Mansur war so mächtig, dass er seine Position an der Spitze des Reiches an seinen Sohn, Abdel Malik «al Muzaffar» (der Triumphierende) (1002–1008), vererben konnte. Der eigentliche Kalif, al-Hischâm, bestand unter ihm nominell weiter. Doch ein Jahr, nachdem der zweite allmächtige Reichsverweser gestorben war und seine Macht an seinen Sohn, Abdurrahmân, «Sanchuelo» (1008–1009) weitergegeben hatte, zerfiel die Herrschaft von Córdoba. Die Reichshauptstadt erlitt eine Revolution, die 22 Jahre lang dauerte.

Revolution in Córdoba

Träger der revolutionären Kräfte waren einmal mehr die verschiedenen Waffenbruderschaften und Stämme, Berber, arabische Aristokraten, zu denen neu die Kommandanten von Waffensklaven kamen, die den Kalifen und den De-facto-Herrschern als Soldaten gedient hatten. Die verschiedenen Gruppen bildeten Heere und zogen in wechselnden Allianzen nach Córdoba ein, wo sie jedesmal ihren Kandidaten aus dem omayyadischen Haus als «ihren» Kalifen einsetzten. Dies führte zu einem raschen Wechsel von nominellen Kalifen in der Hauptstadt, meist nur Werkzeuge verschiedener politischer und militärischer Kräfte, die sie für kurze Zeit hochtrugen und dann wieder zu Fall brachten. Sogar christliche Söldnerheere aus Katalonien wurden in diesen Machtkämpfen eingesetzt. Córdoba und die ausserhalb der Hauptstadt gelegenen grossen Thronstädte der früheren Machthaber, *Medinatu-z-Zahrâ'* und *Medinatu-z-Zâhira,* wurden zerstört und geplündert.

Während der Revolutionszeit gab es sechs ephemere Kalifen aus dem Haus der Omayyaden: Muhammed al-Mahdi (1009); Sulaymân al-Musta'în (1009–1013 und 1016); Abdurrahmân IV. (1018); Abdurrhamân V. (1023–1024); Muhammed III. (1024–1025) und Hishâm III. (1029–1031). Doch sie waren alle Spielbälle der verschiedenen politischen und militärischen Kräfte, die sich in Córdoba ablösten.

Die Kleinreiche 1031–1085

Resultat des langen Ringens um Córdoba war, dass die verschiedenen Teilprovinzen des bisherigen Reiches sich unabhängig machten. Dreierlei Machthaber waren in der Lage, sich jeweilen eigene Herrschaftsgebiete zu schaffen.

1. Berber-Stammesführer, gestützt auf ihre Stammeskrieger, konnten sich in Granada ein Königreich schaffen (die Ziriden); sie kamen auch in Toledo zur Herrschaft (die Dhû-n-Nûn oder Nûniden); sie ergriffen in Badajoz die Macht (Aftasiden); beherrschten Málaga (Banu Hammûd oder Hammuditen) und regierten längere oder kürzere Zeit in verschiedenen kleineren Stadt- und Burgkönigtümern.

2. Heeresführer der Sklavenheere aus der Zeit von Córdoba wurden ebenfalls Reichsgründer: vor allem im Südwesten der Halbinsel, so Zuhayr in Murcia und Almería; Mujâhid in Denia und auf den Balearen.

3. Abkommen reicher arabischer Familien, die als erbliche Qadis (Richter) gewirkt hatten, übernahmen die Herrschaften über Córdoba (Banu Jahwar oder Jahwariden) und Sevilla (Banu Abbâd oder Abbadiden).

Die Kleinkönige heissen arabisch *Mulûk at-Tawâ'if* (sing. Taifa), daher spanisch *Reyes Taifas*, oder einfach *Taifas*. Alle Kleinkönige waren bestrebt, ihre Höfe möglichst reich und prächtig auszubauen. Viele von ihnen hatten besondere kulturelle Interessen: Dichtung in Sevilla; Astronomie und Naturwissenschaften in Toledo; Koranrezitation in Denia; Literaturwissenschaft in Badajoz; Musik in Sahla (heute Albarracín) usw. Durch den kulturellen Ehrgeiz der Kleinkönige wurde die Kultur, die früher weitgehend eine Sache des Hofes der Hauptstadt gewesen war und dem Prestige der Omayyaden gedient hatte, über das Land ausgebreitet und blühte überall auf. Dies ist die Zeit der eigenständigen und reichen handwerklichen und geistigen Kultur von al-Andalus.

Doch die Kleinkönige führten Krieg gegeneinander und schwächten sich dadurch gegenseitig. Sie riefen oft die Christen des Nordens um Hilfe an und sahen sich in vielen Fällen gezwungen, diesen Tribute zu entrichten (spanisch *parias*). – Viele der Kleinreiche lebten in einem Zwei- oder Dreiklang. Auf einen kriegerisch und administrativ tüchtigen Dynastiegründer folgte oft ein Sohn, dessen kulturelle Interessen überwogen, der jedoch den Bestand des Königreiches bewahren konnte, dann meist ein Enkel, unter dem der Zerfall vor sich ging.

Die sogenannte «reconquista» (Wiedereroberung) begann gegen 1055 von León und Kastilien aus vorzudringen. Beide vereinigten sich zuerst 1037–1157; endgültig 1230. In der Levante rückte Aragón, vereinigt mit Barcelona seit 1137, das Mittelmeer entlang vor. Die Einnahme von Toledo im Jahr 1085 durch den Herrscher von Kastilien und León, Alphons VI. (r. 1072–1109), der sich von dann an «Kaiser ganz Spaniens» nennen sollte (imperator totius hispaniae), kann als eines der wichtigsten Ereignisse in der Geschichte der Halbinsel gelten. Die Eroberung der Stadt führte dazu, dass die Taifa-Könige sich dermassen bedrängt fühlten, dass sie die Almoraviden in Marokko um Hilfe angingen.

Almoraviden und Almohaden

Die *Almoraviden* waren eine neuerstandene Macht aus den Tiefen der Sahara. Ihre Krieger, fanatische Muslime, trugen Schleier wie bis heute die Tuareg. Sie hatten sich soeben ein Grossreich in Nordafrika erkämpft. Ihr Eingreifen sowie das ihrer Nachfolgedynastie, der *Almohaden*, die ebenfalls aus Nordafrika kamen, hat den Islam in al-Andalus noch einmal gestärkt. Toledo sollte kastilisch bleiben. Doch es wurde für anderthalb Jahrhunderte eine Grenzstadt und Grenzfestung, die sich mit Mühe gegen die anbrandenden Glaubenskämpfe aus Nordafrika hielt. Die «reconquista» wurde so 126 Jahre lang (von 1086 bis 1212) zum Stillstand gebracht.

Die beiden nordafrikanischen Dynastien waren aus Versuchen entstanden, die reine Gemeinschaft der Gläubigen wiederherzustellen. Doch sie gingen auf verschiedene theologisch-philosophische Standpunkte zurück. Die Almoraviden hielten sich streng an den Wortlaut des Korans und an das Gottesgesetz in seiner malekitischen Version; die Almohaden wollten, in Reaktion auf das eher enge Religionsverständnis ihrer Vorgänger, dem Denken, ja der Spekulation, einen gebührenden Rang einräumen.

Der Almoravidenherrscher Yûsuf Ibn Tashfin (auch Tashufin, 1061–1106) kam zweimal nach al-Andalus. Auf seinem ersten Zug schlug er die Christen entscheidend bei Zallâqa (1086), auf seinem zweiten räumte er mit den muslimischen Kleinkönigen auf, die ihn ursprünglich zu Hilfe gerufen hatten. Jener von Granada und der von Sevilla, der Dichter «al-Mu'tamid» (r. 1069–1091, starb 1094), wurden als Gefangene nach Nordafrika gebracht. Der Sohn des ersten Almoravidenherrschers, Ali Ibn Yûsuf (1106–1143), hat die Eroberungen seines Vaters noch weiter ausgedehnt. Doch gegen Ende seiner Herrschaft hatte er bereits in Marokko gegen die Rebellen zu kämpfen, aus denen die nächste Dynastie der Almohaden hervorgehen sollte. Neben den religiösen Aspekten spielten bei beiden Reichen die Stammesteilungen unter den Berbern eine grosse Rolle; die Almoraviden stützten sich auf die Stammesföderation der Sanhâja, die Almohaden gingen aus der Gegenföderation der Masmûda hervor.

Beide nordafrikanische Dynastien misstrauten den Christen und Juden von al-Andalus; viele der Andersgläubigen wurden gezwungen, entweder nach Marokko oder nach dem christlichen Norden auszuwandern. Der aragonesische Herrscher, Alfonso el Batallador (1104–1134), der 1118 Saragossa den Muslimen entriss und zu seiner Hauptstadt machte, durchzog 1125 und 1126 mit einem Heer die östlichen Teile von al-Andalus, bis vor Granada, doch er vermochte die festen Städte nicht zu nehmen und führte am Ende Tausende von «Mozárabes» (Christen, die bisher unter den Muslimen gelebt hatten) mit sich nach dem Norden zurück.

Die nordafrikanischen Herrscher dürften die ganze iberische Halbinsel als ein Grenzland des Glaubenskrieges gesehen haben, und sie wollten die Angehörigen der beiden anderen Religionen daraus entfernen, da sie ihnen als mögliche Fünfte Kolonnen galten. Wieweit diese Umpflanzungen und Vertreibungen allerdings systematisch durchgeführt wurden, ist unter den Historikern umstritten.

Mit dem Niedergang der almoravidischen Macht gewannen in al-Andalus noch einmal Kleinkönige in den Provinzen kurzlebige Reiche. Doch die Almohaden, die ihre Rivalen in Marokko besiegt hatten, setzten dann ihrerseits nach der Halbinsel über und bemächtigten sich schrittweise der gesamten muslimischen Gebiete. Ihre Statthalter und zeitweilig auch ihre Herrscher residierten in Sevilla. Die berühmte Giralda ist das Minarett ihrer dortigen Hauptmoschee. Die Herrscher hatten jedoch immer wieder in Nordafrika mit Aufständen zu tun, die sie von den hispanischen Ereignissen ablenkten.

Der dritte Almohadenherrscher, Ibn Yûsuf Ya'kûb «al-Mansur» (1184–1199), der sich mit den Leonesen verbündet hatte, brachte den Kastiliern 1195 bei Alarcós eine vernichtende Niederlage bei. Doch 17 Jahre später fanden sich die Kastilier, die Aragonesen und die Navarresen, je unter ihrem König, zusammen und zogen mit leonesischen, portugiesischen und französischen Hilfstruppen von Toledo aus gegen Süden. In Las Navas von Tolosa (1212) schlugen sie den nächsten Almohaden, Muhammed «an-Nasir» (1199–1213), vernichtend.

Seither waren die Almohaden gezwungen, schrittweise zurückzuweichen. Die innerdynastischen Kämpfe in der Hauptstadt Marrakesh schwächten die Dynastie. In al-Andalus kam es zu einer dritten Periode von lokalen Kleinfürsten, die neben den Almohaden bestanden. Doch die Leonesen unter Alphons IX. und die Kastilier unter Fernando III. «El Santo» (1217–1252) zerschlugen diese kurzfristigen Herrschaften, bis es schliesslich dem kastilischen Herrscher gelang, das ganze Guadálquivir-Tal mit Córdoba (1236) und Sevilla (1248) zu erobern.

Das lange Nachspiel von Granada

Aus der Zerfallszeit des Almohadenreiches wuchs das letzte Königreich der Araber in al-Andalus empor. Einer der Krieger und Kleinherrscher jener Zeit, *Muhammed Ibn Yûsuf Ibn Nasir «al-Ahmar»* («der Rote», 1237–1273), sah sich angesichts der Übermacht der Kastilier gezwungen, Vasall des Königs Fernando III. zu werden. Er sandte ihm Hilfstruppen zu den Belagerungen von Córdoba und Sevilla gegen seine eigenen Mitmuslime. Dafür stimmte der König zu, dass er Granada als Lehen des kastilischen Herrschers bewahre. Dem König, der grosse, bisher muslimische Gebiete zu befrieden und zu kolonisieren hatte, dürften in jenem Zeitpunkt Tributgelder wichtiger gewesen sein als noch mehr gebirgiges, muslimisches Land. Viele Muslime, die nicht unter der Herrschaft der Christen leben wollten, flohen nach Granada und verstärkten dadurch das Reich des «al-Ahmar».

Zur Zeit des nächsten kastilischen Herrschers, Alphons X. «des Weisen» (1252–84), zettelte «al-Ahmar» von Granada aus einen allgemeinen Aufstand der Muslime gegen die kastilischen Eroberer an. Dieser wurde niedergeschlagen. Doch es gelang dem Herrscher von Granada, gegen bedeutende Tributzahlungen seine Herrschaft zu behaupten. Der Dynastiegründer sollte 20 Nachfolger haben, manche von ihnen sind mehrmals zur Macht gekommen. Ihr letzter wurde erst 1492 von Fernando von Aragón und Isabel von Kastilien besiegt und wanderte nach Marokko aus.

Es waren immer wieder innere Streitigkeiten unter den christlichen Herren der übrigen Halbinsel, die das Leben des kleinen Königreichs von Granada verlängern sollten. Eine Diplomatie, die alle beteiligten Mächte einbezog: Kastilien, Aragón (d. h. vor allem Barcelona), die nordafrikanischen Sultanate der Meriniden und der Hafsiden, die Seemacht von Genua, half der Dynastie zu überleben. Genua trieb einen wichtigen Handel mit Málaga, dem Hafen des Reiches von Granada. Die Genuesen verschafften sich dort «orientalische» Luxusartikel.

Granada führte einen zähen Kampf um die Region der Meerenge gegen Kastilien, den die Muslime erst 1340 mit der Entscheidungsschlacht vom Rio Salado verloren. Doch die zweite Hälfte des 14. Jahrhunderts unter Yûsuf I. (1333–1354) und Muhammed V. (r. 1354–59 und 1362–91) wurde die kulturell reichste Zeit von Granada. Damals wurden die wichtigsten Teile des berühmten Schlosses der Alhambra gebaut, das von der ganzen Dynastie bewohnt und stets weiter verschönert wurde. Eine theologische Hochschule wurde in Granada errichtet. Der berühmte Wesir und Polygraph Ibn al-Khatîb (1313–1375) wirkte in der gleichen Periode. Das Sultanat war in jener Zeit reich genug, um sich christliche und nordafrikanische Söldner zu halten.

Später waren es erneut die innerspanischen Wirren der verschiedensten Art, die es dem muslimischen Königreich erlaubten, noch ein Jahrhundert lang zu überdauern. Auch Granada litt unter politischen Wirren. In dieser Endzeit waren es grosse Familienclans von Adligen, die oft die Sultane umstürzten und neue einsetzten, die Banegas (Bannigasch), die al-Amîn, Banu Abdel-Barr, Banu Kumâscha. Die «Banegas» und die berühmten «Abencerrages» der spanischen Romanzen sind Echos davon.

Noch ein Nachspiel von einem Jahrhundert

Die Nachfahren der unterworfenen Muslime haben ein weiteres Jahrhundert lang auf der Halbinsel gelebt. Man nannte sie nun *Moros, Moriscos* und *Mudéjares.* Moros waren die Muslime, solange sie an ihrem alten Glauben festhalten konnten. Zwangsbekehrt zu nominellen Christen, wurden sie Moriscos genannt. Sie zeichneten sich dadurch aus, dass sie zäh und oft heimlich an ihren alten Sitten und Glaubenssätzen festhielten, sogar wenn nur noch ganz wenige von ihnen Arabisch verstanden und den Koran lesen konnten. Wenn die Inquisition sie bei verdächtigen Handlungen ertappte, die an muslimische Bräuche erinnerten, (z. B. dass sie badeten), wurden sie mit Vermögenseinzug und Gefängnis bestraft, wenn sie nicht sogar ihr Leben verloren. In dieser Hinsicht waren sie den ebenfalls zwangsbekehrten ehemaligen Juden («Neuchristen») der Halbinsel gleichgestellt.

Mudéjares schliesslich waren die Muslime, die schon in früheren Etappen der «reconquista» unter christliche Herrschaft gelangt waren. Sie besassen Verträge, nach denen sie ein Recht gehabt hätten, in ihren Stadtteilen nach ihrer Religion fortzuleben. Es gab solche Mudéjar-Gemeinden in den meisten Städten Kastiliens und der Levante. Doch nach der Eroberung Granadas und der Zwangsbekehrung der Muslime in den neu eroberten Gebieten sowie der Juden auf der ganzen Halbinsel gerieten auch sie unter Druck, sich mehr oder minder nominell zum Christentum zu bekehren. In der Levante gab es weiterhin kompakte «morisco»-Gemeinden von Bewässerungsbauern, deren christliche Feudalherren sie zu schützen suchten, weil ihre Landwirtschaft grosse Gewinne einbrachte. Doch 1611 wurden unter dem Druck der Kirche alle Moriscos in einer grossen Vertreibungsaktion auf Schiffe gebracht und nach Nordafrika transportiert. Sie haben bis heute in Nordafrika bestimmte Traditionen von al-Andalus lebendig erhalten; das gilt besonders von der Musik.

Epochen der Kulturgeschichte

Ein kurzer Überblick über die Hauptepochen der kulturellen Entwicklung in al-Andalus sei hier noch angefügt. In der Omayyadenzeit richtete sich Córdoba, trotz der politischen Gegensätze, stark nach Bagdad hin aus. Die Hauptstadt des grossen Reiches der Muslime war kulturelles Vorbild. Die Geschichte vom Musiker «Ziriyâb», der aus Bagdad geflohen war und in Córdoba, wo er 822 ankam, der Begründer der feinen Lebensart wurde, hat symbolischen Wert. Die Rechtsschule Abdel-Maliks (die auch in Nordafrika dominierte) wurde von Studenten, die in Mekka und in Kairouan das Gottesrecht (Schari'a) studierten, nach Córdoba gebracht. Die Dichter des Ostens wurden nachgeahmt. Der erste Kalif von Córdoba baute sich vor seiner Hauptstadt eine Palaststadt, wie die Abbasiden sie besassen, und der allmächtige Kämmerer, al-Mansur, errichtete sich eine zweite. Doch die Moschee von Córdoba mit ihren Doppelbögen, an der die ganze omayyadische Dynastie fortbauen sollte, nachdem der Dynastiegründer sie begonnen hatte, stellt ein einzigartiges Bauwerk dar, das im Osten seinesgleichen nicht findet. Das Córdoba der Kalifen war kleiner als Bagdad, aber, mit Byzanz, die grösste Stadt von Europa.

Unter den Kleinkönigen schlug die arabische Kultur in al-Andalus tiefe Wurzeln. Zu den aus dem Osten importierten Kulturgütern und -strömungen kamen immer mehr eigenständige Leistungen der Bewohner der Halbinsel. Die Dichtung blieb die wichtigste Kunst, und die Geistlichen spielten als Wächter der religiösen Überlieferung und des Gottesgesetzes eine bedeutende Rolle, doch die Naturwissenschaften, die Mathematik, die Medizin, Musik, Astronomie und Astrologie sowie alle Kunsthandwerke blühten in allen Hauptstädten der vielen Kleinreiche auf.

Die puritanische Herrschaft der Almoraviden brachte dann eine kurze Ruhepause. Doch die Generäle und Emire aus der Sahara wurden rasch von der andalusischen Kultur verführt. Die Almohaden, deren religiöse Haltung der theologischen Spekulation offen stand, wurden Hauptbeschützer der grossen Philosophen von al-Andalus, die – wie im Osten – oft auch berühmte Ärzte waren. Den Philosophen traten die Mystiker entgegen, deren grösster, Ibn Arabi (1165–1240), im Orient eine gewaltige Wirkung ausüben sollte. Unter den Almohaden wurde die besondere Liedstrophe von al-Andalus, das Muwaschschaha, literaturfähig und trat ihren Siegeszug in den arabischen Osten an (sowie vielleicht auch in den provenzalischen Westen).

Die Rolle der Juden

Die Juden von al-Andalus waren besonders gelehrige Schüler der arabischen Kultur. Ihre Dichtung und Philosophie in Sefarad (ihr Wort für Spanien) sind stark von arabischen Vorbildern beeinflusst. Die Befruchtung ihrer eigenen Kulturtradition durch die arabische hat den besonderen Glanz des «Silbernen Zeitalters» der jüdischen Kultur in al-Andalus hervorgebracht. Die grossen hebräischen Dichter von Sefarad wie *Juda ha-Levi* (ca. 1075–1141?) und *Ibn Gabirol* (1021 od. 22 – zw. 1053 und 58) verwendeten arabische Versformen. *Maimonides, Ibn Maimûn* (1135–1204), hat seine philosophischen Werke arabisch geschrieben. Grosse Juden haben zweimal als Wesire hervorragende politische Rollen gespielt: *Khasdai ibn Shaprut*, Zollinspektor, Arzt und eine Art von Aussenminister unter Abdurrahmân III. und seinem Sohn, al-Hakam; sowie *Isma'il ibn Naghralla* (Samuel ha-Nagid, 993–1056) als Wesir der Ziriden in Granada.

Die hispanischen Juden, voll mitbeteiligt an der arabischen Kultur von al-Andalus, jedoch in der almohadischen Zeit verfolgt und abgedrängt nach dem christlichen Norden der Halbinsel, wurden später als Übersetzer aus dem Arabischen wichtige Übermittler der arabischen Kultur nach dem Norden Europas.

Der arabische Name «al-Andalus»

Für die Muslime auf der Iberischen Halbinsel scheint es kaum einen Begriff «Spanien» gegeben zu haben. Sie nannten das von ihnen eroberte Land «al-Andalus», ein Wort, das neu in der Geschichte auftaucht und vielleicht auf den Namen der Vandalen zurückgeht, die arabisch «al-Andalîsh» genannt werden. «al-Andalus» war für die Araber immer Südspanien mit Südportugal und die südliche spanische Levante. Sein Herz war das Guadalquivir-Tal («al-Wâdî al Kabîr, der Grosse Fluss). In den Augen der Araber hatte das Land al-Andalus seine Grenzprovinzen, die im Westen durch Badajoz gebildet wurden, im Zentrum durch Toledo und im Osten weit in den Norden hinauf reichten bis Saragossa (Caesarea Augusta). Solchen Grenzgebieten waren oft ausgedehnte «Kampfgrenzen» vorgelagert, weite Landstriche, die keiner Seite voll gehörten und über die hinweg die Einfälle und Gegeneinfälle kleinerer oder grösserer Erkundungstrupps oder Invasionsarmeen ihren Lauf nahmen. Die Grenzen waren durch Festungen abgesichert, von denen es dreierlei Arten gab: blosse Wacht- und Signaltürme, befestigte Burgen, die manchmal grössere Umfriedungen besassen, um die Bauern der Nachbarschaft mit ihrem Vieh aufnehmen zu können, schliesslich grössere Festungen, die oft über einem seinerseits befestigten Marktflecken lagen und in Friedenszeiten als die wirtschaftlichen Zentren der Grenzregionen dienten.

Die Bewohner der Halbinsel kannten den Begriff «Jezîratu'l-Andalus», «Halbinsel von al-Andalus», sie wussten auch, dass im Norden der Halbinsel «Christen» oder «Franken» lebten. Doch fehlte ihnen ein Name, der die ganze Halbinsel – jene der Muslime und jene der Christen – als geographische Einheit umfasst hätte. Die Gegensätze zwischen Christen und Muslimen waren so handgreiflich und umgekehrt war das genaue Bild der Umrisse der Halbinsel, mindestens in den frühen Zeiten der muslimischen Herrschaft, so verschwommen, dass der Unterschied zwischen Muslimen und Christen mehr Gewicht aufwies als der Umstand, dass Muslime und Christen auf einer gemeinsamen Halbinsel lebten, die einen eigenen Namen verdient hätte.

Auch die Bewohner der nördlichen Königreiche der Iberischen Halbinsel nennen sich im Frühmittelalter noch Gallegos, Asturianos, Leonesen, Basken, Kastilier, Navarresen, Aragonesen, Katalanen oder alle gemeinsam «Christen» – im Gegensatz zu den Muslimen des Südens. Das Wort «español» ist nicht hispanischer, sondern provenzalischer Herkunft. Doch gab es bei den hispanischen Christen den lateinischen Begriff «Hispania», der die gesamte Halbinsel umfasste. Auf ihn berief sich der kastilische Herrscher Alfonso VI., als er sich nach der Einnahme der alten Reichshauptstadt Toledo im Jahr 1085 «Imperator totius Hispaniae» titulieren liess.

I

Die arabische Hochkultur auf der Iberischen Halbinsel

Die Eroberung Spaniens.
Erringung und Konsolidierung der Macht

Schwierige und leichte Eroberungen der Araber

Unter den grossen arabischen Eroberungen, die 633, ein Jahr nach dem Tod Muhammeds, begannen und nach mehr als 100 Jahren erst, gegen das Jahr 750 endgültig zu Ende kamen, hat es schwere und leichtere gegeben. Die ersten entscheidenden Erfolge errangen die Araber mit der völligen Zerschlagung des sassanidischen Reiches und der Vertreibung der Byzantiner aus Syrien. Iran wurde eine relativ leichte Beute, nachdem der Kern des Sassanidenheeres in zwei grossen Feldschlachten zerbrochen worden war: Qadîsiya zwischen Mesopotamien und der arabischen Wüste 636, und Nahawand in der Region von Hamadan 642. Syrien fiel nach nur einer Entscheidungsschlacht am Yarmuk ebenfalls im Jahr 636. Die arabischen Heere waren auf bereits angeschlagene Gegner gestoßen: In den vorausgegangenen Jahrzehnten hatten Perser und Byzantiner bittere Kriege gegeneinander geführt und einander entscheidend geschwächt.

Schon drei Jahre nach der Schlacht am Yarmuk fielen die Araber in Ägypten ein. Der Eroberer des Niltals, 'Amr ibn al-'Âs, soll damals nur 4000 Mann angeführt haben. Doch Ägypten war vom Byzantinischen Reich abgeschnitten, und die religiösen Zwiste der verschiedenen christlichen Sekten hatten die Autorität Konstantinopels und die innere Stabilität Ägyptens gefährlich erschüttert. So fiel denn Unterägypten nach einer einzigen Entscheidungsschlacht, in Heliopolis beim heutigen Kairo, damals Babylon, im Jahr 640 den Arabern anheim. Eine byzantinische Gegenoffensive zur See wurde abgeschlagen. Von Ägypten aus drangen die arabischen Heere schon bald nach der Cyrenaika vor, denn sie bildete die westliche Bastion des Niltals.

Doch das weitere Vordringen nach Nordafrika erwies sich als ein viel schwierigeres Unterfangen. Byzanz beherrschte die Häfen und Handelsstädte an den Küsten; die byzantinische Flotte war zunächst auch in der Lage, die Verbindungen mit ihnen über das Mittelmeer hinweg aufrecht zu erhalten. Im Binnenland lebten Berberstämme, die den Eroberern zähen Widerstand entgegensetzten. Sie konnten nicht nur die Sahara als Zufluchtsort benützen – die Wüste indes war schließlich auch den Arabern vertraut – sondern auch die diesen fremden Gebirge des nordafrikanischen Inneren. So brauchte es einen höchst energischen Kriegsmann, 'Oqba ibn Nafi', um die Eroberung Nordafrikas zwischen 662 und 670 bis nach Tripolitanien voranzutragen. 'Oqba hat dann gewaltige Raids, wie man heute sagen würde, geritten, die ihn 675 bis Tlemcen und 680 bis an die Atlantikküste nördlich von Agadir brachten. Dort soll er sein Pferd ins Wasser getrieben und den berühmten Ausruf getan haben: «Gott, ich nehme dich zum

Zeugen, wenn es einen weiteren Weg gegeben hätte, wäre ich weiter geritten». 'Oqba, nicht der Eroberer von Nordafrika, als der er heute oft angesprochen wird, sondern eher ein blosser Reiterführer und Kundschafter, fiel auf dem Rückweg im Jahre 683 in der Nähe von Biskra im heutigen Algerien in einem Hinterhalt, den ihm der Berberkönig Kusaila gelegt hatte. Eine allgemeine Berbererhebung folgte, und die Araber mussten das Heerlager von Kairouan aufgeben, das 'Oqba 13 Jahre früher als Nachschubbasis gegründet hatte. Aus dem fernen Damaskus mussten Truppen entsandt werden, um die Berber niederzuschlagen; Kusaila sollte 685 (nach anderen Quellen 688) fallen.

Erst 697 konnten die Araber Karthago (beim heutigen Tunis) einnehmen, das bis dahin noch von den Byzantinern gehalten wurde; im Jahr darauf erlitten sie im Landesinnern von Algerien, am Rande des Aurès, eine blutige Niederlage durch die Berberische Káhina, die eine Heilige Frau jüdischen Glaubens gewesen sein soll. Drei Jahre später fiel die Káhina, und mit ihr nahm auch der Aufstand ein Ende.

Ein dritter grosser Berberaufstand brach 40 Jahre später aus. Die Araber erlitten eine schwere Niederlage am Sebou (Marokko) im Jahr 742; nur mit grösster Anstrengung konnten sie ihre Basis Kairouan retten, indem sie zwei Schlachten in der Nähe der Stadt bei al-Qarn und al-Asnam im selben Jahr gewannen. Doch dies waren Ereignisse, die schon nach der Eroberung Spaniens stattfanden.

Die Eroberung der Iberischen Halbinsel, jedenfalls ihres weitaus grössten Teils, erwies sich als ausgesprochen leicht, verglichen mit der derjenigen Nordafrikas. Ähnlich wie im Falle Ägyptens (und auch vergleichbar mit Persien nach dem Sturz des sassanidischen Grosskönigs) trafen die arabischen Eroberer auf der Iberischen Halbinsel auf ein zentralistisch organisiertes Herrschaftsgebiet, das jedoch deutliche Zeichen des Zerfalls trug: das Reich der Westgoten. Die Westgoten waren innerlich gespalten, weil die Nachfolge eines jeden Herrschers immer wieder durch Kämpfe gewaltsam entschieden werden musste. Sie hatten den jüdischen Teil der hispanischen Bevölkerung durch beständige Verfolgungen verbittert. Die westgotische Kirche, ebenso zentralisiert wie das Königtum, pflegte mit Gewalt die Glaubensstreitigkeiten zu regeln, die sie selbst aufgeworfen hatte; und es gab eine Sklavenfrage, die als einer der wichtigsten inneren Widersprüche des westgotischen Regimes gelten muss. Von alledem wird im einzelnen noch zu sprechen sein.

Die Eroberung der Iberischen Halbinsel glich einem Dammbruch. Kurz nach ihrer Landung gewannen die arabischen Truppen im Juli 711 am Barbatefluß eine Schlacht, die sich bereits als Entscheidung erwies. Der westgotische König Rodrigo verlor dabei wahrscheinlich sein Leben. Der zentral gesteuerte Widerstand gegen die Invasion jedenfalls brach danach zusammen. Die arabischen Eroberer hatten später nur noch gegen die lokalen Widerstandsversuche einzelner Städte und Regionen anzukämpfen. Der nächste einigermassen zentral geleitete Abwehrversuch, auf den sie stiessen, sollte erst jener des fränkischen Hausmeiers Karl Martell werden, weit nördlich der Pyrenäen, 732 bei Poitiers.

Das rasche Eindringen der Muslime in Iberien

Die Invasion der Halbinsel, die damals von den Westgoten beherrscht wurde, begann 711 im April oder Mai. Sie war wohl ursprünglich als ein Beutezug gedacht, verwandelte sich aber rasch in eine systematische Eroberung. Der byzantinische Exarch (Gouverneur) Julian, der in Ceuta sass, half den Arabern, über die Meerenge zu setzen. Über seine Motive weiss man nichts Gesichertes. Eine spätere Erklärungslegende spricht von einer Schändung seiner Tochter durch den Gotenkönig. Vorausgegangen war ein erstes Abtastungsmanöver, das aus einer Landung von 400 Muslimen im Juni 710 auf der Halbinsel von Tarifa bestand. Im folgenden Jahr waren es an die 7000 Mann, die übersetzten und eine Basis in Algeciras errichteten. Sie schlugen den herbeieilenden Westgotenkönig Rodrigo (Roderik) im Juli 711 westlich von Tarifa am Barbatefluss (Wadi Lago der Araber), nicht weit von Medina Sidonia. Dabei spielte eine wahrscheinlich entscheidende Rolle, dass Teile des gotischen Heeres zu den Arabern überliefen. Ihre Kommandanten waren Anhänger und Verwandte Akhilas, des Sohnes des vorausgegangenen Herrschers Witiza, der ein Jahr zuvor im Machtkampf mit Rodrigo unterlegen war.

Der Westgotenkönig scheint erschlagen worden zu sein. Jedenfalls verschwand er von da an aus der Geschichte. Der muslimische Anführer war *Târiq Ibn Ziyâd,* ein Berber und Klient des arabischen Gouverneurs von Nordafrika, Mûsa Ibn Nusair, den dieser als Statthalter an der Meerenge eingesetzt hatte.

Der leichte Erfolg seines Untergebenen scheint *Mûsa Ibn Nusair* dazu angespornt zu haben, seinerseits auf die Halbinsel überzusetzen. Die arabischen Historiker sprechen gerne vom Neid, den er gegenüber seinem Unterführer empfunden habe. Vielleicht ging es jedoch auch um politische und strategische Belange. Der Gouverneur von Nordafrika könnte etwa befürchtet haben, dass sein Berberklient, wenn er auf der Halbinsel allzuviel Land und Macht gewönne, gegen ihn und seine Macht aufsässig würde. Jedenfalls setzte Mûsa selbst mit 18000 Mann, meistens Arabern (die Krieger Târiqs waren wohl überwiegend Berber) im Jahr 712 über die Meerenge und erstürmte Sevilla, das damals noch Hispalis hiess. Er scheint seinen Feldzug ohne ausdrückliche Genehmigung des Kalifen von Damaskus, damals al-Walîd (r. 705–715), unternommen zu haben. Der Gouverneur zog dann weiter nach Mérida (Augusta Emerita), einer bedeutenden befestigten Stadt, die sich bis Juni 713 verteidigte. Târiq und Mûsa trafen sich erst 713, nach der Eroberung von Mérida, am Tagus (Tajo) unterhalb von Toledo. Die Truppen Târiqs hatten in der Zwischenzeit, noch im Jahr 711, sowohl Córdoba wie auch Toledo, die Hauptstadt der Westgoten, eingenommen. Toledo war ohne Widerstand gefallen. Kurz nach der Schlacht am Barbatefluss war nochmals eine grössere Menge von unzufriedenen westgotischen Untertanen zu den Truppen Târiqs gestossen. Die Juden der Iberischen Halbinsel, die von den Westgoten verfolgt worden waren, wurden ebenfalls zu Bundesgenossen der erobernden Araber.

Die geringe Zahl der berberischen und arabischen Truppen (obwohl weitere 5000 Berber schon 711 das Landungskorps Târiqs verstärkt hatten) sowie der Umstand, dass schon bald grössere Mengen von einheimischen Gegnern des Gotenregimes zu ihnen stiessen, hat zu der gewiss übertriebenen These mancher Historiker geführt, nach welcher «die Araber» Spanien überhaupt nie «erobert» hätten. Ihr ist entgegenzuhalten, dass eine Eroberung mindestens insofern stattfand, als eine neue Herrschaftsschicht, die eine andere Religion, Kultur und Schriftsprache besass als die bisherige, die Macht ergreifen und einige Jahrhunderte lang ausüben konnte.

Von Toledo aus zog Mûsa Ibn Nusair nach Saragossa (Caesarea Augusta). Er erreichte die Stadt, die den Schlüssel zum gesamten Ebro-Tal bildete, im Jahr 714 und sandte vielleicht schon damals die ersten Spähtrupps nach Narbonne aus. Târiq erreichte seinerseits León, Asturias und Aragon. Doch im gleichen Jahr noch rief der Kalif die beiden Eroberer an seinen Hof nach Damaskus, um sie über die Eroberungen Rechenschaft ablegen zu lassen. Sie waren in Verdacht gekommen, dem Kalifen seinen Beuteanteil vorenthalten zu haben.

In Spanien fiel das Oberkommando an den Sohn Musas, Abdulazîz. Er vervollständigte die Eroberung, indem er Pamplona, Tarragona und Gerona einnahm. Im Süden wurden die Algarve, Málaga und Elvira (damals Hauptstadt der späteren Provinz Granada) erobert, und ein Unterwerfungsvertrag wurde mit dem Goten Tudmir (Theodomir) von Murcia abgeschlossen (715 oder vielleicht schon 713). Abdulazîz wurde 716 ermordet.

In der Zeit unmittelbar nach der Eroberung der Halbinsel unternahmen arabische Heere Vorstösse bis tief nach Frankreich hinein. Dies waren mehr Beutezüge als Versuche bleibender Eroberung. Die Muslime gingen auf zwei Hauptachsen vor, einerseits Richtung Narbonne, Toulouse und das Rhônetal hinauf; andererseits auf Bordeaux hin. In der Provence konnten muslimische Heere sich lange Zeit halten. Narbonne (erobert 719), Carcassonne, Nîmes (erobert 725) waren geraume Zeit muslimische Garnisonsstädte. Arles wurde 734 besetzt, und auch Avignon wurde erobert. Vor allem aber in «Fraxinetum» westlich von Marseille, nicht weit vom heutigen Fréjus, entstand eine arabische Festungsstadt, von der aus Vorstösse rhôneaufwärts bis nach Burgund durchgeführt wurden. Autun wurde im Jahr 725 gänzlich geplündert, und im ebenen Rhônetal bis hinauf zum Grossen St. Bernhard gab es muslimische Stützpunkte für längere oder kürzere Zeiten. Fraxinetum wurde bis ins 10. Jahrhundert hinein gehalten. Die meisten Kämpfer scheinen in der späteren Zeit jedoch über See aus Nordafrika und aus Spanien nach diesem provenzalischen Hafen gelangt zu sein, von dem aus Raubzüge bis in die Po-Ebene hinüber nach Asti und Alessandria und der ganzen provenzalischen Küste entlang vorgenommen wurden.

Im Westen kamen die arabischen Beutezüge, die über Bordeaux hinausgingen, zwischen Poitiers und Tours zum Stillstand, als einer der Gouverneure, Abdurrahmân al-Ghâfiqi, 732, nach neueren Datierungen im Oktober 734, in einer Schlacht gegen Karl Martell, den karolingischen Hausmeier, sein Leben verlor.

Dies war das, was die europäischen Geschichtsbücher als die Schlacht bei Poitiers bezeichnen. Die muslimischen Historiker nennen sie die Schlacht von *Balât asch-Schuhadâ'*. Der Name bedeutet «Strasse der Märtyrer» oder «der im Glaubenskampf

Gefallenen». «Strasse» bezieht sich auf die Römerstrasse, die von Chatellerault nach Poitiers führte. Die Schlacht hat wohl, wie Lévi-Provençal festgestellt hat, bei dem heutigen Ort Moussais la Bataille stattgefunden. Nur die Geschichtsschreiber des arabischen Westens erwähnen die Schlacht überhaupt, die des Ostens kennen sie nicht. In der arabischen Geschichtsschreibung erscheint «Poitiers» keineswegs als die Entscheidungsschlacht, die dem Vordringen der Muslime nach «Frankreich» oder gar «Europa» ein Ende bereitete, wie der Sieg Karl Martells in der älteren europäischen Geschichtsschreibung oft dargestellt wurde. Sie erscheint vielmehr als einer neben anderen Raids (d. h. überfallartigen Vorstössen), allerdings einer, der ein schlechtes Ende nahm.

Für das allmähliche Abklingen der muslimischen Versuche, bis nach Frankreich hinein vorzudringen, dürfte der grosse Aufstand der Berber in Nordafrika, der 740 ausbrach und dem sich auch berberische Truppen in Spanien anschlossen, mindestens ebensosehr verantwortlich gewesen sein wie der Rückschlag, den die Muslime bei Poitiers erlitten.

Auf der Halbinsel selbst stiessen die Eroberer auf erheblichen Widerstand in den Bergen von Asturien. Nach der Legende, der wohl historische Fakten zugrunde liegen, soll Pelayo, Prinz von Asturias, 718, nach anderen Datierungen 721 oder 726, eine muslimische Heerschar, die Covadonga belagerte, zurückgeschlagen haben. Die eigentliche Geschichte beginnt jedoch erst mit Alfonso I., König von Asturias (739–757), der grosse Teile von Nordwestspanien und des Nordens von Portugal unter seine Herrschaft brachte. Diese Erfolge des Erbvaters der spanischen Könige fallen zeitlich mit dem Zusammenbruch der Omayyadendynastie von Damaskus zusammen, welche über ihre Provinzgouverneure die Herrschaft in al-Andalus ausübte.

Innere Kämpfe

Die traditionelle Rivalität zwischen den beduinischen Stammesföderationen der *Kalbiten* und *Qaysiten* (ursprünglich süd- und nordarabische Stämme) wurde aus dem heimischen Arabien in alle eroberten Gebiete und so auch nach Andalusien verpflanzt. Weitere, neue Gegensätze entstanden in Spanien zwischen den Berbern, den syrisch-arabischen Truppen und den neu zum Islam übergetretenen Einheimischen, von den Arabern *«Muwallad»* genannt, d. h. Affiliierte, Adoptierte, «Klienten».

Die Berber wurden von den Arabern verächtlich behandelt, weil sie ebenfalls «Klienten» waren, d. h. Nicht-Araber, die sich beim Übertritt zum Islam einem arabischen Stamm hatten anschliessen und unterstellen müssen. In al-Andalus mussten sie sich mit den geringeren Beuteanteilen und dem schlechteren Landbesitz begnügen.

Im Jahr 740 brach, wie bereits erwähnt, ein grosser Berberaufstand in Nordafrika aus, der wichtige Folgen für al-Andalus haben sollte. Der Gouverneur von Nordafrika, der in Kairouan residierte, wurde von der Erhebung überrascht. Der Kalif aus Damaskus sandte ihm 7000 syrische Reitersoldaten unter einem eigenen Anführer, Balj Ibn Bischr, zu Hilfe. Balj wurde von den aufständischen Berbern geschlagen und in Ceuta belagert (741). Er kam mit dem Gouverneur von al-Andalus überein, seine Truppen nach der Halbinsel überzusetzen und mit ihnen gegen die aufständischen Berber in al-Andalus vorzugehen. Er versprach, danach nach Nordafrika zurückzukehren, brach jedoch diese Zusage und blieb auf der Halbinsel, nachdem er dort drei Berberheere nacheinander besiegt hatte. Balj besetzte Córdoba, die Hauptstadt der neuen Reichsprovinz, und vertrieb den Gouverneur. Dessen Anhänger, *Kalbiten,* verbündeten sich mit den Berbertruppen und bekämpften gemeinsam Baljs Syrer, die *Qaysiten* und Anhänger der Omayyaden-Dynastie waren. Balj schlug sie zurück, verlor jedoch selbst sein Leben in der Schlacht (742).

Es kam danach zu einer Versöhnung; die syrischen Reitertruppen erhielten Landgüter im Guadalquivirtal und in anderen fruchtbaren Gegenden, auf Kosten der bisherigen westgotischen Landbesitzer. Die syrischen Veteranen wurden so zu einer gewichtigen Partei im politischen Ringen von al-Andalus, wie die Araber ihre neue spanische Provinz nannten. Die Etymologie dieses neu in der Geschichte aufkommenden Namens ist nicht befriedigend geklärt. Manche Gelehrte wollen sie auf den Namen der Vandalen zurückführen, die arabisch «al-Andalîsh» genannt wurden (vgl. S. 27f.). Die syrischen Truppen waren oft in der Lage, Gouverneure in Córdoba einzusetzen, die ihre Interessen begünstigten.

Die 23 Statthalter

In den 45 Jahren zwischen der Eroberung und der Errichtung der direkten omayyadischen Herrschaft, des *Emirates,* das später zum *Kalifat* werden sollte, 711 bis 756, gab es ein Total von 23 Gouverneuren und Stellvertretenden Gouverneuren, die unter den Omayyaden von Damaskus herrschten. Einige der Statthalter regierten mehrmals, manche waren nur einige Monate lang im Amt. Sie unterstanden entweder Damaskus direkt oder dem Gouverneur von Kairouan, der für Nordafrika zuständig war.

Die Distanzen waren so gross und die lokalen Zwiste so einschneidend, dass des öfteren andalusische Streitparteien selbst Gouverneure einsetzten und diese dann durch den Statthalter in Kairouan und den Kalifen in Damaskus nur noch bestätigt wurden. Nur drei der 23 Gouverneure blieben über 5 Jahre im Amt: Anbasa Ibn Suhaym al-Kalbi (721–726); Uqba Ibn Hajjaj as-Sûli (Ende 734–Anfang 741) und der letzte, Yusuf Ibn Abdurrahmân al-Fihri (746–756).

Die Machtergreifung des Omayyaden Abdurrahmân

Nach dem Sturz der Omayyadendynastie in Damaskus (751) durch die Abbasiden, die Bagdad zu ihrer Hauptstadt erhoben, rettete sich eines der wenigen dem Massaker der Dynastie entkommenen Mitglieder der Herrscherfamilie, *Abdurrahmân Ibn Mu'awiya,* zuerst nach Nordafrika, dann nach Spanien, und herrschte dort über 30 Jahre lang (756–788).

In Nordafrika hatte er Zuflucht gefunden, weil seine Mutter aus dem Berberstamm der Nafza stammte, die am marokkanischen Mittelmeerstrand siedelten. In al-Andalus konnte er sich zur Herrschaft aufschwingen, indem er die Gegensätze der untereinander verfeindeten andalusischen Klans ausnützte.

Ein Abgesandter, *al-Badr,* sein freigelassener und langjähriger Vertrauensmann, der mit ihm geflohen war, reiste mit einem Schreiben des Kalifenabkömmlings nach al-Andalus voraus und führte Verhandlungen mit den verschiedenen dortigen Machtgruppen; zuerst mit dem Oberhaupt der «nördlichen», syrischen Araber, *Sumayel,* von dem der damalige Gouverneur, *Yûsuf,* abhing, nach dessen Absage mit der damals gerade unterlegenen «südlichen» Partei der «Yemeniten». Auf deren Ermunterung hin unternahm Abdurrahmân selbst die Überfahrt, sammelte ein Heer um sich und schlug den Gouverneur und dessen Heerführer, den erwähnten Sumayel, in der Nähe von Córdoba am 15. Mai 756. Yûsuf und Sumayel unterwarfen sich dem Omayyaden, doch schon zwei Jahre später floh Yusuf vom Hofe von Córdoba Richtung Mérida, und es gelang ihm, von Mérida aus Sevilla zu bedrohen. Doch er wurde von einem Verwandten des Omayyaden bei Morón am unteren Guadalquivir geschlagen und auf der Flucht nach Toledo umgebracht.

Sumayel war in Córdoba geblieben, doch der omayyadische Emir liess ihn einkerkern und soll ihn nach dem Tod seines früheren Parteifreundes und Schützlings, des Gouverneurs, haben erdrosseln lassen. Auch ein Sohn von Yusuf, der als Geisel in der Hand des Emirs zurückgeblieben war, wurde hingerichtet, und zwei noch sehr junge Brüder wurden lebenslänglich eingekerkert.

Der saftige Ton der arabischen Quellen

Die vorausgeschickte Zusammenfassung der ersten Jahrzehnte der arabischen Herrschaft in Spanien (711 bis 756) stellt nur einen groben und vereinfachten Abriss der Ereignisse dar. Viel mehr Einzelheiten, Intrigen und Verwicklungen, aber auch farbige Anekdoten und Beschreibungen, die den Annalen der arabischen Geschichtsschreiber entnommen sind, findet man in dem grossen, romantisch gefärbten, aber höchst wissenschaftlichen Geschichtswerk des Niederländers *Reinhardt Peter Dozy* (1820–1883), der in Leyden arbeitete, aber französisch (und lateinisch) schrieb und dessen Leistung umso bedeutender ist, als er die betreffenden arabischen Manuskripte entweder selbst veröffentlichte oder als Manuskripte las und exzerpierte. Seine beiden dicken Bände *«Histoire des musulmans d'Espagne»* sind prall gefüllt mit farbenreichen Anekdoten; Gedichte spielen in ihnen eine bedeutende Rolle, und alle Seiten triefen nur so von Blut, Verrat, Ränken aller Art, Allianzen und Umkehr der Allianzen aller mit allen.

Es fehlt nicht an bedeutenden Figuren und charakteristischen Anekdoten, die ihre Eigenart beschreiben sollen, ganz dem Gehalt und Geist der arabischen Quellen entsprechend. Um Dozy zu lesen, braucht man allerdings den langen Atem einer weniger übereilten Zeit als der heutigen.

Der niederländische Historiker und Vater aller andalusischen Geschichtsschreibung in der modernen Zeit beginnt ganz vorne, mit Muhammed und den Rechtgeleiteten Kalifen. Er schildert ausführlich die Stammesgegensätze zwischen den Süd-

und den Nordarabern und glaubt in ihnen den roten Faden zu entdecken, der die gesamte frühe muslimische und die andalusische Geschichte durchzieht.

In den arabischen Quellen werden in der Tat die Parteienkämpfe zwischen den beiden grossen Stammesföderationen der *Qaysiten* und der *Kalbiten* immer stark hervorgehoben. In der Sicht der Chronisten, Zeitgenossen und Nachfahren genügt es stets, festzuhalten, der eine Grosse sei ein Kalbite gewesen, der andere ein Qaysite, um ihre blutigen Kämpfe und Vendetta-Aktionen, oft über Generationen hinweg, zu erklären. Auch den Omayyadenkalifen von Damaskus wird jeweilen zugeschrieben, der eine habe den Qaysiten, der andere den Kabiten zugeneigt, und diesen Berichten nach wurde jeweilen entsprechend der Ausrichtung des neuen Kalifen das gesamte Führungspersonal des Grossreiches ausgewechselt. Die Führer der Stammeskoalition, auf die der Schatten der Ungunst der Herrscher fiel, hatten Verfolgungen von seiten ihrer in Gunst stehenden Rivalen und Erbfeinde zu befürchten, so sehr, dass sie sich sogar zur Auflehnung gegen den Kalifen veranlasst sehen konnten, um der harten Hand ihrer Feinde zu entgehen.

Dozy geht in der Interpretation dieser «Nord-Süd»-Gegensätze so weit, dass er von «zwei arabischen Nationen» spricht, die durch die ganzen frühen Jahrhunderte des Islams miteinander gerungen hätten. Blutige Zusammenstösse zwischen den beiden Gruppierungen und Verfolgungen im arabischen Osten und Westen, mit denen er seine These untermauern kann, fehlen nicht. Doch spätere Historiker haben Dozy nicht ohne Grund vorgeworfen, er übertreibe die Bedeutung dieser *einen* Spaltung unter den Arabern, indem er andere Konfliktfaktoren zu wenig berücksichtige. In der Tat gibt es bei genauerem Zusehen keine sozusagen «natürlichen» Bündnisfronten, sondern alle möglichen Kombinationen von Bündnissen kommen vor, je nach den taktischen Gegebenheiten der Lage.

Andere Spaltungsfaktoren sind ohne Zweifel die ethnischen Gegensätze gewesen, die in Nordafrika zwischen erobernden Arabern und einheimischen Berbern bestanden; in Spanien waren sie sogar drei-, vier- und fünffacher Art: jemenitische Araber, syrische Araber, Berber, zum Islam übergetretene Einheimische der Halbinsel, die oben erwähnten «Muwallad» (Adoptierten). Auch weniger ehrenhafte Bezeichnungen für letztere kommen vor, die eine Beleidigung beinhalten und beabsichtigen: *«'Ilj»*, was Konvertit und Barbare bedeutet, oder gar schlicht und roh: *«Christensohn»* und *«Sohn einer Christin»*.

Dazu kamen als weitere, freilich nur in Ausnahmefällen an offenen Auseinandersetzungen teilnehmende Gruppierungen die christlichen und die jüdischen Einheimischen, die als Angehörige monotheistischer Religionen von den Muslimen zwar akzeptiert und sogar beschützt wurden, aber ihnen klar untergeordnete Gruppen darstellten. In Andalusien wurden sie *Mozárabes* im Falle der Christen und *Sefardí* (Sefarditen) im Falle der Juden genannt. Mozaraber wird von «Must'arab» hergeleitet, was soviel bedeutet wie «der ein Araber sein möchte», also «Amateur und Bewunderer des Arabertumes». Sefardí leitet sich von der hebräischen Bezeichnung für die Halbinsel, «Sefarad», ab.

Um zu illustrieren, wie malerisch die arabische Geschichtsschreibung war, sei hier als Beispiel eine Schilderung des Heerführers *Sumayel* gegeben, welcher, wie aus der vorausgeschickten Zusammenfassung der Ereignisse hervorgeht, der Hauptgegner des ersten Omayyaden von al-Andalus, Abdurrahmâns I. (756–788), gewesen ist. Grundlage der Schilderung ist das erwähnte Werk von Dozy.

Der Gouverneur Abu'l-Khattâr, ist bei Dozy zu lesen, erwies sich in immer wachsendem Masse als parteiisch für die Südaraber. Doch die Nordaraber hielten sich anfänglich zurück, weil sie eine Minderheit in al-Andalus darstellten. Schliesslich kam es aber doch zu einem neuen Ausbruch des alten Bürgerkrieges zwischen den beiden Stammesföderationen:

«In einem Streit zwischen einem Südaraber und einem Nordaraber gab der Gouverneur dem Südaraber recht, obgleich er unrecht hatte. Daraufhin beklagte sich der Nordaraber beim Oberhaupt seiner Stammesföderation, dem Qaysitenchef *Sumayel* vom Stamm der Kilâb. Dieser begab sich sofort zum Palast des Gouverneurs und warf ihm seine Parteilichkeit zu Gunsten seiner eigenen Stammesfreunde vor. Doch der Gouverneur antwortete dem Nordaraber in bissigen Tönen und befahl dann, da Sumayel im gleichen Ton replizierte, er solle geohrfeigt und aus dem Palast geworfen werden. Sumayel ertrug diese Beleidigung, ohne mit einer Wimper zu zucken und mit unverhüllter Verachtung. Nachdem er so brutal verabschiedet worden war, verliess er den Palast mit aufgelöstem Turban.

Ein Mann, der beim Tor stand, fragte ihn: ‹Was ist denn mit deinem Turban geschehen? Er sitzt ja ganz schief!› – ‹Solange ich Stammesmitglieder besitze›, antwortete der Scheich, ‹werden sie dafür sorgen, dass er wieder richtig zu sitzen kommt!›

Dies war eine Kriegserklärung. Der Gouverneur Abu'l-Khattâr hatte sich einen Feind geschaffen, der ebenso gefährlich wie unversöhnlich war. Er war keine Durchschnittsperson, weder im Guten noch im Bösen. Ein guter und ein böser Geist stritten sich mit gleichen Kräften um die Seele von Sumayel, die von guter und grosszügiger Natur war, aber auch leidenschaftlich, hochfahrend, rachelustig und gewalttätig. Er war eine mächtige Natur, aber ungebildet, wankelmütig, von Instinkt und von Zufällen geleitet, eine seltsame Mischung von entgegengesetzten Neigungen. Wenn seine Leidenschaft erregt worden war, konnte er konsequent handeln, doch wenn seine fieberhafte Erregung sich gelegt hatte, fiel er in Faulheit und Gleichgültigkeit zurück, die ihm noch natürlicher waren. Seine Freigiebigkeit, die Tugend, welche seine Stammesgenossen über allen anderen schätzten, war so gross, ja so grenzenlos, dass sein Dichter (denn natürlich hatte ein jeder Chef, wie in den schottischen Klans, seinen eigenen Dichter) ihn nur zweimal im Jahr besuchte, nämlich zur Zeit der grossen Religionsfeste. Dies, weil Sumayel geschworen hatte, er werde ihm stets alles schenken, was er am Leibe trage, sooft er ihn sehe.

Sumayel war jedoch nicht gebildet, obgleich er die Poesie liebte, besonders Gedichte, die seiner Eitelkeit schmeichelten. Wenngleich er von Zeit zu Zeit selbst Verse schmiedete, konnte er nicht lesen, und die Araber selbst beurteilten ihn als weit hinter seinem Jahrhundert zurückgeblieben. Doch er verstand sich so gut auf die feine Lebensart, dass selbst seine Feinde zugeben mussten, er sei ein Vorbild der Höflichkeit. In der Ungehemmtheit seiner Lebensweise und in seiner religiösen Indifferenz führte er den Typus der alten arabischen Aristokratie weiter, den nämlich von Trinkern, die nur dem Namen nach Muslime waren. Er trank Wein wie ein arabischer Heide, und fast jede Nacht war er betrunken. Den Koran kannte er kaum, und es reizte ihn auch wenig, ein Buch zu kennen, dessen egalitäre Tendenzen seinen arabischen Stolz beleidigten. Man erzählt, dass er eines Tages einen Schulmeister den Kindern Leseunterricht geben hörte, wobei er den Koranvers zitierte: ‹Wir wechseln ab mit Niederlagen und Erfolgen für die Menschen›. Da rief er: ‹Nein, man muss sagen: ‹unter den Arabern!› – ‹Entschuldigen Sie, hoher Herr,› antwortete der Schulmeister, ‹hier steht geschrieben: unter den Menschen.› ‹Ist dieser Vers so geschrieben?› – ‹Ja, ohne Zweifel!› – ‹Welch ein Unglück für uns; in dem Fall gehört uns die Macht nicht mehr. Die Pathanen, die Dorfbewohner und die Sklaven werden auch ihren Teil beanspruchen!› (...)

Als Sumayel zu Hause ankam, liess er in der Nacht die einflussreichsten Qaysitenchefs zusammenrufen, erzählte ihnen die Beleidigung, die ihm angetan worden war und forderte Rat von ihnen darüber, was nun zu geschehen habe. Sie antworteten ihm: ‹Teile uns deinen Plan mit, wir billigen ihn im vorneherein und sind bereit, ihn auszuführen!› – ‹Bei Gott, antwortete er, ‹ich bin bereit, die Macht den Händen jenes Arabers zu entreissen. Aber wir, die Qaysiten, sind zu schwach, um den Jemeniten alleine zu widerstehen, und ich will euch nicht den Gefahren eines solchen waghalsigen Unternehmens aussetzen. Am besten ist, wir rufen natürlich alle jene unter die Waffen, die in der Schlacht von der Wiese geschlagen worden sind (d.h. die Nordaraber, die in einer vorausgehenden Schlacht von den Südarabern besiegt worden waren), doch schliessen wir gleichzeitig ein Bündnis mit den Stämmen der Lakhmiten und der Jodhamiten (zwei südarabische Stämme) und versprechen einem der ihrigen das Emirat (d.h. die Statthalterschaft). Ich will sagen, sie sollen die Führung zum Schein erhalten, aber wir wollen sie in Wirklichkeit innehaben.›»

Dozy fährt dann fort, immer gestützt auf seine arabischen Quellen (in erster Linie Ibn al-Idhari für die Fakten und die Chronologie, al-Maqqari für die Anekdoten und Einzelberichte), indem er die indirekte Machtergreifung und -ausübung Sumayels schildert, der sich auf den ihm hörigen neuen Gouverneur, Yûsuf, stützt. Dann schreitet Dozy zu den vergeblichen Verhandlungen der Abgesandten und lokalen Parteigänger Abdurrahmâns mit Sumayel und Yûsuf. Nach deren Scheitern folgen die Kontaktnahmen mit den «Yemeniten».

Nach der Landung des Omayyaden auf spanischem Boden versuchten Sumayel und Yûsuf, eine Versöhnung mit der neu eingedrungenen Macht zu erreichen. Doch dies schlug fehl, weil – nach den arabischen Quellen – einer der Unterhändler auf der Seite des Gouverneurs, der neu zum Islam bekehrte Sekretär Khalid, den Wortführer der omayyadischen Delegation beleidigte, indem er ihm bedeutete, seine Seite vermöge schwerlich ein solch formvollendetes diplomatisches Schriftstück in arabischer Kunstsprache zu verfassen, wie er, Khalid, es vorlege. Der Vertreter der Omayyaden soll daraufhin gewalttätig geworden sein, und Khalid wurde gefangengenommen.

In den Worten von Dozy, die wie fast immer die arabischen Quellen nacherzählen, ergibt sich die folgende Darstellung:

«Khalid war kein Araber, er gehörte der Rasse der Besiegten an, er war Spanier. Sein Vater und seine Mutter waren Sklaven und Christen. Doch nach dem Vorbild von vielen seiner Landsleute hatte sein Vater dem Christentum abgeschworen. Als er Muslim geworden war, hatte er den Namen Zaid erhalten, und sein Herr, Yûsuf, hatte ihn zum Lohn für seine Bekehrung freigelassen. Im Palast seines Herrn erzogen, hatte der junge Khalid, den die Natur mit beachtlicher Intelligenz und grossem Geschick in Bravourstücken ausgestattet hatte, fleissig die arabische Literatur studiert und am Ende diese so gut kennen und das Arabische so reich zu schreiben gelernt, dass Yûsuf ihn zu seinem Sekretär ernannt hatte. Dies war eine grosse Ehre, weil die Herrscher Wert darauf legten, die besten Kenner der Sprache und der alten arabischen Gedichte als Sekretäre zu haben.

Khalid hatte bald so bedeutenden Einfluss über den schwachen Yûsuf gewonnen, der sich nie auf seine eigene Einsicht verliess, sondern immer durch den Willen eines anderen geleitet werden musste, dass es Khalid war, der ihm seine Entschlüsse diktierte, wenn Sumayel nicht zugegen war.

Von den Arabern beneidet wegen seines Einflusses und seines Talents, aber missachtet wegen seiner Herkunft, beantwortete Khalid die Verachtung jener groben Krieger mit gleicher Verachtung, und als er die Ungeschicklichkeit des alten Ubaidallah wahrnahm (d. h. des Unterhändlers von Seiten Abdurrahmâns), der besser das Schwert als das Schreibrohr zu handhaben wusste, wie er sich anschickte, auf sein elegantes Sendschreiben zu antworten, begehrte sein Literatenstolz in ihm auf, und er empörte sich darüber, dass der Omayyadenprinz eine solch vornehme Aufgabe einem dermassen ungebildeten Geist übertragen hatte, der so wenig von den Eleganheiten der Sprache verstand. Ein verächtliches Lächeln erschien auf seinen Lippen, und er sagte in herablassendem Ton: ‹Dein Kittel wird dir noch schwitzen, Abu Osman (der Beinamen Ubaidallahs), bevor du eine Antwort auf ein Schreiben wie dieses findest!›

Als er sich in solch grober Art von einem unbedeutenden und verächtlichen Spanier verspottet sah, packte Ubaidallah der Zorn, denn er war von Natur aus gewalttätig. ‹Unseliger›, rief er aus, ‹mein Kittel wird mir nicht schwitzen, weil ich auf deinen Brief nicht antworten werde!› Damit warf er Khalid den Brief brutal an den Kopf und versetzte ihm dazu einen gewaltigen Faustschlag. ‹Nehmt diesen Jämmerling gefangen und legt ihn in Ketten!›, rief er seinen Soldaten zu, die sich beeilten, dem Befehl Folge zu leisten. Darauf wandte er sich an den Omayyadenfürsten und sagte ihm: ‹Damit beginnt unser Sieg. Alles Wissen des Yûsuf wohnt in diesem Mann; ohne ihn ist er nichts!›

Der zweite Unterhändler des Gouverneurs, Ubaid, wartete, bis der Zorn des Ubaidullah sich etwas gelegt hatte, und sagte dann: ‹Abu Osman, willst du dich nicht daran erinnern, dass Khalid ein Botschafter ist und damit unverletzlich?› – ‹Nein!› entgegnete ihm Ubaidallah, ‹der Botschafter bist du. Deshalb werden wir dich in Frieden ziehen lassen. Aber der andere, er hat uns angegriffen und verdient daher Strafe. Er ist der Sohn einer niedrigen, unreinen Mutter, ein Konvertit!›» (Dozy, Livre I, Chap. xiv).

Darauf folgt bei Dozy die ausführliche Beschreibung des Krieges zwischen dem jungen Omayyaden und dem Statthalter Yûsuf mit seinem Mentor und Feldherren Sumayel. Man kann heute diese über hundert Jahre alte Geschichtsschreibung nicht ohne Bewunderung und Irritation zugleich lesen. Die Irritation rührt von einer wahrscheinlich unbewussten, aber spürbaren Herablassung gegenüber «den Arabern» her, wie sie im Europa des 19. Jahrhunderts, der Zeit der Kolonialexpansion, des Glaubens an die eigene kulturelle Überlegenheit und den technisch-zivilisatorischen Fortschritt des «Abendlandes» wohl überall mitschwang; die Bewunderung von der Fähigkeit Dozys, Geschichte unmittelbar und unbeschwert zu erzählen, trotz allen Wertes, den er auf die kritische Beurteilung seiner Quellen und die wissenschaftliche Genauigkeit seiner Historiographie legt.

Neue Fragen an die historischen Quellen

Die späteren Historiker von al-Andalus, allen voran Dozys Schüler, Nachfolger und Kritiker, Evariste Levi-Provençal, wollten sich nicht damit begnügen, die arabischen Chronisten, Historiker, Biographen, Dichter und Enzyklopädisten, Literaturhistoriker und Verfasser von literarischen Anthologien auszuschöpfen und nach kritischer Bewertung nachzuerzählen, wie Dozy es in meisterhafter Form geleistet hatte. Sie begannen, Fragen an die Quellen zu richten und nach neuen Quellen und Indizien zu suchen, die diese Fragen beantworten könnten. Sie zogen die Archäologie zu, die historische Ortsnamenskunde, die historische Ethnographie, die Geschichte der andalusischen Institutionen, der Künste, Handwerks- und Landwirtschaftstechniken usw., um Antworten auf ihre Fragestellungen zu finden.

Eine der neuen Fragen lautete: „Warum ist die Eroberung durch relativ kleine Zahlen von arabischen und berberischen Reitern und Fusssoldaten so leicht vonstatten gegangen? Wie konnte die grosse, relativ dicht bevölkerte Halbinsel mit ihren Städten und Festungen, die oft seit der römischen Zeit fortbestanden, so rasch und so leicht der Invasion aus Nordafrika zum Opfer fallen?»

Schon der grosse spanische Philologe und Historiker *Ramón Menéndez Pidal* hat darauf hingewiesen, dass bis ins frühe Mittelalter hinein Nordafrika und die gegenüberliegenden Ufer des Mittelmeeres einen gemeinsamen Kulturkreis darstellten, nicht wie später, seit dem Aufkommen des Islams, zwei durch das Meer getrennte Zivilisationen. Nordafrika war seit dem 2. Jahrhundert vor Christus bereits römische Provinz (später verwaltungsmässig in mehrere Provinzen aufgeteilt). Der Kirchenvater Sankt Augustinus war Nordafrikaner und Bischof von Hippo Regius.

Die Invasion der ersten Araber wurde, so urteilt Menéndez Pidal, nicht notwendigerweise als der Einbruch einer fremden Kultur empfunden und weckte nicht die gleichen Gegenkräfte auf der Iberischen Halbinsel, wie sie später zutage traten, als die europäische Christenheit begann, sich selbst als etwas grundsätzlich anderes den islamischen «Heiden» entgegenzustellen. Noch Dante versteht ja Muhammed als einen heterodoxen Abweichler vom Christentum, nicht etwa als den Gründer einer grundsätzlich anderen, eigenständigen Religion. Er hat ihm deshalb in der «Hölle» den Platz eines Erzverräters zugewiesen.

Möglicherweise wurde also die arabische Invasion in ihrer Zeit nicht so sehr als der Einbruch von etwas Fremdem empfunden, sondern eher nur als der Sturz der bisherigen, ja ebenfalls als Invasoren ins Land eingedrungenen Gotenherrscher.

Die brüchige Gesellschaft der Westgoten

Darüber, dass die späten «visigodos» sich in Spanien verhasst gemacht hatten, sind sich wohl alle Historiker einig. Einer von ihnen, der Fachmann *Pierre Bonassie,* spricht von einem «selbstzerstörerischen Wirbel» (in: *Histoire des Espagnols,* Bartholomé Bennassar, Paris 1985, S. 41–49). Wenn man die späten westgotischen Gesetzestexte liest, von denen er Auszüge gibt, muss man ihm recht geben. Die Westgoten waren eine Sklavenhaltergesellschaft, und diese geriet zu sich selbst in Widerspruch, als sie gleichzeitig den Anspruch erhob, eine christliche (zuerst arianische, später – ab 586 oder 587 – eine katholische) Gesellschaft zu sein.

Seit jenem Datum hatten sich Staat und Kirche einander immer mehr angenähert und gegenseitig gestützt. Doch der Staat beruhte auch auf gewaltigen Latifundien, die den Grossen des Gotenreiches gehörten und weitgehend von Sklaven bebaut wurden. Die Kirche konnte nicht umhin, die Sklaven als menschliche Wesen anzuerkennen. Diese selbst waren gewiss der gleichen Meinung. Doch die adelige Führungsschicht glaubte sich darauf angewiesen, die Institution der Sklaverei zu verteidigen und – zu ihrem eigenen Nutzen – beizubehalten.

Ausflüchte der Kirche, um den Widerspruch zu beschönigen, fehlten nicht. Der grosse *Isidor von Sevilla* (Bischof 599–639), eine intellektuelle Leuchte der Gotenzeit, war der Ansicht, die Sklaverei diene dazu, die Erbsünde abzubüssen; sie rühre von einem Plan der Vorsehung her, der das Heil der Menschheit durch die Busse anstrebe. Die Herren der Sklaven seien folglich mit Macht über ihre Sklaven betraut, «um das Seelenheil aller zu bewirken».

Andere Meinungen lauteten, die Sklaven seien durch ihre verdorbene Natur selbst an ihrem Geschick schuld; denn wenn sie nicht an und für sich böse wären, wie liesse sich dann erklären, dass Gott sie in ihrem Stand belasse? Sogar die Kirche selber wollte ihre Sklaven nicht freilassen. «Wie können die Armen ernährt werden, wenn die Arbeitskraft der Sklaven fehlt?» fragten die Bischöfe (P. Bonassie).

Die Sklaven jedoch suchten ihr Heil mehr und mehr in der Flucht. Immer strengere Gesetze wurden erlassen, um dieses «Übel» zu bekämpfen. «Es geschieht häufig, dass ein Sklave seinem Herrn entflieht, erklärt, er sei frei und eine freie Frau heiratet. Wir schreiben vor, dass in diesem Fall die Kinder, die aus einer solchen Verbindung hervorgehen, Sklaven seien, wie ihr Vater. Der Herr, der seinen Sklaven wiederfindet, kann den Vater, die Kinder und das Geld des Sklaven beanspruchen. Das gleiche gilt für weibliche Sklaven, die fliehen und freie Männer heiraten», so zitiert Bonassie ein westgotisches Gesetz aus dem 7. Jahrhundert. Weiter: «Das Gesetz bestraft mit 200 Peitschenschlägen einen jeden Sklaven, der einen flüchtigen Sklaven über den Fluchtweg informiert.»

Zu Beginn des 8. Jahrhunderts, kurz vor dem Einbruch der Araber, erliess der König Egira ein Notstandsgesetz, «weil es keine Stadt, keine Vorstadt, keine Landstadt und kein Dorf mehr gibt, wo nicht Sklaven versteckt wären». Er legte fest, dass alle Bewohner des Landes, wo immer sich ein Fremder zeige, der – weil schlecht gekleidet – verdächtig sei, die Pflicht hätten, ihn zu ergreifen, zu befragen und gegebenenfalls zu foltern, bis er gestehe, dass er Sklave sei und den Namen seines Herrn preisgebe. Wenn dies nicht geschehe, seien die Bewohner des Ortes selber schuldig und müssten alle ohne Ausnahme, Frauen und Männer, 100 Peitschenschläge erhalten. Die königlichen Beamten und die Priester hätten diese Bestrafung zu beaufsichtigen. Wenn sie sich dazu nicht bereit fänden, sollten sie selbst 300 Peitschenschläge auf Befehl der Bischöfe erhalten. Wenn diese wiederum aus Furcht oder Interesse ihre Pflicht vernachlässigten, sollten sie mit 30 Tagen Fasten bei Brot und Wasser bestraft werden.

Judenverfolgung

Zur Verfolgung der Sklaven kam die Verfolgung der Juden hinzu. Im 7. Jahrhundert wurde der Antisemitismus in Toledo, der geistlichen und weltlichen Hauptstadt des Gotenreiches, virulent. Einige der Gründe lassen sich aus der immer wütenderen Gesetzgebung der westgotischen Konzile erkennen. Nun, da Königreich und Kirche eine sich gegenseitig stützende Einheit bildeten, wurden die Juden als Störenfriede gesehen, die sich gegen die politische und geistliche Einheit des Reiches stemmten.

Während des vorausgegangenen Jahrhunderts hatte man versucht, die Juden durch Überredung und Zwang zum Katholizismus zu bekehren. Doch sie hatten an ihrem Glauben festgehalten und hatten sich zudem in bestimmten wirtschaftlichen Sektoren als unentbehrlich erwiesen. Nur sie verstanden sich auf internationalen Handel, den sie dank ihren über alle Länder verteilten Glaubensgenossen führen konnten. Sie gaben die besten Verwalter für die Grossgüter der Adligen ab, und sogar die Kirche pflegte sie in dieser Funktion zu beschäftigen.

Der Erzbischof *Julian von Toledo,* selbst jüdischer Herkunft, wie 800 Jahre später manche der Grossinquisitoren Spaniens, rief 681 zur totalen Christianisierung auf. Alle Juden müssten sich bekehren unter Strafandrohung von 100 Peitschenschlägen, Kahlscheren des Kopfes, lebenslänglicher Verbannung und Konfiskation ihrer Güter zugunsten des Königs. Gleichzeitig wurde jede Beschneidung unter Androhung der Kastration für Beschneider und Beschnittene untersagt. Wenn eine Frau die Beschneidung durchführe, solle ihre Nase abgeschnitten werden. Alle Christen, die Beziehungen mit Juden unterhielten, ein Mahl mit ihnen teilten oder Geschenke von ihnen annähmen, sollten 100 Peitschenschläge erhalten und ihren Besitz verlieren. Die Juden dürften ihre Feiertage nicht mehr begehen und müssten sich jeden Samstag beim Bischof, Dorfpriester oder, wo solche fehlten, bei «einem guten Christen» melden usw.

Später wurde den Juden vorgeworfen, sie hätten sich verschworen, um gegen diese

Vorschriften Widerstand zu leisten. Deshalb wurden im Jahr 693 Wirtschaftsgesetze erlassen, die sie ruinieren sollten. Die Häfen wurden für sie gesperrt, sie durften keinen Handel mit Christen mehr treiben und all ihr Grundbesitz wurde enteignet und in den Besitz des Königs überführt.

Im Jahre darauf erklärte der oben erwähnte König Egira vor dem 17. Konzil von Toledo, alle Juden sollten versklavt werden, Kinder bis zu sieben Jahren seien ihren Eltern wegzunehmen und in christlichen Familien aufzuziehen. Alle Synagogen waren schon seit 693 zerstört. Pierre Bonassie glaubt, diese offiziellen Massnahmen der Staatsführung seien nicht unbedingt volkstümlich gewesen, denn die Gesetzgeber sahen sich veranlasst, immer von neuem auf der Durchführung der von ihnen geforderten Massnahmen zu bestehen und unter weiterer Strafandrohung Kontrollen anzuordnen. Nach der arabischen Invasion jedenfalls kam es rasch zu einem friedlichen Zusammenleben zwischen Juden und Arabern, ohne dass sichtbare Zeichen der Feindschaft zwischen den Juden und der einheimischen Bevölkerung übrig geblieben wären.

Die Juden verstanden, begreiflicherweise, die arabische Invasion als Befreiung vom westgotischen Joch. Sie unterstützten die Araber als Hilfstruppen, und diese machten es sich zur festen Gewohnheit, den Juden unter muslimischer Oberaufsicht in den eroberten Städten die Akropolis oder Stadtfestung anzuvertrauen; offensichtlich, damit sie halfen, diese gegen Versuche der einheimischen Christen, die Herrschaft zurückzugewinnen, zu verteidigen. (Vgl. W. Hoenerbach: Islamische Geschichte Spaniens auf Grund der *A'mal al-A'lam,* Zürich 1970, S. 54).

Innenpolitische Wirren im Gotenstaat

Die innere Ordnung des Gotenstaates, der keine wirksame Nachfolgeordnung kannte, trug ebenfalls zum Zerfall des gotischen Königreiches bei. Die Nachfolge auf dem Herrscherthron musste jedesmal unter den Grossen des Reiches ausgefochten werden. Die Häupter der unterlegenen Adelspartei wurden oft hingerichtet, und ihre Güter wurden zugunsten des königlichen Besitzes eingezogen. Die Kirche legitimierte solche Konfiskationen, und der Schatz des Königs mit seinen Kronländern wuchs ins Unermessliche.

In den Kampf um den Thron wurden oft auch ausländische Mächte hineingezogen, die Byzantiner, die Franken, die Basken, und so war es nur folgerichtig, dass 711 die neue Macht der Araber in Nordafrika von den Söhnen des abgesetzten Königs Witiza aufgerufen wurde, das Regime des «Usurpatoren» Rodrigo zu stürzen.

Dies jedenfalls sind die wahrscheinlichen Begebenheiten, die hinter der weit verbreiteten und bis in die jüngste Zeit als Realität verstandenen Legende erkennbar sind, die vom Grafen Don Julián handelt, dessen Tochter am Hof von Toledo geschändet worden sei und der sich dafür gerächt habe, indem er die Araber auf die Halbinsel rief. Neuere Historiker sehen in Julián jedoch einen byzantinischen Gouverneur von Ceuta (vgl. S. 32).

Die neue «Toleranz» der Araber

Eine andere Frage, welche die Historiker an die Quellen richten, betrifft die Art des Zusammenlebens der verschiedenen Gemeinschaften in dem neu eroberten Land.

Die theoretischen Grundregeln dazu waren durch das Gottesgesetz des Islams gegeben, das sich in jener Periode allerdings noch in seinem formativen Stadium befand. Nach der später endgültig formulierten allgemeinen Regel waren Christen und Juden als Angehörige einer «Religion des Buches» berechtigt, ihre Religion weiter auszuüben und ein normales Zivilleben zu führen, solange sie eine Kopfsteuer entrichteten und sich an gewisse Vorschriften hielten, die bezweckten, die Überlegenheit des Islams und seiner Gläubigen als Staatsvolk gegenüber den Beschützten Religionen, den sogenannten *Dhimmi,* zu gewährleisten und zu dokumentieren. Dies waren: kein Neubau von Kirchen und Synagogen, nur ihre Instandhaltung; kein Militärdienst für die Dhimmi; keine Pferde als Reittiere; keine allzu prächtigen Gewänder; keine Regierungsposten etc. Auch die Heirat muslimischer Frauen war dem Dhimmi untersagt, weil diese dadurch den Ungläubigen untertan worden wären. Das Umgekehrte, die Heirat einer Jüdin oder Christin durch einen Muslim, war möglich. Doch wenn eine Stadt durch Waffengewalt eingenommen wurde, ohne dass ihre Bewohner sich vor deren endgültigem Sieg den Muslimen unterworfen hätten, galt es als zulässig, die Männer zu töten und die Frauen und Kinder zu versklaven.

Die Eroberung von al-Andalus zeigt, dass solche Grundsätze in der politischen Realität flexibel gehandhabt wurden. So wurde etwa mit den Bewohnern von Murcia ein Vertrag abgeschlossen, der «Todmir» (Teudomir), dem «König von Murcia», zusicherte: keine Änderungen zu seinen Gunsten oder Ungunsten, keine Enteignungen, keine Tötung oder Versklavung seiner selbst oder seiner Leute, kein Verbrennen der Kirchen, kein Raub heiliger Gegenstände. Dies gelte, solange er seinerseits folgende Verpflichtungen gegenüber den Eroberern einhalte: die Überlassung von sieben Ortschaften, die namentlich aufgezählt wurden und in der Umgebung von Murcia lagen; kein Flüchtling vor den Eroberern und keiner ihrer Gegner sollte von dem Vertragspartner aufgenommen und keiner ihrer Schützlinge von ihm bedroht werden; Informationen über Feinde, die er erhalte, durfte er nicht geheimhalten. Dazu kamen Abgaben: pro Person je ein Dinar und vier *Mudd* (Zentner) Weizen, vier Gerste; vier *Qist* (Hohlmass) Most, vier Essig; zwei *Qist* Honig, zwei Öl. Die Sklaven hatten von alledem nur die Hälfte zu entrichten (nach Hoenerbach wie oben, S. 51).

Die Bewohner von Mérida, die sich ein Jahr lang zur Wehr gesetzt hatten, bevor sie kapitulierten, erhielten auch einen Schutzvertrag. Toledo, die alte Hauptstadt der Goten, hatte sich Tariq kampflos ergeben, nachdem König Rodrigo verschwunden war. Ein grosser Teil ihrer Bevölkerung muss den einstigen führenden Christenfamilien entstammt haben, die nun zum Islam übertraten. Dies erklärt vielleicht, dass die frühere Hauptstadt, die von den Eroberern zuerst durch Sevilla und später durch Córdoba ersetzt wurde, zwar überwiegend muslimisch werden sollte, aber stets einen starken Unabhängigkeitswillen gegenüber Córdoba zeigte.

Eine vielschichtige neue Gesellschaft

Nach ihrer Glaubenslehre hätten die Muslime, gleich welcher Abstammung, unter sich gleichrangig sein sollen; nur auf Grund seiner Frömmigkeit sollte einer von ihnen vor anderen Vorrang erlangen. In der Praxis war dies jedoch ganz anders. Der Stammesstolz der Araber sorgte dafür, dass alle Muslime nicht-arabischer Abstammung niedriger eingestuft wurden als die Angehörigen der arabischen Stämme. Auch unter den Arabern selbst gab es Differenzierungen durch stark wirkende Solidaritätsbande innerhalb der verschiedenen Stämme und zwischen verbündeten Familienverbänden. Die durch die frühe islamische Geschichte und die militärische Expansion wild durcheinander gewürfelten einstigen Stammesföderationen der *Qaysiten* (ursprünglich Nordaraber) und der *Yemeniten,* nach ihrem wichtigsten Stamm auch *Kalbiten* genannt, behielten ein Bewusstsein ihrer Herkunft, auch wenn die Feldzüge viele der Yemeniten bis nach Spanien verschlugen, andere in Syrien lebten, und die meisten der Qaysiten nach dem Iraq und weiter in den muslimischen Osten gelangt waren. Sie überhöhten sogar ihre mythische Herkunft von ihren Stammvätern *Adnân* (Qaysiten) einerseits und *Qahtân* (Kalbiten) andererseits, bis die Unterschiede der Stammesherkunft zu Fahnen wurden, unter denen man gegeneinander zu Felde zog, um die besten Positionen in dem neuen Grossreich zu erringen.

Über diese Rivalitäten versuchten sich die Abkömmlinge von *Quraysh,* dem Stamm des Propheten, zu erheben. Sie sahen es als unter ihrer Würde an, mit den anderen, weniger «geheiligten» Stämmen zu rivalisieren.

Neben den Arabern, ja schon vor ihnen, waren die *Berber* mit Tariq nach al-Andalus gekommen. Sie waren bei ihrem Übertritt zum Islam gezwungen worden, sich einem der arabischen Stämme als Klienten zu unterstellen. In der Eroberung scheinen sie oft auf Randgebiete abgedrängt worden zu sein. Sie liessen sich in den weiten Steppen-, Berg- und Hügelgebieten der Halbinsel nieder, wie schon in Nordafrika als Hirten und Bergbauern. Auch sie lebten in Stammesverbänden und Stammesuntergruppen unter ihren eigenen Anführern.

Unter den Berbern wiederum, die ja auch zu den Eroberern gehörten, standen in der sozialen Rangordnung die zum Islam übergetretenen Einheimischen. Sie wurden offiziell «Muwallad» genannt. Auch sie mussten sich als Klienten einem bestimmten Stamm, in der Praxis meist dessen Oberhaupt, anschliessen. Als der Kalif al-Walid die eigentlichen Eroberer Nordafrikas und Spaniens, Tariq und Musa Ibn Nusair, nach Damaskus zurückrief und dem Gouverneur eine gewaltige Geldbusse auferlegen liess, weil er angeschuldigt wurde, dem Kalifen seinen Anteil an der Kriegsbeute vorenthalten zu haben, fiel es nach den Berichten der Chronisten dem Angeklagten leicht, die Busse zu bezahlen, «dank seinen spanischen Klienten und dem Stamm Lakhm, dem seine Gemahlin angehörte» – was zeigt, dass die Klienten so gut wie die durch Heirat verbundenen Stämme in guten und in schlechten Zeiten für ihren Herren einzustehen hatten. (Dozy, Buch 1, Kap. IX).

Den *Muwallad* folgten die «Leute des Buches», welche Juden und Christen geblieben waren, mit ihrer eigenen religiös-politischen Hierarchie, unter Rabbinern und Bischöfen. Diese religiösen Oberhäupter waren auch die Gesprächspartner und Befehlsempfänger der muslimischen Oberherren. Sie übten direkt und indirekt die richterliche Oberaufsicht über ihre Gemeinden aus und hatten auch oft für die Lastenverteilung der Steuern und Sondersteuern zu sorgen, die ihren Gruppen kollektiv auferlegt wurden.

Am untersten Ende der sozialen Leiter standen die Sklaven, die es auch unter der neuen Herrschaft weiterhin gab. Auch die Juden und die Christen konnten Sklaven halten. Doch durften diese strenggenommen keine Muslime sein. Die Freilassung von Sklaven gilt im Islam als eine der verdienstvollsten Handlungen, die ein Muslim vornehmen kann. Sklavinnen, die ihren Herren Kinder gebaren, wurden stets freigelassen. Die Sklaverei war meist auf Hausklaven beschränkt, die oft als vertraute Hausdiener wirkten.

Die ans Land ihrer Besitzer gebundenen Bauern, die keine Sklaven waren, zu einem bestimmten arabischen oder berberischen Stamm gehörten und damit zivile Rechte besassen, scheinen auf dem Land die Sklaven weitgehend ersetzt zu haben. Solche Bauern und Hirten: Araber, Berber, Muwallads, Christen und Juden, waren jedenfalls zahlreicher als die Sklaven.

Die Sklaven mussten von weit her aus dem nicht-muslimischen Ausland «importiert» werden. Ihre Zahl im «Haus des Islams» verminderte sich immer wieder durch Freilassungen. Da es sich um eine recht teure «Ware» handelte, wurden sie in erster Linie für Luxus-Aufgaben verwendet: Haus- und Palastdienst gehörte dazu, Militärdienst in eigens aufgestellten Sklaveneinheiten ebenfalls. Als Soldaten waren die Sklaven im arabischen Osten und Westen verlässlicher und disziplinierter als Freie, weil keine Sonderinteressen, wie es bei den Freien vor allem die Stammes- und Familienbindungen waren, ihre Loyalität zu ihrem Kriegsherrn beeinflussen konnten. Sie wurden jung in sein Haus gebracht und ausgebildet, so dass sie keine andere Heimat als ihre militärischen Einheiten und keine andere Loyalität als gegenüber ihren «Herren» kannten.

Die Gesellschaftsstruktur in al-Andalus widersprach wie in den arabischen Ländern des Ostens sehr weitgehend dem islamischen Ideal der Gleichheit aller Muslime vor Gott. Doch daraus darf man nicht schliessen, dass dieses Ideal gänzlich unwirksam war. Es kam vielmehr insofern zur Geltung, als es den Gesamtton der Gesellschaft beeinflusste. Trotz gewaltiger Unterschiede an Macht, Rang, Reichtum und persönlicher Freiheit (die wohl meist als gegeben hingenommen wurden), herrschte ein Ton vor, der deutlich machte, dass der Einzelne auf seinen Rechten und auf seinem persönlichen Freiraum bestand, auch wenn dies Gefahren für ihn bringen konnte.

Das Ende der arabischen Eroberungszüge

Eine weitere Frage, welche die Historiker an die Quellen richten, betrifft die Gründe des Endes der arabischen Vorstösse. Der Sieg von Karl Martell bei Poitiers (734) kann schwerlich eine entscheidende Niederlage gewesen sein, welche die Muslime von weiteren Vorstössen abhielt, umsoweniger, als danach die Ausdehnung in der Provence und der Rhône entlang weiter fortschritt und derselbe Karl Martell seine muslimischen Feinde 738 zwar von Arles und Avignon zurücktrieb, aber Narbonne nicht nehmen konnte. Jene arabische Festung sollte erst 751 oder, nach anderen Quellen, 759 fallen.

Montgomery Watt sieht im Willen der Muslime, mit wenig Einsatz möglichst viel Beute zu nehmen, den letztlich entscheidenden limitierenden Faktor *(Islamic Spain,* Edinburgh Univ. Press 1965; paper ed. 1977, S. 24), und er fügt hinzu, dass die verfügbaren Mannschaften knapp geworden sein müssten. Vielleicht habe auch das Herannahen des Endes der omayyadischen Dynastie (750) Unsicherheit hervorgerufen. Man sollte wohl auch an den grossen Berberaufstand von 740/41 erinnern, der dazu beitrug, dass die Masse der verfügbaren arabischen Truppen in Nordafrika und auf der Halbinsel selbst eingesetzt werden mussten.

Was die Beute angeht, so muss auch das reiche Land der spanischen Flusstäler sättigend gewirkt haben. Wer dort einen Landsitz erlangte, hatte allen Grund, seinen Kopf nicht in weiteren Vorstössen zu riskieren. «Als die Neusiedler erkannten, dass unser Land (d.h. al-Andalus) ihrem Syrien ähnelt, liessen sie sich endgültig nieder, gründeten Heimstätten unter günstigen Bedingungen und nahmen zu an Zahl und Vermögen. Solche, die bereits vor ihrer (d.h. der syrischen Neusiedler) Ankunft ein ergiebiges Gebiet in Besitz genommen hatten, brauchten dieses nicht aufzugeben: vielmehr blieben sie neben den Einheimischen dort wohnen und begaben sich – als Irreguläre – nur zu ihrer regulären Truppeneinheit für Sold und Kampfteilnahme», sagt der bedeutendste der arabischen Historiker, *Ibn Hayyan* (986–1076), der stets einen wachen Blick für die wirtschaftlichen und gesellschaftlichen Hintergründe der machtpolitischen Ereignisse zeigt. (Nach W. Hoenerbach, Islamische Geschichte Spaniens, wie oben, S. 58). Unter «Irregulären» dürften hier «Freiwillige» zu verstehen sein, die nicht bei den regulären Truppen in Kasernen lebten, sondern nur für einzelne Feldzüge zu ihren Einheiten stiessen.

Die Herrschaft der Omayyaden

Abdurrahmân I. Ibn Mu'awiya, dessen Machtergreifung bereits erwähnt wurde, hat 32 Jahre lang regiert (756 bis 788). Er war der eigentliche Begründer der Macht der andalusischen Omayyaden. Während seiner ganzen Herrschaftszeit hatte er mit Aufständen zu tun. Niedergeschlagen hat er sie alle. Zu den gefährlichsten Erhebungen gehörte jene von 763, die in Beja, im heutigen Südportugal, von der einflussreichen *Fihri*-Familie zusammen mit den yemenitischen Stämmen ausgelöst wurde. Der Abbasidenkalif von Bagdad, ein Todfeind der Omayyaden, suchte sie auszunützen, indem er den Chef der Erhebung, al-'Ala Ibn Mughîth al-Judhami, zu seinem Statthalter in al-Andalus ernannte. Abdurrahmân wurde von ihm in Carmona (bei Sevilla) belagert und soll nach mehreren Monaten der Einschliessung mit nur 700 Mann einen Ausfall gewagt haben. Er hatte zuerst ein Feuer anzünden lassen und seine Getreuen aufgefordert, ihre Schwertscheiden darin zu verbrennen, weil sie nur noch die blanken Schwerter benötigen würden. Der Omayyade war siegreich, und die abgeschlagenen Häupter der Rebellenführer liess Abdurrahmân in einem Sack in den Herrschaftsbereich des Abbasidenkalifen schmuggeln. Die Chronisten lassen den erschrockenen Kalifen sagen, als ihm die Häupter der Toten vorgelegt werden: «Gott sei gepriesen, dass Er zwischen Uns und Abdurrahmân das Meer strömen lässt!.»

Im folgenden Jahr, 764, bezwang der Emir Toledo, das sich wieder einmal – und nicht zum letzten Male – erhoben hatte. Die Anführer jenes Aufstandes, denen Straffreiheit zugesagt worden war, wurden nach Córdoba gebracht und dort, kahl rasiert und in Wolle gekleidet, in Körben zur Schau gestellt, bevor man sie kreuzigte.

Im selben Jahr wurden der Versuch einer Revolte in Niebla und kurz darauf der Aufstand des abgesetzten Wesirs von Sevilla, des Abu Zabbah, eines wichtigen Oberhauptes der Yemeniten, niedergeschlagen.

Zwei Jahre später, 766, erhoben sich die Berber erneut. Ein Schulmeister, der sich als Nachkomme des Propheten ausgab, Abu Shaqiya, fand als Heiliger Mann, wie sie bei den Berbern immer beliebt waren und heute noch sind, eine fanatische Gefolgschaft und konnte sich zwischen Guadiana und Tajo sechs Jahre lang halten, bis es Abdurrahmân gelang, eine Entscheidungsschlacht am Fluss Bembezar dadurch zu gewinnen, dass die yemenitischen Verbündeten der Berber zu ihm überliefen. Doch bis der Heilige Mann am Ende seinen Tod durch die Hand seiner eigenen Anhänger fand, sollten noch weitere vier Jahre verstreichen.

Im Jahr 777 provozierten drei Aufständische gemeinsam eine Intervention der Franken: der Statthalter von Barcelona; ein Sohn des früheren Gouverneurs Yûsuf, der aus dem Gefängnis entkommen war, indem er sich blind gestellt und dadurch eine lockerere Bewachung bewirkt hatte; und als Dritter ein Mitglied der Fihri-Familie. Sie reisten nach Paderborn, um dort die Hilfe des Frankenkönigs anzurufen. Karl der Grosse überschritt die Pyrenäen; doch der Fihri, der wegen seines Aussehens den Beinamen «der Slawe» trug, schlug in Südspanien zu früh los und wurde von einem Abgesandten Abdurrahmâns ermordet. Die Bewohner von Saragossa verweigerten dem Frankenheer den Einzug; Karl der Grosse musste die Belagerung der Stadt aufgeben, als er Nachricht erhielt, dass die Sachsen sich erneut erhoben hätten und bis vor Köln vorgestossen seien. Seine Nachhut unter Roland fiel einem Hinterhalt der Basken in dem Pass von Roncesvalles zum Opfer. Abdurrahmân benützte die Gelegenheit, um Saragossa unter seine Herrschaft zu bringen, die Basken zum Tribut zu zwingen und den Sohn seines alten Gegners Yûsuf zu schlagen.

Sogar seine eigenen Verwandten aus dem Hause Omayya, die Abdurrahmân nach seiner Machtergreifung nach Córdoba kommen liess, sollen sich gegen ihn verschworen haben, und auch der älteste Gefährte seines Exils und erste Abgesandte nach al-Andalus, der Freigelassene al-Badr, fiel in Ungnade.

Abdurrahmân verliess sich angesichts all dieser Aufstände mehr und mehr auf seine Söldnerheere, die aus Berbern und aus Sklaven bestanden und die er auf etwa 40 000 Mann gebracht haben soll. Der Staat musste natürlich diese Armee unterhalten, und er musste daher so regiert werden, dass die nötigen Summen in die Staatskasse einflossen.

Ein Gedicht, in dem sich Abdurrahmân I. seiner Erfolge rühmt, ist uns erhalten; es lautet nach der Übersetzung von D. E. Lafuente (in: *Colección de obras arabigas de Historia y Geografía que pública la Real Academia de la Historia* t.1, S. 117):

«Niemand hat wie ich, angetrieben durch edlen Zorn, sein Schwert mit doppelter Schneide entblössend,
Die Wüste durchquert und das Meer durchkreuzt, über Wellen und Einöden hinweg;
Hat ein Königreich erobert, eine Macht und unabhängige Kanzel für das Gebet errichtet;
Ein Heer wieder aufgebaut, das vernichtet war, und Städte bevölkert, die verlassen lagen;
Und der dann seine ganze Verwandtschaft in ein Land herbeirief, wo sie wie im eigenen Hause verweilen konnten.
Sie kamen denn auch, vom Hunger gequält, durch die Waffen vertrieben,
Flüchtlinge vor dem Tod!
Sie erlangten Sicherheit, Sättigung, Reichtum für ihr Haus …
Hat solch einer nicht mehr Rechte über derartige als jeder andere Wohltäter und Patron?»

Der Erbfeind Abdurrahmâns, der Abbasidenkalif al-Mansur, soll ihn mit ähnlichen Worten charakterisiert haben: «Ein Jagdfalke aus dem Stamme Quraysh ist Abdurrahmân Ibn Mu'awiya. Nachdem er alleine die Wüsten von Asien und Afrika durchquert hatte, wagte er es, ohne ein eigenes Heer in ein Land einzudringen, das ihm unbekannt war und jenseits des Meeres lag. Ohne andere Stützen als seine Geschicklichkeit und Standhaftigkeit verstand er es, seine stolzen Gegner zu erniedrigen, die Rebellen zu töten, seine Grenzen gegen die Angriffe der Christen abzusichern, ein grosses Reich zu gründen und ein Land unter seiner Herrschaft zu vereinigen, das schon unter verschiedene Machthaber aufgeteilt schien. Solches hat Niemand vor ihm getan!» (Dozy, Vol. I, Kap. xvi)

Die Omayyadendynastie von Córdoba

Abdurrahmân hat eine Dynastie gegründet, die über 250 Jahre lang von Córdoba aus regieren sollte. Man pflegt sie in Emire und Kalifen zu unterteilen, was formal richtig ist. Erst Abdurrahmân III. hat sich, nachdem sieben seiner Vorläufer mit dem Titel Emir (Befehlshaber) geherrscht hatten, im Jahr 929 zum Kalifen, das heisst dem rechtmässigen Nachfolger des Propheten Muhammed in der Führung seiner Gemeinschaft, ausrufen lassen. Nach Abdurrahmân III. hat eigentlich nur noch einer seiner Nachfolger wirklich regiert. Weitere sieben Kalifen trugen den Titel, waren jedoch entweder machtlose Zeremonialfiguren oder kurzfristige Herrscher, die nach wenigen Monaten schon wieder gestürzt wurden. Der Unterschied zwischen Emiren und Kalifen dürfte mehr im ideologisch-theologischen Bereich gelegen haben als im eigentlich politischen. Bereits die Emire waren alle politische Erb- und Todfeinde der Abbasiden-Kalifen von Bagdad, die den Omayyaden nach dem Leben trachteten, und sie konnten sie schon aus diesem Grunde nicht als Oberherren anerkennen. Die Emire von Córdoba regierten gegen den Willen der Abbasiden, auch wenn sie 173 Jahre lang (756 bis 929) darauf verzichteten, selbst den Titel von Kalifen zu beanspruchen.

Die grossen Herrscher der omayyadischen Dynastie haben lange regiert, der Gründer, Abdurrahmân I., 32 Jahre lang; der Neugründer und erste Kalif, Abdurrahmân III., sogar 49 Jahre lang. Andere der Emire, wie Abdurrahmân II. und Muhammed I., haben auch jeder über 30 Jahre geherrscht. Diese lang dauernden Herrschaftszeiten bringen eine gewisse Stabilität in die wilde und blutige Geschichte der Feldzüge und Aufstände, die das ganze Vierteljahrtausend der Omayyaden durchziehen. Einen «augustäischen Frieden» in ganz al-Andalus hat es schwerlich je gegeben, schon weil die Kampfgrenze nach Norden hin immer offen stand.

Doch die arabische Geschichtsschreibung spricht gern in erster Linie von den Feldzügen und Aufständen, den Hofintrigen und den Heereszügen, so dass ein übertriebener Eindruck von ständigen Kämpfen und Unruhen entsteht. Die Zusammenstösse, Erhebungen, Feldzüge, Eroberungen, Belagerungen betreffen oft weit auseinanderliegende Regionen, und die Kämpfenden waren in vielen Fällen nur relativ wenige Berufssoldaten und deren militärische Chefs, oft auch Banden von Aufständischen, die jeweilen nur das Leben bestimmter Teile des Reiches erschütterten und auch in diesen Räumen manchmal wohl nur jenes der Militärklasse. Das Leben der Bauern, Arbeiter, Bürger, Handwerker ausserhalb der jeweiligen Unruhezonen verlief derweil in den ruhigen Bahnen des Alltags. In Kriegsgebieten selbst dürfte allerdings immer die Gefahr von Plünderung, Versklavung, Mord und Totschlag bestanden haben.

Gesellschaft in Segmenten

Die Grausamkeit der Strafen, denen Aufständische und politische Intriganten, deren Unternehmen fehlschlugen, unterworfen wurden, sollte der Abschreckung dienen. Dies gelang allerdings nur in beschränktem Masse, so grässlich die Strafgerichte sein mochten, die über besiegte Feinde oder entdeckte Verschwörer hereinbrachen. Dass nicht einmal schlimmste Blutstrafen Ruhe bringen konnten, hing ohne Zweifel mit der segmentarischen Form der Gesellschaft des Landes zusammen. Die Menschen lebten in ihren Gruppen, in ihrer Gesellschaftsschicht und in mehr oder weniger klar umrissenen Territorien, die je nach den Umständen mit denen eines Stammes oder Unterstammes, einer Stadt, eines Dorfes, oder sogar nur eines Landgutes zusammenfielen.

Über sein eigenes Gesellschaftssegment – Stamm, Clan, Schicht, Ort – dürfte der einzelne kaum hinausgeschaut haben, abgesehen natürlich von Anführern, Würdenträgern, Grossgrundbesitzern, die darauf angewiesen waren, mit den angrenzenden Segmenten Kontakt zu halten. Wenn so das Gesellschaftssegment für den Einzelnen seine Welt bedeutete, liess er sich leicht zu einem Aufstand hinreissen, ja sah er sich dazu gezwungen, wenn erst einmal seine Gruppe beschloss, sich zu erheben. Wie gefährlich dies für ihn zu werden versprach, wenn einmal die ferne Zentralmacht ihre Truppen gegen die Erhebung in Bewegung setzte, war für das Individuum, eingefangen in seinen Familienverband (spanisch «linaje» = Sippe), nicht leicht zu erkennen. Sogar wenn die Gefahr erkannt wurde, war es für den Einzelnen beinahe unmöglich, sich der Solidaritätspflicht mit seinem Stamm und Familienclan, seinem Territorium und seiner Ortschaft zu entziehen.

Ein einziger Chef

Die Historiker von al-Andalus bezeichnen alle Aufstände mit den Namen ihrer Anführer. Wenn der Führer starb oder fiel, pflegte der Aufstand zu Ende zu sein. Die Zentralmacht ruhte ebenfalls auf einem einzigen Chef, in dessen Namen und auf dessen Gebot gehandelt wurde. Traten mehrere Anwärter auf die Macht auf den Plan, musste unter ihnen fast unvermeidlich der Posten des Gebieters ausgefochten werden, sogar wenn es sich um Brüder handelte, die anfänglich bemüht waren, die Macht miteinander zu teilen oder sich gütlich über die Vormacht des einen von ihnen zu einigen.

Nachfolgefragen

Die Dynastie der Omayyaden kannte, wie die meisten anderen islamischen Herrschaften, kein Erstgeburtsrecht. Die Erbfolge blieb ungeregelt und ungewiss, oft sogar dann, wenn der alte Herrscher versuchte, sie schon zu seinen Lebzeiten festzulegen. Der Dynastiegründer, Abdurrahmân I., übertrug auf dem Totenbett seinem dritten Sohn, Abdullah, die Nachfolgeregelung. Die beiden älteren, Sulaimân und Hishâm, waren abwesend. Der Vater setzte fest, jener der beiden, der zuerst in der Königsburg eintreffe, solle die Herrschaft übernehmen. «Sollte es Hishâm sein, so spricht für ihn seine Frömmigkeit und Tugend sowie die einstimmige Anerkennung, die er geniesst; sollte es Sulaimân sein, so spricht für ihn sein reiferes Alter, seine Tapferkeit und Beliebtheit bei den Syrern». Hishâm kam vor Sulaimân: sein Bruder Abdullah suchte ihn auf, übertrug ihm die Herrschaft und führte ihn aufs Schloss. (W. Hoenerbach, op. cit., S. 66, auf Grund von Ibn al-Khatîb). Dies verhinderte jedoch nicht, dass beide Brüder noch im ersten Regierungsjahr Hishâms (788–796) Heere gegen den neuen Emir führten, Sulaimân sogar zweimal.

Der Hof als Herrschaftszentrale

Das Prinzip, dass jener Sohn Nachfolger wird, der die königliche Residenz zu besetzen vermag und damit die zentrale Hofverwaltung, die Hofbeamten und den Harem in seine Macht bringt, scheint später fortgedauert zu haben. Wir besitzen beispielsweise einen ausführlichen Bericht über die Intrigen, die dem Tod des Emirs Abdurrahmân II. (822–852) folgten. Er hinterliess nicht weniger als 80 Kinder, zur Hälfte Knaben (Hoenerbach S. 91). Doch die Auswahl war nur unter zweien von ihnen, Abdullah, dem Sohn der Hauptgemahlin Tarub, und Muhammed, der als der Frömmere und Entschiedenere galt.

Die Palasteunuchen liessen sofort nach dem Tod des Emirs die Tore schliessen und berieten sich untereinander. Endergebnis war schliesslich nach einem längeren Hin und Her der Beschluss zur Thronerhebung Muhammeds, der nicht im Palast weilte. Einer der Haupteunuchen, der ursprünglich für den Rivalen gesprochen hatte, anerbot sich, Muhammed die frohe Botschaft seiner «Wahl» zu überbringen. Er musste zu diesem Zweck die Gemächer Abdullahs durchqueren, der ein Gelage hielt und noch nichts vom Tod seines Vaters wusste.

Der Eunuch fand den künftigen Sultan bei seinem Morgenbad. Der Prinz wusste, dass der Abgesandte zur Partei seines Bruders gehört hatte, deshalb misstraute er seiner Botschaft und fürchtete, er sei in Wirklichkeit gekommen, um ihn zu ermorden. Der Abgesandte konnte ihn jedoch schliesslich von seiner Aufrichtigkeit überzeugen.

Der Stadtpräfekt indes weigerte sich, Muhammed durch seine Polizeiagenten in den Palast geleiten zu lassen. Er erklärte, er sei einzig bereit, der Person zu gehorchen, die im Palast herrsche. Die Eunuchen beschlossen darauf, Muhammed als Frau verkleidet in den Palast zu bringen. Sie kamen mit dem verkleideten Prinzen an den Gemächern des immer noch tafelnden Bruders vorbei. Doch der Torwächter des Palastes weigerte sich, der angeblichen Frau Zugang zu gewähren. Sie schien ihm zu hoch gewachsen. Der Prinz entdeckte sich schliesslich dem Pförtner, doch dieser wollte ihn nun erst recht nicht zulassen, bevor er nicht wisse, dass der frühere Emir tatsächlich gestorben sei. Der Eunuch brachte den Wächter in das Gemach, wo Abdurrahmân aufgebahrt lag. Erst dann entschloss sich der Torwächter, dem neuen Emir Eingang zu gewähren. Dieser nahm dann dem Palastpersonal den Treueid ab. (Dozy, Livre II, Kap. VIII, nach Ibn Qutiya).

Emir Muhammed (852–886) konnte die Nachfolge seines Sohnes, *al-Mundhir*, durchsetzen. Dieser hatte sich schon zu Lebzeiten seines Vaters als Feldherr gegen verschiedene Aufständische hervorgetan. Doch al-Mundhir starb schon 2 Jahre nach seinem Herrschaftsantritt, während er den grossen Aufständischen Ibn Hafsûn in dessen Burg Bobastro belagerte. Davon wird noch die Rede sein. Die arabischen Chronisten wollen wissen, sein Bruder *Abdullah* habe ihn umbringen lassen, indem er den Leibarzt des Herrschers dazu gewonnen habe, ihn mit einer vergifteten Lanzette zur Ader zu lassen.

Vom Grossvater zum Enkel

Unter dem Emirat Abdullahs (888–912) erreichten die Rebellionen gegen die Zentralmacht ihren ersten Höhepunkt. Sie werden noch zu erwähnen sein. Dieser Emir schritt gegen eine vermutete Verschwörung seiner beiden Söhne ein. Er liess beide gefangennehmen und soll den einen gezwungen haben, seinen Bruder zu töten, woraufhin er selbst den anderen Sohn, Muhammed, umbrachte. Auch einen seiner eigenen Brüder liess Abdullah hinrichten. Er zog jedoch dann, vielleicht vom Gewissen geplagt, seinen Enkel *Abdurrahmân Ibn Muhammed* als bevorzugten Prinzen auf und erhob ihn zu seinem Nachfolger vor seinen verbliebenen Söhnen. So kam *Abdurrahmân III.* (Emir 912–929, Kalif 929–961), den die Geschichtsschreiber als besonders glückhaft schildern, schon als sehr junger Mann unter Überspringung einer Generation an die Macht.

Abdurrahmân konnte seine Nachfolge selbst regeln, indem er durchsetzte, dass die Grossen des Reiches seinem Sohn, *Hakam*, schon als Kind huldigten. Doch als er starb, war Hakam schon erwachsen, als er die Nachfolge schliesslich antreten konnte. Auch Abdurrahmân III. sah sich veranlasst, einen seiner Söhne, Abdullah, hinrichten zu lassen, weil er vernommen hatte, eine Abordnung aus Córdoba habe ihm gehuldigt. Die Hinrichtung war umso nötiger, sagt ein Chronist, als der Kalifensohn nach seinen Vorzügen und Fähigkeiten für die Kalifenwürde geeignet schien. (Hoenerbach S. 124, dort auch Quellenhinweise).

Ein Kind auf dem Thron

Al-Hakam seinerseits (er regierte von 961 bis 976) hatte erst im späten Alter zwei Söhne, deren einer bald starb. Er verpflichtete seine Hofbeamten darauf, seinen erst 10jährigen Sohn als Nachfolger anzuerkennen. Doch nach seinem Tod versuchten die Chefs der Hofeunuchen, einen Bruder des verstorbenen Kalifen, *al-Mughira,* auf den Thron zu heben. Sie stiessen dabei auf Widerrede der Partei des Wesirs, *al-Mushafî,* und des künftigen allmächtigen Reichsverwesers *Ibn Abi 'Âmir,* später *al-Mansur,* sowie der Kalifenmutter *Subh.* Diese setzten die Thronerhebung des Knaben *al-Hishâm II.* (976–1009 und 1010–1013) durch, und al-Mansur, wie er sich später nennen sollte,

55

übernahm die Aufgabe, den Onkel, al-Mughira, töten zu lassen. Doch schon zwei Jahre später versuchten dieselben Hofeunuchen eine Palastrevolution zugunsten eines der Enkel Abdurrahmâns III. durchzuführen. Sie scheiterte, und die Verschwörer wurden hingerichtet. Nach Hishâm II. und al-Mansur wurde das Kalifat ohnehin zum Spielball von Hofintrigen und militärischen Umstürzen.

Aufstände über Aufstände

Die Nachfolgekriege und Verschwörungen, so sehr sie jedesmal das Kalifat in Gefahr bringen mochten, waren weniger verderblich als die beständig ausbrechenden inneren Zwiste. Diese können geradezu als *das* politische Grundübel von al-Andalus angesprochen werden. Der Sekretär und Historiker aus Granada, *Ibn al-Khatîb* (1313–1375), hat eine eindrückliche Passage, in der er über die Aufstände zur Zeit des Emirs Abdullah spricht: «Als Abdullah (888–912) die Macht übernahm, war diese bereits durch Aufstände geschwächt, von Rebellen verschachert, von Frevlern ergattert. Übrig blieb allein das leere Wort auf Córdobas Kanzel und hier und da noch ausserhalb der Hauptstadt. Alle sannen auf Verrat. Wen zuerst fassen? Den Erzrebellen Ibn Hafsûn unmittelbar vor Córdoba, der mit Elvira, Reijo und anderen Bezirken das ganze Land besetzt hielt? Ibn Hajjâj, der sich in Sevilla, Carmona und anderswo unabhängig behauptete? Abdurrahmân Ibn Marwân al-Jilliqi zu Badajoz? Abdelmalik Ibn Abiljawâd zu Beja? Khair Ibn Schâkir zu Jodar? Umar Ibn Mudimm al-Hartûli? Sa'id Ibn Hudail auf Burg Monleón? Sa'id Ibn Mastanna zu Priego? Die Banu Habil auf ihren Burgen zu Jaén? Ishaq Ibn Attâf auf Burg Mentesa? Sa'id Ibn Sulaimân Ibn Judi zu Granada? Muhammed Ibn Adha, Elviras Araberführer? Bakr Ibn Yahya zu Santa María de Algarve? Sulaimân Ibn Muhammed asch-Schaduni zu Jérez? Abdulwahhâb zu Murin? Abu Yahya at-Tujibi al-Anqar zu Saragossa?» und der Verfasser fährt fort: «Wir haben die Namen der Aufständischen – nur als Bruchteil der Gesamtzahl und Minderheit einer Mehrheit – hier gestreift, aus zwei Gründen: Erstens um Trost zu spenden und Geduld anzuraten: Der Herrschende sollte wohl wissen, dass unter Umständen seine Herrschaft umstritten oder dass gegen ihn rebelliert wird ... Zweitens um den Sinn auf die Schönheit des jenseitigen Lebens hinzulenken und auf jenen Lohn, den Gott bereit hält, für alle, die Ihn darum bitten.» (Hoenerbachs Übersetzung, S. 104f.).

Alle Volksgruppen und sozialen Schichten haben sich, meist wiederholt, gegen die Zentralregierung erhoben. Manche Städte, besonders jene der Peripherie des Reiches, wie Toledo und Saragossa, befanden sich in fast permanenter Auflehnung. Höchstens, dass ihre lokalen Herren es gelegentlich als zweckmässig erachteten, die fernen Emire bzw. Kalifen theoretisch als Oberherren anzuerkennen. Die Berber und die «yemenitischen» Stämme gehörten zu den häufigsten Aufständischen. Doch nur selten vermochten sie es, geeint eine Erhebung auszulösen und vor allem durchzuhalten. Beide Gemeinschaften waren in Stämme und Unterstämme geteilt und über weite Gebiete verstreut. Die Stämme rivalisierten untereinander, und das machte es der Zentralmacht leicht, die Fronten von berberischen und «yemenitischen» Aufständen aufzubrechen, wenn es überhaupt zu gemeinsamen Fronten gekommen war.

Doch beide «Völker», das berberische und das «yemenitische», waren immer wieder als Bundesgenossen für andere aufständische Gruppen gewinnbar, weil sie Ressentiments gegenüber jenen Volksgruppen hegten, die bessere Positionen als sie hatten, um aus den reichsten Landesteilen und der Zusammenarbeit mit der Zentralmacht Nutzen zu ziehen. Diese Ressentiments sassen besonders tief, weil beide Gruppen, die Berber wie auch die «Yemeniten», sich rühmen konnten, sie seien die eigentlichen Eroberer von al-Andalus gewesen, die zuerst mit Tariq (der ja selbst ein Berber gewesen war) und mit Musa, einem Mitglied der südarabischen Stammesgruppen, auf die Halbinsel vorgedrungen waren.

Es waren jedoch die syrischen Soldaten, die erst später mit Balj ins Land gelangt waren und sich in Córdoba durch ihre Streitsucht unbeliebt gemacht hatten, welche die reichsten Pfründen in den Bewässerungsgebieten in Besitz genommen hatten. Der berühmte Historiker *Ibn Hayyân* gibt eine ganze Liste von Gebieten und nach ihren Ursprungsregionen geordneten syrischen Truppen: «Die Gruppe Damaskus in Elvira (dem späteren Granada); die Jordanier in Reijo (Málaga); die Gruppe Palästina in Sidonia; die Gruppe Hims in Sevilla; die Gruppe Qinnasrin in der Provinz Jaén; die Gruppe Ägypten teils in der Provinz Beja, teils in Todhmir (Murcia).» (Hoenerbach 58) Ein Vermögensdrittel der nicht-muslimischen Einheimischen wurde ihnen zugewiesen, wie schon Jahrhunderte früher die Goten ihren Adligen ein Drittel des Vermögens und Landbesitzes der römischen Grundherren zugewiesen hatten.

Alle arabischen Vornehmen schauten auf die Nicht-Araber hinab, besonders aber auf die «Muwallad», also die zum Islam übergetretenen Christen und Juden. Die konnten ja nicht einmal richtig arabisch reden!

In den Städten oder den Landgebieten in ihrer nächsten Nähe hatten sich einige der vornehmsten arabischen Familien niedergelassen, die seit Beginn der Eroberung zu den wichtigsten Familien zählten, wie die Banu Hajjâj, die Banu Abbâd, die Banu Hakîm und die Banu Khaldûn von Sevilla.

Die erstgenannten haben sich in Sevilla selbständig gemacht, als der Emir Abdullah (r. 888–912) unter vielen gleichzeitigen Aufständen zu leiden hatte und kaum noch die Kontrolle über seine Hauptstadt, Córdoba, zu bewahren vermochte. Es gelang den Banu Hajjâj nach langen und komplizierten Verwicklungen mit Hilfe der «yemenitischen» Partei, der sie selbst angehörten, die bisher Reichen und Mächtigen in Sevilla, Christen und neubekehrte Muslime, zu überwinden, wobei sie ein gewaltiges Massaker unter ihnen anrichteten. Die Gouverneure des Emirs wurden ein Spielball in ihrer Hand.

Im dritten Jahr der Herrschaft Abdullahs (ab 851) standen fast überall Kleinmachthaber der Berber, der «Yemeniten» und der Muwalladûn im Aufstand. Dozy zählt, gestützt auf Ibn Hayyân, fünf Herrscher der arabischen Partei, sechs Berber-Stammesführer in ihren Burgen und Bergen sowie zehn Rebellen von einheimischem Geblüt.

Das Epos von Ibn Hafsûn

Unter den Muwallad-Herrschern und -Rebellen war der berühmteste und bedeutendste *Omar Ibn Hafsûn* (aktiv als Rebelle 875–917), der 52 Jahre und sechs Monate lang (nach der muslimischen Zeitrechnung) sich und seine Familie unter den verschiedensten Wechselfällen an der Macht hielt und seine Herrschaft sogar an seine Söhne weitervererben konnte. Ibn Hafsûn hat als Räuberhauptmann begonnen, sich dem Emir Muhammed (r. 852–886) gutwillig unterworfen und in seinem Heer gedient, war dann aber mit einem der Grossen seines Hofes zusammengestossen und in die Berge zurückgeflohen. Die Burg von *Bobastro,* südwestlich von Granada, war zu seinem befestigten Hauptsitz geworden. Der Sohn des Emirs, al-Mundhir, hat ihn dort zweimal vergeblich belagert. Zum erstenmal musste er die Belagerung aufgeben, weil sein Vater in Córdoba gestorben war. Als Emir kehrte al-Mundhir (r. 886–888) vor Bobastro zurück, doch starb er während der Belagerung. Zur Zeit Abdullahs, seines Bruders, Nachfolgers und vielleicht auch Mörders (vgl. oben S. 55) nahm Ibn Hafsûn Elvira (Granada) ein, nachdem dort die arabische Partei und die Muwalladûn einander lange und grausam bekämpft hatten. Dabei hatte der Araber *Sawwâr* in zwei grossen Siegen die Oberhand erlangt. Er besiegte zuerst auch Ibn Hafsûn, den die Muwalladûn zu Hilfe gerufen hatten, doch verlor er bald darauf sein Leben in einem Hinterhalt.

Ibn Hafsûn wurde so mächtig, dass Emir Abdullah sich entschloss, ihn als Statthalter der Provinz Granada anzuerkennen. Der ehemalige Rebell nahm das Angebot an, führte jedoch seine Kriegszüge gegen die Gefolgsleute des Emirs weiter. Er war wohl zur Erhaltung seiner Macht auf beständige Beutezüge angewiesen. Abdullah zog schliesslich persönlich gegen den Erzrebellen zu Felde. Er konnte dessen Anhänger aus der Festung *Poley* und aus der Stadt *Ecija* vertreiben, doch Bobastro vermochte er nicht einzunehmen, obgleich auch er es zweimal belagerte.

Die oben erwähnten Wirren von Sevilla mit dem Aufstand der Banu Hajjâj gaben Ibn Hafsûn neue Aktionsmöglichkeiten, da er sich mit den arabischen Aristokraten der Stadt gegen den Herrscher von Córdoba verbünden konnte. Doch es gelang dem Emir, diese Allianz zu sprengen, nachdem einer der Machthaber von Sevilla, der zur Ibn Khaldûn-Familie gehörte, von einem anderen, Ibrahim Ibn Hajjâj, im Streit erschlagen worden war und Ibrahim die Macht über Sevilla alleine übernommen hatte.

Auf Anraten eines seiner Wesire entschloss sich Abdullah damals, den Sohn Ibrahims, den er als Geisel in der Hauptstadt festhielt, nicht hinzurichten, wie er dies mit den Geiseln tat, die ihm Ibn Hafsûn gestellt hatte, sondern ihn freizulassen und dadurch eine Versöhnung mit der Aristokratenfamilie einzuleiten. Der Ratgeber soll dem Emir bedeutet haben, mit Ibn Hafsûn, einem vom Islam wieder abtrünnigen ehemaligen Christen, könne es keine Versöhnung geben, wohl aber mit dem Aufständischen aus guter Familie. In der Tat erlangte der Emir nach der Aussöhnung mit dem Clan der Ibn Hajjâj allmählich wieder die Oberhand, und Ibn Hafsûn mit seinen Anhängern geriet schrittweise in die Isolierung.

Es fiel dann dem neuen Emir und späteren Kalifen *Abdurrahmân III.* zu, diese Ent-

Von der Burg Bobastro des Rebellen Ibn Hafsûn, die als uneinnehmbar galt, sind nur Rillen in den Felswänden übrig geblieben.

wicklung zu vollenden. Als Abdullah seinen Sohn Aban gegen Ibn Hafsûn ausgesandt hatte, war der bedrängte Rebell wieder zum Christentum übergetreten. Er scheint dadurch jedoch keinen zusätzlichen Halt bei der Bevölkerung von al-Andalus gefunden zu haben, weil ihm nun sowohl die Muslime wie auch die Christen misstrauten.

Wie manche der Herrscher von Córdoba liess auch Ibn Hafsûn seine Anhänger schwören, seinen Sohn, Ja'far, als Nachfolger anzuerkennen. Abdurrahmân III. verhandelte mit dem Rebellen und nahm einen anderen seiner Söhne, Abdullah, als Geisel. Doch nach dem Tod Ibn Hafsûns (917) unternahm Ja'far neue Beutezüge, und Abdurrahmân begann einen Kriegszug, um ihn zu bestrafen. Zwei Brüder Ja'fars erhoben sich gegen ihn, und er wurde ermordet. Einer der beiden Brüder, Sulaimân, der Bobastro zuerst erreichte, übernahm nun die Herrschaft. Auch er kämpfte gegen und verhandelte mit Abdurrahmân, bis Sulaimân eine Niederlage erlitt, vom Pferd stürzte und starb. Der zweite Bruder, Hafz, wurde nun Herr auf Bobastro, wohin Abdurrahmân ihn belagern kam. Eine Gegenfestung wurde erbaut, und der Emir liess einen seiner Wesire als Kommandanten zurück. 928 ergab sich der Belagerte. Er wurde mit seiner Sippe nach Córdoba verbracht und dort vom Emir ehrenvoll aufgenommen. Es gehörte generell zur Politik Abdurrahmâns, widerspenstige Rebellen nach Vertreibung aus ihren Burgen mit ihren Familien nach Córdoba an den Hof zu ziehen.

Dozy, der grosse Historiker aus der spätromantischen Zeit, sieht in Omar Ibn Hafsûn und seinen Gefolgsleuten «Spanier», die gegen die Araber kämpften. Doch dürfte es sich bei dieser Sicht um einen Anachronismus handeln. Dass der grosse Aufständische dem Christentum nicht nur seiner Herkunft nach, sondern auch von der Mentalität her näher stand als seinen yemenitischen und syrischen arabischen Gegnern, macht sein später Übertritt zum Christentum wahrscheinlich. Seine muslimischen Feinde schmähen ihn und andere Muwalladûn immer wieder in ihren Gedichten als «Söhne von Christinnen», «Abkömmlinge von Ungläubigen», «Söhne von Sklavinnen», «Söhne einer Weissen» (was auf eine Sklavin anspielt) usw. (vgl. Dozy Bd. I, Buch 2, Kap. xii).

Dass sich die Partei der Muwalladûn mit ihren christlichen Verbündeten oft von den arabischen Eroberern missachtet und misshandelt fühlen musste, dürfte keinem Zweifel unterliegen, wieweit sie sich jedoch schon als «Spanier» empfanden, ist eine ganz andere Frage. Aus den Quellen gehen die Religionsgegensätze und der Sippenstolz auf der arabischen Seite deutlich hervor, doch weder die Christen noch die Araber bezeichnen sich in ihnen selbst je als «Spanier».

Religiöse Unruhen

Obgleich die vielen Rebellionen gegen die Zentralgewalt offensichtlich meist auf machtpolitischen Gründen beruhten und fast immer damit verbunden waren, dass einer der lokalen Machthaber keinen Tribut mehr an Córdoba abführen wollte, gab es auch Unruhen, die aus religiösen Motiven hervorgingen. Auf der muslimischen Seite entwickelten sich die Gottesgelehrten (das Fachwort ist *Faqîh,* Plural: *Fuqahâ*) zu Kritikern des Hofes, besonders in der Epoche des dritten Emirs, *al-Hakam* (796–822). Die strenggläubige und sich auf den Wortlaut des Gesetzes stützende Rechtsschule von *Mâlik Ibn Anas* (der von ca. 710 bis 795 in Medina lebte) gewann grossen Einfluss in al-Andalus (und ist bis heute die führende Rechtsschule in Nordafrika geblieben).

Der Berber *Yahya Ibn Yahya al-Laithi* war als junger Mann von al-Andalus bis nach Medina gereist, um zu Füssen dieses Rechts- und Gottesmannes zu studieren. Einmal soll ein Elefant an der Moschee vorübergezogen sein, und alle Schüler verliessen den Lehrzirkel, um das Wundertier anzustaunen, nur Yahya blieb sitzen. Der Gelehrte fragte ihn, ob er denn nicht auch den Elefanten beschauen gehen wolle, wo es doch in seiner Heimat keine solchen Tiere gebe. Der Schüler entgegnete: Er sei von al-Andalus nach Medina gekommen, um Malik anzuhören und von ihm zu lernen, nicht um Elefanten anzuschauen. Daraufhin soll Malik ihn immer den «Klugen Andalusier» genannt haben (Dozy nach Ibn Khallikân).

Nach Córdoba heimgekehrt, wurde Yahya einer jener strengen Rechtsgelehrten, die begannen, öffentlich Kritik an dem lebenslustigen Herrscher, al-Hakam, zu üben. Besonders seine Weingelage galten ihnen als sündhaft. Die ersten von den Gottesgelehrten geschürten Unruhen brachen 805 aus. Der Emir wurde mit Steinen beworfen, doch konnte er mit Hilfe seiner Leibgarde der Erhebung Herr werden. Die Gottesgelehrten, zusammen mit Verschworenen aus der arabischen Aristokratie, boten dann einem Vetter des Emirs, *Schammâs,* den Thron an. Doch dieser entdeckte dem Herrscher die Verschwörung. Er soll sogar einen Schreiber hinter einem Vorhang verborgen haben, der die Namen aller Verschworenen aufzeichnen musste, doch habe dieser sein Schreibrohr absichtlich laut kratzen lassen, um den Verschworenen Warnung zu geben. Die Anführer flohen darauf nach Toledo, das sich ausserhalb der Befehlsgewalt al-Hakams befand.

Im folgenden Jahr schon kam es zu einer neuen Erhebung, als der Emir sich auf einem Feldzug nach Mérida befand. Er kehrte in Eile zurück und liess einige der Rädelsführer enthaupten und kreuzigen. Um sich gegen weitere Unruhen abzusichern, baute der Emir eine Sondergarde aus Sklaven auf, die die «Stummen» genannt wurden, weil sie weder des Arabischen noch der romanischen Landessprache mächtig waren. Diese «Stummheit» trug offenbar zu ihrer Isolierung von der Bevölkerung bei, damit auch von den Gottesgelehrten, und machte sie umso zuverlässiger gegenüber ihrem Besitzer und Brotherrn, dem Emir.

Doch die Kritik an al-Hakam, angefacht durch die Predigten der Gottesgelehrten, nahm immer mehr zu. Der Emir wurde in der Moschee von einfachen Leuten wegen seines unfrommen Tuns zur Rede gestellt, und wenn der Gebetsruf ertönte, sollen manche Bewohner von Córdoba ausgerufen haben: «Komm zum Gebet, du Betrunkener, komm zum Gebet!», in Modifizierung des Gebetsrufs, der lautet: «Kommt zum Gebet, kommt zum heilsamen Tun».

Nach heutiger Terminologie müsste man jene Elemente der Hauptstadt wohl als «Fundamentalisten» bezeichnen, Fanatiker, die auf einer möglichst genauen, wörtlich genommenen und unreflektierten Anwendung der Gottesgesetze bestanden, so wie sie, in ihrem Falle, Mâlik Ibn Anas definiert hatte. Solche Bewegungen hat es in der muslimischen Geschichte immer wieder gegeben.

Die Almoraviden der späteren Geschichte von al-Andalus sind ein Beispiel dafür. Die Hanbaliten (Angehörige der Rechtsschule Ibn Hanbals) haben in Bagdad eine ähnliche Rolle gespielt wie die Jünger des Mâlik in Nordafrika und al-Andalus, und so verschiedene Bewegungen der neuesten Zeit wie jene der «Wahhabiten» in Arabien und der «Mahdiya» im Sudan gehen auf das gleiche Grundprinzip zurück.

Jahre später, im Ramadân, dem Fastenmonat, der auf Mai 814 fiel, kam die Unruhe voll zum Ausbruch. Anlaß soll ein Soldat gegeben haben, der im Streit einen Schwertfeger aus der Handwerkerschicht von Córdoba erschlug. Eine wütende Menschenmasse bewegte sich auf den Palast zu, die vor allem aus der südlichen Vorstadt kam, wo die Gottesgelehrten und ihre Schüler, die Studenten der Theologie und des Gottesgesetzes aus ganz Andalusien, zu wohnen pflegten. Die Palastwächter vermochten nicht, sie zurückzuwerfen. Der Emir al-Hakam soll seinem Sklaven «Yacinto» befohlen haben, ihm Salbe zu bringen, um sein Haupt und seinen Bart zu parfümieren. Dies, wie er auf die befremdete Frage des Sklaven entgegnete, damit sein Kopf unter den anderen abgeschlagenen Köpfen erkenntlich sein würde, wenn es zum Schlimmsten käme...

Doch der Emir blieb nicht untätig: Er beauftragte einen seiner Kommandeure, die Aufrührer zu umgehen und in ihrem Rücken die südliche Vorstadt in Brand zu stecken. Er rechnete damit, dass sie daraufhin umkehren würden, um ihre Familien aus dem Brand zu retten. Dies geschah, und die rebellische Menge kam zwischen zwei Fronten. Die «Stummen» des Emirs wüteten regelrecht gegen sie und sollen Hunderte von ihnen erschlagen haben. 30 der Vornehmsten nahmen sie gefangen, um sie dem Herrscher zum Geschenk zu machen. Er liess sie Kopf nach unten am Ufer des Guadalquivir kreuzigen. Al-Hakam liess die Vorstadt völlig zerstören und ihre Bewohner ausweisen. Ein Teil von ihnen, angeblich 8000 Familien, gelangte in die damals neu gegründete Stadt Fès in Marokko und bildete dort einen gesonderten Stadtteil. Andere, anscheinend 15 000, nur die Männer gezählt, gelangten bis nach Alexandria, wo sie ebenfalls Unruhen und innere Kämpfe heraufbeschworen, bis sie auf Kreta angesiedelt wurden, nachdem sie die byzantinische Macht von der Insel vertrieben hatten.

Den Geistlichen aber vergab der Emir. Zuerst zwar verhängte er das Todesurteil über sie, dann aber begnadigte er sie und bestand nur auf ihrer Entfernung aus der Hauptstadt; später liess er zu, dass Yahya Ibn Yahya wieder nach Córdoba zurückkehrte, und der berühmte Schüler Mâliks sollte später sogar unter dem nächsten Emir, Abdurrahmân II. (r. 822–852), eine hervorragende Rolle spielen. Die arabischen Historiker erklären das Verhalten al-Hakams durch seine Gewissensbisse. Doch Dozy zitiert ein Gedicht, das der Emir vor seinem Tod an seinen Sohn richtete und das zeige, dass er sein Tun als gerechtfertigt angesehen habe. Menschen sind freilich widersprüchlich, und der Inhalt dieses Rechtfertigungsschreibens an den Sohn und Nachfolger dürfte Gewissensbisse nicht ganz ausschliessen. Die Selbstdarstellung al-Hakams ist jedenfalls lesenswert:

«Wie ein Schneider, der sich seiner Nadel bedient, um Stücke Stoff zusammenzunähen, habe ich mein Schwert verwendet, um meine uneinigen Provinzen zusammenzuschliessen. Denn seit ich zu denken vermag, hat mir nichts so missfallen wie die Zerstückelung des Reiches. Frage heute meine Grenzen, ob irgendein Ort in der Macht des Feindes stehe. Sie werden es verneinen; doch wenn sie es bejahen sollten, würde ich dorthin eilen, gepanzert und das Schwert in der Hand. Frage die Schädel meiner aufständischen Untertanen, die wie gespaltene Koloquinten auf der Erde liegen und im Sonnenlicht glitzern. Sie werden dir sagen, dass ich sie ohne Unterlass schlug. Die Aufständischen flohen, vom Schrecken beherrscht, um ihr Leben zu retten. Doch ich, stets auf meinem Thron, habe sie verachtet. Wenn ich nicht einmal ihren Frauen und Kindern vergab, so war es, weil sie meine Familie und mich bedrohten und weil jener, der die Beleidigungen nicht rächt, die seiner Familie angetan wurden, keine Ehre besitzt. Die ganze Welt wird ihn verachten.

Wenn wir mit dem Schwertgefecht zu Ende kamen, zwang ich sie, mein tödliches Gift zu trinken. Hab ich denn etwas anderes getan, als die Schuld zu begleichen, die sie mich gezwungen hatten, gegenüber ihnen einzugehen? Wahrhaftig, wenn sie den Tod fanden, war es, weil es ihr Schicksal war. Ich bin das Bett, auf dem du ruhig ruhen kannst, weil ich dafür sorgte, dass kein Rebell deinen Schlaf zu stören vermag.» (nach Dozy, Buch 2, Kap. iv, überliefert bei Ibn Idhari und al-Maqqari.)

Christliche Märtyrer in Córdoba

Die Christen von Córdoba, die in der Grossstadt nur eine Minderheit darstellten, jedenfalls machtpolitisch und angesichts der vielen Übertritte zum Islam vielleicht auch der Zahl nach, waren nicht in der Lage, Strassenunruhen auszulösen. Doch in der Zeit Abdurrahmâns II. (822–852) kam es zu einer besonderen Art der Auflehnung der Christen von Córdoba gegen die muslimische Herrschaft. Einige von ihnen, ermuntert durch die Mönche des Klosters von Tábanos, welche die Bewegung einleiteten, stellten sich dem Qadi und bezeichneten öffentlich vor ihm den Propheten Muhammed als einen Lügenpropheten. Dies genügte, um die Todesstrafe zu provozieren, umsomehr, als schon zuvor Fälle von Christen vorausgegangen waren, denen muslimische Provokateure und persönliche Feinde verbale Angriffe auf den Propheten oder ungenügende Hochachtung vor ihm vorgeworfen hatten.

Mindestens 12 weitere Exaltierte folgten zwischen 850 und 852 dem ersten «Märtyrer» nach. Wir besitzen eine ausführliche Literatur über die gesamte Bewegung vom mozarabischen, d. h. dem christlichen Standpunkt aus dank dem Laien *Álvaro*, der mehrere Schriften über die Märtyrer und besonders über das Leben des Geistlichen *Eulogio* verfasste, der die Bewegung ermunterte. Eulogius (der 859 enthauptet wurde) hat persönlich ein «Memorial der Heiligen» verfasst und ist später selbst zum Heiligen erklärt worden. (Siehe: Sancti Eulogii Cordubensis Opera eiusque vita per Alvarum Cordubensem, Alcalá de Henares 1574). Von Álvaro stammt der berühmte Passus über die Maurophilie vieler seiner hispanischen Glaubensgenossen, den man oft zitiert findet:

«Meine Glaubensgenossen lesen gerne die Gedichte und die Geschichten der Araber. Sie studieren die muslimischen Philosophen und Theologen, nicht etwa um sie zu widerlegen, sondern um einen korrekten und eleganten arabischen Stil zu erlangen. Wo findet man noch einen Laien, der die lateinischen Kommentare der Heiligen Schrift liest? Welcher von ihnen studiert noch die Evangelien, die Propheten, die Apostel? Weh uns, alle jungen Christen, die sich durch ihre Begabung auszeichnen, kennen nur noch die arabische Sprache und Literatur! Unter gewaltigen Ausgaben bringen sie grosse arabische Bibliotheken zusammen, und sie erklären überall, jene Literatur sei bewundernswert. Wenn man ihnen jedoch von den christlichen Büchern spricht, antworten sie voller Verachtung, dass diese ihrer Aufmerksamkeit unwert seien.

Welch ein Schmerz! Die Christen haben sogar ihre eigene Sprache vergessen! Kaum einer unter tausend von uns versteht es noch, einen korrekten lateinischen Brief an einen Freund zu schreiben. Wenn es aber darum geht, arabisch zu schreiben, wirst du zahlreiche Personen finden, die sich mit grösster Eleganz in jener Sprache ausdrücken und die Gedichte verfassen, welche vom künstlerischen Standpunkt aus besser sind als jene der Araber selbst.» (nach Dozy, Buch II, Kap. VI).

Die Märtyrerepidemie der Christen von Córdoba verursachte Aufregung in Toledo, wo die Einheimischen, Christen, Juden und Muwalladûn, besonders zahl- und einflussreich waren, und der Emir hielt es für angebracht, ein Konzil der christlichen Kirche nach Sevilla einzuberufen. Die Kompetenz, dies zu tun, hatte der muslimische Herrscher von seinen gotischen Vorgängern übernommen. Abdurrahmân II. liess sich durch einen christlichen Hofbeamten, Gómez, auf dem Konzil vertreten. Gómez sprach vor dem Konzil gegen die Märtyrer, die, wie er sagte, eher verdienten, exkommuniziert als heilig gesprochen zu werden, weil sie die ganze christliche Gemeinde durch ihre fanatischen Handlungen in Gefahr brächten. Er bat die Bischöfe, die gefährlichsten von ihnen einkerkern zu lassen.

Der Bischof von Córdoba, Saul, setzte sich für die «Märtyrer» ein. Das Konzil konnte sich nicht dazu durchringen, die Handlungen der Exaltierten klar zu verurteilen, weil hochverehrte frühere christliche Märtyrer zur Zeit der römischen Kaiser angeblich ähnlich gehandelt hatten. Doch immerhin verbot es den hispanischen Christen, künftig das Martyrium anzustreben. Der innere Widerspruch in der Haltung des Konzils bewirkte natürlich, dass die Diskussion zwischen Bewunderern und Kritikern der Exaltierten erst recht aufflammte.

Der Erzbischof von Sevilla gab Befehl, die Häupter der christlichen Agitation gefangenzusetzen. Die Mozaraber von Córdoba waren darüber so bestürzt, dass, wie Eulogius versichert, viele zum Islam übertraten. Eulogius selbst wurde auch gefangengenommen, nachdem er versucht hatte, sich zu verbergen. Auch zwei Frauen, *Flora* und *Maria,* forderten das Martyrium heraus, und Eulogius, der Flora schon früher getroffen hatte und sie glühend bewunderte, begegnete beiden Frauen im Gefängnis wieder. Er konnte die beiden dort auf den allen dreien bevorstehenden Glaubenstod vorbereiten.

Die Episode hatte ein für die Periode bezeichnendes Nachspiel. Die Hinrichtung von Eulogius im Jahr 859 – er war inzwischen zum Primas von al-Andalus gewählt worden – erregte gewaltiges Aufsehen in der christlichen Welt. 24 Jahre später forderte König Alfonso von León bei Gelegenheit eines Friedensvertrages mit Córdoba, dass die Überreste des Heiligen und Märtyrers ihm übergeben würden.

Schon zuvor hatte der Abt von *Saint Germain des Près* zwei Mönche nach Valencia entsandt, um den Leichnam von Sankt Vinzencus zu erstehen. Doch dieser war bereits nach Benevent überführt worden. Die beiden Mönche erfuhren in Barcelona von den neuen Märtyrern in Córdoba. Sie reisten also über Saragossa in die Hauptstadt, wo sie 858 anlangten. Sie erhielten erst nach längeren Anstrengungen die sterblichen Überreste von zweien der Märtyrer, Aurelius und Georg. Der Bischof von Córdoba musste persönlich seinen Einfluss bei den Mönchen des Klosters, das die Reliquien beherbergte, geltend machen, um die Auslieferung zu erwirken. Die Märtyrer von Córdoba dürften in der Folgezeit zu dem Interesse beigetragen haben, das die französischen Mönchsorden, besonders Cluny, gegenüber Spanien zeigten, und damit auch indirekt zur Rolle, welche diese Orden später im Rahmen der «Reconquista» spielen sollten.

Reliquien scheint übrigens auch die muslimische Seite geschätzt zu haben. Der Historiker und Staatsmann Ibn al-Khatîb verspottet Hishâm II. (976–1009 u. 1010–1013), den «calife fainéant», für den al-Mansur regierte, er habe Reliquien aller Art gesammelt: «Manches Brett von der Arche Noah befand sich in seinem Schatzhaus, manches Horn, das angeblich von Isaaks Widder kam, Hufe vom Esel Uzairs und von der Kamelin Salihs ...» (Hoenerbach S. 151).

Die Aussenpolitik

Das Herzland al-Andalus', im wesentlichen Südspanien und Südportugal, stand unter der direkten Verwaltung des Hofes von Córdoba, wenigstens in den Zeiten, in denen Aufstände nicht um sich griffen. Die Grenzregionen jedoch, nördlich von Mérida, von

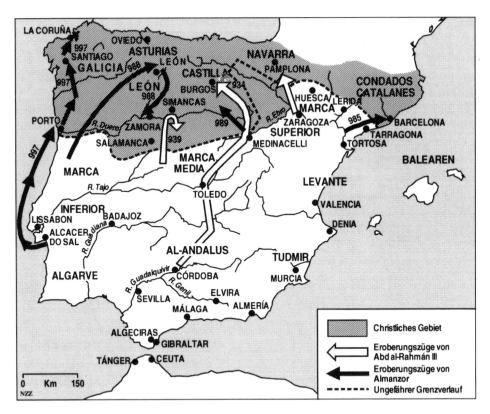

Unter den Kalifen von Córdoba erreichte al-Andalus seine grösste Ausdehnung. Die christlichen Gebiete Spaniens wurden zum Ziel regelmässiger Beutezüge (961–1002).

Toledo, das Ebrotal mit Saragossa und die Ostküste bis hinauf nach Tortosa und Tarragona, standen unter Gouverneuren, denen es oft gelang, ihre Herrschaft an ihre Nachkommen zu vererben und so eine Art von Unterfürsten zu werden. Die Kalifen pflegten sie in ihrer Herrschaft zu bestätigen, solange sie Tribut an Córdoba abführten. Wenn sie sich weigerten, das zu tun, mussten sie damit rechnen, dass der Kalif bei Gelegenheit, wenn er dazu Aktionsfreiheit und Geld erlangen konnte, Heere gegen sie aussandte, um sie zu bestrafen. Doch manchmal war dann immer noch Zeit, sich mit dem Kalifenhof zu versöhnen, etwa durch die Übersendung besonders prächtiger Geschenke. Wenn dies fehlschlug, blieb lokalen Herrschern immer noch die Möglichkeit taktischer Allianzen mit dem einen oder anderen der Christenherrscher des Nordens sowie mit ihren eigenen Kollegen und Rivalen, den anderen muslimischen Grenzfürsten.

Es war auch möglich, von den christlichen Herrschern, besonders den ebenso armen wie tüchtigen Katalanen, ganze Söldnerheere anzuheuern, die dann im Interesse des betreffenden muslimischen Fürstenhauses entweder gegen Córdoba oder gegen den einen oder anderen der Rivalenherrscher in den Grenzgebieten sowie auch gelegentlich gegen die christlichen Feinde jenes Christenherrschers, der sie zur Verfügung gestellte hatte, eingesetzt werden konnten.

Nördlich der halbunabhängigen Grenzfürstentümer lag die eigentliche Grenzregion: das Niemandsland zwischen dem Königreich von León und dem Kalifat sowie die dicht bewohnten Bergtäler der Pyrenäen, welche die Keimzelle für das spätere Katalonien abgeben sollten.

Der Duero bildete den eigentlichen Grenzstrom; eine Reihe von Festungsstädten lagen an ihm: Porto, Lámego, Zamora, Toro, Simancas, St. Estebán de Górmaz, Osma. Der Strom war für muslimische Vorstösse ins Feindesland am leichtesten am östlichen Oberlauf zu überschreiten, oder er wurde umgangen, indem die muslimischen Heere das Ebrotal hinaufzogen. Für diesen Weg benötigten sie freilich jeweilen die Zustimmung des (muslimischen) Herrn von Saragossa. Bis in die Rioja hinauf befanden sich die Muslime zur Zeit des Kalifates auf islamischem Gebiet. Freilich konnte die Kampfgrenze sich manchmal tief nach Süden hinab verschieben. Schon zur Kalifenzeit gab es gelegentlich Einfälle der Ritter von León und Kastilien bis in die Sierra Morena, wobei Spitzen bis in die Region von Córdoba vordrangen.

Der Hof von Saragossa

Zur Zeit des Niederganges der Emire, unter Muhammed (852–886), al-Mundhir (886–888) und Abdullah (888–912), herrschte in Saragossa die Familie der *Banu Qâsi*, deren mächtigster Vertreter Musa II. (der 862 starb) auch Huesca und Tudela beherrschte und mit Toledo ein Bündnis geschlossen hatte. Er nannte sich der «dritte König von Spanien». Als der zweite galt ihm der König von León. Seine Nachfahren rissen Saragossa erneut an sich, nachdem Córdoba dort vorübergehend die Macht ausgeübt hatte, und sie verbündeten sich mit Alfonso III. (866–909) dem König von

Innenhof des Schlosses von Saragossa, auf den hin sich die Moschee öffnet.

Asturien, der so eng mit ihnen zusammenarbeitete, dass er seinen Sohn Ordoño (später als Ordoño II. König von León 914–924), an ihrem Hof erziehen liess.

Der «Gallego»

In der gleichen Periode der ständigen Rebellionen erhob sich der Muwallad *Ibn Marwân* in der Region von Mérida und Badajoz; auch er verbündete sich mit Alfonso III. Die arabischen Chronisten nennen den Aufständischen verächtlich den «Gallego», d. h. «Mann aus Galicia». Dieser «Gallego» hat zusammen mit einem anderen Verbündeten, der *Sa'dûn* hiess, den Wesir des Emirs, *Muhammed Ibn Hishâm,* geschlagen und gefangengenommen. Der Gefangene wurde an Alfonso III. weitergereicht, und dieser forderte 100 000 Goldstücke Lösegeld. Emir Abdullah liess seinen Minister zwei Jahre lang in der Gefangenschaft schmachten, dann kaufte er ihn für einen Teil des geforderten Geldes frei. Doch der Losgekaufte musste Verwandte als Geiseln in León zurücklassen, die dafür bürgen sollten, dass er den Rest des Lösegeldes entrichte.

Ibn Marwân, der «Gallego» trotzte unterdessen dem Emir die Stadt Badajoz ab, indem er ihm drohte, er werde solange die Umgebung von Sevilla und Córdoba verwüsten, bis der Emir ihm die Stadt abtrete und ihm erlaube, sich in ihr zu befestigen. Als der freigelassene Wesir gegen ihn ziehen wollte, um sich zu rächen, drohte Ibn Marwân, Badajoz zu verbrennen und zum Leben eines ungebundenen Bandenchefs zurückzukehren. Der Emir befahl darauf seinem Wesir, sein Heer nach Córdoba heimzuführen.

Die Vorstösse nach Norden

Doch in Zeiten der Blüte der Dynastie waren es die Muslime, die weit über die Mark hinaus nach Norden vordrangen. Abdurrahmân III. (912–961) hat in jungen Jahren persönlich seine Heere nach Norden geführt. Er hat die Festungen am Duero eingenommen, zerstören lassen oder besetzt: Osma, St. Estebán de Górmaz, Alcubilla, und ist dann nach Navarra eingedrungen. Doch er fand einen gefährlichen Gegner in der Person von *Ordoño II.* von León (r. 914–924), der seinerseits 914 bis Mérida vordrang und von den Bürgern von Badajoz Lösegeld nahm, aus dem er später in León eine Kirche erbauen liess. Im Sommer 917 gelang es ihm, ein grösseres Heer unter dem General Ibn Abi Abda vor der Festung von San Estebán de Górmaz zu vernichten.

Da gleichzeitig in Nordafrika die neue Dynastie der ismaelitischen Fatimiden emporstieg und die südspanischen Küsten bedrohte, fand Abdurrahmân sich in einer schwierigen Lage. Erst 920 konnte er wieder ein grösseres Heer nach Norden führen. Es gelang ihm, die Festungen am Duero zu überraschen, dann wandte er sich erneut nach Navarra, schlug zuerst den König von Navarra, Sancho, dann Sancho und Ordoño gemeinsam. Doch schon im folgenden Jahr marschierte Ordoño wieder nach Süden. Die christlichen Chronisten behaupten, er sei bis auf eine Tagereise an Córdoba herangekommen.

Noch ein Jahr später (922) nahmen der König von León und sein Verbündeter von Navarra dem Emir zwei Festungen weg, Nájera und Viguera. In der zweiten kamen viele hochstehende muslimische Adlige um. Abdurrahmân zog darauf im Frühling 924 aus Córdoba aus und erreichte ohne grosse Behinderung Pamplona, wo er die Kathedrale und viele Häuser zerstören liess. Die Navarresen, die Verstärkungen aus Kastilien erhalten hatten, damals noch eine Grenzmark Leóns, griffen zweimal an und wurden zweimal zurückgeschlagen. Noch ein Jahr später, 925, brach ein Bürgerkrieg in León aus, in dem sich zwei Söhne Ordoños II., Alfonso und Sancho, um den Thron stritten.

Erst sieben Jahre darauf, nach einem weiteren Bürgerkrieg, kam ein neuer, kriegerischer Herrscher in León zur Macht, *Ramiro II.* (931–951). Der neue König versuchte vergebens, seine muslimischen Verbündeten von Toledo gegen den Herrscher von

Córdoba zu unterstützen, der sich inzwischen (929) zum Kalifen mit dem Titel *an-Nâsir li-Din'illah*, «der Siegreiche in Gott», proklamiert hatte. Ramiro brachte 933 einem Heer des Kalifen bei Osma eine Niederlage bei; der Kalif kam im folgenden Jahre, um Ramiro in Osma zu belagern. Da dieser die Schlacht nicht annahm, zog Abdurrahmân weiter bis Burgos und zerstörte die Stadt. 200 Mönche im Kloster San Pedro des Cerdeñas bei Burgos wurden enthauptet.

Kurz darauf kam es jedoch zu einer Allianz zwischen den Königen von Navarra, von León und Muhammed, dem muslimischen Herrscher von Saragossa aus dem Haus der *Banu Hishâm,* das dem erwähnten der Banu Qâsi nachgefolgt war. Dieses adlige Haus war eines der wenigen, das Abdurrahmân hatte bestehen lassen, gewiss der Grenzlage wegen. Doch der Herr von Saragossa verhandelte 934 mit Ramiro und suchte dessen Schutz gegen den Kalifen. Dieser zog im selben Jahr einmal mehr nach dem Norden, nahm Calatayud ein, wo ein Bruder Muhammeds die Verteidigung führte. Auch eine Truppe von christlichen Basken aus Álava lag in der Festung. Sie wurden nach der Kapitulation des Kommandanten hingerichtet, während die Muslime, Kommandant wie Soldaten, eine Amnestie erlangten. Später ergab sich auch das Oberhaupt der Rebellion in Saragossa, und der Kalif verzieh auch ihm. Auch die Königinmutter von Navarra, Tota, ergab sich und erkannte den Kalifen als ihren Oberherrn an.

Im Jahr 939 unternahm der Kalif einen Feldzug gegen León, der besonders gründlich vorbereitet worden war und von vornherein den Namen «Feldzug der Obersten Macht» erhalten hatte. Abdurrahmân hatte die ganzen 27 Jahre seiner bisherigen Regierung die gleiche Politik angewandt, die daraus bestand, seine eigenen Sklaven mit den grossen Staatspositionen zu betrauen und die arabischen Adligen und grossen Herren von den Führungspositionen fernzuhalten. Er sorgte sogar dafür, dass die arabischen Stammesoberhäupter und Mitglieder der alten Familien sich den Sklaven, die als seine Beamten und Heeresführer wirkten, unterstellen mussten. Tausende von Sklaven bevölkerten seinen Palast. Die Angaben der Chronisten schwanken zwischen 3750 und 12000. Einige waren grosse Würdenträger des Staates, die natürlich Ländereien und ihrerseits Sklaven besassen.

Am 5. August 939 erlitt das Heer des Kalifen eine schwere Niederlage durch Ramiro II. und Tota von Navarra in der Region von Simancas. Die arabischen Geschichtsschreiber führen sie darauf zurück, dass die arabischen Offiziere, empört darüber, einem Sklaven als Oberbefehlshaber unterstellt worden zu sein, absichtlich die Flucht ergriffen hätten. Sie hätten zwar später noch einmal Halt gemacht und versucht, den nachsetzenden Leonesen Widerstand zu leisten, doch sie seien bei Alhóndega am Tormes-Fluss völlig in Verwirrung geraten; eine wilde Flucht habe eingesetzt und viele seien in einen Graben getrieben worden, der sich mit Leibern aufgefüllt habe.

Der Kalif entkam knapp, begleitet von nur 40 Reitern, sein persönlicher Koran und sein Panzerhemd wurden Beute des Feindes. Der Herrscher von Saragossa, Muhammed, erst kürzlich noch ein Verbündeter Ramiros II., wurde nun ein Gefangener des Königs von León und konnte erst zwei Jahre später ausgelöst werden. Abdurrahmân III. ist seither nie mehr persönlich zu Felde gezogen.

Fernán González, (930?–970) der sagenumwobene Graf von Kastilien, benützte die Gelegenheit der muslimischen Niederlage, um sich ein eigenes Reich zu schaffen, indem er sich der nun von den Muslimen geräumten Grenzmark bemächtigte und dem König von León den Gehorsam aufsagte.

Der Kalif konnte unterdessen sein Heer wieder aufbauen. Afrika machte ihm erneut Sorgen, als die Fatimiden sich in Tunesien gegen seinen Verbündeten, Abu Yazid, durchsetzten. Eine fatimidische Flotte plünderte Algeciras, Abdurrahmân liess umgekehrt seinen Admiral Ghaleb die nordafrikanischen Küsten heimsuchen. Doch das Glück blieb dem Kalifen treu, die Fatimiden sollten sich schliesslich nach Osten wenden und ihren Thron im fernen Kairo aufrichten.

In Nordspanien aber brach nach dem Tod von Ramiro ein neuer Bürgerkrieg aus. Erst nachdem dieser beendet war, wurde mit Córdoba über Frieden verhandelt. 955 kam ein Abkommen mit dem König von León, nun Ordoño III. (r. 950–955) zustande und kurz darauf auch mit Fernán González. Botschafter des Kalifen war, zusammen mit einem muslimischen Würdenträger, der Jude *Khasdai Ben Shaprut,* der Arzt und zugleich Direktor des Zollwesens von Córdoba war.

Kurz darauf sandte der Kalif seinen Arzt auf eine neue Mission. *Sancho von León* (r. 956–965) war so fettleibig geworden, dass er nicht mehr reiten, ja kaum mehr gehen konnte. Die Grossen seines Reiches verjagten ihn und ernannten einen Vetter zum König, Ordoño IV. Sancho kehrte zu seiner Grossmutter Tota nach Pamplona zurück. Sie nahm Kontakt mit dem Kalifen auf, um sowohl Heilung wie auch Wiedereinsetzung ihres Enkels zu erreichen. Khasdai, der Arzt und Botschafter, brachte es fertig, dass der König abnahm, und es gelang ihm auch, die Königin und ihren Enkel zu einem Besuch in Córdoba zu überreden, sowie sie zur Abtretung von zehn Festungen zu bewegen. Der Besuch fand statt, und Sancho zog mit seiner Grossmutter in langsamen Tagemärschen, gestützt auf Khasdai, an den Kalifenhof; ein Schauspiel, geeignet, um der Bevölkerung der Hauptstadt die Grösse ihres Kalifen so recht vor Augen zu führen. In Córdoba wurde beschlossen, die arabischen Truppen sollten León angreifen, jene von Navarra Fernán González von Kastilien. Zamora wurde so 959 von Sancho, der von seiner Fettleibigkeit tatsächlich geheilt wurde, zurückerobert und León im folgenden Jahr.

Der jüdische Vertrauensmann des Kalifen

Khasdai Ben Shaprut ist der erste der Juden in hohen Staatsdiensten, von denen es später noch mehrere geben sollte. Er wird als einer der fähigsten Menschen seiner Zeit geschildert. Der Botschafter des deutschen Kaisers Otto I., Johannes Gorziensis, erklärte, er habe noch nie einen dermassen begabten Menschen gesehen. Khasdai war in Jaén geboren und starb 990. Für Abdurrahmân III. übersetzte er die Abhandlung über die *Materia Medica* des Dioskurides, die der Kaiser von Byzanz auf Bitte des Kalifen gesandt hatte. Da niemand in Córdoba griechisch verstand, benützte der jüdische Arzt einen Mönch, Nikolas, wohl einen Griechisch-Orthodoxen, um das Werk ins Lateinische zu übersetzen. Er selbst übertrug es dann ins Arabische.

Khasdai befasste sich auch mit der hebräischen Sprache und gründete eine hebräische Akademie. Unter seiner Patronage stand *Dunas Ibn Labrat,* der die arabische Metrik für hebräische Gedichte einführte. Ein Lobgedicht auf Khasdai aus der Feder dieses Dichters enthält Aussagen wie:

«Berge, begrüsst die Heimkehr des Oberhauptes von Juda. Lachen erscheine auf allen Lippen. Die ausgetrocknete Erde und die Blumen sollen singen, die Wüste sich freuen. Sie möge Blüten und Früchte bringen, denn das Oberhaupt der Akademie kommt, er naht mit Freude und Gesang. Solange er fort war, ist die berühmte Stadt mit all ihren Vollkommenheiten still und traurig gewesen. Die Armen, die sein Gesicht nicht sahen, das wie die Sterne glänzt, waren verlassen. Die Stolzen herrschten über uns, sie kauften und verkauften uns wie Sklaven. Ihre Zungen hingen heraus, um unsere Reichtümer aufzuschlecken. Sie brüllten wie Löwen, und wir alle waren erschrocken, weil unser Beschützer fern war ... Gott hat ihn uns zum Oberhaupt gegeben. Er verschaffte ihm die Gunst des Königs und dieser hat ihn zum Ersten erhoben, höher als all seine Würdenträger. Wenn er vorbeigeht, wagt niemand, seinen Mund aufzutun. Ohne Pfeile und Schwerter, allein durch seine Beredsamkeit, hat er den grässlichen Schweinefleischessern Festungen und Städte entzogen.» (Dozy, Buch 3, Kap. IV).

Der Lobdichter spricht ihn als Fürsten an, weil Khasdai offenbar im Namen des Kalifen die Oberaufsicht über alle Synagogen und damit die jüdischen Gemeinden des Reiches ausübte. Er unterhielt auch Verbindungen zu den jüdischen Gemeinden ausserhalb der Halbinsel, mit den Talmudzentren von Sura und Pumbedita, die damals vor dem Abschluss ihrer grossen Talmudformulierung standen, sowie mit den damals blühenden jüdischen Gemeinden von Kairouan und Constantine.

Vier jüdische Gelehrte von Sura, die sich auf Reisen durch die Diaspora befanden, um Geld für ihre Lehranstalt zu sammeln, wurden von einem muslimischen Kapitän gefangengenommen, und einen von ihnen, *Mosche Ben Hanok,* kaufte die jüdische Gemeinde von Córdoba frei. Er wurde kurz darauf Rabbiner der Kalifenstadt. Dies passte in die Politik Abdurrahmâns III., weil die jüdischen Gemeinden seines Reiches auf diesem Weg von Bagdad unabhängig wurden.

Khasdai Ben Shaprut ist besonders berühmt durch den Brief, den er an den *Khasarenkönig Joseph* sandte. In seiner Zeit und schon seit fast 200 Jahren zuvor gab es ein khasarisches jüdisches Königreich im Raum der Wolgamündung mit der Hauptstadt *Itil,* das sich zu einer dritten Macht zwischen den Arabern Mesopotamiens und den Byzantinern entwickelt hatte. Khasdai schreibt selbst in seinem Brief, den sein Sekretär Menahem Ben Sharuk für ihn abfasste, er habe von Händlern und später von byzantinischen Gewährsleuten von dem fernen jüdischen Reich vernommen, und er habe Boten ausgesandt, um mit ihm Kontakt aufzunehmen. Doch die Herrscher von Byzanz hätten einem dieser Abgesandten die Fortsetzung seiner Reise nach dem Khasarenreich nicht erlaubt.

Khasdai macht auch klar, warum er seinen Brief sendet; es geht ihm darum, Auskünfte über das Königreich zu erhalten und festzustellen, ob es wirklich ein Land auf Erden gebe, in dem ein jüdischer Herrscher regiere und Juden als Staatsbürger lebten.

Der Schluss des Schreibens, aus dem Khasdais Sehnsucht nach einem Reich der Juden spricht, das diese als ihr eigenes ansehen könnten, ist ergreifend zu lesen. «Ich fühle den Drang, die Wahrheit zu wissen; ob es wirklich einen Ort auf dieser Erde gibt, wo das verfolgte Israel sich selbst regieren kann, wo es niemandes Untertan ist. Wüsste ich, dass dies wirklich der Fall ist, würde ich nicht zögern, auf all meine Ehrenstellen zu verzichten, mein hohes Amt niederzulegen, meine Familie zu verlassen und über Berge und Ebenen, über Land und Wasser zu reisen, bis ich an jenen Platz komme, wo mein Herr der König (gemeint ist der jüdische König der Khasaren) regiert.

Ich habe noch ein Anliegen, ich möchte gerne erfahren, ob ihr irgendein Wissen um das Datum des Endwunders besitzt, das wir, von Land zu Land wandernd, erwarten (gemeint ist die Erscheinung des Messias). Entehrt und erniedrigt in unserer Zerstreuung müssen wir schweigend Jenen zuhören, die sagen: ‹Jede Nation hat ihr eigenes Land, und ihr allein besitzt nicht einmal den Schatten eines Landes auf dieser Erde.›»

Man kann vermuten, dass die Nachrichten von einem jüdischen Reich in dem Diaspora-Juden den Gedanken weckten, das Reich eines jüdischen Herrschers könnte vielleicht den Anfang des Erscheinens des Messias prophezeien. Jedenfalls stellt er die vorsichtige Frage.

Zu Beginn seines Schreibens spricht Khasdai durch seinen Sekretär von Wohlstand und Glück, die die Juden unter Abdurrahmân III. geniessen, «dergleichen ist nie früher vorgekommen. Die verirrten Schafe sind zur Hürde zurückgekehrt, die Arme ihrer Verfolger wurden gelähmt, und das Joch wurde von ihnen hinweggenommen. Das Land, in dem wir leben, wird hebräisch Sepharad genannt. Doch die Ismaeliten (d. h. die Araber), die es bewohnen, nennen es al-Andalus». Der Gedanke eines eigenen Reiches der Juden hat dennoch, auch für den hochgeehrten und hochgestellten Diener des Kalifen, eine besondere, fast magische Anziehungskraft.

Der Khasarenkönig Joseph hat seinerseits eine ausführliche Antwort zurückgesandt, die uns auch überliefert ist. Er beschreibt darin seine Herrschaft und berichtet ausführlich über die Bekehrung seiner Vorväter zum Judentum an Hand einer offensichtlich national-khasarischen Legende. (Eine ausführliche Besprechung des Briefwechsels und der ihn umgebenden Umstände findet man in dem Buch von *Arthur Köstler,* das den Titel trägt: «The Thirteenth Tribe», London 1976, dtsch.: Der dreizehnte Stamm. Das Reich der Khasaren und sein Erbe, Bergisch Gladbach 1989).

Khasdai hat als Botschafter auch mit Byzanz unterhandelt, und er erreichte eine Art diplomatischer Achse mit Konstantinopel. In den Abbasidenkalifen hatten Byzanz und al-Andalus gemeinsame Feinde, und die Fatimidenkalifen von Kairo stellten ebenfalls Gegner beider dar. Die Kapitale im Nordosten und jene im Westen des Mittelmeerraums hatten auch ein gemeinsames Interesse an der Aufrechterhaltung des Handelsverkehrs, der für beide Reiche wichtig war.

Botschaften in Córdoba

Neben den byzantinischen sind auch fatimidische und andere nordafrikanische Botschaften in Córdoba empfangen worden, dazu französische und deutsche. Die Chronisten beschreiben mit Vorliebe ihre offiziellen Empfänge am Hof des Kalifen, die so eingerichtet wurden, dass die Botschafter von der Macht und Grösse des Herrn von Córdoba möglichst beeindruckt wurden. Falls sie wussten, dass die Fremden als gute Diplomaten den Hofleuten ihrerseits den Gefallen erwiesen, sich zutiefst beeindruckt zu zeigen, lassen die Hofchronisten in ihren offiziellen Schilderungen solche Erkenntnisse nicht durchscheinen:

«Eines Tages reiste zu Abdurrahmân eine fränkische Abordnung. Die vor aller Augen entfaltete Pracht des Reiches erfüllte die Franken mit Furcht: Eine Wegstunde weit, vom Córdoba- bis zum az-Zahra-Tor, hatte der Herrscher den Boden mit Teppichen auslegen lassen und rechts und links des Weges ein Truppenspalier aufgestellt: Die langen, breiten, blank gezogenen Schwerter berührten einander von hüben und drüben und bildeten einen überdachten Gang, den die Gesandten als Durchlass zu benutzen hatten; Gott allein weiss, wie ihnen dabei wohl zumute war. Der Herrscher hatte die Fortsetzung des Weges – zwischen dem az-Zahra-Tor und dem Empfangsort – auf dieselbe wirkungsvolle Art mit Brokat drapiert und an auffälligen Stellen Kammerherren auf Prunksesseln und in Samt- und Seidenkleidern Königen gleich plaziert. Beim Anblick eines solchen Kammerherrn fielen jedesmal die Franken, die ihn für den Herrscher selbst hielten, ins Knie, und jedesmal wurde ihnen bedeutet: ‹Kopf hoch! Es ist nur einer seiner Sklaven!› Bis sie schliesslich einen offenen Platz erreichten, wo Teppiche auf dem Boden lagen und in der Mitte der Herrscher sass: Er trug alte, kurze Kleider; alles, was er anhatte, schien vier Dirham wert. Nachdenklich vor sich niederblickend sass er auf der Erde und hatte einen Koran, ein Schwert und ein brennendes Feuer vor sich. ‹Das ist der Herrscher›, wurden die Gesandten belehrt, ‹fallt vor ihm nieder!› Abdurrahmân hob sein Haupt, sah sie an und schnitt ihnen das Wort ab: ‹Gott befiehlt uns, ihr Leute von Dingsda, euch *dazu* – er wies auf den Koran – ‹einzuladen, und, wenn ihr nicht wollt, *dazu* – er wies auf das brennende Feuer. Der Herrscher entliess die vor Angst Bebenden, ohne dass sie ein Wort hätten vorbringen können, und diktierte ganz nach seinem Willen den Vertrag.» (Übersetzung Hoenerbachs nach Ibn Arabi, op. cit. S. 121).

Dies ist die Darstellung des Mystikers *Ibn 'Arabi* (1165–1241), der selbst fast zwei Jahrhunderte nach dem Ereignis, das er beschreibt, geboren wurde. Ihn dürfte vor allem die asketische Haltung oder Selbststilisierung des Herrschers interessiert haben, wie sie ihm, offenbar später, nachgesagt wurde. Doch wahrscheinlich handelt es sich dabei um eine erbauliche Erzählung.

Was in Wirklichkeit vorging, war viel komplexer und «diplomatischer», wie man dem lateinischen Bericht des Gesandten Kaisers Otto I. entnehmen kann. Dies war der bereits erwähnte Johannes, Abt des Klosters von Gorze, dem der Kaiser einen Brief und Geschenke für den Kalifen anvertraute. Er beschreibt zuerst seine Reise: «Fünf Pferde waren ihnen (ihm selbst und einem Mönch, den er als Gefährten ausgewählt hatte) zugeteilt, um zu reiten und die Geschenke zu transportieren. Ihr Führer befand sich in einer Ortschaft bei Toul. Sie trafen sich mit ihm in Scarpone; von dort wandten sie sich nach Spanien über Langes, Beaune, Dijon und Lyon. Dort wurde das Gepäck auf ein Boot geladen und auf der Rhône transportiert. Dies geschah jedoch nicht ohne grossen Schaden. Die Boote wurden angegriffen und sie verloren einen grossen Teil ihrer Güter. Mit dem, was verblieb, erreichten sie Barcelona. Dort warteten sie 14 Tage, bis der Bote aus Tortosa ankam, der ersten Stadt des Königs der Sarazenen.... Schließlich wurden sie nach Córdoba geführt und ein Haus wurde ihnen angewiesen, das zwei Meilen vom Palast entfernt lag. Sie hatten dort lange Zeit zu leben, indem sie mit königlicher Grossmut mit mehr als dem Nötigen versorgt wurden.

Die Berater des Königs (gemeint ist der Kalif) waren übereingekommen, den Herrscher selbst über die Absichten der Botschafter zu informieren. Ein strenges Grundgesetz verbietet es (nämlich) jedermann, irgendwelche Kritik an ihrer Religion zu üben, und keine Fürsprache könnte in einem solchen Fall dem Schuldigen die Todesstrafe ersparen, gleich ob er aus dem Land selbst stamme oder aus dem Ausland. (Der Brief, den die Botschafter zu überbringen hatten, enthielt jedoch offenbar Kritik an der muslimischen Religion.) Der König (d. h. Kalif) zeigte Umsicht und gebrauchte Kunstgriffe aller Art. Er sandte den Botschaftern zuerst einen Juden, der Khasdai Ibn Shaprut hiess, er war oberster Direktor der Zölle des Kalifen. Seine Weisheit erschien den Gesandten als überragend. Er unterrichtete sie von den Gebräuchen und über die Art, in der sie sich zu betragen hätten.

... Einige Monate später wurde ein Bischof zu ihnen geschickt. Dieser übermittelte ihnen, nach den Glückwünschen, wie sie unter Gläubigen üblich sind, den Befehl des Herrschers, sich vor ihm nur mit den Geschenken einzustellen (nicht mit dem Brief). Doch Johannes erwiderte: ‹Und was soll ich mit dem Brief tun, der doch der Gegenstand meiner Gesandtschaft ist? Wer solche Ansinnen vorbringt, möge zugrunde gehen!› Worauf ihm der Bischof mit grösserer Vorsicht antwortete: ‹Berücksichtigt doch, unter welchen Bedingungen wir hier leben. Die Sünden der Welt haben uns unter das Joch der Heiden gebracht. Die Worte des Apostels verbieten uns, der bestehenden Herrschaft Widerstand zu leisten. Unser einziger Trost ist, dass mitten in diesem Unglück die Heiden uns nicht daran hindern, nach unserem eigenen Gesetz zu leben ... Deshalb wäre es viel besser, den Brief ganz zu unterschlagen, statt ohne Notwendigkeit eine grosse Gefahr für dich und die Deinen heraufzubeschwören!› Johannes, der dadurch einigermassen aufgebracht war, erwiderte: ‹Solche Sprache geziemte sich besser für einen anderen als dich, der du ein Bischof bist. Es steht einer Person, die eine hohe Stellung zur Verteidigung des Glaubens einnimmt, nicht zu, andere von der Predigt der Wahrheit abzubringen und sich selbst ihrer zu entziehen!›

Angesichts der harten Haltung des Abtes Johannes entschloss sich schliesslich der Kalif, einen eigenen Botschafter an Otto I. zu entsenden. Dies war Recemund, arabisch Rabî' ibn Zayd genannt, ein ausgezeichneter Katholik, der die lateinische und die arabische Sprache beherrschte. Im Palast war sein Amt, die Gesuche und Befunde der Prozesse und Klagen niederzuschreiben ... Der Kaiser liess ihm in Frankfurt einen Brief aushändigen, der gemässigter war als das Schreiben, das Johannes mitgebracht hatte. Er schlug darin einen Vertrag von Frieden und Freundschaft vor, um der Piraterie der Sarazenen ein Ende zu setzen.

Es waren nun schon drei Jahre vergangen, in denen Johannes eingeschlossen verblieb, als er aufgefordert wurde, vor dem Kalifen zu erscheinen ... Am Tage, der für seinen Empfang bestimmt war, wurde das ganze Zeremoniell entfaltet, das den königlichen Prunk dokumentieren sollte. Soldaten bildeten ein Spalier auf dem ganzen Weg von der Residenz des Johannes bis zur Stadt und von der Stadt bis zum Palast ... Die Würdenträger kamen ihnen entgegen. Von der Schwelle des Palastes an war der Boden mit wertvollen Teppichen ausgelegt ... Schliesslich im Thronsaal erschien der Herrscher, wie eine unzugängliche Gottheit, ausgestreckt auf einem prachtvollen Diwan, so wie es die fremden Völker gewöhnt sind. Als Johannes vor ihn trat, gab er ihm seine Handfläche zum Kuss. Er bedeutete ihm, sich auf den Sessel zu setzen, den man für ihn bereitgestellt hatte. Langes Schweigen folgte; dann begann er zu sprechen.» (Nach Monumenta Germ. hist. Script. IV., S. 335ff.)

Dieser Darstellung kann man entnehmen, dass Kaiser Otto in seinem ersten Brief Ausdrücke über den Islam oder über den Propheten gebraucht hatte, die einem Muslim als Beleidigung seiner Religion gelten mussten. Wenn der Kalif diese zu Augen bekommen hätte, wäre er nach der Schari'a verpflichtet gewesen, den Überbringer hinrichten zu lassen. Doch er wollte dies offensichtlich vermeiden. Deshalb liess er den Gesandten drei Jahre lang (auf Staatskosten) hinhalten und unter Aufsicht beherbergen, während er in der Zwischenzeit seinen eigenen Botschafter nach Frankfurt entsandte, um einen akzeptableren Brief zu erhalten. Nach Beseitigung dieser protokollarischen Schwierigkeit konnte der offizielle Empfang, gewiss ohne den ersten Brief, endlich stattfinden. Man kann vermuten, dass diese Lösung der Umsicht und «überragenden Weisheit» von Khasdai ben Shaprut viel zu verdanken hatte.

Al-Hakam

Der Begründer des Kalifates von Córdoba hatte einen recht friedfertigen Nachfolger, al-Hakam II., der als grosser Bücherfreund bekannt war. Er sammelte eine berühmte Bibliothek, die aus 400 000 Bänden bestanden haben soll. Er beschäftigte Abschreiber und Buchhändler in den entfernten Kulturzentren Nordafrikas und des arabischen Ostens. Die meisten seiner Bücher soll er gelesen und viele mit eigener Hand mit Randbemerkungen versehen haben. Er liess in Córdoba ein Zentrum für Buchbinder und eines für Kopisten einrichten, und er sorgte dafür, dass die erste Kopie eines grossen arabischen Klassikers, *des Buches der Gesänge,* einer vielbändigen Sammlung von Berichten über Gesänge und Gedichte mit den dazugehörigen Anekdoten und Geschichten, die *Abul-Faraj al-Isfahani* in Bagdad verfasste, in seine Hände gelangte. Der Verfasser erhielt für sein Werk im voraus ein grosszügiges Geschenk von 1000 Goldstücken und eine zweite Gabe, nachdem er dem Kalifen im fernen Westen die erste vollständige und von ihm selbst korrigierte Ausgabe des Werkes zusammen mit einem Lobgedicht auf al-Hakam und einer genealogischen Abhandlung über die Omayyaden zugeschickt hatte.

Al-Hakam richtete sogar ein System öffentlicher Schulen ein, allerdings nur für Arme und Waisenkinder. Wer es nämlich vermochte, besass seinen Hauslehrer und besuchte später die Lehrzirkel in einer Moschee, die sich um die bekannten Gelehrten herum bildeten. Der Kalif jedoch liess 27 Schulen in Córdoba einrichten, in denen vom Staat besoldete Gottesgelehrte den Unterricht übernahmen. Auch eine Armenküche und ein «Almosenhaus» liess er in der Nähe der grossen Moschee erbauen. Die Moschee selbst hat er, wie schon erwähnt, erweitern lassen, und der besonders prachtvolle Schmuck vor der Gebetsnische mit sich überschneidenden Bogen, die Kuppeln tragen, stammt von ihm.

Der gelehrte Sultan liess Kriege führen, mehr zur Erhaltung des Reiches als zu seiner Ausdehnung. Er konnte sich dabei auf seinen Heeres- und Flottenführer *Ghâleb* verlassen, der schon seinem Vater gedient hatte. Er kämpfte in erster Linie in Nordafrika gegen die einheimischen Idrissiden-Fürsten, die sich auf die Seite der Fatimiden gestellt hatten. Der wichtigste von ihnen, *Ibn Qannûn,* musste im Februar 974 kapitulieren, und im September darauf zog der siegreiche General, begleitet von dem besiegten Idrissiden, in Córdoba ein.

Die Normannen bedrohten die andalusischen Häfen 967 und 971, und Ghâleb musste auch sie zurückschlagen. Der andalusische Staat war in der Lage, als Schiedsrichter zwischen den streitenden Königen von León, Navarra und der Grafschaft Kastilien aufzutreten. Ordoño IV. von León kam persönlich nach Córdoba, um die Protektion des Kalifen zu erflehen; Sancho von Navarra sandte Botschafter, um den Sultan auf seine Seite zu ziehen.

Die Verwaltungsgeschäfte überliess al-Hakam seinem tüchtigen Kämmerer, *al-Mushafi,* der auch ein namhafter Dichter war. Auch die Palasteunuchen erlangten unter ihm grossen Einfluss, und ihre Oberhäupter konnten sich über die Jahre hinweg eine grosse Gefolgschaft aufbauen. Ebenso wurde die Konkubine *Subh* eine Macht im Palast. Sie war ursprünglich eine Sklavin aus dem Baskenland. Al-Hakam erhob sie zu seiner Hauptgemahlin, und sie gebar dem bisher kinderlosen Herrscher in seinem fortgeschrittenen Alter zwei Knaben. Dies erhöhte ihre Macht weiter, obgleich die arabischen Historiker auf Gerüchte anspielen, nach denen al-Hakam gar nicht fähig gewesen sei, Kinder zu zeugen.

Al-Mansur: Der «andalusische Napoleon»

Unter al-Hakam ist auch der Mann der Zukunft in die Hofverwaltung gelangt und in ihr aufgestiegen: *Muhammed Ibn Abi 'Âmir* (Kämmerer und De- facto-Herrscher mit dem Titel «al-Mansur», 981–1002). Er stammte aus einem einfachen arabischen Hause, hatte in Córdoba studiert und besass ursprünglich nur eine Schreibstube, in der Bittschriften für den Sultan aufgesetzt wurden. Als junger Mann wirkte er auch als Gehilfe

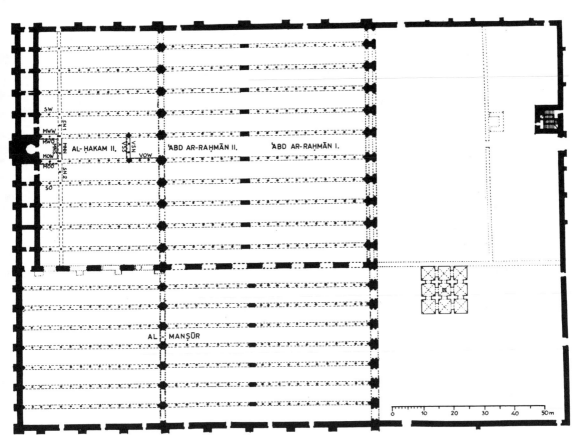

Grundriss der Moschee von Córdoba.

des Oberrichters von Córdoba, doch vertrug er sich nicht sehr gut mit diesem asketischen Rechtsgelehrten. Er wurde dann Intendant Hishâms, des einen jungen Sohnes des Kalifen, der mit seiner Hilfe später selbst Kalif wurde, und erhielt durch diese Position Zugang zu Subh, dessen Mutter. Er entwickelte sich zu ihrem politischen Verbündeten, vielleicht auch Liebhaber. Auf diesem Wege, von Glück begünstigt, von einem unüberwindlichen Ehrgeiz getragen und mit der untrüglichen Gabe ausgestattet, andere Menschen und ihre Motive zu durchschauen, um sie für seine Zwecke einzusetzen, gab es von dann an keinen Halt mehr für seinen glänzenden Aufstieg.

Al-Mansur als Reichsverweser

Als al-Hakam 976 starb, gehörte Ibn Abi 'Âmir, wie berichtet, bereits zu den Hauptpersonen, welche über die Nachfolge befanden, wobei er wohl im Interesse von *Subh,* der Witwe des Kalifen, handelte. Er sorgte dafür, dass das Projekt der Eunuchenchefs, einem Onkel des jungen Thronfolgers al-Hishâm die Kalifenwürde oder eine Regentschaft zu übertragen, vereitelt wurde. Dabei handelte er im Bund mit den bisherigen Spitzenfunktionären des Verstorbenen, dem Wesir *al-Mushafi* und dem Truppenführer *Ghâleb*. Beide mussten fürchten, von den Günstlingen eines neuen Herrschers oder Regenten verdrängt zu werden. Ibn Abi 'Âmir als Parteigänger der Kalifenwitwe soll sich nach den arabischen Chroniken bereit erklärt haben, für die Hinrichtung des Rivalen des jungen Kalifen, das heisst seines oben erwähnten Onkels, *al-Mughîra*, zu sorgen. Er habe sich dann jedoch durch die Bitten des Omayyaden, sein Leben zu schonen, erweichen lassen, habe in diesem Sinne einen Zettel an den Wesir gesandt, doch von ihm die Antwort erhalten: «Tu deine Pflicht, oder wir werden einen anderen beauftragen!» Daraufhin habe er den Soldaten, die ihn begleiteten, befohlen, die Erdrosselung durchzuführen.

Später jedoch kam es zu der unausweichlichen Auseinandersetzung mit al-Mushafi. Lange Zeit gab sich Ibn Abi 'Âmir als des Wesirs Freund und Gehilfe, der bereit sei, für dessen Versöhnung mit Ghâleb zu arbeiten, während er in Wirklichkeit den Graben zwischen den beiden vertiefte. Schliesslich gelang es ihm, die Tochter des Generals, al-Asma, zu heiraten, obgleich al-Mushafi für seinen Sohn um sie freite.

Der General und der Günstling der Kalifenmutter zogen gemeinsam zu Feld: Ghâleb war mit dem Kommando der nördlichen Marken betraut, Ibn Abi 'Âmir erhielt auch die Polizeigewalt über Córdoba und über den Hof. Subh sorgte dafür, dass al-Mushafi als Verwaltungschef abgesetzt wurde. Schliesslich wurden der Wesir und seine Söhne und Enkel ihrer Ämter enthoben und der Unterschlagung von Staatsgeldern bezichtigt. All ihr Vermögen wurde eingezogen, und Ibn Abi 'Âmir führte den verarmten alten Mann stets überallhin mit sich, wohin er reiste. Nach fünf Jahren einer elenden Existenz wurde er enthauptet oder – nach anderen Quellen – erstickt.

Einen weiteren Kampf um die Macht hatte der Emporkömmling gegen die Partei der Eunuchenchefs zu bestehen. Diese waren zwar aus dem Palast verwiesen worden, vermochten jedoch in den Stadt eine Verschwörung gegen den Grosskämmerer anzuzetteln, welchen Titel der Günstling der Kalifenmutter nun trug, indem sie die Gottesgelehrten und das diesen stets hörige Volk gegen ihn aufhetzten, unter anderem mit dem Gerücht, Ibn Abi 'Âmir sei ein Freidenker und «Philosoph».

In den Strassen der Hauptstadt wurde gesungen: «Wir stehen am Ende der Zeiten; nichts Schlimmeres konnte geschehen. Der Kalif geht in die Schule, und seine Mutter ist von zwei Liebhabern schwanger.» Der ehemalige Chef der Eunuchen versuchte in Zuge einer Audienz bei Hishâm, den jungen Kalifen zu ermorden, um an seiner Stelle einen anderen Enkel Abdurrahmâns III. einzusetzen, der Abdurrahmân Ibn 'Ubaidallah hiess. Der Eunuchenhef wurde jedoch übermannt, bevor er sein Vorhaben ausführen konnte. Die Verschworenen, zu denen auch der Präfekt des Palastes und ein Oberrichter gehört haben sollen, wurden hingerichtet.

Das Innere der Moschee von Córdoba mit dem charakteristischen Säulenwald.

Um die Bevölkerung von Córdoba zu beruhigen und auf seine Seite zu bringen, liess Ibn Abi 'Âmir einige ausgesuchte Gelehrte in die Bibliothek des verstorbenen al-Hakam führen und bat sie dort, alle die Bücher auszusondern, die der Irreligion verdächtig seien. Als solche galten vor allem die Werke der Philosophie und Logik, doch auch solche über Astronomie, und religiöse Werke, die nicht der Doktrin der Malekiten entsprachen. Die angeblich heterodoxen Schriften wurden entfernt. Der Machthaber liess sie öffentlich in einem grossen Feuer verbrennen und legte selbst Feuer an einige Bände, um seinen Glaubenseifer zu demonstrieren. Er schrieb auch den Koran mit eigener Hand ab, um seine Frömmigkeit unter Beweis zu stellen, und er soll dieses selbstgeschriebene Exemplar später immer bei sich getragen haben. Die Gottesgelehrten brachte er dazu noch durch Geschenke und Hulderweise auf seine Seite.

Der schärfste und gefährlichste Kampf sollte sich zwischen dem «homo novus» und seinem Schwiegervater, dem alten General Ghâleb, abspielen. Einmal kam es sogar zu einer persönlichen Konfrontation, einem Handgemenge zwischen den beiden, und der Hofmann scheint dem Haudegen unterlegen zu sein. Der General verletzte ihn mit seinem Schwert, und Ibn Abi 'Âmir konnte sich angeblich nur dadurch retten, dass er sich von einem Turm, auf dem die beiden Rivalen sich befanden, auf die Erde hinabstürzte und dabei das Glück hatte, an einem Eisenhaken hängen zu bleiben.

Der Grund der Reibungen zwischen Schwiegersohn und Schwiegervater scheint gewesen zu sein, dass Ibn Abi 'Âmir das Heer neu zu organisieren suchte und dabei ganze Söldnerregimenter von Berbern aus Nordafrika anwarb, die allein von seiner Gunst und Grosszügigkeit abhängig waren. Sie kamen, so schreibt der Chronist al-Idhari, in Lumpen nach Córdoba, «nicht einer von ihnen besass mehr als ein schlechtes Kamel. Doch kurz darauf sah man sie auf den prachtvollsten Hengsten durch die Strassen galoppieren. Sie trugen dabei die herrlichsten Kleider und wohnten in Palästen, wie sie sie sich nicht in Träumen hatten vorstellen können.»

Und ein anderer Geschichtsschreiber erzählt die Anekdote von einem der Berber, der in seinem unzulänglichen Arabisch seinen Brotherren gebeten habe, ihm ein Haus anzuweisen, weil er sonst auf dem Boden schlafen müsse. Der Machthaber antwortete ihm: «Wanzemar, hast du denn das grosse Haus nicht mehr, das ich dir gegeben habe?» – «Mein Herr und Meister, du hast mich aus dem Haus hinausgeworfen durch die Gaben, die du mir verehrt hast. Du hast mir so viel Land gegeben, dass nun alle Zimmer des Hauses mit Weizen gefüllt sind. Vielleicht wirst du mir sagen: ‹Wenn dich der Weizen stört, kannst du ihn ja zum Fenster hinauswerfen!› Doch, gnädiger Herr, du musst dich daran erinnern, dass ich ein Berber bin, das heisst ein Mann, der bisher immer unter der Armut zu leiden hatte und der manchmal fast Hungers gestorben wäre. Du verstehst natürlich, dass ein solcher Mann es sich zweimal überlegt, bevor er seinen Weizen zum Fenster hinauswirft.» – «Ich will nicht behaupten, dass du ein überragender

Die Gebetsnische der Moschee von Córdoba ist ein bedeutendes Werk der abstrakt-dekorativen Kunst; es entstand unter der Herrschaft des Kalifen al-Hakam II.

Redner bist», antwortete der Minister seinem Söldner lächelnd, «doch dein Stil scheint mir wirksamer und direkter zu sein als all die schöngedrehten Reden meiner Akademiker.» Dann wandte er sich an die Andalusier, die vor Lachen platzen wollten, als sie dem Berber zuhörten, und er sagte zu ihnen: «Das ist die richtige Art, neue Geschenke zu fordern. Dieser Mann, über den ihr lacht, hat die Gunsterweisungen nicht vergessen, die er erhielt, und er behauptet nicht, er habe zu wenig erhalten, wie ihr das alle Tage tut!» Dann befahl er, man solle ihm einen prächtigen Palast zuweisen. (Dozy, Buch 3, Kap. IX nach al-Maqqari).

Andere Söldner soll Ibn Abi 'Âmir aus dem christlichen Spanien angeworben haben. Er war voller Rücksichten auf sie. Der Sonntag war in seiner Armee Ruhetag für alle, und wenn es zum Streit zwischen einem Christen und einem Muslim kam, soll er immer dem Christen Recht gegeben haben. Dies allerdings ist kaum vorstellbar, eher schon, dass dem Aufsteiger ungünstig gesonnene Chronisten ihm solches für jeden Muslimen schändliche Verhalten unterschoben.

In seiner Auseinandersetzung mit Ghâleb war das Glück Ibn Abi 'Âmir einmal mehr besonders hold. Es kam zu Gefechten zwischen seinen Söldnern und den Veteranen Ghâlebs, in denen die Anhänger des Emporkömmlings meistens den kürzeren zogen. Doch der alte General schlug eines schlechten Tages beim raschen Aufsitzen zu einem Reitergefecht so heftig mit dem Kopf auf den Vorderknauf seines Sattels auf, dass er an den Folgen starb.

Der Anfang vom Ende des Kalifats

Es lässt sich sagen, dass unter dem Kalifen Hishâm II. (r. 976–1009 und 1010–1013) bereits alle jene Faktoren in Erscheinung zu treten begannen, die später zum Zerfall des Kalifats führen sollten: die Übernahme der Herrschaft durch Geschöpfte der Kalifen, die Zusammenstösse der Generäle mit den grossen Hofbeamten, kombiniert mit den Streitfragen und Intrigen der Kalifennachfolge, und vor allem Aufstellung von grossen Söldnerheeren, die nicht notwendigerweise unter der Aufsicht des Herrschers standen, auf deren Waffen jedoch letzten Endes die Macht beruhte.

Doch die ausserordentliche Persönlichkeit des andalusischen «Caesars» oder «Napoleons», wie ihn die Andalusier heute gerne nennen, sollte allen Zerfall zunächst überstrahlen. Ibn Abi 'Âmir hat noch einmal den Zentralismus von Córdoba – im Namen des entmachteten Kalifen – auf einen Höhepunkt gehoben, so hoch sogar, dass nach ihm noch zwei seiner Söhne hintereinander von der Zentrale aus die Herrschaft ausüben konnten.

Über seiner neu ausgebauten Gebetsnische in der Moschee von Córdoba liess der Kalif al-Hakam II. eine kunstvoll dekorierte Kuppel errichten.

Die Moschee von Córdoba, vom Guadalquivir aus gesehen. Über der flach gedeckten Gebetshalle ragt der erhöhte Umriss der in sie hinein gebauten Kathedrale empor; dahinter ist das heute barock umkleidete Minarett zu erkennen.

Zunächst ging sein Aufstieg weiter. Subh, die Kalifenmutter, scheint ihm geraume Zeit geholfen zu haben, ihren Sohn, den jugendlichen Kalifen Hishâm II. von den Staatsgeschäften und von aller realen Macht fernzuhalten.

Der Kämmerer baute für sich und seine eigenen Höflinge eine neue Palaststadt im Süden vom Córdoba: *Medinatu-z-Zâhira,* „die blühende Stadt", wohl absichtlich mit beinahe dem gleichen Namen wie *Medinatu-z-Zahrâ*, die «Stadt der Zahrâ» Abdurrahmâns III. Dessen Enkel, Hishâm, verblieb in der Kalifenstadt, während der Kämmerer in der seinen die wirkliche Macht ausübte und die nach Ehren und Reichtum haschenden Höflinge um sich sammelte. Natürlich wurde der Kalif streng bewacht und von Spionen und Informanten des Kämmerers umgeben.

Die Kalifenmutter sah wohl am Ende ein, dass auch sie sich zum Werkzeug des Kämmerers hatte machen lassen, und unternahm einen späten Versuch, den allmächtigen Minister zu Fall zu bringen. Sie versuchte, den als tapferen Kämpfer bekannten Ziri Ibn 'Atiya, der Statthalter der Omayyaden in Nordafrika und selbst ein Nordafrikaner war, als ihr Instrument zu verwenden, und sie liess ihm, offenbar mit der Zustimmung ihres Sohnes, des Kalifen, Gold aus dem Staatsschatz zukommen, damit er Söldner anwerbe und einen Staatsstreich vorbereite. Sie soll es nach den Darstellungen der arabischen Geschichtsschreiber in grossen Tongefässen, überdeckt mit Honig und mit anderen Flüssigkeiten und Essenzen, aus dem Kalifenpalast geschafft haben.

Der Diktator, der davon Wind bekam, versuchte darauf, den Staatsschatz in seinen Palast überzuführen. Doch Subh widersetzte sich und erklärte, der Kalif habe verboten, dass dies geschehe. Ibn Abi 'Âmir konfrontierte daraufhin den Herrscher; seine Macht über ihn war so gross, dass er ihn damals, im Jahr 997, zu einer öffentlichen Erklärung veranlassen konnte, die besagte, alle Staatsgeschäfte sollten ihm, dem Oberkämmerer, überlassen bleiben. Gegen Ziri in Nordafrika wurde ein General ausgesandt.

Nachdem ihn Gewandtheit und Glück aller Rivalen hatten Herr werden lassen, scheint der Oberkämmerer und nun oberste Machthaber ein System entwickelt zu haben, das ihm ermöglichte, unangefochten die Spitze des Reiches zu behaupten. Er liess noch mehr Berbersoldaten aus Nordafrika kommen; dort gab es ja immer zahlreiche kriegstüchtige Stammesleute, die nahe an der Grenze des Hungers lebten. Er stellte auch weiter christliche Söldner ein. Die Katalanen, damals noch eine durch die muslimische Expansion dicht zusammengedrängte Flüchtlingsbevölkerung in den obersten Pyrenäentälern, waren ebenfalls stets bereit, sich gegen Geld zu verdingen. Dazu kamen noch Kastilier, Galizier und andere Nordspanier, die oft aufgrund von Abkommen ihrer Landesherren mit dem überlegen al-Mansur in seinen Reihen dienten.

Doch diese Heere mussten beschäftigt und durch Beute bei guter Laune gehalten werden. *Al-Mansur bi'l-Lah,* «der Siegreiche mit Gott», wie er sich nun nannte (die Spanier haben *Almanzor* daraus gemacht), führte sie daher zweimal im Jahr in den «Heiligen Krieg» gegen die nordspanischen Christen.

Die grossen Feldzüge nach Norden

Al-Mansur hat über 50 Feldzüge gegen den spanischen Norden geführt, regelmässig einen im Frühling und einen zweiten im Herbst. Einer der berühmtesten, der 23. vom Frühling und Sommer 985, ging gegen Barcelona. Die Stadt wurde erstürmt und gänzlich zerstört. Die Katalanen riefen den französischen König zu Hilfe, den sie damals noch als ihren Feudalherren ansahen. Doch er kam nicht, und seit jener Erfahrung mit ihrem bisherigen Oberherrn sagten die Katalanen sich von ihm los. Al-Mansur und seine Heere hatten ihnen bewiesen, dass sie zu Zeiten der Not alleine standen.

Ein anderer, noch berühmterer Feldzug brachte al-Mansur 997 durch das heutige Portugal über Coimbra, das er so gründlich niederbrannte, dass es die nächsten sieben Jahre lang unbewohnt blieb, bis nach Galizien, wo er die Kathedrale von Santiago de

Die zwanzig Eingänge in der äusseren Umfassungsmauer der Moschee von Córdoba waren alle nach dem Grundmuster von Hufeisenbögen in Vierecksrahmen dekoriert. In den Einzelheiten unterscheiden sie sich jedoch sehr.

Compostela zerstörte und die Bischofsstadt plündern liess. Nur das Grab des Heiligen liess er unangetastet; einem Mönch, der darauf betete, soll er erlaubt haben, weiterzubeten, soviel er nur wolle. Die Glocken der Kathedrale indes wurden auf den Schultern versklavter Gefangener bis nach Córdoba geschleppt, um aus ihnen Moscheeleuchter zu fertigen, und auch die Tore der Kathedrale wurden auf dem selben Wege in die muslimische Hauptstadt befördert, um beim Dachbau der Moschee verwendet zu werden. Ein Vierteljahrtausend später, nach der Eroberung von Córdoba durch die Kastilier (1236 durch Fernando III.) mussten muslimische Gefangene die Glocken auf ihren Schultern wieder nach Santiago zurücktragen.

León wurde gar zum Vasallenstaat des arabischen Reiches, als anlässlich eines Thronstreites beide Parteien zu al-Mansur kamen und eine jede seine Hilfe gegen die andere erflehte. Er entschied sich für Bermudo II. (981–999) gegen Zusagen, dass dieser den muslimischen Herrscher als seinen Oberherrn anerkennen und ihm Tribut entrichten werde. Bermudo erhielt ein muslimisches Hilfsheer und besiegte mit dessen Unterstützung seinen Rivalen Ramiro III. (984). Doch später verweigerte er den Tribut und al-Mansur zog gegen León und Zamora aus. Er eroberte und plünderte beide Städte im Jahr 988. Von León liess er nur einen einzigen Turm stehen, diesen, um der Nachwelt zu zeigen, wie stark die Befestigungen der von ihm eroberten Stadt gewesen waren (und so natürlich auch, dass um so stärker ihr Bezwinger gewesen sein musste).

Einer der Söhne al-Mansurs, Abdullah, welchem der Vater den jüngeren, Abdelmalik, vorgezogen haben soll, empörte sich gegen ihn, wohl angestachelt durch den Grenzfürsten von Saragossa, Abdurrahmân aus der Familie der Tujibiten, welcher seinerseits fürchtete, dass al-Mansur ihn absetzen könnte. Auch der Gouverneur von Toledo, Abdullah, ein Omayyadenprinz, soll zu der Verschwörung gehört haben. Ihn nannte man «Piedra Seca» (Trockenen Stein), um seinen angeblichen Geiz anzuprangern.

Al-Mansur jedoch kam den Verschworenen auf die Schliche und erklärte sie für abgesetzt. Der aufständische Sohn konnte fliehen – zu García Fernández, dem Grafen von Kastilien, der ihm Asyl zugesagt hatte.

Der Kastilier hielt sein Wort ein Jahr lang, doch erlitt er in dieser Zeit so viele Niederlagen – er verlor die Festungen Osma und Alcoba im Jahr 989 –, dass er sich entschliessen musste, Abdullah auszuliefern, um einen Frieden zu erlangen. Al-Mansur liess seinen Sohn unterwegs hinrichten, noch bevor dieser das Lager des Siegers erreicht hatte. Der Machthaber von Córdoba zwang dazu noch Bermudo II. von León, «Piedra Seca» herauszugeben, der sich zu ihm geflüchtet hatte. Er liess den Omayyaden in Córdoba öffentlich zur Schau stellen und dann einkerkern.

Die sogenannte «Capilla de Villaviciosa» ist im 13. Jahrhundert von maurischen Handwerkern in die Moschee von Córdoba eingebaut worden. König Alfons der Weise hatte sie als seine Begräbniskapelle vorgesehen.

Die dritte Erweiterung der grossen Moschee in Córdoba

In der Hauptstadt liess al-Mansur die nunmehr dritte Erweiterung der Omyyadenmoschee vornehmen. Er liess die Säulenhalle seitlich ausdehnen, weil nach vorne hin durch die vorausgehenden Vergrösserungen der Guadalquivir erreicht worden war. Dies hatte den Nachteil, dass das Mihrâb, die Gebetsnische, im erweiterten Bau nicht mehr in der Mitte der Vorderfront lag, sondern auf der rechten Seite. Doch der Vorteil überwiegt bei weitem, der darin liegt, dass die Gebetsnische und die Kuppel vor ihr, die der Kalif al-Hakam II. (r. 961–976) angelegt hatte und die den Höhepunkt dekorativer Baukunst in dem grossen Moscheekomplex darstellt, erhalten blieb.

Um seinen Anbau vornehmen zu können, musste der Reichsverweser Bürgerhäuser in der Nähe der Moschee aufkaufen und dann abreissen lassen. Die Historiker berichten, wie grosszügig er dabei vorgegangen sei. Er soll jeden Hausbesitzer einzeln befragt haben, wieviel er für sein Haus wolle; dann habe er ihm mehr als die geforderte Summe gegeben und ihm dazu auch noch ein neues Haus zuweisen lassen. Eine Frau jedoch wollte ihr Haus nicht aufgeben, weil in seinem Garten eine Palme stand, an der sie hing. Der Machthaber wandte eine grosse Summe auf, um ein Haus mit Garten und Palme zu finden, das sie schliesslich zufriedenstellte. Diese Bemühungen gingen auf den Willen zurück, jedes Unrecht strikte zu vermeiden, wenn es sich um das fromme Werk eines Moscheebaus handelte. Al-Mansur dürfte gehofft haben, dass die fromme Tat der Moscheeerweiterung viele früher begangene Sünden weisswaschen werde.

Auf seine Kriegsexpedition 985 nach Barcelona soll al-Mansur 40 Dichter mitgenommen haben, alle mit der Aufgabe betraut, sein Lob zu singen. Doch die arabischen Chronisten sagen ihm nach, er habe kein wirkliches Interesse an der Dichtkunst gehabt – im Gegensatz zu den Omayyaden von Córdoba. Dafür preisen sie seinen Sinn für Gerechtigkeit.

Die Nachfolge al-Mansurs

Al-Mansur starb im Sommer 1002, auf einem neuen Kriegszug, der ihn nach Kastilien geführt hatte. Er hatte dort das Kloster von San Millán zerstören und die Mönche hinrichten lassen. Eine tödliche Krankheit befiel ihn, als er sich in der Nähe von Medinaceli befand. Er liess seinen Sohn Abdelmalik zu sich rufen und empfahl ihm, das Truppenkommando seinem Halbbruder Abdurrahmân zu übergeben und selbst nach Córdoba zu eilen, um dort seine, des Sterbenden, Nachfolge übernehmen zu können.

Die Christen im Norden Spaniens, dort, wo der Tod ihn schliesslich ereilte, sollen die «Geissel Gottes», wie sie ihn nannten, so sehr gefürchtet haben, dass sie es bei einer

Detail des Wandschmucks von Medinatu-z-Zahrâ'. Das orientalische Motiv des Lebensbaums ist hier weitgehend auf ein geometrisches Ornament reduziert.

Gelegenheit erst nach Tagen wagten, einen Berg zu ersteigen, auf dem er seine Fahne aufgepflanzt und stehengelassen hatte, während sein Heer längst weitergezogen war (Dozy, Buch III, Kap. 12 nach al-Maqqari).

Das Herrschaftssystem al-Mansurs war so gut eingespielt, dass zwei seiner Nachfahren es nach seinem Tod fortsetzen konnten. Der Kalif, Hishâm II., blieb ein passives Symbol der Legitimität, in Wirklichkeit war er weiterhin Wachs in den Händen der Nachfolger und Anhänger al-Mansurs. Ihre Macht beruhte letzten Endes auf ihrer Söldner- und Sklavenarmee, auf Soldaten also, die nicht dem Kalifen ergeben waren, sondern allein al-Mansur und seiner Familie. Die immer erfolgreichen Kriegszüge nach Norden und auch nach dem Maghreb hinüber dienten dazu, diese Loyalität zu erhalten und sie durch Beute zu zementieren. Niederlagen, wie sie unter al-Mansur allerdings nie vorkamen, mussten jedoch logischerweise den gegenteiligen Effekt hervorbringen und damit auch die Zentralmacht erschüttern, die nahezu ausschließlich auf den Söldner- und Sklavenheeren ruhte.

Die Religion verbot den Muslimen, ihre Religionsgenossen zu versklaven. Deshalb wurden die Sklaven aus Afrika, aus dem spanischen Norden und aus Osteuropa über das Frankenreich importiert. Für sie alle wurde der Begriff «saqâliba» verwendet, der wie unser Wort «Sklave» auf den ethnischen Begriff «Slawen» zurückgeht. Neben Haushaltssklaven und Sklavinnen, die vor allem in vornehmen Häusern dienten, gab es Waffensklaven, die für den Militärdienst ausgebildet und zu Sklaveneinheiten zusammengefasst wurden. Tüchtige Waffensklaven konnten zu Heeresführern werden. Wenn sie in hohe Ämter aufstiegen, wurden sie von ihren Herren rechtlich emanzipiert, blieben ihnen jedoch als Heeresführer unterstellt. (Haushaltssklaven, wenngleich in kleinerer Anzahl, wurden auch in den christlichen Reichen der Halbinsel gehalten.)

Weil es nie genug Waffensklaven gab, um alleine aus ihnen grosse Heere aufzustellen, warben die Machthaber von al-Andalus auch Söldner an. Diese bestanden aus Berbern oder aus christlichen Nordspaniern, die meist unter ihren eigenen Anführern dienten, berberische Stammesführern oder christlichen Adligen. Da die Berber Muslime waren, gehörten ihre Söldnerheere noch mehr zum festen Bestand der Armeen von al-Andalus als die meist nur für beschränkte Zeit angeheuerten christlichen Söldner.

Indem er die Zentralmacht beinahe ausschliesslich auf seine persönliche, eigene militärische Macht abstützte, hat al-Mansur wohl den späteren Zusammenbruch des Kalifates von Córdoba vorbereitet, obgleich es zu seinen und seines ersten Nachfolgers Lebzeiten gewaltiger denn je dastand. Sobald aber der eine Pfeiler ins Wanken geriet, musste alles schwanken.

Al-Muzaffar (r. 1002–1008) («der Triumphierende» – zu ergänzen «mit Gottes Hilfe») wie der Titel lautete, den Abdelmalik, der Sohn und Nachfolger, nun annahm, regierte im Stil seines Vaters mit erfolgreichen Feldzügen nach dem Norden, die al-Andalus noch weiter bereicherten. Doch er sollte schon 1008, sechs Jahre nach seinem Herrschaftsantritt, sterben.

Sein Halbbruder und Nachfolger Abdurrahmân wird meist «Sanchol» oder auch «Sanchuelo» genannt, beides Diminutive des spanischen Namens Sancho, der auf seine mütterliche Abstammung von einer einheimischen Frau anspielt. Sie war entweder die Tochter des Grafen Sancho von Kastilien oder des Königs Sancho von Navarra, und ihr Sohn wurde deshalb «der kleine Sancho» genannt.

Die Gottesgelehrten mochten ihn nicht, weil er gerne Wein trank, und man erzählte sich in Córdoba mit allen Zeichen der gerechten Empörung, er habe den Gebetsrufer ausrufen hören: «Kommt zum Gebet, kommt zum frommen Werk!» und habe darauf seinerseits ausgerufen: «Kommt zum Weingelage!»

Das Gerücht wollte auch wissen, er habe seinen Halbbruder, den bisherigen Herrscher, vergiftet, indem er ihm einen Apfel angeboten habe, den er mit einem auf der einen Seite vergifteten Messer durchgeschnitten habe. Die andere Hälfte habe er selbst gegessen. Vergiftungsgerüchte wurden in der islamischen Welt fast immer in Umlauf gesetzt, sobald ein Fürst jung verstarb.

Sanchuelo versuchte seine Position abzusichern, indem er den Kalifen Hishâm II. dazu zwang, ihn zu seinem offiziellen Nachfolger zu ernennen. Ein Dokument, das dies festlegte, ist in den arabischen Chroniken erhalten (Ibn al-Khatîb, Ibn Idhari). Es wurde dreifach ausgestellt und von 19 «Wesiren» und 180 Polizei- und Palastoffizieren unterschrieben. (Der Wortlaut bei Hoenerbach, S. 200 ff.)

Schon zuvor hatte Abdurrahmân sich vom Kalifen zum obersten Staatsverwalter ernennen und mit dem dreifachen Titel «al-Ma'mûn», «an-Nâsir» und «al-Hâjib al-A'lâ», d.h. «der Behütete», «der Siegreiche», «der Oberste Staatsverwalter», auszeichnen lassen.

Nachdem er diese eher bürokratischen Massnahmen ergriffen hatte, begab sich der neue Oberherr und Thronfolger nach der Tradition seiner Vorgänger auf einen Feldzug gegen die Christen des Nordens.

Revolutionsausbruch

Doch Sanchuelo war mitten im Winter ausgezogen, und Alfonso V. von León (r. 999–1027) floh in die Berge. Der Feldzug erhielt von den arabischen Chronisten den sprechenden Namen «Kriegszug des Schlamms». Sanchol musste schliesslich in Toledo Winterquartiere beziehen. Dort erfuhr er, dass ein Mitglied des Omayyadenhauses, Muhammed Ibn Hishâm Ibn Abduljabbâr Ibn Abdurrahmân, also ein Urenkel des ersten Kalifen, in Córdoba eine Revolution ausgelöst hatte. Sein Vater, Hishâm, war von al-Muzaffar, dem Nachfolger al-Mansurs, zu Beginn seiner Herrschaft wegen einer Verschwörung hingerichtet worden, und Muhammed hatte sich seither in Córdoba verborgen gehalten. Um seine Rebellion in Gang zu bringen, stützte Muhammed sich auf alle Unzufriedenen der Grossstadt, und natürlich auch auf einen der hervorragenden Gottesgelehrten, Hassan Ibn Yahya.

Nächste Doppelseite:
Das Schloss der Herrscher von Saragossa an der Nordwestgrenze von al-Andalus ist nach aussen hin als Festung gebaut, in der sich die Ibn-Hûd-Familie verschanzen konnte.

Der Omayyade drang durch einen Handstreich in den Gourverneurspalast in Córdoba ein und erschlug persönlich den überraschten Gouverneur, den «Sanchol» vor seinem Abmarsch eingesetzt hatte. Er liess die Bevölkerung zu den Waffen rufen, und diese leistete dem Aufstand willig Folge. Die bewaffneten Bürger von Córdoba drangen durch eine Bresche in den Palast des Kalifen Hishâm in Medina-az-Zahrâ' ein, und Hishâm erklärte sich bereit, zugunsten von Muhammed abzudanken, wenn man ihm nur das Leben lasse. Das Volk begab sich darauf nach Medinatu-z-Zâhira und plünderte dort den Palast al-Mansurs. Die neue Regierung versuchte, Schätze und Geld aus den Händen der Plünderer zu retten und liess am Ende die ganze Palaststadt, Symbol der Macht al-Mansurs und seiner Söhne, dem Erdboden gleichmachen.

Sanchuelo bestand gegen den Rat seines Verbündeten, des Grafen Gómez de Carrión von Kastilien, darauf, aus Toledo nach Córdoba zurückzukehren. Er wurde von all seinen Soldaten verlassen und zusammen mit seinem kastilischen Verbündeten von den Truppen des neuen Kalifen niedergemacht, bevor er die Hauptstadt überhaupt erreichen konnte. Man schrieb nun das Jahr 1009.

Die Kultur der Omayyaden.
Anlehnung an den Osten

Zwei zentrale Säulen tragen die frühe arabische Kultur in al-Andalus: *Dichtung* und *Fiqh*. Mit Fiqh ist die Ausarbeitung und Anwendung des religiösen Gesetzes gemeint. Die Dichtung wurzelt in der vor-islamischen, wüstennahen Zeit. Die grossen beduinischen Dichter hatten Modelle aufgestellt, die als Vorbilder weiterwirkten, vor allem im formalen Bereich. Ihre *Qasida* ist ein Gedicht mit festen Metren (vergleichbar den griechischen und lateinischen), sie hat dazu auch noch einen durchgehenden Reim am Ende eines jeden Doppelverses und inhaltlich einen festgelegten Ablauf, der Variationen erlaubt, aber keine grundsätzlich neuen Strukturen. Eine *Qasida* muss beginnen mit einer Wüstenfahrt, auf welcher der Dichter die Spuren eines alten Zeltlagers entdeckt, wo einst seine Geliebte sich aufhielt. Sie und jene Liebesepisode können dann ausführlich oder auch nur andeutungsweise beschrieben werden. Dann können Reise-, Jagd-, Schlachtbeschreibungen folgen; das Lob auf Pferd, Kamel, Waffen, Persönlichkeit des Dichters wird angeschlossen; das kann mit Erinnerungen des Dichters an andere Reisen und Kämpfe verbunden sein; den Abschluss macht das Lob einer bestimmten hochstehenden Person, eines Machthabers oder Patrons, den der Dichter aufsucht und lobt, wofür er eine Belohnung erwartet.

Es gibt andere dichterische Genres, darunter die Satire, in der ein Gegner heruntergemacht wird; Kriegsgedichte; Liebesgedichte; Lob- und Trauergedichte; dichterisches Lob der Askese und Umschreibung der mystischen Erlebnisse; beschreibende Gedichte, die die Natur, etwa auch einzelne Blumen oder Früchte, Gärten, Flusslandschaften, oder auch Städte, Paläste und Naturstimmungen, wie Abend, früher Morgen, Schnee, Sterne oder auch Tiere zum Gegenstand haben können. Doch lange Jahrhunderte hindurch ist die Qasida die wichtigste Gedichtform geblieben.

Den Inbegriff aller Kunst in der Dichtung stellen die Vergleiche dar. Sie sollen unerwartet und überraschend, aber doch schlagend sein. Wenn sie uns recht weit hergeholt vorkommen, macht dies dem orientalischen Dichter nichts aus, im Gegenteil ... Für einen jeden Vergleich steht normalerweise nur eine Doppelzeile zur Verfügung.

All diese Formen und Konventionen wurden von der vor-islamischen Zeit übernommen und weiter ausgebaut. Ein Dichter, der gegen sie verstösst, macht «Fehler», nicht anders, als wenn er gegen die Grammatik verstossen würde. Doch das neue städtische und höfische Milieu sowohl der Dichter wie auch ihres Publikums hat seine Wirkung ausgeübt. Immer mehr wurde statt der ganzen Qasida die Kunst der einzelnen Verse und Fragmente ausgekostet. Die konventionell festgelegten Themen und ihre Neuformulierung verloren an Bedeutung. Oft blieben sie nur noch in Restbeständen als Pflichtandeutungen bestehen. In Bagdad erstand in der Abbasidenzeit eine «neue»

Poesie, die sich weniger an die festen Formen und vorgegebenen Inhalte hielt und sich vorwiegend den Freuden von Liebe und Gelage widmete. Die Wüste als Rahmen wurde abgelöst von Gärten oder gar durch eine Hofhalle, in der sich die Dichtung abspielt. Die Bedeutung des Lobes von hochstehenden Persönlichkeiten nahm indes stets zu: weil ohne Lob kein Lohn war, und der Dichter seine Existenz auf Fürstengunst abstellen musste.

Die riesige Produktion von Gedichten hat mit den materiellen Hintergründen zu tun: Wie es heute möglich ist, durch Romanschreiben wohlhabend zu werden, wenn man einen oder mehrere Bestseller erzielt, so war damals ein vom Fürsten fürstlich belohntes Gedicht ein Glückswurf, den alle Dichter anstrebten und den einige manchmal, einige wenige des öfteren oder gar regelmässig erlangten.

Die «Lyrik» war also durchaus auch Brotkunst, wie heute die Prosa, und sie wurde dementsprechend gelehrt und massenhaft hervorgebracht – in der Hoffnung auf Ruhm und Gewinn. Primär wurden Gedichte *vorgetragen,* nur sekundär aufgeschrieben. «Ich sagte», «er sagte» bei dieser oder jener Gelegenheit, zitiert ein jeder arabische Dichter sich selbst oder einen anderen, nicht etwa, «ich schrieb».

All dies bedeutet natürlich, dass Bände um Bände von Brot- und Zweckdichtung vorliegen; dass der Dichter sich mehr durch originelle Form als durch eigene Gedanken hervorzutreten bemüht (weil die Inhalte vorgegeben sind) und dass die Blüte echter dichterischer Inspiration nur gelegentlich die Wolken und die Kulissen der handwerklichen Gedichtherstellung durchbricht. Dennoch gibt es bedeutende Meisterwerke, die oft persönliche Erfahrungen zum Ausdruck bringen, sowie auch einzelne Zeilen und Gedichtabschnitte, aus denen ein besonders glücklicher poetischer Fund wie ein Juwel hervorleuchtet.

Ibn Hâni'

Der berühmteste Dichter aus der Zeit der Zentralherrschaft von Córdoba war wohl *Ibn Hâni' «al-Andalusi»* (zw. 934–8 bis 973). Er war ein Feind der Omayyaden. Sein Vater war aus al-Mahdiya im heutigen Tunesien, der ersten Hauptstadt der Fatimiden, nach al-Andalus gekommen, und der künftige Dichter war entweder in Elvira oder in Sevilla geboren. Sein wichtigster Patron in Sevilla war Ibn al-Hajjâj aus der Aristokratenfamilie yemenitischer Abstammung, die in Sevilla herrschte, wenn die Zentralmacht von Córdoba schwach war. Der junge Dichter ließ seine Sympathien für die Fatimiden und ihre religiöse Ausrichtung, den Isma'ilismus, eine extreme Form des Schi'ismus, allzu offen durchschauen. Wahrscheinlich wirkte er in Spanien als ein Propagandist der fatimidischen Isma'iliten (Fachwort: Dâ'i = «Missionar»), wie es damals Dutzende, wenn nicht Hunderte gab. Sie versuchten unter dem Deckmantel von Händlern oder auch Gelehrten, Asketen und Künstlern unter den Unzufriedenen des omayyadischen Reiches, Christen, Muwallads, yemenitischen Arabern usw. Anhänger für die isma'ilitische Politik und Religionsrichtung zu werben. Ibn Hâni' zog das Misstrauen der Bevölkerung auf sich. Das Gerücht verbreitete sich, er sei ein versteckter

«Philosoph» und er lebe in Sünde. Sein Patron musste ihn fallen lassen, als er sich mit Córdoba zu versöhnen suchte, und der Dichter setzte nach Nordafrika über, wo 958 der grosse fatimidische General al-Jawhar, der später Kairo gründen sollte, einen Feldzug bis tief nach Marokko hinein führte.

Al-Jawhar soll ihm nur 200 Dinar für eine Lobqaside bezahlt haben, worauf Ibn al-Hâni' sich weiter nach Masila im heutigen Algerien begab und dort bei den fatimidischen Gouverneuren, Verwandten des späteren Kalifen von Kairo, al-Mu'izz (953–975), begeisterte Aufnahme fand. Die Fatimiden verstärkten in jener Zeit ihre politische Propaganda nach Osten und nach Westen hin. Der brillante und enthusiastische Lobdichter fand Zugang zu al-Mu'izz und wurde zum Sprachrohr der fatimidischen Propaganda, die sich auf die Figur des Imâms, das heisst, eines der Nachfahren Muhammeds und Alis, aus der Fatimiden-Dynastie konzentrierte.

Als al-Mu'izz 972 in die neu eroberte ägyptische Hauptstadt umzog, begleitete Ibn al-Hâni' ihn, kehrte aber dann nach al-Andalus zurück, wohl um seine Familie nach Ägypten zu bringen. Auf der Reise nach al-Andalus wurde er in der Cyrenaika ermordet. Dies kann die Tat politischer Gegner der Fatimiden gewesen sein, der Abbasiden von Bagdad so gut wie der Omayyaden von Córdoba, doch weiss man nichts Bestimmtes. Jedenfalls wird al-Mu'izz mit dem Ausspruch zitiert: «Er war ein Mann, von dem Wir hofften, er würde die Dichter des Ostens ausstechen; doch dies war uns nicht gegeben.» Der volle Sinn dieser Aussage wird erst verständlich, wenn man die damalige Bedeutung der Dichter als politische Propagandisten berücksichtigt. Der fatimidische Gegenkalif hatte gehofft, dass sein Lobdichter dem Einfluss der Hofdichter (und Propagandisten) von Bagdad und von Córdoba entgegenwirken und sie sogar übertreffen könne.

Die ins Abgöttische abgleitende Hyperbole Ibn al-Hâni's, wenn er seinen Imâm aus dem Hause der Fâtima (Tochter des Propheten und Gattin Alis) preist, ist aus seinem isma'ilitischen Glauben zu erklären. Er war ein Meister des hyperbolischen Stils, der auf unerwarteten Vergleichen beruht. Die Kriegsschiffe der Fatimiden schildert er so: «Es sind stolze Berge, nur dass sie gleiten; manche sind ragende Gipfel, unzugängliche Höhen; sie sind Vögel – Raubvögel allerdings; sie haben kein anderes Ziel als Menschenleben; sie sind Feuersteine, angeschlagen zum Zweck eines alles vernichtenden Brandes, der unauslöschlich geworden ist, sobald die Schlacht beginnt. Wenn sie vor Wut schnauben, stossen sie eine Flamme aus, wie jene, die das Feuer der Hölle erhitzt; ihre heissen Rachen, wie Donnerkeile, stossen einen eisernen Atem aus. Sie überziehen mit Bränden die Tiefen, wie Blut, das sich über schwarze Laken ergiesst. Den Wellen der See haften sie an wie Dochte, die man im Öl schwimmen lässt. Das Wasser um sie herum, wenn es auch dunkel sein mag, ist wie eine Haut, die ein safranfarbiges Parfüm verfärbt. Sie kennen keine Zügel ausser dem Wind und keine Geröllhalde ausser dem Schaum ...» (nach der Übersetzung von W. M. Watt, in: A History of Islamic Spain, Edinburgh 1965, S. 74).

Al-Ghazâl

Ein anderer der frühen Dichter der Omayyadenzeit ist *al-Ghazâl* gewesen, ein Mann aus Jaén, der seinen Übernamen «die Gazelle» der schlanken und beweglichen Figur seiner Jugendtage verdankte. Er hiess eigentlich *Yahya Hakam al-Bakri,* und er gehörte zusammen mit einem anderen berühmten Dichter, *Abbâs Ibn Firnâs,* zu dem kleinen Kreis von Vertrauten, mit dem sich Emir al-Hakam I. (r. 796–822) umgab, wenn er Erholung suchte. Später, unter Emir Abdurrahmân II. (822–852) ist er sogar noch höher aufgestiegen, denn er wurde der bevorzugte Hofdichter dieses Erneuerers der Macht der Omayyaden. Er muss ein ebenso vollendeter Hofmann wie Dichter gewesen sein. Berühmt waren seine schlagfertigen Antworten und im rechten Augenblick vorgebrachten Bittgesuche. Seine scharfen Satiren waren gefürchtet. Er pflegte sie gegen die Feinde seines Brotherrn und gegen seine eigenen Rivalen zu richten.

Abdurrahmân II. hat «der Gazelle» zusammen mit einem anderen Hofdichter eine Gesandtschaft nach Konstantinopel anvertraut, nachdem der Kaiser von Byzanz, Theophilos, eine Gesandtschaft nach Córdoba ausgesandt hatte. Ihr Ziel war, eine Allianz zwischen dem Kaiser von Konstantinopel und dem islamischen Herrscher des Westens gegen den Kalifen von Bagdad aufzurichten, der beider Staaten Feind und Widersacher war. Dabei ging es Byzanz besonders darum, bei Abdurrahmân Hilfe gegen die Aghlabiden zu finden, die in Tunesien herrschten und Sizilien bedrohten, welches zu den Aussengebieten des byzantinischen Reiches gehörte. Die Aghlabiden waren damals noch Gefolgsleute der Kalifen von Bagdad, und daher konnte der Kaiser mindestens Sympathie von seiten des Herrschers von Córdoba erhoffen.

Al-Ghazâl reiste in Begleitung der zurückkehrenden byzantinischen Gesandtschaft nach Konstantinopel. Bevor er Córdoba verliess, hatte er Abdurrahmân dazu veranlasst, seiner Familie eine Pension für den Fall auszusetzen, dass er von seiner weiten Reise nicht heimkehren werde. Er überbrachte dem Kaiser Botschaften und Geschenke seines Herrn, und er hat durch sein Auftreten und seine gewandten Antworten Aufsehen am byzantinischen Hof erregt. Nicht nur der Kaiser, sondern auch die Kaiserin und der Thronfolger Michael empfingen ihn. Er verstand es, seine Audienz zu nützen, um von der Kaiserin Juwelen als Geschenk für seine Töchter zu erhalten.

Der zur Zufriedenheit des Kalifen ausgeführte diplomatische Auftrag scheint später zur Bildung einer Legende geführt zu haben, nach der al-Ghazâl vom Kalifen auch auf eine diplomatische Mission zu den Wikingern in den Norden Europas geschickt worden sei. Die Wikinger überfielen und plünderten in jener Periode, in al-Andalus wie in anderen Ländern des westlichen Europa, Hafenstädte wie Sevilla (844) und Lissabon, und die Truppen des Kalifen hatten Mühe, sich ihrer zu erwehren. Nach der Legende soll der Dichter auf der Reise nach Skandinavien neun Monate unterwegs gewesen sein, und die Seefahrt wurde zum Anlass von allerhand abenteuerlichen Berichten und Erzählungen darüber, was er auf ihr erlebt habe. (s. A. Huici Miranda in ECI[2] unter «al-Ghazal» – vol. II, S. 1038 u. E. Lévi-Provençal, Histoire de l'Espagne Musulmane, I, 251–4; ders.: Islam d'Occident I, 75–107).

Der Aufbau des Gottesgesetzes

Die andere Grundlage der frühen arabischen Kultur ergibt sich aus der Allgegenwart und Allmächtigkeit der Religion. Muslimen, die ihre Religion ernst nahmen, und das war offenbar die überwiegende Mehrheit – und zwar in einem solchen Masse, dass sie das Gesicht der neuen islamischen Kultur weitgehend prägte –, war zentral wichtig, genau nach den Vorschriften zu leben, die Muhammed in Gottes Buch offenbart worden waren. Fachleute bildeten sich heraus, die besonders präzise wussten und zu wissen suchten, was genau diese Vorschriften seien, und wie sie auf einen jeden konkreten Einzelfall im menschlichen Leben angewendet werden müssten.

Da nur ein kleiner Teil des Korans Material enthält, das als Gesetzesgrundlage herangezogen werden kann (etwa 300 Verse aus einer Gesamtzahl von 6000, also ein Zwanzigstel: Gebote, Verbote, empfohlene Dinge und solche, die abzuraten sind), suchten die Fachleute nach weiteren Rechtsquellen. Sie fanden sie in den Überlieferungen des Tuns und Lassens des Propheten und seiner Antworten, die er auf Fragen gegeben hatte. Solcher Überlieferungen, falscher und echter, waren allerdings mit der Zeit so viele geworden, dass eine eigene Wissenschaft entwickelt werden musste, um die authentischen von den weniger glaubwürdigen zu scheiden. Auch die Biographie des Propheten wurde eine Quelle der Rechtsfindung. Die Gelehrten arbeiteten darüber hinaus mit der Hilfe von Analogieschlüssen und manche notfalls mit den Begriffen der «Übereinstimmung der Gelehrten» und des Allgemeinwohls, um weitere Grundlagen für ihre Rechtssprechung zu erarbeiten und ein zusammenhängendes Rechtssystem auszubilden.

Dabei ging es nicht alleine um «Recht» in unserem Sinne, der weitgehend auf den römischen Rechtsbegriff zurückgeht, sondern gleichzeitig um «Religion». Das *Gottesrecht* war die Richtschnur, nach welcher ein Gläubiger handeln sollte (und wollte), der sich an Gottes Gebot zu halten gedachte. Deshalb gehören zum islamischen Rechtsbegriff, der sogenannten *Scharî'a* (was «breite, gepflasterte Strasse» bedeutet), primär die Verpflichtungen des einzelnen und der Gemeinschaft gegenüber Gott. Und das Gesetz hatte aus diesem Grunde für die Gläubigen einen Wert, der weit über den einer Liste von verbotenen und erlaubten Handlungen, wie beispielshalber die staatlichen Gesetze in Europa, hinausreichte. Es ist aus diesem Grunde zum eigentlichen Fundament geworden, auf dem die Gemeinschaft der Gläubigen ruhte.

Für al-Andalus in den ersten Jahrhunderten nach der Eroberung ist bezeichnend, dass das Land im Westen des Mittelmeers die gesamte komplexe Entwicklung des Gottesrechtes in Anlehnung an den Osten nachvollzog. Generationen über Generationen von unternehmenden Intellektuellen reisten in ihrer Jugend nach dem Osten, um dort zu studieren – immer in erster Linie die Rechtswissenschaften und was mit ihnen zusammenhing.

Dabei hat schon früh eine der vier bis heute bestehenden Rechtsschulen (Fachwort: *madhhab*) in Nordafrika und in al-Andalus überwiegenden Einfluss gewonnen. Dies war die Schule von *Mâlik Ibn Anas,* dem grossen Gelehrten, der in Medina wirkte und im Jahr 796 gestorben ist. Er lehrte eine Rechtskonzeption, die sich auf die in Medina geübte rechtliche Praxis stützte, während er gleichzeitig dem *Hadith* (d. h. den Überlieferungen vom Propheten) eher skeptisch gegenüberstand. Die Sammlung von Rechtsentscheiden und Praktiken, die Mâlik lehrte, wurde in dem Buch *«al-Muwatta»* niedergelegt («das deutlich Gemachte»), von dem zahlreiche leicht unterschiedliche Fassungen (je nach Schüler, der es weiterüberlieferte) bekannt sind. Die Sammlung dankt ihren Erfolg dem Umstand, dass sie in umstrittenen Fragen immer einen Mittelweg anstrebt.

Mehrere der Schüler Mâliks kamen aus al-Andalus, unter ihnen der bereits erwähnte *Yahya al-Laithi*. Andere wie *Ziya Ibn Abdul-Hakam*, *Yahya Ibn Mudar*, *Isa Ibn Dinar* haben mit ihm die Lehre des Meisters von Medina nach dem fernen Westen gebracht. Sie wurden später gewichtige Persönlichkeiten im religiösen und staatlichen Leben, so sehr, dass sie es gelegentlich wagen konnten, sogar dem Omayyaden-Emiren entgegenzutreten, ohne dafür bestraft zu werden.

Ihre Rechtsschule zeichnete sich dadurch aus, dass sie sich auf juristische Handbücher verliess, wie das erwähnte «al-Muwatta» und das ergänzende *«al-Mudawwana»*, das Antworten auf Fragen enthält, welche einer der Begründer der Schule, der Rechtsgelehrte aus Kairouan, *Sahnûn* (776–854), dem Schüler Mâliks, *al-Qâsim al-Utaqi* (starb 806), vorgelegt hatte. Der Malikismus verbot individuelle Meinungsfindung und beschränkte den Gebrauch der Überlieferung auf den Propheten selbst und seine Gefährten, ohne die Meinungen und Handlungen der späteren Kalifen als Rechtsgrundlagen zuzulassen. Für Mâlik kommt die Übereinstimmung der Gelehrten, in der Form der Rechtspraxis von Medina, vor der Überlieferung, und diese darf nur angerufen werden, wenn ihre Anwendung dem Gemeinwohl *(maslaha)* nicht widerspricht.

Gegen alle Abtrünnigen, Abweichler und Schismatiker ist die Rechtslehre Mâliks besonders streng. Die Abbasiden-Kalifen von Bagdad setzten gerne malikitische Richter ein, wenn es darum ging, angebliche Ketzer, Aufwiegler und Ruhestörer zu verurteilen, wie z. B. im Fall des grossen Mystikers *al-Hallâj* (hingerichtet in Bagdad 922).

Ziryâb, Übermittler aus Bagdad

Aus dem Gebiet der Musik besitzen wir ein ausführliches Zeugnis dafür, wie die kulturelle Übertragung von Ost nach West, trotz der politischen Gegensätze zwischen Abbasiden und Omayyaden, vor sich ging. Abdurrahmân II. (822–852) war als ein grosser Bauherr bekannt. Er verschönerte seine Hauptstadt, liess unter grossen Ausgaben Brücken, Moscheen, Paläste errichten und weite, prachtvolle Gärten anlegen, die von über Kanäle zugeleiteten Bergbächen getränkt wurden. Er hatte ein riesiges Hofgesinde um sich geschart. (Ibn Idhari). Drei Personen aber hatten an seinem Hof das Sagen: Yahya al-Laithi, der malekitische Faqîh (Rechtsgelehrte), der zur Zeit seines Vaters, al-Hakam, die Rebellion in der Vorstadt von Córdoba ausgelöst hatte (s. oben S. 60f.) und der trotz seiner harten Reden und seines strengen Charakters einen grossen Einfluss auf den frommen Sohn und Nachfolger ausübte. Der zweite Einfluss ging von der

Gattin des Herrschers, Turâb, aus, welcher der Eunuche Nizâr in den Hofintrigen zur Seite stand. Vom Emir wird berichtet, er habe ihr einen Goldsack und Perlenschnüre vor die Türe stellen lassen, wenn sie ihm den Einlass verweigerte, was anscheinend seine Wirkung nicht verfehlte.

Die dritte höchst einflussreiche Person bei Hofe war der Sänger und Musikfachmann *Ziryâb*. Er kam aus Bagdad, und zwar vom Hofe Harûn ar-Raschîds. Nach dem Bericht Ibn Khalliqâns, des Biographen vieler berühmter Männer, war er ursprünglich ein Schüler des grossen Sängers Ibrahîm al-Mawsili gewesen, des Mannes, von dem das klassische vielbändige «Buch der Gesänge» (das sich später, wie bereits berichtet, al-Hakam II. aus Bagdad kommen liess) am meisten zu erzählen hat.

Wie die Biographen berichten, wurde Ziryâb gezwungen, auszuwandern, weil er mit seinem Lehrmeister zusammenstiess. Der Anlass sei gewesen: Harûn ar-Raschîd fragte eines Tages seinen Hofmusiker Ibrahîm, ob er nicht einen neuen Sänger habe, der vor ihm auftreten könne. Der Musiker erklärte, er habe einen Schüler, der dank des Unterrichtes, den er ihm erteilt habe, passabel zu singen wisse. Der Kalif liess ihn rufen. Es war Ziryâb, und er stellte den Herrscher vor die Wahl, ob er etwas von ihm selbst, nach seiner eigenen, neuen Singweise hören wolle, oder etwas, das er al-Mawsili verdanke. Der Sultan verlangte ein Lied des Ziryâb und liess ihm die Laute seines Meisters reichen. Doch Ziryâb wollte sie nicht gebrauchen, da ihm nur seine eigene Laute diene. Er erklärte dem Kalifen, dass er eine zusätzliche Saite auf der seinen angebracht habe.

Der junge Sänger sang dann ein Lob auf Harûn ar-Raschîd nach seiner eigenen Methode. Es gefiel dem Kalifen so sehr, dass er Ibrahîm Vorwürfe darüber machte, ihm einen Sänger von solcher Qualität und Originalität so lange Zeit vorenthalten zu haben.

Zu Hause angelangt, liess al-Mawsili wutschnaubend seinen Schüler kommen. «Du hast mich betrogen!», schrie er ihn an, «indem du deine beste Kunst mir vorenthalten und sie erst vor dem Kalifen zur Geltung gebracht hast. Ich weiss nun, du bist auf dem Weg, der Günstling des Herrschers zu werden! Aber nimm dich vor mir in acht! Ich schwöre, ich werde dir nach dem Leben trachten, wenn du mir beim Kalifen den Rang abläufst! – Wenn dir dein Leben lieb ist, nimm Reisegeld von mir und verziehe dich an den äussersten Rand der Erde, wo weder ich noch der Herrscher je wieder von dir hören werden.»

Ziryâb war sein Leben lieb, und der entschloss sich, das Reisegeld anzunehmen und mit seiner Familie Bagdad zu verlassen. Als der Kalif Ibrahîm das nächste Mal nach seinem vortrefflichen Schüler fragte, erzählte der Sänger ihm eine wilde Geschichte von der angeblichen Geistesgestörtheit Ziryâbs. Der höre des Nachts Stimmen, sagte er, und werde dann gefährlich. Der Kalif solle froh sein, dass er nun verschwunden sei, niemand wisse, warum und wohin. Mit den nächtlichen Stimmen hatte es seine teilweise Richtigkeit. Der Sänger hörte des Nachts im Schlaf Melodien, und es kam oft vor, dass er seine zwei Singsklavinnen aufwecken liess, um diese Weisen noch in der gleichen Nacht mit ihnen einzuüben.

Die Geschichte von Ziryâb ist von der modernen Kritik in Zweifel gestellt worden. Sie wird in mehreren Varianten überliefert und nimmt sich überhaupt wie eine literarische Ausschmückung aus. Doch jedenfalls ist es wichtig, sie zu kennen, weil sie ohne Zweifel von den Muslimen der Halbinsel als wahre Geschichte aufgenommen wurde. Gewiss ist, dass Ziryâb aus dem Osten kam, anscheinend mit einem Zwischenaufenthalt bei dem tunesischen Aghlabiden Ziyadat Allah I. (r. 816–837), an dessen Hof er 821 zur Auspeitschung und Verbannung verurteilt worden sein soll, weil eines seiner Lieder dem Herrscher missfallen habe. Dass er dann an den Hof Abdurrahmâns II. kam und dort einen gewaltigen Einfluss ausübte, darf jedenfalls als historisch gelten.

Als er noch in Nordafrika war, richtete Ziryâb ein Schreiben an al-Hakam (r. 796–822), der damals noch regierte. Der Emir lud ihn an seinen Hof ein und versprach ihm ein grosszügiges Honorar. Doch als der Sänger mit seiner Familie und seinen Singsklavinnen Algeciras erreichte, war der Herrscher verstorben. Ziryâb wollte nach Nordafrika zurückkehren. Doch Abdurrahmân II. (r. 822–852), der neue Emir, hatte den jüdischen Sänger al-Mansur nach der Hafenstadt gesandt, um Ziryâb dort zu erwarten, und al-Mansur überzeugte seinen Kollegen, dass der Sohn die Versprechen seines Vaters einhalten werde, ja, dass er sich sogar noch freigebiger zeigen werde.

Ziryâb – das Wort bedeutet «Amsel», sein wahrer Name war Abul Hasan Ali Ibn Nâfi' – wurde in der Tat fürstlich empfangen und begann, in Córdoba sofort eine doppelte Aufgabe wahrzunehmen: Einerseits trat er als Musiker und Fachmann für die Hofmusik auf, wie sie damals in Bagdad gepflegt wurde; andrerseits wirkte er als der Übermittler sämtlicher feiner Hofgebräuche, wie sie in der Weltstadt Bagdad geübt wurden. Dies betraf Mode und Höflichkeitsformen, feines Betragen in jedem Sinne, Essen und Essmanieren, Dekoration und Wohnkultur und natürlich viele Einzelheiten, die mit der Anordnung der in jener Zeit so wichtigen Feierlichkeiten, Zeremonien, Feste, Gesangs- und Tanzauftritte zusammenhingen. – Vor Ziryâbs Ankunft, so erzählen die Chronisten, hatten die Vornehmen lange und gescheitelte Haare getragen, Gold- und Silbergefässe als Tafelgeschirr benützt und linnene Tischtücher verwendet. Alle Speisen waren auf einmal auf den Tisch gestellt worden. Offenbar spielten gotische Vorbilder noch die entscheidende Rolle. Nach seiner Ankunft rasierte man sich den Schädel (natürlich die Männer, wie es heute noch orientalische Sitte ist), gebrauchte Schüsseln und Gläser aus Kristallglas und Tischtücher aus feinem Leder. Er führte eine Speisenfolge ein, wobei der süsse Nachtisch als letztes kam. Er lehrte die Andalusier auch Spargeln essen und erfand viele andere Gerichte, von denen nicht wenige seinen Namen erhielten. (Dozy, Buch 2, Kap. 5, nach al-Maqqari).

Abdurrahmân II. wollte keinen anderen Sänger hören als Ziryâb und liebte es, sich mit ihm nächtelang über Geschichte, Dichtkunst und alle anderen Künste und Wissenschaften zu unterhalten. Ziryâb soll auf all diesen Gebieten beschlagen gewesen sein und ausserdem Ton und Wort von 10 000 Liedern im Kopf getragen haben. Als er 845 starb, hinterliess er acht Söhne und zwei Töchter, alle Musiker. Auch sie wurden zu Neuerern, und ihr musikalischer Einfluss wirkte bis nach Afrika hinüber und blieb in al-Andalus bis zum Fall Granadas lebendig.

Ziryâb muss gleichzeitig das Modell eines in allen Künsten der Konversation beschlagenen Hofmannes gewesen sein. In Córdoba wurde er lebenslänglich zur absoluten Autorität in Sachen des Geschmacks, und es besteht kein Zweifel, dass die Standards, die er durchzusetzen suchte, jene des arabischen Ostens waren. Dieser hatte sich seinerseits auf Grund der iranischen Hoftradition entwickelt, die damals schon über tausend Jahre alt war. Über Bagdad gelangte so die iranische Kaisertradition nach dem Fernen Westen der islamischen Welt.

Ziryâb war natürlich nur ein, allerdings hervorragendes, Beispiel dieses Kultureinflusses. Die Bildungsreise nach dem Osten war allgemein. Die Verpflichtung der Pilgerfahrt kam ihr zugute, und eine jede geistliche Karriere wurde immens gefördert, wenn ein Kandidat für islamische Ämter und Würden darauf hinweisen konnte, dass er bei berühmten Lehrern des Ostens studiert habe.

Die Adab-Sammlung des Ibn Abdur-Rabbîhi

Adab ist eine spezifische Kunstform der arabischen Literatur. Bücher werden verfasst und zusammengestellt, um der Unterhaltung zu dienen und gleichzeitig ein Reservoir von Anekdoten, Zitaten, Bravourstücken zu bilden, die einem Hofmann dazu dienen können, seinen Fürsten zu unterhalten. *Ibn Abdur-Rabbîhi* aus Córdoba (860–940) hat eine der grössten und bestgeordneten Adab-Sammlungen zusammengestellt, «*al-iqd al-farîd*», das «einzigartige Halsgeschmeide», das nicht nur im arabischen Westen, sondern auch im Osten grossen Anklang fand und oft gelesen und abgeschrieben wurde.

Es handelt sich um ein vielbändiges Werk (die gedruckte Ausgabe von Ahmed Amin, Kairo, 1948–53, umfasst sieben Bände), das der Verfasser in 25 «Perlen» und «Juwelen» unterteilt. Eine jede davon behandelt ein eigenes Thema, wobei vor allem orientalische literarische Materialien verwendet werden. Die Themen sind: von der guten Regierung, ihren Beratern und Ausführungsorganen; von der Kriegführung; von der Grossmut und den Geschenken, wobei auch von den besten Methoden, um Geschenke zu fordern, gesprochen wird; über die Botschaften und Botschafter, wobei auch wieder die Wege erwähnt werden, auf denen Hulderweisungen anzustreben sind. Weiter, wie ein Regierender anzusprechen sei; dann von Wissen und Erziehung, wie sie zu erlangen und zu gebrauchen seien. Ein Kapitel über Sprichwörter folgt; dann eines über religiöse Predigten und über Askese. Darauf kommen Beileidserklärungen und Trauergedichte an die Reihe, sodann die Sprache der Araber mit berühmten Aussprüchen und Beispielen von Versen. Die Kunst der Konversation verdient ebenfalls ein eigenes Kapitel, wozu auch treffende Antworten gehören; berühmte und vorbildliche Reden und Predigten folgen. Ein weiteres Kapitel handelt vom Schreiben, seinen Instrumenten, den Ursprüngen der Schrift und von berühmten Sekretären (Schreibern). Ein weiteres «Schmuckstück» umfasst die Geschichte von Muhammed bis auf Abdurrahmân III. Dies wird fortgesetzt durch einen Abschnitt über die Statthalter der Kalifen von den Omayyaden bis zu den frühen Abbasiden. Die frühislamische Zeit wird gesondert behandelt. Die berühmten Gedichte der Beduinendichter aus der Zeit vor Muhammed

(Mu'allaqât) sowie Philosophen, Dichter und Sänger werden erwähnt. Ein «Juwel» ist den Frauen gewidmet; ein weiteres den falschen Propheten, Verrückten, Schlaumeiern und Betrügern. Dann wird die physische Natur der Menschen und der Tiere behandelt, auch die der verschiedenen Klimata. Essen, Trinken und Diäten kommen an die Reihe; schliesslich: Scherze, Anekdoten, Geschichten, Rätselfragen. All dies als «Erholung der Seele, Frühling des Herzens, Nahrung für das Gehör, Quelle des Ausruhens und Bergwerk der Freude», wie es im Vorwort heisst.

Der Sinn solcher Sammelwerke wird deutlicher, wenn man sich daran erinnert, dass es keine *gedruckten* Bücher gab. Ein gelehrter Mann konnte sich eine solche Anthologie als Gedächtnisstütze und persönlichen Anekdotenschatz anlegen. Wenn dies auf systematischer Grundlage geschah und der Geschmack des Auswählenden so sicher war, dass er viele bedeutungsvolle Stücke eingliederte, konnte es geschehen, dass seine persönliche Anthologie als vorbildlich empfunden, abgeschrieben wurde und auf diesem Weg weitere Verbreitung und eine ausgedehnte Leserschaft fand.

Ibn Abdur-Rabbîhi war Hofdichter der letzten beiden Emire und des ersten Kalifen von Córdoba. Er hat Lobgedichte auf sie verfasst und an ihrem Hof die Stelle eines Literaturkenners und -übermittlers bekleidet. Seine Anthologie enthält im wesentlichen literarische Bravourstücke und Anekdoten aus der arabischen Literatur des Orients. Sie diente der Übermittlung eines literarischen Repertoires aus der damals blühenden arabischen Literatur nach dem Westen. Die Anthologie für den Gebrauch in al-Andalus war aber so wohlgeordnet und mit so sicherem Geschmack zusammengestellt, dass sie auch im Orient bekannt und über Jahrhunderte hinweg viel benutzt wurde.

Al-Qâli

Als Ibn Abdur-Rabbihi im Jahre 940 80jährig starb, berief al-Hakam, damals noch Prinz, als Nachfolger den Philologen *al-Qâli* (901–967) aus Bagdad an den Hof. Al-Qâli war mehr Sprachgelehrter als Literat. Seine Werke, darunter das berühmte Buch *«al-Amâli»*, bestehen auch aus Zitaten und Anekdoten, doch sind sie zu dem vornehmlichen Zweck gesammelt, seltene Wortdeutungen zu dokumentieren und zu erklären. Al-Qâli brachte es fertig, mit einem grossen Teil seiner Bibliothek über Land nach Córdoba zu reisen, wo er 942 anlangte. Jene Bücher, die er nie besessen hatte, sowie alle, die auf der Reise verloren gegangen oder verlegt worden waren, soll er aus dem Gedächtnis in Córdoba neu diktiert haben; manche versah er auch gleich mit kritischen Bemerkungen und Kommentaren. Al-Qâli hat auch ein grosses Lexikon verfasst, das nach phonetischen Gesichtspunkten geordnet ist, das *«hervorrragende Buch der Sprache»*. Es muss etwa 4500 Folioblätter enthalten haben, ist uns aber nur zu kleinen Teilen erhalten. Die Andalusier haben den Sprachgelehrten so verehrt und bewundert, dass sie ihn für ihr Land adoptierten und als einen der Ihrigen ansahen.

Bildende Künste

Ergänzend kann man neben der Dichtung, dem Ausbau des Gottesgesetzes und der Musik die bildenden Künste als einen wichtigen Bestandteil der erwachenden andalusischen Kultur erwähnen. Die grosse Moschee von Córdoba mit ihren verschiedenen Erweiterungen und mit dem inneren Schmuck der Gebetsnische und der davor errichteten Kuppel, die auf den Kalifen al-Hakam II. (961–976) zurückgeht, ist das wichtigste Monument. Der zerstörte, aber heute ausgegrabene und teilweise restaurierte Kalifenpalast von Medina az-Zahrâ' kommt dazu, und weiter haben einige Einzelstücke aus der Kalifenzeit überlebt, vor allem Elfenbeinkästchen, Bronzearbeiten und einige behauene Steine.

Entsprechend der politischen Konzentration des Kalifenreiches scheint sich auch die bildende Kunst in der Form von dekorativer, aber auch symbolträchtiger Prachtentfaltung auf einen Mittelpunkt, den Hof, konzentriert zu haben. Sie diente der Betonung und Heraushebung der geistlichen und weltlichen Mittelpunkte, Hauptmoschee und Herrscherresidenz. Die Zähigkeit, mit der die andalusischen Muslime der Verfallsjahre zwischen 1009 und 1031 am Konzept des Kalifates festhielten, obgleich es sich nicht mehr verwirklichen liess, dürfte anzeigen, dass diese Prachtentfaltung nicht ohne Wirkung geblieben war. Diese durchaus zielgerichtete Kunst muss mitgeholfen haben, das Ideal des *einen* Herrschers, der im Namen Gottes regierte, aufrechtzuerhalten, – so dass es sogar dann noch fortwirkte, als die politische Wirklichkeit ihm nicht mehr entsprach, weil die tatsächliche Macht in die Hände der Heerführer und Spitzenbeamten der Hofhierarchie übergegangen war. Der Glorienschein der zentralen Kalifenmacht, den die Künstler aufrichteten und an dem auch die Dichter fleissig polierten, sollte die Realität der Macht fast eine Generation lang überdauern.

Die formalen Mittel dieser Pracht- und Symbolkunst kamen in erster Linie aus dem Osten. Dorthin auch sandten die Kalifen ihre Baumeister und Bevollmächtigten, um wertvolle Materialien und Einzelstücke aus der Antike zu sammeln und nach al-Andalus zu transportieren, damit sie in den Palästen Verwendung fänden. Auch Byzanz steuerte bei. Doch der Gesamtzusammenhang, in den diese aus dem ganzen Mittelmeerbecken zusammengetragenen Einzelstücke gestellt wurden, die Gesamtkonzeption, war eine eminent orientalische.

Kunst als Verherrlichung des Machthabers diente dazu, seine fast übermenschliche Position als Statthalter Gottes in Nachfolge des Propheten sowohl für die eigenen Untertanen wie auch für seine möglichen Feinde ausserhalb des Reiches hervorzuheben und ins richtige Licht zu stellen. Die Kunstelemente, die diesem Zweck dienen, stammen aus der iranischen kaiserlichen Tradition: Baldachin, Treppenaufgang mit Spalier, Garten zu Füssen des Thrones, offene Säulenhallen, die einen architektonischen Ausbau des Baldachins bilden, Pflanzenornamente als Wandschmuck, die symbolische Gärten bilden und sich in den Teppichen fortsetzen, Wasserbecken, die die Gärten befruchten und gleichzeitig strukturieren – all dies sind Bauelemente zur Unterstreichung der Herrscherwürde, die auf die östliche, iranische Tradition zurückgreifen.

Die Palaststadt Medinatu-z-Zahrâ

Das grosse Bauwerk des ersten Kalifen, Abdurrahmâns III., war seine Palast- und Verwaltungsstadt Medinatu-z-Zahrâ. Mehrere der arabischen Dynastien der gleichen Epoche haben sich solche, von der eigentlichen Hauptstadt entfernte Palaststädte gebaut. Sie hatten den praktischen Zweck, den Herrscher und seinen Hof von dem möglichen Unruheherd der Grossstädte zu entfernen und ihn im Schutz seiner eigenen Stadt, seiner Palastmauern und Sklavenregimenter abzusondern. Der Aufstand der südlichen Vorstadt von Córdoba unter Emir Abdullah ist oben dargestellt worden. Die Palaststädte Samarra und ar-Rusafa der Abbasiden wurden im Irak gebaut, als Bagdad zu turbulent und gefährlich wurde; al-Qahira, Kairo, Residenz der Fatimiden, entstand neben der bisherigen Metropole Fustat; die Palaststadt der Aghlabiden wurde am Rande von Kairouan errichtet.

Neben dieser «Sicherheitsfunktion», um modern zu sprechen, erfüllten solche Palaststädte natürlich auch eine Repräsentationsrolle, die Prachtentfaltung des Herrschers ging auf alte Herrschertraditionen der Mittelmeerwelt und des Ostens zurück. Der Herrscher hatte in einem Kuppelsaal zu thronen, Symbol des Himmels, der ihn überwölbt und beschätzt.

Die Zugänge über Terrassen empor und durch verschiedene Tore und Passagen hatten ebenfalls sowohl Sicherheitsfunktion wie symbolischen Wert. Sie betonten die Graduierung der Zulassung. Nur allerengste Vertraute und Privilegierte sollten durch das letzte Tor und vielleicht durch den allerletzten Vorhang hindurch bis zur erlauchten Präsenz selbst gelangen. Gärten, Wasserbecken, innere Aufenthaltsräume, Frauengemächer, Kasernen-, Wacht- und Küchengebäude sowie Wohnhäuser für hohe Familienmitglieder gehörten zur weiteren Umgebung des Palastes, den eine hohe Umfassungsmauer nach aussen hin abschloss und verteidigte.

Marmorblöcke für Medinatu-z-Zahrâ sollen aus Tunesien und Karthago herbeigeführt worden sein; 324 Marmorsäulen, gewiss aus antiken Tempeln, wurden importiert. Aus Byzanz liess der Herrscher durch Vermittlung seines Botschafters eine besonders prachtvolle «Wanne» kommen, vermutlich einen antiken Sarkophag, und ein anderes besonders geschmücktes Stück, rotgoldene Figuren mit Perlen durchsetzt, sagt der Chronist, soll aus Syrien herbeigebracht worden sein, wozu es besonderer Vorkehrungen bedurfte (Hoenerbach S. 123).

Prachtentfaltung im Kunsthandwerk

In der Kalifenstadt müssen sich auch die Werkstätten befunden haben, in denen besonders kunstreiche Gegenstände für den Hof hergestellt wurden. Am wichtigsten waren die Textilateliers, wo auserlesene Seiden- und Leinengewebe in leuchtenden Farben und mit überaus komplexen Mustern gefertigt wurden, die sogenannten Tirâz-Webereien. Diese Prachtstoffe waren Staatsmonopol. Die Ehrengewänder, die der Sultan seinen Besuchern und Beamten verlieh, wurden aus ihnen hergestellt. Entsprechende Staatsmonopole für dem Hofgebrauch gab es auch in Bagdad und am Hof der fatimidischen Gegenkalifen von Kairo. Sie gehen wohl, wie viele der arabischen Hoftraditionen, auf das alte oder mittlere Persische Reich zurück.

In Nordspanien wurden diese Prachttextilien, die allem weit überlegen waren, was die christlichen Weber herstellen konnten, so sehr geschätzt, dass Reliquien in sie eingehüllt wurden. Man stellte auch Messgewänder aus ihnen her. In den Kirchenschätzen hat sich daher einiges von ihnen erhalten. Die kastilischen Könige und Königinnen wurden in solchen arabischen Prachtgewändern begraben, welche oft arabische Inschriften tragen. In unserem Jahrhundert hat man ihre Särge im königlichen Kloster von *Las Huelgas* bei Burgos geöffnet und die Prunkstoffe, die man darin fand, in die Museen gebracht. Die verbliebenen Überreste der Könige wurden in weisse Grablaken gehüllt. Die Stoffe, die so für die Museen gewonnen wurden, stammen allerdings meist aus etwas späteren Zeiten der Taifa-Könige oder der Almoraviden.

Auch einige der für die Kalifen und ihre Familienmitglieder gearbeiteten Elfenbeinkästchen und Büchsen (Pyxis) haben sich erhalten. So gibt es ein fein gearbeitetes Kästchen aus Elfenbein, über und über mit geometrischen Ranken verziert, das die Inschrift trägt: «Im Namen Gottes; dies wurde gefertigt für die Herrin Tochter, Tochter des Abdurrahmân des Beherrschers der Gläubigen, möge Gott sich seiner erbarmen und mit ihm zufrieden sein.» Dass die «Herrin Tochter» nicht mit Namen genannt wird, entspricht der äussersten Diskretion gegenüber den Frauen der Herrscherfamilie, die in Marokko und in Saudi-Arabien bis auf den heutigen Tag geübt wird; nicht einmal ihre Namen sollen von Aussenstehenden in den Mund genommen werden. Das Kästchen befindet sich heute im Victoria und Albert-Museum in London.

Im Louvre findet man eine Pyxis, Büchse, aus Elfenbein, deren Inschrift anzeigt, dass sie für al-Mughira, den Sohn Abdurrahmâns III., geschnitzt wurde, den gleichen, der, wie bereits dargestellt, einen Augenblick lang fast Kalif geworden wäre, wenn die Palastkamarilla sich nicht entschieden hätte, Hishâm II., den noch unmündigen Sohn al-Hakams und Neffen al-Mughiras, auf den Thron zu erheben und unter der Aufsicht des später allmächtigen Kämmerers, Ibn Abi 'Âmir, «al-Mansur», für die Erdrosselung des Onkels zu sorgen.

Auch solche Elfenbeinkästchen und Büchsen haben sich in relativ grosser Zahl erhalten, weil sie wertvolle Behälter für Reliquien in den Kirchenschätzen abgaben. Sobald sie einmal als Reliquiare auf einen Kirchenaltar oder in einen Kirchenschatz gelangt waren, hatten sie gute Aussichten, die Jahrhunderte zu überdauern.

Die Überreste von Medinatu-z-Zahrâ'

Wer heute die teilweise wiederausgegrabene und restaurierte Stadt Abdurrahmâns III. besucht, ist zuerst durch die Lage dieser Palaststadt beeindruckt. Sie liegt etwa fünf Kilometer unterhalb Córdobas auf einer gewaltigen Aussichtsterrasse, die sich auf die untersten Fusshügel der Sierra Morena stützt, und sie blickt von dort aus auf das Tal des Guadalquivir hinab. Der Ort ist die einzige Stelle in der Nähe der Stadt, wo ein Aus-

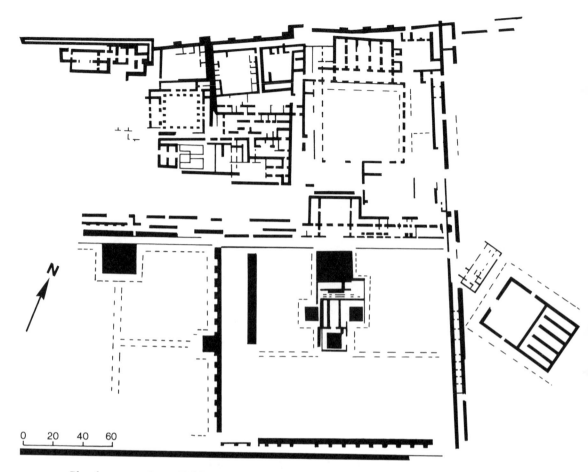

Plan des ausgegrabenen Kalifenschlosses im oberen Teil von Medinatu-z-Zahrâ'.

läufer der Sierra Morena so weit und so sanft in die Ebene vorstösst, dass er einer geräumigen Terrasse über ihr Raum bietet. Der Kalif konnte von diesem Aussichtspunkt aus gewissermassen seine Länder betrachten.

Um seinem Palast diese erhabene Position zu erlauben, wurde eine riesige Terrasse aufgeschüttet und in den Hang eingegraben. Sie brauchte nur Verteidigungsmauern und -gräben auf der Bergseite, welche die Hinterwand der Terrasse abgibt, und auf den beiden Querseiten. An der Vorderseite, die dem Tal zugewandt ist, ist die Aufschüttung hoch genug, um keine weit über sie hinausragende Schutzmauer zu erfordern, so dass der Blick nach vorne frei bleiben kann. Auf der Terrasse ist ein Garten angelegt. Hinter dem Garten und auf ihn hin öffnet sich die grosse Empfangs- und Thronhalle des Kalifen, welche die Ausgräber mit fast englischem «understatement» «el salón rico» getauft haben.

Der Thronsaal besteht aus einer Basilika aus fünf Schiffen, von denen drei einen auf Säulen und Hufeisenbögen gestützten inneren Saal bilden. Die Bögen sind abwechselnd mit roten Marmor- und weissen Stuckplatten eingelegt; die weissen Platten sind mit Rankenornamenten verziert. Die Verwandtschaft mit der Moschee von Córdoba ist deutlich. Die Wände waren innen voll mit Stuck verziert, wobei streng geometrische Muster und Pflanzenornamente einander ablösten. Vor der Halle lag ein grosses rechteckiges Wasserbecken, dahinter, im Zentrum der Gartenterrasse, stand ein Kiosk.

Der Weg, auf dem offizielle Besucher in die Empfangshalle geleitet wurden, führte von der östlichen Seitenwand der Terrasse herauf. Vor dieser Seitenwand stand eine Reihe von gewaltigen Torbögen, stets in der gleich verzierten Hufeisenform. Sie bildeten auf beiden Seiten des Eingangstors einen Portico. Wahrscheinlich sind es einmal 15 gewesen, und sie haben mindestens die halbe Seitenmauer bekleidet. Vier davon haben die Ausgräber wieder aufgebaut. Dass diese überragende Kulisse den Besucher beeindrucken sollte, ist offensichtlich.

Der Weg der Gäste oder Abgesandten führte durch den mittleren, höchsten, Bogen hindurch und empor auf das Niveau der Gartenterrasse, dann im rechten Winkel nach links der Mauer entlang und in einem neuen rechten Winkel nach rechts an dem Becken vorbei vor den Eingang der Empfangshalle.

Beim Abschreiten der Ruinen erfährt man, dass die Gesamtanlage aus vielen Ebenen besteht. Die grosse Gartenterrasse ist nur eines von sechs verschiedenen Niveaus. Im Rücken der Empfangshalle, etwas erhöht, liegt ein Platz, der mit Bäumen bepflanzt gewesen sein mag, jenseits davon, auf die Bergseite hin, erhebt sich, zweistöckig, auch mit Hufeisenbögen geziert, was als «Haus der Armee» bezeichnet wird und der Sitz der Heeresverwaltung gewesen sein dürfte. Auf der Westseite dieses Vorplatzes lag ein weiteres Tor, das den Zugang zu den Wohnhäusern erschloss, so dass der offizielle Teil der Palaststadt vom Wohnteil abgesondert war. Die Wohnungen sind um Innenhöfe herum gebaut. Verschiedene grössere Strukturen wurden frei gelegt, doch ist nicht sicher, wozu eine jede gedient hat. Die privaten Gemächer des Herrschers lagen im westlichen oberen Winkel balkonartig auf einem höchsten Niveau und so angelegt, dass er seine gesamte Stadt überblicken konnte. Zeilenartige, eher enge Strassen dürften Diener und Dienstleistungsstätten sowie Ställe beherbergt haben.

Befestigungsanlagen waren vor allem auf der Bergseite notwendig. Dort finden sich die stärksten und höchsten Mauern. Auch ein hinteres Eingangstor, mit verwinkeltem Zugang, erschloss die Palaststadt von der Bergseite aus. Dem heutigen Besucher dient es als Zugang.

Unterhalb der Palast- und Gartenterrasse, auf der Ostseite, lag die Moschee. Sie ist schräg abweichend von der Terrassenanlage nach Südosten hin orientiert, der Gebetsrichtung wegen. Ihr Grundriss wurde ausgegraben; sie bestand aus einem fünfschiffigen Gebetsraum und einem nordwestlich vorgelagerten Innenhof, beide rechteckig angelegt. Waschräume schlossen sich nordwestlich an. Von seiner Wohnebene aus verfügte der Herrscher über einen unterirdischen Zugang direkt ins Innere der Gebetshalle, wo er gewiss durch eine Abgitterung, Maqsûra, vom Rest der Betenden abge-

«El salón rico» haben die Archäologen die Thronhalle des Kalifen Adurrahmân in Medinatu-z-Zahrâ' genannt.

trennt war. Oft waren Herrscher bei Gelegenheit des gemeinschaftlichen Gebets ermordet worden, so dass solche Vorsichtsmassnahmen unentbehrlich waren.

Um die Moschee herum, links aussen, vom Thronsaal des Herrschers aus und unterhalb seiner Terrasse, muss die bürgerliche Stadt begonnen haben. Das Stadtgelände, seinerseits ebenfalls ummauert, ist noch nicht ausgegraben. Die Stadtmauer umfasst ein Rechteck von anderthalb Klometer Länge und halb so tief; nur auf der Bergseite verläuft die Umfassungsmauer, die mit Türmen verstärkt war, nicht ganz gerade, weil sie dem Gelände angepasst werden musste.

Die ausgegrabene Palaststadt, Zitadelle, arabisch al-Qasr, «das Schloss», spanisch Alcazar, bildet nur einen kleinen Teil des ganzen weiten Geländes. Sie liegt rückwärtig auf der Mittelachse des Rechtecks der Stadt. Sie ist etwa 300 m tief und knappe 200 m

Eine Flucht von Hufeisenbögen bildete den Hauptzugang zum Kalifenschloss in Medinatu-z-Zahrâ'.

breit, wobei sich hinten, dem Berghang entlang, die Gebäude breiter dahinziehen. Wir wissen aus der Überlieferung, dass Abdurrahmân bemüht war, seine neue Stadt durch finanzielle Zuwendungen für alle neu Zuziehenden rasch zu bevölkern.

Die wertvollen Materialien und Schmuckgegenstände, die, wie die Quellen berichten, aus dem ganzen Mittelmeerraum zusammengetragen wurden, um die Palaststadt zu zieren, wurden bei den Plünderungen geraubt. Doch von dem Stuckschmuck der Wände ist genug übrig geblieben, um eine Vorstellung der reichen Verzierung zu wecken.

Al-Hakam, damals noch Kronprinz, war damit betraut, die Bauarbeiter zu beaufsichtigen. Er ist als Kalif auch der Bauherr der zweiten Erweiterung der Moschee von Córdoba gewesen. Sie verdankt ihm ihren reichsten Schmuck, die Gebetsnische und

«Haus der Armee» im Palastkomplex von Medinatu-z-Zahrâ. Hier hatte die Heeresverwaltung ihren Sitz.

die ihr vorgelagerten Kuppelräume, unter denen sich der abgetrennte Bereich (Maqsûra) des Herrschers befand.

Al-Hakam bewohnte az-Zahrâ nach seinem Vater. Der Namen soll die Stadt nach den Berichten der Historiker von einer Geliebten des Herrschers erhalten haben. Sie behaupten sogar, eine Frauenstatue, angeblich die ihre, habe sich an einem der Tore befunden. Doch dies könnte leicht eine Legende sein, die durch den Namen der Stadt zustande kam. Er bedeutet «die Blühendste», doch kann das Wort auch als ein Frauenname aufgefasst werden. Man weiss, dass Abdurrahmân im Jahr 946 in Medinatu-z-Zahrâ residierte. Wann genau er einzog, ist ungewiss. Der Baubeginn wird von den historischen Quellen auf 940/1, von anderen schon auf 936 angesetzt. Inschriften machen immerhin deutlich, dass die Moschee schon 941 vollendet war.

Die Bauten müssen damit begonnen haben, dass Wasser aus der Sierra Morena herbeigeführt wurde. Eines der Aquädukte steht noch. (s. M. Barrucand, L'Architecture maure en Andalusie, Köln 1992, p. 69). Wasser in Brunnen, Becken, Leitungen, Kanalisationen fand sich in der ganzen Hofstadt. Möglicherweise ist die Stadt nie ganz fertig geworden, denn es gibt schriftliche Berichte und einige archäologische Indizien dafür, dass sie noch zur Zeit al-Hakams in manchen Teilen im Bau stand.

Zur Zeit des nächsten Kalifen, Hishâm II. (r. 967–1009 und 1010–1013) liess der allmächtige Kämmerer Ibn Abi 'Âmir, «al-Mansur» (981–1002) seine Rivalenstadt bauen, Medinatu-z-Zâhira, die er noch reicher und prachtvoller einrichten wollte als jene des Kalifen. Er gab seinen Bauleuten nur zwei Jahre Zeit, um dies zu bewerkstelligen. Schon im Jahr 981 wurden die administrativen Dienste des Reiches in die neue Hofstadt verlegt. Doch die Stadt Ibn Abi 'Âmirs war auch die erste, die geplündert werden sollte. Sie lag näher an Córdoba und fiel daher zuerst den Berbern und den Bewohnern von Córdoba zum Opfer, als die Zeit der Bürgerkriege hereinbrach. Im Jahr 1010 schon war sie nicht mehr als eine Ruine.

Doch im November des gleichen Jahres brachen die Berbertruppen Sulaimâns (r. 1009 und 1013–1016) nach nur drei Tagen Belagerung auch in die Stadt Zahrâ ein; Verrat soll im Spiele gewesen sein. Sie erschlugen die Besatzung sowie Frauen und Kinder der Bewohner, die sich in die Moschee geflüchtet hatten, und plünderten die Palaststadt, in der nur Abdurrahmân III., al-Hakam und Hishâm II. gelebt hatten.

(Über die Ausgrabungen von Medinatu-z-Zahrâ s. den Übersichtsartikel von *Klaus Brisch*: Madinat az-Zahra in der modernen archäologischen Literatur Spaniens, in: Kunst des Orients 4, 1965, p. 5–41. Für die späteren Ausgrabungen: *B. Pavón Maldonado*: Memoria de la excavación de la mezquita de medinat az-Zahra, Excavaciones Arquelógicas No. 50, 1966; *S. López Cuervo*: Medinat az-Zahra, Ingenería y forma, Madrid 1983 u. a.).

Grossstadt Córdoba

Dies mag auch der Ort sein, um die Grosstadt Córdoba in den Blick zu nehmen. Al-Maqqari (1577–1632), der sie selbst nicht gesehen hat, widmet ihrer Beschreibung, die er den literarischen Quellen entnimmt, den ganzen Teil IV seines vielbändigen Werkes über al-Andalus. Dabei zitiert er viele verschiedene Geschichtsschreiber und Chronisten mit ihren Angaben über die Grösse der Stadt. «Zur Zeit Abdurrahmâns des Einwanderers (d. h. des Ersten) hatte Córdoba schliesslich 490 Moscheen. Später nahmen sie stark zu, wie folgt... Ibn Hayyan sagte: Am Ende der Periode Ibn Abi 'Âmirs (= Almanzors) war die Zahl der Moscheen 1600 und die Bäder waren 900... und einer der Gelehrten sagte: Ich zählte die Häuser von Córdoba, die es dort gab, in der Stadt und den Vorstädten zur Zeit Ibn Abi 'Âmirs. Es waren 213 077 Häuser. Das waren die Häuser der Untertanen. Jene der Grossen, der Wesire, Sekretäre, Soldaten und jene, die den Herrschern persönlich gehörten, waren 60 300, davon sind ausgenommen die Mieträume, die Bäder und die Khans. Die Zahl der Läden betrug 8455. Doch als der Bürgerkrieg zu Beginn des 4. Jahrhunderts (d. h. im 10. n. Chr.) ausbrach, veränderte er die Anlage dieser städtischen Niederlassungen und verwischte die Spuren jener Häuser und Ansiedlungen.» (ed. Beirut 1976, vol. 2, S. 80). Doch viel mehr Raum als derartige Zahlenangaben nehmen bei al-Maqqari die vielen Gedichte ein, die verschiedene Dichter auf Córdoba oder auf einzelne Teile und Gebäude der Stadt verfasst haben und aus denen er ausführlich zitiert.

Die Moschee von Córdoba: Sinnbild der Dynastie der Omayyaden

Die Moschee von Córdoba ist heute der sichtbarste Ausdruck dessen, was die Dynastie der Omayyaden von al-Andalus war. Sie ist so gut erhalten, trotz Umbauten der späteren christlichen Herrscher, dass sie noch heute einen Eindruck dessen erlaubt, was sie einst gewesen ist und mit ihr die Dynastie, die sie errichtete. Alle Herrscher der Omayyaden haben an ihr gebaut. Der Dynastiegründer, Abdurrahmân I., errichtete eine erste Moschee, teilweise über den Fundamenten der westgotischen Kirche von Sankt Vinzenz. an einer privilegierten Stelle, nah am Brückenkopf der bereits römischen Brücke, die von Córdoba aus über den Guadalquivir führt.

Das Gebäude stand etwas erhöht über dem Strom, der Palast des Herrschers dürfte schon damals daneben gestanden haben, wo sich heute noch der Palast des Erzbischofs befindet. Die erste Moschee war ein eher bescheidenes Gebäude aus elf Schiffen mit einem Vorhof, das Ganze ummauert. Die Schiffe des Dachs ruhten alle auf Säulen, und sie waren nach Süden ausgerichtet. Das mittlere war etwas breiter als die anderen, so dass es eine Strasse bildete, die direkt auf das Mihrâb, die Gebetsnische, hinführte.

Doch schon die erste Moschee «des Einwanderers», wie der Gründer der Dynastie oft genannt wird, besass die wichtigste und genialste Besonderheit, die die Moschee von Córdoba einzigartig macht: die doppelten Bögen, welche die Säulen untereinander verbinden und stabilisieren.

Diese Doppelbögen werden durch eine materielle Notwendigkeit erklärt, aus der der Baumeister einen architektonischen und künstlerischen Vorteil zu ziehen verstand. Die Säulen der Moschee sind antikes und frühchristliches Material, das wiederverwendet wurde. Abdurrahmân I. soll seine Moschee in der kurzen Frist von einem Jahr gebaut haben (786–87). Hätte man diese Säulen direkt das Dach tragen lassen, wäre der grosse Saal der Moschee flach und erdrückend niedrig ausgefallen. Die Säulen mussten deshalb überhöht werden. Dies war schon in mehreren der früheren islamischen Moscheen, etwa in der al-Aqsa von Jerusalem, dadurch bewerkstelligt worden, dass man über den Säulen Bogen errichtete, die ihrerseits eine Wand trugen, auf der dann das Dach ruhte.

Diese Wand auf den Säulen ist schon im Falle der Aqsa von Jerusalem durch zwei Reihen von Bogenfenstern durchbrochen. Sie dienen dazu, die Last der Wand zu erleichtern und gleichzeitig zu vermeiden, dass die einzelnen Schiffe allzuscharf gegeneinander abgetrennt werden. Doch in der Aqsa und in anderen Moscheen ähnlichen Typs sind horizontale Verbindungsstreben nötig, oft aus Eisen, welche die Oberhäupter der Säulen untereinander verbinden, um zu vermeiden, dass sie durch den Druck der aufgesetzten Bögen auseinandergetrieben werden. Auch die grosse Moschee von Kairouan behilft sich mit solchen Eisenstreben, um ihre Bögen zusammenzuhalten. Diese Längsverbindungen sind in Córdoba vermieden, indem die Säulen untereinander durch Hufeisenbögen verbunden sind, während sie gleichzeitig quer zum Schiff stehende Pfeiler tragen, auf denen ein zweiter Bogen ruht, der seinerseits das Dach abstützt. Es entstehen so zwei übereinander liegende Bögen, die unteren sind hufeisenförmig, die oberen, etwas breiteren, Halbbögen. Beide sind zweifarbig; sie sind aus abwechselnden Lagen von roten Backsteinen und weissem Kalkstein gebildet.

Die farbigen Doppelbögen geben dem Bau eine grosse Leichtigkeit. Für den Blick besteht der Gebetssaal nicht mehr aus einzelnen Schiffen, die sich auf die Südwand hin erstrecken, sondern aus einem Wald von Säulen mit einer Krönung von doppelten Bögen, die sich wie Äste sowohl von den Säulen wie auch von den auf sie gestellten Pilastern auswölben.

Wie der – unbekannte – Baumeister zu seiner Lösung des Problems der kurzen Säulen und der hohen Decke gekommen ist, weiss man nicht. Möglicherweise wurde er durch die antike Aquädukte beeinflusst, wie jener der in Mérida steht, der ebenfalls übereinanderliegende Bögen besitzt. Fest steht einzig, dass er eine geniale Lösung gefunden hat, die Córdoba zu einer einzigartigen Moschee in der ganzen muslimischen Architektur machte.

Hishâm I., der Sohn und Nachfolger des Dynastiegründers (r. 788–96), vervollständigte das Werk seines Vaters und errichtete das erste Minaret der Moschee. Abdurrahmân II. (822–52) liess sie erweitern, indem er sie um sechs Bögen nach vorne verlängerte. Eine neue Gebetsnische musste gebaut werden. Doch das Grundschema mit den Doppelbögen wurde respektiert und fortgesetzt. Muhammed I., der Sohn Abdurrahmâns (r. 852–886), hatte manche der Arbeiten seines Vaters zu konsolidieren, da die Erweiterung allzu eilig durchgeführt worden war.

Al-Hakam II. (r. 961–976), der Sohn und Nachfolger des ersten Kalifen (Abdurrahmân III.), gab am Tag seines Regierungsantrittes den Befehl, die Vermesser und Baufachleute an seinen Hof nach az-Zahrâ' kommen zu lassen, um eine Erweiterung der Moschee zu planen. Al-Hakam war schon als Kronprinz mit den Bauarbeiten der Stadt az-Zahrâ' beschäftigt, die sein Vater errichten liess. Er kam relativ spät an die Macht, im Alter von 45 Jahren, nachdem er, wie berichtet, schon mit 10 Jahren auf Befehl seines Vaters zum Kronprinz bestimmt worden war. Man kann sich deshalb vorstellen, dass er schon seit geraumer Zeit das Projekt einer Vergrösserung der Moschee hegte, und natürlich hat er die Erfahrungen in Bau und Dekoration, die er in az-Zahrâ' erworben hatte, in sein Projekt einbezogen.

Sein Vater hatte der Moschee ein neues Minarett gegeben, dessen unterster Teil heute noch, allerdings eingepackt in den eher barocken Renaissanceturm der Kathedrale, weiter besteht. Der Hof der Moschee war zugleich nach Norden hin erweitert worden.

Al-Hakam begnügte sich nicht damit, den Innenraum noch einmal um 12 Bögen nach Süden hin zu verlängern. Er brachte gleichzeitig eine neue Konzeption der Gebetsnische und des vor ihr gelegenen Raums zur Geltung. Er errichtete «eine Moschee innerhalb der Moschee», indem er sechs Kuppeln einbauen liess, drei vor dem neuen Mihrâb in der Form eines T, und drei zu Beginn seiner Erweiterung, ebenfalls in der Achse des Mihrâb. Sie dienten der Erleuchtung des Raumes und als erhöhter Sonderschmuck, der den Weg zum Mihrâb und zur «Maqsûra» hervorhob. Die Kuppeln, die aus schwerem Stein gebaut sind, stützen sich nicht auf Doppelbögen, sondern auf gekreuzte, lobierte Bögen in der Form eines X, die von den Säulen bis zum Dach reichen und so ein spektakuläres Gitter bilden, das die Kuppelräume abgrenzt und die ganze Konstruktion trägt. Die Kuppeln selbst, aus im Viereck gekreuzten Rippen und Stein konstruiert, sind reich geschmückt.

Durch die neueingeführten Bauelemente entsteht ein Kontrast zwischen dem gleichförmigen «Wald» des Moscheeinnenraumes und dem besonders erleuchteten, mit Goldtönen und bunten Farben gezierten Sonderraum vor der Gebetsnische. Dies war gleichzeitig der Raum der «Maqsûra», das heisst der Einfriedung, innerhalb derer der Herrscher sein Gebet verrichtete. Die Kuppeln erhoben sich über ihm und den Seinen. Al-Hakam hat sicherheitshalber auch einen neuen Sonderzugang konstruieren lassen, der ihm erlaubte, direkt zur «Maqsûra» zu gelangen, ohne den gemeinsamen Raum der anderen Muslime durchqueren zu müssen.

Die neue Gebetsnische, die al-Hakam errichten liess, stellt zweifellos den Konzentrations- und Höhepunkt des Innenraums dar. Sie ist so reich geschmückt und so wohlproportioniert, dass sie das Auge einfach auf sich zieht. Ihr Eingangsbogen öffnet sich auf einen dahinter liegenden achteckigen Raum, gedeckt durch eine muschelförmige Kuppel und aussen umrandet durch ein ornamentiertes Viereck, in welches der Hufeisenbogen des Eingangs eingeschrieben ist. Das Ganze ist durch Mosaiken verziert, die viele Goldtöne aufweisen. Es sind die einzigen in der Moschee, und manche Fachleute nehmen an, dass sie byzantinischen Ursprungs sind. Al-Hakam hatte den byzantinischen Kaiser Nikephoros Phokas (r. 963–969), einen bitteren Feind der nahöstlichen Araber, gebeten, Mosaikspezialisten mit ihrem Material aus Byzanz zu entsenden. Ein Unterschied in der Art der Pflanzenornamentation lässt möglicherweise erkennen, welche der Verzierungen, mehr hieratischen Stiles, von den byzantinischen Meistern selbst stammen und welche, weiter an der Peripherie und in den Seitenkuppeln angebracht, von bewegterer und beschwingterer Linienführung, von arabischen Handwerkern stammen, die bei ihnen zur Schule gegangen sind.

Das Grundmotiv des grossen Mihrabs al-Hakams der Hufeisenbogen, eingeschrieben in ein Viereck und flankiert von zwei blinden ornamentalen Bögen, findet sich schon in der Anlage und Verzierung des frühesten Eingangstores der Moschee, das nach Ansicht der Archäologen aus der Zeit des ersten Moscheegründers, Abdurrahmâns I., stammen soll. Wenn dies zutrifft, hätte man ihm nicht nur das Schema der doppelten Bögen zu verdanken, sondern auch das Grundmotiv, welches allen späteren Toren der Moschee als Modell diente und das auch sonst in der ganzen andalusischen Baukunst eines der wichtigsten war.

Tore dieser Art, in der Form schwerer Hufeisenbögen, die aus roten und weissen Kalkstein- und Backsteinkeilen geformt sind, wie sie auch die Mehrfarbigkeit der Doppelbögen des Inneren abgeben, bilden beinahe den einzigen Schmuck der hohen, fast abweisenden und festungsartigen Aussenmauern, welche die Moschee umfassen. Doch diese Tore mit ihrem Mosaikschmuck geben besonders wirkungsvolle Zierelemente ab, gerade weil sie in schmucklose Festungswälle aus gelblichem Sandstein eingelassen sind.

All diese Aussentore, immer aus rostroter und weisser Einlegearbeit aus Ziegel und Stein, sind sich in den grossen Formen ähnlich, weichen jedoch in den Einzelheiten der geometrischen Muster und der Anordnung ihrer einzelnen Elemente leicht voneinander ab. Der eigentliche Eingang unter einem grossen Hufeisenbogen wird flankiert durch zwei Nebenfenster, die auf der Höhe des Hufeisenbogens oder noch höher angebracht sind. Die Fenster bestehen aus geometrisch durchbrochenen Marmorgittern. Fenster und Tore werden von Schmuck umrahmt, der aus blinden Bogen verschiedener Ausführungen besteht; es gibt schmale Hufeisen nebeneinander, übereinander greifende Bogen, lobulierte Bogen, breitere Hufeisen auf kleinen Säulchen, die stets den Fenster- und Toröffnungen überlagert sind. Alle Bogen, echte und blinde, sind regelmässig in Vierecke eingeschlossen, und der Grund, von dem sie sich abheben, Vierecke so gut wie blinde Bogen, ist mit geometrischen Mosaiken in der gleichen Kombination von rotem und weissem Stein ausgelegt.

Die letzte Erweiterung

Solche Tore hat in grösserer Zahl «al-Mansur» (Reichsverweser 981–1002) angelegt, als er seinerseits die Moschee vergrösserte. Er konnte sie nicht mehr weiter nach Süden ausdehnen, weil sie dort schon unter al-Hakam auf die Umfassungsmauer der Stadt und den Abhang gestossen war, der zum Guadalquivir abfällt. Deshalb hat al-Mansur seine Erweiterung seitlich angelegt, indem er Gebetshalle und Vorhof nach Osten hin um acht weitere Schiffe auf total 19 ausdehnte. Al-Mansur hat sich dabei an das Vorbild der bestehenden Moschee gehalten. Er setzte das System der Doppelbögen fort. Ausser der räumlichen Ausdehnung hat er keine grossen Neuerungen eingeführt.

Seine seitliche Erweiterung hatte zur Folge, dass das Mihrâb al-Hakams nun nicht mehr im Zentrum der Vorderfront des Gebäudes liegt, sondern auf seiner rechten Seite. Dies nimmt man gerne in Kauf, weil so das besondere ästhetische und räumliche Raffinement, das aus der Anordnung und Dekoration von Mihrâb und Kuppeln spricht, wie sie von al-Hakam getroffen worden war, unangetastet erhalten blieb.

Die Zeit der Christen

Die «Mezquita» (spanisch für Moschee), wie sie immer noch in Córdoba genannt wird, obwohl sie offiziell Kathedrale geworden ist, hat natürlich auch eine christliche Geschichte. Im kleinen spiegelt ihr Geschick die Gesamtentwicklung des Zusammenlebens zwischen Christen und Muslimen auf der Halbinsel wider. Die ersten kastilischen Könige nach der Eroberung erwiesen der grossen Moschee alle Ehre. Das eroberte muslimische Gotteshaus wurde zwar sofort nach der Einnahme der Stadt durch Fernando III. (1236) Maria geweiht. Doch die Könige gaben Befehl, es solle unangetastet bleiben. Alfonso el Sabio («der Weise») erliess dann zwei Verordnungen: Die erste von 1261 forderte, dass alle Kirchen von Córdoba zur Reparatur des Dachs der Moschee beitragen sollten, und die zweite von 1263 verlangte, alle «moro»-(d. h. muslimischen) Zimmerleute und -Maurer hätten jedes Jahr mindestens zwei Tage Arbeit, während derer sie nur Nahrung und keinen anderen Lohn erhalten sollten, der Instandhaltung der Moschee zu widmen. Die kurz darauf erfolgte Austreibung der «moros» nach dem Aufstandsversuch von 1264 dürfte allerdings diese zweite Vorschrift gegenstandslos gemacht haben.

Die frühen kastilischen Herrscher liessen unter einer der Kuppeln al-Hakams eine Hauptkapelle (capilla mayor) einrichten und im maurischen Stil (mudéjar) ausschmücken. Man nennt sie heute die Capilla de Villaviciosa. Alfonso der Weise wollte sich in ihr begraben lassen, doch die verworrenen Umstände zur Zeit seines Todes verhinderten das.

1371 kam es zu weiteren Veränderungen. Der König der neuen Dynastie der Trastámara, Enrique II., benützte einen weiteren Kuppelraum al-Hakams, der neben der bereits umgeformten Capilla Mayor lag, um eine Königliche Kapelle zu bauen, und er liess das Haupteingangstor in den Hof, das seither «Puerta de Perdón» genannt wird, umbauen. Dies geschah jedoch mit der Hilfe von Moriscos, deren Techniken nicht allzu scharf mit dem Gesamtstil der Moschee brachen, obgleich sie nun natürlich für christliche Bauherren nach christlicher Ikonographie zu arbeiten hatten – und ja auch selbst, mindestens offiziell, Christen geworden waren.

Die schlimme Zeit für die Moschee, wie für alles Muslimische in Spanien, begann 1489, als der Granada-Krieg sich dem Ende näherte. Damals liess ein Bischof, Iñigo Manrique, die bisher diskrete Königliche Kapelle bis zur Westwand der Moschee ausweiten, indem er an sie eine gotische Kirche anschloss. Dies brachte die Zerstörung von etwa 370 m² des Moscheeinneren mit sich. Die Umgänge des Hofes wurden kurz darauf «gotisiert», so dass sie bis heute aus einer Mischung von arabischem und gotischem Stil bestehen.

Doch die schlimmste Verchristlichung kam zur Zeit Karls V., als die Geistlichen der Kathedrale beschlossen, eine grosse gotische Kirche müsse innerhalb der Moschee gebaut werden. Der Stadtrat von Córdoba widersetzte sich und erliess 1523 ein Verbot an alle Maurer und Zimmerleute, das Projekt einer Kirche in der Moschee fortzuführen, bevor nicht Karl V. persönlich über es entschieden habe. Der Kaiser kam und entschied im Sinne des Kapitels. Doch als er ein Jahr später die Stadt wieder besuchte, soll er bedauernd dem Bischof, Bruder Johannes von Toledo, und seinem Kapitel gesagt haben: «Wenn ich gewusst hätte, was ihr da macht, hätte ich nicht erlaubt, die alten Teile zu zerstören. Ihr baut nämlich etwas, das es in vielen Teilen der Welt gibt, und habt zerstört, was in der Welt einzig war!»

Der grandiose gotische Bau, der wie ein Schiff aus der Moschee emporragt, wurde dennoch vollendet und reich ausgeschückt. Die Arbeiten dauerten von 1523 bis 1607 und zerstörten 1500 m² der Säulenhalle. Dazu kamen noch zahlreiche Kapellen, die an die Mauern der Moschee angelehnt sind und zusammen beinahe gleichviel Raum wegnahmen.

Das Minarett Abdurrahmâns II. wurde 1589 durch ein Erdbeben beschädigt, und dies gab Anlass, nur seinen innersten Kern zu bewahren und einen barocken Glockenturm darüberzustülpen. Gegen 1610 war auch der Sonderzugang al-Hakams zum Mihrâb abgetragen worden. Im 17. Jahrhundert wurde die Kirche im Inneren der Kathedrale mit einer gewaltigen frühbarocken Altarwand ausgestattet, und im frühen 18. Jahrhundert schnitzte der sevillanische Bildhauer, Pedro Duque Cornejo, ein grosses Chorgestühl, das überall sonst Interesse und Beachtung verdiente, wenn es sich nur nicht so sehr am falschen Ort befände. Die letzte Untat der Christianisierer bestand daraus, dass sie zwischen 1713 und 1723 die flache Holzdecke der Moschee durch Gipswölbungen, die durch Schilfrohrmatten zusammengehalten werden, teilweise ersetzten und teilweise verkleideten. Diese Übergipsung ist erst kürzlich in Teilen des grossen Saals wieder rückgängig gemacht worden. Auch das Mihrâb al-Hakams, ohne Zweifel das bedeutendste Kunstwerk der ganzen Moschee, war zwischen 1368 und 1815 durch einen Altar überdeckt und wurde erst danach wieder freigelegt. Schon zuvor, 1771, hatte man begonnen, die Kuppel al-Hakams zu restaurieren, die sich vor dem Mihrâb erhebt, und im Jahr 1882 wurde die Moschee zu einem nationalen Monument erklärt und unter den Schutz eines staatlich bestellten Architekten gestellt. Seither ist einiges unternommen worden, um der Moschee wieder einen Teil ihres alten Glanzes zurückzugeben.

Jenseits der alten römischen und von vielen muslimischen Herrschern restaurierten Brücke über den Guadalquivir steht ein kleiner Festungsbau, der aus der frühen spanischen Zeit stammt und wohl dazu dienen sollte, den Brückenkopf gegenüber der Stadt zu verteidigen. Die Festung heisst Calahorra. In ihrem Inneren befindet sich heute ein merkwürdiges Museum, das von modernen Islamenthusiasten aus Frankreich und Spanien angelegt worden ist. Es versucht, dem Besucher mit Hilfe von Modellen und auf Bänder gesprochenen Texten die grosse Zeit des Islams nahezubringen. Man kann dort auf Tonbändern hören, was die grossen Philosophen und Weisen der islamischen Zeit gesagt hätten, natürlich in einer recht abgekürzten, und modernisierten Version. In diesem Museum findet sich auch ein Holzmodell der grossen Moschee, so wie sie gewesen sein muss, bevor die christlichen Umbauten vorgenommen wurden. Das heisst ohne die gotische Kirche im Inneren, mit einem wirklichen Minarett (wie dieses aussah, kann man auch auf einem Wappenschild aus der Renaissance sehen, das an der Katharinenpforte der Moschee angebracht ist).

Wer sich etwas in dieses Modell versenkt, kann nicht umhin, traurig zu werden. Eine der unscheinbarsten, aber doch entscheidendsten Änderungen, welche die Kapitelherren vornahmen, bestand daraus, dass sie die meisten, einst torlosen Eingangsbögen, welche die 19 Schiffe des Gebetsraumes auf den Moscheehof hin öffneten, haben

121

zumauern lassen. Dadurch wird der Zusammenhang zwischen Gebetsraum und Vorhof gestört. Die beiden gingen einst ineinander über. Die Gebetshalle war ein auf Säulen ruhender Himmel; der Hof mit seinen Orangenbäumen stand unter dem offenen Himmel. Die beiden Räume gehörten zusammen. Die Kapitelherren haben aus der Gebetshalle mit ihrem ungehinderten Übergang in den offenen Raum des Hofes eine Kirche mit verschlossenen Toren zu machen versucht.

Rein technisch wäre es wahrscheinlich möglich, der Moschee noch viele und wichtige ihrer alten Züge durch Restaurierung zurückzugeben. Doch sie ist seit dreiviertel Jahrtausend eine Kathedrale, und es ist nicht wahrscheinlich, ja vielleicht immer noch undenkbar, dass die Kirche aus ihr ausziehen könnte und das grosse Bauwerk für eine volle Restaurierung frei gäbe. Wäre sie aber bereit dazu, bliebe die bange Frage, ob eine solche Restaurierung die Moschee nur in ein kaltes Museum verwandelte. Ganz abgesehen davon, dass sie besser oder schlechter, diskreter oder brutaler durchgeführt werden könnte, so dass im schlechtesten Falle das Resultat vielleicht schlimmer würde, als die heutige Mischlage zwischen Moschee und Kathedrale es ist.

«Der begnadigte Prinz»

In die späte Kalifenzeit gehört der Dichter mit dem Beinamen «der begnadigte Prinz», der ein Enkel von Abdurrahmân III. gewesen ist und von 963 bis gegen 1011 gelebt haben muss. Er verdankt seinen Namen dem Umstand, dass er als 16jähriger seinen Vater ermordete und dafür während 16 Jahren in einem unterirdischen Verliess eingekerkert wurde. Dann wurde er begnadigt und hat darauf noch einmal 16 Jahre gelebt. Der Mord soll dadurch zustande gekommen sein, dass der Prinz in eine Haremssklavin verliebt war, die sein Vater jedoch für sich beanspruchte. Der arabische Bericht, den wir darüber besitzen, ist kurz. «Wie es heisst, war er in eine Sklavin verliebt, mit welcher zusammen sein Vater ihn aufzog und die er für ihn bestimmt hatte. Später jedoch trat sein Vater an seine Stelle und nahm die Sklavin ausschliesslich für sich in Anspruch. Er empfand heftige Eifersucht, entblösste sein Schwert und benützte eine der Gelegenheiten, in denen der Vater alleine bei der Sklavin verweilte, um ihn zu ermorden. Er kam dafür vor Gericht und wurde in der Zeit von al-Mansur eingekerkert.» (ad-Dabbi, der Biographien berühmter Personen aus al-Andalus verfasste). Der Prinz soll einen grossen Teil seiner Gedichte in seinem Gefängnis verfasst haben.

Einmal begegnete er dort sogar einem Dichterkollegen, *Mas'ûd al-Bashshani*. Der Reichsverweser al-Mansur hatte diesen einkerkern lassen, weil er verdächtigt wurde, wenig orthodoxen Glaubenssätzen anzuhängen.

Mas'ûd kam in dasselbe Verlies wie der Prinz. Zuerst war der Dichter begeistert von seiner neuen Bekanntschaft: «Die Zisterne hat mich zum Sohn des Jakob gemacht» (d.h. zum Joseph), sang al-Bashshani anfänglich. «Wo ich doch diese Geschichte für unwahr gehalten hab! – Bestrafen wollten mich meine Feinde, doch merkten sie nicht, – Dass sie statt der Strafe mir eine Wohltat erwiesen. – Sie wollten mich von der Welt und ihren Freuden trennen. Doch sie haben mich ihnen näher gebracht. – Sie wissen nicht, vaterlose Gesellen, dass sie mein Gefängnis – Ins Ziel all meiner Wünsche verwandelten.»

Doch später kam es offensichtlich zu Reibungen zwischen den beiden Eingekerkerten: «Ihn zu sehen, ist wie Strohhalme in meinen Augen», erklärte der Mitgefangene nun. «Seine Worte tun meinen Ohren weh. Mit seiner Nähe in meinem Gefängnis haben sie mir – Eine grössere Strafe auferlegt, als das Gefängnis selbst. – Obgleich er, wenn sein Charakter nur umgekehrt wäre, dem Joseph an Schönheit gewachsen wär.»

Über die Begnadigung des «begnadigten Prinzen» hat al-Marrakushi, der Chronist des Almohadenreiches, eine schöne Geschichte: Danach soll der allmächtige «Diktator» al-Mansur sich eines Tages in seine Privatgemächer begeben und eine Reihe von Bittschriften mitgenommen haben, die an ihn gerichtet worden waren. Die Papiere, die er nicht lesen wollte, warf er zum Spiel einem Strauss hin, der in seinen Gartenhallen frei herumlief. Der Vogel liess einige der Bittschriften liegen, die anderen verschlang er. Nur mit einer verhielt er sich aussergewöhnlich: Er nahm sie in den Schnabel, rannte mit ihr um den ganzen Palast, kehrte zurück und legte sie wieder in den Schoss des Machthabers. Das veranlasste diesen, sie nun doch zu lesen. Sie war von dem Dichter, und er wurde begnadigt.

Das berühmteste Gedicht des «amnestierten Fürsten» (sein voller Name war: Abu Abdulmâlik Marwân, Ibn Abdurrahmân, Ibn Marwân, Ibn Abdurrahmân an-Nâsir bi-Llah) ist eine nur in Fragmenten erhaltene Qaside, deren Anfangsverse mit dem Lob der Geliebten lauten:

Zweig, der sich auf einer Düne wiegt,
mein Herz entbrennt davon.
So schön ist sie, dass in ihrem Gesicht
ein Mond aufgeht, der nimmer abnimmt.
Der Augenschlag dieser schneeweissen Gazelle
mit ihren weiss und tiefschwarzen Lichtern
verzaubert und zielt wie ein Pfeil auf mein Herz.
Ihr Lächeln ist eine Perlenschnur:
ihre Lippen haben sie ihrem Hals geraubt.
Das J der Seitenlocke vor ihrem Gesicht
ist wie ein goldener Strom auf silberner Haut,
was ihre Schönheit vollkommener macht,
da ein Zweig ja nur grüne Blätter trägt.
So schlank ihre Taille, dass deren Sicht
Verliebtheit verrät.
Ihre Hüften sind dieser Taille verfallen,
weshalb sie zucken und zittern vor Lust.
Schlank von der Liebe ergab sie sich
den üppigen Hüften.
Wie meine Geliebte, wenn mein Arm sie umschlingt.
Doch wenn wir uns gleichen, erstaunt,

> dass sie sich nicht scheuen; sie meiden sich nicht!

Seinen Kerker schildert der Dichter so:
> Ein Gemach düster und finster wie die Nacht,
> rundum schwarz und gänzlich dunkel im Mittelpunkt,
> pechschwarz, während ringsum die weisse Stadt Zahrâ glänzt,
> Wie Tinte in einem elfenbeinernen Tintenfass.

Einer seiner Vergleiche lautete:
> Die Wolke ist wie ein leidenschaftlicher Liebender.
> Im Donner ertönen seine Klage und Lust.
> Die Blitze sind das Feuer seiner Liebe,
> und der Regen wie seine Tränen fliesst.

Ein anderer Vergleich:
> Im Wasser bewegen sich Schlangen aus Silber,
> Sie ziehen die Wasserrinne entlang.
> Die Kiesel, gleissend im glitzernden Wasserlauf,
> tragen den Glanz von Perlen auf weissem Hals.

(Mit Hilfe der spanischen Übersetzungen von Miguel José Hagerty und Emilio García Gómez in: Ajímez, antología de la lirica andalusí, Granada u.a.; und Cinco Poetas musulmanes, Buenos Aires 1945)

Revolution in Córdoba

Der Tod des dritten Machthabers aus dem Hause der Amiriden, das heisst des zweiten Nachfahren Almanzors, «Sanchuelos», des «kleinen Sancho» (r. 1008–1009), öffnete einer wilden Folge von Umstürzen und Gegenumstürzen das Tor, die sich über 20 Jahre hinziehen sollte.

Der Besieger Sanchuelos, Muhammed, nahm den Titel «al-Mahdi» an, «der Rechtgeleitete», und liess in der Hauptmoschee von Córdoba zwei Dekrete verlesen. Das erste zählte alle angeblichen Vergehen und Verbrechen des «kleinen Sancho» auf und ordnete an, dass er in den offiziellen Staatsgebeten verflucht werde. Das zweite hob verschiedene Steuern auf.

Steuern sind in den islamischen Staaten fast immer ein Streitpunkt zwischen den Herrschenden und den Rechtsgelehrten gemeinsam mit den Besteuerten, weil das Gottesgesetz nur die im Koran und in der Sunna festgelegten Steuern als legitim zulassen will und die darüber hinausgehenden als ungesetzliche «Tyrannei» betrachtet. Der Staat aber hatte schon damals ein nahezu unbeschränktes Geldbedürfnis und pflegte immer wieder weitere, «ungesetzliche» Steuern aufzuerlegen. Solche «ungesetzlichen» Steuern aufzuheben oder auch nur zu vermindern, konnte daher sowohl als eine fromme wie auch als eine volkstümliche Massnahme gelten.

Doch die Regierung Muhammed al-Mahdis, den die Historiker auch Muhammed II. nennen, sollte sich nicht als ein Erfolg erweisen. Sie dauerte nur acht Monate lang (Februar bis November 1009). Al-Mahdi wandte sich gegen alle Anhänger der Familie al-Mansurs und verscherzte gleichzeitig alles Ansehen, das er bei den Gottesgelehrten besass, indem er sich dem Trunk und dem Wohlleben hingab. Er beschloss auch, den Kalifen Hishâm II. verschwinden zu lassen, indem er ihn als tot ausgeben liess, in Wirklichkeit aber einkerkerte. Die Leiche eines Christen, der ihm geglichen habe, wurde zu jener des Kalifen erklärt und höchst feierlich bestattet. Diese Komödie wurde durchgeführt, um den Anspruch al-Mahdis auf die Kalifenwürde zu untermauern.

Die Berber als Gegenkraft

Der neue Machthaber stiess blutig mit den Berbersöldnern zusammen, die eine der Hauptstützen der Macht al-Mansurs gewesen waren. Die Berber wurden nach einem Tag der Kämpfe innerhalb der Hauptstadt (3. Juni 1009) aus Córdoba vertrieben, und al-Mahdi setzte eine Prämie auf einen jeden Berberkopf aus. Doch die Berbersoldaten sammelten sich unter dem Kommando des Nordafrikaners Zâwi, der aus einer fürstlichen Familie der Sanhâja-Stammesföderation stammte und in Córdoba als Polizeichef gedient hatte. Zâwi schlug vor, ein anderes Mitglied der Omayyadenfamilie, Sulaimân, zum Gegenkalifen gegen al-Mahdi zu erheben. Dies zeigt, dass der Titel des Kalifen trotz aller Wirren noch immer Bedeutung besass und eine politische Wirkung ausübte. Zâwi liess auch einen jeden Berberstamm seinen eigenen Anführer wählen. Er selbst übernahm die Führung der Stämme der Sanhâja-Föderation.

Die Berber marschierten nach Guadalajara (westlich von Madrid) und besetzten die Stadt. Sie versuchten ein Bündnis mit al-Wâdhid zu schliessen, einem Freigelassenen al-Mansurs und dem wichtigsten der «Markgrafen» Córdobas, der die Region von Toledo beherrschte. Doch dieser blieb al-Mahdi treu, woraufhin die Berber, die nun vor Medinaceli standen, die Hilfe des kastilischen Grafen Sancho suchten. Der Kastilier nahm ihren Bündnisantrag an, allerdings unter der Bedingung, dass sie ihm gleich viele Festungen zusagten, wie al-Mahdi sie ihm abzutreten versprochen hatte.

Früher waren die Christenherrscher nach Córdoba gekommen, um Hilfe in ihren dynastischen Streitereien zu erhalten, nun sandten die rivalisierenden Kalifen um Hilfe zum Grafen von Kastilien! Die Zeitenwende hatte mit der Revolution in Córdoba vom Jahr 1009 ihren Anfang genommen.

Die Berber beschlossen nun, aus dem Norden gegen Córdoba vorzustossen. Gouverneur al-Wâdhid setzte ihnen mit seinen Reitertruppen nach. Er wurde jedoch zurückgeschlagen und langte am Ende mit gerade noch 400 Mann in der Hauptstadt an. Al-Mahdi liess Córdoba in Verteidigungszustand setzen, beging jedoch den Fehler, dem Berberheer entgegenzuziehen, statt sich hinter den Mauern von Córdoba zu verschanzen.

Sein Heer aus wenig kriegsgeübten Stadtbürgern wurde in Cantich am 5. November 1009 vernichtend geschlagen. Viele der Fliehenden, die nicht den Berbern erlagen, ertranken im Guadalquivir. Der Historiker Ibn Hayyân (986/7–1036), der berühmteste und bedeutendste unter den muslimischen Geschichtsschreibern Spaniens, schätzte die Zahl der Toten auf 10 000. Al-Wâdhid, der davongekommen war, zog sich nach Norden zurück.

Drei Kalifen kämpfen um Córdoba

Al-Mahdi versuchte nach der Niederlage im Felde, sich in seinem Palast einzuigeln. Die Berber belagerten ihn. Er liess den für tot erklärten Kalifen Hishâm aus dem Gefängnis bringen und gab bekannt, dass er doch noch am Leben sei. Er selbst, al-Mahdi, sehe sich nur als seinen Minister an. Nun gab es drei Kalifen: jenen der Berber, Sulaimân; al-Mahdi und den wiedererstandenen Hishâm II.

Die Berber waren nicht beeindruckt. Die Bevölkerung von Córdoba zog aus der Stadt, um Sulaimân in die Hauptstadt zu holen. Al-Mahdi floh nach Toledo. Dort versteckte er sich zunächst im Haus eines Bürgers, konnte sich aber dann der Stadt bemächtigen.

Graf Sancho, der sich mit seinen Truppen beim Heer Sulaimâns und der Berber befand, gelangte auch in die Hauptstadt, und seine Kastilier bereicherten sich auf Kosten der Einwohner. Sulaimân musste dem Grafen versprechen, dass er ihm die zugesagten Festungen aushändigen werde, bevor dieser seine Truppen abzog.

Sulaimân belagerte Toledo, konnte die Stadt aber nicht einnehmen. Sein Heer eroberte jedoch Medinaceli, das al-Wâdhid verlassen hatte, um nach Tortosa, an der katalanischen Grenze, zu ziehen. Der Gouverneur der Grenzmarken schloss ein Bündnis mit den (christlichen) katalanischen Grafen von Barcelona und Urgel und marschierte mit einem katalanischen Hilfsheer gegen Toledo, wo er sich mit den Truppen al-Mahdis vereinigte. Es kam schliesslich zu einer Schlacht zwischen den Berbern Sulaimâns und dem Heer al-Mahdis, das aus 30 000 Muslimen und 9000 Christen aus Katalonien bestand (1010 in Aqaba al-Bakr nah bei Córdoba). Sulaimân floh, als er die Vorhut seiner Berbertruppen zurückweichen sah. Doch diese, die nur eines ihrer taktischen Reitermanöver durchgeführt hatten, griffen zum zweiten Mal an und töteten viele der Katalanen. Sie zogen sich jedoch nach Medinatu-z-Zahrâ' zurück, als sie sahen, dass «ihr» Kalif geflohen war. Die Katalanen zogen mit al-Mahdi, al-Wâdhid und den Truppen von Toledo in Córdoba ein, und die unglückliche Hauptstadt wurde nun von den Katalanen geplündert, nachdem sie sechs Monate zuvor die Beute der Kastilier und Berber gewesen war.

Al-Mahdi wollte von Córdoba aus die Berber verfolgen, die sich nach Algeciras zurückgezogen hatten. Doch sie rückten ihrerseits gegen ihn vor und brachten ihm an der Mündung des Guadaira in den Guadalquivir eine schwere Niederlage bei. Al-Mahdi verlor viele Kommandanten seiner Sklaven-Soldaten, und 3000 der Katalanen sollen gefallen sein. Das geschlagene Heer kehrte nach Córdoba zurück, und die Katalanen rächten sich für ihre Niederlage an den Stadtbewohnern. Sie weigerten sich jedoch, erneut gegen die Berber zu Feld zu ziehen, da sie schon genug Verluste erlitten hätten, und verliessen Córdoba am 8. Juli 1010.

Palastputsch

Al-Mahdi, geschwächt durch den Abzug der Katalanen, verstärkte die Stadtbefestigungen von Córdoba. Doch er sollte am Ende nicht dem Ansturm der Berber, sondern einem Staatsstreich der Heerführer der «Sklaven» (Saqâliba) erliegen. Es gab solche Sklaventruppen sowohl auf seiten al-Mahdis wie auch unter den Truppen des mehrmals erwähnten Markgrafen al-Wâdhid; noch andere dienten unter Sulaimân. Die Führer der verschiedenen Gruppen gelangten zu einer Absprache, nach der sie zusammenwirken, Hishâm zum Kalifen erklären, die Macht ergreifen und gemeinsam ausüben wollten.

Al-Wâdhid, der in Córdoba stand, liess Gerüchte über die Trunksucht, die Grausamkeit und das liederliche Leben al-Mahdis ausstreuen. Die Truppenführer der Saqâliba-Einheiten Sulaimâns, die wichtigsten hiessen mit typischen Sklavennamen *Anbar* (Bernstein) und *Khairân,* erklärten sich zum Schein bereit, mit ihren Einheiten auf die Seite al-Mahdis überzugehen. Dieser empfing sie in Córdoba mit offenen Armen; als er schliesslich Verdacht schöpfte, befanden sie sich schon in der Stadt. Al-Mahdi wollte nach Toledo fliehen. Doch die «Sklaven» kamen ihm zuvor; sie liessen auf den Strassen Córdobas Hishâm hochleben und ihn erneut zum Kalifen ausrufen. Al-Mahdi wurde im Bad überrascht, vor Hishâm gebracht, um die Vorwürfe des wiedereingesetzten Kalifen über das Leid zu hören, das er ihm angetan habe. Dann wurde er von den Sklavenheerführern getötet.

Seit dem «Coup» al-Mahdis gegen den Statthalter Sanchuelos von 1009 waren nur 17 Monate vergangen, bewegte Monate, während deren Córdoba dreimal geplündert worden war.

Elegie auf eine zerstörte Stadt

Ibn Hazm (994–1064), der grosse Theologe und Polygraph, von dem noch die Rede sein wird, war vor der Revolution in Córdoba aufgewachsen. Sein Vater hatte den Omayyaden als Wesir gedient. Er floh zur Zeit der Unruhen und Zerstörungen, und er hat in seinem Frühwerk, dem «Halsband der Taube», das von allen Aspekten der Liebe handelt, im Kapitel über Trennungen (Kap. 24) in einer berühmten Passage der Stätten seiner Jugend gedacht, die inzwischen der Zerstörung anheimgefallen waren.

«Jemand, der aus Córdoba kam und den ich nach der Stadt befragte, erzählte mir, er habe unsere Häuser beim al-Mughîth-Palast gesehen, die im westlichen Teil von Córdoba lagen. Ihre Spuren waren wie weggewischt, ihre Wahrzeichen verschwunden, ihre Treffpunkte unsichtbar geworden. Der Zerfall hat alles verändert. Sie sind unfruchtbare Wüsten geworden, nachdem sie geblüht hatten, verwilderte Einöden nach menschlichem Zusammensein; schreckliche Ruinen nach ihrer Pracht; furchterregende Wildnis nach bergender Sicherheit. Lager für Wölfe, Spielplatz der Jinn, Verstecke der Raubtiere, nachdem dort Männer wie Löwen gewohnt hatten, Mädchen wie Statuen, deren Hände vielfältiges Wohl verteilten. Ihr Zusammenleben ist aufgelöst; sie wurden gefangen über das Land verstreut. Wie wenn jene beschrifteten Nischen und geschmückten Gemächer, die leuchteten wie die Strahlen der Sonne und deren Schönheit die Sorgen vertrieb, als sie der Zerfall umfasste und die Zerstörung ergriff, als wären sie offene Rachen von Raubtieren, daran erinnern sollten, dass die Welt vergeht und welche Folgen ihre Bewohner erwarten. Sie erinnern dich daran, wohin jeder geht, den du in der Welt aufrecht stehen siehst und sie halten dich an zum Verzicht, nachdem du lange darauf verzichtet hast, sie aufzugeben».

«Ich gedachte meiner dortigen Tage und ihrer Süsse. Der Monate meiner Jugend in ihnen, in Gesellschaft von Feinbrüstigen, denen der Grossherzige zuneigt. Ich malte mir aus, wie sie nun unter der feuchten Erde liegen, in fremden Häusern und fernen Regionen, verstreut durch die Hand der Vertreibung, zerdrückt in der Faust der Verbannung. Vor meinen Augen erschien das Verschwinden jener Burg, deren Schönheit und Wohlstand ich gekannt hatte, die wohlgeordnete Gesellschaft, in der ich dort aufgewachsen war, die Leere jener Plätze, nach dem Gedränge ihrer Bewohner. Mein Ohr glaubte über ihr die Rufe der Schleiereule und des Uhus zu vernehmen, nach all der Bewegung der vielen, unter denen ich dort gross geworden war. Ihre Nächte folgten den Tagen im Strom ihrer Bewohner und den Zusammenkünften ihrer Einheimischen, nun aber folgen die Tage den Nächten in der Stille der Verlassenheit. Mein Auge weinte, mein Herz schmerzte, ihre Steine schlugen auf meine Leber, und der Schmerz meines Herzens wuchs an. Ich sprach ein Gedicht, in dem die Verse stehen:

Wenn Er uns dürsten lässt, hat Er uns doch lange Zeit getränkt;

Wenn Er uns nun Trauer bringt, hat Er uns doch lange Zeit Freude beschert.»

«Sklaven» gegen Berber

Das kurze zweite Kalifat Hishâms II. (1010–1013) stand im Zeichen der Allmacht der «Sklaven»-Chefs. Al-Wâdhid versuchte, nach dem Vorbild seines früheren Herrn, al-Mansur, zu regieren. Doch er konnte die Berber nicht mehr unter seine Gewalt bringen. Er sandte ihnen den blutigen Kopf al-Mahdis, löste dadurch jedoch nur ihre (gespielte oder echte) Empörung aus. Sulaimân, der zwar ein Feind, aber doch auch ein naher Verwandter al-Mahdis gewesen war (beide waren Omayyaden und Urenkel Abdurrahmâns III.), liess den Kopf reinigen und sandte ihn dem Sohn al-Mahdis zu, Ubaidallah, der in Toledo regierte.

Die überlebenden Mitglieder der Omayyadenfamilie in Córdoba scheinen die Herrschaft der «Sklaven» unwillig aufgenommen zu haben. Sie riefen heimlich Sulaimân nach Córdoba und versprachen, ihm die Tore zu öffnen. Doch die «Sklaven» erfuhren von ihrem Plan. Sie nahmen die Verschworenen in Gewahrsam und liessen Sulaimân aus dem Hinterhalt angreifen, als er sich wirklich vor Córdoba einfand. Er entkam. Seine Berber eroberten die Palaststadt Medinatu-z-Zahrâ', die Abdurrahmân III. gebaut hatte. Sie machten die ganze Besatzung der Stadt, auch Frauen und Kinder der Stadtbewohner, nieder, obwohl sie in der Hauptmoschee Zuflucht gesucht hatten. Dann plünderten sie die Stadt gründlich (4. November 1010). Die Palaststadt lag seither in Schutt und Asche, bis sie in der Gegenwart ausgegraben und teilweise restauriert worden ist (vgl. oben S. 109ff.).

Die Berber zerstörten das offene Land und die Dörfer rund um die Hauptstadt. Als im Sommer 1011 Córdoba Hunger zu leiden begann und al-Wâdhid das Geld für die Truppen fehlte, obwohl er den grössten Teil der Bibliothek al-Hakams verkauft hatte, um sich Geld zu verschaffen, versuchte er, Kontakt mit Sulaimân aufzunehmen, um Frieden zu schliessen. Doch Rivalen unter seinen «Mitsklaven» stellten ihn bloss und ermordeten seinen Abgesandten bei seiner Rückkehr nach Córdoba. Al-Wâdhid wollte daraufhin zu den Berbern und zu Sulaimân überlaufen. Doch seine Kollegen, die anderen «Sklaven», kamen ihm zuvor und ermordeten ihn. Das war am 16. Oktober 1011.

Die Geistlichen der Hauptstadt riefen jetzt den Heiligen Krieg gegen die Berber und Sulaimân aus. Den Verteidigern der Stadt gelang es, einen der wichtigsten Berberführer – es war Hobasa, ein Vetter von Zâwi – in einem Kampf zu töten, als dessen Sattelgurt brach. Doch die Berber pflegten nach solchen Rückschlägen nur umso gnadenlosere Rache zu geloben. «Wir werden unseren Führer rächen, und das Blut aller

Bewohner von Córdoba wird uns nicht genügen!» sollen sie gerufen haben. Am 19. April 1013 drangen die Berber in die Stadt ein. Ein verräterischer Beamter hatte ihnen das Tor der Vorstadt Segunda geöffnet. Die «Sklaven» und ihre Truppen flohen, und die Berber liessen erneut ihre Wut an den Bewohnern von Córdoba aus. Sogar die frömmsten Geistlichen und die betagtesten Gelehrten wurden ermordet. Feuer brach aus. Später liessen die Berber alle Viertel der Stadt bis auf die östliche Vorstadt und die Innenstadt räumen und bezogen die leer gewordenen Häuser. Die Bewohner wurden aus ihrer Stadt verbannt.

Sulaimân zog in den Kalifenpalast und schalt Hishâm II. einen Verräter, weil er zuvor zugunsten al-Mahdis abgedankt hatte. Hishâm verschwand seither von der Bildfläche; bis heute bleibt unbekannt, ob Sulaimân ihn hat umbringen lassen, ob er eines natürlichen Todes starb oder ob er fliehen konnte.

Die Frage sollte von Bedeutung werden, weil Sulaimân selbst kurz darauf sein Leben verlor. Dies ging folgendermassen zu: Einer der «Sklaven»-Chefs, *Khairân,* konnte aus Córdoba entkommen, als Sulaimân sich der Stadt bemächtigte. Er warf sich zum Herren von Almería auf. Von dort aus verband er sich mit einem anderen lokalen Machthaber, der als Gouverneur von Ceuta und Tanger wirkte, *Ali Ibn Hammûd.* Der ältere Bruder dieses Ali, *Qâsim,* war Gouverneur von Algeciras. Die Ibn Hammûd waren eine stark berberisierte arabische Familie, was ihnen die Kontaktnahme mit den Berbergeneralen Sulaimâns in Córdoba erleichterte. Die Berber scheinen sie wie Stammesbrüder angesehen zu haben.

Eine Allianz bildete sich heraus, welcher Khairân angehörte, die beiden Ibn Hammûd-Brüder und der Gouverneur von Málaga, der zur Gruppe der ehemaligen «Sklaven» der Omayyaden und al-Mansurs gehörte; auch einige der berberischen Heerführer Sulaimâns in Córdoba machten heimlich mit.

Dann überredeten die Berber von Córdoba ihren Kalifen, gegen die Rebellen Khairân und Ali Ibn Hammûd zu Felde zu ziehen. Vor der Schlacht jedoch ergriffen sie den Zügel des Maultiers ihres Herren und führten Sulaimân ins Lager seiner Feinde. Dort liess Ali Ibn Hammûd ihn hinrichten. Maultiere gelten in der klassischen arabischen Welt als wertvolle Reittiere, die vor allem geistlichen Würdenträgern dienen.

Da Ali selbst darauf Anspruch erhob, Kalif zu werden, wurde die Frage, ob Hishâm noch am Leben sei, wichtig. Eine Leiche wurde ausgegraben, auf Grund eines schwarzen Zahnes identifiziert und dann mit königlichen Ehren bestattet. Doch gerade weil der neue Machthaber (Kalif 1016–1018) Wert darauf legte, Hishâm als tot zu erklären (was nun schon zum zweiten Mal geschah), blieb ein Zweifel bestehen, ob dies wirklich der Fall sei.

«Sklaven» gegen Hammudiden

Ali Ibn Hammûd regierte in Córdoba und suchte dort die Sicherheit wiederherzustellen, indem er die Berber streng für alle Übergriffe und Plünderungen bestrafte. Doch sein bisheriger Verbündeter, Khairân, suchte nun Ali zu Fall zu bringen. Er fand einen weiteren Urenkel Abdurrahmâns III., der in Valencia lebte und ebenfalls Abdurrahmân hiess. Seine Anhänger hoben ihn als Abdurrahmân IV. (Kalif 1023–1024) auf den Thron. Mit Hilfe des Gouverneurs von Saragossa, al-Mundhir, und dessen christlichem Verbündeten, dem Grafen Raimundo von Barcelona, zog er gegen Córdoba.

Ali Ibn Hammûd musste sich zu seiner Verteidigung auf die Berber stützen und begann, die Bewohner der Hauptstadt zu drangsalieren, um Geld für seine Kriegskasse aus ihnen zu pressen. Bevor es noch zum Zusammenstoss mit Khairân und seinen Verbündeten kam, wurde Ali erschlagen im Bad aufgefunden. Drei «Sklaven» hatten die Tat begangen. Doch die Herrschaft über Córdoba blieb in Händen der Banu Hammûd-Familie. Alis Bruder Qâsim, der in Sevilla als Gouverneur wirkte, wurde in der Hauptstadt zum Kalifen (1018–1021) ausgerufen.

Ausschaltung des Kalifen Abdurrahmân IV.

Die Gegenseite zog vor Granada, wo der Berberchef Zâwi regierte, der einst Sulaimân auf den Thron gehoben hatte. Zâwi weigerte sich, Abdurrahmân IV., «al-Murtada», anzuerkennen, und eine Schlacht stand bevor. Khairân und al-Mundhir, der Herr von Saragossa, waren jedoch mit ihrem Geschöpf, Abdurrahmân IV., unzufrieden, weil er selbst regieren wollte und sich nicht als ein ihren Vorstellungen entsprechendes Werkzeug gebrauchen liess. Sie vereinbarten daher heimlich mit Zâwi, ihrem offiziellen Feind, dass sie in der Schlacht fliehen und den Herrscher im Stich lassen wollten. So geschah es; der Kalif leistete Widerstand, floh dann und wurde am Ende von einem Abgesandten Khairâns in Guadix ermordet.

Qâsim, der Hammudide in der Hauptstadt Córdoba, versöhnte sich mit Khairân, und beide suchten ein stabiles Regime in Córdoba einzurichten, indem sie sich auf die Negersklaven stützten, die bisher den Berbern Gefolgschaft geleistet hatten.

Doch Qâsim wurde von seinem Neffen, Yahya, dem Sohn seines ermordeten Bruders Ali, herausgefordert. Yahya schrieb von Ceuta aus an die Berberführer und versprach ihnen, den schwarzen Sklaven den Meister zu zeigen, wenn sie ihn dafür zum Kalifen erhöben. Dann setzte Yahya aus Afrika nach Málaga über, wo sein Bruder Idriss sich auf seine Seite stellte, und Khairân schrieb aus Córdoba an die Verbündeten, dass er ebenfalls Yahya unterstütze. Qâsim sah sich gezwungen, aus Córdoba zu fliehen. Er ritt, von nur fünf Reitern begleitet, nach Sevilla (12. August 1021).

Doch Yahya konnte sich nicht in Córdoba halten. Die Schwarzen blieben Qâsim treu, und die Berber fielen auch von Yahya ab. Er floh seinerseits nach Málaga, und sein Onkel, Qâsim, kehrte in die Hauptstadt zurück. Dort wurde er am 12. Februar 1023 zum zweiten Mal als Kalif ausgerufen.

Córdoba gegen die Berber

Im Juli darauf erhoben die Bürger von Córdoba sich wieder gegen die Berber und warfen ihre Feinde nach längeren Kämpfen aus der Innenstadt. Doch die Berber belagerten sie anschliessend von aussen während 50 Tagen, bis schliesslich die Cordobesen, von Hunger und Hoffnungslosigkeit getrieben, zuerst um Erlaubnis ersuchten, mit ihren Familien die Stadt zu verlassen, und dann, als die Berber dies ablehnten, einen Verzweiflungsausfall von solcher Heftigkeit durchführten, dass sie das Belagerungsheer in die Flucht schlugen (31. Oktober 1023).

Qâsim wollte erneut nach Sevilla fliehen, doch die dortigen Stadtbürger liessen ihn nicht ein. Er nahm Jaén in Besitz, doch sein Neffe, Yahya, kam und belagerte ihn. Er musste kapitulieren und wurde gefangen. Der Neffe zögerte, seinen Onkel umzubringen. Er hielt ihn 13 Jahre lang in einer Burg in der Provinz von Málaga gefangen, bis ihm zu Ohren kam, Qâsim habe versucht, die Besatzung der Burg für einen Aufstand zu gewinnen. Daraufhin liess er ihn erdrosseln.

Kalifenwahl in Córdoba

Die Bürger von Córdoba aber, die sich nun unabhängig sahen, beschlossen, einen neuen Kalifen zu wählen. Es gab drei Kandidaten aus dem Haus der Omayyaden: Sulaimân, Sohn des in Guadix ermordeten Abdurrahmân IV.; Abdurrahmân, Bruder des den «Sklaven» erlegenen al-Mahdi, und einen gewissen Muhammed Ibn al-Iraki. – Sulaimân Ibn Abdurrahmân (IV.) galt als der Favorit. Doch der 22jährige Bruder des Mahdi, der zur Zeit der Banu Hammûd aus Córdoba verbannt worden und heimlich zurückgekehrt war, überraschte die Wahlversammlung in der Grossen Moschee von Córdoba, indem er an der Spitze eines imponierenden Zuges von Arbeitern und Soldaten in die Moschee eindrang und von ihnen sofort lautstark zum Kalifen proklamiert wurde.

Die hohen Würdenträger und Staatsbeamten waren überrumpelt und entschieden sich, die Wahl anzunehmen. Die beiden anderen Kandidaten wurden gezwungen, dem neuen Kalifen zu huldigen, und in der bereits geschriebenen Staatsakte, in der Sulaimâns Namen stand, musste dieser ausradiert und durch Abdurrahmâns ersetzt werden (1. Dezember 1023).

Der neue Herrscher, Abdurrahmân V., nahm den Titel «al-Mustazhir» an. Doch schon nach sieben Wochen kam er zu Fall. Seine beiden Rivalen intrigierten so heftig gegen ihn, dass er sich veranlasst sah, sie in ihre Paläste einschliessen zu lassen. Doch dies empörte die Parteigänger der älteren Generation der Omayyaden. Sie stellten sich hinter einen neuen Kandidaten, Muhammed, auch einen Omayyaden, jedoch ohne Bildung. Seine Parteigänger waren Leute aus dem Volk, darunter ein Weber und bekannter Agitator, Ibn Imrân. Dieser benutzte den Umstand, dass Abdurrahmân V. eine berberische Truppe einstellte, um die Palastwache gegen ihn aufzuhetzen. Seine Wesire verliessen ihn, als das Volk den Palast stürmte. Der Kalif versteckte sich im Badeofen, wurde jedoch gefunden, herausgezogen und hingerichtet. Die Frauen im Palast fielen den Wächtern anheim. Alle Berber wurden erbarmungslos getötet.

Muhammed III.

Muhammed (1024–1025) regierte nicht lange; er machte den Weber Ibn Imrân zu seinem Wesir und liess alle Aristokraten einkerkern, die sich über diesen Schritt empörten. Die Berater seines Vorgängers, soweit sie nicht, wie der berühmte Ibn Hazm, im Gefängnis sassen, flohen nach Málaga und versuchten, den Hammuditen Yahya zum Eingreifen zu veranlassen. In Córdoba brach daraufhin in der Tat ein Aufstand aus. Der Weber und Wesir wurde ermordet und der Kalifenpalast umzingelt. Die Wächter rieten Muhammed zu fliehen, was er auch tat, als Frau verkleidet und von zwei Frauen begleitet.

Sechs Monate lang gab es keinen Kalifen in Córdoba. Ein Staatsrat der Aristokraten regierte. Dieser Rat bat Yahya, der in Málaga herrschte, den Thron zu übernehmen. Doch der Hammudide, der wohl begriffen hatte, dass die alte Hauptstadt unregierbar geworden war, begnügte sich damit, einen Berbergeneral mit einigen Truppen zu entsenden. Er selbst blieb in Málaga.

Hishâm III.

Dies war im November 1025. Doch schon im Mai des folgenden Jahres erschien der «Sklaven»-Kommandant Khairân von Almería mit einem Kollegen, Mujâhid von Denia, vor der Hauptstadt. Einige der Bürger, die der Herrschaft der Berbertruppe müde geworden waren, hatten sie gerufen. Córdoba erhob sich einmal mehr und warf den Gouverneur Yahyas aus der Stadt. Viele seiner Berber fanden den Tod.

Die beiden «Sklaven»-Kommandanten misstrauten einander jedoch und verliessen schliesslich beide die Stadt, ohne einen neuen Kalifen eingesetzt zu haben. Es brauchte lange Verhandlungen zwischen den Patriziern der Stadt, den «Sklaven»-Führern und den verbleibenden arabischen Statthaltern in der Grenzmark, bis schliesslich ein neuer Omayyade auf den Thron gehoben wurde. Es war ein Bruder von Abdurrahmân IV., «al-Murtada», der Hishâm hiess. Er war nach der Ermordung seines Bruders nach Alpuente geflohen und lebte in der Provinz in bescheidenen Umständen. Er erhielt nun den Titel «al-Mu'tadd», und die Historiker nennen ihn Hishâm III. (1029–1031). Es dauerte jedoch fast drei Jahre, bis er in Córdoba auf den Thron gebracht werden konnte (Dezember 1029).

Die Bevölkerung brachte ihm grosse Erwartungen entgegen. Doch schon sein Einzug auf einem schlechten Maultier und ohne kalifalen Prunk enttäuschte. Er bestand darauf, einen Jugendfreund zum Staatsverwalter zu ernennen, der früher ebenfalls ein Weber gewesen war, dann aber als Truppenkommandant an der Grenze gedient hatte, al-Hakam. Al-Hakam sah sich gezwungen, neue Steuern aufzuerlegen, weil die Staatskasse leer war. Er stiess gleichzeitig auf die Opposition der arabischen Aristokratie von Córdoba, die sich darüber empörte, dass ein «Handwerker» das höchste Staatsamt inne haben sollte. Es kam auch zu Zusammenstössen mit den Gottesgelehrten, weil al-Hakam auch die Moscheen besteuern wollte. Einmal mehr suchte der Ministerpräsident, der sich auf die einheimischen Truppen nicht verlassen konnte, Zuflucht bei Berbersöldnern.

Ausschaltung des Ministers al-Hakam

Der Staatsrat aus Patriziern griff daraufhin zu einer komplexen Intrige. Die Stadtväter liessen al-Hakam glauben, dass sie den Kalifen durch einen anderen Omayyaden ersetzten wollten. In Wirklichkeit hatten sie es jedoch in erster Linie auf den Minister abgesehen. Der angebliche Gegenkalif war Omayya, ein junger, ehrgeiziger Mann, der letzte der Omayyaden. Er bestach die Palastwächter und veranlasste sie, den Minister al-Hakam zu erschlagen. Der Kalif nahm mit seinen Frauen Zuflucht auf einem hohen Turm. Der Staatsrat kam in den Palastbezirk und redete dem Kalifen zu, von seinem Turm hinabzusteigen. Er musste dies schliesslich tun, da er keine Lebensmittelvorräte besass. Der Staatsrat beschloss, ihn auf eine Festung zu verbannen und den Gegenkalifen Omayya aus der Stadt zu verjagen. Hishâm, der aus seinem Gefängnis fliehen konnte, starb fünf Jahre später, 1036, in Lérida, in der Mark, wo er beim Grenzfürsten Sulaimân Ibn Hûd Zuflucht gefunden hatte. Über das Ende von Omayya gibt es nur ein Gerücht, das wissen will, er habe versucht, nach Córdoba zurückzukehren und sei dabei von den Stadtvätern in aller Stille beseitigt worden.

Córdoba und auch Sevilla wurden vorübergehend aristokratische Republiken, die ein Staatsrat oder Senat regierte.

Die Revolution von Córdoba

Die lange und verworrene Dekadenz des Kalifates ist in mancher Hinsicht bemerkenswert. Die Ereignisse zeigen, dass über Jahrzehnte und über viele Wirren hinweg die Idee eines omayyadischen Kalifates als Herrschaftslegitimation erhalten blieb, obwohl es sich in der politischen und militärischen, auch in der sozialen Realität als unmöglich erweisen sollte, ein stabiles Kalifat aufrechtzuerhalten bzw. wiederaufzurichten. Die verschiedenen Machtgruppen, die in der Lage waren, Kalifen zu ernennen, wollten alle im Stil des grossen Reichsverwesers al-Mansur regieren, d.h. die Realität der Macht für sich bewahren. Doch sie stiessen regelmässig auf Rivalen, die ihnen die Macht streitig machten. Da es ein gewisses Gleichgewicht der realen politischen Kräfte gab – Berber auf der einen, Sklaventruppen auf der anderen Seite, die Bürger von Córdoba und Sevilla mit den Resten der arabischen Aristokratie in der Mitte –, konnten Gegenkräfte jeweilen leicht zum Zuge kommen und «ihren» Kalifen einsetzen.

Experimente mit neuen Machtfaktoren, etwa den Schwarzen Sklaven oder mit Verbündeten aus den christlichen Staaten des Nordens, schlugen fehl, weil die alten Machtgruppen noch stark genug waren, sich gegen das Hochkommen von neuen zur Wehr zu setzen, oder – im Falle der christlichen Söldner – Geld, Beute und Ausdehnung des Herrschaftsgebietes ihrer christlichen Oberherren die primären Ziele des Einsatzes waren. Gegenüber ihrem jeweiligen muslimischen Brotherren scheinen die

Christentruppen wenig Loyalität empfunden zu haben. Die Katalanen etwa liessen ihren Soldherren, den Kalifen al-Mahdi, fallen, als ihnen die Kämpfe zu viele Verluste einbrachten.

Die Herrscher aus dem Haus der Hammudiden schliesslich waren offenbar mehr daran interessiert, sich einigermassen permanente Herrschaften in den Provinzhauptstädten ausserhalb Córdobas zu sichern, als in der gefährlichen Brandung der Grossstadt ihr Leben zu riskieren. Sie zogen diese Lehre, nachdem einer von ihnen, Ali Ibn Hammûd, in Córdoba umgekommen und sein Bruder, Qâsim, dort einem Umsturz erlegen war, den sein Neffe von Almería aus gefördert hatte.

Wie die politischen Verbindungen der letzten Omayyaden zeigen, war Córdoba eine «Industriestadt» geworden, in der offenbar die Weberei die weitaus meisten Handwerker und Arbeiter beschäftigte – oder, in Zeiten der Not, arbeitslos liess. Beide Omayyaden, Muhammed III. und Hishâm III., konnten sich vor ihren Feinden, den Berbern und den «Sklaven», in den Volksquartieren verstecken und brachten dann ihre Freunde und Beschützer aus jenen Kreisen mit an die Macht, welche dann freilich nur wenige Monate dauerte.

Ausserhalb der brodelnden, unüberschaubar gewordenen Hauptstadt waren die Verhältnisse offensichtlich stabiler, und dies durfte der Hauptgrund dafür gewesen sein, dass nach vielen vergeblichen Versuchen omayyadischer Restauration neue Höfe in vielen Provinzhauptstädten Andalusiens und der Marken im Norden, nah an den christlichen Landesteilen, entstanden und aufblühten.

Dabei spielten wiederum die drei hauptsächlichsten politischen und sozialen Solidaritätsgruppen eine Rolle, die in al-Andalus Heere stellen und daher Macht entwickeln konnten: die Berber, die alte arabische Aristokratie und die «Sklaven»- oder «Slaven»-Anführer («Saqâliba». Unter diesem Begriff, der «Sklaven» und «Slawen» bedeuten kann, fassten die muslimischen Historiographen die Sklaventruppen wie auch die Söldnerkontingente aus dem christlichen Nordspanien zusammen). In Córdoba waren diese drei Kräfte allzu vermischt, so dass es immer möglich war, die eine oder die andere ins Spiel zu bringen, um eine auf der dritten beruhende Macht umzustürzen oder auch ein kompliziertes Intrigenspiel zwischen allen Beteiligten zu inszenieren. An den Provinzhöfen indes waren die Verhältnisse weniger verworren: Dort konnte sich, sicher auch bedingt durch den kleineren, überschaubareren personalen, politisch-sozialen und territorialen Rahmen, jeweilen eine der drei erwähnten Machtgruppierungen eindeutiger durchsetzen. Die relative innere Stabilität diese Territorialherrschaften und der damit verbundene geschilderte Zerfall der Zentralmacht führten in eine Periode der «Kleinstaaterei».

Die Kleinreiche der Ta'ifa
(Mulûk at-Tawâ'if)

Die Vielfalt der Kleinreiche

Al-Andalus brach wie ein reifer Granatapfel auf, und für eine kurze Zeit entstand eine Vielfalt der Höfe und damit der Mäzenate und Kulturzentren, die dem Land einen neuen, wenngleich kurzen Glanz verleihen sollten. Die Kleinherrscher werden arabisch «Mulûk at-Tawâ'if» genannt, was man als «Könige der Kleingruppen» übersetzen kann. Der Singular dieses Wortes, der auch «Stamm, Gruppierung» bedeuten kann, lautet «tâ'ifa» und ergab das spanische Wort «taifa», mit dem die muslimischen Kleinkönige (reyes taifos) in der spanischen Geschichtsschreibung bezeichnet werden. Es gab Höfe mit eigenen Heeren und Festungen unter einigermassen souveränen Herrschern in über 20 Zentren: Grosse, wie Sevilla, das sich später viele der kleineren einverleiben sollte, mittlere wie Córdoba (das war die Position, mit der die einstige Reichshauptstadt sich nun abfinden mußte), Toledo, Granada, Silves (im heutigen Portugal), Saragossa, Valencia; sowie zahllose kleinere wie Algeciras, Carmona, Ronda, Arcos, Huelva, Niebla, Santa María del Algarve, Mértola, Badajoz, La Sahla (heute Albarracín), Alpuente, Denia, Múrcia, Almería ... Man kann die Vielfalt dieser Reiche aufteilen

1. in solche, die von Berberfürsten und ihren Heeren beherrscht wurden;
2. in Herrschaftsgebiete, die von arabischen Aristokraten kontrolliert wurden und
3. in Königreiche von Militärkommandanten und Freigelassenen al-Mansurs und seiner Nachkommen, die meist als «Sklaven-Slaven» (Saqâliba) angesprochen werden.

Ehemalige Heerführer und emanzipierte Sklaven der Familie al-Mansurs waren die Herrscher von Almería und Murcia: *Khairan* und sein Bruder *Zuhayr*. Auch die Dynastie der Hafenstadt Denia, zu der auch die Balearen gehörten, ging auf einen Klienten der Amiriden zurück: *Mujahid* und dessen Sohn Ali. Valencia befand sich in der Hand anderer Klienten der Amiriden, und Vettern des Herrn von Valencia, die *Banu Sumadih,* Maan und sein Sohn Ali, konnten sich später in Almería selbständig machen.

In Córdoba und in Sevilla waren es alte arabische Familien, die sich zur Herrscherwürde erhoben. Die *Banu Jahwar,* von denen drei Generationen Córdoba beherrschten (Abu Hazm 1031–1043; Abu Walîd Muhammed 1043–1058; Abdel Malik 1058–1069), gehörten einer alten Aristokratenfamilie an, und das Prestige des ersten von ihnen, *Abu Hazm,* war in seiner Vaterstadt so bedeutend, dass er das Regiment zu übernehmen vermochte, nachdem offensichtlich geworden war, dass die Nachfahren der Omayyadenfamilie keine stabile Herrschaft mehr garantieren konnten.

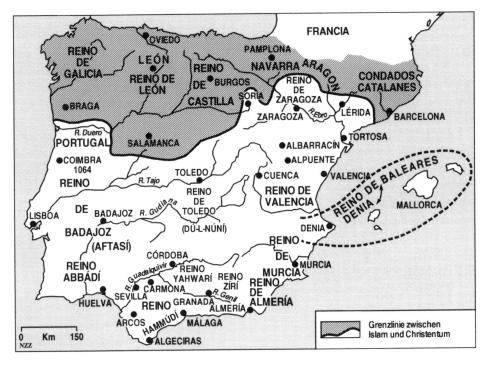

Die hispanischen und arabischen Königreiche («reinos») zur Zeit der Kleinkönige (1031–1086).

Abu Hazm gab sich mehr als «primus inter pares» und suchte mit Zustimmung einer Art von Senat zu regieren. Sein Sohn folgte ihm nach, aber sein Enkel, der sich die Würde eines Kalifen zulegen wollte, machte sich so viele Feinde in seiner Vaterstadt, dass er am Ende seinen Rivalen von Toledo zum Opfer fiel. Diese wurden dann ihrerseits von den Königen von Sevilla vertrieben.

Dort war es die ebenfalls arabische Familie der *Abbâdiden,* die in ähnlicher Art die Macht erlangte und ein grösseres Reich aufbaute: *Muhammed Ibn Isma'îl Ibn Muhammed Ibn Isma'îl Ibn Abbâd* (1023–1042), sein Sohn *«al-Mu'tadid»* (1042–1069) und dessen Sohn *«al-Mu'tamid»* (1069–1091). Ihr Vorvater, Isma'îl Ibn Abbâd, war Qadi von Sevilla gewesen und einer der reichsten Bürger der Stadt. Muhammed, der Dynastiegründer, war zuerst Gouverneur von Sevilla im Auftrag der Hammudiden-Kalifen, konnte sich dann aber selbständig machen, indem es ihm gelang, den in Córdoba abgesetzten Hammudiden, al-Qâsim, im Jahr 1023 nicht nach Sevilla einzulassen.

Muhammed, der erste Herrscher der Abbâdiden, suchte den zählebigen Mythos der Omayyaden auszunützen, indem er behauptete, der verschollene Kalif Hishâm II. (der in Wirklichkeit wahrscheinlich tot war), weile in Sevilla, und er, der Machthaber, regiere nur als sein Oberkämmerer. Es gelang ihm auf diesem Wege, einen Bund der Araber und einiger der Nachfahren und Heerführer al-Mansurs («Sklaven-Slaven»), gegen die Berber zusammenzubringen. Doch die Berber Granadas brachten ihm 1039 eine schwere Niederlage bei, in der sein Sohn, Isma'îl, sein Leben verlor. Ein anderer Sohn, Abbâd, «al-Mu'tadid», der ihm drei Jahre später nachfolgte, war jedoch in der Lage, seinen Herrschaftsbereich weit über Sevilla hinaus auszudehnen, indem er die westlichen Nachbarstädte bis nach Silves im heutigen Portugal sowie Algeciras, Huelva, Niebla, Ronda im Süden und Osten einnahm. Doch andererseits musste al-Mu'tadid dem kastilischen Herrscher Fernando I. (r. 1035–1065), Tribut entrichten, als dieser sein Heer im Jahr 1063 bis vor Sevilla führen konnte.

Auch al-Mu'tadid regierte zuerst im Namen des angeblich noch lebenden Hishâm II. Doch 1059 liess er ihn als tot erklären, beging dessen feierliches Begräbnis, was nun schon zum dritten Mal geschah, und übernahm direkt die Herrschaft. Der Name Hishâms war als der des rechtmässigen Herrschers bisher stets im Freitagsgebet genannt worden. Nun wurde er durch jenen al-Mu'tadids ersetzt. Der neue Sultan von Sevilla war ebenso energisch wie ränkereich, und er entledigte sich seiner Feinde ebensogut durch Mord wie durch offenen Kampf. Die Schädel seiner Widersacher sammelte er in Silbertruhen. Nach dem Ende der Dynastie fielen diese Trophäen den Almoraviden zu; jeder Schädel soll sorgfältig im Ohr etikettiert gewesen sein.

Al-Mu'tadid hielt in Sevilla glänzenden Hof und hatte sogar ein Haus der Dichter mit einem ihm vorstehenden «Oberdichter» gegründet. Er bereitete seinen Sohn, *al-Mu'tamid* auf die Nachfolge vor, indem er ihm schon als Knaben die Stadt Silves zur Verwaltung übertrug. Al-Mu'tamid sollte als Dichter ebenso berühmt werden wie als Herrscher. In Silves diente ihm der berühmte Dichter *Muhammed Ibn Ammâr* (1013–1086) als Stütze und Wesir, und er blieb sein Hauptverwalter, als al-Mu'tamid in Sevilla den Thron bestieg.

Über die beiden Dichter, deren einer der Herrscher war, der andere sein Vertrauter und Wesir, gibt es viele Geschichten. Ihre Herzensfreundschaft sollte tragisch enden, offensichtlich durch die Schuld Ibn Ammârs, dem sein Dichterruhm zu Kopfe gestiegen war und der versuchte, sich vom Wesir zum Herrscher aufzuschwingen, als er dazu Gelegenheit sah, weil der König von Sevilla ihm die neueroberte Provinz Murcia anvertraute. Al-Mu'tamid erschlug den Dichter und einstigen Günstling am Ende mit eigener Hand. Im Kerker zuvor verfasste Ibn Ammâr ein berühmtes Gedicht, die *Qasida in Nûn* (das heisst mit dem Endreim auf den Buchstaben Nûn), in dem er seinen Herren um Vergebung anflehte. Doch dieses Gedicht vermochte nicht, die Wirkung eines Schmähgedichtes zu tilgen, das er zuvor auf seinen Herren verfasst hatte, als er sich vor ihm auf der Flucht befand und noch hoffte, ihm entgehen zu können. Dieses Schmähgedicht ging so weit, dass es nicht nur die Gemahlin des Herrschers beleidigte, sondern auch auf eine angebliche Liebesbeziehung zwischen dem älteren Dichter und seinem jüngeren Herrscher anspielte:

«Sag, denkst du noch an unsre holde Jugend», übersetzt Hoenerbach (S. 329),
«wo du der halbe Mond am Himmel warst?
Ich habe damals deinen Jünglingskörper
umarmt, an deinen Küssen mich gelabt.
Ich war zufrieden ohne das Verbotne.

Doch du schworst Stein und Bein, auch dieses
sei erlaubt. Ich stelle dich noch bloss, so
Zug um Zug und lüfte nach und nach den Schleier!»

Das Ende der Dynastie von Sevilla

Al-Mu'tamid war in Kriegen gegen seine Nachbarn, die Kleinkönige Andalusiens, erfolgreich. Doch den Christen im Norden musste er schweren Tribut entrichten, und er beging den grossen Fehler seines Lebens, als er die neu aufsteigende nordafrikanische berberische Macht der Almoraviden zu Hilfe rief, um den Christen zu widerstehen.

Nach den arabischen Chronisten kam es zu diesem Fehlschritt entscheidender Natur, nachdem al-Mu'tamid einen Mord an einem Abgesandten Alfonsos VI. (von León und Kastilien, reg. 1065–1109) begangen hatte. Der christliche Herrscher hatte eine Gesandtschaft nach Sevilla geschickt, an der viele Ritter beteiligt waren. Doch der Schatzmeister, der den Tribut des arabischen Königs einziehen sollte, war ein Jude, Ben Jalib. Al-Mu'tamid versuchte, den Tribut in minderwertigem Gold zu bezahlen, da er trotz einer Sondersteuer, die er seinen Untertanen hatte auferlegen müssen, über nicht genug reines Gold verfügte. Doch der Jude soll ausgerufen haben: «Glaubt ihr, ich sei dumm genug, minderes Gold einzukassieren? Ich nehme nur reines Gold an, und im kommenden Jahr werde ich Städte als Tribut fordern!»

Als diese Antwort al-Mu'tamid überbracht wurde, erzürnte er und liess den Juden kreuzigen und die übrige Gesandtschaft einkerkern. Alfonso schwor bei allen Heiligen Rache. Doch erst einmal musste er seine Gesandtschaft auslösen. Al-Mu'tamid forderte und erhielt die Festung al-Modóvar als Lösegeld. Dann aber brach Alfonso zum Krieg gegen ihn auf und verwüstete sein ganzes Gebiet bis hinab an die Landspitze von Tarifa. Er verbrannte die Dörfer und schleppte alle Muslime, die sich nicht in eine Festung retten konnten, in die Sklaverei.

Die neue Macht der Almoraviden

Dieser Rachefeldzug nun veranlasste al-Mu'tamid dazu, die Hilfe der neuerstandenen Macht der Almoraviden in Nordafrika zu suchen. Diese, arabisch: *al-Murabitûn,* d. h. «Bewohner einer Grenzfestung», hatten soeben ein Reich in Mauretanien und Marokko errichtet, mit Marrakesh als Hauptstadt. Ihr *Ribat,* die «Grenzfestung» (aus der sie stammten), hatte sich, je nachdem, welcher Quelle man folgen will, ursprünglich in Südmarokko oder gar am Niger oder Senegalfluss jenseits der Sahara befunden.

Es wird berichtet, dass al-Mu'tamids Sohn, ar-Raschîd, gegen den Plan eines Hilfsgesuches gesprochen habe, doch der Herrscher habe ihm geantwortet: «Du hast mit deinen Bedenken ganz recht. Aber ich will nicht, dass die Nachwelt mich dafür tadeln kann, dass al-Andalus die Beute der Ungläubigen werde. Wenn ich wählen muss, will ich lieber ein Kameltreiber in Afrika werden als ein Schweinehirt in Kastilien!» (Dozy, Buch IV, Kapt. XII, nach verschiedenen arabischen Quellen).

Die Kleinreiche der Berber

Die *Dhû-n-Nûn* von Toledo waren eine der bedeutenderen Berberdynastien. Sie herrschten von 1016 bis 1085. (Isma'il, ca. 1016–1043; Yahya 1043–1074; und dessen Enkel, ebenfalls Yahya 1074–1085).

Andere Berber, die *Aftasiden,* übten 1022–1095, die Macht über Badajoz aus, nämlich: Abdullah 1022–1045; Muhammed, «al-Muzaffar», 1045–1068, und dessen beide Söhne, Yahya (1068–1072?), der im Kampf gegen seinen Bruder 'Umar (1072?-1095) umkam.

Eine dritte wichtige Berberdynastie der Ta'ifa-Zeit, die mächtigste von allen, war jene der *Zîriden* von Granada, die von 1013 bis 1090 herrschten, nämlich Zâwi Ibn Zîri, gemeinsam mit seinem Neffen Hâbûs 1013–1019; Hâbûs 1019–1038; Bâdîs 1038–1073 und Abdullah 1073–1090.

Unter vielen der Ta'ifa-Dynastien lässt sich ein Dreier- und Viererrhythmus feststellen, der übrigens auch schon unter den omayyadischen Emiren und Kalifen zu beobachten war. Dem energischen und kriegerischen Gründer der Herrschaft, der oft erfolgreicher Heerführer war, folgt ein Herrscher, der das Gebiet absichert und es zur vollen Blüte bringt. Im dritten oder vierten Glied jedoch werden Zerfallserscheinungen sichtbar. Das Luxusleben im Harem bringt Herrscher hervor, die sich selbst grosse Titel geben, ihre Macht jedoch in vielen Fällen verlieren – oft, weil sie sich ehrgeizigen Staatsverwesern anvertrauen, oder weil sie den Anforderungen der Kriege nicht gewachsen sind, die sie zu führen haben oder führen wollen. Dieser Dreiklang von Begründer, Erhalter, Verlierer, der sich durch die ganze Geschichte von al-Andalus hindurchzieht, dürfte *Ibn Khaldûn* (1332–1406), den berühmten arabischen Geschichtsschreiber, Geschichtsphilosophen und «Vater der Soziologie», zu seiner Theorie vom Aufstieg und Zerfall der Dynastien geführt haben. Sie beruht auf dem Gegensatz von «Solidarität» ('Asabiya) und «Kultur» ('Umrân). Die «Solidarität» der Stämme errichtet eine Herrschaft, doch die Kultur der Städte verweichlicht die Stammesleute, um ihr Gemeinschaftsgefühl schliesslich aufzulösen. Ibn Khaldûn, aus einer berühmten andalusischen Familie, hat selbst eine kurze Zeit lang in Granada als Berater des Königs Muhammed V. (r. 1354–59 und 1362–91) gewirkt, aber den grössten Teil seines Lebens in Nordafrika verbracht. Er ist in Tunis geboren und in Kairo gestorben.

Die Herrscherfamilie von Toledo

Im Falle der Dhû-n-Nûn Familie, die über Toledo herrschte, ist das angeführte Dreiermuster sehr ausgeprägt. Der Begründer der Dynastie stammte aus einer Berberfamilie, die den Amiriden (d. h. der Familie al-Mansurs) an der toledanischen Grenze gedient hatte. Er errichtete im Distrikt von Shantabaría (= Santamaría) nordöstlich von Toledo seine eigene Herrschaft und dehnte sie auf die Stadt aus, wo er sie mit Hilfe eines angesehenen Bürgers und Gelehrten von Toledo, Abu Bakr Ibn al-Hadîdî, ausübte. Abu Bakr wirkte auch noch als Berater des zweiten Herrschers der Dynastie, Yahya.

Dieser musste eine komplexe Diplomatie zwischen seinen vier Nachbarn führen, den Banû Hûd von Saragossa, der aufstrebenden christlichen Macht von Kastilien, dem oben erwähnten Herrscher von Sevilla, al-Mu'tamid, und den Aftasiden von Badajoz.

In den Kriegen zwischen Sulaimân, dem Hudiden von Saragossa, und Yahya, dem Dhû-n-Nûn-Herrscher von Toledo, gewann stets der die Übermacht, der sich eines Bündnisses mit dem Christenherrscher Fernando I., dem Grafen von Kastilien und König von León (reg. 1038–1065) versichern konnte. Die Kastilier liessen sich ihre Dienste in Gold und in Festungen bezahlen und verwüsteten dazu noch gründlich die Gebiete ihres jeweiligen Feindes.

Den Muslimen blieb diese Lage nicht verborgen, die taktisch zum Vorteil des einen oder des anderen der Rivalen gereichte, jedoch strategisch dem Kastilier Gewinn brachte, gleich welche Seite immer er vorübergehend unterstützte. (Vgl. Hoenerbach S. 354: «der Krieg zwischen diesen beiden Emiren [Yahya und Sulaiman], welche den Muslimen zum Ärgernis gereichen...»).

Córdoba fiel vorübergehend in die Gewalt der Herrscher von Toledo, doch sollte die einstige Hauptstadt im Jahr 1069 al-Mu'tamid, dem Herrscher von Sevilla, anheimfallen.

Der Enkel Yahyas mit dem gleichen Namen, der diesem nachfolgte, entliess Ibn al-Hadîdî und entledigte sich seiner, indem er Toledaner, die unter seinem Grossvater und Ibn al-Hadîdî wegen Unruhestiftung eingekerkert worden waren, heimlich befreien liess und duldete, dass sie den verdienten Berater ermordeten.

Doch Yahya II. sollte ein Opfer seiner eigenen Ränke werden. Die befreiten Unruhestifter wollten auch am Enkel für die Unbill Rache nehmen, die ihnen der Grossvater und Vorgänger angetan hatte, und Yahya II. musste überstürzt unter Zurücklassung seiner gesamten Habe fliehen. Er, der den Titel «al-Qâdir bi-llah» führte («der Mächtige in Gott»), wandte sich nun an Alfonso VI. (r. 1072–1109) von Kastilien und León mit der Bitte, ihn wieder in Toledo einzusetzen.

Alfonso hatte in seiner Jugend als Flüchtling am Hofe Yahyas I. geweilt. Jetzt liess er sich seine Dienste so teuer bezahlen, dass Yahya II. nicht mehr von den geschuldeten Tributzahlungen freikam. «Yahya hauste in Toledo schlimm genug. Der Tyrann (d. h. Alfonso) nahm ihn streng beim Wort,* Gott versagte Sieg und Glück hinfort:* Die Garantien verfielen,* die faulenden Reste zerfielen*. Gottes Strafe vollzog sich an den Toledanern, die alle Rechte verachten,* gewöhnlich nach Aufruhr trachten,* mit Spaltung und falscher Haltung handeln* und sprichwörtlich auf Abwegen wandeln*. Yahya hatte noch kein halbes Jahr regiert, als der Tyrann schon Toledo selbst besass.» So die zusammenfassende Reimprosa-Übersicht des späteren granadinischen Wesirs *Ibn al-Khatîb* (Übersetzung Hoenerbachs S. 357).

Dieselbe Quelle gibt auch einen Bericht, nach welchem Honoratioren von Toledo Alfonso (VI.) in seinem Heerlager besucht hätten und dem kastilischen König erklärten, sie hätten noch Hoffnung auf die Hilfe von diesem oder jenem König der Taifa. «Während sie die Namen der Könige von Andalus aufzählten, verspottete sie Alfons, der den Mund voll nahm: Die Genannten sollen nur kommen! Und (die Boten der islamischen Kleinkönige) kamen, meldeten die Ergebenheit ihrer Herren, küssten der Reihe nach Alfons die Hand und überreichten Huldigungsgaben im Auftrag. Die Toledaner aber verliessen Alfons unter Händeringen, um drei Tage nach ihrer Audienz Toledo und diesem König auf immer den Rücken zu kehren. Bei Gott allein ist Macht und Kraft!» (Hoenerbach S. 357). Die Rückwanderung der vermögenden Muslime nach Nordafrika hatte begonnen.

Yahya II. verlor sein Leben in Valencia. Diese Stadt sollte er als Kompensation für das an Alfonso verlorene Toledo erhalten. Dieser liess ihn durch seine Soldaten in die Stadt geleiten. Doch die Valenzianer hatten bereits mit den Almoraviden Kontakt aufgenommen, und ein Feldherr der neuen nordafrikanischen Macht marschierte in Valencia ein. Die Stadt erklärte sich für ihn. Yahya musste fliehen, wurde entdeckt und hingerichtet (1092).

Die kastilische Macht in Toledo

Alfonso übernahm Toledo am 25. Mai 1085. Dies geschah auf Grund eines Paktes mit den Muslimen der Stadt. Der kastilische König verpflichtete sich, ihnen ihre Habe zu belassen, einschliesslich der Moscheen, und ihnen die Ausübung ihrer Religion zu erlauben und keine höheren Steuern zu fordern, als sie in der muslimischen Zeit bezahlt hatten. (Dieses letzte Versprechen war eher unbestimmter Natur, weil die Muslime vermutlich die legalen und regulären muslimischen Steuern meinten, der König sich aber auch auf Sondersteuern aller Art berufen konnte, die immer wieder von den muslimischen Machthabern eingetrieben worden waren; zuletzt unter Yahya II., um die Tribute an Alfonso zu bezahlen).

Die Vereinbarung über die Moscheen sollte im Falle der Hauptmoschee gebrochen werden: Die burgundischen Ritter und Geistlichen, die Alfonso begleiteten, empörten sich darüber, dass die Moschee für die Muslime erhalten bleiben sollte. Der gewählte Erzbischof von Toledo, Bernaldo, der zur französischen und päpstlichen Partei gehörte, und Einfluss auf die Königin, Constanza, ausübte, die ebenfalls burgundischer Herkunft war, benützte eine Abwesenheit des Königs, um in die Hauptmoschee einzudringen und sie zur Kathedrale zu weihen.

Die «Crónica General» (aus dem 13. Jahrhundert) schildert das so: «Nachher ging der König Alfonso nach León. Der gewählte Bischof Don Bernardo nahm daraufhin eine Gruppe von christlichen Rittern, er tat dies auf Grund von Betreiben und Ermahnungen der Königin, Doña Constanza, ging und drang in die Hauptmoschee von Toledo ein. Er entfernte aus ihr den Schmutz des Gesetzes Mohammeds und errichtete den Altar des Glaubens an Jesus Christus. Auf ihrem Hauptturm liess er Glocken anbringen, um die Gläubigen Christi zu den Stunden des Gottesdienstes zu rufen.»

«Als der König, Don Alfonso, dies dortzulande vernahm, wo er sich befand, wurde er zornig und aufgebracht, weil es ihn schmerzte, den Moros das Versprechen nicht zu halten, das er ihnen gemacht hatte. Er rief seine Begleiter zum Aufbruch und stieg zu Pferd, um sich an die Grenze zu begeben, (d.h. Toledo an der «Frontera», der Kampfgrenze). Wie der Erzbischof berichtet (die Quelle ist Ximenes de Rada, Erzbischof von Toledo 1208–1247), ritt er so schnell, dass er in drei Tagen von San Fagundo bis nach Toledo gelangte. Er kam in der Absicht, den gewählten Erzbischof und die Königin Konstanze ins Feuer zu werfen und sie beide zu verbrennen.»

«Die arabischen Moros von Toledo erfuhren von dem grossen Zorn, mit dem der König herankam und was er sich zu tun vorgenommen hatte. Die Alten und Jungen mit ihren Frauen und Kindern rüsteten sich und zogen alle zu dem Dorf hinaus, das heute Magam genannt wird, um ihn zu empfangen.»

«Als der König die Menge der Moros sah, glaubte er, sie seien ihm entgegengekommen, um sich zu beklagen. Er sprach sie als erster an und sagte: ‹Ya, Männer und gute Gesellschaft! (arabischer Vokativ). Diese Untat wurde nicht gegen euch begangen, sondern gegen mich, dessen Rechtschaffenheit und Ehrlichkeit bisher nie zerbrochen war; doch von nun an kann ich mich nicht mehr rühmen, ehrlich zu sein. Mir steht es zu, dies zu korrigieren, und ich werde es euch zurechtrücken und euch an jenen rächen, die es wagten, so etwas zu tun! So dass man stets davon reden wird und ihr euch für wohl gerächt haltet.›»

«Doch die Araber waren verständige und weise Leute, sie dachten daran, was künftig geschehen werde. Sie knieten alle nieder, erhoben ihre Stimmen, weinten und baten ihn um die Gnade, sie anzuhören. Der König zog dem Zügel seines Pferdes an, und die Araber begannen ihn in der folgenden Weise anzuflehen: ‹König Alfonso, unser Herr, wir wissen wohl, dass der Erzbischof das Oberhaupt und der Prinz eures Glaubens ist, und dass wir, wenn wir zum Grund seines Verderbens würden, eines Tages von den Christen getötet würden, aus Eifer für ihren Glauben. Und ebenso, Herr und König, wenn die Königin wegen uns zum Verderben gelangte, würden ihre Nachfahren uns alle hassen, solange die Welt dauert. Nach deinen Tagen würden sie mit grösserer Grausamkeit diese Tat rächen, als sie es jetzt tun könnten. Weshalb wir dir die Hände und Füsse küssen und dich um die Gnade anflehen, ihnen zu vergeben. Gerne lösen wir dich von dem Versprechen, das du uns gabest, als du uns die Moschee gewährtest.›
– Als der König Don Alfonso diese Reden hörte, verwandelte sich sein Zorn in grosse Freude, denn er konnte nun die Moschee ohne Wortbruch und Einbüssung seiner Ehre behalten. Er dankte den Moros sehr für die guten Worte, die sie vorgebracht hatten und versprach ihnen, er werde ihnen deshalb viel Gnade erweisen und Gutes tun. Dann gingen sie alle in die Stadt. Und als der König dort anlangte, regelte er die Sache und beschwichtigte die Königin, den Erzbischof und die Moros. So waren sie alle zufrieden, und die Moschee blieb als Kirche geweiht.» (Erste «Crónica General» Spaniens, zitiert in: José Miranda Calvo: *La Reconquista de Toledo por Alfonso VI*. Toledo, Inst. de Estudios Visigóticos-Mozárabes de San Eugenio, 1980, S. 150 f.)

Dieses Ganze ist natürlich eine beschönigende Version, dazu bestimmt, das schlechte Gewissen der Christen wegen ihres Wortbruches zu beruhigen.

Alfonso VI. titulierte sich nach seinem Einzug in Toledo «Imperator Totius Hispaniae», um den Anspruch der Könige von León und Kastilien zu unterstreichen, als Nachfolger der Westgoten ganz Spanien zu beherrschen.

Die Einnahme Toledos durch die Kastilier stellt in der Tat einen *Wendepunkt in der Geschichte der Halbinsel* dar. Die Muslime sollten die alte Hauptstadt Hispaniens nie mehr zurückerobern. Zwar gerieten die christlichen Spanier noch zweimal unter schweren Druck durch die Muslime, als diese die Almoraviden zu Hilfe riefen und als später die Almohaden ihnen nachfolgen sollten. Alfonso selbst sollte bereits ein Jahr nach der Einnahme Toledos, 1086 bei *Sagrejas (Zallâqa)* nicht weit von Badajoz, eine schwere Niederlage erleiden. Doch das Zentrum der Halbinsel mit seiner alten Hauptstadt Toledo blieb von nun an permanent in kastilischer Hand.

Die Zîriden von Granada

Die *Zîriden* von Granada begannen ebenfalls als berberische Söldnerführer im Dienst der Familie al-Mansurs und seiner Nachkommen. Es handelte sich in ihrem Falle jedoch um Söldner fürstlicher Abkunft. Der Oberchef der *Sanhaja*-Stammesföderation, eines grossen Stammesbundes der Berber in Nordafrika, *Zâwi Ibn Zîri,* war in seiner nordafrikanischen Heimat in Bedrängnis geraten und mit seiner Familie zu al-Mansur nach Spanien geflohen. Er tat sich dort als Truppenführer hervor und siedelte in der Provinz Elvira, wie das alte Granada hiess. Als die Zeit der Unruhen über Córdoba hereinbrach, machte er sich selbständig, und er vermochte es 1018, einem der späten Omayyaden, Abdurrahmân IV., eine Niederlage beizubringen, die den Prätendenten (denn er war kaum je ein wirklicher Herrscher) das Leben kosten sollte. Der Berber machte gewaltige Beute und kehrte kurz darauf nach Nordafrika heim. Doch sein Neffe *Hâbûs* blieb in Granada und wurde zum eigentlichen Begründer der Dynastie.

Ein jüdischer Wesir in Granada

Hâbûs sollte einen jüdischen Wesir einstellen, der von den arabischen Zeitgenossen als ein Wunder seiner Zeit beschrieben wird, *Rabbi Samuel Ha-Levi,* der im arabischen Schrifttum als *Ismail Ibn Naghrallah* (auch Nagrila) (993–1055) bekannt ist. Dieser ausserordentliche Mann hatte in Córdoba den Talmud studiert, sich aber gleichzeitig auch hervorragende Kenntnisse des literarischen Arabisch und des offiziellen Briefstiles der Zeit angeeignet. Die Unruhen von Córdoba hatten ihn zur Auswanderung nach Málaga gezwungen. Dort arbeitete er als Drogist, doch verfasste er auch so bestechend geschriebene arabische Bittschriften für die Bevölkerung, dass ein Wesir des Herrschers von Granada auf ihn aufmerksam wurde und ihn als seinen Sekretär nach Granada holte.

Bei seinem Tod empfahl er Samuel-Ismail, der ihm auch als erfolgreicher Ratgeber gedient hatte, an seinen Oberherrn Hâbûs weiter und dieser stellte ihn seinerseits als Sekretär und Berater an. Wahrscheinlich war es die besondere Lage, in der er sich als Berberfürst befand, die den Herrscher zu diesem Schritt veranlasste. Als Berber konnte er keinem Araber trauen, während seine eigenen Landsleute zwar gute Haudegen abgaben, aber nicht in der Lage waren, ein arabisches Schriftstück korrekt zu schreiben, von der feinen Reimprosa, wie sie für diplomatische Dokumente benötigt wurde, gar nicht zu reden.

Jedenfalls bewährte sich Samuel-Ismail so sehr, dass Hâbûs ihn zu seinem Reichsverweser und Hauptberater erhob, und sein Sohn und Nachfolger, Bâdîs, behielt seine Dienste bei. Samuel soll nach den Aussagen seiner Zeitgenossen trotz seiner hohen Stellung stets leutselig und bescheiden geblieben sein. Er galt als bewandert in der Logik, der Mathematik, der Astronomie und soll mindestens sieben Sprachen beherrscht haben. Er war ein Schirmherr für arabische Dichter und Literaten, und er tat gleichzeitig viel für die hebräische Sprache. Er selbst schrieb eine Einführung in den Talmud und soll 22 Werke über hebräische Grammatik verfasst haben. Er dichtete auch in hebräischer Sprache mit vielen gelehrten Anspielungen auf die Bibel und auf arabische Sprichwörter. Seine Werke sind so kunstvoll, dass sie mit Kommentaren gelesen werden müssen. Eine Gedichtsammlung, die publiziert ist (Diwan), umfasst 1742 Gedichte und metrische Kompositionen.

Der jüdische Wesir war auch Heerführer und zog zwischen 1038 und 1055 fast jedes Jahr mit den Armeen der Zîriden zu Feld. Die so entstandene Trennung von seinen Familienmitgliedern und Freunden gab ihm Anlass zu vielen seiner elegischen Gedichte. Doch hat er auch ein grosses Triumphgedicht nach der gewonnenen Schlacht gegen die Abbadiden (s. unten) verfasst. (Goldstein op.cit., S. 60–63). Der grosse Wesir starb 1055; er soll 62 Jahre alt geworden sein. Der bedeutendste Historiker von al-Andalus, *Ibn Hayyân*, ein Zeitgenosse, hat ein Portrait von ihm gezeichnet: «Dieser Mann, der verdammt ist, weil Gott ihn nicht die wahre Religion hatte kennen lassen, war ein überlegener Mensch. Er besass ausgedehnte Kenntnisse und duldete mit Langmut unwürdige Behandlung. Sein Geist war klar, und er besass einen festen Charakter voller Geschick und Einsicht, kombiniert mit angenehmen und einschmeichelnden Manieren. Er war von ausgezeichneter Höflichkeit, vermochte alle Umstände sich nutzbar zu machen, er verstand es, seinen Feinden zu schmeicheln und ihren Hass durch Freundlichkeit zu entwaffnen. Er war ein ausserordentlicher Mann. Er schrieb in zwei Sprachen, Arabisch und Hebräisch, kannte die Literatur beider Völker, und war tief in die Subtilitäten der arabischen Sprache eingedrungen. Er war mit den letzten Feinheiten der arabischen Grammatik vertraut. Er schrieb und sprach das Arabische mit grosser Leichtigkeit und gebrauchte diese Sprache sowohl in seiner eigenen Korrespondenz wie auch in den Briefen, die er im Namen des Königs verfasste. Er gebrauchte die Formeln, die normalerweise von den Muslimen verwendet werden, wie die Segenssprüche im Namen Gottes und über der Person des Propheten, und er ermahnte die Empfänger seiner Briefe, entsprechend den Vorschriften des Islams zu leben. Man hätte in der Tat glauben können, die Briefe seien von einem guten Muslim geschrieben. In den Wissenschaften der Alten war er hervorragend beschlagen, in Mathematik und in Astronomie; auch besass er gute Kenntniss der Logik, und in Dialektik vermochte er es stets, all seine Widersacher zu überwinden. Trotz der Beweglichkeit seines Geistes sprach er wenig und dachte er viel. Er brachte eine grossartige Bibliothek zusammen.» (Nach J. M. Millas Vallicrosa, literatura hebraico-española, Barcelona, 1967, S. 57) Dieses Lob, spürbar unwillig einem Ungläubigen gespendet, überzeugt umso mehr, als es die Reserven aufzeigt, über die sich auch ein bedeutender Muslim gegenüber dem Andersgläubigen, dem Juden, nicht hinwegsetzen konnte.

Der Dichter *Munfatil,* der es gegenteilig darauf anlegte, dem jüdischen Machthaber zu schmeicheln, drückte sich folgendermassen aus: «Du, der du in deiner Person alle Qualitäten vereinigst, welche die anderen nur vereinzelt besitzen; du, der die Freigiebigkeit, welche gefangen war, freigesetzt hast; du bist soviel mehr als die Freigiebigsten im Osten und Westen, wie das Gold das Kupfer übertrifft. Wenn die Menschen das Wahre vom Falschen zu unterscheiden wüssten, würden sie ihren Mund immer nur auf deine Finger drücken! Statt zu versuchen, Gott wohlgefällig zu sein, indem sie den schwarzen Stein von Mekka küssten, würden sie deine Hände küssen, denn sie sind es, die Glückseligkeit bringen! Dank dir habe ich hier auf Erden erlangt, was ich ersehne, und hoffe ich auch dort oben zu erhalten, was ich begehre. Wenn ich mich in der Nähe von dir und den Deinigen finde, bekenne ich frei die Religion, die den Samstag heiligt, und wenn ich unter meinem eigenen Volke weile, bekenne ich sie heimlich» (Dozy, Buch 4, Kap. II).

Die muslimischen Quellen zitieren solche Ungeheuerlichkeiten nicht ohne heilige Empörung. Das Lobgedicht zeigt, dass das Judentum des Wesirs eine derartige Sensation war, dass man sie – so oder so – nicht mit Stillschweigen übergehen konnte. Der Lobdichter sah sich gezwungen, es ausdrücklich zur Kenntnis zu nehmen und sogar seinen eigenen Islam, rhetorisch oder tatsächlich, abzulegen.

(Die englische Übersetzung einiger Gedichte Ibn Naghrallahs findet man in dem Band: The Jewish Poets of Spain 900–1250, translated by David Goldstein, Penguin Books 1971, p. 45–74, zuerst erschienen in The Littmann Library of Jewish Civilisation, Routledge and Kegan Paul, London 1965. Darunter ist der erwähnte Siegesgesang, in dem der jüdische Wesir und Heerführer seinen Sieg über die Truppen der Abbadiden von Sevilla feiert. «Seine langen Kriegsgedichte sind einzigartig in der dichterischen Produktion der spanischen Juden», sagt der Übersetzer.)

Pogrom in Granada

Empörte Berichterstatter, die sich darüber beschweren, dass Samuel seine eigenen Religionsgenossen als Mitarbeiter herangezogen habe, fehlen nicht. «Dieser Jude wählte seinen Beamtenstab (unter seinesgleichen): (eine Minderheit), welche die politische und finanzielle Situation beherrschte und sich den Muslimen überlegen dünkte.» (Hoenerbach S. 419, nach den Historiker Ibn Idhari).

Die kritischen Stimmen werden unüberhörbar gegenüber seinem Sohn und Nachfolger, Yûsuf, dem die Zeitgenossen und Nachfahren einstimmig vorwerfen, er habe «schon gar nichts mehr von Schmach und Schmutz der Unterworfenen und Juden» zugeben wollen. «Dieser gut aussehende, intelligente Mensch, der eine Politik der Einflussgewinnung, Selbstbereicherung, und Vetternwirtschaft betrieb und in zunehmendem Masse das Ansehen seines Fürsten Bâdîs genoss, liess denselben insgeheim durch Frauen und Pagen – der Verfluchte köderte sie durch Gunstbeweise – in seinem eigenen Schlosse aushorchen, so dass er über dessen Privatleben, Trinken, Vergnügungen, Ernst und Scherz, genau unterrichtet war und seinerseits die Juden auf dem laufenden hielt. Bâdîs konnte kaum Luft holen, ohne dass der Jude davon erfuhr.» (Hoenerbach S. 419, nach Ibn Idhari). Übrigens wirft auch ein jüdischer Geschichtsschreiber, Abraham Ben David, Yûsuf Hochmut und Eitelkeit vor (J. M. Millas Vallicrosa, Literatura hebraico-española, Barcelona 1967, S. 58).

Nach den arabischen Geschichtsschreibern soll Yûsuf den Sohn und Thronfolger von Bâdîs, Buluqqîn, vergiftet haben. Dann habe er dem Vater eingeredet, gewisse Sklavinnen und Vertraute des Thronfolgers seien schuld, und Bâdîs habe gegen sie gewütet. Schliesslich habe Yûsuf versucht, «ein Reich für die Juden» zu gründen, indem er den Herren von Almería dazu überreden wollte, Granada an sich zu reissen und in Besitz zu nehmen und ihm selbst Almería zu überlassen. Diese angebliche Verschwörung tönt nicht besonders glaubwürdig. Doch scheint sie genügt zu haben, um ein Pogrom in Granada heraufzubeschwören, in dem Yûsuf und «Tausende anderer Juden» am 30. Dezember 1066 ihr Leben verloren.

Der Rechtsgelehrte *Abu Ishâq* von Elvira, berühmt für seine asketischen und frommen Gedichte, hat einen heftigen Angriff auf Yûsuf verfasst, in dem er die Sanhâja-Fürsten dazu aufrief, ihn umzubringen und seine Schätze zu plündern. Dieses Gedicht, das erhalten ist, zeigt die Stimmung auf, die gegen Yûsuf vorherrschte; vielleicht hat es zur Auslösung des Pogroms beigetragen.

Emilio García Gómez, der grosse Kenner und blendende Übersetzer arabisch-andalusischer Poesie, schildert Abu Ishâq von Elvira als den Prototyp eines andalusischen Rechtsgelehrten, trocken wie Stein, «Bruder von so vielen anderen, die eine so wichtige Rolle in der kulturellen und politischen Geschichte des muslimischen Andalusiens spielten: Arbiter des omayyadischen Kalifates, welche die Einführer des Wissens aus dem Osten verfolgten und behinderten, die die Entwicklung der Wissenschaften unter dem Kalifat in ihrer jungen Blüte abschnitten und die die reiche Bibliothek al-Hakams II. wie Spielzeug zerstörten, angetrieben vom Ehrgeiz Almanzors; die eingeschworenen Feinde der freudigen, raffinierten und freien Zivilisation der Taifa-Könige (die freilich politisch selbstmörderisch war); die so weit gingen, dass sie das berühmte Rechtsgutachten erteilten, das Yûsuf, dem Almoraviden, erlaubte, seine zweifelhaften Massnahmen zu legitimisieren und die später das Aufblühen der grossen hellenisierenden Philosophie unter den Almohaden eindämmen wollten ...» Der Gelehrte, so sagt García Gómez in Anlehnung an Henri Pérès, einen anderen grossen Kenner der andalusischen Dichtung, konnte es nicht wagen, den König Bâdîs selbst anzugreifen, er wandte sich daher an den gesamten Sanhâja-Stamm, Berber, die das Arabische nicht sehr gut verstanden. Er gebrauchte deshalb die handfestesten und einfachsten Wörter, wie sie jeder Muslim kennt, der den Koran lesen kann, und er stellte sie zu einem Versmass zusammen, das wie ein Militärmarsch voranschreitet. «Ideen?», fragt García Gómez: «Nur gerade die allernotwendigsten, so dass Allah in das miteinbezogen wird, was geschehen muss; dafür aber viele konkrete Bilder: ‹Diese Juden, die früher auf den Abfallhaufen einen Fetzen buntes Tuch suchten, um darin ihre Toten zu begraben, ... haben nun Granada unter sich aufgeteilt ... Sie ziehen Tribute ein und kleiden sich hochelegant ... sie schächten Kühe auf dem Markt ... und der Affe Yûsuf hat sein Haus mit Marmor ausgelegt.» Eine jede dieser Behauptungen wird ergänzt durch ihre Gegenbehauptung: «Ihr, die eigentlichen Oberherren, die Reinen, Getreuen, geht zerlumpt, seid elend und hungrig. Sie bestehlen euch, und ihr müsst an ihrer Tür betteln.» Der König wird respektvoll, aber nicht ohne Herbe an die koranische Lehre (in bezug auf die «Völker des Buches») erinnert. Doch das Volk wird zu Mord und Plünderung aufgerufen: «Eilt, um ihm die Kehle durchzuschneiden; er ist ein feister Hammel, nehmt ihm sein Geld weg, denn ihr verdient es eher als er!» (Aus: *Cinco poetas musulmanes,* ed. Austral, Buenos Aires 1945, S. 110 und 97).

Die komplizierten Intrigen um Yûsuf und den Kronprinzen, den dieser vergiftet haben soll, schildert uns in einem wahrscheinlich realistischeren Licht der Sohn des angeblich Vergifteten, *Abdullah,* welcher der letzte Herrscher der Dynastie sein sollte. Er hat uns seine Autobiographie hinterlassen, «Memoiren», die er verfasste, nachdem die Almoraviden ihn abgesetzt und verbannt hatten.

Abdullah glaubt an die Vergiftung seines Vaters. Er nennt Yûsuf «das Schwein», beschreibt aber ausführlich die gegen Yûsuf gerichteten Intrigen, die diesen zu Gegenintrigen veranlasst hätten. Nach den Memoiren des letzten der Zîriden ging der Sturz Yûsufs darauf zurück, dass ein Neuankömmling, der zum Hof von Granada Zutritt erlangte, *an-Nâya,* die Gunst des Herrschers für sich gewann und ihn gegen Yûsuf zu beeinflussen suchte. Dies habe «den Juden» zu seiner Verschwörung mit dem Herrscher von Almería veranlasst, die am Ende ihm und allen Juden von Granada fatal werden sollte.

Was Abdullah nur sehr diskret in seinen Memoiren andeutet, was aber gewiss auch einen wichtigen Faktor in der gesamten Tragödie abgab, ist der Umstand, dass der Herrscher, *Bâdîs,* der den Titel «al-Muzaffar», der Siegreiche, führte, dem Alkohol so sehr ergeben war, dass er die Geschäfte seinen Verwesern und Wesiren überliess. Sein Enkel umschreibt das so: «Nachdem er sich Málagas bemächtigt hatte, nach vielen Mühen und nachdem er fast daran verzweifelt war, die Stadt zu erhalten, verzichtete er auf weitere Aktivitäten und widmete sich der Ruhe, mit der die Könige sich zu vergnügen pflegen. Seine Herrschaft delegierte er an den Wesir und die übrigen Hofbeamten.» *(El siglo X en primera persona, Memorias del rey Abdallah,* übersetzt von García Gómez, Madrid 1980, S. 118). Aus anderen Quellen ist bekannt, dass im Falle von Bâdîs die «Ruhe» vor allem aus Weingelagen bestand.

Die schlechte «Presse» der Tawâ'if

Die Zeit der Kleinkönige *(Mulûk at-Tawa'if)* hat aus mehreren Gründen in der Geschichtsschreibung eine schlechte «Presse». Schon die historischen Quellen sind voll von Verurteilungen. Die Chroniken und historischen Betrachtungen wurden in vielen Fällen aus der Perspektive der grossen Vergangenheit der Kalifenzeit geschrieben. Das

Kalifat mit seiner Pracht- und Machtentfaltung und seiner starken Machtkonzentration galt den islamischen Intellektuellen als Ideal. Es entspricht ja auch der muslimischen Staatsdoktrin, nach welcher alle Muslime, gleich welcher Gruppe («Ta'ifa»), gemeinsam unter der Führung des «Nachfolgers des Propheten», d. h. des Kalifen, leben sollten. Demgegenüber erschienen die Kleinfürstentümer als «dekadent».

Das von den Muslimen Andalusiens gebrauchte Wort, «Ṭâ'ifa», Plural: «Ṭawâ'if», bedeutet «Gruppierung», «Klüngel», «rassistische Gemeinschaft», «Sekte» und weist damit einen negativen Anstrich auf. Es ist genau das Gegenteil zu der legitimen einen und einzigen «Gemeinschaft der Gläubigen», die unter der Führung des Kalifen steht, nämlich die wenig legitime, nicht auf muslimischer Grundlage ruhende, «abusive» Gemeinschaft von «Ungläubigen».

Die muslimisch-moralische Perspektive kommt dazu. Die Kleinkönige haben den Christen Nordspaniens Tribut bezahlt! Sie haben Wein getrunken! (Die Kalifen natürlich auch, aber ihnen wird es leichter vergeben). Sie haben dem leichten Leben gefrönt! Ziemlich offen sogar in sexueller Hinsicht! Die Kalifen taten solche Dinge mehr im Geheimen, denn sie waren, so diese Perspektive, mehr auf Würde bedacht. Erotische Gedichte, dazu noch von betörender Schönheit, wie die berühmten Verse al-Mu'tamids, sind nur unter den Kleinfürsten denkbar:

«Sie verbrachte die Zeit, indem sie mir den Wein ihrer Blicke kredenzte, dann den im Kelch, dann den ihres Mundes.

Die Saiten ihrer Laute, die das Plektron schlug, erschütterten mich, wie der Ton der Schwerter auf den Halswirbeln eines Feindes.

Sie warf den Mantel ab und entdeckte ihren Wuchs, blühender Weidenzweig, wie sich eine Knospe öffnet, aus der die Blüte hervorbricht.» (Nach García Gómez, *Poemas Arabigoandaluces*, ed. Austral, S. 79).

Die Historiker der grossen Kalifenzeit und ihres Zerfalls in der Revolution von Córdoba, wie *Ibn Hayyân*, sind natürlich elegisch gestimmt. Ihre späten Nachfolger, die den Niedergang des islamischen Reiches erleben, greifen auf ihre grossen Vorgänger zurück und erkennen in jener Revolution des frühen 11. Jahrhunderts den Anfang vom Ende, weil damals die Übermacht der hispanischen Muslime über die Christen des Nordens verlorenging. In dieser Sicht erscheinen ihnen die Kleinkönige notwendigerweise als Symbole der Dekadenz. Sie spielten frivol herum, während das Unheil herannahte, das sie dann nicht abzuwenden vermochten ...

Dem kann man entgegenhalten: Die Zeit der Kleinfürsten dauerte fast ein Jahrhundert lang, mindestens 80 Jahre. In beinahe allen der Kleinreiche ist zunächst ein kulturelles, wirtschaftliches und künstlerisches Aufblühen zu erkennen, das erfolgt, sobald der Dynastiegründer seine Herrschaft gefestigt hat. Die Prachtentfaltung und geistige Blüte der einen Zentrale von Córdoba dehnt sich nun auf viele Zentren aus und wird durch die lokalen Traditionen, Erfindungen und Wirtschaftskräfte bereichert. Wirtschaft, Handel, die Künste, die Wissenschaften gewinnen zunächst durch die Dezentralisation. Erst gegen Ende des Jahrhunderts wird der Druck aus dem barbarischen christlichen Norden so stark, dass der viel reichere Süden Tribute entrichten muss und dadurch gezwungen wird, einen Teil des im Süden hervorgebrachten Reichtums an den Norden abzuführen.

Freilich gehen mit der Dezentralisierung auch beständige Machtkämpfe, politische Intrigen, Überfälle und Handstreichversuche gegen die benachbarten Herrschaftszentren einher. Sie führen dazu, dass die christlichen Nachbarn in die lokalen Machtkämpfe und Bruderkriege eingreifen können und oft sogar aufgefordert werden, es zu tun.

Doch kann man sagen, diese Rivalitäten unter den Kleinfürsten traten einfach an die Stelle der Aufstände aus der Zeit der Emire und Kalifen. Auch sie hatten es schon periodisch erlaubt, dass die Christen des Nordens eingriffen.

Dass die fremdgläubigen Religionsfeinde auf diesem Weg zu potentiellen oder wirklichen Schiedsrichtern über die Muslime werden konnten, war den Untertanen der verschiedenen Herrscher, bestärkt durch ihre Rechtsgelehrten, ein viel grösserer Skandal als die Machtkämpfe und Gleichgewichtsspiele ihrer muslimischen Herren. Diese verloren dadurch noch weiter an muslimischer Legitimität, wo sie doch schon als blosse Potentaten und Usurpatoren, nicht Kalifen, auf einer nur dünnen islamischen Legitimitätsgrundlage standen. Ein *de facto*-Herrscher geniesst nur eine gewisse *de facto*-Anerkennung von den Rechtsgelehrten, solange er seinen Untertanen ermöglicht, gemäss den Vorschriften des Islams zu leben.

Die Kleinherrscher nahmen wohl aus diesem Grunde alle hochtönende Kalifentitel an. Sie dienten dazu, ihre auf nackter Macht beruhende Position religiös-kalifal zu verbrämen. Es sind immer Titel, die den Namen Gottes enthalten: *al-Mu'tamid bi-llah* («der auf Allah Gestützte»); *al-Muzaffar bi-llah* («der in Gott Siegreiche»); *al-Qadir bi-llah* («der durch Gott Mächtige») etc. in buntem Reigen, wenngleich es bezeichnend ist, dass man dann im Sprachgebrauch den göttlichen Teil des Namens oft weglässt, so dass nur «der Mächtige», «der Triumphator», «der Unterstützung Geniessende» übrig bleiben – vergleichbar durchaus dem modernen Gebrauch, der aus Abdel Nasser, dem «Diener des Siegreichen», auch in der arabischen Welt «Nasser», den Siegreichen schlechthin, machte. – Ein oft zitiertes Verspaar über die Kleinkönige, das auch Ibn Khaldûn anführt, lautet:

Was mir das Land al-Andalus vergällt:
die Namen Mu'tadid und Mu'tamid! ...
Des Reiches Titel, wo sie nicht am Platz;
die Katze, die den Löwen keck vertritt!
(Übersetzung von Hoenerbach op.cit., S. 306)

Gegenüber allen Verurteilungen der Tawâ'if bleibt festzuhalten, dass eine detailliertere Betrachtung dieser immerhin 80 Jahre allerhand wichtige Korrekturen zutage fördert. Die erste Generation immerhin der Tawâ'if-Herrscher bestand fast durchgehend aus tüchtigen Männern, die es verstanden, ihren Kleinkönigreichen Ruhe und Ordnung zu verschaffen. Sie ersparten so ihren Hauptstädten das grausame Geschick von 22 Jahren (1009 bis 1031) der Unruhen, Umstürze und Plünderungen durch fremde Armeen, das die Hauptstadt des sterbenden Kalifates, Córdoba, heimgesucht hatte.

Córdoba als Kleinfürstentum

Am Ende seiner Prüfungen angelangt, sollte auch Córdoba selbst unter *Ibn Jahwar* und seinen Nachfahren eines der Kleinfürstentümer werden (um das sich dann seine Nachbarn Sevilla und Toledo stritten). Das Geschick von Córdoba scheint zu zeigen, dass das Kalifat zu Ende gekommen war, so sehr auch die andalusische Bevölkerung und sogar noch die erste Generation der Kleinmachthaber an der Fiktion und den Titeln eines «Beherrschers der Gläubigen» festzuhalten versuchten. Dies illustriert besonders krass die oben erwähnte Episode eines Pseudo-Hishâms (s. S. 121), den der schlaue Muhammad Ibn Abbâd von Sevilla als Standarte und Legitimitätsinstrument für seine Herrschaft und für einen von ihm angestrebten Staatenbund der arabischen Herrscher und der «Sklaven»-Machthaber gegen die Berberfürsten zu benützen suchte.

Das wirkliche Ende des Kalifates war eigentlich schon mit al-Mansur (Almanzor) gekommen, der die Institution ausgehöhlt hat. Die aussenpolitischen und die kriegerischen Erfolge des Diktators oder Caesars (wie die Andalusier ihn heute gerne nennen) haben freilich den Verfall des Kalifates verschleiert. Bezeichnend ist, dass später bei allen Restaurationsversuchen immer wieder darauf ausgegangen wird, die Lage zur Zeit Hishâms II. und al-Mansurs wieder herzustellen, also einen Zeremonialkalifen zu küren und die *de facto*-Regierung durch dessen «Hajîb» (Kämmerer) und Starken Mann ausüben zu lassen. Es ist ja auch jeweilen ein bestimmter starker Mann in der Heeresführung oder Politik, der sich selbst in dieser Rolle sieht und in die Schuhe al-Mansurs treten will, welcher die Restaurationsversuche unternimmt.

Erst allmählich erkennen die *Tawâ'if*-Herrscher, dass sie des Kalifensymboles gar nicht bedürfen und dass es ihnen keinen nennenswerten Machtzuwachs bringt. Äussere Zeichen dieser Erkenntnis sind dann die glitzernden Kalifentitel, die sie sich alle zulegen und die von den Hofleuten, bewussten Schmeichlern, auch fleissig verwendet werden. Der Memoirenschreiber Abdullah nennt seinen Grossvater Bâdîs immer nur bei seinem Hoftitel «al-Muzaffar» (der Siegreiche), wie es gewiss dem Gebrauch am Hofe von Granada entsprach.

Eine dezentralisierte Kultur

Die Hauptleistung der Epoche der Kleinfürsten ist gewiss kultureller Art gewesen. Jeder ihrer vielen Höfe empfand sich als kulturellen Erben der grossen Tradition von Córdoba. Gerade weil den Provinzherrschern die religiös-dynastische Legitimation des Kalifates fehlte, waren sie darauf bedacht, die kulturelle Legitimation ihrer Höfe zu maximalisieren. Ihre Hofdichter, Baumeister, Wissenschaftler, besonders Astrologen und Astronomen, Philosophen, Kunsthandwerker aller Arten, sollten ihrem Hof einen maximalen Glanz geben, der ihre Herrschaft illuminierte und legitimierte. Der Symbolgehalt mancher früher bloss als «dekorativ» verstandenen Kunstwerke wird erst heute allmählich erkannt. Bauwerke, Stoffe, Schmuckkästchen, Wandornamente, Prachtstoffe, die der Herrscher selbst trägt, aber auch als Geschenke «verleiht», dienen fast immer seiner Erhöhung und Feier. Die Ornamentik der Kuppelsäle der Alhambra, die einer späteren Zeit angehören, aber ohne Zweifel Vorläufer besassen, lassen «Lesungen» zu wie im «Saal der Botschafter», die einer geometrisch geordneten siebenfachen Planetenwelt, über der sich der Thron Gottes erhebt (Koran 67,3), was sich natürlich auch auf den Hof bezieht, dessen Zeremoniell in den Kuppelsälen ablief. (Vgl. D. Cabanelas Rodríguez: El techo del salón de las Comares, decoración, policromía, simbolismo y etimología, Granada 1988).

Es war wohl auch in den Ta'ifa-Zeiten, als die arabische Landwirtschaft von al-Andalus ihre volle Entwicklung erreichte. Die Höfe, die nicht mehr wie früher Córdoba von der Kriegsbeute leben konnten, waren darauf angewiesen, den Handel, die Handwerke und die landwirtschaftliche Produktion zu fördern, und die kleinen Ausmasse der Königreiche, die meist nur eine grössere oder kleinere Provinz umfassten, bildeten den geeigneten Rahmen für landwirtschaftliche Verbesserungen, die in erster Linie auf einem immer feineren Ausbau der Bewässerung beruhten.

Man achtete aber auch auf die Einführung neuer Feldfrüchte aus dem Osten der arabischen Welt, wie am besten die arabischen Namen der neuen Nutzpflanzen im Spanischen zeigen, die man an der Mitübernahme des arabischen Artikels «al-» leicht erkennen kann: *algodón* (vgl. cotton), Baumwolle; *arroz,* Reis (das «l» des arabischen Artikels wird bestimmten Konsonanten angeglichen); *azucar,* Zucker; *albaricoque,* Aprikose; *almendra,* Mandel; *aceituna,* Olive; und vieler anderer. Das gleiche gilt natürlich auch vom Tierarzt, *albeitar;* von der Bewässerungsrinne, *acequia;* den beiden Formen der Cisterne, *aljibe* und *alberca.*

Die «huertas» von Alicante und Valencia sind zu Oasen- und Bewässerungslandschaften geworden, die bis heute ihren orientalischen Charakter bewahrt haben, einschliesslich solcher Institutionen wie des berühmten «Wassergerichtes» *(tribunal de las aquas)* von Valencia, das über Bewässerungsfragen entscheidet. Bezeichnenderweise ist Valencia auch das Zentrum zweier arabischer Kunsthandwerke geworden, die bis weit in die spanische Zeit hinein fortgelebt haben, ohne ihren orientalischen Charakter ganz zu verlieren: die Teppichknüpferei und die glasierte Keramik.

Almería erbte von Córdoba die hohe Webkunst für Zeremonialkleider und Prachtstoffe, wobei offenbar ein reger Austausch dieser wertvollen Ware und der Handwerkstechniken zu ihrer Herstellung mit dem arabischen Osten bestand.

Machtverlust gegenüber dem Norden

Trotz alledem haben die arabischen Kritiker der Kleinherrscher natürlich auch gute Gründe für ihre Reserven, vor allem den einen: die Kleinherrscher konnten sich nicht gegen den Druck der christlichen Königreiche halten. Sie mussten den Kastiliern und Aragonesen Tribute entrichten, die so bedeutend waren, dass sie ihre Herrschaft noch weiter schwächten. In jener Zeit ging nicht nur Toledo an den kastilischen Herrscher, Alfonso VI., verloren (1085), sondern auch Valencia an den Cid 1094 und eine knappe Generation später im Jahr 1118, bereits in der Zeit der Almoraviden, Saragossa an den

König von Aragón, Alfonso I., «el Batallador» (r. 1104–1134), der dort seine Hauptstadt errichtete.

Während Valencia 1102 an die Almoraviden zurückfiel, nachdem ihr Eroberer, der Cid, 1099 gestorben war, sind Toledo und Saragossa in der Hand der christlichen Herrscher geblieben, und die Muslime vermochten nie mehr, auf die nördliche Hälfte der Halbinsel zurückzukehren.

Das Geschick von *Valencia* ist beispielhaft für den Rückschlag, den der Einbruch der Almoraviden für die spanische «Wiedereroberung» darstellte. Erst 136 Jahre später, 1238, ist die grosse Handelsstadt der Levante endgültig in die Hände der spanischen Christen übergegangen, als der aragonesisch-katalonische König Jaime I., «der Eroberer», sie belagerte und einnahm.

Der *Cid*, Diaz Rodrigo de Vivár, der spanische Nationalheld, dessen Leben ein berühmtes Heldenlied besingt, der «Cantar de mío Cid», hatte Valencia aus eigener Kraft erobert (vgl. unten S. 188, 379ff.). Er war nach einem Zerwürfnis mit seinem feudalen Oberherren, Alfonso VI. (r. 1072–1109) in die Verbannung der muslimisch-christlichen Kampfesfront gezogen, hatte dort mit seinen persönlichen Gefolgsleuten dem muslimischen Herren von Saragossa aus dem Geschlecht der Banu Hûd, al-Muqtadir (1046–82) und dessen Sohn, al-Mu'tamin (r. 1082–1085), als Söldner gedient, sich nach dessen Tod selbständig gemacht und auf eigene Faust gegen die Muslime der nordöstlichen «Frontera» Krieg geführt. Er hat sich mindestens zweimal mit seinem Herren, Alfons VI., ausgesöhnt, ist jedoch auch wieder mit ihm in Zwist geraten. Die Eroberung von Valencia, im Augenblick, in dem bereits die ersten Heere der Almoraviden in die Levante vordrangen (1094), war der Höhepunkt seiner kriegerischen und politischen Laufbahn. Nach seinem Tod hat seine Witwe, *Doña Jimena,* die Stadt noch drei Jahre zu halten vermocht. Sie rief Alfonso VI. um Hilfe an. Er kam auch mit einem Heer, doch beschloss er Valencia zu räumen, weil der Druck der Almoraviden allzu übermächtig geworden war. Die Stadt wurde verbrannt, bevor er sie seinen Feinden überliess.

Der historische Cid, dessen allgemein gebräuchlicher Namen eigentlich ein arabischer Titel war, abgeleitet von *«Sidi»,* «mein Herr», in der dialektalen westarabischen Aussprache, unterscheidet sich in den grossen Zügen seiner Karriere nur wenig von jenen des Heldengesanges, der wahrscheinlich schon etwa 40 Jahre nach seinem Tod geschrieben und gesungen wurde.

Doch das Heldenlied malt die Loyalitätsprobleme gegenüber seinem ungnädigen Oberherrn, dem König, breit aus und nimmt lebhaften Anteil an ihnen, und es fügt einen «romanhaften» zweiten Teil an, der nicht als historisch gelten kann. In ihm wird von der Verheiratung der beiden Töchter des Cid mit den «Infantes de Carrión» berichtet. Die Töchter werden von ihnen misshandelt, weil sie bloss Kinder eines kleinen, wenngleich militärisch und politisch erfolgreichen «hidalgo», d. h. Adligen, sind. Die «Infantes» des Liedes sind Grafensöhne, doch sie können es an Mannhaftigkeit nicht mit dem Cid und seinen Gefolgsleuten aufnehmen.

Der Cid rächt seine Töchter sodann in einer feierlichen Gerichtsverhandlung am

Königshof, die zu einem doppelten Zweikampf mit den «Infantes» führt und deren Schmach durch ihre Niederlage bestätigt. – Über das Heldenlied und sein ihm eigenes Ethos wird noch an anderer Stelle zu sprechen sein (s. unten S. 379).

Lissabon, auf der westlichen Seite der Halbinsel, ist es ähnlich ergangen wie Valencia. Die Stadt war ein erstes mal 1090 in die Hände der Christen gefallen, als Heinrich von Burgund südwärts bis zur Mündung des Tejo vorstiess und Lissabon und Santarem einnahm. Er tat dies als Verbündeter des muslimischen Aftasiden-Herrschers von Badajoz, der seine Hilfe gegen die Almoraviden suchte. Doch die Almoraviden sollten Lissabon 1094 zurückerobern; und die künftige Hauptstadt Portugals fiel erst endgültig in die Hände von Alfonso Henriques (lebte 1109–1185; erster König von Portugal gegen Ende seines langen Lebens), als dieser sie 1147, zur Zeit des beginnenden Zerfalls des Almoravidenreiches, mit Hilfe eines Kreuzzugsaufgebots aus nordischen, deutschen, englischen und französischen Rittern, das die portugiesische Küste entlang nach Süden unterwegs war, um zum 2. Kreuzzug ins Heilige Land zu stossen, belagerte und erobern konnte. Doch hiermit greifen wir vor. Dieser erfolgreiche Vormarsch die atlantische Küste entlang fand, wie gesagt, erst statt, als die nächste Dynastie, die al-Andalus beherrschen sollte, schon wieder in einen Auflösungsprozess eingetreten war.

Wachsender europäischer Einfluss in Nordspanien

Es ist jedoch schon vor dem Eindringen der Almoraviden auf die Iberische Halbinsel, dass eine gewisse «Kreuzzugsatmosphäre vor den eigentlichen Kreuzzügen» sich in den nördlichen Teilen der Halbinsel bemerkbar macht. Sie hat mit dem päpstlichen Zentralismus Gregors VII. (1073–1085) zu tun. In Spanien bemühte die Kirche sich im Zusammenhang mit der Reform um engere Bindung der Herrscher sowie der Kirchenfürsten an Rom. Und die Ersetzung des traditionellen, «westgotischen» Ritus durch den römischen sowie die Abschaffung der bis dahin verwendeten westgotischen Schrift zugunsten der karolingischen wurden zu Symbolen des gesteigerten Einflusses Roms. Neben den päpstlichen Legaten waren die Mönche von Cluny die Hauptträger der Reform.

Cluny nahm sich des spanischen Nordens besonders an, organisierte und predigte die Pilgerfahrt nach *Santiago* (St. Jacques, Sankt Jakob), von deren hoher Bedeutung im Mittelalter heute noch viele Sankt-Jakobs-Strassen und -Vorstädte in den älteren europäischen Ortschaften zeugen. Es sind immer die Strassen, denen entlang die Sankt-Jakobspilger die Ortschaft verliessen. Der spanische Ritterorden von Santiago, zusammen mit jenem von Calatrava und dem portugiesischen von Avis, von denen auch noch zu sprechen sein wird, wurde zu einem der wichtigsten Instrumente der «Reconquista» (s. unten S. 371).

Die päpstliche Politik der Unterordnung der weltlichen Macht unter jene der Kirche führte in den Fällen von Aragón und Portugal dazu, dass die Herren jener an das expansive Kastilien angrenzenden Königreiche sich dem Papst als Vasallen unterstellten. Die Verhandlungen mit dem Vatikan dauerten von 1144 bis 1179 im Falle von Portugal, Aragón hat seine Unterstellung unter den Vatikan, nach früheren Übereinkünften, 1204 endgültig formuliert. Dies war für beide Königreiche eine Methode, um ihre Unabhängigkeit von Kastilien zu sichern. Der Papst kam seinerseits auf seine Rechnung, weil er auf Könige hinweisen konnte, die sich seinem Verlangen nach Oberherrschaft fügten.

In einem «Kreuzzug vor den Kreuzzügen» im Jahr 1064 nahmen katalanische Ritter, unterstützt von Normannen und Franzosen, die Stadt und Festung Barbastro ein, die während Jahrhunderten die letzte grosse muslimische Festung im Norden des Ebrotales gegenüber den christlichen Gebieten Spaniens gebildet hatte. Der Normanne Robert Crispin war ihr Anführer, und der Papst hatte seine Unterstützung gewährt. Die Stadt kam nach einem Monat der Belagerung aus Wassermangel in die Hände der Eroberer. Nach Ibn Hayyan erhielten ihre Bewohner das Versprechen freien Abzugs, wurden dann aber alle hingemetzelt. Der Herrscher von Saragossa, Ahmad Ibn Hûd «al-Muqtadir» (r. 1046–82) hat die Festung ein Jahr später zurückerobert. Doch die Stadt war völlig geplündert und zerstört worden. Im Jahr 1101 ist Barbastro dann noch einmal und endgültig von den Christen eingenommen worden, als sich Pedro I. von Aragón (r. 1094–1104) ihrer bemächtigte.

Als die offiziellen Kreuzzüge begannen, wurden die Ritter der Iberischen Halbinsel nicht als Kreuzfahrer ins Heilige Land zugelassen, weil sie in den eigenen Ländern gegen die Ungläubigen kämpfen sollten. Eine Bulle von Papst Pasqual II. aus dem Jahr 1100 legte sogar nieder, dass jene Kreuzfahrer aus der Iberischen Halbinsel, die bereits nach dem Heiligen Land unterwegs seien, heimkehren sollten. Der Papst sicherte den Kämpfern an der hispanischen Front gegen die Muslime die gleichen Sündenerlässe zu wie jenen, die ins Heilige Land zogen. Spätere Bullen haben diese Politik bestätigt und fortgeführt. Sie kam dann vor allem der portugiesischen «reconquista» zugute, weil diese mehrmals von seefahrenden Kreuzritterheeren, die ins Heilige Land unterwegs waren, profitieren konnte; nicht nur bei der Eroberung von Lissabon, sondern auch jener von Alcacer do Sal, zuerst vergeblich 1154, dann erfolgreich 1157. Lagos und Silves wurden mit Hilfe von 50–60 friesischen und dänischen Schiffen 1189 erobert. Später, 1191, fielen beide wieder an die Almohaden zurück.

In Spanien waren es vor allem französische Ritter, die der dortigen «Wiedereroberung» zu Hilfe kamen, fast immer durch den Einfluss von Cluny nach Spanien geleitet. Am wichtigsten waren die jüngeren Söhne des Hauses von Burgund, die bei Gelegenheit ihrer hispanischen «Kreuzzüge» spanische Erbtöchter in León, Galicia und Aragón heiraten sollten. Saragossa wurde mit Hilfe eines Kreuzzuges, der zu Beginn des Jahres 1118 in Toulouse gepredigt worden war, im November des gleichen Jahres von Alfonso I. von Aragón («El Batallador» r. 1104–1134) belagert und erobert (vgl. auch unten S. 212f.).

Nach der Invasion der Almoraviden und seiner grossen Niederlage durch sie in Zallâqa (1086), der zahlreiche andere Rückschläge für die kastilischen Heere folgten, sandte Alfonso VI. einen pathetischen Hilferuf an die christlichen Staaten, in dem er andeutete, die Almoraviden könnten durch Spanien hindurch nach Frankreich vorstossen, wenn er keine Hilfe erhalte. In der Tat wurde daraufhin ein spanischer Kreuzzug gepredigt. Er gelangte jedoch nur bis Tudela, das er vergeblich belagerte.

Al-Mu'tamid, der Abbâdide in Sevilla, wandte sich seinerseits, als er sich von den Almoraviden bedroht sah, König Alfonso VI. zu, bat ihn um Hilfe und gab ihm die Witwe seines verstorbenen Sohnes, al-Ma'mun, mit einer bedeutenden Mitgift von Festungen und Städten, die südlich und östlich an Toledo angrenzten, zur Gemahlin. Alfonso konnte ihn jedoch nicht retten. Seine arabische «Gemahlin» (er hatte auch andere, offizielle und Konkubinen), die «Mora Zaida», wurde Isabel getauft. Sie war die einzige Frau, die Alfonso VI. einen Sohn schenken sollte. Von all seinen anderen hatte er Töchter. Doch der Sohn, Sancho, kam als 10jähriger in der Schlacht von *Uclés* (westlich von Toledo) um, welche die Kastilier 1108 gegen die Almoraviden verloren. Der Erzieher des jungen Erbprinzen, García Ordoñez, fiel ebenfalls, als er Sancho mit seinem Schild zu decken versuchte. Es war dann eine Tochter, Urraca (geb. 1080 od. 81, reg. 1109–1126), die dem Monarchen nachfolgen sollte. Ihre Herrschaft führte zu einer langen Periode nordspanischer Bürgerkriege in Aragón, Kastilien, León und Galicia.

Die Kultur der Ta'ifa-Zeit

Al-Andalus scheint erst in jenem Zeitpunkt zur vollen kulturellen Fruchtbarkeit aus eigener Kraft durchgedrungen zu sein, in dem seine politische Macht und Grösse bereits im Abklingen waren. Dies soll nicht heissen, dass die politisch mächtige Kalifenzeit keine bedeutenden kulturellen Leistungen hervorgebracht hätte: Die Moschee von Córdoba ist das grösste überlebende Zeugnis ihrer künstlerischen Leistungen.

Doch im intellektuellen und geistigen Bereich bleibt die Abhängigkeit vom arabischen Osten spürbar. Córdoba sucht sich auf der Höhe Bagdads zu halten oder sie zu erreichen; selten verlaufen die Einflüsse umgekehrt, von Westen nach Osten. Auch Kairouan, al-Mahdiya und Fustât (vor der Gründung Kairos) sind wichtige Einflusszentren. Zu einem hohen Grade ist Córdoba Hauptstadt eines *Jihâd-Staates,* der davon lebt, dass er Beutekriege gegen die christlichen Nachbarn im Norden führt und dies auch erfolgreich zu tun vermag, solange die Macht über al-Andalus ungeteilt in der Faust eines einzigen Herrschers liegt.

Es war allerdings erst al-Mansur, der den Heiligen Krieg zu einem politischen und finanziellen Instrument entwickelt hat, das nicht in erster Linie mehr der auf Dauer angelegten Eroberung und Islamisierung neuer Gebiete diente, sondern vielmehr möglichst ertragsreichen Beutezügen, die ihrerseits erst erlaubten, die siegreichen arabisch-berberischen Armeen (und auch deren christliche Söldner und Hilfstruppen) zu beschäftigen und zu unterhalten. Diente einst das Instrument der Eroberung, so jetzt die Eroberung dem Instrument. Die Islamisierung Nordspaniens wäre damals rein militärisch so gut möglich gewesen wie jene des Südens zur Zeit von dessen Eroberung. Doch der Gewaltherrscher von Córdoba scheint die christlichen Landesteile mehr als persönliches Jagd- und Beuterevier angesehen zu haben denn als einen Teil «Spaniens», den es zum Ruhme Allahs und des Propheten zu erobern galt. In seinen Augen gab es wohl eher ein abgeschlossenes Land «al-Andalus» mit gesetzten Grenzen und festen Marken, wie Tortosa, Saragossa, Toledo, Badajoz. Jenseits davon lagen die Gebiete der christlichen Barbaren, die ausschliesslich Beutezügen, Sklavengewinnung und Tributzahlungen dienlich waren. Die zweimaligen jährlichen Feldzüge nach Norden, die al-Mansur gegen 15 Jahre lang durchführte, sprechen eine klare Sprache.

Auf die eigene Kultur dürfte dies einen inhibierenden Einfluss ausgeübt haben; das Zentrum der muslimisch-arabischen Kultur lag hinter den Grenzkriegern von Córdoba. In der andalusischen Hauptstadt wurde Macht entwickelt und diese durch Pracht dokumentiert und symbolisiert. Trotz der politischen Gegensätze zu den Abbasiden hatte Córdoba sein kulturelles Vorbild und Zentrum weit weg im Osten. Die andalusische Kalifenstadt war mindestens ebensosehr eine hochempfindliche Empfangsstation wie der Ausgangspunkt einer eigenen kulturellen Botschaft.

Dies war umsomehr der Fall, als «der Islam», wie Córdoba ihn sah, nämlich derjenige malekitisch-kalifaler Färbung, offensichtlich in al-Andalus selbst nur allmählich über die grossen Städte hinaus Allgemeingeltung zu erlangen vermochte.

Während im Osten «der Islam» eine grosse innere Krise durchmachte, jene des radikalen Schiismus (Qarmaten, Isma'îli), aus der neue Impulse für einen erneuerten Gesamtislam und eine neue Synthese hervorgehen sollten, jene al-Ghazâlis mit Einbeziehung der Mystik, lebte der Westen seinen Beute-Jihad. Die neue Synthese des Ostens sollte sich nur langsam ihren Weg nach dem Westen bahnen. Die Almoravidenherrschaft bildete eine Barriere für sie. Erst unter den Almohaden konnte sie sich voll auf al-Andalus auswirken. Wie noch zu erwähnen sein wird, wurde al-Ghazâli (starb 1111) in al-Andalus zur Zeit der Almoraviden verketzert; erst mit den Almohaden erlangte seine Theologie offizielle Billigung.

Ibn Hazm, erste Periode

Die erste Figur höchsten Ranges im andalusischen Geistesleben, *Abu Muhammed Ali Ibn Ahmed Ibn Hazm* (994–1064), gehört in die Periode der Revolution von Córdoba und ist in ihrem Zusammenhang zu verstehen.

Ibn Hazm, der sich selbst als persischer Herkunft bezeichnet, obgleich seine Vorväter wohl eher spanische Christen gewesen waren, wuchs auf als Sohn eines der hohen Beamten des Kalifates unter al-Muzaffar (r. 1002–1008) dem Sohn al-Mansurs in der späten Kalifenzeit Córdobas. Er hat als junger Mann zwei omayyadischen Spätkalifen gedient, wie sie während der Revolution auf den Thron gelangten und oft schon nach Monaten, wenn nicht nach Wochen, wieder von ihm weichen mussten: Abdurrahmân IV., «al-Murtadâ», und Abdurrahmân V., «al-Mustazhir», deren erster im Jahr 1018 und deren zweiter im Jahr 1023 den Titel Kalif trugen. Weiter oben war schon die Rede von ihnen.

Die Parteinahme für die Omayyaden hat Ibn Hazm dreimal ins Gefängnis geführt; zuerst in Almería, wohin er 1013 aus Córdoba geflohen war: Im Jahr 1016 kam der «Sklave» Khairân, damals Gouverneur von Almería, mit der Berberpartei, wie berichtet, überein, den Kalifen Sulaimân zu stürzen. Ibn Hazm war ihm verdächtig, pro-omayyadische Propaganda zu treiben und wurde zuerst eingekerkert, dann aus der Stadt verbannt. Er zog mit einem Freund, Muhammed Ibn Ishâq, nach der Festung Hisn al-Qasr (wohl in der Umgebung von Málaga).

Später schloss er sich Abdurrahmân IV. an, als dieser 1018 seinen Versuch unternahm, die Herrschaft zu erlangen. Er diente als Wesir im Heer des Kalifen, das vor Granada stand, und er wurde gefangengenommen, als seine Berber-Verbündeten den Thronanwärter vor Granada verrieten. Man weiss nicht, wie Ibn Hazm wieder freikam. Doch 1022 lebte er in Játiva und schrieb dort sein Frühwerk über die Liebe, das *«Halsband der Taube»*.

Im folgenden Jahr wurde Abdurrahmân V. durch einen Überraschungscoup in Córdoba zum Kalifen ausgerufen. Er war mit Ibn Hazm befreundet und ernannte ihn zu seinem Wesir. Doch seine Herrschaft dauerte nur sieben Wochen. Muhammed III., auch ein Omayyade, ermordete ihn und nahm Rache an seinen Parteigängern. – Ibn Hazm wurde eingekerkert, wie lange Zeit, weiss man nicht; doch 1027 lebte er wieder in Játiva. Eine der historischen Quellen will wissen, dass er noch einmal, unter Hishâm III., als Wesir gewirkt habe. Dieser, der zweitletzte der Kalifen der Revolutionsperiode, regierte nominell zwischen 1027 und 1031, zog aber erst 1029 in Córdoba ein. Er sollte schliesslich der Unbeliebtheit seines Ersten Wesirs, Hakam Ibn Said, zum Opfer fallen. (Unter «Wesir» hat man in Andalusien nicht den Hauptminister zu verstehen, sondern eher einen unter mehreren hohen Staatsdienern, also etwa einen Minister oder Kabinettschef.)

Nach diesen wiederholt fehlgeschlagenen Versuchen, in die aktive Politik einzugreifen, widmete sich Ibn Hazm ganz seinen Studien. Das heisst aber nicht, dass er darauf verzichtet hätte, seine Meinung über politische Fragen zu äussern. Er tat dies im Gegenteil mit solcher Schärfe, dass er sich bei den Kleinkönigen unbeliebt machte, denn er blieb bei seiner Loyalität gegenüber dem Haus der Omayyaden-Kalifen.

Die mächtigsten der Kleinkönige seiner Zeit, die Abbâdiden von Sevilla, Muhammed Ibn Isma'il (1023–1042) und al-Mu'tadid (1042–1069), brachte er gegen sich auf, indem er sich gegen den von ihnen erneut proklamierten und als reine Symbolfigur benutzten, angeblichen Hishâm III. aussprach und dessen vermutlich fingierte Thronerhebung als Betrug bezeichnete. Er sah sich daher gezwungen, in Manta Lishâm, auf dem Landgut seiner Familie in der Umgebung von Niebla, zu wohnen, und es wurde ihm verboten, eine grössere Gruppe von Schülern um sich zu scharen. Nur einige wenige besonders Mutige sollen bei ihm studiert haben.

Es gibt zwei literarische Inkarnationen von Ibn Hazm. Die erste tritt uns aus seinem erwähnten Frühwerk über die Liebe entgegen, das man in mancher Hinsicht mit der «Vita Nuova» Dantes vergleichen kann, wenngleich natürlich alle Vergleiche hinken. Es ist ein sehr persönliches Werk, in der Ich-Form geschrieben, und es ist einer der meistübersetzten arabischen Klassiker geworden, seitdem Dozy die Handschrift entdeckt hatte. (Textausgabe von D. K. Petrof, St. Petersburg, 1914 und Kairo 1950; englisch von A. R. Nykl 1931 und A. J. Arberry 1953, deutsch von M. Weisweiler, Leiden 1941; französisch von L. Brecher, Algier 1949; italienisch von F. Gabrieli, Bari 1949; spanisch von E. García Gómez, Madrid 1952, – weitere Auflagen der spanischen Ausgabe 1967, 1971, 1979).

Das Buch spiegelt die Feinfühligkeit wider, die in der hochzivilisierten Kalifenstadt in den aristokratischen Familien der hohen Staatsbeamten herrschte. Ibn Hazm war im Harîm (Harem) seines Vaters aufgewachsen. Frauen, so sagt er, hätten ihn aufgezogen, und schwerlich kenne ein anderer sie und ihre Welt besser als er. «Ich habe viel mit Frauen verkehrt und kenne ihre Geheimnisse wie kaum einer sonst, denn ich bin in ihrem Schoss aufgezogen worden und bin unter ihnen aufgewachsen. Ich kannte nur sie, keine Männer, und nahm nicht an ihren Gesellschaften teil, bis ich die Pubertät erreichte und mein Gesicht sich beflaumte. Sie lehrten mich den Koran und sagten mir viele Gedichte vor, sie lehrten mich schön zu schreiben.

Seitdem mein Geist zu verstehen begann, als ich mich noch in den frühen Jahren der Kindheit befand, war nichts so sehr mein Sorgen und Trachten, wie sie kennenzulernen und alles über ihr Tun zu erfahren. Ich habe auch nichts von alldem vergessen, was ich bei ihnen erlebte. Dies hat mir grosses Misstrauen gegen sie eingeflösst und eine schlechte Meinung über sie. Ich kam ihnen nahe und erfuhr nicht weniges über ihre Angelegenheiten; das soll im einzelnen in den folgenden Kapiteln erklärt werden, so Gott will; Er ist erhaben.» (Kapitel 17, «Vom hilfreichen Freund»)

Kurz vorher sagt Ibn Hazm über das Verhältnis der Frauen zur Liebe: «Man kann tugendhafte Frauen sehen, die ihr Alter erreicht haben und von den Männern nichts mehr erwarten, deren liebste und willkommenste Beschäftigung ist, sich mit der Verheiratung von Waisen zu befassen und ihre Kleider und ihren Schmuck auszuleihen, um einer unbemittelten Braut zu helfen. Ich kann mir keinen Grund für diese Tendenz der Frauen zurechtlegen, ausser dass sie mit nichts anderem beschäftigt sind als mit der fleischlichen Verbindung und dem Liebesgetändel, mit seinen Ursachen und all seinen Aspekten. Sie haben ja keine andere Arbeit als dies und sind nur zu solchem geschaffen.

Die Männer hingegen teilen sich auf in solche, die Geld verdienen; solche, die die Gesellschaft der Herrscher suchen; jene, die nach Wissenschaft streben und solche, die ihre Familien unterhalten. Sie nehmen die Mühen der Reisen auf sich, der Jagd, der verschiedenen Handwerke, der Kriegszüge, des Widerstandes gegen Unruhen und all ihrer Gefahren, der Bebauung der Erde. All dies nimmt ihnen den Müssiggang und bringt sie ab von eitlem Tun.»

Dennoch ist Ibn Hazm alles andere als ein Verächter der Frauen. An anderen Stellen seines Buches legt er Wert auf die Feststellung, dass echte Liebe mehr sei als die bloss körperliche Beziehung. In Anlehnung an Platons «Gastmahl» erwähnt er in seinem Vorwort über die Natur der Liebe die Theorie von zusammengehörigen Seelen, die erst gemeinsam ein Ganzes bilden, und unter seinen persönlichen Erlebnissen erwähnt er eine grosse Liebe, über die er nie hinweggekommen sei:

«Ich war von allen Menschen der leidenschaftlichste und verliebteste in ein Sklavenmädchen, die ich besass und die Nu'm hiess. Sie war höchst begehrenswert, voller Schönheit in Körper und Geist und mir wohlgesinnt. Ich war ihre erste Liebe, und wir entsprachen uns in der Zuneigung. Doch das Geschick entriss sie mir. Der Wechsel von Tag und Nacht beraubte mich ihrer. Sie wurde eins mit Erde und Steinen. Als sie starb, war mein Alter 20 Jahre und ihres darunter. Nach ihrem Hinscheiden verbrachte ich sieben Monate, ohne meine Kleider auszuziehen und ohne dass meine Augen trockneten, obwohl sie sonst wenig weinen. Bei Gott, ich habe mich bis heute nicht darüber getröstet. Wenn ein Lösegeld möglich wäre, würde ich sie mit allem loskaufen, was ich besitze, Eigenem und Ererbtem, sogar mit den wertvollsten Teilen meines Körpers, die ich sofort und gerne hingäbe. Nach ihrem Tod hat mich das Leben nicht mehr gefreut. Ich konnte sie nie vergessen, und ich konnte mich nie mehr mit einer anderen anfreunden. Meine Liebe zu ihr löschte alle aus, die ich früher empfunden hatte und verbot mir alle spätere». (Kapitel 24, «Von der Trennung»).

An einer anderen Stelle kommt Ibn Hazm auf Nu'm zurück. Er spricht von den Traumerscheinungen der Geliebten und zitiert seine eigenen Verse:

«Das Traumgebilde von Nu'm kam an mein Lager in der Stille des ausgebreiteten Schattens der Nacht.
Ich glaubte, sie weilte unter der Erde; doch sie kam, wie sie früher gewesen war.
Wir waren wie einst; unsere Zeit kehrte zurück. So wie wir es früher pflegten, doch besser noch, war ihre Wiederkehr.»

In seinem Frühwerk beschreibt Ibn Hazm, was er selbst erlebt und beobachtet hat und was seine Freunde und deren Bekannte an Liebeserlebnissen erfuhren. Manche Personen lässt er ungenannt, um sie nicht blosszustellen. Andere, die schon gestorben sind, nennt er. Die meisten sind auch aus anderen Quellen bekannt. Man kann so den Kreis erkennen, in dem er in seiner ersten, glücklichen Jugendzeit in Córdoba verkehrte.

Es waren junge Leute aus den besten arabischen Familien mit einer erstklassigen Bildung, die alle Gedichte machten und miteinander die Vorlesungen der hervorragendsten Lehrer in der grossen Moschee von Córdoba besuchten. Sie scheinen so etwas wie ein kulturelles Programm besessen zu haben: Pflege des klassischen Arabisch; Freundschaft untereinander; Raffinement in Leben und Empfinden.

Ibn Shuhayd

Ibn Shuhayd, ein Dichter, der jung verstarb (1034), war wohl der Mittelpunkt jener Gruppe. Er hat eine Schrift «der Vorgänger und Nachfahren» verfasst, von der die grosse Anthologie Ibn Bassams Teile bewahrt hat. Es ist eine auch wieder von ferne an Dante erinnernde Prosa-Epistel mit eingestreuten Gedichten, in welcher der Dichter die jenseitige Welt durchreist und mit den Geistern der grossen Dichter der Vergangenheit spricht. Dabei erklärt er, im Rahmen der höchst traditionsgebundenen arabischen Dichtung ausgesprochen wagemutig: der Charakter eines Schriftstellers und seine Intelligenz seien seine wichtigsten Werkzeuge, nicht die Gelehrsamkeit oder die korrekte Grammatik. Es sei, sagt er auch, Gott, der die Rhetorik lehre, nicht Bücher und nicht Lehrer. Weiter versichert er, eine jede Epoche habe ihre eigene Literatur. (Englische Übersetzung der erhaltenen Teile von J. T. Monroe, Berkley 1971 auf Grund der arabischen Ausgabe von B. al-Bustani, Beirut 1951)

In einem Gedicht, das Ibn Shuhayd kurz vor seinem Tode verfasste, forderte er Ibn Hazm auf, er solle seine Totenrede sprechen und mit ihr alle jene unter den Freunden bewegen, die ihn zu Grabe trügen. Das Ziel jener Gruppe, so glaubt García Gómez, müsse gewesen sein, eine eigene, der Grösse des Kalifates angemessene andalusische Literatur hervorzubringen. Der spätere Abdurrahmân V., der neben Ibn Hazm auch Ibn Shuhayd zu einem seiner Wesire machte, gehörte als junger Mann zu dem gleichen Freundeskreis und Liebesgedichte von ihm an seine Cousine, eine Tochter des Kalifen Sulaimân, sind überliefert. Dozy übersetzt einige, darunter:

«Nichts als Ausflüchte, um meinem Wunsche nicht nachzukommen;
Ausflüchte, gegen die meine Würde sich bäumt,
Ihre verblendeten Angehörigen reden ihr zu, mich abzulehnen. Doch wie kann der Mond der Sonne abgeneigt sein?
Wie kann die Mutter der Habîba, die meine Verdienste kennt, mich nicht als Schwiegersohn wünschen?
Ich aber liebe so sehr jene reine Schöne der 'Abd ash-Shams,
Die zurückgezogen im Frauengemach ihres Vaters lebt!
Ich habe gelobt, ihr mein Leben lang als Sklave zu dienen und reiche ihr als Morgengabe mein Herz.
Wie der Sperber, der auf eine Taube hinabstürzt,
die ihre Flügel entfaltet hat, so habe ich mich,
seit ich sie sah, auf diese Taube der 'Abd ash-Shams geworfen;
Ich, der aus der gleichen illustren Familie bin.
Wie schön sie ist! – Die Pleyaden neiden ihr das Weiss ihrer Hände,
Und das Morgenrot ist eifersüchtig auf den Glanz ihres Halses.
Du hast meine Liebe zu einem langen Fasten gezwungen, meine Geliebte! – Was geschähe mit dir, wenn du mir es zu brechen erlaubtest?
In deinem Haus suche ich Heilung für all meine Übel, in deinem Haus, über das Gott seine Wohltaten
ausbreiten möge! – Dort würde mein Herz Ruhe finden, das Feuer würde gelöscht, das es verzehrt.
Wenn du, meine Base, mich abweist, so schwöre ich dir, weisest du einen Mann zurück, der dir gleich kommt an edler Geburt und der vor Liebe, die du ihm weckst, einen Schleier vor seinen Augen trägt.
Ich hoffe weiter, ich werde sie eines Tages besitzen, den Höhepunkt meines Ruhmes erreichen, denn ich verstehe die Lanze zu brauchen, wenn sich blutig rot färbt jedes schwarze Pferd.
Ich ehre und schätze den Fremden, der sich unter meinem Dach niederlässt. Ich überschütte mit Gaben den Unglücklichen, der meine Grossmut anruft.
Keiner aus ihrer Familie verdient es so sehr, sie zu besitzen, wie ich, denn keiner kommt mir gleich an Ehre und Ruhm.
Ich habe alles, was ihr gefallen kann: Jugend, Edelmut, Süssigkeit und Beredsamkeit.»
(Dozy, Buch III, Kap. 17)

Ibn Hazm, zweite Periode

Die zweite Periode des literarischen Lebens von *Ibn Hazm* umfasst eine lange Zeit bitterer Austerität. Er beschliesst, sich ganz dem Gottesgesetz und der Theologie zu widmen. Er hat sich einer Gesetzesschule (Madhhab) angeschlossen, die stets eine Minderheitsrichtung gewesen und heute erloschen ist, der Schule der «Zâhiriten». Sie bezieht ihren Namen von «zâhir», einem Wort, das «äusserlich» bedeutet und im Gegensatz steht zu «bâtin», dem «innerlichen», dem «verborgenen Sinn».

In der theologischen Fachsprache sind die «Bâtiniten» jene Gläubigen, die im Koran einen verbogenen inneren Sinn suchen und finden wollen, der von dem, wie sie glauben, nur für die Uneingewehten bestimmten, scheinbaren, äusseren Wortlaut abweicht.

Die Zâhiriten hingegen waren jene Rechtsschule und theologische Richtung, die sich am konsequentesten und schärfsten weigerte, einen «inneren Sinn» in den Koran hineinzulesen. «Wenn Gott in Seinem Buche Seine Meinungen offenbart hat, muss es Ihm darum gegangen sein, sie *klar* zu offenbaren; Er kann nicht offenbart und zugleich verhüllt haben», urteilen sie. Die Auslegung und die Suche nach einem «tieferen» inneren Sinn sind also unzulässiges Menschenwerk, glauben sie. Man hat die Offenbarung so zu lesen und zu verstehen, wie sie geschrieben steht, nach ihrem «zâhir», dem offen zutage liegenden äusseren Sinn.

Die Frage, was gemeint sei, stellt sich freilich dennoch an vielen Stellen des prophetischen Buches. Es gibt scheinbare Widersprüche im Text des Korans, die irgendwie aufgelöst werden müssen. Auch die «Zâhiriten» kommen um Kommentare zu Gottes Buch nicht herum. Doch sie versuchen, den «äusseren» Sinn der Schrift als deren einzigen Sinn aufzufassen und zu kommentieren.

Dies führt fast unvermeidlich zu einer intensiven Beschäftigung mit der Sprache. Sie stellt ja das Kleid, sogar den Körper der Offenbarung dar, in dem diese sich zeigt. Ihr selbst haftet etwas Heiliges an, da sie Verkörperung der Offenbarung wird, und sie möglichst gründlich zu kennen, ist offensichtlich die wichtigste Voraussetzung dafür, das «zâhir» der Offenbarung zu verstehen und aufzunehmen. Hieraus ergibt sich für Ibn Hazm eine Theorie der Sprache, die als Vorläuferin der heutigen Semantik aufgefasst werden kann.

Im eigentlich juristischen Bereich bedeutet das «zâhir» (man könnte es deuten als das Wichtignehmen des tatsächlichen Wortes), dass nur das verboten sein kann, was ausdrücklich verboten ist, alles andere ist offenbar zulässig (freilich mit der Einschränkung, dass das islamische Recht Zwischennuancen kennt: empfohlen, erlaubt, indifferent, abzuraten, verboten, die ebenfalls im Wortlaut der Texte zu Ausdruck kommen können).

Ibn Hazm als Rechtsgelehrter protestiert scharf gegen die Analogieschlüsse, die es den Juristen, sogar den sehr strengen Malekiten, erlauben, aus Einzelvorschriften ein Gesetzessystem aufzubauen und Regeln für alles und jedes niederzulegen. Dies seien nur menschliche Regeln, nicht jene Gottes, argumentiert er, sogar wenn sie fälschlicherweise als Teile des Gottesgesetzes ausgegeben würden.

«Das Schwert des Hajjâj und die Zunge des Ibn Hazm», lautet ein geflügeltes Wort des Arabischen. Hajjâj, ein omayyadischer Gouverneur des Iraks, war berühmt für die blutige Strenge, mit der er Hunderte von Unruhestiftern und Heterodoxen des Zweistromlandes köpfen liess. Der scharfen Zunge des Ibn Hazm wird eine vergleichbare Wirkung zugeschrieben.

In der zweiten literarischen Inkarnation Ibn Hazms, dem vielbändigen Buch über die Nationen und Sekten (der vollständige Titel lautet: *«Buch der Unterscheidung zwischen den Nationen, Gruppen und Sekten»*) hat er eine Art von Religionsgeschichte verfasst, die allerdings apologetischen Zwecken dient. Er stellt die Meinungen der anderen Religionen und der anderen, von der zâhiritischen Orthodoxie abweichenden islamischen Strömungen ausführlich dar, um sie dann alle als falsch zurückzuweisen. Seine scharfe Zunge findet dabei ein weites Betätigungsfeld. Das Werk, dessen spanische Übersetzung von Asín Palácios fünf Bände umfasst (Madrid 1927–1932, betitelt: Ibn Hazm de Córdoba y su historia crítica de las ideas religiosas), beschäftigt sich mit den Zoroastriern und den Manichäern, den Polytheisten (wozu Ibn Hazm auch die Christen wegen ihrer Verehrung der Dreifaltigkeit rechnet), den Juden, sogar den Brahmanen. Unter den islamischen Richtungen rechnet Ibn Hazm mit den Mu'taziliten, den Murji'iten, der Schi'a, den Khârijiten sowie auch mit den «orthodoxen» Rechtsschulen ab, die sich auf die Tradition verlassen, ohne ihr eigenes Unterscheidungsvermögen einzusetzen. Dabei polemisiert er auch gegen die in al-Andalus vorherrschende und politisch fast allmächtige Richtung der Malekiten.

Schon Dozy hat, eher genüsslich, hervorgehoben, wie die scharfe Zunge des Theologen mit den Christen umspringt: «Man soll sich nie über den Aberglauben der Menschen wundern. Die zahlreichsten und gebildetsten Völker sind ihm ausgesetzt. Seht euch die Christen an! Sie sind so viele, dass nur der Schöpfer sie zählen kann. Unter ihnen gibt es illustre Weise und Herrscher von grosser Umsicht. Dennoch glauben sie, dass Eines Drei sei und Drei Eines. Sie glauben auch, dass Einer von den Dreien der Vater ist, der andere der Sohn und der Dritte der Geist; dass der Vater der Sohn sei und nicht der Sohn; dass ein Mensch Gott sei und nicht Gott; dass der Messias gänzlich Gott sei, und dennoch nicht das gleiche wie Gott; dass Jener, der seit aller Ewigkeit existiert, geschaffen worden sei.

Die Sekte, die sich Jakobiten nennt und die Hunderte von Tausenden umfasst, glaubt auch, dass der Schöpfer gegeisselt worden sei, geohrfeigt, gekreuzigt und getötet; sogar, dass die Welt drei Tage lang Jenes entbehrt habe, Der sie regiert.»

Ibn Hazm hat offensichtlich nur gezwungenermassen, unter dem Druck der weltlichen und theologischen Machthaber, ein zurückgezogenes Leben auf dem Lande geführt. Sobald er dazu Gelegenheit erhielt, trat er öffentlich auf und disputierte mit Juden und Christen so gut wie mit den muslimischen Gelehrten anderer Ausrichtung. Seine bedeutenden Kenntnisse der formalen Logik kamen bei solchen Gelegenheiten zur Geltung.

Nach seiner Lehre kann nämlich die Logik verwendet werden, um Widersachern ihre Fehler und Widersprüche nachzuweisen. Sie kann aber nicht dazu dienen, die Wahrheit der Offenbarung anzutasten, weder um sie anzuzweifeln, noch um sie zu bestärken, da es sich dabei um höhere Wahrheiten handle.

Aus diesem Grunde kann Ibn Hazm nicht ein Philosoph genannt werden, sondern hat als ein Theologe zu gelten. Dennoch haben seine Schriften ein knappes Jahrhundert nach seinem Tod, als die Stunde der Philosophie in al-Andalus schlug, grossen

Einfluss ausgeübt. Er geht in seiner Theologie auf die Grundfrage ein, welche die Philosophen ebenfalls zentral interessiert, nämlich das erkenntnistheoretische Dilemma zwischen Vernunft und Offenbarung.

Ibn Hazm hat diesen Widerspruch strikte zugunsten der Offenbarung gelöst. Die andalusischen Philosophen, und vor ihnen schon ihre Vorgänger im arabischen Osten, suchten ihn dadurch zu überwinden, dass sie eine Übereinstimmung beider Wahrheiten stipulierten und diese dann zu beweisen trachteten. Doch diese Unterschiede in der Behandlung der Grundfrage waren weniger wichtig als dass beide, der Theologe des elften Jahrhunderts und die Philosophen des zwölften, die Frage der Übereinstimmung von Ratio und Revelatio (Offenbarung) aufwarfen und sich ihr stellten.

Ibn Hazm hat sie auf seine Art in die Diskussion eingebracht, indem er die traditionellen Rechtsgelehrten, die sich an die überlieferten Autoritäten hielten, zurückwies und seine «zâhiritische» Lösung vorschlug. Dies sollte in den späteren Generationen Folgen haben. Als Ibn Hazm 1064 auf seinem einsamen Landgut verstarb, soll er nach den Aussagen seines Sohnes über 400 von ihm selbst verfasste Bücher hinterlassen haben. Ein Teil davon mögen kleinere Schriften gewesen sein. Doch darunter sind auch mächtige Werke wie die erwähnte Streitschrift gegen die Heterodoxen, das Buch der Nationen und Sekten, und das riesige Werk *al-Muhalla,* das eine umfassende Darstellung der «zâhiri»-Doktrin unternimmt und dessen gedruckte Ausgabe (Kairo, a.H. 1351) elf Bände umfasst. Einige der Werke Ibn Hazms liegen bis heute als unveröffentlichte Handschriften in den Bibliotheken.

Ibn Hayyân, der grösste Historiker von al-Andalus

Der grosse Historiker von al-Andalus, *Abu Marwân Hayyân Ibn Hayyân* (986–1076), war acht Jahre älter als Ibn Hazm, aber er ist 12 Jahre nach ihm gestorben. Er hat so die ganze Revolution von Córdoba in seinen Mannesjahren miterlebt und den grössten Teil der «Ta'ifa»-Periode. Sein Vater war, wie der von Ibn Hazm, ein hoher Staatsbeamter im Dienst von al-Muzaffar, dem Sohn und Nachfolger al-Mansurs. Ibn Hayyân selbst fand einen Protektor in der Person von *Muhammed Ibn Jahwar* (r. 1031–1043), dem Patrizier von Córdoba, der das Regiment über die Stadt nach der Revolution übernehmen und an seinen Sohn und Enkel weitergeben sollte. Ibn Hayyân wurde in der Kanzlei von Córdoba angestellt, und er war dort in der Lage, die historischen Materialien zu sichten, die sich während der Zeit der Omayyaden angehäuft hatten.

Seine Berufung zum Geschichtsschreiber muss sich schon früh eingestellt haben. García Gómez hat auf einen Text hingewiesen (arabischer Text und Übersetzung: Andalucía contra Berbería, reedición de traducciones de Ben Hayyân, Saqundi y Ben al-Jatîb con un prólogo por Emilio García Gómez, Barcelona 1976), den er dem «Muqtabas» des Historikers entnahm (über diesen gleich mehr), und in dem Ibn Hayyân einen Wandel in der Haltung des Kalifen al-Hakam gegenüber den Berbern schildert und kritisiert. In diesem Wandel sah der damals 23jährige Geschichtsschreiber den Keim der Ereignisse, die das Omayyaden-Regime von Córdoba zugrunde richten sollten. Am

Ende seiner Ausführungen spricht Ibn Hayyân davon, dass «vielleicht Gott nach dem Ende des vergangenen Jahrhunderts» den Islam retten wolle, was erlaubt, den Text entweder auf eines der letzten Jahre des muslimischen 4. oder auf eines der ersten des 5. Jahrhunderts zu datieren. Das letzte Jahr des 4. Jahrhunderts d.H. dauerte vom 5. September 1008 bis zum 24. August 1009. Es war das Jahr, in dem Al-Muzaffar starb, Muhammed al-Mahdi sich gegen «Sanchol» erhob und dieser seinen Tod fand (am 3. Rajab = 3. März 1009). Ibn Hayyân war damals 23 Jahre alt. Die grosse Revolution in Córdoba hatte begonnen, doch noch konnte niemand voraussehen, dass sie über 20 Jahre lang fortdauern würde.

«Al-Muqtabas» ist das einzige der Werke von Ibn Hayyân, von dem uns mehre Bände (jedoch auch nicht das ganze Werk) erhalten sind. Dieses ist jedoch nur sehr bedingt ein Werk des Ibn Hayyân selbst, es handelt sich vielmehr um eine Zusammenstellung früherer Historiker aus älteren Zeiten, denen Ibn Hayyân nur ein paar seltene Randbemerkungen in der Form von Einschiebseln anfügt. In modernen Begriffen würden wir es eine Anthologie von historischen Werken aus früherer Zeit mit einigen kritischen Anmerkungen nennen. Der Titel spielt auf die Natur eines Sammelwerkes aus den Schriften anderer an, denn er ist aus einem Verb gebildet, das «Seiten aus einem Buch entnehmen» bedeutet.

In dem Band dieses Sammelwerkes, der als Unicum in der Academia Real de la Historia aufbewahrt wird und der aus der Kopie eines Manuskriptes besteht, das sich in der Bibliothek der Erben von Sidi Hammuda in Constantine befunden hatte und heute verschollen ist, das aber glücklicherweise der frühe spanische Arabist Francisco Codera (1836–1917) hatte abschreiben lassen, findet man fast ausschliesslich Auszüge aus den Palastannalen des *Isa ar-Razi* (10. Jhdt.), die Ibn Hayyân offenbar selbst zusammengestellt hatte. In anderen Bänden der historiographischen Anthologie des «Al-Muqtabas» finden sich andere Auszüge aus Historikern, die Ibn Hayyân vorausgingen.

Der Text nun, auf den García Gómez hinweist, ist einer von nur dreien, in denen Ibn Hayyân direkt spricht. Er berichtet darin mit einiger Ausführlichkeit, wie der Kalife al-Hakam (r. 961–976) die Politik seines Vaters, Abdurrahmân III (r. 912–961), gegenüber den Berbern weiterverfolgt und sogar verstärkt habe, die darauf ausgegangen sei, die Berber von al-Andalus fernzuhalten und sie höchstens als Soldaten geringen Ranges «mit dem niedrigsten Gehalt und für die schwersten Arbeiten» zu beschäftigen. Seine Abneigung gegen alles Berberische sei soweit gegangen, dass er einen Prachtsattel im Stil der Berber, ohne hohe Knäufe vorne und hinten, den einer seiner Soldaten verwendet habe, vor dem «Armeeministerium» (dar al-junûd) zu verbrennen befahl, sowie den Reiter zu bestrafen.

Doch dann, so der Geschichtsschreiber, habe der Kalif einen schwierigen Krieg gegen eine kleinere Gruppe von Berbern in Nordafrika führen müssen, die Hassaniden der Banu Muhammed. Sie brachten ihm bedeutende Verluste bei und erschlugen sogar einen seiner Hauptheerführer, den «hohen General Ibn Tumlûs». Schliesslich konnte er ihrer mit grosser Anstrengung Herr werden. Er liess ihre Reitersoldaten nach al-Andalus kommen, «nahm sie ihren Herren (d.h. wohl Stammeschefs) weg» und fügte sie in sein Heer ein. Sie waren dermassen perfekte Reiter, dass sie dem Herrscher Bewunderung abforderten, und er änderte seine Meinung gegenüber den Berbern und ihren Reitermethoden vollständig. In ähnlicher Weise hatte er schon zuvor eine Gruppe von schwarzen Skalvensoldaten in seine Armee aufgenommen, und andere Berber aus dem Stamm der Banu Birzâl kamen dazu, nachdem diese mit den Sanhâja zusammengestossen waren und deren Chef, Zîri, erschlagen hatten. Sie kamen aus Furcht vor den Verwandten Zîris und ihrer Rache nach al-Andalus und wurden ebenfalls in die Armee eingegliedert.

Der Kalif nahm sie auf, begünstigte und beförderte sie, obgleich sie Heterodoxe waren, die dem Ibadhitentum anhingen. Ibn Hayyân schildert dann eine Szene, in der al-Hakam in Córdoba während seiner letzten Krankheit vom Fenster des «Marmorpalastes» aus den Reiterspielen der Berber beiwohnt und sich dabei an den Vers erinnert: «Als ob ihre Pferde unter ihnen und sie auf ihrem Rücken geboren sind.» Und er habe hinzugefügt: «Welche wunderbare Art, sie zu lenken, wie wenn die Pferde ihre Worte verstünden.» – «Jene, die ihn hörten, wunderten sich darüber, wie schnell er seine Meinung gegenüber den Berbern geändert habe.»

Ibn Hayyân fügt hinzu: «All dies geht aus dem unvermeidlichen Ratschluss Gottes hervor; Gott bedient sich seiner Knechte, um ihn zu verwirklichen, so dass er durch ihre eigenen Hände zu Ausführung kommt». Er schliesst seine Randbemerkung zu ar-Râzi ab, in dem er die weitere Entwicklung der Berberfrage skizziert: Hakam habe seinem Sohn Hishâm II. (r. 976–1009 und 1010–1013) die Berber als tüchtige Streiter empfohlen. Al-Mushafi, dessen berühmter Wesir, habe sich auf sie gestützt, und Ibn Abi Âmir, «al-Mansur» (r. de facto 981–1002), habe sie dann weiter ausgezeichnet, und «zu seinem eigenen Vorteil, als er sich die Herrschaft aneignete», über seine anderen Soldaten erhoben. Nach ihm hätten sie sich dem Kalifat feindlich gezeigt. «Und dies hat sie nun soweit gebracht, dass sie im Begriff stehen, das Kalifat zu zerstören, die Gemeinschaft zu zerstreuen und den Bürgerkrieg vorzubereiten, um so die Halbinsel ins Verderben zu stürzen, es sei denn dass Gott, Seine Herrlichkeit ist erhaben, nachdem dieses abgelaufene Jahrhundert sein Ende erreicht hat, den Islam wieder belebt, indem er etwas geschehen lässt, durch das ihre Bewohner wieder zum Zuge kommen. Er vermag es und es wäre ihrer würdig ...»

Dieses Fragment Ibn Hayyâns ist typisch für seine Art der Geschichtsschreibung. Er geht tiefer, als es die blosse Schilderung der Abläufe verlangt. Er sucht sie zu erklären und zu artikulieren, indem er die Ursachen und Hintergründe hervorhebt, die er hinter ihnen erfassen kann. Er tut dies in der Form von anekdotenhaften Einzelheiten, denen jedoch mehr als eine blosse Anekdote innewohnt: Er erblickt eine Lehre in ihnen und verfehlt nicht, diese Lehre zu unterstreichen. Manchmal begnügt er sich damit, seine Leser darauf hinzuweisen, dass dieser Bericht eine Lehre enthalte, die er gar nicht hervorheben müsse, denn sie sei ohnehin klar. So etwa in dem in unserem Abschnitt über Musik zitierten Bericht von dem vergeblichen Versuch eines jüdischen Kaufmanns, die aristokratischen Frauen nach der Eroberung von Barbastro durch die christlichen Barbaren vom Jahr 1046 loszukaufen (s. unten S. 205).

Das eigentliche Hauptwerk des Ibn Hayyân, «al-Matîn» (der Solide) genannt, ist verloren, und es besteht wenig Hoffnung, dass es noch irgendwo aufgefunden werde. Es handelte sich um ein zehnbändiges Werk, in dem der Historiker die Zeitläufte seiner Gegenwart schilderte. Wir besitzen nur Auszüge daraus in den Sammelwerken von Ibn Bassâm und al-Maqqari. Doch wie Lévi-Provençal, der moderne Geschichtsschreiber des alten al-Andalus, hervorhebt, kann man sich nicht mit der Geschichte der Araber in Spanien abgeben, ohne immer wieder auf die Spuren von Ibn Hayyân zu stossen. Er liegt den verschiedenen Darstellungen zugrunde, die wir von späteren Historikern besitzen, und man findet immer wieder Zitate von ihm, nicht an beliebigen Stellen, sondern mit erstaunlicher Häufigkeit dort, wo es etwas zu erklären gilt oder wo Hintergründe soziologischer und psychologischer Natur aufgezeigt werden. Auch im Werk des Staatsmanns und Polygraphen aus Granada, Ibn al-Khatîb, so wie ihn Hoenerbach auswählt und übersetzt, spiegeln sich immer wieder Aussagen und Darstellungen seines grossen Vorgängers. Wahrscheinlich liesse sich ein interessantes Buch aus den verschiedenen Fragmenten zusammenstellen, die uns auf dem Weg über die Anthologen und späteren Benützer von Ibn Hayyân erhalten sind.

Eine Zeit der Dichter

Die Dichter waren die eigentlichen Kinder der Zeit. Zu ihnen gehörten sogar die beiden grössten Könige der Ta'ifa-Zeit, *al-Mu'tadid* und *al-Mu'tamid* von Sevilla, Angehörige der 'Abbâdiden-Familie, deren Wurzeln auf Richter und Grossgrundbesitzer der Kalifenzeit zurückgingen. Dichter war auch Muhammed Ibn Ma'an Ibn Sumâdih, *«al-Mu'tasim»*, Herrscher von Almería (1051–1091), aus dem Haus der Banu Sumâdih. Solche Dichterkönige zogen natürlich bedeutende Literaten an ihre Höfe, wie al-Mu'tamid seinen Busenfreund und späteren Todfeind *Ibn 'Ammâr*, den wir im Abschnitt über die Ta'ifa-Herrscher erwähnt haben (s. oben S. 136) und der Herr von Almería den *Ibn al-Haddâd* (starb 1088).

Von diesem Dichter besitzen wir, wie von vielen anderen jener Zeit, nicht das gesamte Werk, sondern nur in spätere Sammelwerke und Anthologien aufgenommene Einzelstücke. Dies sind oft nur Bruchstücke von ganzen Qasiden, aber natürlich jene Fragmente, die den Verfassern der Anthologien als die besten erschienen.

Die Lobgedichte des Ibn al-Haddâd wirken auf uns eher künstlich; seine Liebesgedichte sind begreiflicherweise spontaner. Er besingt die Nuwayra, eine koptische Nonne, die er in Oberägypten, in Rifa bei Assiout, erblickte, als er sich auf der Pilgerfahrt befand. Der Weg der Pilger ging damals den Nil aufwärts, dann östlich ans Rote Meer. Die Schönheit Nuwayras soll den Dichter so sehr beeindruckt haben, dass er seine Pilgerfahrt unterbrach und sich für lange Zeit in der Nähe des Konvents seiner Angebeteten niederliess. Sie blieb auch später die Inspiration seiner Liebesgedichte.

Dieser Umstand kann als bemerkenswert gelten, wenn man an die zähen Diskussionen der europäischen Gelehrten darüber denkt, ob die provenzalischen Troubadours mit der spanisch-arabischen Dichtung zusammenhängen oder nicht. Es gibt immer wieder Romanisten und andere «Eurozentriker», welche der arabischen Kultur jede Möglichkeit idealer Liebe «platonischer» Natur absprechen wollen und glauben, aus diesem Grunde die Hypothese solcher Einflüsse a priori ablehnen zu müssen.

Ibn al-Haddâd musste gegen 1068 aus Almería fliehen, weil er neben Lobgedichten auch einige Satiren, das heisst im arabischen Zusammenhang: Schmähgedichte, auf seinen Herren, den Herrscher der Stadt, verfasst hatte und daher dessen Zorn fürchten musste. Er hielt sich vorübergehend in Saragossa auf, doch konnte er später nach Almería zurückkehren.

Über Nuwayra hat er gesungen:
«Unter den Christen ist eine, unberührbar wie eine Samaritanerin; schwerlich wird sie sich eines Tages dem rechtgläubigen Muslim nähern, welcher ich bin.
Sie betet die Dreifaltigkeit an, doch Gott hat ihre Schönheit einzig gemacht. –
Wie bei den Dualisten haben bei mir Liebe und Trauer die Seele erfasst.
Unter dem schwarzen Schleier vereint ihre Schönheit den vollen Mond, die Nacht und den dichten Schatten.
In den Bund ihres Gürtels ist meine Liebe verknüpft; unter ihm liegt ein rundlicher Hügel, darüber erhebt sich ein biegsamer Zweig.
In jenem Wüstental lebt eine Gazelle: ihr Lagerplatz ist meine Brust; und eine Turteltaube: ihr Nest ist mein Herz.
Willst du vielleicht, meine Geliebte, bei der Wahrheit Jesu, mein krankes Herz heilen?
Die Schönheit ermächtigt dich, mir Tod und Leben zu spenden.
Ich wäre nicht in die Kirche gelaufen aus Liebe zu ihren Kreuzen, wäre es nicht wegen dir.
Hier bin ich nun, deinetwegen harten Erfahrungen ausgesetzt; ohne Heilung für die Leiden, die du mir auferlegst.
Ich kann mich nicht zerstreuen, indem ich vergesse, dass du mich in deinem Netze hältst.
Soviele blutige Tränen hab ich vergossen; doch du hast kein Mitleid mit jenem, der weint.
Weisst du denn, was deine Augen meinen Augen angetan haben? Kennst du das Feuer, das dein Gesicht in meinem Herzen entfacht?
Du hast deinen Glanz vor meinen Augen verhüllt, obwohl er die Sonne überstrahlt.
Im biegsamen Zweig und in der Kurve des Sandhügels sehe ich deine Flanken.
Inmitten des Blumenbeets deine Wangen, im Wohlgeruch, der ihm entströmt, deinen Hauch.
Nuwayra, du fliehst vor mir, und ich liebe dich, liebe dich'
Deine Augen bezeugen dir, dass ich dein Opfer geworden bin!»
(Henri Pérès, La poésie andalouse, Paris 1953, p. 280 f.)

Dichterinnen

Die Tochter des Herrschers von Almería, *Umm al-Kirâm,* wurde auch eine berühmte Dichterin. Doch sind von ihr nur wenige Verse erhalten, die der Historiker Ibn al-Idhari zitiert:

«Ihr Leute, staunt über das, was die Liebeskrankheit vermag!
Den Mond zwingt sie von der dunklen Himmelsnacht auf die Erde hinab.
Ich lieb' ihn so sehr; wenn er mich verliesse, bliebe bei ihm mein Herz!»

und: «Mittel möchte ich finden, alleine mit ihm zu sein,
Die Ohren des Wächters von uns zu entfernen.
Ist es ein Wunder, dass ich alleine sein will mit jenem, der kommt,
Wo er in meinem Inneren wohnt und in meiner Brust?»

Eine kurze Sammlung von Frauengedichten hat kürzlich die spanische Arabistin, María Jesús Rubiera Mata, veröffentlicht: *Poesía femenina hispanoárabe,* Madrid 1990. Die Liebe ist das überragende Thema. Doch gibt es auch Frauen, welche die «männlichen» Genres der Satire und des Lobgedichtes handhaben. Die Überlieferung ihrer Werke ist offensichtlich viel fragmentarischer und zufälliger als jene der Dichter, gewiss deswegen, weil ihre Gedichte nur selten, wie jene der Männer, in Büchern gesammelt zirkulierten und weiter abgeschrieben wurden.

Neben den gelehrten Dichtungen, in denen die Frauen die gleichen oder ähnliche Themen behandeln wie die Männer, gibt es volkstümliche Kurzstrophen, die meist als Teile von *Muwashshahas* (vgl. unten weiter unten den Abschnitt über diese Gedichtform, S. 192), überliefert sind, besonders als deren *Kharja* (s. ebenfalls dort).

Man kann diese kurzen, aber oft intensiven Strophen und lyrischen Stossseufzer keiner einzelnen Dichterin zuweisen, doch sie verdienen aus mehreren Gründen, nicht zuletzt aus ästhetischen, Beachtung. Es handelt sich um Frauengedichte in kurzer Form mit den Themen, die auch aus der romanischen Dichtung bekannt sind: Klage um den Geliebten, der sich entfernt hat; Ruf nach ihm; Fragen an die Mutter, die das verliebte Mädchen stellt; Gedichte vom Tagesanbruch, wenn der Geliebte die Dichterin verlässt, wie es der romanischen *Alba* entspricht (dabei gibt es jedoch eine arabische Variante, in der der Geliebte erst am frühen Morgen erscheint oder sein Erscheinen am frühen Morgen erhofft und erwartet wird); weiter gibt es Wiegenlieder, in denen das Kind manchmal für den Geliebten gesetzt wird: all dies auf wenige Verse, meist nur einen oder zwei, konzentriert, wobei daran zu erinnern ist, dass man wohl nur der Verwendung als *Kharja,* eben als einem dichterischen Konzentrat, den Umstand verdankt, dass derartige gesungene Volksgedichte überhaupt schriftlich überliefert sind. Die einstigen Originale könnten leicht längere Ausarbeitungen der gleichen oder verwandter Themen gewesen sein. Hier nur einige Beispiele nach dem Buch von María Jesús Rubiera Mata:

«Mein Freund versteckt sich vor mir in seinem Haus.
Was scheint dir?

Frag ich seinen Nachbarn nach ihm, oder was soll ich tun?»

«Ruhig, ruhig, sei nicht so stürmisch,
zerbrich nicht meine Krone,
zerstreue nicht die Perlen der Schnur.»

«Der Halsbandverkäufer, Mamá.
Will mir keinen Schmuck leihen.
Den weissen Hals wird mein Herr erblicken,
Ganz ohne Schmuck!»

«Er bleibt nicht, Mamá,
und will kein Wort sagen.
Ich kann nicht schlafen, mit brennender Brust.»

«Bei Gott, sag meinem Freund,
wie er bei mir schlafen wird.
Hinter den Bettvorhängen geb ich ihm mein Haar,
trotz allen Schmerzen;
auch meine Brust.»

«Süsser brauner Junge,
Welche Lust für die Liebende,
die mit dir schläft.»

«Wenn du mich liebst im Ernst,
Küss mir diese Perlenschnur,
du Kirschenmund!»

«Wenn ihr geht, mein Herr,
will ich euch vorher den roten Mund küssen,
rot wie die Wassermelone.»

«Lass meinen Armreifen,
pack meinen Gürtel an.
Mein Freund Ahmed,
komm mit mir ins Bett.
Mein liebes Leben,
leg dich nackt hin.»

«Mund wie ein Halsband aus Perlen,
süss wie der Honig,
komm, küsse mich, Freund,
komm neben mich.»

«Mein lieber Freund, eile dich
komm, nimm mich,

küss mir den Mund,
drück mir die Brüste,
bring Armband zu Fußring!
Mein Ehemann hat anderes zu tun.»

«Mein Herr Ibrahim,
süsser Namen,
komm zu mir
in der Nacht.
Wenn du nicht willst,
komm ich zu dir,
sag mir wohin,
um dich zu sehen!»

«Gnade, mein Freund,
lass mich nicht allein.
Küsse gut meinen Mund!
Ich weiss, du wirst nicht gehn!»

«Kommst du nicht, mein Kindchen, zu mir?
Du wirst wohl speisen,
ich gebe dir meine Schönheit und meine Brust
und werde freigiebig sein!»

«Wie ein Kind, das einer anderen gehört,
schläfst du schon nicht mehr an meiner Brust.»

«Ich will nicht schlafen, Mamá;
wenn der Morgen anbricht,
kommt Abu'l-Kasem,
wie der Morgen sein Gesicht!»

«Der Freund ging weg in der Früh,
ich grüsste ihn nicht.
Wie einsam mein Herz,
das des Nachts an ihn denkt.»

«Mein Freund kommt zu spät,
Wer hat den Mond verdunkelt,
damit er den Weg verliert
und in die Irre geht?»

«Was soll ich tun?
Ich warte auf diesen Freund
und sterbe für ihn!»

«Du, loser Vogel,
antworte mir:
Wo bist du heute gewesen?
Meine Lider haben die Nacht
ruhe- und schlaflos verbracht.»

«Mein Herz entfernt sich, Herr Gott,
wann kommt es zurück?
So sehr schmerzt es, mein Freund!
Es ist krank.
Wann wird es wieder gesund?»

«Geliebter, mein Nachbar bist du,
dein Haus neben meinem Haus,
und du verlässt mich?»

«Wo bleibt der Freund?
Geh zu ihm!
Er überquerte das Meer;
Gott sei mit ihm!»

Die Tochter des Herrschers und Dichters von Sevilla, al-Mu'tamid, war auch Dichterin, wie ihre Brüder, ihr Vater, ihr Grossvater Dichter waren. Sie hiess *Buthaina Bint al-Mu'tamid*. doch nur ein Gedicht von ihr ist überliefert, ohne Zweifel, weil es mit ihrem und ihres Vaters besonderem Schicksal verbunden ist. In diesem Gedicht bittet nämlich Buthaina, die nach dem Sturz ihres Vaters als Sklavin verkauft worden ist, ihren Vater, den gefangenen ehemaligen König, um Erlaubnis, den Sohn ihres neuen Besitzers heiraten zu dürfen, weil er sie ehrenhaft und liebevoll behandle und sie gerne mit ihm in die Ehe einträte.

Sie schreibt ihrem Vater:

«Höre zu und lausche meinen Worten,
denn dies ist die Haltung der Vornehmen.
Du weisst gewiss, dass ich gefangen wurde,
ich, Tochter des Königs der Banu Abbâd,
eines grossen Königs aus einer Zeit, die schon ferne liegt;

denn die Zeit bringt immer Zerstörung, Zerfall.
Gott wollte uns trennen,
Er gab uns Trauer zur Kost.
Scheinfrömmigkeit reckte sich auf gegen den Vater
und sein Königtum.
Trennung, die niemand begehrte, trat ein.
Ich floh aus der Stadt, und ein Mann griff mich auf,

der unrecht gehandelt hat, denn als Sklavin verkaufte er mich.
Freilich an einen, der mich vor allem beschützt, abgesehen vom Unglück,
und mich mit seinem Sohne verheiraten will,
der rein ist, geschmückt mit den Zeichen der Vornehmheit.
Er ist für dein Ja-Wort zu dir aufgebrochen; wie du siehst, handelt er ehrenhaft.
Bitte, mein Vater, tue mir kund, ob ich seine Liebe erhoffen darf.
Und mögest du, Rumaykiya, königliche Frau,
durch deine Gunst beschleunigen unser Glück.»
(überliefert von al-Maqqari, übersetzt von M. J. Rubiera Mata, op.cit., S. 112)

Die hier angesprochene Rumaykiya, die Mutter der Dichterin, war die sagenumwobene Lieblingsfrau al-Mu'tamids. Eine berühmte Anekdote berichtet von ihr, sie sei ursprünglich eine Wäscherin gewesen. Der König von Sevilla, als er noch einer der grössten unter den Kleinherrschern war, sei am Guadalquivir vorbeigeritten und habe seinem Freund und Minister, dem Dichter Ibn Ammâr, einen Halbvers vorgesprochen mit der Aufforderung, ihn durch einen zweiten zu ergänzen. Dies war ein beliebtes poetisches Spiel. Ibn Ammâr habe gezögert, doch die schlagfertige Sklavin habe sofort die zweite Hälfte bereit gehabt und gesprochen. Der König habe sich augenblicklich in sie verliebt, sie ihrem Besitzer abkaufen lassen und sie dann zu seiner Hauptgemahlin erhoben.

Eine weitere Geschichte berichtet dann, dass Rumaykiya einmal in Tränen ausgebrochen sei, als sie von ihrem Palast aus Frauen auf der Strasse zugeschaut habe, die mit den Füssen Lehm als Baumaterial stampften. So etwas könne sie als Königin nie mehr tun, klagte sie. Doch al-Mu'tamid habe sie dadurch beschwichtigt, dass er einen ganzen Innenhof mit Moschus und Amber auffüllen liess, so dass Rumaykiya und ihre Frauen nach Belieben mit ihren Füssen darin herumstapfen konnten.

Auch Schnee, wie er in Sevilla nie fällt, habe die ehemalige Wäscherin einmal vermisst, und ihr königlicher Gemahl wusste dem Mangel damit abzuhelfen, dass er über Nacht alle Wiesen rings um ihren Palast mit blühenden Mandelbäumen bepflanzen liess. (Dozy, Buch IV, Kap. 8).

Wallâda und Ibn Zaydûn

Doch die berühmteste aller Dichterinnen von Al-Andalus war gewiss *Wallâda,* Tochter des vorletzten Omayyaden-Kalifen Muhammed III., «al-Mustakfi», der 1024/25 kurz regierte, als Frau verkleidet aus Córdoba fliehen musste und wenig später ermordet wurde (s. oben S. 133). Seine Tochter war damals 16 Jahre alt. Sie war so vornehmen Geblütes und blieb so hoch gestellt, dass sie es sich erlauben konnte, eine Art literarische Gesellschaft um sich herum zu pflegen, in deren Rahmen sie sich Freiheiten herausnahm, wie sie geringeren Frauen jener Zeit schwerlich erlaubt worden wären. Auf den einen Ärmel ihres Kleides soll sie sich die Verse haben einsticken lassen:
«Ich, bei Gott, verdiene die Grösse
und folge stolz meinem eigenen Weg.»

und auf den anderen:
> «Dem Geliebten gilt meine Wangengrube,
> ich schenke Küsse dem, der sie begehrt.»

Eine Zeitlang war ihr Geliebter der berühmte Dichter *Ibn Zaydûn* (1003–1070), einer der grössten aller Zeiten in al-Andalus. Ihm soll sie die folgenden Verse als Brief zugeschickt haben:
> «Wenn die Dunkelheit dichter wird,
> warte auf meinen Besuch,
> denn mir scheint, dass die Nacht
> am getreuesten die Geheimnisse birgt.
> Was ich für dich empfinde,
> würde die Sonne zu scheinen verhindern,
> den Mond aufzugehen, die Sterne zu wandern.»

Wallâda habe den grossen Dichter auch mit den folgenden Versen ermutigt – oder vielleicht auch verflucht:
> «Gibt es für uns einen Ausweg aus dieser Entfernung?
> Alle Verliebten beklagen das Gleiche!
> Den Winter verbrachte ich vor der Zusammenkunft,
> indem ich brannte auf den Gluten der Leidenschaft.
> Wie kommt es, dass ich nun von dir ferne bin?
> Das Geschick erfüllte zu schnell, was ich fürchtete.
> Die Nächte vergehn, und ich sehe nicht, wie die Trennung
> ein Ende nimmt.
> Es fehlt mir die Kraft, um mich, Sklavin der Leidenschaft, zu befrein;
> Gott begiesse das Land deines Aufenthalts mit reichlichem Regenfall.»

Dies letzte ist die Segensformel, die man Verstorbenen nachspricht (dann ist mit dem Land das Grab gemeint), und deshalb könnte es sich bei diesem Satz auch um eine Verwünschung handeln.

Die ersten Gedichte, die die Liebenden austauschten, bilden einen ganzen psychologischen Roman und sind in späteren Zeiten auch als ein solcher gelesen worden. Wallâda bestand auf der Geheimhaltung ihrer Verbindung mit dem sechs Jahre älteren und sozial niedriger gestellten, doch ihr künstlerisch überlegenen Liebhaber. Er selbst indes lässt manchmal durchblicken, dass eine, wenn auch diskrete öffentliche Resonanz ihrer Beziehung sie selbst berühmt machen und auch ihm zur Ehre gereichen würde.

Er korrigiert manchmal in indirekter Art ihre Verse. Es kommt mehrmals zu Brüchen oder zur Notwendigkeit, aus Vorsichtsgründen die Beziehung abzubrechen oder sie so streng geheim zu halten, dass sie auf vorsichtige Augenkontakte beschränkt werden muß. Je komplizierter aber die Liaison wird, desto mehr scheint sie dem Dichter zu bedeuten.

> «Wenn du es wolltest, gäbe es das zwischen uns, das niemals vergeht.
> Ein wohlbehüt Geheimnis, würden gleich alle anderen enthüllt.

Du, die mir deine Liebe entzogst, gäben sie mir ein Leben für meine eigene Leidenschaft, ich nähm es nicht an!

Wenn du mein Herz auch bedrücktest, wie kein Mensch es ertragen kann, ich hielte stand!

Sei hoffärtig, ich zeige Geduld; stolz, ich erniedrige mich;

Wende dich ab, ich folge dir nach; sprich, ich höre auf dich;

Befiehl, ich gehorche dir.

Könnten die Tage mich denn betrüben, wenn du bei mir wärst? Wären sie dunkel, wo du meine Sonne bist?»

Später folgen die Verse:

«Ich hab meine Hoffnung ins Feld deiner Liebe gepflanzt, doch ernte ich nur den Tod der Frucht, die ich aufwachsen liess.

Meine Treue hast du durch Untreue belohnt; meine Freundschaft zu Unrecht billig verkauft.

Du verliessest den Zweig, der herrliche Früchte trägt, und wandtest dich einem zu, der keine hervorbringen kann.

Du weisst, ich bin am Himmel der Mond. Doch wähltest du, zu meiner Bestürzung, den dunklen Planet.»

War es der hier vom Manne genannte oder war es ein anderer Grund? Jedenfalls brach die hochgestellte Dichterin mit Ibn Zaydûn und liess sich nie mehr herbei, ihm Gehör zu gewähren. Sie fand einen neuen Verehrer in *Ibn Abdus* (1000/1–1080/1), der wie sein Vorgänger Dichter und staatlicher Würdenträger war, als Wesir zumindest ihn auch übertraf.

Dieser hielt sich schadlos, indem er einen berühmten Brief in Reimprosa verfasste; er ist bekannt unter dem Titel «Sendschreiben der Verlachung», den er so formulierte, als hätte Wallâda ihn an ihren neuen Verehrer geschrieben. Er beginnt:

«Du Mann, den seine eigene Entscheidung zerstört, und der du durch deine eigene Unwissenheit zugrunde gehst, dessen Fehler offensichtlich ist, dessen Irrtümer unübersehbar! Du Mann, der du über den Saum des Kleides deines eigenen Irrtums gestolpert bist; du Blinder, beraubt der Sonne, die alles erleuchtet; der du wie die Fliege in den Honig fällst; der du dich wie die Mücke in die helle Flamme stürzest: Du musst wissen, dass die Bewunderung seiner selbst das Lügenhafteste ist, was es gibt, und dass für den Menschen das Vernünftigste ist, sich selbst zu erkennen ...»

Wallâda, die ihrem neuen Liebhaber zeit ihres restlichen Lebens treu bleiben sollte, obwohl sie ihn nie heiratete, antwortete zornig in einem Vers, der – durchaus in der Tradition der arabischen Schmähgedichte – berühmt ist, weil es der Dichterin gelang, in einer Verszeile gleich sechs schwere Schimpfworte aufzureihen:

«Du hast dir die Sechs zugeteilt, und dieser Schimpf wird dich nie mehr verlassen, solange du lebst:

Du bist nämlich schwul, geil, lüstern, gehörnt, Zuhälter und Dieb.»

Später fand sie vielleicht, sie schulde es ihrem Ruf als Dichterin, feinere Vergleiche zu finden, ohne auf Beleidigungen ihres einstigen Liebhabers zu verzichten, und also schrieb sie:

«Abgesehen von seinen Verdiensten liebt Ibn Zaydûn die Ruten in den Hosen.

Säh er einen Palmbaum als Phallus an, verwandelte er sich in einen Specht.»

Ibn Zaydûn wurde ins Gefängnis gesperrt, wahrscheinlich wegen der Nachstellungen Ibn Abdus'. Vorgeworfen wurde ihm, in einer Erbschaftsaffäre, die eine der Frauen seines Haushalts betraf, Betrug geübt zu haben. Er hat nach eigenen Aussagen 500 Tage im Gefängnis verbracht; nach anderen Quellen sogar 5 Jahre, und zwar «an dem Ort, wo gemeine Verbrecher und Betrüger festgehalten wurden».

Schliesslich gelang es ihm, mit Hilfe des Thronfolgers Abu Walîd aus dem Haus Ibn Jahwar, das nach dem Ende des Kalifates in Córdoba die Macht ausübte, aus dem Gefängnis zu fliehen. Der Machthaber selbst, Abul-Hazm Ibn Jahwar (r. 1031–1043), den der Dichter vergeblich in prachtvollen Lobgedichten vom Gefängnis aus pries und in rührenden Versen um Gnade anflehte, war hart geblieben. Aus dem Gefängnis hat Ibn Zaydûn sein zweites in der arabischen Literaturgeschichte berühmtes Sendschreiben in gereimter Prosa an den Herrscher gerichtet, das ebenso bekannt wurde wie jenes, das er Wallâda in dem Mund gelegt hat. Dieses zweite heisst in der arabischen Literaturgeschichte: «Sendschreiben der Aufrichtigkeit». Seine Wirkung beim Herrscher von Córdoba hat es freilich verfehlt.

Weder im Auf und Ab der vorausgehenden Liebesverhältnisse noch im Gefängnis noch in den Jahren danach, die er als Exilierter fern von Córdoba zubringen musste, hat Ibn Zaydûn seine Liebe zu der Kalifentochter Wallâda je fahren lassen. Es sieht vielmehr so aus, als habe sie in dem Masse zugenommen, in dem ihm der Zutritt zu ihr verwehrt wurde und seine Liebe sich von den Erinnerungen vergangener Zeit nähren mußte. Die grössten Gedichte dieses wohl grössten aller Dichter von al-Andalus sind aus der Erinnerung geschrieben, was sie nicht nur kunstvoll, sondern auch menschlich anrührend macht.

«Leidenschaftlich gedachte ich dein in Zahrâ'. Frei war der Ausblick und die Erde mit schimmerndem Tau getränkt.

Der Frühlingswind verminderte sein beständiges Wehn, als hätte er Mitleid mit mir.

Der Garten mit seinen glänzenden Teichen lächelte so, als nähme man von der Brust einer jungen Frau den leuchtenden Schmuck.

Einstmals – in jenen Tagen des Glücks, die nun von uns gewichen sind – verbrachten wir hier die Nacht im Geheimen, während das Unglück schlief.

Wir spielten mit Blumen, deren Schönheit den Blick auf sich zog. Der Tau belud sie so sehr, dass sie sich neigten am Stiel.

Als ob ihre Augen, angesichts meiner Schlaflosigkeit, für mich Tränen vergössen; sie glitzerten hier und dort.

Eine Rose, die weit emporragte, leuchtete auf: das Licht der Morgenröte glänzte heller durch sie.

Mit ihr rang um Wohlgeruch in der Nacht die duftende Wasserlilie; sie schläft, doch am Morgen öffnet sie sich.

Alles ruft mir die Erinnerung an unsere Liebe wach. Alles zieht mich zu dir, mein Herz hängt an ihr, ob es gleich litt.

Hätte der Tod mich an jenem Tage dahingerafft, als wir zusammenkamen, darin läge mein schönster Tag.

Gott hätte einem Herzen Ruhe gewährt, das bei dieser Erinnerung stöhnt, und es wäre nicht auf den Flügeln der Liebe entschwebt.

Wenn der Frühlingswind, der die Luft durcheilt, mich mitführen wollte, brächte er dir
einen jungen Mann, den das erlittene Elend schwächt.

Oh, mein Kleinod, reichstes, vollendetes, Schatz meiner Seele, wenn je ein Liebender solch ein Juwel besass!

Unser beider Lohn lag in der Wahrhaftigkeit unserer Liebe, sie war die Arena unsres Zusammenseins, dort rannten wir frei.

Heute jedoch kann ich die Zeit nicht mehr loben, als wir uns vertrauten.
Du hast vergessen; doch meine Liebe blieb voll."

Auch die *Qasida in Nun* (das heisst, dass ihre Verse auf «N», reimen, genauer auf -înâ) des Ibn Zaydûn, wohl das berühmteste Gedicht, das je in al-Andalus geschrieben wurde, ist ein solches Erinnerungsstück. Ihre 48 Doppelverse sind kaum übersetzbar, weil ihre Schönheit in vielen rhetorischen Kunstgriffen liegt, die an die arabische Sprache gebunden sind, in ihrem Ton, Versmass und Reimen, seltenen Wörtern und Kunstausdrücken. Von anderen Werken des Dichters lässt sich in Übersetzung ein schwacher Nachklang bilden, weil ihr Reiz in den Naturbeschreibungen liegt und in der Art, wie der Dichter sie auf die eigene Lage bezieht. Doch die Qasida in Nun ist ein abstrakteres und intellektuelleres Kunstwerk, das Befindlichkeiten des Geistes in tönenden Worten zu spiegeln sucht. Er beginnt sein Gedicht:

«Das Morgenrot des Trennungstages, das jenen unserer Vereinigung ablöste, leuchtete auf; die Zeit unserer Trennung von süssen Zusammenkünften ist da.
Denn während das Morgenrot bisher der Nacht gefolgt ist, haben wir nun das Ende erreicht, und Totenkläger erhoben sich, um uns zu beweinen.
Wer kann jenen, deren Entfernung von uns uns mit Trauer erfüllt – eine Trauer, die nicht vergeht mit der Zeit, doch wir vergehen durch sie –
Zu wissen tun, dass das Geschick, das uns so lange bei Freundschaft und Nähe gelächelt hat, uns nun Tränen bringt.

Unsre Feinde waren erbost, als sie uns Liebe kredenzen sahn; sie wollten uns vom Kummer befallen sehn, und das Schicksal sprach: So möge es sein.

Da löste sich, was in unseren Seelen gebunden war, zerbrochen ward, was unsere Hände zusammenschloss.

Früher fürchteten wir die Trennung nicht; doch heute hoffen wir nicht mehr auf Zusammenkunft.

Darf ich je zu erfahren hoffen, der ich deinen Feinden nie Genugtuung gab, ob ihnen deinerseits eine Gunst zufiel?

Ich habe fest geglaubt, dass meine Entfernung nur darauf zurückging, dass du sie begehrtest, kein anderer Grund gewann Glauben bei mir.

Ich wähnte, die Hoffnungslosigkeit würde Vergessen bringen. Die Hoffnungslosigkeit kam; warum belebte sie meine Erinnerung?

Du hast dich entfernt und ich mich. Meine Flanken trockneten aus vor Liebe zu dir, meine Tränen hielten nicht an.

Wenn meine innersten Gedanken hinfliegen, um dir im Geheimen ins Ohr zu flüstern, bin ich vor Schmerz fast zum Sterben verdammt, doch erdulde ich standhaft mein Leid.

Als ich dich verlor, hat sich das Gesicht meiner Tage verwandelt: sie sind finster geworden, während doch früher meine Nächte sogar, dank deines Daseins, hell leuchteten.

Als das Leben aus nichts als aus unserer Freundschaft bestand, als die Quelle rein war, aus der die Freude trank,

Als die Zweige vom Baum des engen Zusammenseins uns ihre Früchte boten und wir davon pflückten, was uns gefiel.

Möge deine Treue vom Frühlingswasser bespült und begossen werden, denn du bist meiner Seele der Wohlgeruch, der sie verzückt.

Glaube nicht, dass meine Entfernung mein Herz verändern kann, daure sie noch so lang; Entfernung verändert nicht jenen, der liebt.

Blitz, der du die Nacht durchbrichst, geh in der Frühe hin zum Palast und verbreite dort jenes leuchtende Glück, das uns tränkte mit dem Wein von Liebe und Leidenschaft.

Und frage dort, ob die Gedanken an mich jene Freundin betrüben, deren Erinnerung diesen Abend mein Herz bedrückt.

Leichter Frühlingswind, bring meinen Gruss jener, deren Gruss, trotz aller Ferne, mir Leben bedeutete, grüsste sie mich.

Jene, die nicht sieht, dass das Geschick mich zum Tode bringt, ein Geschick, dem sie hilft, ohne dass sie zur Anklage Gründe hat.

Sie stammt aus einem königlichen Geschlecht, als hätte sie Gott aus Moschus geformt, die anderen Sterblichen aber aus Lehm,

Oder aus reinem Silber ohne Zusatzmetall, und sie gekrönt mit lauterem Gold, als er sie zierte und schuf.

Beugt sie sich nieder, beschweren sie in ihrem glücklichen Leben Halsband und Perlenschnur. Die Ringe an Hand und Fuss verletzen die zarte Haut.

Die Sonne war für sie wie eine Amme voll Zärtlichkeit, schenkte ihr Strahlen, wo sie doch ihren herrlichen Leib nur ganz kurze Zeit der Sonne hingab.

Wie wenn die Sonne auf ihrer Wange das glänzende Mal der Sterne einfärbt, als Schmuck und Glücksunterpfand.

Mir schadete nicht, dass ich nicht ihr ebenbürtiger war, weil in der Leidenschaft die gegenseitige Liebe genügt.

Garten der Liebe, seit langer Zeit hat mein Auge in dir nicht Rose noch Heckenrose gepflückt; in voller Blüte trug der Eiswind sie fort.

Du Paradies, dessen Glanz uns mit seinen Strahlen erfüllt: Lüste aller Art, Wonnen jeder Natur.

Sitz jeden Glücks! ich lebte in deinem Glück, unter dem Mantel der Wohltat; wir schleppten geraume Zeit seinen Saum.

Wenn ich dich nicht nenne, geschieht es aus Achtung vor dir, denn ich ehre dich und dein Rang verbietet es mir.

Du bist ohnegleichen; niemand erreicht deinen Rang. Es genügt mir, dich klar und deutlich zu malen:

Eden ewigen Glücks, dessen himmlische Quellwasser mir zu Eiter und Höllenfrüchten geworden sind.»

In diesem hochrhetorischen, aber in seinem arabischen Gewand harmonischen und gleichermassen elegischen Ton fährt der Dichter fort bis zu seinen Schlussversen:

«Gegen meinen Willen habe ich dich verlassen; der Zwang meines Schicksals hat mich ungewünscht zum Scheiden gebracht.

Ich traure um deinetwegen. Wenn der frische Wein mir Erregung bringt und die Sänger die Stimmen erheben,

bringt weder der Wein mir Erleichterung noch die Saiten Vergessen und Lust.

Bleibe getreu dem Liebesvertrag, solange er für uns gilt. Ein Edler handelt gerecht, so wie er behandelt ward.

Ich habe keine Freundin an deiner Stelle gesucht, keine Geliebte, die dich ersetzt.

Selbst wenn der Mond, der die Nacht erhellt, aus Liebe zu mir seine Bahn verliesse, bezwänge er mich nicht wie du.

Halte dich an den Vertrag, selbst wenn du die Gunst der Zusammenkunft nicht gewährst, Hoffnung genügt mir und die Erinnerung.

Deine Antwort brächte mir grossen Gewinn, wenn du die Gunsterweise, die du mir immer gewährtest, noch steigern willst.

Möge Gott dir, durch mein Gebet, solange Heil schenken, wie in dir glühende Liebe weilt. Verstecke sie und verrate nicht das Versteck.»

Am Hof von Sevilla

Ibn Zaydûn hat nicht nur Liebesgedichte verfasst; er ist auch ein professioneller Lobdichter gewesen. Abu Walîd Ibn Jahwan (r. 1043–1058), der ihm als Prinz zur Flucht aus dem Gefängnis geholfen und später dafür gesorgt hatte, dass er aus dem Exil nach Córdoba zurückkehren konnte, hat ihn als Herrscher in seinen Dienst genommen und für diplomatische Missionen in die anderen Ta'ifa-Königreiche verwendet. Ein berühmter Dichter mit dem gewaltigen Prestige, das ihm sein Name brachte, war eine besonders geeignete Person für derartige Aufgaben. Abu Walîd Ibn Jahwar wurde natürlich auch ein wichtiger Adressat von Lobgedichten Ibn Zaydûns.

Später hat al-Mu'tadid von Sevilla, der selbst dichtete und politisch ein Gegenspieler der Herrscher von Córdoba war, Ibn Zaydûn in seinen Dienst genommen, und er ist unter ihm sowie für eine kurze Frist unter seinem berühmten Sohn al-Mu'tamid gegen 20 Jahre lang Wesir (in al-Andalus bedeutete dies «hoher Staatsbeamter») und offizieller Hofdichter gewesen. Natürlich finden sich auch viele Lobgedichte auf al-Mu'tadid in seinem Diwan.

Ibn Zaydûn verstand sich offenbar gut mit al-Mu'tadid, obgleich dieser eigentliche Begründer der Macht der Abbâdiden von Sevilla sich als sehr grausam erweisen konnte. al-Mu'tadid hat seinen Sohn, Ismail, mit eigener Hand getötet, nachdem dieser sich gegen ihn erhoben hatte (1063), und er hätte beinahe auch den Tod seines zweiten Sohnes, des späteren al-Mu'tamid, angeordnet, nachdem dieser in Málaga, wo ihn der Berber von Granada, Bâdîs Ibn Habûs (r. 1038–1073?) überraschte, offenbar aus Nachlässigkeit ein Heer verloren hatte. Die Stadt war bereits in die Hände der Sevillaner gefallen, nur die Zitadelle wehrte sich noch gegen sie, als Bâdîs einen überraschenden Überfall durchführte und den künftigen al-Mu'tamid, der das Heer von Sevilla kommandierte, in die Flucht schlug.

Sein Vater konnte nur durch die schönen Gedichte voller Schmeicheleien beschwichtigt werden, die ihm der Prinz aus Ronda schickte, wohin er geflohen war, sowie durch die Vermittlung von angesehenen Beratern, die am Ende eine Versöhnung erreichten.

Der Prinz soll damals an seinen Vater die Verse geschrieben haben:
«Wieviele herrliche Siege hast du errungen, von denen man sprechen wird in allen kommenden Zeiten. Die Karawanen haben deinen Ruhm in die fernsten Länder getragen, und wenn die Araber der Wüste im Schein des Mondes zusammenkommen, um Heldentaten zu erzählen, sprechen sie nur von dir.»
Gegen Ende seines Gedichtes wird al-Mu'tamid weniger konventionell:
«Meine Seele zittert, meine Stimme und meine Augen wurden stumpf.
Die Rosen haben meine Wangen verlassen, obgleich ich nicht krank bin.
Meine Haare wurden weiss, obwohl ich noch jung bin. Nichts freut mich mehr.
Der Becher und die Guitarre haben ihren Zauber für mich verloren.
Die Mädchen, frech oder schüchtern, haben die Macht eingebüsst, die sie über meine Seele besassen.

Dies geschah nicht, weil ich mich der Frömmigkeit oder Scheinheiligkeit übergab; nein, bei Gott: noch kocht in meinen Adern das heisse Blut der Jugend! Nur eines würde mich heute noch freuen: deine Vergebung, und mit meinen Lanzen die Körper meiner Feinde zu durchbohren.» (Nach Dozy, Buch 4, Kap. VII)

Die Berber der Bergfestungen von Südandalusien waren die gefährlichsten Feinde al-Mu'tadids. Er hat durch einen seiner schlauen und grausamen Schachzüge viele von ihnen eliminiert. Er ging sie zuerst auf einem ihrer Schlösser besuchen. Dort sollen sie untereinander beraten haben, ob es nicht zweckmässig wäre, ihren Gast und Feind zu ermorden. Die arabischen Historiker wollen wissen, al-Mu'tadid habe sich schlafend gestellt und die Diskussion mitangehört. Nur einer der Berber habe sich energisch dem Bruch der geheiligten Gastfreundschaft widersetzt. – Dann kamen die Berberfürsten auf Gegenbesuch nach Sevilla. Dort liess al-Mu'tadid sie ins Bad einschliessen und ersticken. Nur den einen, der seiner eigenen Ermordung widersprochen hatte, liess er entkommen und belohnte ihn fürstlich.

Nach diesem hinterhältigen Streich vermochte al-Mu'tadid die überaus feste Bergstadt Ronda einzunehmen. Er liess sie noch stärker befestigen und machte seinem Stolz über seinen neuen Besitz in den Versen Luft:

«Besser befestigt als je bist du nun das beste Juwel meiner Krone, Ronda.

Die Lanzen und scharfen Schwerter meiner tapferen Soldaten haben mir erlaubt, dich zu besitzen.

Deine Bewohner nennen mich ihren Herrn und werden mich unverrückbar unterstützen.

Solange mein Leben andauert, werde ich das meiner Feinde zu kürzen wissen.

Solange Atem in mir ist, werde ich sie immer weiter bekämpfen.

Heere über Heere hab ich umgebracht, und die Häupter meiner Feinde,

wie Perlen an Schnüre gefädelt, dienen als Halsband dem Tor meines Palasts.»

Unter al-Mu'tamid (1069–91) scheint der Stern Ibn Zaydûns gesunken zu sein. Vielleicht, weil der um 30 Jahre jüngere Ibn 'Ammâr (starb 1086), der ein persönlicher Freund des neuen Herrschers war, ihn in dessen Gunst ausstach. Jedenfalls starb der Dichter bald nach dem Thronwechsel auf einer Reise, die er auf Befehl al-Mu'tamids unternahm. Der Herrscher, der damals in Córdoba Hof hielt, hatte ihn damit beauftragt, einen Aufstand der Juden von Sevilla zu besänftigen. Doch Ibn Zaydûn starb, bevor er Sevilla erreichen konnte.

Die Höfe als Kulturzentren

Die verschiedenen Herrscher suchten ihre Höfe auszuzeichnen, indem ein jeder seine eigene Art von kultureller Aktivität entfaltete. So tritt *«al-Ma-'mûn» Ibn Dhînnûn* (r. 1043–1075), der zweite Herr von Toledo aus dem Haus der Dhû-n-Nûn, besonders durch die Baukunst hervor. Al-Maqqari erzählt uns von seinem Prachtschloss, in dessen Zentrum er einen Teich habe anlegen lassen, in dem Teich eine Insel, und auf der

Insel habe er einen Pavillon bauen lassen «aus buntem Glas und goldenem Stuckwerk», das mit Wasser berieselt werden konnte. «Während so das Wasser beständig jenseits der Glaswand entlangströmte, sass al-Ma'mûn in diesem Pavillon, ohne behelligt zu werden, bei Kerzenschimmer, ein selten wundersames Bild.» – Er und seine Sklaven hörten eines Nachts einen Dichter die folgenden Verse sprechen:

«Du baust, als ob du ewig leben würdest, wo Deines

Bleibens doch nur kurze Dauer?

Wer täglich scheiden kann, begnüge sich mit dem

Schatten eines Arak-Strauchs.»

Tief bestürzt rief der König aus: «Gott empfehle ich meine Seele; ich muss gewiss bald sterben!» und tatsächlich hatte er nicht ganz einen Monat bis zu seinem Ableben, nachdem er diesen Pavillon kein einziges Mal mehr aufgesucht hatte. (Übersetzung von Hoenerbach, op. cit. S. 351)

Der Aftaside von Badajoz, *Muhammed, «al-Muzaffar»* (r. 1045–1067/8), ebenfalls der zweite Herrscher seiner Dynastie, verfasste selbst eine literarische Anthologie, die «al-Muzaffariya» genannt wurde und 50 Bände umfasst haben soll. Leider ist sie nicht erhalten.

Vielleicht, weil er sich so gut im klassischen arabischen Schrifttum auskannte, hielt al-Muzaffar wenig von den zeitgenössischen Dichtern, und er soll alle jene, die an seinen Versammlungen teilnahmen, Toren gescholten haben. Wer nicht so dichten könne wie al-Mutanabbi oder al-Ma'arri (die beiden grossen Dichter des Ostens, die auch heute noch die berühmtesten sind), tue besser daran, zu schweigen, soll er erklärt haben. Geringere Leistungen wollte er nicht anerkennen.

Doch dies hinderte seinen Nachfahren, *Omar Ibn Aftas, «al-Mutawakkil»* (r. 1072?–1095), nicht daran, einen berühmten Literaten und Dichter aus Evora, *Abdul-Majîd Ibn Abdûn,* schon in seine Dienste zu nehmen, als er noch Gouverneur von Evora war. Später brachte er ihn an den Hof von Badajoz, als er dort die Herrschaft übernahm. Ibn Abdûn (starb 1134) besass eine hohe literarische Bildung. Man sagte ihm nach, er könne das ganze «Buch der Gesänge» auswendig. Dies ist das vielbändige Werk des *Abu'l-Faraj al-Isfahani* (897–967) über Gesänge und Sänger, das sich al-Hakam in der «Erstausgabe» von Bagdad nach Córdoba kommen liess. Sein erster Druck in Bulâq (bei Kairo) von 1868/9 umfasste 20 Bände.

Berühmt wurde Ibn Abdûn durch eine Qaside, die er auf den Untergang der Banu Aftas (= Aftasiden) von Batlyaws (= Badajoz) dichtete, die *Qasida in -ra.* Ihre ersten Verse sprechen von den Wechselfällen des Glücks allgemein; dann folgen solche über grosse Männer der Vergangenheit, die jähes Unglück erlitten. Weiter zählt der Dichter eine möglichst grosse und vollständige Zahl aller Könige auf, die ihr Leben gewaltsam verloren. Er befasst sich sodann mit den «Mulûk at-Tawâ'if» (den Kleinkönigen von al-Andalus) und beendet seine Betrachtungen mit den Aftasiden und dem tragischen Tod des letzten von ihnen, des erwähnten Omar Ibn Aftas, seines bisherigen Patrons. Ibn Abdûn trat in den Dienst des erfolgreichen Almoravidengenerals Sîr über und wurde später Sekretär am Hofe der Almoraviden.

Die Qaside ist so gelehrt, dass sie eines Kommentars bedurfte, und diesen verfasste ein Landsmann und Zeitgenosse des Dichters, *Ibn Badrûn* aus Silves. Dem Kommentar, der erhalten ist, verdanken wir unsere Kenntnis der Qasida, beide zusammen wurden 1846 in Leiden von Dozy herausgegeben, nachdem ein Vorgänger Dozys, Hoogvliet, bereits im Jahr 1839 eine Studie über Gedicht und Kommentar veröffentlicht hatte, die er «Prolegomena ad editionem celebratissimi Aben Abduni poematis in luctuosum Aphtasiorum interitum» betitelt hatte. Da der Historiker Ibn Idhari al-Marrakushi die Qaside ebenfalls zitiert und E. Fagnan einen Teil dieses Historikers ins Französische übersetzt hat (Histoire de l'Afrique et de l'Espagne intitulée al-Bayano l-Mughrib, 2 Bde, Alger 1901–1904), findet man dort auch eine französische Version der berühmten Qaside.

Das Ende der Aftasiden ist bezeichnend für die ambivalenten Verhältnisse, die man im Spanien der Kleinreiche zwischen den Almoraviden und den christlichen Herrschern des Nordens der Halbinsel findet. Die Herrscher waren im letzten Augenblick eher geneigt, sich unter den Schutz der christlichen Könige zu begeben, wie al-Mu'tamid und Abdullah von Granada. Doch die Bevölkerungen neigten «dem Islam» zu und sahen in der Machtübernahme durch die Almoraviden dessen Rettung. Sie erhoben sich deshalb gegen ihre Herrscher.

Im Falle von Badajoz ging es genau so. Der erwähnte Omar «al-Mutawakkil» rief Alfonso VI. um Hilfe an, nachdem er noch kurz zuvor in Zallaqa (am 23. Oktober 1086) mit den anderen muslimischen Herrschern, namentlich al-Mu'tamid, und mit den Almoraviden, von denen er sich jetzt bedroht sah, siegreich gegen Alfonso gekämpft hatte. Er bot ihm Lissabon, Santarem und Sintra als Entgelt für seinen Schutz an. Doch als ein almoravidischer General sich im Jahr 1095 vor Badajoz einstellte, ging die Bevölkerung zu ihm über, und er konnte die Hauptstadt der Aftasiden leicht einnehmen. Omar und zwei seiner Söhne wurden nach Sevilla abtransportiert, jedoch unterwegs getötet, bevor sie die almoravidische Hauptstadt erreichten.

Nur einer der Söhne des letzten Aftasiden, al-Mansur, entkam, befestigte sich in der Burg von Montanchez (heute Provinz Cáceres) und zog schliesslich mit seinen Gefolgsleuten in das Gebiet Alfonsos VI. Er wurde Christ und Gefolgsmann des kastilischen Königs, der sich «imperator totius Hispaniae» betitelte.

Man kann aus dieser und ähnlichen Episoden, etwa jener der Tochter oder – wahrscheinlicher – Schwägerin al-Mu'tamids, der schon erwähnten «mora Zaida», die eine Gemahlin Alfonsos VI. wurde und ihm als einzige seiner Frauen einen Sohn schenkte, erkennen, dass zwischen den Aristokraten von Andalus und denen des christlichen Nordens mehr Gemeinsamkeiten bestanden als mit den Almoraviden. Doch das gleiche galt nicht für die Bevölkerung, sie fühlte sich ihren muslimischen Glaubensgenossen näher als den Christen auf der anderen Seite der Kampfgrenze. Auf diese Einstellung der Bevölkerung hatten gewiss die Gottesgelehrten einen entscheidenden Einfluß.

Al-Mujâhid von Denia (r. 1011–1044/5) sammelte Koranleser um sich. Er habe «sozusagen» alle der mit Wissenschaft befassten grossen Gelehrten seiner Zeit übertroffen, sagte ihm ein Geschichtsschreiber nach, in erster Linie bezüglich der arabischen Philologie, denn er widmete sich ihr, um die Koran-Wissenschaften studieren zu können (Koranlesung, Koran-Semantik, -Lexikologie und -Exegese), von der Jugend bis zum reifen Alter. Auf diese Wissenschaften legte er besonderes Gewicht.

Bücher sammelte er wie niemand seinesgleichen. Von überall reisten Gelehrte hinzu. Zahlreiche Autoritäten und führende Vertreter kamen an seinen Hof: Abu 'Amr, der Koranleser, Ibn Abdul-Barr, der Traditionsfachmann, Ibn Ma'mar, der Lexikograph und Ibn Sida, auch ein berühmter Lexikograph. «Ihre Lehren wurden in seiner Residenz so sehr zum Allgemeingut, dass sie sogar unter seinen Sklaven und Sklavinnen Verbreitung fanden.» (Ibn Hayyân, zitiert von Ibn al-Khatîb, Hoenerbach S. 402).

Derselbe Herrscher von Denia wird jedoch auch als launisch geschildert. «Bald lebte er enthaltsam und gottergeben, aller Eitelkeit entrückt, einzig auf Ehre und ehrenwerten Umgang bedacht, nur bei einem Koranstück und Studienbuch oder bei einem Gelehrten in der Diskussion Befriedigung suchend; bald wollte er von nichts Ehrbarem wissen und kannte nur unnützes, müssiges Treiben. Seine Freigiebigkeit war genau bemessen. (...) Trotz seiner literarischen Bildung, trotz seiner Kenntnisse war er derjenige Emir, welcher der Poesie tiefste Verachtung zollte und jeden Vortragskünstler abstiess, ihn unausgesetzt mit seiner Kritik verletzte und auf einen falschen oder unklaren Ausdruck, eine wörtliche oder abgeänderte Entlehnung festlegte.» (Ibn Hayyân, wie oben).

Denia, arabisch Dâniya, was auf das lateinische Dianium (Stadt der Diana) zurückgeht, war damals einer der wichtigsten andalusischen Häfen und eine bedeutende Handelsstadt. Die Kriegs- und Piratenflotte des Mujâhid war ohne Zweifel eine der mächtigsten im damaligen Mittelmeer.

Al-Mujâhid hat eine berühmte Seeexpedition gegen Sardinien unternommen, «eine acht Tagereisen grosse Insel, die von vier Königen im Auftrag des Herrschers der *terra magna* regiert wird», wie Ibn Hayyân zu berichten weiss. Diese Terra Magna dürfte La Magna der italienischen Chronisten sein, also Deutschland; ihr Herrscher zu jener Zeit also Kaiser Heinrich II.

Al-Mujâhid hatte zuvor schon die Balearen erobert. Er landete 1015 auf Sardinien mit 120 Schiffen, die 1000 Reiter an Bord führten, schlug die lokalen Herrscher und begann mit dem Bau einer neuen Hauptstadt auf Sardinien, wohin er seine Familie nachkommen liess. Die Beute, die er damals machte, beschreibt Ibn Hayyân als «unfassbar», vermutlich bestand sie vor allem aus Kriegsgefangenen; denn der Historiker fügt hinzu, zu jener Zeit hätte der Sklavenmarkt keinen Absatz gefunden und die Kopfpreise seien erheblich gesunken.

Die christlichen Könige der *terra magna* jedoch hätten sich gegen al-Mujâhid verbunden und seien mit solcher Macht gegen ihn ausgezogen, dass er sich nach Denia und den Balearen zurückzuziehen gedachte. Sie schnitten ihm aber den Weg ab und brachten ihm eine so schwere Niederlage bei, dass er mit blossen fünf Schiffen und vier Booten nach Denia heimkehrte. Seine Gemahlin und sein Sohn 'Ali wurden gefangengenommen.

Die Königin, Jûd, eine Christin, blieb bei den Christen. Auch ihr Sohn Ali, der dem Herrscher der «Almaniyûn» zugefallen war, blieb lange Zeit in der Gefangenschaft, weil die Deutschen ein dermassen hohes Lösegeld forderten, dass al-Mujâhid es nicht entrichten konnte. Erst nach Jahren wurde es soweit gesenkt, dass der Emir von Denia seinen Sohn auslösen konnte. Als er heimkehrte, sprach er jedoch nur deutsch und war ein Christ geworden. Sein Vater überredete ihn, den Islam anzunehmen, und er liess sich beschneiden, «erkrankte aber schwer an den Folgen».

Ali wurde schliesslich der Nachfolger seines Vaters und regierte nach einer Auseinandersetzung mit seinem Bruder Hassan, der einen Mordanschlag gegen ihn organisierte, 32 Jahre lang (1044–1076) Denia und die Balearen, bis er seinem Schwiegersohn, dem Emir von Saragossa aus der Familie der Banu Hûd, erliegen sollte. Von seiner Regierungszeit berichtet Ibn Hayyân lobend, er habe eine «das Wohl des Volkes fördernde, erfolgreiche Finanz- und Steuerpolitik getrieben». Im Jahre einer grossen Hungersnot in Ägypten (1054/5) habe er ein grosses Schiff voll von Lebensmitteln nach Alexandria entsandt, «das dann mit Geld und Schätzen beladen zurücksegelte». (Hoenerbach S. 404 ff.).

Albarracín ist eine Kleinstadt, die bis heute in ihrer Lage am Ende eines langen, auf seinem Grunde fruchtbaren Tals, das sich aber zwischen kahlen Felsenwänden hindurchwindet, an den Nahen Osten erinnert. Sie liegt südwestlich von Teruel. Die Stadt hat den Namen der sie einst beherrschenden arabischen Kleinkönige bis heute bewahrt: al-Bû Razîn, d. h. (Besitz), der *Banu Razîn*. Begründer der Dynastie war *Hudhail Ibn Razîn* (r. 1011–1044), ein Berberführer, der sich vom Kalifat von Córdoba lossagte, als dieses zerfiel. Der Herrscher von Saragossa kam in Konflikt mit Hudhail, doch dessen feste und schwer zugängliche Stadt, Sahla (das heutige Albarracín), beschützte ihn. «Er begnügte sich mit der Neuordnung seines Landes, das sich mit seines Vaters Gebiet deckte, ohne dessen Grenzen überschreiten und auf ein Stück Nachbarland übergreifen zu wollen. So herrschten bei ihm gesicherte Verhältnisse. Sein Staat erfreute sich grosser Blüte. Zeitlebens wusste dieser Fürst allen Territorialfürsten in al-Andalus aus dem Wege zu gehn.

In der ganzen Mark gab es keinen wohlhabenderen Flecken als (...) as-Sahla, so dicht liegen hier die Anbauflächen. Hudhails Vermögen wuchs beständig, da er dem Beispiele seines Nachbarn und Gleichgestellten, Isma'il Ibn Dhinnûn (von Toledo, starb 1043), folgte, nämlich Reichtümer stapelte und es an geiziger Veranlagung und übertriebener Härte mit ihm aufnahm. (...)

Die Geschichten erzählen fortgesetzt von seiner groben, rohen Art; es heisst sogar, er habe seine Mutter angegriffen und eigenhändig umgebracht.

Körperlich war er eine ausgesprochene Schönheit und glänzende Erscheinung; unter den Fürsten der eifrigste Instrumentensammler (gemeint sind Musikinstrumente); der erste, der in al-Andalus den Kauf berühmter Singsklavinnen aufs äusserste betrieb. Seine Zither gilt als das kostbarste Instrument dieser Art in Fürstenbesitz in al-Andalus.» (All dies nach Ibn Hayyân, zitiert von Ibn al-Khatib, Hoenerbach S. 390).

Ein anderer, anonymer Historiker zitiert die folgende Passage von Ibn Hayyân: «Er kaufte dem Arzt Abdullah al-Kinâni ein Sklavenmädchen für 3000 Dinare ab. Niemand sah in jener Zeit eine Frau eleganterer Haltung, lebhafterer Bewegungen, feinerer Umrisse, süsserer Stimme, die besser gewesen wäre im Gesang. Sie ragte hervor im Schreiben und in der Kalligraphie. Keine besass eine raffiniertere Bildung, eine reinere Aussprache; sie beging keinerlei Dialektfehler in dem, was sie schrieb oder sang, weil sie die Morphologie, die Lexikographie und die Metrik so wohl beherrschte. Sie kannte sogar die Medizin, die Naturwissenschaften, die Anatomie und andere Wissenszweige, in denen die Gelehrten ihrer Zeit sich ihr gegenüber unterlegen erwiesen. Sie war auch ausgezeichnet im Ringkampf, im Radschlagen, während sie Schilde hielt, sie verstand es, mit geschliffenen Lanzen, Schwertern und Dolchen zu jonglieren. In all dem hatte sie nicht ihresgleichen. Danach kaufte der Emir Hudhayl eine grosse Zahl junger Frauen, die wegen ihrer Begabung als Sängerinnen berühmt waren, und er liess sie überall suchen. Seine Frauengemächer wurden die schönsten von ganz al-Andalus.»

Dieser, anonyme, Geschichtsschreiber hat nichts am Charakter des Herrschers von Albarracín auszusetzen. Er fügt hinzu: «Zusätzlich zu allen Vorteilen, die er besass, war dieser Herrscher auch wachsam in bezug auf die Anwendung des Gesetzes. Er glich einer süssen Wasserstelle, wohin alle zur Tränke eilen und wo es leicht ist, zu trinken und Wasser zu schöpfen.» – Doch sein Sohn, Abdel Malik, der ihm nach 33 Jahren ungestörter Herrschaft (im Jahr 1044/5) nachfolgte, so berichtet dieser Gewährsmann, «war das genaue Gegenteil seines Vaters. Er fiel auf durch sein hassenswertes Betragen, das andauerte, bis er im Jahr 1103 starb, nachdem er 58 Jahre lang regiert hatte». (Zitiert von Pierre Guichard in: *L'Espagne et la Sicile musulmanes aux xie et xiie siècles,* Lyon 1990. S. 93).

Khairân, ein Sklave, der am Hofe des Kalifen Hishâm «Saqâliba»-Soldaten kommandiert hatte und uns schon begegnet ist (s.o. S. 130), versteckte sich in Córdoba, als die ersten Unruhen der Revolutionsperiode ausbrachen, und zog dann nach der Region von Murcia. Er nutzte die Angst der einheimischen Araber vor den Berbern von Granada aus, indem er ihnen versprach, «zwischen sie und ihre Feinde, die Berber, zu treten» (Hoenerbach S. 396), erhielt so einen Fusshalt in der Burg von Orihuela, schlug die Truppe, welche aus Córdoba gegen ihn ausgesandt wurde, und zog gegen die Stadt *Almería,* wo ein anderer «Sklave», *Alfâh,* als Gouverneur des Kalifen regierte. Er belagerte ihn, erschlug ihn und seinen Sohn und drang in die Stadt und ihre Burg ein (1014 od. 1015).

«Almerías Volk schätzte seine Milde, und er wählte die Stadt zu seiner Residenz: hier hielt er Hof und hortete seinen Schatz; während er sich in den durchzogenen Städten vertreten liess, stützte er sich ganz auf Almería. Er ordnete die Verhältnisse der Stadt, befestigte ihre Burg und besserte die vernachlässigten Stellen aus, bis er Almería auf den heutigen Stand gebracht hatte und niemand sich mit dieser Feste anzulegen getraute; Khairân machte aus ihr den Hauptort seines Reiches, Stapelplatz seiner Landeseinkünfte. (...)

Von Khairân stehen in Almería bleibende Monumente und berühmte Prachtbauten; er ist auch der Herrscher, der zu dieser Stadt das Wasser geleitet und das hervorragende Thermalbad angelegt hat; in seinen Tagen erreichte sie das bekannte Ausmaß ihrer Blüte, Macht und Verbreitung der Kunsthandwerke.» (Hoenerbach nach Ibn al-Khatîb, S. 398 f.).

Die Andeutung von Almería als «Stapelplatz» ist von Interesse, weil sie eine Konstante aufzeigt, die bis in die jüngste Zeit in Marokko fortdauerte. Bis in dieses Jahrhundert hinein war Marokko aufgeteilt in «al-Makhzen», das «Magazin», eben den festen Stapelplatz der Regierung, und in «Bilâd as-Sibâ'» (Land der jungen Löwen), wo die Stämme herrschten und der Sultan nur gelegentliche Feldzüge durchführte, um Steuern einzutreiben. Das Eingetriebene, darunter auch gefangene Menschen, wurde in das «Magazin» der Regierung gebracht.

Saragossa war immer eine Grenzprovinz gewesen. Schon zur Zeit der Kalifen war sie unter ihren halb erblichen Landesfürsten oder Markgrafen, den Tujibiten, gestanden. Als die zentrale Herrschaft in Córdoba zusammenbrach, hatte sich ein Grenzoffizier, Sulaymân Ibn Hûd, im Jahr 1039 der Stadt bemächtigt und ein eigenes Reich aufgerichtet, nachdem ihr bisheriger Herr aus dem Haus der Tujibiten ermordet worden war. Das Reich umfasste das Ebro-Tal, Huesca, Tudela, Lérida, Calatayud (die spanische Stadt von heute trägt noch, kaum entstellt, ihren arabischen Namen: Qal'at Ayyûb = Hiobsfestung) und reichte südwestlich bis fast nach Valencia hinab.

Der Nachfolger dieses ersten Herrschers der Banu Hûd, Abu Ja'far Ahmed Ibn Sulaymân Ibn Hûd, *«al-Muqtadir»*, regierte von 1046 bis 1081 und erwarb sich grosses Ansehen im ganzen muslimischen Teil der Halbinsel, weil es ihm gelang, die Festung Barbastro zurückzuerobern, nachdem sie im Jahre 1064 durch eine Art frühen Kreuzzuges belagert und nach einem Monat erstürmt worden war (vgl. oben S. 154). Der Verlust der Festung, die zu den wichtigsten der nördlichen Grenze gehörte, war den Muslimen als eine grosse Katastrophe erschienen, wohl weil dies die erste Einbusse einer bedeutenden Festung nach dem Zusammenbruch der zentralen Macht in Córdoba gewesen war.

Die ältesten Teile des befestigten Schlosses von Saragossa, das heute, renoviert, besucht werden kann, gehen auf Ja'far al-Muqtadir zurück, nach ihm wird die Anlage *Ja'fariya* genannt. Der spanische Nationalheld *el Cid,* dessen Waffentaten im spanischen Nationalepos, dem «Cantar de mío Cid», auf der spanischen Seite ihren Niederschlag fanden, hat von 1081 bis 1087 Abu Ja'far al-Muqtadir und dessen Nachfolger als Söldner gedient, nachdem er sich mit seinem christlichen Lehensherrn, König Alfonso VI. von Kastilien, überworfen hatte und von ihm verbannt worden war. Zuvor hatte er vergeblich seine Dienste dem Grafen von Barcelona angeboten. Später, im Jahr 1094, hat der Cid mit seinen Getreuen Valencia erobern können, und seine Witwe hat die Stadt bis über seinen Tod (vom Jahr 1099) hinaus bis 1102 gegen die Heere der anrückenden Almoraviden zu halten vermocht (vgl. oben S. 152).

Der historische Cid unterscheidet sich natürlich vom mythisch überhöhten Helden des Gedichtes. Die arabischen Quellen stellen ihn als einen grausamen Freibeuter dar, «den Gott verdammen möge». Doch sie müssen einräumen, dass er ein tüchtigerer Krieger war als all seine christlichen Zeitgenossen. Seine «Unbesiegbarkeit» dürfte ein

Zug sein, den der historische mit dem mythischen Cid gemeinsam hat. Die Almoraviden, deren Truppen die christlichen Heere anfänglich überall besiegten, besonders auch Alfonso VI., den Eroberer von Toledo, haben nur einmal, als er nicht zugegen war, seinen Truppen eine Niederlage beibringen können (in Alcira 1097). Wenn er jedoch selbst seine Ritter anführte, hat er immer gesiegt.

Der Cid hat sich mehrmals mit Alfonso wieder versöhnt; doch ist er immer von neuem mit ihm in Konflikt geraten, und er hat auf eigene Faust mehrmals almoravidische Heere geschlagen, aber auch die Armee des Grafen von Barcelona. Den Qâdi von Valencia, Ibn Jahhâf, hat er lebendigen Leibes verbrennen lassen, und einen Aufstand der Valencianer zu Gunsten der Almoraviden schlug er 1095 grausam nieder.

Die Diplomatie spielte allerdings eine grössere Rolle im Wirken des kastilischen Freibeuters und Heerführers, als dies im Heldengedicht erscheint. Nachdem er den Dienst des Hûdiden in Saragossa verlassen hatte, vermochte er seinen Aufstieg zum Herrscher über Valencia nicht allein dank seiner militärischen Gaben zu bewerkstelligen, sondern auch dank seiner Fähigkeit, die verschiedenen christlichen und muslimischen Herrscher gegeneinander auszuspielen und mit ihnen wechselnde Allianzen zu schliessen.

Unter den Christen hat er den Grafen von Barcelona und die Könige von Aragón, von Navarra und von Kastilien als diplomatische Partner und gelegentliche Gegner gehabt. Unter den Muslimen waren es der neue Herr von Saragossa sowie al-Qâdir Ibn Dhi Nûn, der von Alfonso im Jahr 1085 aus Toledo vertrieben worden war und als Ersatz Valencia erhalten hatte, aber auch der Herrscher von Albarracín, den der Cid zu Tributzahlungen zwang.

Die Witwe des «Campeador» räumte Valencia im Jahr 1102, nachdem sie und Alfonso VI., der ihr zu Hilfe gekommen war, die Stadt angezündet hatten, und ein almoravidischer General besetzte sie. Seine beiden Töchter hatte der Cid, als er auf den Höhepunkt seiner Macht gelangt war, in Valencia im Jahr 1098 oder 1099 an den Grafen von Barcelona und den Kronprinzen von Navarra verheiratet.

Der dritte Herrscher der Banu Hûd, Abu Amir Yûsuf Ibn Ahmed, *«al-Mu'taman»* (1081–1085), war ein Gelehrter und soll ein mathematisches Buch verfasst haben. Sein Nachfolger, *«al-Musta'în»* (1085–1110), wurde von den Almoraviden auf seinem Posten belassen, weil ihr Herrscher, Yûsuf Ibn Tashufîn, der Ansicht war, die Banu Hûd vermöchten am besten die Grenzmark zu verteidigen. Er ist denn auch in einer Schlacht gegen die Christen in der Nähe von Tudela gefallen.

Doch zur Zeit seines Nachfolgers, Abdelmalik, «Imad ad-Dawla» (im Jahr 1110), zog ein almoravidischer Anführer in Saragossa ein. Der Hudide überliess ihm die Stadt und zog sich selbst in die Festung Ruta (heute Rueda de Talón) zurück. Der Herrscher von Aragón, Alfonso I. «el Batallador» (r. 1104–1134), entriss Saragossa im Jahr 1118 nach sieben Monaten der Belagerung ihrem zweiten almoravidischen Gouverneur, Abu Bark Ibn as-Sahrawi, genannt Ibn Tifalwit. Die Stadt blieb seither spanisch.

Obwohl Saragossa viel weiter im Norden liegt als Toledo, ist diese Grenzstadt des andalusischen Reiches 33 Jahre länger in Händen der Muslime geblieben als die alte Hauptstadt im Zentrum der Halbinsel, Toledo.

Saragossa, die Wiege der Philosophie: Ibn Bajja

Saragossa sollte zur Wiege der Philosophie unter den Arabern Spaniens werden. Ein Schüler des Astronomen Ibn Maslama von Madrid, der Astrologe *al-Qarmani* (gest. 1065) hat die im Orient entstandenen *«Sendschreiben der lauteren Brüder»* in Saragossa bekanntgemacht. Es handelt sich um eine Art Enzyklopädie der Wissenschaften auf neoplatonischer Grundlage, die vor dem Jahr 1000 von den Ismailiten, einem extremen Zweig des Schi'ismus, zusammengestellt worden war, wahrscheinlich um als Mittel für ihre Propaganda zu dienen. (Vgl. ECI² s.v. Ikhwân).

Diese Schriften enthalten im Kern schon die Idee des schrittweisen Aufstiegs eines um Wissen bemühten Menschen asketischen Lebenswandels bis zur Gnosis, indem er «rationale Mittel» der Erkenntnis einsetzt. Der Philosoph von Saragossa, *Ibn Bajja* (starb 1139; lateinisch und spanisch: *Avempace)* hat diesen Gedanken weiter verfolgt und in seinen Schriften auf Grund von formal logischen Schlüssen gezeigt, wie ein rationaler Mensch durch Läuterung seiner Seele zur Erkenntnis Gottes kommen könne, wobei er auf einem Weg wandele, der letztlich zu den gleichen Resultaten führe, wie jene, die den Gläubigen durch die Prophetie offenbart würden.

In einem idealen Staat würde dieser rationale Weg zur höchsten Erkenntnis nach Ibn Bajja allen Bürgern der «Vollkommenen Stadt» offenstehen. Eine solche ideale Stadt hatte in Anlehnung an die platonische Tradition schon al-Farabi (starb gegen 80jährig 950 in Damaskus) geschildert. Doch wo eine solche Stadt nicht existiert, bleibt dem nach Weisheit suchenden Einzelnen nichts anderes übrig, als sich von der Gesellschaft abzutrennen und ein abgesondertes, asketisches Leben zu führen, wenn er zur Erkenntnis des Wahren gelangen will.

Ibn Bajja war auch bekannt als Dichter, Musiktheoretiker und Komponist von Liedern und als Arzt. Er hat dem letzten almoravidischen Gouverneur von Saragossa als Wesir gedient, wurde von ihm als Botschafter an den ehemaligen Herrscher der Stadt nach Rota gesandt, wohin dieser sich, wie eben erwähnt, zurückgezogen hatte. Der Hudide liess ihn jedoch einkerkern. Als er wieder freikam – wie, weiss man nicht –, scheint er nicht mehr nach Saragossa zurückgekehrt zu sein, sondern zog nach Süden. In Jaén wurde er ein zweites Mal gefangengesetzt, von dem dort herrschenden Almoravidengouverneur, Ibrahim Ibn Yûsuf Ibn Tashufin, dem Bericht eines Historikers nach wegen angeblicher Ketzerei. Diesmal soll er durch die Intervention des Grossvaters des späteren Philosophen Ibn Rushd freigekommen sein, der ein höchst einflussreicher Oberkadi in Córdoba war.

In Sevilla erhielt Ibn Bajja darauf ein zweites Wesirat, von dem dortigen Almoraviden-Statthalter, Yahya Ibn Yûsuf Ibn Tâshufin, das 20 Jahre lang gedauert haben soll. Der Philosoph, Arzt und Musiker ist auch in Granada und in Oran gewesen und er starb in Fès im Mai 1139.

Sein wichtigstes Werk hat Ibn Bajja die *«Regel des Alleinstehenden»* genannt. Asín Palácios hat es unter dem Titel: «El régimen del solitario» herausgegeben und übersetzt (Madrid 1946).

Ibn Bajja hat uns eine Schrift hinterlassen, in der er versucht, die wichtigsten Aspekte seiner Philosophie zusammenzufassen. Dieses kurze Werkchen nennt man den «*Abschiedsbrief*», weil es sich um ein Schreiben handelt, das der Philosoph für einen hochgestellten Freund und Schüler verfasst hat, den Wesir Abu'l-Hassan Ali ibn Abdul-Aziz ibn al-Imam, der wie Ibn Bajja selbst ursprünglich aus Saragossa stammte, jedoch im Dienste der Almoraviden in Sevilla wirkte und dort im Jahre 1135 unter Ibn Bajja Philosophie studiert hatte. Ein Manuskript der gesammelten Werke des Philosophen, das dieser Freund zusammengestellt hat, ist erhalten und befindet sich heute in Oxford.

Der Wesir hatte beschlossen, auf die lange und gefährliche Reise der Pilgerfahrt nach Mekka zu gehen, und der Philosoph schreibt einleitend, dass er ihn möglicherweise nicht mehr lebend wiedersehen werde. Seine Ahnung sollte ihn nicht täuschen, der Schüler ist auf seiner Pilgerreise gestorben.

«Gebe Gott dir langes Leben, vornehmster Wesir», beginnt der Philosoph seine Abhandlung. «Da du beschlossen hast, dich nach Osten aufzumachen, was mir grosse Unruhe bringt, da es sich um ein gefährliches und unsicheres Land handelt und um einen weiten Weg, der viel Zeit beansprucht, verglichen mit der gewöhnlichen Dauer des Menschenlebens ... werde ich dir daher vielleicht nicht mehr begegnen (...)

In früheren Schriften habe ich dir den Weg vorgelegt und bekanntgemacht, dem ich glaube folgen zu müssen. Dies ist ein Weg, den du teilweise auch zu begehn begehrtest, möge Gott dich deshalb ehren, und es ist einer, für den ich bekannt bin und auf dem ich mich Gefahren ausgesetzt sehe. Da ich dir vielleicht lebend nicht mehr begegnen werde, begehre ich sehr, zu dir über Dinge zu sprechen, die zu den wichtigsten und gewissesten gehören. Ich bin dir ja vorangezogen und habe so viele Jahre mehr von meinem Leben verbracht, wie sie zwischen meinen und deinen Jahren liegen – mögest du länger verweilen, so dass du mehr Jahre durchquerst, als ich sie heute hinter mir habe.

Die Freundschaft und Zuneigung, die zwischen uns besteht, veranlassen mich, die Initiative zu ergreifen und dir dieser Dinge Natur zu erklären, so dass du wissen kannst, wie du ihre sicheren Vorteile erlangst und den Schaden vermeidest, der mit ihnen einhergehen kann. Denn vielleicht wirst du zu den Glücklichen gehören, die dies anwenden können, entsprechend deiner Begabung.

Noch wichtiger ist für mich, noch notwendiger und auch süsser und begehrenswerter, dir das bedeutendste aller Dinge zu übermitteln, das ich gefunden habe: das ist die Beschreibung des Ziels, das die menschliche Natur erreichen kann, wenn sie diesem Weg folgt.»

Ibn Bajja gibt dann mehrere auf aristotelischer Logik aufgebaute Beweise dafür, dass es einem Menschen, der seine rationalen Fähigkeiten entwickle, möglich sei, die Vereinigung mit dem aktiven Intellekt zu erreichen. Diesen aktiven Intellekt sieht der Philosoph nicht als Gott selbst an, sondern vielmehr als eine erste Emanation Gottes, die es den Menschen möglich macht, Ihn zu erkennen.

Die Schrift schliesst ab mit der Versicherung, dass sogar dann, wenn ein Treffen des

Lehrers mit seinem Schüler im körperlichen Leben nicht mehr möglich werden sollte, doch eine Wiederbegegnung im Geist auf dem ihm von Ibn Bajja entdeckten Weg eine Gewissheit sei.

Die Anspielung in dem oben zitierten Einleitungstext auf Gefahren, denen sich der Philosoph auf seinem Weg ausgesetzt sehe, hat man wohl als eine Anspielung auf das sich verengende geistige Klima unter den Almoraviden zu verstehen, das eine Verfolgung wegen philosophischer Ansichten, wie sie sogar Ibn Rushd zu erleiden hatte, als Gefahr erscheinen liess. (Arabischer Text und spanische Übersetzung der ganzen Schrift von Asín Palacios, in Al-Andalus, Vol. viii, Madrid 1943, p. 1–89).

Das Muwashshaha

Eine besondere Gedichtform entwickelte sich in Al-Andalus, wo sie wahrscheinlich auch ihren Ursprung genommen hat. Man nannte sie *al-Muwashshaha,* abgeleitet von einem arabischen Wort, das einem Hals- oder Brustschmuck bezeichnet, der aus regelmässigen Folgen von eingelassenen Juwelen besteht. Das gleiche Wort bedeutet auch ein bunt gestreiftes Tuch, in dem sich die Farben in regelmässigen Folgen wiederholen. Die neue Gedichtform bestand aus Strophengedichten mit kurzen Versen, die nach festen Schemata gereimt waren. Innerhalb der gleichen Strophe wurden die gleichen oder auch verschränkte Reime verwendet. Refrains gehörten zu diesen neuen Gedichten; sie standen am Ende einer jeden Strophe und konnten auch schon am Anfang der ersten erscheinen. Das einfachste *Reimschema* eines Muwashshaha ist: ab – ccc – ab; ab – ddd – ab und so weiter. Doch dieses Grundschema kann fast beliebig kompliziert werden, indem innerhalb einer jeden Strophe komplexere Reimfolgen zur Anwendung gelangen.

Diese Gedichtform ist eng mit der Musik verbunden. Die Strophen konnten zum Beispiel von einer Einzelstimme gesungen, der Refrain im Chor aufgenommen werden. Der vorausgesandte Refrain diente dazu, dem Chor die Melodie anzugeben, die er dann im Refrain jedesmal wieder aufzunehmen hatte.

Muwashshahas dienen bis heute mit Vorliebe als Texte in der Art von Libretti für die andalusische Musik, die in ganz Nordafrika bis zur Gegenwart gepflegt und gesungen wird.

Die neue Versform stand im Gegensatz zum klassischen Gedicht der Qasida; sie wurde deshalb lange Zeit unter den Gelehrten und Hofdichtern als minderwertig angesehen. Doch ihre Geschmeidigkeit und die Möglichkeit, die sie bot, in den Kurzversen impressionistisch und knapp, manchmal blitzartig aufleuchtend, dichterische Vergleiche zu prägen, stand in einem fruchtbaren Gegensatz zu dem schweren und feierlichen Ton der Langverse einer Qasida mit ihren festen Metren und dem durch das ganze Gedicht hindurch gehenden Endreim, so dass die neue Dichtform in der Zeit der Kleinreiche grosse Verbreitung fand, zweifellos meist in Form von Liedertexten. Bald gab es Dichter, die sich ganz auf sie einstellten, und andere, die eine Doppelproduktion von Qasiden und Muwashshahas, je nach Anlass, hervorbrachten.

Die Muwashshahas dienten zuerst als Liebesgedichte, Trinklieder, Spottgedichte; in die Trinklieder wurden gerne Naturbeschreibungen eingeflochten, etwa des Gartens, in dem das Gelage stattfindet, und des Stroms, der vorüberfliesst. Mystische Dichter haben die Liebesstrophen dann auch auf die göttliche Liebe angewandt.

Nach der Darstellung, die der Anthologe Ibn Bassâm überliefert *(Kitâb adh-Dhakhîra*, Kairo 1942, vol. 2, p. 1–2), war ein blinder Hofdichter, *Muhammed al-Qabri*, der zur Zeit des Emirs Abdullah (888–912) in Córdoba gelebt haben soll, der Erfinder der Gattung. Doch Texte sind nur aus viel späterer Zeit erhalten.

Aus allen arabischen Beschreibungen der Gattung geht hervor, dass der Refrain, arabisch *«Kharja»* (Juwel) oder *«Markaz»* (Zentrum) genannt, die eigentliche Keimzelle des Muwashshaha bildete. Vom «Erfinder» al-Qabri wird gesagt, er habe «vulgärsprachliche» (d. h. dialektal arabische) oder «fremdsprachliche» (gewiss mozarabisch-«protospanische») Sätze und Ausdrücke für das «Zentrum» genommen und um sie herum die Muwashshaha (in der Hochsprache gehalten) aufgebaut. Wenn von den späteren grossen Muwashshaha-Dichtern erzählt wird, sagen viele Berichte, sie hätten sich Kharja (Juwel) oder Markaz (Zentrum) von Freunden formulieren lassen, um dann die ergänzenden Strophen dazuzudichten. Viele haben auch Kharjas aus früheren, bekannten Muwashshahas übernommen und neue Liedtexte dazu verfasst. Die Kharja zu übernehmen, galt nicht als Plagiat, gewiss weil schon der ursprüngliche Dichter sie auch irgendwo her hatte, z. B. aus dem «Volksmund».

Weil sie aus dem «Volksmund» stammte oder mindestens so wirken sollte, als sei dies der Fall, konnte eine Kharja vulgärsprachlich sein, also einem der arabischen Dialekte entstammen, die in al-Andalus gesprochen wurden. Wie es bis heute im arabischen Raum geblieben ist, gab es schon in al-Andalus die als Dialekte bezeichneten Umgangssprachen, die als gesprochene Sprache dienten, und das Hocharabische, das nur Schriftsprache war. Seine Verwendung beschränkte sich auf den Schriftverkehr, Literatur und formelle Predigten und Ansprachen, als Umgangssprache im Alltag wurde es nicht gebraucht. Von solcher «Dialektliteratur» war es dann nur noch ein kleiner Schritt weiter zu Kharjas, die ganz oder teilweise in der romanischen Volkssprache von al-Andalus, dem «Mozárabe», gehalten waren. Viele der Kharjas implizieren einen Wechsel der Person. Sie werden zum Beispiel der Geliebten in den Mund gelegt, die in den Strophen gepriesen und umworben wird. Dabei kann es sich um eine junge Frau aus dem Volk handeln, wie die spätere «serranilla», das «wilde Mädchen aus dem Gebirge», das in der spanischen Volksdichtung der klassischen Periode – und schon früher beim *Arcipreste de Hita* (starb gegen 1350) – erscheint, und es ist dann umso natürlicher, dass diese Person in der romanischen Volkssprache redet.

Nur ein kleiner Teil aller überlieferten Kharjas, vielleicht acht Prozent, sind alt-, besser protospanisch. Sie sind natürlich in arabischen Lettern geschrieben, ohne Aufzeichnung der kurzen Vokale, auch noch oft von Schreibern, die sie nicht verstanden, fehlerhaft kopiert. Ihr Verständnis ist daher keineswegs leicht und nicht in allen Fällen gesichert, obgleich sich nun schon einige Generationen von Gelehrten intensiv mit ihnen abgeben. Die Lesungen des grossen Arabisten *García Gómez* von solchen romanischen Refrains sind kritisiert worden (Las Jarchas romances de la serie árabe, en su marco, Madrid 1965, Barcelona 1975). Es gibt sogar eine Ausgabe, welche die handschriftlichen Formen reproduziert und Lesungen vorschlägt *(A. Jones:* Romance Kharjas in Andalusian Arabic Muwaššaha poetry, Oxford 1988), und ein Repertorium in deutscher Darstellung liegt auch vor *(K. Hegner:* Die bisher veröffentlichten Karǧas und ihre Deutungen, Tübingen 1960). Die neueste spanische Sammlung gibt *J. M. Solá-Solé* (Corpus de poesía mozárabe, Las Harǧas andalucíes, Barcelona 1973). Dies ist nur ein kleiner Teil der gewaltigen Bibliographie über das Thema (vollständigere Angaben in ECI² unter «Muwashshaha» von *G. Schöler).*

Diese Gedichtform hat die Aufmerksamkeit der Gelehrten schon Ende des vergangenen Jahrhunderts auf sich gezogen, weil die romanisch-sprachigen Refrains Anlass zu einer Theorie gaben, nach welcher die Troubadours, die ersten Dichter in einer romanischen Sprache, ihre Anregung von den arabischen Muwaššaha genommen haben könnten oder doch immerhin von ihnen nahestehenden Liedertexten, die von Spielleuten nach Südfrankreich gebracht worden wären. Die romanischen Kharjas könnten nach dieser Theorie Fragmente von Volksliedern sein, die nicht erhalten sind, aber den Troubadours, gewiss in Begleitung der entsprechenden Musik, als Inspiration zur Dichtung in ihrer eigenen Sprache gedient hätten.

Ein gewaltiges, ebenso leidenschaftliches wie gelehrtes Hin und Her in dieser Frage erhob sich und ist bis heute nicht ganz zur Ruhe gekommen. Die dabei entstandene Hitze der Diskussion hat, wie in der parallelen Frage der muslimischen Einflüsse auf die Divina Commedia (vgl. *Miguel Asín Palacios:* La Escatalogía musulmana en la Divina Comedia, seguida de la Historia y crítica de una polémica, Madrid y Granada 1943), damit zu tun, dass es im 19. und noch im 20. Jahrhundert Gelehrte gab, die einen «abendländischen Geist» zu erkennen glaubten, der sich vom «morgenländischen» so radikal unterscheide, dass Brücken zwischen den beiden, besonders wenn es um so zentrale Werke der abendländischen Geistesgeschichte gehe, wie sie die Troubadours oder Dante hervorgebracht hätten, einfach nicht denkbar seien.

Heute werden die möglichen Einflüsse nur noch selten völlig abgestritten, doch zahlreiche Nuancen sind in der Beurteilung der «heissen» Frage neu hinzugekommen. So kann man etwa mit *James T. Monroe* (The Muwashshaha, in: Collected Studies in Honor of Américo Castro's Eightieth Year, Oxford 1965) vermuten, dass im ganzen Mittelmeergebiet eine mündliche Volkspoesie bestand, deren Niederschlag sich in den Kharja der Muwashshaha findet, so gut wie in den aus etwas späterer Zeit überlieferten gallego-portugiesischen Liebes- und Morgenliedern und sogar noch in heutigen Volksliedern aus Ägypten, und dass sie auch als Einfluss bei den Troubadours sichtbar wird. Die Spielleute wären ihre Träger und Verbreiter gewesen, und dass die Strophenform auf die ihr manchmal genau entsprechenden Lieder und Gedichte der Troubadours eingewirkt hätte, deren Dichtung ja ebenfalls gesungen wurde, darf als durchaus wahrscheinlich gelten.

Einige Kharjas sollen hier illustrieren, worum es geht und um welche Art von Texten es sich handelt:

Gar si yes devina e devinas bi-l-haqq (arab. «in Wahrheit»).
garme cuand me vernad mio habibi Ishaq (arab. «mein Freund»)

Wenn du wahrsagen kannst und das wirklich vermagst,
sag mir, wann kommt mein Freund Ishaq'

Liedtext (übersetzt aus dem Arabischen):
Alle Schönheit liegt bei dir! Was tuen dir Schmuck und Halsbänder not! Sie stören nur, wer deinen Hals umarmen und mit Küssen bedecken will. – Als sie das hörte, sang die Myrte von Sarón freudig:

Kharja:
Oh Mama, der Juwelier braucht mir keinen Schmuck zu bereiten. Den weissen Hals wird mein Herr (mio Cidi) hervorblühen sehn, nicht den Schmuck!

Eine andere Kharja (übersetzt aus dem Arabischen):
Ostern kommt und ich ohne ihn!
Ach wie mein Herz für ihn brennt!

Eine andere, zweisprachige:

Ya rabb, como vivaray con este *al-qalaq!*

(Oh Herrgott, wie soll ich mit diesem Schmerz leben!)

weiter: Sag, was soll ich tun,
        Wie soll ich leben.
        Ich warte auf *al-habib*
        Für ihn will ich sterben!

Auch: Qué faré, mama,
       mio habib esta ad yana

(Was soll ich tun, Mamma; mein Habib (Freund) steht vor der Tür!).

In Imitation des Arabischen findet man auch hebräische Liedertexte, die ebenfalls romanische Kharjas besitzen können. So einer des berühmten hebräischen Dichters Jehuda Ha-Levi (ca. 1075 bis nach 1145) zum Lob eines gewissen Ishak ben Crispin:

Liedtext, hebräisch:
Die graziöse Gazelle würde dir ihr Leben hingeben.
Als das Mädchen sah, wie ihr Cherubim zum Flug ansetzte
und sie allein liess, gestand sie den Gefährtinnen ihre Liebe.

Kharja: Garid vos ay yermanillas
        Com contener a mieu mali
        sin el habib non vivireyi
        Advolarei domandari

> (Sagt, ihr lieben Schwesterchen,
> wie ich mein Leiden einschränken soll,
> ohne den Freund werde ich nicht überleben,
> ich werde fortfliegen, um ihn zu finden.)

Diese Beispiele sind der Schrift des grossen spanischen Philologen *Ramón Menéndez Pidal* entnommen, die er «Cantos románicos andalucíes» betitelt hat (zuerst erschienen in: Boletín de la Real Acad. Española 31, 1951, S. 187–270 und später abgedruckt in dem Sammelband: España eslabón entre la cristianidad y el Islam, Madrid 1956). Er stellt fest, dass für alle die angeführten Kharjas zahlreiche, enge Parallelen in der späteren gallego-portugiesischen Lyrik und in den Volksliedern des spanischen 15. und 16. Jahrhunderts bestehen. Er zitiert sie neben den angeführten und anderen Kharjas (S. 105–130 der Buchausgabe).

Die wahrscheinlich in al-Andalus erfundene neue Gedichtform hatte gewaltigen Erfolg in der übrigen arabischen Welt, besonders in den Ländern des Mittelmeers. Den Verfassern von Muwashshahas wurde ein eigener Namen gegeben, nicht etwa *Shâ'ir,* Dichter, der dem Verfasser von Qasidas zustand, sondern *Washshâh,* «Verfasser von Muwashshahas». Es war ohne Zweifel die Durchbrechung der engen und beengenden Regeln, die eine feierliche Vatendiktion bedingten, welcher die neue Dichtungsgattung ihren Erfolg verdankte – verbunden mit ihrer Eignung zum Lied.

Einer der wichtigsten Sammler und Theoretiker von Muwashshahas, dem wir viel von unserem Wissen über Texte und Theorie verdanken, war der Iraker *Sâfi ad-Dîn al-Hilli* (starb 1349) (vgl. Hoenerbach, in: Al-Andalus, Madrid, 15/1950 S. 297–334); ein Ägypter, *Ibn Sanâ' al-Mulk,* (1155–1211) hat das wichtigste Handbuch über die neue Gedichtform geschrieben. Er selbst hat auch Muwashshahas verfasst. Doch gesteht er, dass die seinen nicht an jene der Andalusier und Nordafrikaner herankämen, sie seien nur deren Schatten: «Doch möchte ich als Entschuldigung anführen, dass ich nicht in al-Andalus oder im Maghreb geboren bin und nicht in Sevilla gelebt habe. Ich schlug nie den Anker in Murcia und bin nicht einmal bis Meknès gekommen. Ich habe auch nie die berühmten Dichter dieser Gattung getroffen wie al-A'mas, Ibn Bâqi, Ubada und al-Husri …» (Nach Monroe, wie oben, der aus dem Werk *Dâr at-Tirâz* zitiert). Soviele Nachahmer und begeisterte Freunde das Muwashshaha im arabischen Sprachraum fand, hat es doch nie seinen andalusisch-maghrebinischen Anklang verloren.

Die oben genannten Dichter wie *al-A'ma' at-Tutîli* (von Toledo) (starb 1130 oder 1331) und *Ibn Bâqi* (starb 1150 od. 1151), *Ubada Ibn Ma' al-Samâ'* (starb nach 1030), der Anthologe *al-Husri* (starb gegen 1022), zu denen weiter der grosse Philosoph und Musiker *Ibn Bâjja* (Avempace) (starb 1139) zu rechnen ist, gehören neben vielen anderen Dichtern und Gelehrten in der Tat zu den berühmtesten Namen des Genres.

Jüdische Dichter haben die neue Gedichtform ins Hebräische übernommen, unter ihnen der oben zitierte berühmte *Yehuda Ha-Levi,* und es waren zuerst die hispanischen Refrains, die man in *ihren* Gedichten finden kann, in hebräischer statt in arabischer Umschrift natürlich, welche die Aufmerksamkeit der Forscher auf die romanischen Kharjas lenkten (vgl. *M. S. Stern:* Les vers finaux en espagnol dans les muwaśśahas hispano-hébraïques, in: Al-Andalus 1948 xiii, S. 293–346). Erst später fand man die hispanischen Kehrreime auch unter den arabisch geschriebenen Kharja-Texten.

Das Zajal

Neben dem Muwashshaha existiert das *Zajal*. Dieses hat verwandte Versformen, ist jedoch nicht hocharabisch, sondern dialektales «Strassenarabisch». Das vulgärsprachliche «Markaz» (Zentrum) bzw. «Kharja» (Juwel) fehlt; vielleicht, weil das ganze Zajal als eine Art ausgedehnter Kharja angesehen werden kann. Die Volkssprache bringt auch eigene Inhalte und eine eigene Tonalität mit sich. In seiner vulgärsprachlichen Form, eben dem Zajal, befreit sich das Strophengedicht von den aulischen Topoi der klassischen Dichtung (schönes Gesicht = Vollmond; schlanke Frauengestalt = biegsamer Zweig usw.) und befasst sich direkter mit den alltäglichen Erfahrungen und Wirklichkeiten. Auch die Zajals geben sich mit den klassischen Themen der arabischen Dichtung ab: Liebe, Trinken, Lob eines freigiebigen Gönners, Angriffe auf Nebenbuhler, Geizhälse etc. Doch der Ton ist neu und in seiner Direktheit, die bis zur Frechheit und Zote gehen kann, aber auch der zartesten Liebeserklärungen fähig ist, überraschend. «Eine Stimme aus der Gasse» überschreibt Emilio García Gómez seinen klassischen Essay über den grössten der Zajal-Dichter, *Ibn Guzmán* (nach 1086–1160), dessen *Diwân* (Gedichtsammlung) in einem einzigen Exemplar auf uns gekommen ist, das in Palästina vom Original abgeschrieben wurde. Der Name des Dichters lässt sich Guzmán, Quzmân und sogar, hochsprachlich, Quzamân umschreiben. Der Essay stammt aus dem Jahr 1933 und wurde neu abgedruckt in dem Band: Cinco poetas musulmanes, Buenos Aires 1945. In einer kurzen Beschreibung des Milieus und der Tonart bringt der Verfasser das Wesentliche des Dichters zum Ausdruck. «Der Geist überbordet die Technik», urteilt der Arabist, der selbst unter die Dichter gezählt werden darf, «die Laute muss ermuntert werden. *Komm, verflixte Laute, hilf mir!* (Zajel 4). Er lacht sogar über seine eigene Technik:

Welch anderen Vers mit r finde ich für dein Lob?
Die r sind verbraucht, keines bleibt mir. (Zajel 33)

Spontaneität und Frische! Endlich entschliesst sich ein arabischer Dichter, ohne Logik zu schreiben im Stil de coq à l'âne.» (d. h. «wie es gerade kommt»). *García Gómez* hat später alle Werke Ibn Guzmans gesammelt und zweisprachig publiziert in: Todo Ben Quzmân, 3 Bde, Madrid, 1972.

Ibn Guzmán selbst sieht allerdings seine Kunst nicht als etwas Geringes, Volkstümliches an. Im Vorwort zu seinem Diwân schreibt er: «Als ich grosse Geläufigkeit in der Kunst, Zejels zu verfassen, erlangte, und mein naturgegebenes Talent sich ihren Vorzügen leicht anpasste, verwandelten sich die besten Verfasser in dieser Kunst in meine Gefolgsleute. Denn ich hatte darin die Meisterschaft erreicht und eine technische Geschicklichkeit erlangt, deren Ruhm sich weithin ausbreitete. Ich habe die Grundsätze dieser Kunst festgelegt und sie für schwerfällige Geister unzugänglich gemacht. Auch habe ich ihre Härten getilgt und sie solange gereinigt, bis sie sanftfliessend und frei von grammatikalischen Pedanterien und technischen Komplikationen geworden ist. Obgleich sie einfach scheint, ist sie etwas Schwieriges geworden, und trotz ihres volkssprachlichen Äusseren ist sie voll von Feinheiten; obgleich sie klar zu sein scheint, ist sie nicht leicht zu verstehen, so dass, wer heute den Überfluss ihrer Strophen und Halbverse anhört, sich angeregt fühlt, ihr nachzueifern. Wenn er aber versucht, in meinen Fusstapfen zu folgen und meine natürliche Begabung nachzuahmen, die von selbst entsteht und nie ins Stocken kommt, wird er feststellen, dass er etwas Unmögliches unternimmt.» (Nach A. R. Nykl: *Hispano-Arabic Poetry and its Relation with the Old Provençal Troubadours,* Baltimore 1946, p. 270).

Ibn Guzmán, der 1160 gestorben ist, lebte im Córdoba der Übergangszeit zwischen Almoraviden und Almohaden. Die frühere Hauptstadt war nach dem Zerfall des Kalifates zu einer Provinzstadt abgesunken. Der Dichter war aus guter Familie, aber offenbar darauf angewiesen, von allen möglichen Reichen und Hochgestellten kleinere und grössere Gaben zu erbetteln; Geld und Gold gewiss, soweit es möglich war, aber – wie aus manchen Gedichten hervorgeht – auch Kleidungsstücke, Wein und Esswaren für ein Gelage.

Die Orientalisten *W. Hoenerbach* und *H. Ritter* haben 1950 neu aufgefundene Zajels Ibn Guzmáns publiziert (Neue Materialien zum Zejel, 1. Ibn Quzmân, in Oriens, Vol. 3, No 2, Leiden 1950, S. 266–315). Hieraus drei Proben in leicht abgeänderter, rhythmisierter Form:

No. 32:
«Bitter ist er», ward mir von diesem Wein gesagt,
Doch ich fand ihn süss.
Manche geben ihn auf; ich aber nicht.
Denn mein Gesetz lässt ihn zu.
Hätte ich nur einen Brunnen voll:
Meine Füsse dienten als Brunnenpfosten,
Mein Mund der Eimer daran!

Was tadelst du den Geniesser?
Was soll der bittere Vorwurf?
Hätte ich nur einen Pokal,
Gleich wer mir zürnte,
Bei Gott, ich tränke davon!

No. 36:
Mein Herz hat mir ein Knabe genommen,
Grosse und Kleine Pilgerfahrt ward mir sein Haus.
Woher immer, eilt ich zu ihm jeden Tag

Und weinte Krüge voll aus einem jeden Aug!
Als ich ankam, fragt er: «Woher kommst du denn?
Ich bin ein Mond, hüte dich, mir nachzugehen!
Um meiner Ehre willen, umkreise mich nicht!»

No. 27:
Sei wie du willst; zutraulich oder stolz, fern oder nah.
Wer dich liebt und dir dabei widerstehen kann,
Kann nicht ein Liebender sein! ...
Mir bleibt keine List und kein Trost,
Nur Warten auf die Erleichterung!
So gedulde ich mich und verberge das Leid,
Komme mir zu, was immer geschehen mag.
So geht es jedem, der auf den Schönen schaut;
Wer in der Glut weilt, schilt nicht die Flamme im Herz!
Gepriesen sei Der in deiner Gestalt
Alles Schöne vereinigt hat!
Deine Wange ist Morgen, dein Haar die Nacht, dein Körper ein Ried.
Kein Tag vergeht, keine Nacht, allezeit
Gedenke ich dein, seh' ich die Nacht, den Morgen das Ried.
Gott hat dir zwei Gnaden gewährt, die anderen fehlen:
Gleichwertig sind für deine leuchtende Jugend Abend und Vormittag.
Stehst du auf, erstehst du aus deinem Schlaf wie des Mondes Hof;
Duftest du, ist es dein eigener Wohlgeruch, kein Tropfen Parfüm!
Alle Sünden, die du mir begingst, sind vergeben, alt oder neu.
Ich bin Sklave in Liebe zu dir. Dies ist mir gewiss.
Verfüg über mich, wie du willst, wie man über Sklaven verfügt.
Alles will ich ertragen, nur zwei Dinge lehne ich ab:
Verschenke mich oder verkaufe mich nicht!
Forthin leide ich alles und trage es, in meinem Herzen ein Brand,
Vermeide es, mein Geheimniss zu offenbaren, weder dem Feind noch dem Freund;
Freund meines Herzens: du bist die Welt und die glückliche Zeit!

(Für Einzelheiten und weiterführende Bibliographie s. den ausführlichen Artikel von G. S. Colin in ECI[2], vol. 3, p. 849–852, unter dem Stichwort: Ibn Kuzmân).

Zajal vor Muwashshaha

In einigen seiner neueren Studien hat *James Monroe* nachgewiesen, dass das Zajal die Muwashshaha beeinflusst oder hervorgebracht hat und nicht umgekehrt, wie man früher gedacht hatte. Die frühere Theorie basierte auf dem Umstand, dass die bekannten Muwashshaha-Texte älter sind als die uns bekannten Zajal-Handschriften. Doch die innere Evidenz zeigt, dass die hocharabische Kunstform des Muwashshaha sich aus der Dialektform des Zajal herausgebildet haben muss. Damit stimmen auch die Angaben der zeitgenössischen Theoretiker überein, die sich alle darin einig sind, dass die Muwashshaha aus dem «Markaz» oder der «Kharja» herausgewachsen ist. Und die sind ja nun gerade der Teil des Muwashshaha-Kunstgesanges, der dialektsprachlich sein kann – wie das Zajal. Monroe hat auch Belegtexte gefunden, die beweisen, dass das Zajal, als Lied mündlich weitergegeben, lange Zeit vor dem Muwashshaha existierte. Der interessanteste Text ist die *arabische* Übersetzung eines *lateinischen kanonischen (!)* Gesetzes (die arabische Übersetzung diente wohl mozarabischen Geistlichen, die kein Latein mehr verstanden oder es nicht mehr lesen konnten), in dem erklärt wird, es sei den Geistlichen verboten, Zajal anzuhören, wie sie an Hochzeits- und Trinkfesten gesungen würden: Sie hätten vorher fortzugehen. (James T. Monroe: *Zajal and Muwashshaha*, in S. Kh. Jayyusi (ed.), The Legacy of Muslim Spain, Leiden 1992, p. 409.)

Musikalische Evidenz, die auf den in Nordafrika überlieferten und dort bis heute noch lebendigen andalusischen Gesängen beruht, von denen manche Texte aufweisen, die nachweisbar Zajals (arabischer Plural: azjâl) oder Muwashshahât aus al-Andalus sind, macht einwandfrei klar, dass die marokkanisch-andalusischen Gesangszyklen, die man *Nawbas* nennt, so eng mit dem mittelalterlichen *Rondeau* und *Virelai* Europas zusammenhängen, dass nur entweder die Rondeaus und Virelais die andalusischen Lieder oder umgekehrt diese die europäischen beeinflusst haben können. Ein wichtiges Kennzeichen der Verwandtschaft ist, dass die andalusische Musik, so wie sie uns in Nordafrika überliefert ist, normalerweise die Vierteltöne nicht kennt, die in der orientalischen Musik eine durchgehende Erscheinung sind (*B. M. Liu* and *J. T. Monroe:* Ten Hispano-Arabic Strophic Songs in Modern Oral tradition: Music and Texts, Univ. of California Publ. in Modern Philology, Vol. 125, Univ. of California Press 1974. S. auch *J. M. Pacholczyk*: The Relationship between the Nawba of Morocco and the Music of the Troubadours and Trouvères, in: The World of Music, 25/2, 1983, p. 5–16; sowie ders.: Rapporti tra le forme musicali della nawba andalusa dell'Africa settentrionale e le forme codificate della musica medioevale europea, Culture musicali: Quaderni di etnomusicologia 3/5–6, p. 19–42, sowie die Bibliographie in dem oben zitierten Artikel von Monroe im Sammelband «The Legacy of Muslim Spain»).

Die Folge von alledem ist, dass man heute anzunehmen hat, dass die romanische Liedform des Zajal = Rondeau die ursprüngliche war und sich aus ihr, durch Arabisierung und Erhebung aus der folkloristischen, romanischen und später arabisch-dialektalen in die teilweise hochsprachliche Sphäre, die Kunstform der Muwashshaha entwickelte. Begreiflicherweise wurde diese Kunstform niedergeschrieben, bevor es zu einer schriftlichen Überlieferung von gesungenen «Azjâl-Rondeaux» kam.

Dies schliesst nicht aus, dass später arabisch-andalusische Dichter wie Ibn Guzmán zu einer Systematisierung und Regularisierung des Zajal geschritten wären, wie Ibn Guzmán selbst das in der zitierten Einleitung zu seinem Diwan andeutet. Und es schliesst auch nicht aus, dass die arabischen Melodien und Verse von Muwashshaha und Zajal später wiederum auf die Troubadours zurückgewirkt haben könnten. Um so leichter, so kann man spekulieren, als das Material, das aus dem spanisch-arabischen Raum auf sie einwirkte, ursprünglich weitgehend aus dem gemeinsamen Urgrund der Volksmusik der Romania stammte, also kein Hindernis vorlag, wie es etwa die Vierteltöne der Musik des Orients hätten bilden können.

Die nordafrikanischen Spiegelungen der Musik von al-Andalus

Zum Erbe, das al-Andalus Nordafrika hinterlassen hat, gehört die andalusische Musik. Bis heute stellt sie eine besondere Musiktradition dar, die in Nordafrika, bis nach Kairo hin, von spezialisierten Sängern, Instrumentalisten und Chören gepflegt wird. Es handelt sich um eine «gelehrte» Musik, nicht um Folklore, wenngleich es vorkommt, dass einzelne Melodien aus der andalusischen Musik von der Volksmusik aufgegriffen werden, besonders für Hochzeitsfeste und Hochzeitsumzüge, und dann die Rolle von Volksmelodien übernehmen können.

Doch die klassische andalusische Musik wird vom Lehrer auf den Schüler übertragen und vom Schüler auswendig gelernt und im Gedächtnis bewahrt, bis heute. Als minimale Lehrzeit für einen Musiker dieser klassischen Musiktradition gelten 10 Jahre.

Die ersten Plattenaufnahmen sind in den letzten Jahrzehnten gemacht worden, grössere Stücke erst in den 80er und 90er Jahren. Und die ersten Umschreibungen in das westliche Notensystem haben kaum begonnen. Die erste Nawba durch Muhammed Briouel, den Hauptschüler des heute massgebenden Meisters der andalusischen Musik in Marokko, des greisen Abdel Karim Rais, erschien bei Editions Haj Abdelaziz Hilmi, in Rabat, (ohne Jahr, 1992?, Texte arabisch).

(Plattenaufnahmen gibt es mehr: z. B. Andalusian music from Morocco, 2 CD BMG Classics GD 772413, von der Scola Cantorum Basiliensis, auch: 3e Festival de musique andalouse, Alger 1972, 10 Langspielplatten mit Orchestern und Solisten aus Algier, Kairo, Constantine, Marokko, Tunis, Blida, Souk Ahras, Oran, Mostaghanem, Libyen, sogar aus der Türkei und dem Iran. Prod. RTV-Alger, Réalisation: Club du disque Arabe, 27 rue Merceur, 75011 Paris. Der arabische Titel lautet bemerkenswerter Weise: ‹3. Festival der *algerischen* Musik›. Eine jede nationale Radiostation in Nordafrika besitzt ihr eigenes andalusisches Orchester.

Neuere Aufnahmen: Musique andalouse marocaine, hommage à Abdelkrim Rais, orchestre Al-Brihi de Fès sous la direction de Abdelkarim Rais, Institut du Monde Arabe, distr. Blue Silver, P et C 1993. Es gibt neuerdings eine Sammlung aller Nawbas, die Abdel Karim Rais beherrscht und besitzt: Maison des cultures du monde, Paris; Anthologie al-Ala, 73 CDs, erhältlich bei Espace rond point, Théâtre Renaud Barrault, 2 bis Ave Franklin Roosevelt, F 75008, Paris 6900).

Es handelt sich um eine chorale und orchestrale Musik, in die allerdings auch Solostücke und Improvisationen einzelner Sänger oder Instrumentalisten eingeschoben werden. Die Nouba, hocharabisch: *Nawba* (= Tournée, tour, und davon Gruppe, Orchester) ist die Makro-Einheit dieser Musik; die *San'a* (= Stück, Kunstwerk) die Mikroeinheit. Eine Nawba ist eine lockere Suite von verschiedenen Stücken; im einfachsten Fall besteht sie aus einer Einführung, die dazu dient, den Modus des Gesamtstückes einzuführen. Sie kann unterteilt sein in instrumentale Teile, chorale und noch einmal kürzere instrumentale. Der Hauptteil beginnt mit einer instrumentalen Einführung, *Tushiya* genannt, und fügt dann die einzelnen San'a (Kunststücke, Lieder) hinzu, meist fünf. Auch heute noch besteht ein Repertoire von rund 1000 San'a-Stücken (der arabische Plural ist sanâ'iya).

Sie sind in verschiedenen Rhythmen gehalten, wobei mit den langsameren begonnen und mit den schnelleren geendet wird. Zwischen die San'a-Stücke können Solos eingefügt werden, entweder instrumentale oder gesungene.

All diese Begriffe haben natürlich ihre spezifischen arabischen Namen. Die Rhythmen etwa von langsam zu schnell sind: *Basit, Kâ'im wa nisf, Batâ'ihi, Daraj, Kuddâm*. Ein gesungenes Solo heisst: *Mawwal;* ein instrumentales: *Baitain*. Heute gibt es noch 11 Nawba in Marokko, einst kannte man 24, eine für einen jede Stunde von Tag und Nacht… Eine volle Nawba dauert etwa 4 Stunden, doch normalerweise spielt ein marokkanisches Orchester in einer Konzertsitzung (die bis zu 7 Stunden dauern kann) Auszüge aus verschiedenen Nawbas.

Die Nawba soll schon von Ziryâb, also in der Zeit Abdurrahmâns II. (der 852 starb) erfunden worden sein. Seit jener Zeit gibt es jedenfalls die Grundidee, dass den langsameren, feierlichen die schnelleren, fröhlicheren Stücke zu folgen hätten. Der Musiktheoretiker Ahmed at-Tifâshi aus Tunis (1184–1253) überliefert, dass Ziryâb und seine Musiktradition bis ins 11. Jahrhundert hinein dominiert hätten. Damals habe Ibn Bajja aus Saragossa, der Philosoph und Musiker, christliche Melodien mit jenen östlicher Herkunft verschmolzen und einen Stil geschaffen, der nur in al-Andalus gefunden werde. (Darüber mit Text: M. Taji, in: Al-Abhâth, American Univ. of Beirut No. 21; 2, 3, 4, Beirut 1968: at-Tarâ'iq wal-alhân al-mûsiqîyya fi Ifriqiya wal-Andalus; und B. M. Liu und T. Monroe: Ten hispano-arabic songs in the modern oral tradition, in: Modern Philology 125, Berkeley, Los Angeles, London 1989, S.36–44).

Natürlich sind die Nawbas, die wir als das Gesamtrepertoire der andalusischen Musik ansprechen können – in der klassischen andalusischen Zeit soll es bis 500 von ihnen gegeben haben – in den langen Jahrhunderten ihrer Überlieferung, trotz aller Strenge, mit der die Meister darauf achteten, dass die Schüler genau ihrem Vorbild folgten, umgestaltet und in verschiedene Richtungen ausgebaut worden.

Dies gilt zum Beispiel von den verwendeten Instrumenten. Heute hat ein Orchester für andalusische Musik mindestens eine (europäische) Geige und Altgeige, die beide auf das Knie gestützt gespielt werden. Früher, in der klassischen Zeit, war *al-Bûq*, die Hornpfeife, das dominierende Instrument, und zwei Arten der Flöte, *Shukra* und *Nura*, waren ebenfalls wichtig.

Es ist trotz der Einführung der Geigen bis heute der Rabâb-Spieler geblieben, der das Orchester mit seinem Instrument anführt. Das *Rabâb* ist der Vorfahre der modernen Viola-Familie. Auch die anderen Instrumente sind alt: *al-'Ud*, die Laute in ihrer klassisch arabischen Form, und *Qanûn*, unter altes Psalterium. Neu hat Abdel Karim Rais eine *Darbouka* (Tamburin) zu seinem Orchester hinzugefügt, um die verschiedenen Rhythmen deutlicher zu unterstreichen. Zum Orchester gehören die Chor- und die Solosänger oder -sängerinnen. Rais hat es im Falle seines Orchesters auch auf sich genommen, die Zahl aller Spieler zu verdoppeln.

Über die Zusammensetzung der Nawba wissen wir, dass im 18. Jahrhundert der bedeutende Musiker al-Ha'ik die Nawbas (der korrekte Plural wäre «Nuwâb») neu geordnet hat. Er stellte eine erste Nawba zusammen, die aus lauter religiösen Gedichten zusammengesetzt ist, den Namen *Hijâz al-Mashriqi* führt («Hijâz im arabischen Osten», nach der arabischen Landschaft, in der der Prophet gelebt hat) und nach dem Modus *raml al-maya* («Rieseln des Wassers») gespielt wird. Ihre Worte sind so gut wie alle Gedichten zum Lob des Propheten entnommen. Wahrscheinlich wollte al-Hâ'ik durch diesen religiösen Auftakt das Wohlwollen der Gottesgelehrten gewinnen. Sie haben bekanntlich immer aller Musik skeptisch bis ablehnend gegenübergestanden. Im Falle der andalusischen Musik ist dies nicht verwunderlich, weil ihre Texte aus Liebesliedern, Weinliedern, Naturbeschreibungen bestehen. Manche sind alte *Muwashshahas* aus der klassischen andalusischen Zeit, andere wurden später verfasst. Die Liebes- und Weinlieder lassen sich freilich auch immer im mystischen Sinne verstehen und können dann als fromme Gedichte genommen werden. Es handelt sich in diesem Fall jedoch um die Frömmigkeit der Mystiker, die den Gesetzesgelehrten immer etwas verdächtig war.

Seit al-Hâ'ik scheint sich die andalusische Musik nicht mehr wesentlich geändert zu haben, wenn man von der Tendenz mancher moderner Orchesterchefs absieht, mit modernen Instrumenten zu experimentieren, etwa dem Klavier, die von den Anhängern der strikten Tradition natürlich abgelehnt wird.

Das Verhältnis von Lehrer und Schüler illustriert ein Bericht in «Le Monde» vom 28. Mai 1993, den Véronique Mortaigne über einen Besuch im Konservatorium von Fès bei Abdel Karim Rais, der damals 81 Jahre alt war, geschrieben hat. Der Musiker zeigt ihr «eine Photographie aus dem Jahr 1939, auf der Rais erscheint, erstaunlich jung und stolz, wie er die Oudh, die orientalische Laute unter den finsteren Augen von (seinem Lehrer) al-Brihi spielt. Der Meister ist konzentriert, hart, mit strenger Lippe. ‹Heute ist er es (Rais), der so dreinschaut›, kommentiert ein junger Schüler, der dann von seiner Beziehung zum Meister spricht. ‹Man muss ihn in allem nachahmen. Es ist wie eine Beziehung zwischen Vater und Sohn. Er befiehlt nicht, tadelt nicht; er lehrt. Später muss man sich seiner würdig erweisen, das Vertrauen verdienen, das er auf uns setzt in jeder Hinsicht.›» Die Besucherin unterstreicht: «Dem Vorbild angemessen sein, seiner würdig: dies ist eine vorherrschende Sorge, und sie erklärt, wie eine Kunst, die so stark ausgefeilt ist, die Jahrhunderte durchqueren konnte und dennoch ihren Charme und ihre Frische bewahrt hat.»

Die andalusische Musik ist der arabischen bildenden Kunst zutiefst verwandt. Sie ist, wie die Arabeske, eine Kunst der Dauer und der Wiederholung. Es geht dabei letzten Endes, wie bei der Arabeske, um ein abstraktes Abbild, eine Abspiegelung der Harmonie der Schöpfung, bewegt, aber letztlich unter das Gesetz des Schöpfers gestellt. Ihr Zauber liegt in beiden Fällen, Ornament und Musik, in der Wiederholung (mit eventuellen Modifikationen), die Gewissheit schenkt und die Sicherheit verleiht, dass die

Welt in Seinen Händen ruht. Sie mag dahinfliessen, ausserhalb unserer Kontrolle, aber Rhythmus und Wiederholung machen deutlich, dass dies nicht willkürlich und ausserhalb eines jeden Gesetzes geschieht. Trotz und Lebensfreude mischen sich in dieser Musik, und es ist schwerlich ein Zufall, dass sie heute in erster Linie als Hochzeitsmusik Verwendung findet. Als solche spricht sie vom Fliessen der Generationen, auch wieder unter dem allgültigen Gesetz, das sie überwölbt. (Über die Bedeutung der Wiederholung, «die zur Ekstase hinführen kann», s. T. Ch. Bürgel: Allmacht und Mächtigkeit, München 1991, besondere p. 128, und derselbe in S. Kh. Jayyusi, The Legacy of Muslim Spain, Leiden 1992, p. 626–659 über «Ecstasy and Control in Andalusian Art»)

Die echten Liebhaber, berichtet Véronique Mortaigne, «jene, welche die elf Nawbas bis in die Fingerspitzen beherrschen, verschieben ihre Hochzeit, um gewiss zu sein, dass sie unter dem Vorsitz von Abdel Karim Rais stattfindet». Sie schliesst mit dem Satz: «Zuhinterst im Hof schlägt ein ganz junges Mädchen den Rhythmus mit der Hand auf eine Schulbank und singt dazu von der Schönheit der Liebe und der Süsse der Rebe. Fès hält durch.»

Die Übermittlung nach Spanien und der Provence

Darüber, was die Nawba im alten Andalus war, wissen wir nichts Direktes. Es gibt nur seltene literarische Zeugnisse. Ausgehend von ihnen haben die Musikhistoriker und die andren Fachgelehrten Theorien entwickelt, die einander nicht selten widersprechen. Die Frage der alten andalusischen Musik ist besonders heiss, weil mit ihr das umstrittene Problem der möglichen arabischen Ursprünge oder Beeinflussung der ersten europäischen Lyrik, jener der Troubadours, eng verbunden ist. In der Tat ist es höchst wahrscheinlich, dass die Übertragung, falls es eine solche gab, über die Melodien der auf beiden Seiten, der arabischen und der provenzalischen, gesungenen Lyrik geschah.

Dass die andalusisch-arabische Musik einen bedeutenden Einfluss auf die altspanische ausübte, ist aus den Namen der Instrumente im Spanischen ersichtlich. Alle Instrumente der Araber von al-Andalus haben ihre Entsprechung mit arabischen Namen im Spanischen: *al'ud,* el laud, die Laute; *sunûj,* sonajas, die Zymbeln; *ad-duff,* adufe (Handtrommel); *at-tabl,* atabal, die Trommel; *al-bûq,* albogue, die Hornpfeife; *an-nafir,* añafil, die Trompete; *ar-rabab* rebel, rebec, Frühform der Geige; *el-qitar,* la guitarra.

Die Miniaturen der Originalhandschrift der «*Cantigas de Santa Maria*» von Alphons dem Weisen zeigen uns, dass damals, im Toldeo des 13. Jahrhunderts, arabische und christliche Musikanten gemeinsam auftraten und spielten. Das muss bedeuten, dass sie gemeinsame Repertoires besassen oder mindestens Melodien und Motive, die in der Musik beider gemeinsam vorkamen.

Aus der Literatur kennen wir viele Geschichten über die Singsklavinnen. Zuerst besass Córdoba ein Monopol, später wurden auch jene von Sevilla besonders berühmt. Musikfachleute erzogen sie und konnten sie, wenn sie ihre Musik beherrschten, für gewaltiges Geld an die Höfe und andere reiche Liebhaber verkaufen; 1000 Dinar, «nur auf Grund ihres Gesangs», werden als Preis genannt. Solche Singspezialistinnen sollen manchmal gegen 500 Nawbas beherrscht haben, das heisst: in Wort und Melodie auswendig gewusst.

Der Romanist *Roger Boas* weist darauf hin, dass solche Singsklavinnen zu den wichtigsten Übermittlerinnen gezählt haben müssen, durch welche arabische Lied- und Gedichttexte an die provenzalischen Höfe übermittelt wurden. Er zeigt auch auf, dass es bedeutende Ähnlichkeiten zwischen den Inhalten der Texte und der dahinterstehenden Liebestheorie und Liebesphilosophie gibt, die man auf beiden Seiten der sprachlichen und religiösen Trennungslinie findet. Als die Festungsstadt Barbastro nordöstlich von Saragossa im Jahr 1064 in einem «Prä-Kreuzzug» erobert wurde (vgl. oben S. 154) sollen nach Angaben einer lateinischen Chronik *(Amatus de Cassino,* Historia Normannorum, geschrieben 1080–83) nicht weniger als 1500 (Sing?)Sklavinnen erbeutet worden sein. Man hat anzunehmen, dass sie als Lautenspielerinnen und Kurtisanen an die verschiedenen provenzalischen Höfe verteilt wurden, deren Ritter an dem Feldzug beteiligt waren. Die Zahl mag sehr hoch gegriffen sein, doch sogar wenn es die Hälfte waren, wäre ein Einfluss dieser Musik-Spezialistinnen schwerlich ausgeblieben. Der Vater des ersten Troubadours, Wilhelms IX., Wilhelm VIII. von Aquitanien, befand sich unter den Eroberern. Sein Sohn, der ihm 1087 als 15jähriger nachfolgte, könnte leicht einige der Singsklavinnen aus dem Beuteanteil seines Vaters geerbt haben. Er heiratete später die Witwe des Königs von Aragón, Phillippa. Der König war 1094 bei der Belagerung von Huesca gefallen. «Ihre Gefolgschaft dürfte sehr wahrscheinlich einige Spielleute und musizierende Frauen enthalten haben, die jenen ähnlich waren, die in Barbastro gefangengenommen worden waren» *(Angus MacKay,* Spain in the Middle Ages: From Frontier to Empire 1000–1500, London 1977, p. 93) (All dies nach Roger Boas: Arab influences on European love-poetry, in S. Kh. Jayyusi (ed.): The Legacy of Muslim Spain, Leiden 1992, p. 465).

Wie so oft ist es Ibn Hayyân, der uns die aufschlussreichste Erzählung in diesem Zusammenhang übermittelt:

Ibn Hayyân über den Fall von Barbastro

Ibn Hayyân sagte: «Ich will diese Nachrichten, die die Herzen erregen (über die Eroberung und Plünderung von Barbastro und die Ermordung Tausender der Kriegsgefangenen trotz anderslautender Versprechungen, Vergewaltigung der Frauen vor den Augen ihrer Väter und Gemahle u. a. mehr, was alles vorausgeht), mit einer Anekdote beenden, die weitere Erklärungen unnötig macht. Ein jüdischer Händler kam nach Barbastro, nach den Ereignissen, und versuchte einige der Töchter von Würdenträgern, die hatten fliehen können, loszukaufen. Sie waren unter den Beuteanteil eines Grafen (Qûmîs) gekommen, den der Händler kannte. Er erzählte: Ich wurde in sein Haus in Barbastro geleitet, bat um Zulassung und fand ihn, wie er an der Stelle des Hausherren sass, ausgestreckt auf seinem Ruhebett, eingekleidet in seine wertvollsten Gewänder. Der Wohnraum und das Ruhebett waren genau so, wie sie ihr Herr am Tage des Unglücks zurückgelassen hatte, nichts an ihrem Schmuck und ihrer Zierde war geändert worden. Seine jungen Dienerinnen standen mit eingebundenen Haaren zu seinem Haupte und befleissigten sich, ihm zu dienen.

Er hiess mich willkommen und fragte mich nach meinem Begehren. Ich liess ihn wissen, was meine Absicht war und deutete ihm an, ich sei bereit, reichlich für einige der Frauen zu bezahlen, die sich vor ihm befanden. Denn gerade in ihnen lag meine Aufgabe. Er lächelte und sagte in seiner Sprache: ‹Du willst sofort jene, die wir dir gezeigt haben! Lass ab von denen, die hier sind, und bediene dich derer, die du willst, von jenen, die ich in der Festung eingesperrt habe, Beute und Gefangene. Ich will dir jene, die du von ihnen willst, billig geben›. Ich antwortete: ‹In die Festung zu gehen scheint mir nicht das Richtige für mich; mir ist es wohl in deiner Nähe, und in deinem Schutz fühle ich mich sicher. Verkauf mir einige von denen, die hier sind, und ich will dir geben, was du begehrst›. Er fragte: ‹Was hast du denn bei dir?› Ich sagte: ‹Viel gutes Bargeld und seltene Kleiderstoffe erster Qualität!› Er antwortete: ‹Du redest, als wolltest du mich mit Dingen locken, die ich nicht habe. – Du, Baja›, rief er eine der jungen Dienerinnen – er wollte Bahja sagen, aber sprach es in seiner barbarischen Sprache falsch aus – ‹steh auf und bring mir, was in jener Truhe ist›. Sie erhob sich und brachte ihm Beutel von Dinaren und Säcke voll Dirhems, Körbe voll von Juwelen. Sie holte es hervor und stellte es vor dem Barbaren ('Ilj) auf, bis er fast dahinter verschwand. Dann sagte er ihr: ‹Bring mir auch von den Tüchern›, und sie brachte ihm eine Anzahl von bunten Seidenstoffen, Rohseide und Sammet, so wertvoll, dass sie meine Augen verwirrten und ich als unbedeutend erachtete, was ich mitgebracht hatte. Dann sagte er zu mir: Davon habe ich soviel, dass ich keine Freude mehr daran habe. Und dann schwor er zu seinem Gott, wenn er nichts von allem dem hätte und man wollte es ihm in Tausch geben für jene, würde er das Mädchen nicht aus der Hand geben. ‹Sie ist die Tochter des Herrn des Hauses und er ist angesehen in seinem Volk. Ich habe sie ausgewählt wegen ihrer aussergewöhnlichen Schönheit für meine Nachkommenschaft; genauso, wie ihr Volk es mit unseren Frauen machte, als es die Herrschaft besass. Die Reihe ist nun von ihnen an uns gekommen, und es geht uns nun so, wie du siehst. – Ich will dir weiter sagen: Jene schöne Frau›, und er zeigte auf ein anderes Mädchen, das auf der anderen Seite stand, ‹ist die Sängerin ihres Vaters, die ihm in seinen Weinlaunen vorsang, bis wir ihn aus seinem Schlaf weckten! – ‹Du da›, rief er ihr in seiner unbeholfenen Sprache zu: ‹Nimm deine Laute und singe etwas von deinen rührenden Melodien für unseren Gast!› Sie nahm die Laute, setzte sich, um sie zu stimmen, und ich bemerkte eine Träne, die auf ihre Wange gefallen war. Sie wischte sie weg, ohne es den Barbaren merken zu lassen. Dann begann sie ein Gedicht zu singen, das ich besser verstand als der Barbare. Es war seltsam zu sehen, wie sie ihn zum Trinken anregte, woran er ohnehin war, und wie er sich von ihrem Singen beeinflusst zeigte. Als ich sah, dass ich meine Aufgabe bei ihm nicht voranbringen könnte, stand ich auf und verliess ihn. Ich wollte meine Geschäfte anderswo fortführen. Ich erfuhr so, wieviel Gefangene und Beute jene Leute besassen, und mein Erstaunen darüber dauerte lang. In dieser Geschichte ist eine Lehre für den Verständigen und eine Mahnung für jeden, der sie sich zu Herzen nimmt.» (al-Maqqari, ed. Beirut 1986, vol 6, p. 241).

Die Almoraviden
(al-Murâbitûn)

Über die Ursprünge der Almoraviden sind wir nur ungenau orientiert. Ihre Ribat oder Grenzfestungen für Glaubenskämpfer müssen nach Ansicht der späteren arabischen Geschichtsschreiber auf der Südseite der Sahara gelegen haben, an einem grossen Fluss, vielleicht dem Senegal, vielleicht aber auch dem Niger. Doch die frühesten Quellen sprechen eher von Südmarokko und Rio de Oro (s. F. Meier, Almoraviden und Marabuke, in: Welt des Islams 21, 1939, p. 80–163 und ECI[2] unter: «Murâbitûn».) Ihre strenge «puritanische» und, wie wir heute sagen würden, fundamentalistische Glaubensrichtung und Religionsbegeisterung ist an der südlichen Grenze des Islams entstanden. Wir wissen, dass Mitglieder des berberischen Lamtunah-Stammes, der zur grossen Stammesföderation der Sanhâja gehörte, gegen 1038 unter Führung von *Yahya Ibn Ibrahim* die Pilgerfahrt nach Mekka unternahmen. Auf der Rückreise machten sie in Kairouan Halt, wo Yahya mit einem berühmten Religionsgelehrten und Schari'a-Fachmann, *Abu Imrân al-Fasi,* bekannt wurde. Dieser sandte ihn weiter in den marokkanischen Sûs zum «Haus der Murâbitûn» des Wajâj al-Lamti und dieser gab ihm auf seine Bitte hin seinen Schüler *Abdallah Ibn Yâsin al-Jazulî* als Begleiter und geistlichen Mentor mit auf die Reise in die südlichen Wüsten. Ibn Yâsin hatte zuvor sieben Jahre in Córdoba studiert. Dieser Ibn Yâsin (starb 1058) sollte zu jener Kraft werden, die eine neue Intensivierung des Islams in der Region zwischen der Sahara und dem Mittelmeer auslöste.

Entsprechend der bei den Berbern immer wieder hervortretenden Tendenz, sich einem Heiligen Mann als Religionsübermittler anzuschliessen, wurde Ibn Yâsin zum religiösen Chef der Lamtunah. Zu Beginn war er noch nicht allzu erfolgreich. Viele der Stammeschefs sahen die Anforderungen, die er ihnen gegenüber erhob, als allzu streng an. In manchen Einzelheiten dürfte das von ihm vertretene Gottesgesetz dem Gewohnheitsrecht der Berber widersprochen haben, wie das heute noch oft der Fall ist. Ibn Yâsin sah sich veranlasst, eine *Hijrâ* durchzuführen, das heisst nach dem Vorbild des Propheten mit einer kleinen Schar von Anhängern und Gläubigen die Stämme zu verlassen und im Exil der Auswanderung (eben der Hijrâ) einen eigenen Gottesstaat zu gründen. Der Ort seiner Hijrâ sollten die erwähnten Ribat, Glaubensfestungen, werden.

Die Macht der Gefolgsleute Ibn Yâsins wuchs. Der Gottesgelehrte wurde zur Macht hinter den Stammeschefs der Lamtunah. Nach dem Tod von Yahya Ibn Ibrahim (1042) ernannte der Gottesmann Yahya Ibn 'Umar, zum Oberhaupt. Er nahm den Titel «Amir al-Haqq» an, das ist: «Fürst oder Kommandant der Wahrheit oder Gerechtigkeit», und unterstellte sich freiwillig dem Gottesgelehrten. Diesen, Ibn Yâsin, nannte man nun den «Fürsten, der erlaubt und verbietet», was einer koranischen Formel entspricht. Ibn Yâsin soll sogar einmal Yahya Ibn 'Umar mit Peitschenschlägen haben bestrafen lassen, weil er persönlich an einer Schlacht teilgenommen hatte, während Ibn Yâsin fand, ein Befehlshaber habe sein Leben zu schonen, weil das seines Heeres von dem seinen abhänge.

Es war wiederum Ibn Yâsin, der nach dem Tode des Herrschers im Jahr 1056 dessen Bruder, Abu Bakr (starb 1087 im Sudan), auf den Thron setzte. Dieser zog mit einem Heer von bloss 2000 Mann aus der Wüstenstadt Sijilmasa, tief im marokkanischen Süden, nach Aghamât, nicht weit vom heutigen Marrakesh. Er heiratete die Witwe des bisherigen Beherrschers jener Stadt, Königin Zaynab aus dem Berberstamm der Nafzâwa, was ihm offenbar Einfluss bei den lokalen Berbern verschaffte. Von Aghamât aus sandte er seine Heerführer und Glaubenskämpfer über ganz Nordwestafrika aus. Unter ihnen befand sich ein Neffe, Yûsuf Ibn Tâshufin oder Tâshfin, der ein ganzes Reich in Nordafrika eroberte. Es reichte von Marokko bis zum heutigen Algier hinüber.

Doch im Jahr 1061 musste Abu Bakr selbst seine Hauptstadt, Aghamat, verlassen, um gegen eine Rebellion im Süden seines Reiches, jenseits der Sahara, vorzugehen. Er setzte seinen erfolgreichsten Kommandanten, eben Ibn Tâshufin (r. 1061–1107) als Stellvertreter ein und verheiratete ihn mit seiner Berbergemahlin, Zaynab, nachdem er sich von ihr geschieden hatte. Ibn Tâshufin sollte sich darauf zu einem unabhängigen Herrscher erheben, der sich sogar seine eigene, neue Hauptstadt erbaute, Marrakesh. Er nahm Fès ein und drang bis an die Mittelmeerküste vor, deren wichtigste Städte, Tanger und Ceuta, ebenfalls in seine Hände fielen.

Abu Bakr kehrte 1073 aus dem Süden zurück, doch Ibn Tâshufin hatte seine Macht bereits so wohl befestigt, dass sein Onkel es nicht mehr wagte, ihm die Oberherrschaft streitig zu machen. Er begnügte sich damit, viele wertvolle Geschenke von seinem Neffen entgegenzunehmen und zog sich wieder in die südliche Wüste zurück.

Die erste Gesandtschaft, welche die Ta'ifa-Könige hilfesuchend an die neue Grossmacht richteten, die so schnell in Nordafrika erstanden war, bestand aus Qâdis der verschiedenen Städte und trug damit ein religiöses Gepräge, gewiss dazu bestimmt, den glaubensstrengen islamischen Machthaber zu beeindrucken. Ihr Hauptargument, um eine Intervention zu fordern, war, dass die Ungläubigen aus dem Norden das muslimische al-Andalus bedrängten; die Almoraviden sollten als Glaubenskämpfer eingreifen.

Die Qâdi-Delegation kam 1082 in Marrakesch an. Ibn Tâshufin verhielt sich zögernd. Er schloss eine Intervention nicht aus, sagte sie aber auch nicht fest zu. Zwei Jahre später, als sich die Lage der Muslime gegenüber Alfonso VI. noch weiter verschlechtert hatte, schrieb al-Mu'tamid persönlich an Ibn Tâshufin: «Er (Alfonso) ist gekommen und hat von uns Kanzeln, Minarette, Gebetsnischen und Moscheen verlangt, um Kreuze in ihnen aufzustellen und ihre Leitung Mönchen zu übergeben. Gott hat Euch ein Reich geschenkt als Lohn für den von Euch geführten Heiligen Krieg und dafür, dass Ihr mit Eurer Anstrengung Seine Rechte verteidigt habt. Nun habt Ihr viele Gottesstreiter, die im Kampf das Paradies gewinnen werden.» (Nach Ibn al-Khatîb, in:

al-Hulal al-Mawshiyya, zitiert von Anwar G. Chejne, Historia de España Musulmana, Madrid 1980, S. 72).

Der Berberherrscher entschloss sich darauf, auf Rat seiner militärischen Fachleute, die Stadt Algeciras als Basis für seine Intervention zu fordern und erhielt sie von al-Mu'tamid zugesagt. Nach dem Fall von Toledo in kastilische Hände (1085) (s. oben S. 124f.) begab sich der Herrscher von Sevilla persönlich nach Nordafrika und stellte Ibn Tâshufin auch seine Flotte zur Verfügung. Als dieser 1086 in Algeciras landete, wurde er mit grosser Begeisterung von den Andalusiern empfangen: Heere aus Málaga, Badajoz, Sevilla und Granada standen bereit, um unter seiner Führung gegen die Christen zu ziehen. Al-Mu'tamid wurde zum Kommandeur der andalusischen Streitkräfte ernannt, und Ibn Tâshufin (den die Spanier meist Ibn Tâshfîn nennen) kommandierte das Elitekorps der almoravidischen Kräfte.

Das ganze Heer zog Alfonso bis in die Nähe von Badajoz entgegen, doch die muslimische Führung vermied es, in das kastilische Gebiet vorzudringen. Der Grund sei gewesen, behauptet Abdullah, der letzte Zîridenherrscher von Granada, in seinen Memoiren (vgl. Hoenerbach S. 442), «dass die Almoraviden, mit Land und Leuten noch wenig vertraut, nicht in der Lage gewesen seien, zwischen christlichen und muslimischen Soldaten der Halbinsel zu unterscheiden.» Dies kann nur bedeuten, dass der Unterschied in Kleidung und Kampfesweise zwischen den Almoraviden einerseits und den Soldaten der Halbinsel andererseits grösser war, als jener zwischen den Muslimen der Halbinsel und ihren christlichen Widersachern.

Alfonso zog dem Heer der Muslime «siegessicher» entgegen, wie Abdullah schreibt. Er liess die Feinde zu einer Schlacht herausfordern, für die ein fester Tag angesetzt wurde. Das christliche Heer habe jedoch das muslimische vor dem vereinbarten Datum überraschend angegriffen. Einige der Muslime wurden übermannt und getötet, doch die Hauptmacht konnte sich wappnen und zum erfolgreichen Gegenangriff auf das kastilische Heer übergehen, das durch seine schweren Waffen und den ersten Angriff bereits erschöpft gewesen sei. Den Muslimen soll allerdings nach anderen arabischen Darstellungen der Angriff der Christen nicht überraschend gekommen sein (vgl. A. Huici Miranda, «La Batalla de Zalaca», in: Hespéris 40, 1953, S. 17–76).

Trotz der gewaltigen Verluste der Kastilier hatte die *Schlacht von Zallaqa* (so die arabische Form, die Schlacht wird auch als jene von «Segrejas» angesprochen) keine grossen strategischen Folgen. Alfonso konnte rasch ein neues Heer aufstellen. Ibn Tâshufin kehrte nach Sevilla und dann nach Nordafrika zurück. Den andalusischen Verbündeten liess er nur eine Hilfstruppe von 3000 Reitern zurück.

Die Unterwerfung der Kleinfürsten

Im folgenden Jahr, 1087, stand der kastilische König erneut vor den Mauern von Sevilla. Er drang auch nach Westandalusien vor und errichtete eine grosse Festung, Aledo, zwischen Lorca und Murcia, in die er eine Besatzung von 15 000 Mann legte. Al-Mu'tamid, dessen Gefolgsmann in Murcia, Ibn Rashîq, die Festung belagerte, aber nichts ausrichten konnte, forderte erneut eine Intervention Ibn Tâshufîns. Der Berber kam und berief in Algeciras eine Versammlung der Kleinfürsten ein, auf der darüber gestritten wurde, ob die Belagerung von Aledo weitergeführt oder aufgegeben werden sollte. Die Muslime hoben sie schliesslich auf, und Alfonso zog seine Besatzung ab, nachdem er die Feste hatte schleifen lassen. Sie war angesichts der Interventionswilligkeit der Almoraviden allzu exponiert. Ibn Tâshufîn ermahnte die Kleinkönige, ihre Streitereien endlich zu beenden, und kehrte noch einmal nach Marokko zurück.

Man kann aus den Quellen erkennen, dass die Kleinfürsten nun mit Misstrauen auf den mächtigen Eroberer aus Nordafrika blickten. Einige von ihnen wollten lieber den Kastiliern und Aragonesen Tribute entrichten und sogar Gebiete abtreten, als sich auf den übermächtigen Berberfürsten zu stützen.

Doch die Bevölkerung der Städte unter dem Einfluss der Religionsgelehrten empfand anders. Ihr ging es um die Rettung des Islams, und nur Ibn Tâshufîn schien in der Lage, das Land vor den Christen zu verteidigen. Die Gottesgelehrten liessen dem marokkanischen Herrscher ein Rechtsgutachten (Fatwa) zustellen, das die berühmtesten Theologen der Epoche verfasst hatten, Al-Ghazâli (1058–1111) und at-Turtûshi (1059–1130). Dieses Gutachten erlaubte Ibn Tâshufîn, al-Andalus zu übernehmen und zu regieren. Es gab ihm auch das Recht, sich «Befehlshaber der Muslime» zu nennen. Dieser Titel, «Amir al-Muslimîn», war offenbar gemünzt worden, um dem Abbasidenkalifen in Bagdad den seinen, «Amir al-Mu'minîn» (Befehlshaber der Gläubigen), zu belassen, aber doch dem Herrscher des Maghreb einen ähnlichen und in der Bedeutung gleichwertigen zuzusprechen.

Im Jahr 1190 kam Ibn Tâshufîn ein drittes Mal nach Andalusien, nun in der Absicht, die Herrschaft über das Land an sich zu nehmen. Er zog nach Córdoba und rief die verschiedenen Kleinkönige zu sich. Abdullah (r. 1073?-1090) von Granada stellte sich nicht ein, weil der Zîride inzwischen Alfonso VI. tributpflichtig geworden war, Der Berber liess ein Heer gegen ihn ziehen und zwang ihn zur Kapitulation. Nach einer Leibesvisitation, der er sich selbst mit seinen Frauen unterziehen musste, liess Ibn Tâshufîn ihn mit nur 30 Dinaren und drei Dienern sowie fünf Maultieren, um sein nötigstes Gepäck zu tragen, in die alte Hauptstadt des Almoravidenreiches, Aghamât, transportieren.

Das Ende al-Mu'tamids

Dann sandte Ibn Tâshufîn seinen General, Sîr Ibn Abu Bakr, gegen al-Mu'tamid aus. Der almoravidische Kommandeur nahm zuerst Tarifa ein und wandte sich dann gegen Sevilla. Der «Beherrscher der Muslime» forderte den König von Sevilla auf, sich zu ergeben und versprach ihm Leben und Vermögen. Doch der Abbâdide war zu stolz. Er beschloss, sich bis zum Letzten zu verteidigen und forderte zur Erbitterung des berberischen Machthabers und seiner eigenen Untertanen Alfonso VI. auf, ihm Hilfe zu leisten, was dieser auch tat. Doch Sevilla musste sich 1191 nach sechs Tagen bitterer Kämpfe ergeben. Ein Volksaufstand gegen al-Mu'tamid war ausgebrochen.

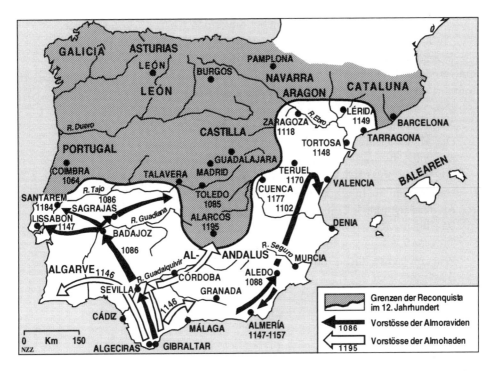

Die Gegenangriffe der Almoraviden und Almohaden gegen die «Rückeroberung» aus den nördlichen Teilen der Halbinsel (1086–1212).

Andere almoravidische Truppen waren gegen die Städte Ronda, Jaén und Córdoba ausgezogen. Al-Mu'tamid wurde in Ketten gelegt und wie ein Jahr zuvor Abdullah nach Aghamât verbracht. Dort sollte er in äusserster Armut als ein Gefangener sterben. Seine Töchter sollen Flachs gesponnen haben, um sich und den gefangenen König zu ernähren. Von dem gefallenen Herrscher sind Verse überliefert, in denen er seine Kette anspricht:

«Meine Kette, weisst du nicht, dass ich mich dir ergeben habe?
Warum zeigst du dennoch weder Mitleid noch Rührung?
Mein Blut ist dein Trank gewesen; du hast mein Fleisch gegessen, zermürbe die Knochen nicht!
Mein Sohn, Abu Hâshim, wie er mich von dir eingefasst sah, wandte sich ab mit betrübtem Herz;
Hab Mitleid mit einem unschuldigen Kind, das nie hatte fürchten müssen, zu dir zu kommen und dich anzuflehen.
Hab Mitleid mit seinen kleinen Schwestern, die ihm sehr gleichen und die du mit Gift und Galle nährst.
Einige von ihnen verstehen bereits, und ich fürchte, ihr Weinen macht sie noch blind.

Die anderen begreifen noch garnichts. Sie öffnen einzig zum Saugen den
Mund.» (nach der spanischen Übersetzung von García Gómez: Poemas
Arabigoandaluces, Ed. Austral, Buenos Aires 1946, S. 80).

Ein getreuer Mitdichter, Ibn al-Labbana (starb auf Mallorca 1113) von Denia, hat die Ausfahrt des abgesetzten Königs aus Sevilla geschildert:

«Nie will ich den frühen Morgen am Guadalquivir vergessen,
Als die Schiffe wie tot in ihren Gräbern lagen.
Die Menschen drängten sich an den Ufern und schauten
Auf jene schwarzen Perlen, die auf weissen Schaumbetten ruhten.
Jungfrauen ohne Rückhalt: Schleier fielen von den Gesichtern,
Die grausam, mehr als die Kleider, der Schmerz zerriss.
Als der Augenblick kam, welches Getöse von Abschiedsgrüssen!
Welch laute Rufe, um die Wette, von jungen Männern und Frau'n!
Die Boote fuhren aus unter Schluchzen
Wie eine gemächliche Karawane, die der Treiber mit seinem Gesang in
Bewegung setzt.
Doch wieviel Tränen schleppte das Wasser mit!
Ach, wieviele Herzen trieben zerbrochen
In den herzlosen Galeeren davon!»
(Aus der gleichen Sammlung von García Gómez, S. 158)

Unterdrückung der Mozaraber und Juden

Südspanien wurde von Marrakesh aus regiert. Gouverneure, oft Mitglieder der Herrscherfamilie, residierten in den Provinzhauptstädten. Die Almoraviden, deren gesamte Macht auf einer ausgesprochen islamisch-strenggläubigen Politik beruhte, fanden in den Gottesgelehrten der andalusischen Städte ihre besten Verbündeten, die auch die Bevölkerung auf ihrer Seite hielten. Die Gottesgelehrten genossen so hohes Ansehen und erhielten so viel Aktionsfreiheit, dass sie sogar in der Lage waren, den grössten aller muslimischen Theologen, al-Ghazâli (der im Nahen Osten lebte und 1111 starb) zum Ketzer zu erklären und sein Hauptwerk, «Wiederbelebung der Religionswissenschaften», im Jahr 1109 vor den Toren der grossen Moschee von Córdoba öffentlich zu verbrennen. Ghazâli war ihnen zu spekulativ, obgleich eines seiner berühmtesten Bücher gegen die «Inkohärenz der Philosophen» kämpfte. Ghazâli hat auch versucht, die «Wissenschaften von der Religion *wiederzubeleben*», wie der oben erwähnte Titel andeutet, indem er der islamischen Mystik einen Raum innerhalb der Orthodoxie öffnete. Solche Bestrebungen dürften den andalusischen Rechts- und Gottesgelehrten, denen es vor allem um Ausarbeitung und Anwendung des altüberlieferten und streng einzuhaltenden Gottesgesetzes ging, wenig willkommen gewesen sein.

Ghazâli war einer der beiden Gelehrten gewesen, die den Rechtsentscheid unterzeichnet hatten, auf Grund dessen Ibn Tâshufin sich entschloss, al-Andalus endgültig in Besitz zu nehmen. Doch er hatte seinerseits nicht mit der Kritik an den Rechtsgelehrten zurückgehalten, von denen er sagte, sie beschränkten sich auf «die Wissenschaft der juristischen Konsultationen, nennen das Wissen, das diesem Zweck dient, juristische Wissenschaft, und bilden sich ein, dass sie das gleiche sei wie Theologie. Sie vernachlässigen das Buch Gottes (den Koran) und den vorbildlichen Lebenswandel des Propheten (Sunna). Wenn man einen dieser Juristen darüber befragt, welche Dinge zur ewigen Verdammnis führen, wenn man sie vernachlässige, wissen sie nicht, was antworten. (Das heisst: sie kennen nur die negativen Verbote, aber nicht die positiven Gebote des Islams). Dafür können sie Bände über juristische Spitzfindigkeiten rezitieren ... Man muss alle jene als verrückt betrachten, die solche Dinge studieren und glauben, sie würden sich dadurch Gott annähern.» (Zitiert von P. Guichard, op. cit. S. 32, nach Henri Massé).

Die Christen und Juden bekamen die neuen Machtverhältnisse ihrerseits zu spüren. Die Toleranz, die bisher ihnen gegenüber geübt worden war, schlug um in Unterdrückung. Juden und Mozaraber begannen, nach den nördlichen, christlich beherrschten Gebieten auszuwandern. Im wenig besiedelten Inneren der Halbinsel, das so lange Jahrhunderte von den Kampfgrenzen durchzogen und verwüstet worden war, wurden die Mozaraber als neue Siedler willkommen geheissen. Doch gerade der Umstand, dass ihre Auswanderung nach dem Norden die Christen zu stärken drohte, veranlasste die almoravidischen Herrscher dazu, ihren Abtransport nach Nordafrika anzuordnen.

Dozy hat unter Benützung späterer Chroniken einen Text rekonstruiert, der auf eine verlorene zeitgenössische Chronik zurückgehen soll, jene *Ibn as-Sayrafis* (1074–1162). Darin wird geschildert, wie die Christen von Granada «Brief über Brief» an den König von Aragón und Navarra, Alfonso I., den «Schlachtgewöhnten» (el Batallador, r. 1104–1134), abgesandt hätten, um ihn zur Intervention in Granada einzuladen und ihm Erhebungen der Mozaraber zu versprechen, wenn er sich mit seinem Heer einstelle. Sie hätten ihm sogar eine Liste von 12 000 ihrer besten Krieger zukommen lassen.

Der König von Aragón zog denn auch 1125 aus Saragossa aus. Diese Stadt hatte er sieben Jahre zuvor den Almoraviden entrissen, wobei er die Unterstützung eines ganzen Kreuzheeres von Rittern aus Südfrankreich genossen hatte. Nun gelangte sein Heer nach dem spanischen Süden, und viele Mozaraber schlossen sich ihm an. Der König schlug verschiedene muslimische Truppen und Armeeeinheiten, doch ihre Zahl war zu gross, um ihm zu erlauben, Granada selbst anzugreifen. Er zog sich Ende 1126 wieder aus Südspanien zurück, offenbar begleitet von zahlreichen Christen, die auf seiner Seite gekämpft hatten.

Die Muslime ihrerseits «nahmen wahr, wie ihre Nachbarn, die schutzbefohlenen Christen, sie verraten hatten. Sie waren beunruhigt und aufgebracht und begannen, alle Art Vorsichtsmassnahmen zu ergreifen.»

Der Qâdi Abu'l-Walîd Ibn Rushd (der Grossvater des Philosophen, starb 1126) reiste nach Afrika, um dem zweiten Almoravidenherrscher, Ali Ibn Yûsuf Ibn Tâshufin (r. 1106–1143), die Lage zu schildern und zu berichten, welche Härten die Muslime wegen «des Verbrechens der Christen» hatten durchmachen müssen. Er vertrat die Ansicht, die Christen hätten durch ihre Handlungen den Schutzvertrag mit den Muslimen gebrochen, und er gab ein Rechtsgutachten (Fatwa) ab, nach dem die geringste Strafe, die ihnen gebühre, Verbannung aus ihrem Lande sei. Der Herrscher stimmte ihm zu, und deshalb seien im Ramadan 1126 (der auf September und Oktober fiel) viele Christen nach Afrika transportiert worden. «Die einen, die überall abgewiesen wurden, gingen unterwegs zugrunde; andere zerstreuten sich überall hin. Manche von ihnen aber blieben in Granada, weil bestimmte Machthaber ihnen Schutz gewährten. Sie wurden von neuem reich und wohlhabend. Doch im Jahr 1162 fand eine Schlacht statt, in der sie fast alle umgebracht wurden. Heute sind nur ganz wenige von ihnen übrig, die seit langer Zeit an Verachtung und Erniedrigung gewöhnt sind. Möge Gott seinen Dienern den Sieg verleihen!»

Aus der erhaltenen Dokumentation scheint in der Tat hervorzugehen, dass nur in Toledo, der schon früh zurückeroberten alten Kapitale, eine bedeutende Zahl von Mozarabern lebte, als die Stadt in die Hände des kastilischen Königs fiel. In den anderen Städten, die bedeutend später in den Besitz der christlichen Spanier übergingen, scheinen sich nur noch recht wenige Mozaraber gefunden zu haben. Valencia und die heute portugiesischen Städte sind mögliche Ausnahmen. (Vgl. *P. Guichard:* L'Espagne et la Sicilie Musulmanes aux XIe et XIIe Siècles, Lyon 1990, S. 155).

Ein Gegenstück zu diesem muslimischen Text bietet ein christliches Dokument aus dem Jahr 1126, in dem Alfonso «der Schlachtengewöhnte» «euch, den mozarabischen Christen, die ich der Macht der Sarazenen entzogen habe und mit Gottes Hilfe in christliches Land führte», eine Freiheitscharta gewährt. «Im Namen Christi und aus Liebe zu mir», sagt dieses Schreiben, «habt ihr eure Häuser und Güter verlassen und seid mit mir gekommen, um meine Länder zu bevölkern.» Deshalb gewähre der König ihnen gute «fueros». Das Wort bedeutet ungefähr Freiheitsrechte und spielt eine zentrale Rolle im frühen spanischen Staatsrecht. Diese Ausnahmerechte werden dann im einzelnen aufgezählt. (Pierre Guichard, S. 156).

Die Mozaraber brachten ihren spezifischen Baustil mit «arabischen» Hufeisenbögen für ihre Kirchen aus Andalusien mit. Auch eine eigene Art Miniaturen mit eindrücklichen Farben und urtümlichen Zeichnungen sind mit den Mozarabern nach dem spanischen Norden gewandert. Zu den bedeutendsten gehören die Bilder zur Apokalypse des sogenannten Beatus von Lliebano.

Ali Ibn Yûsuf (1106–1143), dem nachgesagt wird, er sei in besonderem Masse von den Gottesgelehrten abhängig gewesen, ernannte 1128 seinen Sohn Tâshufin zum Gouverneur von Granada. Er erwies sich als ein fähiger Heerführer, weshalb sein Vater ihn zehn Jahre später nach Marrakesh zurückberief, um sich gegen die neue Gefahr der Almohaden helfen zu lassen.

Die Almoraviden waren zwischen zwei Kreuzzüge geraten: den Heiligen Krieg der Almohaden im Süden Marokkos und jenen der europäischen Christen, der nun auch Spanien erfasst hatte, im Norden ihres Reiches. Es waren aber die Feinde im Süden, die ihnen ihr Ende bereiten sollten.

Die Almohaden
(Al-Muwahhidûn)

Ein neuer Mahdi

Ibn Tumart, der geistige Vater der neuen Dynastie, die sich «al-Muwahhidûn» nennen sollte, «die Bekenner der Einheit (Gottes)», stammte aus dem Berberstamm Haragh und war in einem Dorf der Region Sûs im Anti-Atlas aufgewachsen. Er muss gegen 1084 geboren sein. Der junge Ibn Tumart wanderte nach Córdoba, um seine Studien zu vollenden. Doch liess ihn die dort vorherrschende enge Orthodoxie unbefriedigt, besonders missfiel ihm die Verketzerung des grossen Theologen al-Ghazâli durch die andalusischen Rechtsgelehrten. Gegen 1107 wanderte er nach Nordafrika weiter und kam bis nach Alexandria und Bagdad. Er fand Kontakt mit den mehr von der Philosophie durchdrungenen religiösen Doktrinen, wie sie al-Ash'ari (873/4–935/6) und al-Ghazâli (1058–1111) niedergelegt hatten, und er muss auch mit weniger orthodoxen Lehren wie jenen der Schi'a und der Mu'tazila Bekanntschaft geschlossen haben.

Er blieb zehn Jahre lang im Osten. Als er sich zur Rückreise entschloss, hatte er sich eine eigene religiöse Doktrin aus verschiedenen Elementen zusammengeschmiedet, die wie fast alle höhere Theologie im Islam auf dem Begriff des «Tawhid» (Einheit und Einzigkeit Gottes) fusste. Ibn Tumart begann diese Lehren auf der Heimreise zu predigen und fand einige Jünger, unter ihnen seinen nachmals bedeutendsten Schüler, *Abdel-Mu'min* (r. 1133–63). Doch die Behörden in Alexandria, Tripolis, al-Mahdiya (Tunesien), Tlemcen, Fès und Marrakesh wiesen ihn nacheinander aus, da sie ihn alle als Ruhestörer betrachteten. Er kehrte in den Distrikt Sûs zurück und führte von dort, ganz nach dem Vorbild Muhammeds, eine «Hijrâ» (Flucht aus der ungläubigen Umwelt) in den hohen Atlas durch. In seinem Heimatort Tinmal, in einem abgeschiedenen Tal und im Herzen der Berbergebiete, gründete er seinen neuen Gottesstaat. Die geringe Beliebtheit der Almoraviden-Herrscher bei den Berbern der Masmouda-Föderation (die Almoraviden stützten sich auf die Rivalenförderation der Zenata) half Ibn Tumart, Anhänger rund um sein religiöses und politisches Zentrum Tinmal herum in den Weiten des Atlasgebirges zu finden.

Die Berber seiner Heimat erwiesen sich einmal mehr als geneigt, einem Heiligen Mann zu folgen, wobei für die einfacheren unter ihnen nicht so sehr die Doktrinen als die Persönlichkeit und die Aura (Baraka) des Heiligen Mannes gezählt haben dürften. Mit Zustimmung seiner Jünger erklärte sich Ibn Tumart 1121 zum «unfehlbaren Rechtgeleiteten» *(al-Mahdi)*.

Die Lehren der «al-Muwahhidûn», aus denen die Spanier «Almohaden» machen sollten, bildeten in vielem einen Gegenpol zu jenen der Almoraviden («al-Murabitûn»). Ibn Tumart lehnte den *Taqlîd* ab, das heisst die unbesehene Übernahme altüberkommener Doktrinen und Rechtslehren, und er bestand auf einer neuen Lesung der Quellentexte, vor allem des Korans. Diesen interpretierte er allegorisch, und konnte so seine eigenen Lehren und Rechtsregeln auf ihn stützen. Seine Doktrin legte er in einem Buch fest, das er *«Das Höchste, was man verlangen kann»* («A'azz ma yutlab») nannte. Seine Anhänger wurden «Leute des Paradieses» genannt, seine Feinde «Leute der Hölle».

Von 1121 an ging er mit Gewalt gegen religiöse und politische Gegner vor und zog gegen die herrschende Macht der Almoraviden zu Felde. Er band die Gebirgsstämme des Atlas so weitgehend an sich, dass er schon 1130 Abdel-Mu'min mit einem Heer von über 40 000 Mann gegen die almoravidische Hauptstadt Marrakesh aussenden konnte. Im selben Jahr indes sollte er sterben, und Abdel Mu'min wurde vor Marrakesh zurückgeschlagen.

Es war Abdel Mu'min (der von 1133 bis 1163 herrschte), welcher zum eigentlichen Begründer der almohadischen Macht werden sollte. Wir besitzen die autobiographische Darstellung eines der frühen Gefährten und Diener Ibn Tumarts, der Ibn al-Baidaq hiess. Er sagt von Abdel Mu'min, dieser sei so lebhaften Geistes gewesen, dass er in der Zeit, die ein Mann brauchte, um eine Frage zu begreifen, deren zehn begriffen habe.

Der gleiche Gewährsmann schildert das erste Zusammentreffen des späteren Mahdi mit seinem Lieblingsschüler. Am Vortage schon habe Ibn Tumart seinen Gefährten prophezeit: «Morgen wird ein Mann zu euch kommen, der nach Wissen strebt; Segen dem, der ihn anerkennen wird; Unheil über jenen, der ihn zurückweist!»

Als Abdel-Mu'min dann bei ihm eintrat, habe der Ibn Tumart ihn bei seinem Vatersnamen und seinem Ursprungsdorf genannt und ihm erklärt, er solle nicht weiter nach Osten reisen, wo er doch das wahre Wissen an Ort und Stelle erlangen könne. «Als der Abend hereinbrach», so fährt al-Baidaq fort, «ergriff der Imam Abdel Mu'min bei der Hand und sie entfernten sich. Mitten in der Nacht rief mich der Unfehlbare und befahl: ‹Gib mir das Buch, das sich in der roten Hülle befindet!› Ich gab es ihm, und er befahl weiter: ‹Zünde uns eine Lampe an!› Er begann mit jenem, der nach ihm sein Kalife sein sollte, aus dem Buch zu lesen, während ich die Lampe hielt, und ich hörte, wie er sagte: ‹Die Sendung, auf welche das Leben der Religion angewiesen ist, wird nur durch Abdel Mu'min Ibn Ali zum Durchbruch gelangen, die Leuchte der Almohaden (al-Muwahhidûn)! – Als der künftige Kalif dies hörte, begann er zu weinen und sagte: ‹Oh Gottesgelehrter, ich bin für diese Rolle nicht vorbereitet. Ich bin nur ein Mann auf der Suche nach dem, was ihn von seinen Sünden befreit›. – ‹Was dich von deinen Sünden befreien wird›, entgegnete der Unfehlbare, ‹ist die Rolle, die du in der Reform dieser niedrigen Welt spielen wirst.› Dann gab er ihm das Buch und sagte: ‹Glückselig die Völker, deren Haupt du sein wirst; und wehe jenen, die sich dir widersetzen, vom ersten bis zum letzten!›» (zitiert nach der Übersetzung von Lévi-Provençal von *Ch.-A. Julien*: Histoire de l'Afrique du Nord, Paris 1966, S. 94).

Nachdem er vor Marrakesh zurückgeschlagen worden war, zog sich der neue Herrscher der Almohaden in die Region von Tinmal zurück und blieb zehn Jahre lang dort, um seine lokale Macht zu festigen. Erst im Jahr 1140 wagte er sich wieder nach Norden, und nach dem Tod seines almoravidischen Gegners Ali im Jahr 1143 wuchs seine Macht. Er konnte Tlemcen, Fès, Aghamât, Ceuta und am Ende, im Jahr 1147, auch Marrakesh einnehmen. Er zog später nach Süden, dann nach dem Osten gegen heute algerische Städte wie Bougie und nahm noch später al-Mahdiya in Tunesien ein, wo sich die Normannen eingenistet hatten.

Die zweite Ta'ifa-Periode in al-Andalus

Als die Almoraviden im fernen Marrakesh gegen die Almohaden kämpften und ihre Herrschaft verloren, entstand in al-Andalus ein Machtvakuum, in dem sich lokale Regenten heftige Kämpfe lieferten. *Ibn Iyad,* der 1147 starb, beherrschte Valencia. Ihm folgte *Ibn Mardanish* nach, ein gewaltig starker Mann, von dem man erzählte, er schlafe jede Nacht mit 200 Sklavinnen unter einer Decke. Er verbündete sich mit dem Grafen von Barcelona, Ramón Berenguer IV., gegen Tributzahlungen, und mit den Genuesen und Pisanern, denen er die Benützung der Häfen von Valencia und Denia erlaubte. Zusammen mit seinem Schwager, *Ibn Hamushk,* der in den Kämpfen ein Ohr eingebüsst hatte, bedrängte er zeitweilig Sevilla und Córdoba. Dorthin waren die Almohaden im Jahre 1147 vorgedrungen und hatten Garnisonen in beide Städte gelegt. Ibn Hamushk eroberte Jaén und Carmona (1160). Abdel Mu'min ordnete an, seine beiden Söhne, *Abu Ya'qûb,* der Sevilla verwaltete, und *Said,* der in Granada herrschte, sollten zur Offensive übergehen, und sandte Truppen nach der Halbinsel hinüber. Er liess in Gibraltar «eine Stadt» bauen, um Spanien persönlich zu besuchen. Er traf in der Tat 1161 in Gibraltar ein und wurde feierlich empfangen, von seinen Söhnen willkommen geheissen und von den Dichtern gepriesen. Er blieb zwei Monate lang auf dem Felsen und kehrte dann nach Nordafrika zurück. Das Heer der Almohaden belagerte Carmona, doch während dieser Zeit drang Ibn Hamushk, mit Hilfe der Juden von Granada, vorübergehend in die Hauptstadt des andalusischen Westens ein.

Abdel Mu'min beschloss, ein grosses Heer zusammenzuziehen; er soll 200 000 Mann versammelt haben. Doch starb er 1163, bevor er seinen spanischen Feldzug verwirklichen konnte. Sein Erstgeborener, Muhammed, wurde nach 45 Tagen der Herrschaft abgesetzt, weil er ein Weintrinker war. Die Würdenträger der Almohaden liessen dann den zweiten Sohn, *Yûsuf* (r. 1163–1184), aus Sevilla nach Marrakesh kommen, um die Herrschaft zu übernehmen. Yûsuf, der auch unter seinem Beinamen, *Abu Ya'qûb,* bekannt ist, war ein Freund der Gelehrten und ein grosser Sammler von Büchern. Seine Bibliothek soll fast so gross gewesen sein wie jene des Kalifen al-Hakam in Córdoba. Die grossen Philosophen Andalusiens waren seine Freunde und wurden von ihm beschützt: Ibn Tufayl und Ibn Rushd.

Auch Yûsuf hatte sich in erster Linie mit den Angelegenheiten Nordafrikas zu beschäftigen. Erst sieben Jahre nach seinem Herrschaftsantritt, 1171, setzte er nach al-Andalus über und brachte ein Heer mit, das Ibn Mardanish, der nun in Murcia Hof hielt, bekämpfen sollte. Sevilla diente den Almohaden als Hauptquartier. Die Familienmitglieder von Ibn Mardanish, an ihrer Spitze der Schwager Ibn Hamushk, gingen auf die Seite der Almohaden über und wurden von ihnen mit Ehrenstellen belohnt.

Auch andere lokale Machthaber, darunter besonders die Qâdis der grösseren Städte, hatten versucht, sich zu selbständigen Fürsten zu erheben. Ibn al-Khatîb zählt nicht weniger als 13 auf (Hoenerbach S. 447). Als besonders interessant hebt er *Ibn Qâsî* hervor, der als mystischer Lehrer eine Revolution «der Muriden» (Novizen, Schüler eines Mystikers) in Silves auslöste. Ibn Qâsi muss mit dem Mystiker Ibn al-'Arif in Verbindung gestanden sein, der 1141 in Marrakesh umkam, nachdem er dorthin gebracht worden war, um sich gegen die Anklage der Ketzerei zu rechtfertigen. Die Leute behaupteten von ihm, er sei (wie der Prophet nach Jerusalem) in einer einzigen Nacht nach Mekka gepilgert, er verkehre mit Geistern, und er könne sich nach Belieben von seinem Körper frei machen. Einem seiner Anhänger gelang es im August 1144, die Burg *Mértola* zu überrumpeln, und der Mystiker Ibn Qâsi zog in sie ein. Als es später zu Spaltungen in den Reihen seiner Anhänger kam, schloss er sich den Almohaden an und wurde wohlgefällig von ihnen aufgenommen.

Doch kurz darauf, als seine neuen Herren von einem Aufstand in Nordafrika bedroht wurden, fiel er wieder von ihnen ab, und als sie darauf wiedererstarkten, sah er sich gezwungen, dem christlichen Kommandanten von Coïmbra Gefolgschaft zu leisten. Dieser sandte ihm eine Lanze und ein Streitross als Zeichen seines Vasallentumes. Doch die Bevölkerung von Silves überlistete Ibn Qâsi und seinen Sohn. Der Sohn wurde durch ein Fest abgelenkt, und die Zitadelle konnte gestürmt werden, nachdem die Bürger von Silves den Vogt aus der Burg gelockt hatten, indem sie einen Menschenraub in der Stadt vortäuschten. Ein Gefesselter wurde zu diesem Zweck durch die Gassen geschleppt. Der Mystiker wurde getötet, sein Kopf auf der Lanze des Kommandanten von Coïmbra zur Schau gestellt, und Silves wurde nach einigen Wechselfällen den Almohaden ausgeliefert.

Ein anderer Aufständischer mit Herrschaftsansprüchen war der Richter von Córdoba, *Ibn Hamdîn,* der nach einer Erhebung des Stadtvolkes gegen den Vogt der Almoraviden 1144 die Macht ergriff und sich sogar den Kalifentitel «Nâsir ad-Din» («der der Religion zum Siege verhilft») zulegte. Doch nach 11 Monaten der Herrschaft erlag er *Ibn Ghaniya,* einem Militär, der als Parteigänger der Almoraviden auftrat. Der Qâdi musste nach Badajoz fliehen, konnte dann jedoch wieder in Córdoba einrücken, da er Hilfe von christlicher Seite erhielt.

Doch Ibn Ghaniya konnte sich ebenfalls in der Stadt festsetzen, nachdem er das christliche Hilfsheer ausmanövriert hatte. Er wurde von den Christen belagert, verhandelte mit ihnen und schloss ein Bündnis mit ihnen gegen die anrückenden Almohaden ab. Der Qâdi, im Stich gelassen, floh in die Festung Hornachuelos und suchte Kontakt mit Abdel Mu'min, dem Almohaden. Offenbar ohne Erfolg, denn er zog nach Málaga, wo einer seiner Günstlinge und Freunde regierte, der Richter *Ibn Hassûn.* Der bestärkte ihn in seinem Widerstand gegen die Almohaden, weil diese nun Anspruch auf ganz al-Andalus erhoben. Ibn Hamdîn starb in Málaga. Nach ihrer Einnahme der Stadt liessen die Almohaden seine Leiche ausgraben und kreuzigen.

Der erwähnte Richter von Málaga, Ibn Hassûn, hatte sich 1143 gegen die Almoraviden erhoben und ihren Truppen die Zitadelle der Stadt nach sechs Monaten der Belagerung entrissen. Doch sein Krieg mit den benachbarten Almoravidentruppen von Antequera zwang ihn, christliche Hilfstruppen einzustellen. Er geriet in Geldnot und musste seine Untertanen so stark besteuern, dass er sich unbeliebt machte. Ein Offizier seiner Torwache verriet ihn, besetzte das Tor und liess die Bevölkerung in die Burg ein. «Als er sein Ende vor Augen sah, (...) wollte er – besorgt um die Ehre seiner Töchter in der Burg – dieselben mit eigener Hand umbringen; so verbarrikadierten sie sich in ihren Kemenaten und Kammern. Auf dem Gipfel der Verwirrung legte er Feuer an seine Bücher und Schätze. Den Akt der Verbrennung beschloss er damit, Gift zu nehmen, dessen Wirkung jedoch auf sich warten liess. Jetzt ergriff er einen scharfen Spiess und rammte sich selbst das Eisen in die Brust, so dass es zwischen den Schultern hervortrat. Aber immer noch lebte er. Die Eindringlinge fanden ihn zuckend in seinem Blute. Tot war er erst nach zwei Tagen. (...) Seine Töchter und Angehörigen gelangten zum Verkauf als Konkubinen der Grossen – möge uns Gott ein gutes Ende bestimmen» (Hoenerbach, S. 456 nach Ibn al-Khatîb).

Auch Richter von Orihuela und Murcia versuchten ihr Glück als Herrscher. Einige der Statthalter der Almoraviden warfen sich kurzfristig zu Machthabern auf. Doch Ibn Mardanish, der sich bis 1172 gegen die Almohaden halten konnte, und seine Verwandten waren die wichtigste aufständische Macht. Fast alle diese andalusischen Herrschaftsaspiranten sahen sich gezwungen, mit der immer wachsenden christlichen Macht zu paktieren, was jedoch ihren Sturz nur beschleunigte. Ihre Bevölkerung zog die Almohaden lokalen Herrschern vor, die mit dem christlichen Landesfeind zusammenarbeiteten und ihrem Volk erdrückende Steuern auferlegten, um die hohen finanziellen Forderungen ihrer Bündnispartner zu befriedigen.

Zu hohe Steuern

Eine Anekdote, überliefert von Ibn al-Khatîb, zeigt drastisch das Gewicht dieser Steuern: «Ein Untertan von Ibn Mardanish, der aus Játiva stammte und Muhammed Ibn Abdur-Rahmân hiess, besass nah bei der Stadt ein kleines Landgut, von dem er lebte. Aber die Steuern überstiegen das Einkommen. Er bezahlte sie, bis er verarmt war. Er floh daraufhin nach Murcia. (...) Dieser Mann aus Játiva erzählte: ‹Als ich auf der Flucht aus meiner Heimat nach Murcia gelangte, arbeitete ich auf dem Bau, und es gelang mir, zwei Goldstücke zu sparen. Eines Tages auf dem Markt traf ich Verwandte aus Játiva, und ich befragte sie über meine Söhne und meine Frau. Sie sagten, es gehe ihnen gut. Ich fragte auch nach meinem Gut und erfuhr, es sei im Besitz meiner Söhne. Ich lud sie ein, die guten Nachrichten in meinem Haus zu feiern. Ich kaufte Fleisch und Getränk, und wir verbrachten die Nacht beim Tambourinspiel. Am Morgen wurde heftig an meine Türe gepocht. Ich fragte: ‚Wer ist da?' Und erhielt die Antwort: ‚Der Steuereinzieher für die Festtagssteuer. Du musst bezahlen, weil ihr gestern das Tambourin geschlagen habt. Gib mir die Gebühr für die Hochzeit, die ihr gestern gefeiert habt.' Ich sagte ihm, wir hätten keine Hochzeit gefeiert. Doch er glaubte mir nicht und führte mich ins Gefängnis. Ich kam erst wieder frei, als ich ihm eines der Goldstücke gab, die ich erworben hatte.

Zu Hause erfuhr ich, eine gewisse Person aus Játiva sei angekommen. Ich ging, um ihn nach Nachrichten von meinen Söhnen zu fragen. Er sagte mir, er habe sie im Gefängnis zurückgelassen, und mein kleines Gut sei konfisziert worden. Ich kam nach Hause zu meinen Verwandten, erzählte ihnen die Neuigkeit, und wir verbrachten die Nacht damit, zu klagen. Am nächsten Morgen wurde an die Türe gepocht. Ich trat hinaus und hörte: ‚Ich bin der Einzieher für Erbschaftssteuern. Man hat uns berichtet, dass ihr die Nacht mit Weinen verbracht habt. Ihr habt also einen Verwandten verloren und werdet alles erben, was er hinterlassen hat'. Ich sagte ihm: ‚Bei Gott, ich weine nur über mich selbst.' Aber er glaubte mir nicht, sondern brachte mich ins Gefängnis. Ich gab ihm mein zweites Goldstück und kehrte nach Hause zurück.

Dann ging ich zum Tor beim Fluss, um meine Kleider zu waschen, die im Gefängnis schmutzig geworden waren. Ich überquerte den Fluss und gab sie einer Frau, die meine Kleider wusch, nachdem ich sie abgelegt hatte. Sie gab mir ein Bauernobergewand, um es anzuziehen. Wie ich so wartete, kam der Eunuche des Festungskommandanten von Ibn Mardanish vorbei, der 60 Bergbauern anführte, die alle die gleiche Art Bauernkittel trugen. Da ich auch so gekleidet war, befahl er, ich solle ebenfalls zur Fronarbeit mitgenommen werden, und ich wurde zu zehn Tagen Arbeit auf dem Schloß von Monteagudo gezwungen. Ich blieb die zehn Tage, ich weinte und flehte den Kommandanten an, bis er Mitleid mit mir hatte und mich gehen liess.

Ich kehrte Richtung Murcia zurück. Beim Stadttor wurde ich nach meinem Namen gefragt. Ich sagte: ‚Muhammed Ibn Abdur-Rahmân von Játiva'. Der Wächter packte mich und brachte mich zum Steuereinnehmer am Brückentor. Sie sagten: ‚Dies ist einer von denen, die wir als die Besitzer von bestimmten Juwelen eingeschrieben haben, die so und so viele Dinar wert sind.' Ich sagte ihm: ‚Bei Gott, ich bin nur ein Mann aus Játiva. Mein Namen muss der gleiche sein, wie jener andere', und ich erzählte ihm, was mir begegnet war. Er lachte, hatte Mitleid mit mir und gab Befehl, mich gehen zu lassen. So bin ich hierher gekommen …»" (nach Ibn al-Khatib, Ihata fi akhbar Gharnata, zitiert von P. Guichard, op. cit., S. 179).

Das Reich der Almohaden

Abdel Mu'min (Herrschaftszeit 1133–1163); *Yûsuf I.* (1163–1184) und *Ya'qûb* (1184–1199) waren die drei grossen Herrscher der Almohaden. Sie waren alle drei grosse Bauherren, und die Almohaden entwickelten ihren eigenen imperialen Baustil,

Die «Giralda», bis heute Wahrzeichen von Sevilla, war das Minarett der heute durch die Kathedrale ersetzten früheren Hauptmoschee der Almohaden.

der besonders in ihren Moscheen zum Ausdruck kommt. Es sind ummauerte «Festungen Gottes», deren Innenhof innerhalb der Säulenhallen der Moschee liegt und die durch die gewaltigen Viereckstürme ausgezeichnet sind, die als Minarette dienen. Sie haben nicht mehr, wie die früheren Moscheen, antike Säulen, sondern gemauerte Pfeiler als Bogenträger. Die antiken Säulen begannen damals knapp zu werden. Ihre Dekoration ist neuartig in ihrer Verwendung von grösseren geometrisch verzierten Flächen, die sich fein ausgewogen von unverzierten Wänden und Mauern abheben. Die grossen Viereckminarette von Sevilla (Giralda), Marrakesh (Kutubiya) und Rabat (Tour Hassan) mit ihrer höchst imponierenden Verzierung der Mauern durch Fensterbögen und viereckige geometrische Schmuckleisten sind das beste Beispiel dafür.

Ihre Grundzüge wiederholen sich an vielen Stellen des Reiches: Sevilla, Marrakesh, Tinmal, dem Geburtsort Ibn Tumarts, Rabat, wo die unvollendete Grosse Moschee Ya'qûbs, errichtet wurde, die in Ausmassen und Pracht mit der Moschee von Córdoba rivalisieren sollte und deren halbvollendetes Minarett, Tour Hassan genannt, als Bruder der Kutubiya von Marrakesh und der Giralda von Sevilla bis heute steht. Die grosse Moschee von Algiers, jene von Tlemcen und andere in Nordafrika gehören in die gleiche Bautradition der Almohaden.

Al-Andalus: Eine unruhige Provinz

Alle drei Hauptherrscher der Almohaden regierten von Marrakesh aus. Sie setzten nur bei Notwendigkeit aus Nordafrika nach al-Andalus über. Abdel Mu'min kam nur bis Gibraltar, wie wir oben sahen; Yûsuf war Statthalter in Sevilla, bevor er zum Herrscher aufstieg. Doch als Oberhaupt der Dynastie war er in erster Linie mit Aufständen und Unruhen in Nordafrika beschäftigt. Nordafrika war der Schwerpunkt des Reiches, das sich dort weit nach Osten hin ausdehnte, zeitweise über Tunis und Tripolitanien hinaus bis an die Grenzen Ägyptens. Marrakesh blieb die Hauptstadt.

Zu den gefährlichsten Gegnern der Almohaden gehörten die Normannen, die sich zeitweise der nordafrikanischen Häfen zwischen Bône (Annaba) und Tripolis bemächtigten. Sie wurden von den Almohaden besiegt, behielten jedoch ihre Herrschaft über Sizilien.

Die Almohaden hatten auch auf der Iberischen Halbinsel mit zahlreichen lokalen Aufständen zu kämpfen, viele von den herrschenden Berberfamilien selbst ausgelöst. Dies bewirkte, dass ihre Herrscher wiederholt nach al-Andalus eilten. Sie trugen dort auch grössere Siege davon, konnten sie jedoch nicht wirklich ausnützen, weil in ihrem Rücken in Nordafrika immer wieder neue Aufstände ausbrachen, gegen die sie sich dringend wenden mussten.

«Torre de Oro», der «goldene Turm» von Sevilla, ein Bauwerk der späten Almohadenzeit, liegt am Guadalquivir und diente dazu, den Flusshafen der Stadt nach dem Meer hin zu sichern. Eine Kette konnte zu einem heute nicht mehr vorhandenen zweiten Turm auf der anderen Flussseite hinübergezogen werden.

Yûsuf kehrte nach achtjähriger Abwesenheit 1171 mit einem grossen Heer nach al-Andalus zurück. Er hatte von Sevilla aus gegen den oben erwähnten Ibn Mardanish zu kämpfen; dann sandte er ein Heer nach Westandalusien aus, um gegen die Gefolgsleute des portugiesischen Markgrafen und ersten Königs Portugals, Alfonso Henríquez (r. 1138–1185) zu streiten. Die Städte Trujillo, Evora und Beja, die vorübergehend von den Portugiesen eingenommen worden waren, wurden von den Almohaden zurückerobert. Der König von León, gegen den sich Alfonso Henríquez erhoben hatte, war dabei der Verbündete der Almohaden.

Yûsuf hat auch versucht, Toledo wiedereinzunehmen, doch musste er die Belagerung abbrechen, da er sich nach einem fünfjährigen Aufenthalt in Andalusien 1176 gezwungen sah, nach Marokko zurückzukehren. Er blieb erneut acht Jahre lang im afrikanischen Teil seines Reiches. Die Portugiesen griffen in dieser Zeit Beja erneut an und wagten sogar den Übergang über die Meerenge nach Ceuta (arabisch: Sibta). Alfonso VIII. von Kastilien (r. 1158 [mündig seit 1169]–1214) führte sein Heer vor Sevilla und Algeciras, und der bisherige Verbündete der Almohaden, Fernando II. von León (r. 1157–1188), schloss sich Kastilien an (1183).

Im folgenden Jahr, 1884, überquerte Yûsuf noch einmal die Meerenge und belagerte die portugiesische Hafenstadt Santarem; dabei erlitt er eine Verwundung, der er schliesslich erlag. Sein Heer brach darauf die Belagerung ab und zog sich nach Sevilla zurück.

Sein Nachfolger, Ya'qûb (1184–1199), hat auf einer ersten Expedition nach al-Andalus vom Jahr 1191 mit León Frieden geschlossen, um freie Hand in Portugal zu erlangen, und es war ihm daraufhin gelungen, Silves einzunehmen. Sein Vater und Vorgänger hatte die Stadt und Festung auf seinem Feldzug gegen Santarem nicht zu nehmen vermocht.

Ya'qûb trug einen grossen Sieg über die spanischen Christen davon, als er 1195 erneut auf die Halbinsel kam und bei *Alarcós,* im Norden von Córdoba, das kastilische Herr vernichtend schlug. Der Almohade vermochte darauf nach Norden vorzudringen, er nahm Salamanca und Guadalajara ein. Doch musste er bald nach Sevilla zurückkehren und schon 1196 wieder nach Marrakesh zurückeilen, um dort eine Rebellion niederzuschlagen. Er starb kurz darauf in der marokkanischen Hauptstadt.

Auch Muhammed (1199–1213), der letzte bedeutende Herrscher der Almohaden, landete noch einmal in al-Andalus und brachte ein grosses Heer mit, das 300 000 Mann umfasst haben soll. Er erlitt jedoch im Jahr 1212 eine entscheidende Niederlage bei *Las Navas de Tolosa* (südlich von Toledo, jenseits des Muradal-Passes) gegen die vereinigten Heere von León, Kastilien, Navarra und Aragón. Nur einige tausend Mann des grossen Heeres der Almohaden sollen davongekommen sein. Der Herrscher musste sich nach Fès zurückziehen. Er starb im folgenden Jahr und überliess die Nachfolge seinem unmündigen Sohn Yûsuf II. (1213–24).

Standarte des bei Navas de Tolosa von den Kastiliern und ihren Verbündeten besiegten almohadischen Heeres. Sie wird bis heute im Kloster von Las Huelgas bei Burgos aufbewahrt.

Das Ethos des almohadischen Gottesstaates

Die Sieger von *Las Navas de Tolosa* hatten sich in Toledo versammelt. Ihr Feldzug war von Papst Innozenz III. als ein Kreuzzug anerkannt worden, und Ritter aus Nordeuropa hatten sich ihren Heeren angeschlossen. Die siegreichen Nordspanier nahmen damals Baeza und Úbeda ein. Die muslimischen Einwohner von Baeza flohen nach Granada und bauten sich dort ihren eigenen Stadtteil, der bis heute den Namen Albaicín (= al-Ba'isîn, [Viertel der] Albaezaner) trägt.

Eine Standarte der Almohaden, die in Las Navas de Tolosa erobert wurde, befindet sich bis heute im königlichen Kloster von Las Huelgas bei Burgos, wo viele der kastilischen Herrscher begraben liegen. Sie ist ein geometrisch geschmücktes Meisterwerk der nordafrikanischen Dekorationskunst, das mehrere arabische Inschriften trägt. Die hervorragendsten finden sich auf den vier Seiten des Quadrates: «Heh, ihr Gläubigen! Ich will euch einen Gebrauch des Geldes zeigen, der euch von den Qualen der Hölle befreit. – Gehört zu jenen, die an Gott glauben und an Seinen Gesandten, zu jenen, die mit Leib und gut auf dem Weg Gottes kämpfen. – Das wird für euch am besten sein, wenn ihr es begreifen könnt. Gott wird euch eure Sünden vergeben und euch in die Gärten einlassen..., unter denen die Bäche fliessen, sowie in die herrlichen Gefilde der Gärten von Eden.»

Als Hauptinschrift steht darüber: «(Ich nehme Zuflucht) bei Gott vor Satan dem Gesteinigten. Im Namen Gottes des Barmherzigen Allerbarmers, der Segen Gottes (sei über Muhammed und den Seinen).» Auf den kleinen Medaillons darüber und darunter steht das Glaubensbekenntnis: «Es gibt keinen Gott ausser Gott und Muhammed ist sein Prophet.» Im Zentrum viermal verschlungen: «Das Reich, das Reich, das Reich, das Reich», was man auch als «die Herrschaft» übersetzen kann.

Und die acht abgerundeten Zipfel am unteren Rand trugen abwechselnd die gewiss magisch gemeinten, beschwörenden Wörter. «Ewiges Reich, beständiges Glück; andauerndes Heil; Preis sei Gott für Seine Wohltaten; Ewiges Heil.»

Die Inschriften spiegeln das Ethos des almohadischen Gottesstaates.

Massnahmen gegen die Juden

Auf das Glaubenskrieg-Ethos der Almohaden kann man wohl auch die Massnahmen zurückführen, die gegen die jüdischen und vielleicht auch gegen die wenigen verbliebenen christlichen Gruppen in al-Andalus von ihnen getroffen wurden. Im Prinzip scheinen sie befohlen zu haben, alle Juden müssten sich entweder zum Islam bekehren oder das Land verlassen. Ähnliche Massnahmen waren bereits unter den Almoraviden gegen die Christen ergriffen worden, wie wir oben sahen (S. 196f.). Doch die jüngste Forschung hat in Frage gestellt, ob wirklich, wie man früher angenommen hatte, in vielen Städten der Iberischen Halbinsel unter den Almohaden Judenverfolgungen stattfanden. Die historischen Quellen, die dies behaupten, sind oft lange nach der Almohadenzeit geschrieben und die meisten von Verfassern, die nie in al-Andalus gewesen waren.

Die Kalifenburg von Baños de la Encina stammt ursprünglich aus der Zeit der Omayyaden. Sie erhebt sich nahe beim Schlachtfeld von Navas de Tolosa, wo die Almohaden eine entscheidende Niederlage erlitten.

Dass die Almohaden im Prinzip den Juden feindlich gesonnen waren und ihre Entfernung aus al-Andalus wünschten, kann als gewiss gelten. Die Frage ist eher, wie weit die Vertreibungen systematisch durchgeführt wurden. Der ägyptische Chronist *al-Qifti* (1172–1248), beruft sich auf *Maimonides,* dessen Familie mit ihm als jungem Mann in der Tat al-Andalus hatte verlassen müssen, und er schreibt:

«Abdel Mu'min Ibn Ali al-Qumi, der Berber, der Nordafrika eroberte, erklärte in den Ländern, die er beherrschte, die Juden und die Christen seien auszustossen. Er legte für sie Termine fest und bestimmte, dass jene, die sich zum Islam bekehrten, ihre Güter, dort wo sie lebten, behalten könnten. Doch jene, die fortführen, die Religion ihrer Gemeinschaften zu bekennen, müssten das Land entweder vor dem Ablauf des Termins verlassen, oder sie würden, nachdem er abgelaufen sei, Besitz des Sultans, sowie der Todesstrafe und dem Verlust ihrer Güter ausgesetzt.

Als diese Verordnung veröffentlicht wurde, wanderten jene aus, die wenig Besitz und kleine Familien hatten, doch jene, die grossen Reichtum besassen oder sich nicht von ihren Familien trennen wollten, taten so, als bekehrten sie sich zum Islam und verbargen den Umstand, dass sie Ungläubige blieben.»

Der Historiker *al-Marrakûshi,* der zwischen 1208 und 1218 in Córdoba und Sevilla lebte, aber seine «Abgekürzte Geschichte des Maghreb» wohl erst von 1222 ab in Bagdad niederschrieb, sagt seinerseits:

«Kein Schutzpakt (Dhimma-Pakt) ist zwischen uns und den Christen und Juden seit dem Beginn des Staats der Masmudi (d. h. den Almohaden) abgeschlossen worden, und im ganzen Maghreb gibt es keine Kirche und keine Synagoge. Nur, dass die Juden bei uns vortäuschen, Muslime zu sein. Sie beten in den Synagogen und ihre Kinder lesen den Koran und folgen unserer Sunna und unserer Religion. Doch Gott allein weiss, was sie in ihren Herzen tragen und was sie in ihren Häusern verstecken.»

Schon diese Nachricht ist widersprüchlich: Offenbar gibt es doch Synagogen, in denen mindestens die Älteren beten? Und der gleiche Verfasser sagt auch, der almohadische Herrscher Abu Yûsuf Ya'qûv al-Mansur (r. 1184–1199) habe den Juden des Maghreb befohlen, besondere Kennzeichen zu tragen und andere Vorschriften getroffen, um eine strengere Trennung zwischen ihnen und ihren muslimischen Mitbürgern herbeizuführen.– Marrakûshi schreibt auch, dass derselbe Herrscher diese Sonderabzeichen auch für die zum Islam bekehrten ehemaligen Juden und Christen vorgeschrieben habe. Er fügt hinzu: «Was Yûsuf dazu veranlasste, sie jene Gewänder tragen zu lassen, die sie von den Anderen unterschieden, waren die Zweifel, die er über ihren islamischen Glauben hegte, denn er pflegte zu sagen: ‹Wenn ich ihres islamischen Glaubens sicher wäre, würde ich zulassen, dass sie sich unter die Muslime mischten, in Heiraten und bei allen anderen Gelegenheiten. Und wenn ich ihres Unglaubens gewiss wäre, würde ich die Männer töten, die Frauen und Kinder versklaven und gäbe ihren Besitz den Muslimen als Beute. Ich habe jedoch nur Zweifel über sie!›»

In diesem Zusammenhang ist auch daran zu erinnern, dass Ibn Hamushk, der sich vorübergehend den Almohaden angeschlossen hatte, von seinem Bündnis mit Abdel Mu'min, dem Begründer der Almohadenmacht, abfiel und sich mit den Juden von Granada zusammentat, um den Almohaden die Stadt zu entreissen und sie Ibn Mardanish, seinem Schwiegervater auszuliefern. Die Almohaden hatten offenbar einigen Grund, um den Juden von al-Andalus zu misstrauen.

Es gab in ihrer Zeit ohne Zweifel viele, mehr oder weniger erzwungene, Übertritte von reichen Familien zum Islam. Darüber, ob Maimonides selbst solch einen Übertritt, unter Zwang und pro forma, vollzogen habe oder nicht, teilen sich die Meinungen der Gelehrten. Jedenfalls aber gibt es Sendschreiben des grossen jüdischen Philosophen und Arztes, von dem unten noch die Rede sein soll, in welchen er die Juden tröstet, die zum Übertritt gezwungen wurden, und sich gegen die Eiferer wendet, die selbst nie eine derartige Situation durchgemacht haben, aber dennoch ihre (ehemaligen) Religionsgenossen für ihre erzwungenen Konversionen tadeln. (Vgl. J. Targarona Boras in seiner spanischen Übersetzung des Briefes an die *Juden im Jemen* und des Briefes an die *Juden von Montpellier,* Barcelona 1987, sowie die spanische Übersetzung M. J. Cano und D. Ferre: Cinco Epístolas de Maimónides, Barcelona 1988).

Zulassung der Juden nach Aragón

Wir wissen weiter aus den Archiven der Krone von Aragón, dass Jaime I., «der Eroberer» (1213–1267), allen Juden, die sich in den Staaten von Mallorca, Katalonien und Valencia (aber offenbar nicht in Aragón) niederlassen wollten, freien Zutritt gewährte. Juden kamen daraufhin in die drei dem Handel besonders zugewandten Seekönigreiche nicht nur aus der Iberischen Halbinsel, sondern auch aus Nordafrika. Urkunden sind erhalten, die die Zulassung für jüdische Familien aus Sijilmasa nach Valencia bestätigen.

In der Saharastadt Sijilmasa hatte schon vor 1148, nachdem die Stadt von den Almohaden erobert worden war, die Flucht von 200 Juden stattgefunden. Andere, die geblieben waren, hatten die Almohaden zuerst zu bekehren versucht, was sich um etwa sieben Monate dahinzog. Dann kam ein neuer Gouverneur in die Stadt und liess 150 hinrichten. Wer an Juden dann noch verblieb, nahm daraufhin den Islam an. Ähnliche Ereignisse scheinen auch in Bougie und Marrakesh stattgefunden zu haben, doch von al-Andalus wird nichts gleich Präzises berichtet.

In Aragón ergaben sich Schwierigkeiten nach der Einwanderung von Juden, weil diese in manchen Fällen zum Islam übertreten wollten, mit dessen Gläubigen, den Mudéjares von Aragón, sie kulturell viele Gemeinsamkeiten besassen, beginnend mit der arabischen Sprache; während umgekehrt einige zwangsbekehrte Juden, die als Muslime nach Aragón gelangten, zum Judentum zurückkehren wollten. Die Kirche erklärte, sie sei durch diese Übertritte nicht betroffen, da es sich nur um den Abfall von einer nichtchristlichen Religion in eine andere handle. Im Falle des Übertrittes vom Judentum zum Islam, so die Kirchenbehörden, wende sich ein Jude sogar einer «besseren Religion» zu, und dafür könne er nicht bestraft werden.

Doch der König verbot die Übertritte unter Todesstrafe. Die Krone war offenbar daran interessiert, ihre Untertanen in sauber geordneten, unter sich abgeschlossenen Gemeinschaften zu bewahren, wahrscheinlich um der Ordnung und des Friedens willen. (All dies nach: Mercedes García Arenal: Rapports entre les groupes de la Péninsule Ibérique, La conversion de Juifs à l'Islam (XIIe et XIIIe siècles) in: Minorités religieuses dans l'Espagne médiévale, Aix-en-Provence 1992).

Das widersprüchliche Bild, das die Quellen geben, lässt sich vielleicht teilweise dahin auflösen, dass die Juden (Christen gab es kaum) im Maghreb strenger behandelt wurden als in al-Andalus, besonders offenbar in jenen Städten, in denen die Juden mit dem Goldhandel aus Schwarzafrika zu tun hatten. Freilich, warum ist in diesem Fall die Familie von Maimonides aus Córdoba ausgerechnet nach Fès ausgewandert? Vielleicht, weil sie sich offiziell zum Islam bekehrt hatte?

Deutlich geht aus den Dokumenten hervor, dass das Misstrauen der Almohaden gegenüber den Juden fortdauerte, auch nachdem sie sich bekehrt hatten oder zwangsbekehrt worden waren, und dass sie in mancher Hinsicht behandelt wurden, als wären sie Juden geblieben. Dies ist ein bemerkenswerter Präzedenzfall zur Lage auf der Halbinsel nach 1492, als die «neo-cristianos» sozial und religiös gesehen ebenfalls nicht als volle christliche Bürger des spanischen Reiches akzeptiert wurden. Eine kalte Systematik freilich der «Neubekehrten-Verfolgung», wie sie die Inquisition später üben sollte, hat es im Falle der Almohaden offenbar nicht gegeben.

Für den Unterschied darf der von al-Marrakûshi erwähnte Ausspruch des Almohaden-Herrschers, Abu Yûsuf Ja'qûb al-Mansur, als bezeichnend gelten. Er liess es beim Zweifel bewenden und ist nicht auf die später von den Inquisitoren geübte Praxis verfallen, seine Zweifel mit dem Mittel von unsauberen Gerichtsverfahren und Foltern zu bestätigen, um sie mit solchen Methoden in «Pseudo-Wahrheiten» umzuwandeln.

Die letzten 280 Jahre

Mit *Navas de Tolosa* war die Macht der Muslime auf der Halbinsel gebrochen. Wenn sie sich dennoch 280 Jahre länger auf hispanischem Boden halten konnten, beruhte das weitgehend darauf, dass sie den verschiedenen Staaten der Christen im Norden, die untereinander im Konkurrenzkampf standen, Steuern bezahlten und sich als ihre Vasallen bekannten. Gleichzeitig nützten sie natürlich alle Unstimmigkeiten aus, die es unter den fünf christlichen Königreichen der Halbinsel gab: León, Kastilien, Navarra, Aragón und Portugal. Sie konnten oft auch mit der Unterstützung der nächsten muslimischen Dynastie in Marokko rechnen, jener der Mariniden, die dort 1196 zur Macht gelangte und bis 1456 regieren sollte.

Die rasch absinkende Macht der Almohaden in Nordafrika brachte erneut ein Machtvakuum in al-Andalus hervor, das von verschiedenen Kleinherrschern vorübergehend gefüllt wurde. Zuerst wurden die östlichen Städte Valencia und Murcia selbständig. Ein Abkömmling der berühmten Ibn Hûd-Familie, die früher in der Grenzmark von Saragossa geherrscht hatte, *Muhammed,* diente in Murcia als Offizier, verliess die Armee und wurde Bandit, sammelte eine grosse Gefolgschaft um sich und vermochte 1228 Murcia einzunehmen. Er dehnte seine Herrschaft über einen grossen Teil von Südspanien aus und beherrschte für kurze Zeit Córdoba, Sevilla, Granada, Almería, Algeciras und sogar Ceuta. Er liess sich sogar vom abbasidischen Kalifen in Bagdad als Herrscher von al-Andalus bestätigen.

Doch Muhammed Ibn Hûd fand Rivalen: *Zayyân Ibn Mardanish* warf sich in Valencia zum Herrscher auf, und *Muhammed Ibn Yûsuf Ibn Nasr al-Ahmar* ergriff 1231 in Arjona, nördlich von Jaén, die Macht. Er nahm dann die Städte Jaén, Guadix und Baeza ein. Die drei muslimischen Machthaber, Ibn Hûd, Ibn Mardanish und Ibn Nasr, kämpften untereinander, und Fernando III. von Kastilien und León (1217–1252), «der Heilige», zog nach Süden und zwang Ibn Hûd, ihm einige Festungen abzutreten sowie einen Tribut von 1000 Goldstücken täglich zu entrichten. Dafür liess der Kastilier Ibn

Hûd die Hände frei, um Ibn Nasr zu unterwerfen. Zwei Jahre vor dem Tod Ibn Hûds nahm Fernando Córdoba ein (1236), wobei Ibn Nasr ihm Hilfe gewährte. Dafür duldete der kastilische König, dass Ibn Nasr Granada eroberte (1239), wo er ihn als seinen Vasallen herrschen liess. Ibn Nasr wurde so zum Begründer der Dynastie der *Nasriden von Granada,* die sich zweieinhalb Jahrhunderte lang halten sollte. Seinen ursprünglichen Besitz, Arjona und Jaén, musste er freilich dem kastilischen König abtreten (1246), und er sah sich auch verpflichtet, seinem christlichen Lehensherrn bei der Belagerung von Sevilla zu Hilfe gegen Ibn Hûd zu kommen, als Fernando die Stadt zu Wasser und zu Land umzingelte und sie schliesslich nach acht Monaten der Kämpfe 1248 einnahm.

Jaime I. von Aragón (1213–1276) «der Eroberer» begann seine effektive Herrschaft als 20jähriger (nachdem er schon als 5jähriges Kind auf den Thron gelangt war) damit, dass er mit einer Flotte von 155 Kriegsschiffen Mallorca angriff und eroberte (1230). Auch Menorca und Ibiza ergaben sich 1232 und 1235. Die Balearen waren eine wichtige Zwischenstation für die Seefahrt im westlichen Mittelmeer. Ihr Besitz war für die aufsteigende Handelsstadt Barcelona von zentraler Bedeutung.

Die Katalanen setzten ihre Eroberung fort, indem sie schon 1238 Valencia einnahmen und bald darauf Denia (1244); Játiva fiel zwei Jahre später. Sie erreichten damit die Grenze der Provinz Murcia.

Im Westen stiess gleichzeitig Portugal vor: Silves wurde 1242 erobert, die Algarve 1250. Murcia fiel schliesslich Kastilien zu, nachdem Fernando III. seinen Sohn, den späteren Alfonso den Weisen, gegen die Stadt ausgesandt hatte. Diese ging jedoch erst 1269 mit Hilfe der Aragonesen endgültig in den Besitz der kastilischen Krone über.

Beide Kronen siedelten ihre Gefolgsleute als Landbesitzer und Feudalherren in den neueroberten Gebieten an. Doch bei den Katalanen handelte es sich, gemäss den Traditionen, die entstanden waren, als die Katalanen aus den Pyrenäentälern in die katalanische Mark hinabzogen, eher um kleine Güter, die einzelnen Rittern und Soldaten zugewiesen wurden, während die Kastilier grosse Latifundien an einen Hochadel übertrugen, der dann seinerseits wiederum kleinere Gebiete den eigenen Gefolgsleuten verlieh.

Nur das «Vasallen»-Reich der Nasriden in *Granada* blieb unter *arabischer Herrschaft.* Es umfasste auch die wichtigen Hafenstädte Málaga und Almería, und ein schmaler Küstenstreifen erstreckte sich westlich bis an die Meerenge von Tarifa hinab.

Die Berberdynastien: Anderthalb Jahrhunderte mehr für den Islam

Die Bedeutung der beiden grossen Berberdynastien, jener der Almoraviden und der Almohaden, für die Geschichte Andalusiens und der ganzen Iberischen Halbinsel (damit auch letztlich für die Geschichte Europas) liegt darin, dass sie die sogenannte «Rückeroberung» *(reconquista)* um anderthalb Jahrhunderte verzögerten. Die «Rückeroberung» war natürlich in Wirklichkeit eine unregelmässige, lange sich hinziehende Serie von Eroberungen, welche die iberischen Herrscher der neu erstandenen hispanischen Reiche des Mittelalters – Portugal, León, Kastilien, Navarra, Aragón – durchführten. Die alten Herren der Halbinsel, die Westgoten, waren 711 untergegangen und verschwunden. Was ihre Zeit mit jener der angeblichen «Rückeroberung» verband, war hauptsächlich das Christentum; doch sogar dieses hatte sich in der Zwischenzeit vom gotischen zum römischen Ritus gewandelt, so wie die Schrift der Goten eine andere war als die «lateinische» der Rückeroberer, welche die ihrer christlichen Vorläufer von Toledo schon bald nicht mehr lesen konnten.

Die Eroberung also der südlichen Halbinsel durch ihre nördlichen, christlichen Könige, die nach der Einnahme von Toledo (1085) herangereift schien, wurde um anderthalb Jahrhunderte hinausgeschoben. Die muslimischen Herrschaftsgebiete hielten sich um soviel länger, weil die beiden grossen nordafrikanischen Berberreiche, beide zutiefst (wenn auch in sehr verschiedener Weise) im Islam verwurzelt, ihren Religionsgefährten auf hispanischem Boden Hilfe brachten.

Sizilien, das 827 von den Arabern erobert worden war, aber zwischen 1061 und 1092 von den Normannen «zurückerobert» werden sollte, kam 116 Jahre nach Andalusien in muslimischen Besitz und wurde ihm ungefähr zur gleichen Zeit wieder entrissen, in der die Almoraviden in al-Andalus eingriffen.

Wenn man das Jahr der Eroberung von Palermo (1092) durch die Normannen als Stichjahr einsetzt, haben die Araber auf Sizilien 225 Jahre lang geherrscht. 537 Jahre jedoch blieben sie in al-Andalus, wenn man dort als Stichjahr die Eroberung von Sevilla durch die Kastilier nimmt (1248); oder gar 780 Jahre, wenn man den endgültigen Fall des Königreichs von Granada (1492) zugrunde legt.

Die Präsenz der Araber auf der Halbinsel hat fast 300 Jahre länger gedauert als die Zeit, die seit dem Abschluss der christlichen «Wiedereroberung» bis heute verstrichen ist, nämlich gute 500 Jahre. Die Inbesitznahme Andalusiens durch die Nordspanier liegt jedoch heute schon etwas länger zurück, als die muslimische Präsenz dort dauerte, wenn man die Eroberung von Sevilla als Grenze ansetzt. Seither sind annähernd 650 Jahre vergangen, gegenüber 537 Jahren arabischer Herrschaft über al-Andalus.

In den anderthalb Jahrhunderten der durch die beiden Berberdynastien *zusätzlich* bewirkten muslimischen Präsenz in Südspanien indes haben sich wohl die *wichtigsten geistigen Ereignisse* abgespielt, welche die *europäische* Kultur von der *arabischen* Welt aus beeinflussen sollten. Das bedeutendste war das Aufblühen der *Philosophie* unter den Almohaden, das eine gewaltige Wirkung auf das Paris der frühen Scholastik ausüben sollte und das als geistiger Einfluss in ganz Europa bis zur Renaissance lebendig blieb. Wobei man auch die formelle Logik, die Mathematik (einschliesslich der Einführung der – aus Indien übernommenen – arabischen Zahlen), die Naturwissenschaften, die Astronomie in die, damals ziemlich spekulative, Medizin zur «Philosophie» im weiteren Sinne des Wortes mitrechnen kann. (Noch heute gebrauchen wir ja an unseren Universitäten die Bezeichnungen «phil. I» und «phil. II»).

Das philosophische Vermächtnis

Das almohadische Reich beruhte auf einer Reaktion rationalisierender Theologie gegen den «Fundamentalismus» der Almoraviden, und es war deshalb besonders geeignet, als Rahmen für eine philosophische Bewegung zu dienen, wie sie sich unter den Almohaden entfalten sollte.

Ansätze zu einer solchen Bewegung kannte al-Andalus in Anlehnung an die arabische Philosophie des Ostens schon zuvor. Doch war wohl bezeichnend, dass sie sich damals auf Randgebiete wie die Höfe von Saragossa und Toledo konzentriert hatte und in Córdoba und Sevilla nur selten zum Zuge gekommen war. Der Einfluss der Fachleute der Schari'a (Fuqahâ'), bitterer Feinde der Philosophie und aller «griechischen» Wissenschaften, war offenbar in den zentralen Städten schon zur Zeit al-Mansurs (starb 1002) sowie später unter den Kleinkönigen und besonders unter den Almoraviden zu stark.

Viele der wichtigsten arabischen Philosophen, sowohl im Osten wie auch im andalusischen Westen, waren Ärzte. Als Leibärzte grosser Persönlichkeiten genossen sie Schutz vor den Gottesgelehrten.

Auf der Iberischen Halbinsel machte der schon oben erwähnte *Ibn Bajja* (lateinisch: *Avempace,* starb 1138) aus Saragossa den Anfang (vgl. oben S. 190 ff.). Er war zweimal Wesir almoravidischer Machthaber, wurde aber auch mindestens zweimal ins Gefängnis geworfen. Seine Wesirpositionen nahm er unter dem almoravidischen Gouverneur von Saragossa ein, der Ibn Tifalwit hiess, und später soll er den Berichten nach über 20 Jahre unter dem Gouverneur von Sevilla, Yahya Ibn Tâshufin gedient haben. Ins Gefängnis warfen ihn Imâd ad-Daula Ibn Hûd, der frühere Herr von Saragossa, als der Arzt und Philosoph als Botschafter zu ihm in die Festung von Rota (la Rueda de Jalón) geschickt wurde, – sowie später der Almoravide, Ibrahîm Ibn Yûsuf Ibn Tâshufin, der in Játiva regierte. Die Tradition will es, dass Ibn Bajja in Fès, wohin er ausgewandert war, vergiftet worden sei. Jedenfalls ist er von den misstrauischen Gottesgelehrten der mangelnden Frömmigkeit beschuldigt worden.

Ibn Bajja war auch in Musik und Dichtung erfahren. Einige seiner *Muwashshahat* (Strophengedichte) (hierzu vgl. oben S. 192 ff.) sind uns erhalten. Er galt als ein bedeutender Mathematiker, Astronom, Botaniker. Seine Philosophie kreiste um die Möglichkeit einer Vereinigung des Intellektes mit der «aktiven Intelligenz», nach Ibn Bajja der höchsten Idee, zu der sich ein Mensch unter besonders günstigen Umständen emporschwingen kann. Diese «aktive Intelligenz» wird nicht als Gott aufgefasst, sondern als seine erste Emanation. Zu ihrem Verständnis kann die Ratio auf dem Weg der fortschreitenden Abstraktionen, der «geistigen Formen» gelangen, die weniger und weniger von Materie belastet sind. Eine *«Regel für den Einzelgänger»* sei notwendig, um in einer Zeit, in der ein Wissens- und Glaubenssucher keine «vollkommene Stadt» finden könne, wie sie der östliche arabische Philosoph al-Fârâbi (873–950) als ideale Voraussetzung geschildert hatte, zu derartigen Erkenntnissen zu gelangen. «Regel für den Alleinigen» heisst die Hauptschrift Ibn Bajjas, die Asín Palacios unter dem Titel «Régimen del Solitario» herausgegeben und übersetzt hat (Madrid 1946). Die «geistigen Formen» gehen auf die neo-platonische Tradition zurück. Eine Schrift des Alexander von Aphrodisias, die sich mit ihnen befasst, war ins Arabische übersetzt worden. Der Historiker Ibn Khaldûn zählt Ibn Bajja zu den grossen Philosophen der Araber, indem er ihn zusammen mit al-Fârâbi, Ibn Sîna und Ibn Rushd aufführt.

Der philosophische Roman Ibn Tufayls

Ibn Tufayl (geb. um 1100, Todesjahr 1185) hat ein berühmtes Werk geschrieben, das sich wie eine Illustration zu den Thesen Ibn Bajjas ausnimmt, den «philosophischen Roman» von *Hayy Ibn Yaqzân* (den Lebenden, Sohn des Wachen). Er beschreibt darin, wie ein auf einer Insel ausgesetzter junger Knabe, der durch eine Gazelle gestillt wird, durch Anwendung seiner eigenen Vernunft (ohne Autoritäten und ohne feststehende Offenbarung) die Welt zu verstehen lernt – bis hin zum Aufstieg in die philosophische Spekulation, die ihm erlaubt, den einzigen Gott zu erkennen und Ihm in Askese zu dienen. Dies führt ihn zu Übungen zur Aufhebung seines Ichs und schliesslich zur intuitiven Erkenntnis des «notwendigen Seins». «Alles verschwand, zerstreute sich ‹wie Stäubchen im Wind› (Koran 56/6), allein blieb der Eine, die ewige Wahrheit, das ewige Sein, Jener, der mit seinem Wort sprach (was keinerlei Zusatz zu seiner Essenz bedeutet): «Wem gehört heute die Herrschaft? – Gott dem Einzigen, Unwiderstehlichen» (Koran 40/16), Hayy verstand Seine Worte; weder seine Unkenntnis der (arabischen) Sprache noch seine Unfähigkeit zu sprechen hinderten ihn daran. Er versenkte sich in jenen Zustand und sah intuitiv, «was kein Auge gesehen hat, kein Ohr vernommen, was nie vor das Herz eines Sterblichen trat» (Hadith nach al-Bukhari 6/115).

Ibn Tufayl tritt an dieser Stelle als Deuter und Erklärer hervor. Unter *Herz* sei nicht das körperliche Organ zu verstehen, so merkt er an, auch nicht der Geist, «der in seiner Höhlung lokalisiert ist», sondern die «Form dieses Geistes, welche mittels ihrer Fakultäten den ganzen Körper des Menschen umfasst». Schliesslich gelangt Hayy dazu, nach Belieben den Zustand zu erreichen, der ihm erlaubt, in der göttlichen Welt zu weilen.

Damit endet das Buch jedoch nicht. Vielmehr folgt ein letzter Teil, in dem Hayy Kontakt mit anderen Menschen aufnimmt: zwei junge Männer, Absal und Salman, waren beide in einer der wahren Religionen aufgewachsen. «Es war eine Religion, die alle existierenden Wesen durch Allegorien zum Ausdruck brachte, welche Bilder von jenen Existenzen darboten und so den menschlichen Seelen ihre Bedeutungen einprägten, wie es gewöhnlich in einer Sprache geschieht, die für die Grosszahl der Menschen bestimmt ist.» Salman wollte in Gesellschaft anderer Menschen leben, «wegen seiner Abneigung gegen Meditation und freie Nachforschung». Absal (dies ist wohl der korrekte Name, obgleich in vielen Handschriften Asal gelesen wird) jedoch «suchte die Einsamkeit und Erklärungen der verborgenen Sinne der Ideen». Er kam auf die Insel von Hayy. Ibn Tufayl beschreibt die Art ihres Treffens.

Sie fassen Vertrauen zueinander, und Absal lehrt Hayy die Sprache sowie seine, offenbarte, Religion. Hayy schildert ihm, wie er zu analogen Erkenntnissen durch den Gebrauch seiner Ratio gelangt sei. «Als Absal ihn diese Realitäten und Essenzen beschreiben hörte, zweifelte er nicht, dass die Dinge, die in seinem religiösen Gesetz enthalten waren, in bezug auf Gott, Er sei gepriesen, Seine Engel, Seine Bücher, Seine Propheten, den Jüngsten Tag, Seine Herrlichkeit und Seine Hölle, Symbole dessen waren, was Hayy intuitiv erkannt hatte. Die Augen seines Herzens öffneten sich, das Feuer seines Denkens entbrannte, und in seiner Seele kamen das Rationale und das Überlieferte überein. Die Methoden allegorischer Interpretation wurden ihm vertrauter, und er fand im Gesetz keine Schwierigkeit, die sich ihm nicht geklärt hätte, nichts Verschlossenes, das sich ihm nicht öffnete und nichts Finsteres, das sich nicht erhellte.» Deshalb verehrte er Hayy und diente ihm. Hayy erfuhr von Absal alles über dessen «positive» Religion und fand es ohne Widerspruch zu dem, was er in seinen sublimen Visionen erfahren hatte.

Doch Hayy konnte nicht verstehen, weshalb der Abgesandte (Prophet) der positiven Religion «beim Sprechen zu den Menschen meist Allegorien über die göttliche Welt verwendete und darauf verzichtete, die Wahrheit klar zu enthüllen. Das ging soweit, dass er die Leute zu dem schwerwiegenden Fehler veranlasste, Gott einen Körper zuzuteilen und von der Essenz der Wahrheit Dinge anzunehmen, von denen sie ausgenommen und frei ist». Auch verstand er nicht, «warum er sich auf jene rituellen Vorschriften und Lehren beschränkte, die den Erwerb von Reichtum zuliessen, auch Indulgenz in Bezug auf Speisen, so sehr, dass die Menschen sich nutzlosen Beschäftigungen hingaben und sich von der letzten Wahrheit entfernten. Hayy war der Ansicht, niemand solle mehr essen als notwendig sei, um einen Hauch des Lebens zu unterhalten, und Reichtum war nichts in seinen Augen.» Er glaubte nämlich, «dass alle Menschen ausgezeichnete natürliche Anlagen besässen, durchschlagende Intelligenz und entschiedenen Charakter».

Hayy wollte den Menschen als Bringer der Wahrheit dienen. Absal und er selbst begaben sich auf die von Salman und den Seinen bewohnte Insel. Hayy versuchte den dortigen Menschen die letzte Wahrheit zu zeigen «Tag und Nacht, öffentlich und gesondert. Doch dies brachte nur Ablehnung und Abneigung hervor.» Hayy musste erkennen, dass die Menschen verschiedener Art waren, und er verstand, dass es unmöglich sei, ihnen von der unverhüllten Wahrheit zu sprechen. Er begriff, dass die meisten Menschen «wie irrationale Tiere» waren, und er erkannte so, «dass alle Weisheit, Führerschaft und Lenkung darin liegen, was die Propheten gesprochen haben, was das Gesetz enthält; dass darüber hinaus nichts möglich sei, weil es Menschen für alle Art von Handlungen gebe und ein jeder dafür am geeignetsten sei, wofür er geschaffen wurde».

Dies führt dann dazu, dass Hayy Salman und dessen Freunden rät, sich «streng an die hergebrachten Vorschriften und äusserlichen Übungen zu halten, sich wenig um Dinge zu kümmern, die sie nichts angingen, nicht leicht an obskure Wahrheiten zu glauben, Fehlglauben und Leidenschaften zu meiden, ihre tugendhaften Vorgänger nachzuahmen und Neuerungen auszuweichen». Hayy entschuldigte sich sogar bei den Menschen «und liess sie wissen, dass er glaube wie sie und dass ihre Verhaltensmassregeln die seinen seien». Er kehrte dann auf seine Insel zurück, um sich mit Absal asketischen Übungen hinzugeben.

Ein Nachwort schliesst den «philosophischen Roman», in dem Ibn Tufayl erklärt, er habe in dieser Schrift Wahrheiten enthüllt, die freilich durch einen dünnen Schleier verdeckt blieben, obgleich die früheren Vorfahren solches Wissen verborgen gehalten hätten und obgleich die Philosophen in der gegenwärtigen Zeit viel Unheil gestiftet hätten. Manche Zeitgenossen hätten sich der Autorität des Propheten entzogen, um die Autorität von Unwissenden und Dummen anzuerkennen. Der Verfasser habe es vorgezogen, «vor ihren Augen einige der Geheimnisse des Geheimnisses *aufleuchten* zu lassen, um sie auf den Weg der Wahrheit zu führen und von jenem, dem sie folgen, abzubringen».

Das Buch, das sich mit den höchsten philosophischen und intuitiven Fragen befasst, zeichnet sich gleichzeitig durch ein reges Interesse an *dieser* Welt aus. Hayy lässt sich von seinen konkreten Erlebnissen auf seiner Insel dazu anleiten, mit seinem Geist schrittweise zuerst die materielle Welt zu erkennen, und erst später, auf diesen Erkenntnissen aufbauend, dringt er in die Welt der immateriellen Formen und Essenzen ein.

Wir wissen wenig vom Leben des Abu Bakr Ibn Tufayl, doch das wenige, das bekannt ist, passt gut zu seinem genialen Büchlein. Er stammte aus der Provinz von Granada und muss vor 1110 in Guadix geboren sein. Er war zuerst Arzt in Granada, trat dann als Wesir in den Dienst des dortigen Statthalters und wurde 1154 Sekretär bei einem Sohn Abdel Mu'mins, des Gründers der almohadischen Dynastie, der Ceuta und Tanger verwaltete. Später wurde er möglicherweise Wesir und mit Gewissheit Leibarzt des zweiten Almohadenherrschers, Abu Ja'qûb Yûsuf (1163–1184).

Er übte grossen Einfluss auf seinen Herren aus und starb ein Jahr nach dessen Tod in der Hauptstadt Marrakesh. Der neue Sultan, Abu Yûsuf Ja'qûb (1184–1199), nahm persönlich an seinem Begräbnis teil.

Ibn Tufayl soll auch zwei Werke über Medizin verfasst haben und mit Ibn Rushd (1126–1198) über dessen medizinisches Hauptwerk, *al-Kulliyat,* das «Colliget» unseres Mittelalters, eine Korrespondenz geführt haben. Der Astronom al-Bitruji (lateinisch Alpetragius, lebte um 1200) sagt im Vorwort seines Werkes «Kitab fi'l-Hay'a» (de motibus coelorum), er folge den Ideen Ibn Tufayls. Das Buch ist ein Versuch, auf die Epizyklen und exzentrischen Planetenbewegungen zu verzichten, indem eine Theorie der Spiralbewegungen aufgestellt wird. Michael Scotus hat den arabischen Text ins Lateinische übertragen (moderne Ausgabe von F. J. Carmody, Berkley 1952. Siehe auch Sarton: Introd. Hist. of sc. II S. 399 u. Index).

Nach diesen wenigen Angaben hat man sich Ibn Tufayl als einen Arzt, Hofbeamten und Gesprächspartner des gelehrten und bibliophilen dritten Herrschers der Almohaden vorzustellen, der neben seinen medizinischen philosophische Studien betrieb und sich auch für die anderen Wissenschaften interessierte.

Es ist wahrscheinlich, dass *Daniel Defoe* den philosophischen Roman kannte, denn eine lateinische Übersetzung erschien in Oxford schon 1671 zusammen mit dem arabischen Text, der Herausgeber war Edward Pococke, und eine spätere Übersetzung erschien in London 1708. Sie stammte von Simon Ockley, Professor für Arabisch in Cambridge. Defoes «Robinson Crusoe» erschien im Jahre 1719, so dass eine Anregung durch den Roman Ibn Tufayls recht wahrscheinlich ist.

Anregung für Ibn Rushd

Zu den wichtigsten Taten Ibn Tufayls gehörte, dass er den grössten der Philosophen des arabischen Westens, Ibn Rushd, dem europäischen Mittelalter und der Philosophiegeschichte vielleicht besser bekannt unter seinem romanisierten Namen *Averroes,* seinem Gebieter vorstellte.

In einer Überlieferung, die von einem der Schüler des Philosophen stammt und die er selbst aus dem Munde seines Meisters vernommen haben will, aufgezeichnet von dem Historiker Ibn Idhâri Abdel Wâhid al-Marrakûshi (Bayan al-Mugrib, ed. Dozy, Leiden 1881, französische Übersetzung E. Fagnan, Alger 1893, vol. 1, S. 209 f.) schildert Ibn Rushd selbst die erste Begegnung: «Abu Bakr (Ibn Tufayl) zog immer die Weisen aller Länder zu sich heran und sorgte dafür, dass die Aufmerksamkeit, die Gunst und das Lob des Herrschers auf sie gelenkt wurde. Er war es, der ihm Abul-Walid Muhammed Ibn Ahmed Ibn Muhammed Ibn Rushd empfahl, welcher in jener Zeit bereits bekannt war und Ansehen genoss. Sein Schüler, der Faqih und Gelehrte Abu Bakr Bundûd Ibn Yahya, berichtete mir, er habe mehrmals den Philosophen Abu Walid (d. h. Ibn Rushd) das folgende erzählen hören: Als ich vor den Beherrscher der Gläubigen, Abu Ya'qûb, gebracht wurde, fand ich ihn in alleiniger Gesellschaft des Abu Bakr Ibn Tufayl. Abu Bakr begann mich zu loben, er sprach von meiner Familie und meinen Ahnen und fügte aus Wohlwollen Lob für mich hinzu, wie ich es keineswegs verdiente. Nachdem er sich nach meinem Namen, nach dem meines Vaters und nach meinem Geschlecht gefragt hatte, begann der Befehlshaber der Gläubigen das Gespräch mit mir mit der Frage: ‹Was denken sie über den Himmel?› Er meinte die Philosophen. ‹Glauben sie, dass er ewig ist oder erschaffen?› Voll von Furcht und Verwirrung versuchte ich, die Antwort zu umgehen und stritt ab, mich je mit Philosophie beschäftigt zu haben. Der Befehlshaber der Gläubigen sah meine Angst und Verwirrung. Er kehrte sich Ibn Tufayl zu und begann über die Frage zu sprechen, die er mir gestellt hatte. Er erwähnte, was Aristoteles darüber gesagt hatte, Platon und alle anderen Philosophen. Er brachte auch die Argumente zur Sprache, welche die Muslime gegen die Philosophen vorbringen. Ich stelle fest, dass er soviel Gelehrsamkeit besass, wie ich sie nicht einmal bei jenen erwartet hätte, die sich berufsmässig mit solchen Belangen befassen. Er sprach so lange und so gut, dass ich mich beruhigte und schliesslich selbst anfing zu reden. So erfuhr er, was ich dazu zu sagen hatte.

Nachdem ich mich zurückgezogen hatte, liess er mir ein Geschenk in Geld bringen, ein prachtvolles Ehrengewand und ein Reittier.»

Der Historiker zitiert denselben Schüler Ibn Rushds als Quelle für den folgenden Bericht aus dem Mund seines Meisters: «Abu Bakr Ibn Tufayl liess mich eines Tages kommen und sagte mir: – ‹Ich habe gehört, wie der Beherrscher der Gläubigen sich über die Dunkelheit des Stils von Aristoteles oder seiner Übersetzer und die Schwierigkeit beklagte, seine Lehren zu verstehen. Er fügte hinzu: Wenn diese Bücher jemanden finden könnten, der sie kommentierte und ihren Sinn darlegte, nachdem er ihn wohl begriffen hätte, dann könnte man sich ihres Studiums befleissigen.›»

«Ibn Tufayl sagte dann: ‹Wenn du die Kraft für eine solche Arbeit hast, unternimm sie! Ich glaube, dass du sie zu Ende bringen könntest, denn ich kenne deinen klaren Verstand und deine grosse Arbeitskraft. Was mich daran hindert, eine solche Arbeit zu übernehmen, ist mein hohes Alter und die vielen Verpflichtungen, die mein Amt mit sich bringt, um nicht von anderen schwerer wiegenden Sorgen zu sprechen.› ‹Da seht ihr›, pflegte Ibn Rushd hinzuzufügen, ‹was mich dazu veranlasste, meine Kommentare zu den Büchern des Aristoteles zu verfassen.›»

Ibn Rushd, Krönung der Philosophie im arabischen Westen

Ibn Rushd (mit vollem Namen: Abul-Walid Muhammed ibn Muhammed ibn Rushd al-Hafîd [«der Enkel», um ihn von seinem Grossvater, dem Qadi, zu unterscheiden], 1126–1198) war Sprössling einer bedeutenden Familie von Córdoba. Sein Grossvater war ein berühmter Qâdi der einstigen Reichshauptstadt gewesen. Sein Vater hatte das gleiche Amt bekleidet. Der Philosoph selbst wurde mehrmals zum Qâdi berufen, zuerst in Sevilla und später in Córdoba. Dies geschah ohne Zweifel dank seiner islamischen Gelehrsamkeit und seiner guten Beziehungen zu den almohadischen Herrschern. Er war auch Leibarzt Yûsufs I. (1163–1184) in Nachfolge Ibn Tufayls (welcher 1182 altershalber zurückgetreten war), und er erfüllte die gleiche Funktion bei Yûsufs Nachfolger Ya'qûb (1184–1199). Aus diesem Grunde hielt der Philosoph sich viele Jahre in Marrakesh auf. Dort ist er auch gestorben. Sein Grab jedoch liegt in Córdoba.

Als das Hauptthema, oder jedenfalls als eines der wichtigsten, der gesamten arabischen Philosophie hat die Frage von Vernunft und Religion zu gelten. Die gesamte *«Falâsafa»* (wie die Araber die Philosophie nennen) geht von dieser Grundfrage aus, und sie bemüht sich stets, nachzuweisen, dass die Wahrheiten von Koran und Sunna mit den rationellen Analysen dieser und jener Welt, welche die Philosophen vornehmen, übereinstimmen. Um diesen Nachweis zu erbringen, müssen die Philosophen annehmen, dass gewisse Verse des Korans der Auslegung bedürfen, weil sie allegorisch gemeint seien. Dies sind alle jene, die der Logik offen widersprechen. Nicht nur die Philosophen, sondern auch die traditionellen Gottesgelehrten waren gezwungen, zu einer allegorischen Auslegung ihre Zuflucht zu nehmen, wenn sie mit Versen konfrontiert waren, in denen z.B. davon die Rede ist, dass Gott in den Himmel emporsteigt (2/27) oder auf einem Thron sitzt und Hände hat. Andere Stellen, so lehrt Ibn Rushd, bedürfen keiner Interpretation, denn ihre Wahrheit ist offensichtlich und stimmt mit der Vernunft und ihren Wahrnehmungen überein. Schliesslich, so Ibn Rushd, gibt es eine dritte Gruppe von Aussagen, die möglicherweise der Interpretation bedürften, also allegorisch aufgefasst werden müssten, möglicherweise aber auch nicht. Dazu rechnet er die koranischen Passagen über Auferstehung und Paradies. Es gibt keine Vernunftbeweise, die sie bestätigen können oder sie in ihrer wörtlichen Bedeutung als unmöglich erklären. In solchen Fällen sieht Ibn Rushd es als die Pflicht jener an, die der Beweisführung durch rationale Methoden fähig sind, Beweise zu suchen, wenn es sie aber nicht gibt, zur allegorischen Auslegung zu schreiten.

Gleichzeitig macht er aber auch deutlich, dass die der Vernunft gemässen Interpretationen vor allem vor jenen geheimgehalten werden müssten, die nicht in der Lage seien, auf Syllogismen aufgebaute Vernunftbeweise zu verstehen, das heisst: vor der grossen Masse der Gläubigen, entweder weil sie keine Gelegenheit hatten, die Wissenschaft der Logik kennenzulernen, oder weil sie intelligenzmässig nicht dazu fähig sind, solche Schlüsse zu verstehen und richtig zu handhaben. Wer nämlich solchen Leuten mit Vernunftbeweisen kommt, so erklärt der Philosoph, zerstört ihren Glauben, bringt sie aber der Erkenntnis des Wahren auf rationalen Wegen auch nicht näher. Sie werden so in den Unglauben geführt. Wer aber andere Muslime zum Unglauben bringt, ist selbst ein Ungläubiger. Die Sekten und ihr Streit kommen nach Ibn Rushd eben daher, dass bestimmte Lehrer ihre richtigen oder falschen Ansichten und Spekulationen jenen Muslimen zugänglich gemacht hätten, die sie nicht beurteilen könnten.

Der offenbarte Koran geht, nach Ibn Rushd, darauf aus, alle Menschen zur Wahrheit zu führen. Er tut dies mit Argumenten, die allen zugänglich sind: rhetorischen für die grosse Masse; aber auch dialektischen für eine Elite von theologischen Fachleuten und mit Hinweisen darauf, dass über einen tieferen Sinn nachgedacht werden müsse für jene, welche solche Hinweise auffassen können. Diese Hinweise liegen in den scheinbaren inneren Widersprüchen, die «von den Leuten tieferen Wissens» eine Auflösung fordern.

Für jene Personen, die der Demonstrationen durch Vernunftbeweise fähig seien, erklärt Ibn Rushd weiter, sei es eine Pflicht, die Auflösung solcher Widersprüche zu suchen, wie aus den verschiedenen Koranstellen hervorgehe, in denen die Menschen aufgefordert werden, ihre Vernunft zu gebrauchen, um Gott und Seine Schöpfung zu verstehen, zum Beispiel 7/184, 6/75, 88/17.

Der Koran selbst deutet an einer Stelle an, dass das Buch klare Verse enthalte und «zweifelhafte» (3/5): «Jene, deren Herzen eine Neigung zum Irrtum haben, halten sich an das Ungewisse, weil sie den Streit lieben und die Auslegung. Doch niemand kennt die Auslegung ausser Gott...» Die Fortsetzung kann entweder gelesen werden: «...und die Besitzer solider Weisheit. Sie sagen, wir glauben gänzlich daran. Denn niemand denkt nach, ausser jene, die Einsicht besitzen».

Da der Koran aber keine Interpunktion kennt, lässt sich die Stelle auch so verstehen: «Doch niemand kennt die Auslegung ausser Gott. Die Besitzer solider Weisheit sagen: Wir glauben gänzlich daran. Denn niemand denkt nach, ausser jenen, die Einsicht besitzen.» Ibn Rushd zieht natürlich die erste Lesart vor.

(Zu all dem siehe die sorgfältige Übersetzung der sogenannten «Entscheidenden Abhandlung» (Traité décisif) des Ibn Rushd (französisch: Ibn Rochd) von Léon Gauthier, «L'accord de la religion et de la philosophie», Neudruck bei Sindbad, Paris 1988; für das letzterwähnte Koranzitat: Anmerkung 25, S. 65).

Die Position Ibn Rushds muss man kennen, um den alten Streit darüber zu beurteilen, ob der Philosoph ein Verächter der positiven Religion gewesen sei oder nicht. Die Frage hat man mit «nein», vielleicht aber auch mit einem bedingten «ja» zu beantworten. Der Philosoph sieht offenbar die Vorschriften, Darstellungen und Allegorien des göttlichen Buches als den besten Weg zu Gott an, der sich für die gewöhnlichen Leute denken lasse. Denn das Buch, seine Vorschriften und seine «Rhetorik» seien geeignet, sie zu Gott zu bringen. Er macht aber auch klar, dass eine Elite, weil sie die Fähigkeit dazu besitze, sich nach rationalen Argumenten zu richten, nicht nur die Möglichkeit, sondern die *Pflicht* habe, auf diesem philosophischen Weg Gott und die Welt zu erkennen.

Ibn Rushd fügt sogar hinzu: Wenn ein Gelehrter sich in den schwierigen Fragen täusche, die er zu verstehen versuche, sei dies verzeihbar, solange er sich ehrlich befleissige, und der Irrtum stelle dann keine schwere Sünde dar. Wenn aber ein Ungelehrter sich weigere, die Offenbarung als Offenbarung anzuerkennen, müsse er als ein Ungläubiger gelten und die entsprechende Bestrafung im Jenseits gewärtigen. Den Ungelehrten solle man auf ihre Fragen, wie bestimmte Ausdrücke der Offenbarung zu verstehen seien, antworten, es handle sich um göttliche Geheimnisse, in die man nicht eindringen könne.

Die scharfe Trennung, die Ibn Rushd zwischen rationalen Wesen (das heisst, in der Logik geschulten und für sie Begabten) und nicht-rationalen einführt, die sich mit der Rhetorik der Offenbarung zu begnügen hätten, ist letzten Endes der Grund für die bis heute bestehenden Fragezeichen, die über seiner Glaubenstreue schweben. Manche Interpreten sehen seine Beteuerung der Wahrheit der Offenbarung nur als einen Schleier, der ihm dazu diene, seine eigenen philosophischen Wahrheiten abzuschirmen und seine persönliche Sicherheit zu gewährleisten.

Die skeptische Beurteilung ist die Grundhaltung des berühmten Buches von *Ernest Renan* (Averroes et l'avverroïsme, Paris 1ère ed. 1852). Doch andere Interpreten, besonders *Asín Palacios* und *Martín Alonso,* Herausgeber und Kommentatoren entscheidender Texte des Philosophen, beide S. J., unterstreichen, dass Averroes nichts anderes tue, als was der Heilige Thomas von Aquinas auch getan habe, nämlich die Wahrheiten seines Glaubens auf rationalem Wege und mit rationalen Mitteln zu beweisen. (Siehe: Miguel Cruz Hernández, La Filosofía Arabe, Madrid 1963, besonders p. 273 ff. Dort findet man auch Bibliographien nach einem jeden Kapitel.) Dass ihm seine philosophische Haltung gefährlich werden könne, hat Ibn Rushd gegen Ende seines Lebens erfahren müssen.

Über die Verfolgung, welcher der Philosoph ausgesetzt war, weiss man das folgende: Ende 1195, nicht lange nach der siegreichen Schlacht von Alarcós (vom 18. Juni jenes Jahres, vgl. oben S. 224) erliess Sultan Ya'qûb «al-Mansûr» (1184–1199) ein Dekret, in dem die Philosophie und die («griechischen») Wissenschaften verurteilt wurden. Die Bücher Ibn Rushds sowie anderer Intellektueller – Gelehrte, Ärzte, Schari'a-

Fachleute, Qâdis und Dichter – wurden verboten, in einigen Fällen sogar verbrannt, und Ibn Rushd wurde nach Lucena verbannt. Diese Stadt bei Granada war dafür bekannt, dass viele (manche sagten «nur») Juden in ihr lebten. Der Sultan berief eine Versammlung von Rechtsgelehrten ein, welche Ibn Rushd verurteilte. Nur eines ihrer Mitglieder, der Qadi Abu Abdullah al-Usûli, wagte es, ihn zu verteidigen, was aber nur dazu führte, dass er zusammen mit Ibn Rushd in der grossen Moschee von Córdoba öffentlich verurteilt wurde. Natürlich begannen von jenem Augenblick an die staatlichen Dichter und die Rechtsgelehrten, den Philosophen besonders hart anzugreifen.

Die arabischen Historiker wollen allerhand personenbezogene Gründe kennen, die den Sultan gegen seinen Leibarzt und Philosophen aufgebracht hätten, doch sind sie nicht besonders stichhaltig. Es scheint sich bei dem ganzen Geschehen vielmehr um Massnahmen gegen die gesamte Schicht der Intellektuellen und Aufgeklärten gehandelt zu haben. Man muss sich mit der Vermutung begnügen, dass offenbar eine politische Wende eingetreten war. Der Herrscher erachtete es als notwendig oder nützlich, sich auf die orthodoxe Partei zu stützen, jene *Fuqahâ* oder Rechtsgelehrten, die seit der omayyadischen Zeit die Stadtbevölkerung zu beeinflussen und zu lenken verstanden haben. Die Bibliothek des Kalifen al-Hakam dürfte zur Zeit al-Mansurs einem ähnlichen Opportunitätsentscheid zum Opfer gefallen sein (s. oben S. 81).

Der Almohadenkalif sah sich damals gezwungen, nach Nordafrika zurückzukehren, um wieder einmal einen Aufstand niederzuwerfen; er wird die Gottesgelehrten wohl gebraucht haben, um seine Herrschaft in al-Andalus während seiner Abwesenheit abzusichern. Mit dieser Annahme stimmt jedenfalls der weitere Verlauf der Episode überein. Nach knapp drei Jahren der Verbannung kehrte Ibn Rushd wieder an den Hof von Marrakesh zurück (1198). Als Beweise seiner Unschuld wurden dieselben Gründe vorgelegt, die schon zur Zeit seiner Verurteilung al-Usûli vergeblich vorgebracht hatte. Am 10. Dezember desselben Jahres 1198 starb Ibn Rushd im Alter von 72 Jahren. Die Leiche des Philosophen wurde nach Córdoba überführt; die Legende besagt, auf der einen Seite des Maultiers, das den langen Weg nach Córdoba abschritt, hing der Tuchsack mit dem Körper des Philosophen, auf der anderen als Gegengewicht seine Bücher.

Die Wirkung Ibn Rushds auf Europa

Ibn Rushd hat weniger Nachwirkung auf die arabische Welt ausgeübt als auf die benachbarte europäische, die ihn sich als *Averroes* geistig zu eigen machte. Seine eigene Heimat, al-Andalus, sollte kurz nach seinem Tode in Wirren und Niederlagen zu Ende gehen. Im muslimischen Osten ist es wohl immer die Figur seines grossen Vorgängers und philosophischen Gegenspielers gewesen, des *Ibn Sina* (980–1033, den Europäern als *Avicenna* bekannt geworden), des Philosophen der «Erleuchtung», welche die grössere Wirkung ausübte, weil sein Werk neben der logischen eine mystische Dimension einbezieht. Allgemein war in der arabischen Kultur die grosse Stunde der Philosophie schon vorbei; Andalusien sollte eine Spätblüte darstellen, nachdem al-Ghazâli (starb 1111) im Osten den Weg für die Verbindung von Orthodoxie und Mystik freigelegt hatte, dem soziologisch gesehen die Zukunft in der islamischen Welt gehören sollte. Seinen grossen Ruhm im *europäischen Mittelalter* verdankt Ibn Rushd nicht so sehr seinen eigenen philosophischen Schriften wie seinen *Kommentaren* zu jenen des *Aristoteles*. Von den eigenen Schriften dürften die wichtigsten sein: die Streitschrift zur Verteidigung der Philosophie, *Tahafut at-Tahafut,* das ist: die Kritik an der Kritik des Theologen al-Ghazâli (1058–1111) an der Philosophie; *Fasl al-Maqal,* die oben erwähnte «entscheidende» Abhandlung über Übereinstimmung von Offenbarung und Ratio; *Damima,* oder Brief an einen Freund über Wissenschaft und Gott, neben den vielen in ihrer Zeit sowie Jahrhunderte darüber hinaus wichtigen medizinischen und astronomischen Werken.

Die *Aristoteles-Kommentare* bestehen aus kleinen, mittleren und grossen Auslegungen der aristotelischen Schriften (in ihren arabischen Übersetzungen. Ibn Rushd konnte kein Griechisch.) Neben denen zu Aristoteles gibt es noch andere Kommentare zu verschiedenen hellenistischen Philosophen.

Die kleinen Kommentare (arabisch *Jawâmi',* Übersichten) zählen 18; die mittleren (*Talkhîs,* Zusammenfassungen) 16, darunter auch einer zur Politeia Platons, und die grossen (*Tafsîr,* Erklärung) fünf (nach dem Schriftenverzeichnis von Miguel Cruz Hernández). Das gesamte Verzeichnis umfasst 91 Nummern; von ihnen haben sich 34 Schriften in arabischer Sprache erhalten, 22 in hebräischer und 48 in lateinischer Übersetzung (einige wenige in mehreren Sprachen). Die Zahl der erhaltenen Schriften, mehr in Übersetzungen als arabische Originale, spiegelt den Umstand wider, dass Ibn Rushd in seiner eigenen arabischen Kultur weniger Echo fand als im mittelalterlichen Europa.

Die Wirkung Ibn Rushds auf den Westen und Norden kann gar nicht überschätzt werden. Kein Geringerer als Thomas von Aquin hat ihn an die 250mal zitiert, und zwar oft an entscheidenden Stellen in seiner «Summa theologica». (S. José Maria Casciaro: El diálogo teológico de Santo Tomas con musulmanes y judíos. El tema de la profecía y la revelación, Madrid 1969. «Von den 22 Artikeln, welche die vier ‹questiones de prophetia› bilden, hängen 12 stark von arabischen und rabbinischen Quellen ab (...), vier sind im wesentlichen durch sie hervorgerufen, obwohl sie deren Lehre teilweise zurückweisen.» So J. Vernet in: La cultura hispanoárabe en Oriente y Occidente, Barcelona 1978, p. 178; unter Hinweis auf J. M. Casciaro.) Oft schreibt Thomas von Aquin ganze Seiten aus Ibn Rushds Werken ab. In Einzelfragen mag er gegen ihn polemisieren, aber die Grundlage und die Grundfragestellung aller scholastischen Philosophie überhaupt gehen auf Ibn Rushd zurück, und es ist leicht einzusehen, dass seine grundlegende Fragestellung, nämlich wie Offenbarung und Ratio zu vereinbaren seien (die sich von den Fragestellungen des Aristoteles unterscheidet, aber von Beginn an eine der Hauptfragen der arabischen Falâsafa war) auf die frühe Sorbonne elektrisierend gewirkt haben muss. Sie hat in der Folge alle Philosophie bis auf Descartes beschäftigt, wenngleich von der Renaissance ab die andere Linie, jene der neoplatonischen Philosophie gegenüber der seit dem Mittelalter verbrauchten und festgefahrenen aristotelisch-scholastischen immer mehr Bedeutung gewann.

Dante hat Ibn Rushd zusammen mit Ibn Sina (Avicenna) und Saladin als die einzigen Araber unter die Helden und Denker des Altertums(!) gereiht. Sie wohnen alle zusammen in einem Kastell mit sieben Mauern und sieben Pforten, die nach den Kommentatoren der Göttlichen Komödie die sieben Tugenden und nach anderen die sieben Teile der Philosophie sowie auch die sieben Disziplinen der mittelalterlichen Bildung, Trivium und Quadrivium, symbolisieren (Inferno 4/144).

Der polemische Mythos von einem «Materialisten» Averroes oder einem reinen Rationalisten, der sich im Verlauf der Jahrhunderte in der scholastischen Philosophie ausbreiten sollte, hing mit dem Umstand zusammen, dass Ibn Rushd ein Muslim war, sein Glaube also für die Christen, die ihn benützten, nicht Glauben, sondern Unglauben war. Was er Offenbarung nennt, musste für die mittelalterlichen Christen, die seine Schriften benützten, von vorneherein «Falschheit» sein, weshalb es natürlich war, dass sie nur seine rationale Seite als echt und bedeutungsvoll annehmen konnten. Wo immer er sich auf Koran und Sunna beruft, für ihn die Offenbarung, musste er sich in den Augen seiner Leser in Paris, Montpellier, Genua und Padua auf einer falschen Fährte befinden, weshalb es notwendig war, ihn zu widerlegen, oder, wenn man dies nicht überzeugend zu tun vermochte, gegen ihn zu polemisieren. Seine *Methode* jedoch, syllogistische Schlüsse und Unterscheidungen, manchmal höchst subtiler Art, zur Wahrheitsfindung einzusetzen, die er seinerseits natürlich auf Aristoteles abstützt, wurde weitgehend übernommen, natürlich nun im Bemühen, die Wahrheit der *christlichen* Offenbarung auf rationalem Wege zu erhärten, ja zu beweisen.

Der philosophische Einfluss, wobei stets auch die Medizin und die Naturwissenschaften mehr oder minder mit dazu gehörten, den al-Andalus auf das frühscholastische und dann das scholastische Europa ausübte, war von zentraler Bedeutung und stand im vollen Licht des damals überwiegenden geistigen Interesses, weil der Glauben (die Offenbarung) in den beiden grossen Nachbarkulturen zu jener Zeit im Mittelpunkt des geistigen Lebens stand, sodass die *Falâsafa* der grossen arabischen Philosophen auf ein zentrales Interesse in beiden Zivilisationen stiess. Die Muslime hatten, indem sie die erkenntnistheoretische Frage der Übereinstimmung von Offenbarung und Ratio zum Hauptthema ihres Nachdenkens erhoben hatten, einen Fragenkomplex angeschnitten, der nicht nur ihre Offenbarungsreligion entscheidend anging, sondern auch die beiden älteren der Juden und der Christen.

Im Gefolge der arabischen Philosophie: Maimonides

In der Tat wurden die Juden ebenfalls in die philosophische Bewegung von al-Andalus einbezogen. Dass sie sich von arabischen Vorbildern dazu anregen liessen, zeigt schon rein äusserlich der Umstand, dass der grösste ihrer Philosophen, *Maimonides* (1135–1204) in al-Andalus geboren, arabisch geschrieben hat, wenngleich seine Texte oft in hebräischen Lettern, die anstelle der entsprechenden arabischen stehen, geschrieben und überliefert worden sind, da sie sich an ein jüdisches Publikum richteten.

Ibn Maymûn, mit seinem vollen arabischen Namen Abu Imran Musa Ibn Ubaidallah Maymûn al-Qurtûbi, war neun Jahre jünger als Ibn Rushd. Gegen 1149 war seine Familie gezwungen, al-Andalus zu verlassen. Die Almoravidenherrscher wollten keine Christen oder Juden in al-Andalus dulden, weil sie fürchteten, diese Minderheiten könnten den christlichen Herrschern des Nordens helfen. Die Familie zog nach Fès. Seit 1166 ist ihr Aufenthalt in Kairo bekannt. Sie befasste sich dort mit Edelsteinhandel, doch nach einem verlustreichen Schiffbruch, in dem sein Bruder umkam, sah sich Ibn Maimûn gezwungen, sein Leben als Arzt zu verdienen. Seinem Bruder hat er eine ergreifende Seite in einem seiner privaten Briefe gewidmet (s. den unten zitierten Querschnitt aus seinem Werk von Glatzer, S. 181). Als medizinische Autorität muss Maimonides damals schon berühmt gewesen sein.

Er wurde zuerst von Qâdi al-Fâdil (1135–1200) protegiert, dem diplomatischen Hauptberater Saladins (Salah ad-Din al-Ayyûbi, r. 1171–1193), dann wurde er Leibarzt des Sohnes Saladins, al-Malik al-Afdal. Er war auch Sprecher oder Vorsteher (Nâqid) der jüdischen Gemeinde von Kairo. Sein grosses philosophisches Werk, *«Führer der Verwirrten»*, verfasste er gegen 1190 in Fustât, der Schwesterstadt Kairos, seinem Bericht nach als Antwort auf eine Frage seines Lieblingsschülers nach der Vereinbarkeit von Ratio und Glauben – offenbar also für jene Intellektuelle in der jüdischen Gemeinde, eben die «Verwirrten», die Gefahr liefen, angesichts der arabischen Falâsafa ihren Glauben an Dinge wie die biblischen und rabbinischen Lehren über Gott, den Beginn der Welt, die Gültigkeit und Bedeutung des Gottesgesetzes zu verlieren. Für sie erarbeitete er ein System der Deutung der heiligen Schrift, das es ihnen erlauben sollte, diese als geistige Wahrheit zu nehmen, auch dort, wo sie logische Unstimmigkeiten und Widersprüche entdeckten.

Vom östlichen arabischen Philosophen al-Fârâbi (872–950) nahm Maimonides die Idee des Propheten als Gesetzgeber, welcher für ihn natürlich Moses ist. Sein Gesetz wird als endgültig und allbedeutsam geschildert. Nach der Auffassung bedeutender Maimonides-Leser und -Interpreten besitzt das Buch jedoch auch so etwas wie eine zweite Ebene. Der Verfasser lässt durchblicken, dass er selbst an viele der offiziellen Dogmen und Religionsthesen, die er auf der Oberfläche bestätigt, nicht voll glaubt. Er deutet zum Beispiel an, dass für ihn die Auferstehung eine solche des Geistes sei, die daraus bestehe, dass die gereinigten Seelen der Menschen sich mit dem aktiven Intellekt vereinigten. Die Strafen des Jenseits sah er als rein geistige Strafen an.

In diesen Ansichten dürfte er Ibn Bajja und Ibn Rushd nahegestanden haben. Der Umstand, dass Maimonides sich klar weigert, der Astrologie irgendwelchen Glauben zu schenken, eine in seiner Zeit seltene Haltung, und dass er auch nicht an die mystische Gottesschau glauben will, macht es um so wahrscheinlicher, dass er in der Tat persönlich ein Rationalist gewesen ist, dem es allerdings darum geht, seinen Glaubensgenossen, «den Perplexen», eine doppelte Hilfe angedeihen zu lassen: Apologie der Tradition mit Hilfe ausgewählter Interpretationen, die den Zusammenstoss mit der Ratio lindern sollen, und dahinter Andeutung eines Religions- und Traditionsverständnisses, das sich mit einem rationalen und logisch durchgearbeiteten Weltbild voll vereinbaren lässt.

Maimonides zitiert Ibn Bajja; Ibn Rushd kennt und schätzt er. Doch dessen Schriften scheinen ihm höchstens teilweise bekannt gewesen zu sein. Dass er einen jüdischen Zweig der arabischen Falâsafa-Tradition vertritt, kann keinem Zweifel unterliegen. Maimonides hat aber auch in der ersten Hälfte seines Lebens vor seinem philosophischen Buch ein theologisches verfasst. Dies ist sein grosser Kommentar zum jüdischen Gesetz, *Mischne Tora,* entstanden aus der Erkenntnis, dass «das Volk ohne Gesetzbuch war». Er beginnt mit dem Satz: «Die Grundlage und Säule aller Weisheit ist, zu erkennen, dass es ein Urseiendes gibt, das alles Dasein erschuf.» Er befasst sich dann mit dem Gesetz in all seinen Einzelheiten, verliert aber nie die Frage nach seinem Sinn und Zweck aus den Augen.

Ein berühmtes Gleichnis des Maimonides, das in seinem philosophischen Buch steht, vergleicht die Welt mit einem Palast, um den herum sich viele Menschen bewegen: manche, ohne sich an ihn zu kehren, mit ihren eigenen Interessen beschäftigt; andere auf der Suche nach ihm; noch andere haben ihn schon gefunden und umwandeln ihn, ohne Eingang gefunden zu haben; noch andere halten sich in den Vorhöfen auf; einige dringen in den Saal ein, wo sie sich in der Nähe des Königs befinden; und noch andere dürfen ihn erblicken und auf ihn hören. «Jene, die ausserhalb der Stadt leben, sind die Menschen, die weder durch eigenes Denken noch durch Überlieferung einen Glauben haben, wie der im Norden umherziehende Teil der Türken und die im Süden umherziehenden Neger und die ihnen entsprechenden Stämme in unseren Gegenden. Diese sind wie die Tiere anzusehen, die keine Vernunft haben. Ich rechne sie nicht zur Stufe der Menschen; ihre Stufe im Dasein ist unterhalb der des Menschen und oberhalb der des Affen, da sie menschliche Gestalt, menschliches Aussehen haben und ihr Unterscheidungsvermögen grösser ist als das des Affen.

Jene, die in der Stadt sind, dem Palast jedoch den Rücken kehren, das sind die Menschen, die zwar Ansichten und Denken haben können, aber zu unwahren Meinungen gekommen sind, sei es, dass, während sie nachdachten, ein schwerer Irrtum vorkam, oder dass sie sich an einen anschlossen, der selbst einen Irrtum begangen hatte. Infolge ihrer Meinungen werden sie sich immer mehr vom Palast entfernen, je weiter sie gehen. Diese nun sind sehr viel ärger als die zuerst besprochenen.

Jene, die zu dem Palast zu gelangen streben, um vor den König zu kommen, den Palast aber noch nicht erblickt haben, das ist die Menge der Anhänger der Tora, die unwissend sind, aber die Gebote ausüben.

Jene, die das Haus erreicht haben und um es herumgehen, das sind die Talmudgelehrten, die auf dem Wege der Überlieferung zum Glauben an wahre Meinungen kommen und die gottesdienstlichen Handlungen erforschen, aber nicht geübt sind im Denken über die Grundlagen der Religion und der Begründung des Glaubens nicht nachgeforscht haben.

Jene, die sich in das Denken über die Wurzeln der Religion versenkt haben, sind die Menschen, die die Vorhöfe betreten haben; diese Menschen stehen gewiss auf verschiedenen Stufen.

Doch wer es erreicht hat, die Beweisgründe alles Beweisbaren zu erkennen, und wer an göttlichen Dingen Gewissheit erlangt hat, soweit man sie erlangen kann, oder wer sich dort der Gewissheit wenigstens nähert, wo mehr als das Sich-der-Gewissheit-Nähern nicht möglich ist, der hat es erreicht, mit dem König im Inneren des Hauses zu sein.»

Mathematik und Logik, so sagt Maimonides weiter, erlaubten nur, «um das Haus herumzugehen»; wer Einsicht in die Naturlehre erlange, betrete die Vorhöfe des Palastes; wer sie vollende und Einsicht in die Theologie erreiche, dringe in den inneren Hof ein und befinde sich mit dem König in *einem* Hause. Dies sei die Stufe der Weisen, «wo es verschiedene Grade der Vollendung gibt».

«Wer all sein Denken nach dessen Vollendung in den Dienst der Erkenntnis des Göttlichen stellt und sich völlig Gott, erhoben sei er, zuwendet, alles andere aus seinen Gedanken entfernt, die Tätigkeit seiner Vernunft auf die Betrachtung alles Erschaffenen richtet, um aus ihm einen Beweis Gottes, erhaben sei Er, zu entnehmen, und um zu erkennen, auf welche Weise er die Schöpfung leitet, der darf im Gemach des Königs vorweilen. Und dies ist die Stufe der Propheten.» (...)

«So können wir zu dem Gedanken dieses Kapitels zurückkehren, und der ist, dem Menschen, der zur besprochenen Erkenntnis Gottes gelangt ist, zu raten, auf Ihn allein seinen Gedanken zu richten. Dies ist der besondere Gottesdienst jener, die die Wahrheit erreicht haben, und je mehr sie an Ihn denken und an den Ort bei Ihm treten, umso grösser wird ihr Dienst.

Doch wer ohne Wissen an Gott denkt und ihn häufig nennt, hingezogen von blosser, in ihm entstandener Vorstellung, oder von einem ihm durch andere überlieferten Glauben, der scheint mir ausserhalb des Palastes und fern von ihm zu sein und daher in Wahrheit Gott nicht zu nennen und nicht an ihn zu denken. Das Ding, das er sich vorstellt und mit seinem Munde nennt, entspricht gar nicht der Wirklichkeit, sondern ist von seiner Phantasie erfunden, wie wir es erklärten, als wir von den göttlichen Attributen handelten.

Diese Form des Dienstes soll aber erst beginnen, nachdem man sich Gott in der Vernunft vorgestellt hat. Erst, wenn du Gott und seine Werke verstanden hast, wie der Geist es erfordert, dann sollst du beginnen, dich ihm hinzugeben und dich zu bemühen, seine Nähe zu erreichen, und das Band zu festigen, das dich mit ihm verbindet: den Geist.».. . «Die Tora hat ausdrücklich gesagt, dass diese letzte Frömmigkeit, auf die wir in diesem Abschnitte hinweisen, nur *nach* der Erkenntnis möglich ist ...» (nach Nahum Norbert Glatzer: Moses Maimonides. Ein Querschnitt durch das Werk. Köln 1966, S. 38 ff.).

Ibn 'Arabi:
Mystik nach Philosophie

Ibn al-Arabi von Murcia (1164–1240) war einer der grössten muslimischen Mystiker überhaupt und gewiss der grösste von al-Andalus. Er stammte aus einer vornehmen und frommen Familie. Auf mütterlicher Seite will er sogar einen Onkel besessen haben, der König von Tlemcen gewesen sei, wie Ibn Arabi selbst berichtet; er habe Yahya Ibn Yodghân geheissen. «In seiner Zeit», so erzählt Ibn Arabi in seinem grossen Buch über mystische Visionen, «*Futuhât al-Makkiya*» (Geistliche Eröffnungen aus Mekka), «lebte Abdullah, der Tunesier, ein Jurist und Asket, der als der frömmste Mann seines Jahrhunderts galt. Er lebte in einer Ortschaft nahe bei Tlemcen, Alodab, in der Moschee, abgesondert von der Welt und im Dienste Gottes. Als dieser Fromme sich einst unterwegs nach Tlemcen befand – die Stadt befindet sich nicht weit von Alodab, und ihre Zitadelle liegt im Zentrum –, begegnete ihm mein Onkel, Yahya Ibn Yodghân, König von Tlemcen, den sein Gefolge und seine Wachen umgaben.

Jemand sagte ihm, dass jener Mann Abu Abdullah, der Tunesier, sei, der berühmteste Asket seiner Zeit. Der König hielt an, indem er den Zügel seines Pferdes anzog und grüsste den heiligen Mann. Dieser gab ihm den Gruss zurück. Der König, der reiche Gewänder trug, fragte ihn: ‹Scheich, ist es mir erlaubt, das Ritualgebet in diesen Kleidern zu begehen?› Statt ihm zu antworten, brach der Scheich in Gelächter aus. ‹Warum lachst du?› fragte der König. ‹Wegen der Geringfügigkeit deines Verstandes und der Unwissenheit, in der du lebst, ohne den Zustand deiner Seele zu kennen. Nach meinem Ermessen gleichst du niemandem so sehr wie einem Hund. Er besudelt sich mit Blut und halbverfaulten Kadavern und frisst sie trotz ihrer Widerlichkeit. Aber dann, wenn er Wasser lassen will, hebt er sein Bein, um sich nicht mit Urin zu besudeln! Du bist ein Gefäss voller Unrat, doch du beunruhigst dich über deinen Mantel, wo du doch für alles Unrecht verantwortlich bist, das deinen Untertanen geschieht.›

Der König vergoss Tränen, stieg von seinem Pferd, trat augenblicklich von seiner Herrschaft zurück und widmete sich dem frommen Leben im Dienste des Scheichs. Dieser beherbergte ihn drei Tage lang. Als sie vorüber waren, gab er ihm einen Strick und sagte: ‹König, die Tage der Gastfreundschaft sind vorbei. Steh auf und geh Brennholz sammeln!› Der König sammelte Holz, lud es auf seinen Kopf und ging es auf dem Markt verkaufen. Die Leute sahen ihn und brachen in Tränen aus. Er verkaufte sein Holz, behielt nur, was er zum Leben brauchte und gab das übrige in Almosen. Das tat er für den Rest seines Lebens. Als er starb, wurde er ausserhalb des Grabes seines Meisters beerdigt. Das Grabmal wird heute viel besucht.

Wenn Leute zu ihm kamen und ihn baten, für sie zu beten, pflegte der Scheich zu sagen: ‹Fleht um Gunst durch Vermittlung des Yahya Ibn Yodghân, denn er ist ein König gewesen und hat auf die Welt verzichtet. Wenn Gott mich auf die gleiche Probe gestellt hätte wie ihn, hätte ich vielleicht die Welt nicht aufgegeben›» (Futuhât al-Makkiya II/23).

Als Ibn Arabi acht Jahre alt war, verliess seine Familie Murcia und zog nach Sevilla, weil die Almohaden dem damaligen Herrscher, Ibn Mardanish, Murcia entrissen. In Sevilla hat Ibn Arabi die Erziehung eines vornehmen Arabers erhalten. Die Namen seiner Lehrer in Disziplinen wie: Koranische Philologie, Traditionen vom Propheten, Jurisprudenz und Theologie hat er uns selbst überliefert. Er wurde Sekretär des Gouverneurs von Sevilla und heiratete Maryam, die Tochter von Muhammed Abdûn, aus einer reichen Familie, die ursprünglich aus Bizerta stammte. Sie selbst scheint mystische Neigungen besessen zu haben.

Ibn Arabi erwähnt eine Krankheit aus seiner Jugend, an der er beinahe gestorben wäre. Er sah «eine Gruppe von fürchterlichen Personen, die sich seiner bemächtigen wollten, aber auch eine schöne Figur, die Wohlgeruch um sich verbreitete und die jene anderen heftig zurückstiess, bis sie sie übermannt hatte. Ich fragte sie: ‹Wer bist du?› Sie antwortete: ‹Die Sura *Yas* (das ist die Sure, die man für die Sterbenden betet), die dich verteidigt.› Ich erwachte aus meinem Todesschlaf und sah, dass mein Vater an meinem Lager weinte und gerade die Rezitation jener Sure beendet hatte.»

Aus der Zeit vor seiner Bekehrung zum Weg des Mystikers erzählt Ibn Arabi auch von seiner Liebe zur Jagd. «Zur Zeit meines Weltlebens ... reiste ich einmal zwischen Carmona und Palma in Begleitung meines Vaters, als wir auf eine Herde von Wildeseln stiessen, die weideten. Ich war damals ein leidenschaftlicher Jäger, und die Diener waren weit hinter uns zurückgeblieben. Ich dachte einen Augenblick nach und beschloss in meinem Herzen, keinem dieser Tiere etwas zuleide zu tun. Doch mein Fuchs, auf dem ich ritt, stürmte wiehernd vor Freude auf sie zu, sobald er sie sah. Ich zügelte ihn heftig, um ihn zurückzuhalten, erreichte aber dennoch die Stelle, wo sie weideten. Ich trug meine Lanze in der Hand, und das Pferd trabte mitten unter sie, so dass die Lanze beinahe ihre Seiten berührte. Doch die Wildesel fuhren ruhig fort zu weiden, keiner hob auch nur seinen Kopf, und ich durchquerte ihre ganze Herde. Meine Diener erreichten mich dann, und nur in jenem Augenblick, ich will sagen vor ihnen, begannen die Wildesel zu traben und zu fliehen. – Solange ich diesen Weg noch nicht angetreten hatte, ich meine den Weg Gottes, verstand ich den Grund jener Erscheinung nicht. Doch dann, als ich darüber nachdachte, was die Verbindungen unter den Leuten sind (gemeint sind wohl die Mystiker untereinander), begriff ich, dass der Grund jener seltsamen Begebenheit mit den Wildeseln folgender war: das Vertrauen, das ich in meiner Seele ihnen gegenüber empfand, übertrug sich auf ihre Seelen mir gegenüber.» (Futuhât, iv, p. 700).

Schon mit zwanzig Jahren oder noch jünger befand sich Ibn Arabi jedoch auf dem Weg Gottes. Er muss schon als Adoleszent ein besonderer Mensch gewesen sein, weil der Philosoph Ibn Rushd, wie es der Mystiker ebenfalls selbst erzählt, seinem Vater mitgeteilt habe, er wolle den Sohn kennenlernen. «Mein Vater, der zu seinen engen Freunden gehörte, schickte mich zu ihm unter dem Vorwand, ich solle ihm etwas ausrichten, aber in Wirklichkeit, um ihm Gelegenheit zu bieten, mit mir zu sprechen. Ich war damals noch ein bartloser Jüngling. Sobald ich eingetreten war, erhob er sich und ging mir mit grosser Herzlichkeit entgegen. Er umarmte mich und sagte: ‹Ja!› Ich antwortete ebenfalls, ‹Ja!›

Diese Antwort gefiel ihm, weil er sah, dass ich ihn verstanden hatte. Doch ich erfasste sogleich den Grund seiner Freude und fügte hinzu: ‹Nein!› Da wurde Averroes betroffen, wechselte die Farbe und begann, an der Wahrheit seiner Lehre zu zweifeln. Er fragte mich: ‹Wie löst du das Problem der Erleuchtung und der göttlichen Inspiration? Etwa so, wie es uns die Ratio lehrt?› Ich antwortete ihm: ‹Ja und Nein. Zwischen dem Ja und dem Nein brechen die Geister aus, indem sie von ihren Materien ausfliegen. Ibn Rushd wechselte die Farbe, setzte sich und schien voller Verwirrung, als ob er den Sinn meiner Andeutungen durchdrungen hätte.

Später, nach dieser Begegnung, bat er meinen Vater, ihm zu sagen, ob seine Meinung über mich mit der seinigen übereinstimme. Weil nämlich Ibn Rushd ein weiser Philosoph war, der sich dem rationalen Nachdenken und Studium widmete, konnte er nichts anderes tun als Gott dafür zu danken, dass er ihm erlaubt hatte, in einer Epoche zu leben, in der er mit eigenen Augen einen Mann sehen konnte, der unwissend eine geistliche Absonderung begonnen hatte und so aus ihr hinauskam, wie es der Fall war, ohne die Hilfe irgendeiner Lehre, ohne Studien, ohne Lektüre oder Instruktion. Er rief über mich aus: ‹Er befindet sich in einem Zustand, von dem wir (Philosophen) mit rationalen Mitteln aufrechterhalten haben, dass es ihn gibt, ohne jedoch je eine Person kennengelernt zu haben, die ihn erfahren hatte. – Gelobt sei Gott, der uns in einer Zeit leben liess, in der es einen Menschen von solch hohem mystischen Rang gibt, dass er die Schlösser seiner Türen zu öffnen vermag und dass er mir darüber hinaus die besondere Gnade verlieh, ihn mit eigenen Augen zu sehen!

Ich wollte später wieder mit ihm zusammentreffen, doch durch Gottes Gnade erschien er mir in der Ekstase in solcher Art, dass zwischen ihm und mir ein dünner Schleier gespannt war, durch den hindurch ich ihn sah, ohne dass er mich erblickte und den Ort nicht sah, den ich einnahm. Er war damit beschäftigt, für sich alleine zu denken. Ich sagte mir damals: ‹In Wahrheit, er kann nicht auf jene Stufe geführt werden, welche die unsrige ist.›» (Futuhat I/199).

Ibn Arabi sah den Philosophen nicht mehr bis nach seinem Tod, und er erzählt die schon erwähnte Anekdote von der Leiche des Philosophen, die von Marrakesh nach Córdoba zurücktransportiert wurde, indem auf dem Maultier seine Bücher das Gegengewicht für die Leiche abgaben. Ibn Arabi will dies selbst gesehen haben, und er gibt die Namen von zwei Begleitern an. Er sagt, das Ereignis habe ihm zum Thema für eine Meditation gedient und er habe einen Vers darüber verfasst:

«Auf der einen Seite geht der Meister, auf der anderen seine Buchproduktion.

Sag mir: Sind nun seine heissen Wünsche erfüllt?»

Ibn Arabi war ein grosser Reisender. Seine Wanderungen haben ihn stets von einem Sufi-Meister zum anderen geführt. Es gibt eine ganze geistliche Geographie, die er für al-Andalus und den Maghreb in einem Buch niedergelegt hat.

Er zählt darin alle die Mystiker und Heiligen auf, die er «im Westen» kannte. Er schrieb das Buch rückblickend von Jerusalem aus, weshalb es *«Sendschreiben aus Jerusalem»* genannt wird. Er will darin den Mystikern des arabischen Ostens zeigen, dass es im Westen der arabischen Welt ebenfalls grosse Sufis gab. Deshalb berichtet er von all den Gelehrten und heiligen Männern, von denen er in al-Andalus gelernt hat und die von ihm lernten. Eine spanische, eine englische und eine französische Übersetzung liegen vor. (Asín Palacios: Vidas de Santones Andaluces, Madrid 1939. R. W. Austin: Sufis of Andalusia; Les Soufis d'Andalousie, Paris 1979 auf Grund der englischen Übersetzung.) Ein Aspekt von al-Andalus wird hier aufgezeigt, der sonst kaum sichtbar wird. Ibn Arabi interessiert sich ausschliesslich für seine geistigen Brüder und ihre Visionen und Erfahrungen. In jedem Flecken finden sich Asketen, Mystiker, Heilige, denen Ibn Arabi verschiedene Ränge zuteilt. Die meisten dieser Menschen haben wenige oder keine Bücher verfasst. Sie begnügten sich damit, ihre Lehre an ihre Schüler weiterzugeben.

Unter den vielen Mystikern, die Ibn Arabi in diesem Erinnerungswerk aufzählt, gibt es auch Frauen. «Ich kannte auch in Sevilla die Nunna Fatima, Tochter des al-Muthanna, als sie schon 90 Jahre alt war. Sie war also schon sehr betagt, aber sie ass nichts als die Reste, die die Leute aus ihren Haustüren hinauswarfen, und sogar davon ass sie nur sehr wenig. Wenn ich mich hinsetzte, um mit ihr zu sprechen, schämte ich mich, ihr ins Gesicht zu schauen, weil ihre Züge so fein waren und ihre Wangen so blühend, trotz ihrer neunzig Jahre. Die Fâtiha (d. h. das Eingangskapitel zum Koran, das als ein «Vater Unser» der Muslime dient) mochte sie über alles und zog sie allem anderen vor. Sie sagte mir einst über sie: ‹Die Fâtiha ist mir von Gott geschenkt worden, ich kann über sie frei verfügen und mit ihr tun, was ich will.›

Ich habe ihr mit meinen eigenen Händen eine Hütte aus Schilfrohr gebaut, wo sie lebte, zusammen zweien meiner Gefährten. Sie pflegte zu sagen: ‹Keiner, der eintritt, um mit mir zu reden, gefällt mir mehr als jener da›, wobei sie auf mich anspielte. Man fragte sie: ‹Und warum?› Sie antwortete: ‹Keiner von denen, die hereinkommen, um mit mir zu sprechen, tut es mit mehr als einem Teil seines Wesens. Die anderen Teile lässt er draussen, Dinge, wie seine häuslichen Sorgen und Familienaffären. Nur Muhammed Ibn 'Arabi, mein geistiger Sohn und der Trost meiner Augen, wenn er eintritt, um mit mir zu sprechen, tut es mit all seinem Wesen. Auch wenn er sich hinsetzt oder wenn er aufsteht, tut er es mit seinem ganzen Wesen, ohne einen Teil seiner Seele hinter sich zurückzulassen. So muss der geistliche Weg begangen werden!›

Gott gewährte ihr Besitz und Herrschaft über alles Geschöpfte. Aber sie kümmerte sich nicht um eine einzige der Kreaturen und rief immer nur: ‹Du allein, Du! Jedes andere Ding, das nicht Du bist, bringt mir nur Unglück!› Sie lebte ganz in Gott eingesponnen. Wer sie sah, glaubte, sie sei blöde. Aber sie antwortete: ‹Der Blöde ist jener, der seinen Herren nicht kennt!›

Sie war voller Mitleid mit aller Welt. Der Mu'ezzin der Hauptmoschee von Sevilla schlug sie, in der Nacht vor dem Fest, in der Moschee, mit seiner Rute. Sie tat nichts, als ihm einen Blick zuzuwerfen, dann ging sie fort mit Zorn im Herzen auf den Mu'ezzin. Sie schlief in jener Nacht, und beim Frühleuchten hörte sie diesen gleichen Mu'ezzin, wie er vom Minarett der Moschee zum Frühgebet aufrief. Wie sie ihn hörte, rief sie: ‹Oh mein Gott, strafe mich nicht. Meine Seele war voller Zorn gegen einen Mann, der im Dunkel der Nacht, wenn die Leute schlafen, an Dich erinnert. Auf seiner Zunge rollt der Namen meines Geliebten! Oh, mein Gott, strafe mich nicht für meinen Zorn auf ihn!›

Am nächsten Morgen traten die Gottesgelehrten in den Palast ein, um den Herrscher nach dem feierlichen Gebet des Festes zu begrüssen. Gemischt unter sie und mit ihnen trat auch der Mu'ezzin ein. Er hoffte, von den Geschenken des Herrschers etwas abzubekommen. Doch dieser fragte: ‹Wer ist denn das?› – ‹Es ist der Gebetsrufer von der grossen Moschee›, sagten sie ihm. – ‹Und wer hat ihn geheissen, hier mit den Gottesgelehrten einzudringen? – Bringt ihn fort!› Sie gaben ihm Ohrfeigen und warfen ihn hinaus. Jemand jedoch trat für ihn beim Sultan ein, nachdem der Sultan seine Absicht hatte erkennen lassen, ihn zu bestrafen. Die Leute sagten zu Fatima: ‹Dem Soundso ist beim Sultan dies und jenes passiert.› Und sie antwortete: ‹Ich wusste es schon; und wenn ich Gott nicht gebeten hätte, dass seine Strafe nur leicht sei, hätten sie ihn gewiss umgebracht.› Ihr mystisches Leben war wundersam. Sie ist heute tot.» (Nach M. Asín Palácios, Vidas de santones andaluces ... de Ibn Arabi de Murcia, Madrid 1935, p. 181 ff.)

Von solchen und den vielen anderen Mystikern aus dem Volk von al-Andalus, die Ibn Arabi aufzählt (in seinem Werk sind es 55), unterscheidet er selbst sich in erster Linie durch seinen Willen, seine geistigen Visionen und Erlebnisse niederzuschreiben und sie, soweit irgend möglich, zu erklären. Er sagt, er habe einen Befehl seines Herrn erhalten, seine Erlebnisse und Erfahrungen schriftlich niederzulegen.

Eine innere Biographie

Diesem gleichen Drang und Befehl verdankt man auch sein grösstes Werk, die vielbändigen «*Futuhât al-Makkiya*». Der Titel lässt sich mit «Eröffnungen» oder gar «Eroberungen» (geistlicher Art) übersetzen, und der volle Titel des grossen Werkes lautet behelfsmässig wiedergegeben: «Geistliche Eröffnungen aus Mekka: Gnosis der Geheimnisse des Herrschers und des Beherrschten.»

Die neue kritische Ausgabe aus Kairo von Osman Yahia umfasst zwölf Bände; das Werk wird aber auch oft nach den älteren vierbändigen Ausgaben von Cairo zitiert. Es besteht aus 560 Kapiteln, und im ersten davon schildert Ibn Arabi eine Begegnung, die er an der Kaaba in Mekka mit einer geheimnisvollen Erscheinung hatte und die er als eine Theophanie erkennt, mit «einem leuchtenden Jüngling, sprechend im Schweigen, weder lebend noch tot, vielfältig einfach, umfassend umfasst». Diese Begegnung, der viele andere Visionen, Treffen und Reisen im Geiste vorausgegangen sind, stellt den Höhepunkt der Suche des damals 49jährigen Mystikers dar. Sein «Aufstieg» ist vollendet. Doch er schliesst dann einen «Abstieg» an, dessen Ziel es ist, seine Erfahrung den Mitmenschen zu übermitteln, und das grosse Buch der «Eröffnungen» ist einer der Versuche, diese Aufgabe zu erfüllen.

Daneben besteht eine fast unbegreifliche Zahl anderer Schriften, grössere Bücher wie kleinere «Sendschreiben», so viele, dass sie bis heute nicht alle gedruckt worden sind. *Osman Yahia,* dem Herausgeber der kritischen Ausgabe der «Futuhât», verdankt man auch ein Verzeichnis aller Schriften des grossen Mystikers: Histoire et classification de l'œuvre d'Ibn Arabi, Institut Français de Damas, Damaskus 1964. Es umfasst total 846 Nummern, Bücher und kleinere Schriften. Eine hervorragende Biographie des grossen Mystikers, welche sein äusseres und sein inneres Leben umfasst, verdankt man *Claude Addas* (Ibn Arabi ou la quête du souffre rouge, Paris 1989). Dieses grundlegende Werk enthält auch eine ausführliche Bibliographie, Zeittafeln und Register.

In Mekka, so schildert er es selbst, hatte Ibn Arabi auch ein «Beatrice»-Erlebnis. «Als ich im Jahr 598 (d. H., 1202 n. Chr.) in Mekka weilte, hatte ich Umgang mit einigen Personen, Männern und Frauen, die alle treffliche Leute waren, höchst gelehrt und sehr tugendhaft. Unter ihnen gab es keinen, der dem gelehrten Meister Zâhir Ibn Rustam gleichkam, welcher aus Isfahan stammte und in Mekka lebte, noch seiner Schwester, der Gelehrten des Hijaz, die ‹Ruhm der Frauen› genannt wird, der Bint Rustam. Dieser Meister hatte eine junge Tochter, eine schlanke Jungfrau, die jedermann, der sie erblickte, in Liebesketten schlug und deren blosse Gegenwart den Zusammenkünften zur Zierde gereichte und die Augen verzückte. Sie hiess *Nizâm* und ihr Zuname war *'Ayn asch-Schams.* Sie war tugendhaft, weise, fromm und bescheiden. Sie spiegelte die verehrenswürdige Vergangenheit der Heiligen Stätten wider und zugleich die jugendliche Frische der grossen Stadt des Propheten. Die Kraft ihrer Augen hatte soviel Zauber und ihre Reden (so gewandt wie jene der Bewohner des Iraks) waren so eindringlich, dass es wie eine Flut war, wenn sie ausführlich sprach, und wie ein kunstvolles Juwel, wenn sie sich kurz fasste. Wenn sie ihre Redekunst anwandte, war sie klar und durchsichtig – wenn es nicht kleinliche Geister gäbe, die sich sofort entsetzen und Böses denken, würde ich hier die Gaben weiter beschreiben, mit denen Gott sie ausstattete im Körper und Seele, so dass sie wie ein Garten der Herrlichkeit war.

Sooft ich mit ihr Umgang pflegte, achtete ich aufmerksam auf die zierlichen Gaben, die ihre Seele schmückten, und ich nahm sie als Urheberin der Lieder, die sich in diesem Buch befinden und die Liebesgedichte sind aus schönen und wohlklingenden Worten und süssen Gedanken, obgleich ich in ihnen nicht einmal einen Teil der Gefühle ausdrücken konnte, die meine Seele empfand und die durch dem Umgang mit jener jungen Frau in meiner Seele aufkeimten, nämlich der gewaltigen Liebe, die ich für sie empfand, auch nicht zum Teil nur der Erinnerung, die ihre unveränderliche Freundschaft in meinem Gedächtnis zurückliess, ihres Geistes voller Güte und der keuschen, sittsamen Erscheinung dieser jungfräulich reinen Frau, die zum Gegenstand meiner brennenden geistigen Wünsche wurde. Es gelang mir immerhin, einige dieser Empfindungen, die mein Herz füllten, in gereimte Verse zu fassen und die Wünsche meines leidenschaftlichen Herzens in Worte zu bringen, welche meine Zärtlichkeit ausdrückten und meine tiefe Sorge, die mich in jener, schon fernen Zeit plagte, sowie die Sehnsucht, die ich bis heute nach ihrer geliebten Gesellschaft empfinde.

Jeder Name, den ich in diesem Werk nennen, bezieht sich auf sie, und jede Wohnstätte, der ich nachtraure, ist die ihre. Doch darüber hinaus beziehe ich mich in all diesen Gedichten beständig auf die Schönheiten Gottes und die geistigen Gesichte, die Beziehungen mit den Sphären der Intelligenzen, wie dies in unseren (d. h. der Mystiker) allegorischen Dichten gewöhnlich geschieht, denn die Dinge des kommenden Lebens gelten uns mehr als jene des gegenwärtigen; auch kannte sie selbst sehr wohl den geheimen Sinn meiner Gedichte. Möge Gott den Leser dieser Gedichte davor bewahren, an das zu denken, was der Seelen unwürdig ist, die solches verachten, weil ihr Ziel höher liegt und weil sie nur die himmlischen Dinge begehren und nur der Grossmut Jenes vertrauen, der der einzige Herr ist.»

Dies aus dem Vorwort einer Gedichtsammlung Ibn Arabis, welche er später selbst kommentiert hat, um zu zeigen, wie die weltlich scheinenden Verse geistlich verstanden werden müssten. (Vgl. Terjumân al-Ashwâq, Ausgabe und Übersetzung R. A. Nicholson, London 1911.) Gedichte und Kommentar nehmen sich so aus:

«An der Talwende zwischen den Steinwüsten ist das Stelldichein.
Lasst die Kamele niederknien, die Tränke ist hier.

Wendet euch dem Spiele zu, freundliche Mädchen mit schwellenden Brüsten;
Erfreut euch der üppigen Weide wie die Gazellenweibchen.

Auf der Wiese summen und surren die Bienen.
Ein munter zwitschernder Vogel stimmt ein.

Weich ist der Wiesengrund, sanft der darüber fächelnde Wind.
Doch es blitzt in den Nebelschleiern und donnert im Wolkenturm.

Regentropfen fallen aus den Wolkenrissen wie die Tränen
Des Liebenden, der ob der Trennung weint.

Trinke den reinen Wein der betäubenden Liebe und lausche
Im Freudenrausch dem Sänger, der wie ein Vogel singt:

Wohl dem reinen Nektar, der zu Adams Zeit
Vom Paradiese, dem Wohnort der Menschen, Bericht gab!

Schöne Jungfrauen liessen ihn aus ihrem Munde sprühen wie Moschus,
Und reine Perlen kredenzten ihn selbstlos.»

Jeder dieser Verse wird vom Dichter selbst einzeln kommentiert:

«1. Die Talwende ist der Ort, wo der Seele die göttlichen Gnaden verliehen werden. Sie ist Substrat und Lokalität der Manifestation des göttlichen Wesens. Das Stelldichein ist sowohl die Station des Glaubens wie auch der Vertrag, den Gott mit der Seele schliesst. Die Tränke und das Ende der Tagereise bedeutet das Geheimnis des ewigen Lebens.
2. Über dieses Ziel hinaus ist nichts zu suchen, wie es eine Tradition des Propheten ausdrückt: ‹Es gibt kein Ziel jenseits Gottes›.

3. Spiel bezeichnet die verschiedenartigen Zustände des Mystikers, in die er versetzt wird, wenn er von einem göttlichen Namen zum anderen übergeht. Die Gazellen und Mädchen stellen abstraktes und tiefgründiges Wissen um die reine Vereinigung mit Gott dar.

4. Die Wiese ist die Gegenwart Gottes, verbunden mit den heiligen Namen, die in Gott enthalten sind. Die Bienen sind subtile Geister (als Boten), und der Vogel ist die menschliche Seele in den verschiedenen Formen und Gestalten (wie sein bunt schillerndes Gefieder), die sie in jeder Seinssphäre und mystischen Station annimmt.

5. Blitz und Donner beziehen sich auf die zwei zu unterscheidenden mystischen Zustände der Betrachtung (nämlich intuitive Enthüllung und Unterredung mit Ihm) (Koran 2/206).

6. Die Regentropfen (kein strömender Regen) sind die einzelnen, mannigfachen Arten der Gotteserkenntnis.

7. Die reine Essenz des Weines sind die geistigen (sich mit der Geisteswelt befassenden) Gedanken und Gotteserkenntnisse, die das Herz des Mystikers mit Wonne erfüllen. Der Sänger ist die Stimme, die von dem universellen Lobpreis Gottes hervorgebracht wird. Die menschliche Seele hört in ihrem Wesen diese mystische Stimme und gerät in Ekstase.

8. Adam berichtete: Dieser Wein stammt und fliesst aus der Gegenwart Gottes, der seine Wohnung in der Seele der Mystiker aufschlägt, und zwar in der Zeit ihres Heranwachsens.

9. Die schönen Jungfrauen sind die Namen (d. h. Manifestationen) Gottes. Speichel bedeutet die mystische Station der Zwiesprache und des Gedankenaustausches der Seele mit Gott, und die züchtigen Jungfrauen stellen die Station der Schamhaftigkeit dar, das heisst, die des Betrachtens (Gottes).»

Ein anderes Gedicht:

«Du alter Tempel, ein Licht ist dir aufgegangen, das in unserem Herren glänzt.
Bei dir klage ich über durchmessene Wüsten, in denen ich Ströme von Tränen vergoss.
Nicht morgens noch abends gönnte ich mir Rast, ununterbrochen zog ich dahin.
Auch bei Nacht schritten die Kamele aus, mit wunden Füssen beschleunigten sie ihren Marsch.
Die mächtigen Reittiere trugen zu Euch hin, voller Verlangen, obwohl sich keines das Ziel zu erreichen versprach.
Im Liebesstreben nach Dir durcheilten sie Trockenstrecken und klagten nicht über Müdigkeit.
Ohne Beschwerden über den brennenden Schmerz der Liebe.
Doch ich war es, der über Müdigkeit klagte.
Hab ich da etwas Widerspruchsvolles getan?»

Kommentar Ibn Arabis: «Der Tempel ist das Herz des Mystikers, das die göttliche Wahrheit in sich birgt. Das Licht im Herzen ist bestrebt, von seiner Quelle auszugehen und den Gliedern des Leibes die göttliche Realität zuzuführen. Auf der hier geschilderten mystischen Station sieht der Mystiker durch Gott, er spricht durch Gott, er bewegt sich durch Gott. Die durchmessenen Wüsten sind die erduldeten Abtötungen und Entsagungen. Die Kamele bedeuten das unvermeidliche Verlangen des Mystikers nach Gott. Es sucht und strebt ununterbrochen, obwohl seine Kräfte durch die Schwierigkeit des Suchens erschöpft sind. Die Kamele sind erschöpft, weil die von der natürlichen Vernunft dargebotenen Beweise für die transzendentale Welt unfähig sind, die Menschen zum notwendig Seienden (d. h. Gott) hinzuführen.

Ich gab vor, Gott zu lieben und beklagte mich dennoch über Müdigkeit und Erschlaffung. Jene Kamele aber, nämlich meine Handlungen und Gedanken, die ich leite und kontrolliere, beklagten sich nicht.»

Die Gottesliebe

Im *Tarjoman al-Ashwâq,* dem «Dragoman der Liebenden», steht das berühmteste aller Gedichte Ibn Arabis, das keines Kommentars bedarf:

Mein Herz fügt sich jeder Form:
Wiese den Gazellen; Kloster für den Mönch
Tempel für Götzenbilder; Kaaba der Pilgerfahrt

Tafeln der Thora; Buch des Korans.
Ich nahm die Liebe zur Religion
In welcher Richtung sie weisen mag
Religion und Glauben ist sie.

Die Liebe in all ihren Aspekten ist natürlich immer ein wesentlicher Teil des mystischen Lebens. Ibn Arabi widmet ihr das Kapitel 178 der «Futuhât». Hier einige Auszüge.

«Du musst wissen, dass der mystische Grad der Liebe ein hoher Grad ist, denn sie liegt an der Wurzel des Seins.»

«Wir entstammen der Liebe, durch sie entstehen wir. Wir streben deshalb nach ihr, und sie nimmt uns an ihre Brust.»

Die Liebe hat vier Klassen:

1. «Die Liebe», was die Reinheit jener Empfindung bezeichnet, insofern das Herz frei von jeder zufälligen Erregung ist, die seine Klarheit trüben könnte, sodass das Herz sich nach nichts sehnt und nichts annimmt, das neben dem Gegenstand seiner Liebe besteht.

2. «Die Zärtlichkeit», das ist die Beständigkeit der Liebe.

3. «Die Leidenschaft», die das Übermass der Liebe ist, das heisst die Liebe, welche den Liebenden in ihre Falten einwickelt, so völlig, dass sie überall eindringt und ihn wie ein Mantel bedeckt und einhüllt.

4. «Die Zuneigung», das ist die völlige Einbeziehung und Gefangennahme des Willens des Liebenden durch den Geliebten; schon im ersten Augenblick, in dem er in

sein Herz eintritt. Diese Empfindung kann durch verschiedene Ursachen entstehen, einen Blick, eine Nachricht, eine Gunst und anderes.

«Eine der eindrücklichsten Erscheinungen, welche die Liebe mit sich bringt, ist, was ich selbst erfahren habe: Du spürst in dir eine heftige Leidenschaft, einen äusserst lebhaften Wunsch, eine glühende Begierde, die alle zusammen körperliche Schwächen hervorrufen können: Abmagerung oder krankhafte Ermüdung, Unmöglichkeit, Schlummer zu finden und Verlust des Willens, Nahrung einzunehmen. All dies geschieht, und du weisst nicht, durch wen und um wessen willen. Du kannst den Gegenstand deiner Liebe nicht erkennen. Dies ist das Subtilste, was mir mit der Liebe durch eigene Erfahrung begegnet ist.

Doch nach diesem wird dir zufällig in einem Augenblick der Kontemplation eine göttliche Offenbarung zuteil, und dann findet diese vorausgegangene Liebe ihren Gegenstand.

Oder es geschieht, dass du zufällig eine Person erblickst, und bei ihrer Sicht ruht, als in ihrem Gegenstand, jene Leidenschaft, die du empfunden hattest, bevor du dir Rechenschaft gabst, dass jener dein Geliebter war.

Oder schliesslich, du hörst, wie eine Person genannt wird und du spürst in dir eine Neigung zu ihr, die durch jenen Wunsch bestimmt ist, den du im voraus bemerkt hattest; so erkennst du, dass dieser dein Freund ist. Dies ist eine der geheimnisvollen und subtilen Voraussichten, welche die Seelen von den Dingen haben, die sie durch die Schleier des Geheimnisses hindurch erraten können, ohne jedoch die Beschaffenheit dieser Dinge zu kennen, sodass sie nicht mit Gewissheit wissen, in wen sie sich verliebt fühlen, noch auf wen sie ihre Liebe gründen sollen, ja nicht einmal, was in Wirklichkeit das Gefühl ist, das sie empfinden.

Diese gleiche Erscheinung kommt auch manchmal vor, wenn ein Mensch sich durch ein gewisses Gefühl bedrückender Trauer beengt sieht oder durch eine aufblühende Empfindung der Freude, ohne die Ursachen zu kennen. Doch in diesem Augenblick geschieht ihm etwas, was ihn traurig macht, und er versteht nun, dass diese Bedrückung, die er zuvor empfand, jenem Ereignis entspricht.

Oder, im gegenteiligen Fall, wenn er etwas Freudiges erlebt, gibt er sich Rechenschaft, dass jene vorausgegangene Empfindung des Glücks dadurch bedingt war. Diese Erscheinung ist also eine Vorausempfindung, welche die Seele gegenüber jenen Dingen erlangt, bevor sie noch eintreten, das heisst, noch bevor sie in den Wirkungsbereich der äusseren Sinne eindringen. (...)

Diesem gleicht der Vertrag, den Gott mit allen Menschen geschlossen hat. Es ist ein Pakt, den nach allem, was ich gesagt habe, niemand abstreiten kann. Du wirst nämlich im Bewusstsein eines jeden Menschen ein gewisses Gefühl der Notwendigkeit vorfinden, das gegenüber einem Wesen besteht, auf das er sich stützen will, und dieses Wesen ist Gott, sogar wenn sich einer darüber nicht Rechenschaft gibt. ER sagt deshalb: ‹Menschen, ihr seid bedürftig, da ihr Gottes bedürft› (Koran 35/16). Er sagt damit: Jene Bedürftigkeit, die ihr in euch selbst vorfindet, hat keinen anderen Grund als Gott, aber ihr wisst es nicht! Aus diesem Grund lässt Gott selbst es uns wissen. (...)

Die Definitionen der Liebe, die versucht worden sind, unterscheiden sich stark. Ich habe jedoch noch nie jemanden gefunden, der sie in ihrer Essenz zu definieren vermochte. Alle jene, die sie bestimmen wollen, taten dies mittels der Folgen, die die Liebe hat, durch ihre Wirkungen und Konsequenzen. Die Unmöglichkeit, sie in ihrer Essenz zu fassen, geht im Grunde darauf zurück, dass die Liebe ein Attribut der höchsten göttlichen Majestät ist.

Du musst wissen, dass es unter den Dingen, die erkennbar sind, solche gibt, die definiert werden können, andere nicht. Die Liebe ist nun, nach Ansicht jener, die sie kennen und von ihr handeln, eines der Dinge, die sich nicht definieren lassen. Jener, in dem sie wohnt, kennt sie; er besitzt sie als eines seiner Attribute, aber er weiss nicht, was für ein Ding sie ist, obgleich die Realität ihrer Existenz für ihn unbestreitbar ist.

Du musst dir auch bewusst sein: Wenn man in Wahrheit sagen will, die Liebe sei das Attribut eines Menschen, muss sie diesen voll besitzen, so sehr, dass sie ihn des Gehörs für jeden anderen Ton beraubt, der nicht die Stimme seines Geliebten ist und dass sie ihn blind werden lässt für alle anderen Dinge, die nicht sein Gesicht sind. Sie lässt ihn stumm werden, ausser für den Namen seines Geliebten und jener, die ihn ebenfalls lieben. Sie versiegelt sein Herz, damit keine andere Empfindung eindringe als seine Liebe und sie verschliesst den Schatz seiner Vorstellungskraft, damit diese keine anderen Bilder forme ausser dem seines Geliebten, sei es, um sich seiner direkten Sicht zu erinnern, sei es durch ein Bild, das durch die Schilderung anderer heraufbeschworen wird. So dass er mit dem Dichter sagen kann:

‹Dein Bild ruht in meinen Augen,
In meinem Mund formt sich dein Name,
Dein Herz ist meine Herberge,
Du aber bist fern von mir? Wo denn?›

Der wahre Liebende versteht, sieht und spricht also nur von und durch seinen Geliebten.

Diese Kraft der lebendigen Vorstellung ist in mir so weit gelangt, dass ich mir meinen Geliebten in körperlicher und gegenständlicher Form vor meinen Augen vorstellen konnte, so wie der Erzengel Gabriel körperlich dem Propheten erschienen ist. Ich spürte, dass ich nicht die Kraft besass, Ihn anzuschauen. ER sprach zu mir. Ich höre und verstand ihn. Diese Erscheinungen liessen mich in einem solchen Zustand, dass ich während mehrerer Tage keine Nahrung zu mir nehmen konnte. Jedesmal, wenn ich zur Tafel schritt, war Er gegenwärtig, aufrecht, an einem der Enden schaute auf mich und sagte: ‹Wolltest du essen, während du mich erblickst?› Es wurde mir unmöglich zu essen. Ich hatte keinen Hunger, vielmehr erfüllte Er mich so sehr, dass ich übersatt wurde und wie berauscht, indem ich Ihn schaute. Er wurde für mich wie eine Nahrung. Meine Freunde und meine Familie staunten darüber, dass ich zunahm, ohne zu essen. Denn ich verbrachte viele Tage, ohne etwas zu mir zu nehmen, und ohne Durst oder Hunger zu verspüren. Während all dieser Zeit war Er mir beständig vor Augen, ob ich sass oder stand, mich bewegte oder ruhte.

Damit die Liebe den Liebenden so beherrsche, muss sein Geliebter entweder Gott sein oder eine Person aus dem Menschengeschlecht, eine junge Frau oder ein Jüngling. Andere können nicht die gleiche Wirkung hervorrufen. Das ist der Fall, weil ein Mensch eine genaue Spiegelung seiner ganzen Essenz nur in einem Geliebten finden kann, in dem eine volle Entsprechung aller Teile besteht, die seine eigene Essenz ausmachen, ohne dass irgendein Bestandteil fehlte. Nur so ist es möglich, dass das Äussere des Liebenden sich restlos in das Äussere des Geliebten verliebe und sein Inneres in das Innere jenes. – Siehst du nicht, wie ein Mensch alleine völlig der Liebe erliegen kann, wenn diese Gott zum Gegenstand hat (der wie der Mensch die doppelte Eigenschaft von offenbar und verborgen besitzt), oder einen seiner eigenen Gattung?

Doch dies geschieht nicht, wenn er andere Dinge dieser Welt liebt, die nicht zu seiner Gattung gehören; denn dann, wenn er irgendeine der Formen der Welt liebt, wird er sein Ebenbild nur in einem Teil oder Element des geliebten Dinges finden, der ihm entspricht, während alle anderen Elemente der Essenz des Liebenden ohne Entsprechung bleiben und nicht in Anspruch genommen werden. Hingegen ist die Umfassung des Menschen in der Liebe Gottes dadurch gegeben, dass er in Seinem Bild geschaffen wurde (wie eine Tradition des Propheten bestätigt), und daher passt sich die göttliche Majestät der menschlichen Essenz an, weshalb alle göttlichen Namen (Eigenschaften) in ihr Ausdruck finden können.

Auf diesem Wege kann ein Mensch, dem eines der Attribute des Geliebten fehlt, dieses erwerben, indem er es in sich selbst hervorbringt, angetrieben durch die Kraft der Liebe. Das ist der Grund dafür, dass die Liebe den Menschen völlig in sich aufnimmt, wenn Gott ihr Gegenstand ist.

Wenn Gott sein Geliebter ist, kann diese Liebesverzückung sogar einen noch höheren Grad erreichen, als wenn ein Mensch seinesgleichen liebt. Denn wenn er seinesgleichen liebt, verliert er ihn jedesmal aus dem Gesicht, wenn er ihn verlässt. Wenn aber Gott der Geliebte ist, sieht er Ihn beständig, und diese Gegenwart der Präsenz wird eine Nahrung für den Körper, weil er durch sie zunimmt und wächst, und je mehr die Sicht zunimmt, desto mehr wächst auch die Liebe. Aus diesem einfachen Grund: wenngleich die Sehnsucht mit der Präsenz des Geliebten sich legt, steigert sie sich doch auch immer durch sie. Dies sind die Erfahrungen dessen, der über alle Massen hinaus liebt, wenn er sich mit dem Gegenstand seiner Liebe vereint. Er hat nie genug der Präsenz, er kann die Begierde nach dem, den er begehrt, nicht mehr meistern, denn je mehr er ihn anschaut, desto mehr wächst seine Leidenschaft, obgleich er mit ihm vereint ist, wie der Dichter sagt:

‹Zu den Wundern gehört: Ich sehne mich nach ihnen und frage ihnen nach, obwohl sie bei mir sind.
Meine Augen weinen um sie, wo sie doch in ihrer Pupille stehn.
Leidenschaftlich ersehnt meine Seele sie, und sie stehen doch neben mir.›

Jede Liebe, die im Liebenden die Möglichkeit offen lässt, oder auch nur den Anschein einer solchen Möglichkeit, etwas wahrzunehmen, was nicht sein Geliebter ist, kann nicht als reine Liebe gelten, sondern nur als nebensächliche Verliebtheit, weshalb gesagt wurde:

‹Die Liebe hat keine Kraft,
Solange Vernunft sie regiert.›

Die Fälle der Liebe, die man in dieser Hinsicht aufzählen kann, sind unendlich viele. Das folgende Gedicht habe ich verfasst; es soll die Steigerung schildern, welche Liebe und Sehnen mit der Schau des Geliebten erfahren:

‹Ich bin entfernt, und die Sehnsucht zerstört meine Seele.
Ich finde Ihn, aber heile nicht. Sehnsucht in Gegenwart und in Abwesenheit.
Seine Begegnung bringt überraschend statt Heilung neue Krankheit der Leidenschaft.
Denn ich sehe eine Gestalt, deren Schönheit wächst.
Während ich sie nicht finden kann, in strahlender Herrlichkeit.
Das Empfinden muss dann der wachsenden Schönheit angepasst sein»›.

Etwas weiter unten macht Ibn Arabi den Gegensatz seiner Theosophie zur Philosophie der Linie Ibn Tufails und Ibn Rushds in leidenschaftlichen Worten deutlich: «Ich schwöre bei Gott! Wenn die Offenbarung uns nicht göttliches Wissen zugänglich gemacht hätte, würde niemand Gott kennen, und wenn wir uns mit den blossen Andeutungen der philosophischen Vernunft begnügen müssten, (die, wie ihre Parteigänger zugeben, nur insoweit Wissen über die Essenz Gottes hervorbringen kann, als sie es negativ ausdrückt), so hätte mit Sicherheit nicht die geringste der Kreaturen Gott geliebt. Da jedoch das Wort Gottes uns positive Kenntnis Gottes vermittelt, nach der Gott dieses und jenes ist, obwohl solche Attribute wörtlich genommen der philosophischen Ratio als absurd erscheinen, sind wir nun in der Lage, Ihn dieser positiven Eigenschaften halber zu lieben.

Nachdem die Offenbarung die positiven Ursachen und Beziehungen festlegte, die in uns Liebe hervorrufen können, fügte Er hinzu: ‹Wie Gott gibt es nichts anderes!› Wodurch Er die Gründe verstärkt, die uns zu Seiner Liebe veranlassen und welche die philosophische Ratio zuvor hatte verneinen wollen.

Dies ist der Sinn der Überlieferung: ‹Ich habe die Menschen geschaffen und mich ihnen zu erkennen gegeben, damit sie mich kennen.› Gott hat sich in keiner anderen Art zu erkennen gegeben als durch die Kenntnisse, die Er uns mitgeteilt hat, in bezug auf Seine Liebe, die Er uns schenkt, Seine Sanftmut, Seine zarte Fürsorge, Seine Freundschaft. Er erniedrigte sich soweit, dass Er Seinem Sein Grenzen auferlegte, die dem Geschaffenen gleichen, damit wir uns in irgendeiner Weise Seine Erhabenheit vorstellen können und Ihn zum Ziel unseres Schauens innerhalb unserer Herzen, vor unseren Augen, in unserer Vorstellung nehmen können, in solcher Form, dass wir Ihn zu sehen scheinen. – Nein, in solcher Form, dass wir Ihn tatsächlich in uns selbst sehen!

Unsere Kenntnis Gottes wird in der Tat nicht bewirkt durch rationale Spekulation, sondern durch das, was Er selbst uns gelehrt hat. Es gibt allerdings auch unter uns solche, die Ihn sehen, aber doch nicht zur Kenntnis nehmen.

So wie Gott keines Wesens bedarf, ebenso liebt Er in den Dingen nur Sich selbst. Er ist daher jener, der sich in den Augen eines jeden Liebenden in einem jeden Geliebten offenbart, und weil es unter den Wesen nichts gibt als Liebende, geht daraus hervor, dass die ganze Welt nur aus den Liebenden und den Geliebten besteht. Auf Ihn geht alles zurück.

Dies ist auch die Natur der Anbetung: Nur Gott wird angebetet, denn es ist unmöglich, dass eine Sache oder eine Person angebetet würden, wenn wir uns in ihr nicht die Gottheit vorstellten. Deshalb hat Er, der Erhabene gesagt: ‹Gott gebietet, dass ihr nur Ihn anbetet› (Koran 12/24).

Gleich verhält es sich mit der Liebe. Jedermann liebt allein seinen Schöpfer. Was vorkommt, ist nur, dass Er sich in den Schleiern von Zaynab, Su'ad, Hind und Leila verbirgt (die Geliebten der arabischen Dichter), im Gold und im Silber, in der Ehre, in all dem, was dieser Welt liebenswert ist.

Die Dichter schenken den Kreaturen die Zierden ihrer Gedichte, ohne dass sie dies wissen, während die erleuchteten Mystiker verstehen, dass in einem jeden Gedicht, sei es ein Hochzeits- oder ein Liebesgedicht, immer von Gott die Rede ist, der sich unter dem Schleier der körperlichen Formen verborgen hält. Grund hierfür ist die Eifersucht Gottes; Er lehnt es ab, dass ein anderer geliebt werde als Er. Der Grund der Liebe ist ja die Schönheit, und die Schönheit kommt von Gott. Weil die Schönheit in ihrer Essenz liebenswert ist, und weil Gott ‹schön ist und die Schönheit liebt› (Hadith), deshalb liebt Er sich selbst.

Ein anderer Grund für Liebe ist die Wohltat. Es gibt jedoch keine Wohltat, die nicht von Gott stammte. Wenn du also jemanden wegen einer Wohltat liebst, liebst du nur Gott, denn Er ist der Wohltäter. Und wenn du jemanden wegen seiner Schönheit liebst, liebst du alleine Gott, denn Er ist der Schöne. So ist unter allen Gesichtspunkten das Ziel der Liebe einzig Gott.

Da weiter Gott Sich selbst kennt und da er kraft dieser Kenntnis die Welt in Sich selbst erkannt hat und sie nach aussen hin in Seinem eigenen Bild hervorbrachte, wurde die Welt für Ihn ein Spiegel, in dem Er sein eigenes Bild erblickt. Das ist der Grund, weshalb Gott nur Sich selbst liebt. So dass, wenn Er sagt: ‹Gott wird euch lieben› (Koran 3/29), Er es in Wirklichkeit selbst ist, den Er liebt.»

Ibn Arabi erklärt dann seine These, nach welcher «alles, was geliebt wird, immer etwas ist, das nicht existiert». Dies, weil «für den Liebenden das Ziel seiner Liebe ein Willensakt ist, der notwendigerweise auf die Union mit einer bestimmten Person ausgeht, welche auch immer es sei. Wenn es ein Wesen ist, das umarmt werden kann, möchte der Liebende es umarmen; wenn es geschlechtlicher Union fähig ist, möchte er sich in Heirat mit ihm vereinen. In einem jeden Fall jedoch wird seine Liebe auf etwas in bezug auf diese Person abzielen, das gegenwärtig nicht existiert oder überhaupt nicht existiert. Es ist gerade dieses, das ihn dazu veranlasst, auf diese Person hinzugehen und sie sehen zu wollen. Er bildet sich ein, seine Liebe ziele auf die Person selbst ab, aber das ist nicht so. Denn wenn er die Person liebte, das heisst die objektive Realität jener Person, in sich selbst gesehen, wäre die Anhänglichkeit seiner Liebe ihr gegenüber, wenn sie in sich allein betrachtet wird, völlig sinnlos, ich meine, die Person in sich genommen, ihre objektive, abstrakte Realität.

Du wirfst vielleicht ein: Wenn wir die Gesellschaft einer Person lieben, oder ihr Gespräch, oder sie zu küssen und zu umarmen, und wenn wir endlich das erreichen, was wir lieben, so hört unsere Liebe doch nicht auf, während wir uns mit ihr vereinigt finden, so dass folglich der Gegenstand der Liebe nicht immer etwas sei, das nicht existiere.

Doch ich antworte darauf, dass du dich irrst. Denn wenn du eine Person umarmst, deren Kuss du begehrtest, deren Gesellschaft oder Umgang, so ist der Gegenstand, dem dann deine Liebe anhängt, nicht das, was du erreicht hast, sondern vielmehr die Dauer und das Verweilen davon. Die Dauer einer Sache jedoch oder ihre Wiederholung sind etwas, das in diesem Augenblick nicht existiert, sie sind noch nicht in die Kategorie des Bestehenden eingetreten. Das Ziel der Liebessehnsucht im Augenblick, in dem der Liebende die Vereinigung erreicht hat, ist also auch etwas, das nicht existiert, nämlich die Fortdauer der erwähnten Vereinigung.

Eine andere Besonderheit der Liebe liegt darin, dass der Liebende in seiner Liebe zwei extreme Gegensätze miteinander versöhnt. Dies, wenn es sich um einen Liebenden handelt, der über freien Willen verfügt, denn in dieser Hinsicht unterscheidet sich die geistige Liebe von der physischen. Nur der Mensch kann in seiner Liebe zwei Gegensätze ausgleichen. Die Tiere, die keine Vernunft besitzen, lieben, doch können sie einen solchen Ausgleich von Gegensätzen nicht durchführen. Dieser ist ausschliessliches Privileg des Menschen, weil nur der Mensch nach dem Bild Gottes geschaffen ist, welcher sich selbst ebenfalls widersprüchliche Eigenschaften zuspricht, wenn Er sagt: ‹Er ist der Erste und der Letzte, der Offenbare und der Verborgene› (Koran 57/3).

Die Art, in der die Versöhnung der Gegensätze in der Liebe zustande kommt, ist die folgende: Eine der Eigenschaften, die sich nicht vom Liebenden trennen lassen, ist, dass er die Vereinigung mit seinem Geliebten liebt. Eine andere dieser Eigenschaften ist jedoch, dass er das liebt, was sein Geliebter liebt. Setzen wir also, dass der Geliebte die Trennung liebe. In diesem Fall, wenn der Liebende die Trennung liebt, tut er nicht, was die Liebe von ihm fordert, denn sie verlangt nach der Verbindung. Wenn er aber die Verbindung liebt, tut er auch nicht, was die Liebe erfordert, denn der Liebende muss lieben, was sein Geliebter liebt, und er tut es nicht. Folglich unterliegt der Liebende in beiden Fällen dem Widerspruch.

Der Ausgleich zwischen diesen beiden radikalen Gegensätzen kommt dadurch zustande, dass der Liebende die Liebe zur Trennung liebt, welche sein Geliebter empfindet, jedoch nicht die Trennung selbst, und dass er gleichzeitig die Verbindung liebt. Man kann diesem Problem keine andere Lösung geben, die es besser anpackte.

Das gleiche geschieht mit dem Mystiker, der sich dem göttlichen Ratschluss fügt. Man kann ohne Irrtum sagen, dass er sich dem Beschluss Gottes fügt, ohne der beschlossenen Sache zuzustimmen, wenn diese Sache Treulosigkeit ist. In dieser Sache der

Liebe geht es also dermassen: Der Liebende liebt die Vereinigung mit dem Geliebten, und er liebt das, was der Geliebte in bezug auf die Trennung empfindet. Denn die Trennung ist nicht das gleiche wie die Liebe, welche der Geliebte für sie empfindet. Wie auch der göttliche Beschluss nicht das gleiche ist wie der Gegenstand des Beschlusses. Der Beschluss ist der Richtspruch oder die Entscheidung, die Gott niederlegt und die das Beschlossene hervorbringt, aber nicht das Beschlossene selbst. Deshalb ist es möglich, sich dem Beschluss Gottes zu fügen, ohne seinem Gegenstand zuzustimmen.

Ein solcher Ausgleich von zwei Gegensätzen ist in der Liebe eines nicht vernunftbegabten Tieres nicht möglich. Denn es handelt sich bei ihm um eine physische Liebe, nicht um geistige. Es sucht nur die Vereinigung mit dem, das es liebt, ohne zu wissen, ob sein Geliebter diese Vereinigung liebt oder nicht. Es weiss nicht das Geringste davon. Wir haben deshalb die menschliche Liebe in zwei Arten getrennt: die physische Liebe, die der Mensch mit den Tieren gemein hat, und die geistige Liebe, durch die der Mensch sich von allen Tieren unterscheidet.

Nachdem dies festgelegt ist, musst du wissen, dass es drei Arten der Liebe gibt: die göttliche Liebe, die geistige Liebe und die physische. Andere gibt es nicht. Die göttliche Liebe ist jene, die Gott für uns empfindet; auch die Liebe, die wir Ihm gegenüber empfinden, kann man göttlich nennen. Die geistige Liebe ist jene, der an nichts anderem liegt, als daran, ihren Geliebten zu befriedigen, ohne dass dem Liebenden ein anderer Willen und Wunsch bleibt als sein Geliebter, das heisst, nichts anderes, als was sein Geliebter von ihm will. Die physische Liebe ist jene, welche die volle Erfüllung ihrer eigenen Wünsche sucht, ob dies dem Geliebten gefalle oder nicht. Dies ist die Liebe der meisten unter den heutigen Menschen.»

Damit ist das Kapitel über die Liebe noch lange nicht abgeschlossen. Ibn Arabi geht nun dazu über, die drei Arten der Liebe im einzelnen zu analysieren und zu kommentieren. (Eine französische Übersetzung des Kapitels 178 in Buchform hat M. Gloton unter dem Titel *Traité de l'Amour* veröffentlicht, Paris 1987. Spanische Auszüge findet man bei M. Asín Palacios: El Islam cristianizado, Madrid 1931, und in der französischen Übersetzung dieses Werkes, Paris 1982).

«Reisen»

Das Reisen im physischen Sinn und im Geiste spielt eine zentrale Rolle bei Ibn Arabi. Er selbst hat den westlichen Teil der arabischen Welt 1201 verlassen (er reiste über Land bis nach Tunis, von dort vielleicht zu Schiff nach Kairo) und hat den ganzen Rest seines Lebens im Osten zugebracht. Kairo, Jerusalem, Mekka, Medina, Bagdad und Mosul, Malatya, dann wieder Jerusalem, Kairo und Mekka, noch einmal Bagdad und Anatolien mit Konya (1209), Malatya, Sivas, Bagdad, Aleppo, wiederum Anatolien, wo er meist in Malatya lebte (1216–29); am Ende zog er endgültig nach Damaskus, wo er sein restliches Leben verbrachte (bis 1240).

Die zahlreichen Reisen dieses Wanderlebens – zu den aufgezählten kommen noch jene der ersten Hälfte seines Lebens hinzu, die sich in Al-Andalus und Nordafrika abspielten – haben mit dem Lernwillen und Lehrbedürfnis des grossen Mystikers zu tun. Er genoss die Gunst der Seljukenherrscher Anatoliens und jene der Ayyubiden von Aleppo und Damaskus. Während er im ersten Teil seines Lebens allem Verkehr mit den Machthabern und all ihren Gunsterweisungen streng auswich, scheute er im Orient dies nicht mehr. Seine Biographin, Claude Addas, erklärt dies mit den unterschiedlichen Aufgaben, die sich ihm in seinen beiden Lebenshälften stellten. Die erste wird davon beherrscht, dass er in ihr den Aufstieg zu Gott vollzieht. Sie findet Krönung und Abschluss mit der oben erwähnten Theophanie an der Kaaba (über sie Fritz Meier: Das Mysterium der Kaaba, Eranos Jahrbuch xi/1944, S. 187–214. Henry Corbin: L'imagination créatrice dans le soufisme d'Ibn Arabi, 2e ed. Paris 1975, S. 214 ff.)

Die zweite Lebenshälfte war dem Wiederabstieg von diesen Höhen in die Welt gewidmet, der in erster Linie der Lehre galt. Dies ist die Zeit der grossen Bücher und der Kollegien vor wachsenden Zahlen von Schülern, deren manche uns durch die Lehrerlaubnisse und Attestationen bekannt sind, die Ibn Arabi selbst ihnen erteilte, nachdem sie der Vorlesung und Diskussion eines seiner Werke beigewohnt hatten (vgl. die hervorragende Biographie von *Claude Addas:* Ibn Arabi ou la quête du souffre rouge, Paris 1989, S. 305 ff.). Als es ihm darum ging, seine Lehre zu formulieren und auszubreiten, musste dem «grössten Scheich» (wie ihn die Araber nennen) daran gelegen sein, mit den Fürsten seiner Zeit gute Verbindungen zu unterhalten, die dem Lehrbetrieb und der Ausbreitung seiner Theosophie nützlich sein konnten.

Innere Reisen unternehmen nach der Lehre Ibn Arabis alle Menschen. Die erste führt sie «von Gott» weg in diese Welt. Eine zweite führt zurück «zu Gott», mit Hilfe eines Meisters (Scheich), über viele verschiedenen Stufen, die man alle in den Werken des Mystikers ausführlich beschrieben findet, bis sie, im besten Falle, die Verbindung mit Gott wiedererreicht. Die dritte ist eine Reise «in Gott», die kein Ende hat, weil der «Reisende» sich innerlich nicht mehr von Gott trennt, auch wenn er äusserlich in dieser Welt fortlebt und in ihr die Gebote des Gottesgesetzes erfüllt. Nur «besondere» Menschen können den Weg zu Gott finden.

Wenn das Herz gänzlich rein geworden ist, fällt der Schleier dessen, «was nicht Gottes ist» und alle Dinge, vergangene, gegenwärtige und zukünftige, werden bewusst. Gott macht sich sichtbar, und Einigung mit ihm wird erreicht. (Nach der Darstellung von A. Ates, in ECI[2] [Stichwort: Ibn Arabi], die auf einer Schrift Ibn Arabis über die «Reise zur Heiligen Gegenwart» beruht).

Der Schüler: Sadr ad-Din Konawi

Ibn Arabis grösster Schüler, Sadr ad-Din Konawi (auch Qonowi, starb 1274), war der Sohn eines hohen Hofbeamten der Seljuken von Konya, den Ibn Arabi in einer Periode der Ungnade in Mekka kennengelernt hatte und der ihn später, als er zur Gnade zurückgekehrt war, überzeugte, mit ihm nach Anatolien zu reisen. Sadr ad-Din hat später die Schriften Ibn Arabis kommentiert, und er hat auch seine Bibliothek geerbt und sie seinerseits in einer öffentlichen Bibliothek, die ihre eigene Stiftung besass (Waqf), untergebracht. Dies hat dazu geführt, dass heute mehrere der Autographen Ibn Arabis in den Bibliotheken von Istanbul ruhen.

Einer der Schüler Konawis wiederum, *Fakhruddin Iraqi* (gestorben 1289), der ihn Ibn Arabis Buch «Fusûs al-Hikam» («Die Ringfassungen der Weisheit») kommentieren hörte, hat daraus ein persisches Lehrgedicht verfasst, das den Titel *Lama'ât* trägt und zu einem viel gebrauchten Kompendium des Denkens Ibn Arabis in der iranischen und indischen Welt wurde. Sadr ad-Din Konawi war auch ein persönlicher Freund des grossen Mystikers, Dichters und jüngeren Zeitgenossen Ibn Arabis, *Jalal ad-Din Rûmi* (starb 1273), der ebenfalls in Konya lebte. Auf diesem und auf noch anderen Wegen sind die verschiedenen mystischen und theosophischen Traditionen im Osten zusammengeflossen, und sie haben gemeinsam so etwas hervorgebracht wie einen *«zweiten Islam»*, der sich auf die Lehre von der «Einsheit des Seins» stützte und im späteren islamischen Mittelalter einer der beiden Hauptzweige der Religion und ihrer Kultur werden sollte. (Vgl. das Buch von Tilman Nagel: Timur der Eroberer und die islamische Welt des späten Mittelalters, München 1993.) Der andere war und blieb das Gottesgesetz der Schari'a.

Die Wirkung nach Osten

Zwischen Ibn Rushd und Ibn Arabi besteht ein Gegensatz von weltgeschichtlicher Bedeutung. Während der Philosoph eine gewaltige Wirkung im Westen ausübte, in der gesamtislamischen Welt jedoch nur eine geringe und versteckte, hat der Sufi (Mystiker) umgekehrt kaum auf den Westen eingewirkt, dafür aber im muslimischen Osten einen ungeheuren Einfluss ausgeübt. (Für die Nachwirkung Ibn Arabis s. Annemarie Schimmel: Mystische Dimensionen des Islams. Die Geschichte des Sufismus, Köln 1985, S. 396–406).

Die Theosophie Ibn Arabis hat die Grundstimmung der Kultur in der islamischen Welt bis ins 19. Jahrhundert hinein bestimmt. Von Ibn Rushd kann man nicht ganz das gleiche im Westen sagen, aber doch immerhin, dass seine Philosophie und die über seine Kommentare vermittelten Aristoteles-Texte das Denken der Abendländer bis hin zur Renaissance zunächst einmal überhaupt in Bewegung setzten und später entscheidend beeinflussten.

Es gibt natürlich einige Ausnahmen: Ramon Lull ist ein Mensch des Westens, bei dem die Mystik, sehr stark im Stile der Sufis, eine beherrschende Rolle spielte (vgl. unten S. 434ff.), und Ibn Khaldûn ein Muslim und «Orientale», der auf der *Falsafa*, der arabischen Philosophie griechischer Wurzel, fusst. Doch in den grossen Zügen lässt sich nicht verkennen, dass die Ratio das Geschick des Abendlandes bestimmen sollte und – für Jahrhunderte – die Theosophie, die sich auf die «Einheit des Seins» berief, das geistige Leben des Orients. Beide Geistesströme beginnen in al-Andalus zu fliessen, beinahe zur gleichen Zeit (Ibn Rushd war eine Generation älter als Ibn Arabi), jedoch in zwei entgegengesetzte Richtungen.

Die Pilgerfahrt Ibn Jubayrs

Abu'l-Husain Muhammad Ibn Ahmad Ibn Jubayr aus einer guten valenzianischen Familie, geboren 1145, also eine halbe Generation älter als Ibn Arabi, war Sekretär des almohadischen Gouverneurs von Granada, Abu Sa'id Uthman, einem Sohn des Dynastiegründers Abdel-Mu'min. Der Gouverneur liess ihn eines Tage kommen, um ihm einen Brief zu schreiben, «während er seinen Wein genoss». Er reichte ihm einen Becher hin. Doch der Sekretär, ein frommer Muslim, sagte – vielleicht etwas allzu emphatisch – er habe in seinem Leben keinen Wein getrunken und bat, den verbotenen Trunk ablehnen zu dürfen. Doch der Machthaber, der offenbar bereits einige Becher hinter sich hatte, wurde zornig. Er befahl seinem Sekretär, sofort sieben Becher zu leeren, was dieser auch tat. Gleich darauf bereute der Gouverneur seine Brutalität, er liess das Glas siebenmal mit Goldstücken füllen, die er seinem Sekretär in den Schoss leerte.

Ibn Jubayr beschloss darauf, das Gold zu verwenden, um die Pilgerfahrt nach Mekka zu unternehmen und so die Sünde des Weintrinkens abzubüssen. Ein Arzt aus Granada, Abu Ja'far Ahmad Ibn Hasan, begleitete ihn. Es ist natürlich al-Maqqari (Bd. 3, p. 144, der Beiruter Ausgabe von 1986), der uns die Anekdote berichtet.

Ibn Jubayr sollte einen gewichtigen Rang in der arabischen Literatur- und Kulturgeschichte erlangen, weil er seine Reise sehr genau beschrieb. Er verfasste eine der ersten, der ausführlichsten und bestgeschriebenen der «Pilgerreisen» (Rihla), die später eine eigene literarische Gattung werden sollten. Seine Pilgerfahrt dauerte von Frühling 1183 bis Sommer 1185. Die Reiseroute führte ihn nach Ceuta und von dort zu Schiff bis nach Alexandria, dann über Kairo den Nil hinauf bis auf die Höhe von Dandara, wo er den ägyptischen Tempel inspizierte. Von dort zog er südöstlich durch die Wüste an den Hafen am Roten Meer, der Aydhâb hiess und Jidda nordwestlich gegenüberlag. Er setzte nach Jidda über, erreichte Mekka, wo er gegen neun Monate verweilte und die Riten der Pilgerfahrt vollzog. Dann zog er weiter nach Medina an das Grab des Propheten und von dort mit einer heimkehrenden Pilgerkarawane nach Bagdad. Von dort reiste er den Tigris hinauf bis nach Mosul, über Nisibis und Harran nach Aleppo, dann südlich über Hama und Homs nach Damaskus. Damaskus beschreibt er ausführlich. Er zog weiter südlich über Banyas nach Akko, das sich zu jener Zeit unter der Herrschaft der Kreuzfahrer befand. Auf der Suche nach einem Schiff, das ihn ins westliche Mittelmeerbecken zurückbringen könne, besuchte Ibn Jubayr auch Tyrus (Sûr) und kehrte nach Akko zurück. Von dort hatte er, im Winter 1184/5, eine abenteuerliche und gefährliche Seereise, auf der ihn die Winde bis auf eine griechische Insel verschlugen, zweimal an Kreta vorbeitrugen und schliesslich zu einem Schiffbruch vor Messina brachten. Der normannische König Wilhelm der Gute (der II., r. 1166–1189), der sich gerade in Messina aufhielt, liess die Schiffbrüchigen retten, und der Pilger mit seinen Gefährten wanderte teils zu Schiff, teils zu Land über Palermo nach Trapani an den Westzipfel Siziliens. Dort fand er ein genuesisches Schiff, das ihn schliesslich sicher nach Denia brachte.

Diese ganze lange Reise beschreibt die «Rihla» sehr genau, offenbar auf Grund von tagebuchartigen Eintragungen, die der gelehrte Sekretär dann später sorgfältig ausarbeitete. Seine Stadtbeschreibungen und Sturmschilderungen sowie andere emotionelle Höhepunkte seiner Erlebnisse hält er in einer vorbildlich einfachen und aussagekräftigen Reimprosa, den Rest seiner Beschreibungen in einer literarisch gepflegten, aber nicht übertrieben prunkhaften Prosa. Fast die Hälfte des Buches ist mit der genauen Schilderung Mekkas und der dortigen Zeremonien gefüllt. Der Pilger beschreibt auch die verschiedenen grossen und heiligen Moscheen, die er besucht – nicht nur in Mekka und Medina, sondern auch in Kairo, Damaskus, Aleppo und Mosul.

Schwere Reisebedingungen

Der Reisende schildert auch, mit welchen Problemen eine Pilgerfahrt verbunden war. Er beklagt sich über die Zölle und die ungerechtfertigten Steuern, die den Pilgern abgenommen wurden, besonders in Alexandria und am Roten Meer. Dort griffen die Zöllner den Pilgern buchstäblich sogar in die Taschen und in die Gürtel, um von all ihrer Habe Abgaben zu erpressen. Ibn Jubayr, der natürlich auch ein Dichter gewesen ist, hat ein Gedicht darüber verfasst und es an Saladin (r. 1171–1193 in Ägypten; ab 1174 in Syrien) gesandt, der zur Zeit seiner Durchreise gerade Kerak (im heutigen Jordanien) belagerte.

Der Ruhm jenes ritterlichen Vorkämpfers des Islams gegen die Kreuzfahrer ist ihm wohlbekannt, und er rechnet es ihm auch sehr hoch an, dass er die «verfluchte Pilgersteuer», die der Herrscher von Mekka früher erhob, abgeschafft habe, indem er sie durch eine dem lokalen Machthaber jährlich ausgezahlte globale Summe ersetzen liess.

Die Reisebedingungen am Roten Meer waren so schlecht, dass Ibn Jubayr allen späteren Pilgern empfahl, über Damaskus oder über Bagdad mit der offiziellen Pilgerkarawane zu reisen. In seiner Zeit war der Weg über Damaskus wegen der Kämpfe um Kerak geschlossen. Viele Pilger, sagt er, kamen auf der Wüstenstrecke vom Niltal zum Roten Meer um. Andere gingen verloren oder wurden von den lokalen Stämmen in die Irre geführt. Wenn sie Aydhâb lebend erreichten, sahen sie aus «wie Leute, die aus dem Grab auferstanden sind».

Die Boote, welche die Einheimischen für die Überfahrt zur Verfügung stellten, waren aus durch Stricke zusammengefügtem Holz, ohne Nägel, gebaut, damit sie leichter über die Klippen und Untiefen der Rotmeerküsten hinwegkratzten. Die Pilger wurden in sie «hineingestopft, bis sie übereinander lagerten wie Hühner in einem Hühnerstall». Die Schiffsleute sagten: «Unsere Aufgabe ist es, die Schiffe zur Verfügung zu stellen, den Pilgern liegt es ob, ihr Leben zu schützen». Nur mit Glück erreichten diese Boote Jidda beim ersten Versuch einer Überfahrt, doch die Pilger mussten für jeden bezahlen.

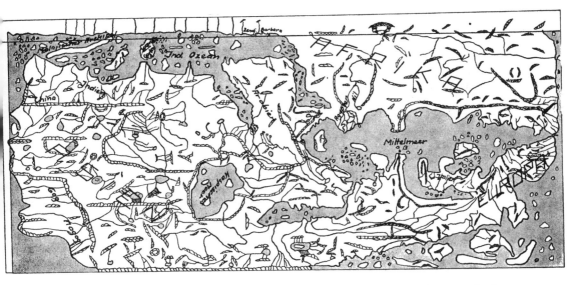

Die Karte des Mittelmeerraums und Asiens, die der muslimische Geograph al-Idrisi 1154 für den Normannenkönig Roger II. von Sizilien anfertigte. Auf der Karte ist Süden oben.

Beobachtungen in Bagdad

Die widrigen Umstände der Hinweise werden jedoch eher kurz dargestellt. Auf dem Hinweg schaut der Pilger, schon feierlich religiös gestimmt, mit einiger innerer Spannung dem grossen Erlebnis des Besuches von Mekka entgegen. Er hat wenig Zeit für die Erscheinungen dieser Welt und schildert vor allem die Moscheen und Heiligtümer, die er auf seiner Route, etwa in Kairo, vorfindet. Auf dem Heimweg ist er seiner religiösen Verpflichtung entbunden und offener für die Welt, die ihn umgibt.

Er beschreibt ausführlich das Leben in Bagdad. Den Kalifen Ahmed Nâsir ad-Din (r. 1180–1225) hat Ibn Jubayr selbst gesehen, wie er in einem Boot den Tigris hinaufgerudert wurde, und ein zweites Mal, am folgenden Tag, wie er von seiner Aussichtsterrasse auf den Strom hinaus blickte. «Er ist jung an Jahren, hat einen schönen Bart, der voll ist, aber nicht lang, gut gewachsen und angenehm anzuschauen, von heller Haut, mittelgross, und schönen Anblicks. Er ist etwa 25 Jahre alt. Er trug ein weisses Gewand mit langen Ärmeln, das mit Gold bestickt war. Auf seinem Kopf eine vergoldete Mütze mit einem schwarzen Fellrand von der wertvollen Art, wie man sie für königliche Gewänder braucht, so wie Nerz oder noch wertvoller. Er trägt diese türkischen Kleider, um seinen Rang verborgen zu halten. Doch die Sonne kann nicht verborgen bleiben, sogar wenn sie sich verhüllt!»

In Bagdad hörte der Pilger auch die grossen Hofprediger, die so emotionell und bewegend sprachen, dass ihre Zuhörerschaft und sie selbst Tränen vergossen. Auf der Ausreise von Bagdad begegnete er dem Zug einer Seljukenprinzessin, der ihm grossen

Eindruck machte: «Sie hatte Soldaten in ihren eigenen Diensten, und der Kalif hatte weitere Soldaten abgeordnet, um sie zu geleiten, aus Furcht vor dem Beduinenstamm der Khafāja, deren Zelte rund um Bagdad herum aufgeschlagen sind. Diese Mas'udi-Prinzessin stiess plötzlich auf uns mit vielen jungen Dienern und grossem Gepränge, als wir Bagdad am Abend verliessen. Sie befand sich zurückgezogen in einer überkuppelten Sänfte, die auf zwei Stangen ruhte, zwischen zwei Lasttieren, vorne und hinten, ausgedeckt mit Goldschabracken. Die Tiere trugen sie dahin wie ein Zephyr-Wind, rasch und sanft. Die Sänfte war vorne und hinten offen; man konnte die Prinzessin darin sehen. Sie war verschleiert und trug einen goldenen Stirnring. Vor ihr zog eine berittene Gruppe ihrer jungen Leute und Soldaten. Zu ihrer Rechten waren Reitpferde und gute Handpferde mit vergoldeten Sätteln. Hinter ihr kam eine Gruppe ihrer Dienerinnen zu Pferde auf goldgestickten Sätteln. Sie trugen auch goldene Stirnbänder, deren Enden im Wind flatterten. Wie eine Wolke zogen sie hinter ihrer Herrin einher mit Fahnen, Zymbeln und Trompeten, die sie ertönen liessen, wenn sie ab- oder aufsassen. Wir sahen solche Pracht weiblicher Herrschaft und feierlicher Rangordnung, wie sie die Welt erschüttert (...).

Es war gerechtfertigt, dass Ruhm ihr diene und die Welt vor ihr erzittere. Ihr Vater regiert über eine Herrschaft, die sich über vier Monate Reisen erstreckt. Der Herrscher von Konstantinopel entrichtet ihm Tribut. Er regiert seine Untertanen mit bewundernswerter Gerechtigkeit und führt Heiligen Krieg (gegen die Christen) ohne Unterlass und in verdienstlicher Art. Einer der Pilger aus unserem Land berichtete uns, er habe im laufenden Jahr (579 d.H.; 1183/4 n. Chr.) 25 byzantinische Städte erobert ...» (Es handelte sich um die Tochter des seljukischen Sultans von Konya, Izz ad-Dîn Kiliç Arslan II., 1155–1192).

Die Welten der Ungläubigen

Am interessantesten sind für uns die Schilderungen zu lesen, die Ibn Jubayr von Andersgläubigen gibt. Er begegnet auf seiner Reise den heterodoxen Schiiten Syriens, den christlichen Kreuzrittern in Akko (damals St. Jean d'Acre) und in Sizilien den Normannen, die knappe 100 Jahre vor dem Besuch unseres Pilgers, im Jahr 1091, ihre Eroberung der Insel von den Arabern abgeschlossen hatten.

Die syrischen «Ketzer» lehnt er schroff ab. «In diesen Ländern (Syrien)», berichtet er, «zeigen die Schiiten seltsame Erscheinungen. Sie sind zahlreicher als die Sunniten und haben das Land mit ihren Lehren gefüllt. Es gibt die Rafiditen, die Gotteslästerer sind, die Imamiten und die Zayiditen, die beide sagen, das Imamat gehöre ausschliesslich dem Hause Alis; weiter die Isma'iliten und die Nusairiten, die Ungläubige sind, weil sie Ali Göttlichkeit zusprechen, möge Gott ihn hochschätzen, Er ist erhaben über das, was sie behaupten. Dann gibt es noch die Ghurabiten, die behaupten, Ali – möge Gott ihn schätzen! – gleiche dem Propheten – Gott segne ihn und bewahre ihn! – wie ein Rabe einem anderen Raben. Sie führen diese Behauptung auf den gläubigen Geist (d. h. den Erzengel Gabriel) zurück. Doch Gott ist über dem, was sie sagen. Es gibt noch andere Sekten, die nicht alle aufgezählt werden können. Gott hat sie in die Irre geführt und mit ihnen viele Seiner Geschöpfe. Wir bitten Gott, uns vor Irrtum in der Religion zu bewahren und suchen Zuflucht bei Ihm vor Spaltungen und Falschgläubigen.»

Die Christen, die in der Levante und im Mittelmeer politische Macht ausüben, beschäftigen Ibn Jubayr allerdings mehr.

Beim Überqueren der Grenze in die Länder der Kreuzritter findet der muslimische Reisende aus dem fernen Westen bemerkenswert, dass einerseits Kämpfe zwischen den Heeren Saladins und den Kreuzrittern in Kerak stattfinden, dass aber trotz dieses Krieges der Grenz- und Handelsverkehr zwischen den Muslimen und den Christen an der palästinensischen Küste normal andauert. Es gibt sogar ein Tal, bei Banyas, «dessen Anbau zwischen Muslimen und Christen geteilt ist, es hat eine Trennungslinie, die man die Teilungsgrenze nennt. Sie teilen den Ernteertrag gleichmässig, doch ihre Herden sind vermischt. Dies führt zu keinerlei Streitigkeiten».

Bei der grossen christlichen Festung von Tibnin gibt es viele muslimische Bauern, «die in Harmonie mit den Franken leben. Möge Gott uns vor solcher Versuchung bewahren! Sie geben zur Erntezeit ihren halben Ertrag den Franken ab, und sie bezahlen dazu eine Kopfsteuer von einem Dinar fünf Qirat pro Person. Abgesehen davon lässt man sie in Ruhe, ausser einer leichten Steuer auf Baumfrüchten. Ihre Häuser und all ihre Geräte sind ihr voller Besitz. Alle die Küstenstädte, die die Franken besetzt haben, werden so verwaltet. Ihre Landkreise, Dörfer und Höfe gehören den Muslimen. Doch ihre Herzen sind verführt worden, weil sie feststellen, wie anders als sie in bezug auf Bequemlichkeiten und Ungestörtheit ihre muslimischen Brüder unter ihren (muslimischen) Behörden leben. Dies ist einer der Unglücksfälle, die den Muslimen zustossen. Ihre Gemeinschaft beklagt die Ungerechtigkeit der Landbesitzer ihres *eigenen* Glaubens und billigt das Verhalten ihres Feindes und Gegners, der fränkischen Landbesitzer, sie verlässt sich auf *deren* Gerechtigkeit. Wer diese Lage der Dinge bedauert, möge sich an Gott wenden. Im erhabenen Buch gibt es genug Trost und Beruhigung für uns. ‹Es ist nur eine Probe; Du führst mit ihr in die Irre, wen Du willst, und führest zum Rechten, wen Du willst› (VII/155).»

Der Zoll in Akko ging höflich und respektvoll vor. Akko erscheint dem Besucher «so gross wie Konstantinopel». «Die Strassen sind so voll von Menschen, dass es schwer ist, einen Fuss auf die Erde zu setzen.» «Unglauben und Unfrömmigkeit lodern hell, Schweine (d. h. Christen) und Kreuze gibt es im Überfluss. Es riecht übel und ist voller Dreck, die Strassen sind voll von Abfall und Kot.»

Tyrus gefällt dem Wanderer besser. «Die Strassen sind sauberer als jene von Akko, und der Charakter der Leute ist weniger stur in ihrem Unglauben. Ihrer Natur und Gewohnheit nach sind sie freundlicher zu einem fremden Muslim. Ihre Manieren sind feiner, ihre Häuser grösser und geräumiger. Die Lage der Muslime ist dort leichter und friedlicher. Akko als Stadt ist grösser, unfrommer und ungläubiger.»

Auf sein genuesisches Schiff, das von Akko ausfährt, kommen viele christliche Pilger, «bilghriyin» nennt er sie. «Sie waren zu zahlreich, um gezählt zu werden, doch es waren mehr als 2000.» Die Muslime verschafften sich einen eigenen abgesonderten Winkel an Bord. Auf dem Schiff feierten die Christen am 1. November ein Fest, wobei sie alle brennende Kerzen herumtrugen. «Kaum einer von ihnen, ob gross oder klein, der nicht eine Kerze in der Hand hielt. Ihre Priester leiteten sie im Gebet auf dem Schiff und standen dann einer nach dem anderen auf, um eine Predigt zu halten und die Einzelheiten ihres Glaubens in Erinnerung zu rufen. Das ganze Schiff von unten bis oben war von hellen Lampen erleuchtet. So verbrachten wir den grössten Teil der Nacht.»

Das verlorene Paradies von Sizilien

Sizilien ist jedoch der Ort, der den frommen Pilger aus Granada am meisten beeindruckt. Er preist die Herrlichkeiten von Palermo. Die «Kirche des Antiochiers» (heute «la Mantorana», gebaut von Georg von Antiochia, dem Admiral Rogers II. [r. 1130–1154], der die sizilische Flotte kommandierte und normannische Expeditionen nach den griechischen Inseln anführte) erscheint ihm als «fraglos das wunderbarste Gebäude der Welt». «Ihre Innenwände sind alle mit Gold geschmückt, sie hat farbige Marmorplatten, wie wir sie noch nie gesehen haben, eingelegt mit goldenen Mosaiken und umrandet durch Zweige aus grünem Mosaik.» Der Reisende besucht sie am Weihnachtstag 1184, viele Frauen stellen sich ein, die gekleidet sind wie muslimische Frauen. Für das Fest tragen sie Gewänder von goldbestickter Seide, über die elegante Mäntel geschlagen sind, das Ganze durch bunte Schleier verdeckt, an ihren Füssen goldene Sandalen. Sie tragen all den Schmuck muslimischer Frauen, Juwelen, Henna an ihren Fingern, Parfum. – Nach dieser Beschreibung sucht der fromme Muslim den Schutz Gottes für «diese Schilderung, die in die Tore der Sinnlosigkeit eintritt und zu den Eitelkeiten der Zügellosigkeit führt, Schutz auch vor der Bezauberung, die Kontrollosigkeit bringt». Ein Beispiel für die magische Macht, die für einen frommen Muslim des Mittelalters von den Frauen und ihrer Schönheit ausging.

In Palermo wird Ibn Jubayr aufs Schloss vorgeladen und nach den Neuigkeiten aus Konstantinopel befragt, von denen er jedoch nichts weiss. Wilhelm II. (r. 1166–1189) bereitete damals nämlich eine Flottenexpedition gegen Byzanz vor, die später durchgeführt wurde, aber fehlschlagen sollte. Auch das Schloss bewundert der Pilger – über die Massen.

In Trapani staunte unser Pilger darüber, dass die normannischen Herren den Muslimen erlaubten, am Festtag mit lauter Musik öffentlich zum Gebet zu ziehen. Er lässt sich auch von einem muslimischen Gelehrten erzählen, der Ibn Zur'a hiess und sich gezwungen sah, das Christentum anzunehmen. Er «lernte fleissig das Neue Testament auswendig und studierte die Gebräuche der Romäer, lernte ihr kanonisches Gesetz und wurde schliesslich unter die Gruppe von Geistlichen aufgenommen, die in Prozessen unter Christen Recht sprechen. Wenn ein Fall unter Muslimen vorgebracht wurde, sprach er darüber ebenfalls Recht auf Grund seiner früheren Kenntnis des muslimischen Religionsgesetzes. So wurden seine Urteile nach den beiden Rechtssystemen verwendet. Er besass eine Moschee gegenüber seinem Haus, die er in eine Kirche verwandelte. Möge Gott uns von Abfall und falschen Wegen bewahren. Trotz alledem, so hörten wir, verbarg er nur, was seine wirkliche Religion war. Vielleicht zog er Vorteil aus der Ausnahme, die Gottes Worte zulassen: ‹Ausser jenem, der sich unter Zwang befindet, aber in seinem Herzen glaubt› (XVI/100).»

Ein Gewährsmann, der Fachmann für Goldstickereien am Königshof von Palermo ist, selbst muslimischer Herkunft natürlich, vertraut dem Pilger an, dass es am Hof viele heimliche Muslime gäbe. Die jungen Diener, die Konkubinen und Singmädchen, so sagt er, die alle Muslime und Musliminnen seien, hätten die fränkischen Damen des Hofes zum Islam bekehrt, den sie heimlich übten. «Mir wurde erzählt, dass ein schreckliches Erdbeben die Insel erschütterte. Dieser Polytheist (d. h. König Wilhelm) wanderte durch seinen Palast voller Angst, und er hörte nichts anderes als Hilferufe zu Gott (Allah) und zu Seinem Propheten von seinen Frauen und seinen Dienern. Als sie ihn sahen, waren sie ganz verwirrt. Aber er sagte zu ihnen: ‹Lasst uns jeden von uns den Gott anrufen, den er verehrt, und jene die gläubig sind, werden Trost erlangen!›»

Ibn Jubayr führte auch Gespräche mit muslimischen Würdenträgern, aus denen ihm ihre schwierige Lage deutlich wurde. Sie durften ihre Insel nicht verlassen, um in ein muslimisches Land zu ziehen. Ein angesehener Mann in Messina, der sich Abd al-Mesih nannte («Diener des Messias», was wohl bedeutet, dass er offiziell Christ geworden war), lud den Pilger zu sich und bat ihn um Berichte über Mekka, wohin er nicht pilgern könne, und auch um einige Andenken aus der Heiligen Stadt. Ibn Jubayr, «voller Mitleid mit ihm», habe ihm einiges von seinen Schätzen gegeben.

In Trapani stiess der Heimreisende auf den Hauptwürdenträger der Muslime Siziliens. Er hiess Abu'l-Qâsim Ibn Hammûd und war allgemein bekannt als Ibn Hajar. Er und seine Familienmitglieder besassen viele Paläste in Palermo. Er war bei Hof hochangesehen gewesen, dann aber angeklagt worden, er habe mit den Almohaden korrespondiert. Er erhielt Hausarrest, und alle seine ererbten Güter wurden beschlagnahmt. Vor kurzem hatte jedoch der Normannenherrscher ihm seine Gunst wieder zugewandt und ihm einen Regierungsposten verliehen. «Doch er kam seinen Verpflichtungen nach wie ein Sklave, der über seine Person und seinen Besitz nicht verfügt.» «Er kam in Trapani an und drückte den Wunsch aus, mit uns zusammenzukommen. Wir begegneten ihm, und er enthüllte mir Dinge, die seine und seines Volkes Beziehungen mit ihrem Feind betrafen, welche blutige Tränen aus den Augen hervorpressten und die Herzen aus Mitleid zum Schmelzen brachten. Er sagte zu mir: ‹Ich habe oft gewünscht, mit meiner Familie als Sklave verkauft zu werden, sodass vielleicht der Verkauf uns in ein islamisches Land führe.› Man denke nach über die Lage, die einen Mann trotz seines grossen Ansehens und hohen Ranges, seiner grossen Familie mit Söhnen und Töchtern dazu veranlassen kann, solch eine Wahl zu treffen!»

«Die Muslime auf der Insel leiden auch neben anderem Unglück unter einem, das sie besonders berührt. Wenn ein Mann gegenüber seiner Frau oder seinem Sohn Ärger zeigt oder eine Frau gegenüber ihrer Tochter, so kann jene Person, die getadelt wird, in eine Kirche laufen, sich taufen lassen und Christ werden. Daraufhin gibt es keine Möglichkeit mehr für den Vater, seinen Sohn wiederzufinden, noch für die Mutter die Tochter. Stell dir den Zustand eines Menschen vor, dem solches mit seiner Familie passiert oder sogar mit seinem Sohn! Die Furcht, dass sie in eine solche Versuchung fallen könnten, muss alleine schon sein Leben verkürzen. Die Muslime von Sizilien sind daher höchst wachsam in der Sorge um ihre Familien und Kinder, damit dies nicht geschehe.»

In Trapani sandte einer der angesehenen Bewohner der Stadt seinen Sohn zu einem der Pilger, die mit Ibn Jubayr reisten, und liess ihm vorschlagen, er solle seine Tochter, die kurz vor der Pubertät stand, mitnehmen, wenn sie sein Wohlgefallen finde, sie heiraten oder wenigstens mit einem anderen Muslim verheiraten. Vater und Sohn hofften später, wenn das Ausreiseverbot aufgehoben werde, ebenfalls in ein muslimisches Land zu entkommen. Der Mann, dem dieser Vorschlag unterbreitet wurde, nahm ihn an «und wir halfen ihm, eine Gelegenheit zu ergreifen, die ihm Glück sowohl in dieser wie in der nächsten Welt bringen würde». «Als ihr Vater das Mädchen um seine Meinung befragt hatte, antwortete sie: ‹Wenn du mich hier zurückhältst, ist die Verantwortung (gegenüber Gott) deine!› Sie hatte keine Mutter, jedoch zwei Brüder und eine kleine Schwester vom selben Vater.»

Ratschlag für Mit-Maghrebiner

In Ibn Jubayr haben wir einen getreuen Untertanen des almohadischen Staates vor uns. Unter den Almoraviden und den Almohaden, beide – wenn auch unterschiedlich – religiös motivierte berberische Dynastien aus Nordafrika, war al-Andalus offenbar ziemlich weit von seinem früheren Zustand abgerückt, als dort Christen, Juden und Muslime eher frei miteinander lebten. Wo er einem solchen Mischleben in der Levante und auf Sizilien begegnet, erweckt das die besondere Aufmerksamkeit unseres hispanischen Pilgers und ruft einen gewissen Unterton der Besorgtheit hervor. Eine düstere Ahnung, dass al-Andalus gefährdet sein könnte, scheint sich bei ihm zu regen.

Er empfiehlt die Städte des Ostens den lernwilligen Studenten aus dem Maghreb, wozu er, gewiss aus politischen Gründen, auch al-Andalus rechnet. «Die Möglichkeiten für Ausländer in dieser Stadt (Damaskus) sind ungezählte. Besonders für die, die das Buch des grossen Gottes memorieren und sich dem Studium widmen. Diese werden in dieser Stadt ganz besonders geschätzt. Alle Städte des Ostens sind so, doch diese ist dichter bevölkert und reicher. Wer immer unter den jungen Männern aus dem Maghreb Wohlstand anstrebt, indem er sich dem Wissen widmet, wird viele Arten von Hilfe finden. Die erste ist für den Geist Freiheit von Fragen des Auskommens, dies ist die grösste und wichtigste. Denn wenn Lernwillen vorliegt, dann wird der Student seinen Weg offen finden, sich voll anzustrengen, und es wird keinen Vorwand geben, nicht voranzukommen. Es sei denn im Falle jener, die faul sind und Nichtstun und Aufschub vorziehen. An diese wendet sich mein Ratschlag nicht. Wir sprechen nur von den Fleissigen, die feststellen, dass in ihrem eigenen Land die Notwendigkeit, sich einen Lebensunterhalt zu verschaffen, sie in ihrer Suche nach Wissen stört. Wohlan, das Tor des

Ostens steht offen, tritt ein in Frieden, du fleissiger junger Mann und ergreife die Möglichkeit für ungestörtes Studium und Absonderung, bevor Frau und Kinder an dir hängen und du mit den Zähnen knirschst im Bedauern um deine verlorene Zeit. Gott ist Helfer und Führer! Es gibt keinen Gott ausser Ihm! Ich habe jenen Rat erteilt, die ich willig fand, zuzuhören und zur Antwort bereit. Wen Gott lenkt, der befindet sich auf dem richtigen Weg. Ruhmreich ist Seine Macht! Erhaben Seine Majestät!»

Dies, ein gewisser Drang nach Osten, wo der Islam sein Schwergewicht hat, ist vielleicht das einzige, das Ibn Jubayr mit seinem grossen jüngeren Zeitgenossen, Ibn Arabi, gemeinsam hat. Von Mystikern spricht Ibn Jubayr nie und mit keinem Wort, während sie, ihre Grossen und ihre Taten, ihr Gottesstreben und ihre Gedanken, das gewaltige Corpus der Schriften von Ibn Arabi praktisch ausschliesslich füllen. Die beiden wandern auf den gleichen Wegen nach dem Osten, doch sie bewegen sich durch zwei ganz verschiedene Welten. Die eine, die Ibn Arabis, ist eine verborgene Welt, und der bei aller Frömmigkeit dieser Welt zugewandte Hofschreiber und Gesetzesgelehrte Ibn Jubayr sieht sie in der Tat nicht. Er will sie wohl auch nicht sehen, weil sie ihm als wenig orthodox gilt.

Nach seiner Heimkehr ist Ibn Jubayr noch zweimal nach dem Osten gewandert. Auf seiner dritten «Rihla» (= Reise) nach Osten ist er in Alexandria, wo er zu unterrichten gedachte, im Jahr 1217 verschieden.

(Ibn Jubayr: *Rihla* ed. des arabischen Textes, de Goeje, Leiden 1907; franz. von M. Gaudefroy-Desmombynes, Paris 1949; italienisch von Schiaparelli, 1907; englisch von R. J. C. Broadhurst, London 1952.)

Ibn Khafâja, der letzte grosse Dichter von al-Andalus

Ibn Khafâja aus Alcira bei Valencia war ein wohlhabender Landbesitzer, der in der Almohadenzeit lebte (1058–1139). Er war nicht darauf angewiesen, als Lobdichter seinen Lebensunterhalt zu verdienen, und er hat in der Tat nur einige wenige Lobgedichte auf die almohadischen Fürsten seiner Epoche verfasst.

In seiner Zeit und unter seinen unmittelbaren Vorläufern hatte die arabische Dichtkunst von al-Andalus eine neue Richtung genommen. Die Qasida mit ihrem feststehenden Grundschema (s. oben S. 97f., 192) war nach Tausenden von Variationen zu einer Art von rhetorischer Routine geworden. Man hat mit Salma Khadra Jayyusi in der neuen Tendenz, schöne Dinge des täglichen Lebens in Kurzgedichten mit möglichst überraschenden Metaphern und Vergleichen zu schildern, eine Reaktion auf die müde gewordene Qasidendichtung zu sehen. Eine Art «l'art pour l'art» ging nun darauf aus, emotionslos, aber höchst raffiniert Blumen, Tiere, Früchte, Gärten, Naturstimmungen, Weinkelche, schöne Knaben und Frauen, Flüsse und Hügel in Versen sichtbar werden zu lassen, wobei die Kunst vor allem darin lag, überraschende, aber doch treffende Vergleiche zu finden, die einen jeden Vier- oder Zweizeiler in ein Juwel zu verwandeln suchten. (In: Salma Khadra Jayyusi, The Legacy of Muslim Spain, S. 367–390: Nature Poetry and the Rise of Ibn Khafâja). Unter den von García Gómez übersetzten Gedichten gibt es viele, die diese Tendenz aufweisen. Hier nur eines zur Illustration:

Die Nuss

Ein Gehäuse aus zwei Hälften, so dicht gefügt
dass es schön zu schauen ist, wie ein Augenlid,
wenn der Schlaf es schliesst.

Wenn ein Messer es spaltet, werden Augäpfel daraus,
welche des Schauens Anstrengung wölbt.

Das Innere aber gleicht einem Ohr
mit seinem verschlungenen und gekrümmten Gang.

(Abu Bakr Muhammed Ibn al-Qutîya aus Sevilla, der zur Zeit al-Mu'tamids lebte, nach E. García Gómez, Poemas arabigo-andaluces, ed. Austral No. 4, S. 68. Andere Beispiele dort, s. die Nummern: 18, 19, 20, 21, 22, 23, 24, 26, 33, 34, 35, 36, 40, 48, 55, 56, 60, 61, 66, 75, 76, 77, 78, 80, 81, 84, 85, 87, 88 etc.)

Ibn Khafâja gehört in diese Tradition; doch er zeichnet sich dadurch aus, dass in seinen Natur- und Gartengedichten persönliches Erleben mitschwingt – trotz der höchst kunstvollen, oft bewusst Paradoxe anstrebenden Vergleiche. Hier einige Beispiele für seine neue Lyrik:

> Der Rausch besuchte uns an einem Abend der Freude,
> Mein Lager war weich, ein labendes Ruhebett.
> Der Arakstrauch zog sich den Schatten aus, um mich darin einzukleiden.
> Sein Zweig beugte sich nieder zu lauschen, was die Taube versprach.
> Die Sonne senkte sich bleich dem Untergang zu.
> Der Donner murmelte seine Gebete, die Wolke spuckte gleich einer Hexe
> darüber aus.

★ ★ ★

> Gott, wie herrlich strömt der Fluss in seinem Bett. Einladender zum Trunk als der Mund einer schönen Frau,
> Wie ein Armring gekrümmt, von Blumen umrahmt, der Milchstrasse gleich.
> Fernhin erscheint er wie der silberne Saum am Rand eines grünen Gewands,
> Und Zweige umrahmen ihn wie die Wimpern einen blauen Augenstern.
> Auf ihm schenkte ich goldenen Wein, dessen Widerschein auf die Hände der Geladenen fiel.

★ ★ ★

> Bring rasch den Wein, denn der Westwind geht um, und der bergende Schatten erhebt seine zitternde Säule.
> Der Garten winkt freudig mit grünen Decken.
> Er scheint wie betrunken, denn der Wind lastet auf ihm, und er gibt ihm nach.
> Er ist voller Frische. Der Tau verlieh ihm den Glanz von Silber.
> Dann verschwand er, da der Sonnenuntergang das Gold seiner Flanken geläutert hat.

★ ★ ★

> Die Wolke verspricht Regen und Wein.
> Mische Silber und Gold!
> Stelle dich unter die Herrschaft des Frühlings,
> Im Gefilde der freudig Geladenen und der gesprächigen Vögel.
> Das Auge schweift weit über die Pracht gewölbter Hügel und des eingesunkenen Tals.
> Die Hand des Zephirs hat über den Busen des Gartens Perlen aus Tau und Drachmen aus Blumen gestreut.
> Der Wald schlägt mit seinen Flügeln und murmelt,
> denn der Wind bewegt ihn, Luft voller Wohlgeruch,
> Seine Zweige erzittern, wie der Wind sie durchstreift,
> Und immer erneut werfen über ihn sie ein Blumengewand.

(Alle zitiert von ash-Shaqundi: «Lob der Vorzüge von al-Andalus», und übersetzt von E. García Gómez in: Andalucía contra Berbería, Barcelona 1976 S. 100 ff.)

Wegen solcher Stücke haben seine Mitdichter Ibn Khafâja «al-Jannân», den Gärtner, genannt. Doch der «Gärtner» ist durchaus in der Lage, sich zum grossen Naturdichter zu erheben. Er verbindet sein persönliches Geschick mit dem Leben der Natur, so wie es die europäische Dichtung erst seit den grossen Naturgedichten Goethes kennt und dann in der Romantik, vor allem in England, voll ausarbeitet. Am schlagendsten tritt diese Fähigkeit, das eigene Leben mit jenem der Natur in Verbindung zu setzen, in dem grossen Berggedicht Ibn Khafâjas hervor. Eine hervorragende, eher freie englische Übersetzung davon findet sich in dem von S. Kh. Jayyusi herausgegebenen Sammelband (The legacy of Muslim Spain, Leiden, Brill, 1992, S. 390–3) Sie stammt von Magda an-Nuwaihi und Christopher Middleton.

Der Dichter unternimmt eine einsame und, wie er betont, gefährliche Nachtreise. Er kommt zu einem gewaltigen Berg, den er sprechen hört. Der Berg klagt über die Einsamkeit eines alle anderen Lebewesen überdauernden Erdendaseins und bittet Gott, ihn zu sich zu nehmen. Dann führt sein Weg den Dichter vom Berg fort. Die verzweifelte Rede des einsamen Riesen ist für Ibn Khafâja auf seiner Reise, wie er mit einfliessen lässt, ein Trost und eine Lehre, die die Einsichten eines ganzen Lebens widerspiegle.

Die erste Hälfte des Gedichtes ist der Schilderung der einsamen Nachtreise Ibn Khafâjas gewidmet. In der zweiten tritt dann der Berg hervor und klagt über seine so viel ältere und längere Einsamkeit.

Die Reiseschilderung klingt an die herkömmliche Qasida an. Der Dichter rühmt die Geschwindigkeit seines Rittes und vergleicht sich selbst mit dem Morgenstern, der sich im Osten erhebt, und dem Abendstern, der im Westen untergeht. Er hebt die Gefahren seiner Nachtreise hervor, deren er sich einzig mit seinem scharfen Schwert erwehrt. Die Nacht währt immerfort, nur einmal erblickt er in einem plötzlichen Fackelschein den Rachen eines grauen Wolfes, der ihn mit glühenden Augen verfolgt.

Die Begegnung mit dem Berg setzt dann einen neuen, weniger konventionellen Akzent. Er wird zuerst als Bergriese geschildert: «Er reicht in die Mitte des Himmels empor, versperrt alle Wege, sogar für die Winde der Nacht, er stützt die Sterne und beugt sich über die Wildnis wie ein Denker, der über die Dinge und ihre Folgen meditiert. Dabei sind die Wolken wie ein grauer Turban um sein Haupt, die Blitze am Rande der Wolken stellen die roten Fransen dar.» So führt die Beschreibung selbst vom unbelebten Gebirge zum belebten Bergriesen hin.

Dieser ruft verzweifelt, obwohl er stumm ist, und er gibt so dem Reisenden seine Geheimnisse preis. «Wie lange», stöhnt er, «werde ich noch der Schlupfwinkel von Verbrechern bleiben sowie die Bleibe der Enttäuschten, die auf die Welt verzichten und bei Gott Zuflucht suchen? – Wie oft sind Reisende über mich hinweggezogen, am Tag und des Nachts, und haben in meinem Schatten mit ihren Saumtieren ausgeruht? – Wie oft sind meine Flanken von den Winden gepeitscht und meine Fundamente von den Wogen des blauen Meers untergraben worden? – Doch all diese Lebewesen sind von der Hand des Todes hinweggefaltet und vom Wind der Trennung fortgetragen worden. – Das Schaukeln meiner Bäume ist wie des Keuchen meiner Brust, und das Seufzen meiner Tauben wie die Klagen der Trauernden. – Meine Tränen haben nicht aufgehört zu fliessen, weil ich all dies vergessen hätte, sondern weil sie erschöpft sind. Wie lange werde ich hier noch verweilen, während meine Freunde fortziehen, wie oft soll ich noch die Rücken jener sehen, die nie zurückkehren werden? – Wie lange soll ich noch zusehen, wie die Sterne ohne Unterlass auf- und niedergehen? Habe Erbarmen mit mir, Herr, erhöre das Gebet des Berges, der dich mit erhobener Hand wie ein Liebender um Deine Gnade anfleht!»

Solcher Art Trost habe der Berg ihm auf seiner einsamen Reise gespendet, schliesst der Dichter. Dann hätten sich ihre Wege getrennt. Der Reisende habe den Berg mit «Frieden!» gegrüsst und ihm bedeutet, seine Strasse führe ihn fort, während er, der Berg, an seinem Ort angewurzelt bleibe...

Ohne es je direkt anzusprechen, vermittelt der Dichter Ibn Khafâja das Lebensgefühl eines alten, vereinsamenden Menschen, der seine Zeitgenossen wegsterben sieht, während er selbst sich als überlebenden Rest vergangener Zeiten empfindet.

II

Die muslimische Herrschaft in der Defensive

«Vae victis!»
Land für die Christen

Das Erbe der arabischen Welt im Guadalquivirtal ging mit und seit dem 13. Jahrhundert weitgehend verloren. Die verlorenen Städte, nach Córdoba (1236) und Valencia (1238), Murcia (1244) und Sevilla (1248), um nur einige Hauptorte zu nennen, gingen ihrer muslimischen Bevölkerung weitestgehend verlustig. Die Oberschichten wanderten aus, teilweise schon vor der Eroberung, entweder nach Nordafrika oder in das überlebende Reich von Granada. Die Handwerker und Facharbeiter sowie die Händler verschwanden allmählich mit dem Zusammenbruch der komplexen städtischen Wirtschaft, welche die neuen Herren, die eine andersartige, weniger entwickelte Wirtschaftsordnung mit sich brachten, nur in kleinen Teilen fortzuführen vermochten. Einige der nun *Mudéjares* (von *mudajjan*, «gezähmt») genannten muslimischen Handwerker und Kunsthandwerker traten in den Dienst der kirchlichen und weltlichen Bauherrn, wie einzelne Bauwerke im maurischen, arabisierenden Stil und mit ornamentaler arabischer Dekoration zeigen, die in Sevilla, Valencia und Córdoba nach der Eroberung entstanden sind. Doch die grössten Teile der arabischen Stadtbevölkerung wurden vertrieben. Sie wanderten entweder nach Granada aus, das weiter unter muslimischer Herrschaft stand, oder sie zogen nach Nordafrika. Nach 1264, als die letzten Aufstände gegen die christliche Herrschaft fehlschlugen, wurden die letzten Muslime aus den Städten vertrieben.

Auf dem Land ging der Grundbesitz völlig in die Hände von Christen über. Die Bauern jedoch, die das Land bebauten, Araber und Berber, blieben zunächst auf ihren Feldern. Die neuen Grundbesitzer waren jedoch nicht immer in der Lage, die komplexen Bewässerungsstrukturen aufrechtzuerhalten, auf denen die Fruchtbarkeit der Gärten und Felder beruhte. Viele der Neusiedler und kleineren Landherren aus dem Norden, denen kurz nach der Eroberung arabische Güter zugeteilt worden waren, mussten ihre zerfallenden Ländereien wieder abgeben – zu billigem Geld an die hochadligen Grossgrundbesitzer und an die militärischen Orden, die auf ihren immer wachsenden Latifundien, wie zu Hause in Kastilien, Viehzucht betrieben.

Der von den Kastiliern und ihren Verbündeten in Besitz genommene Süden der Halbinsel war sehr viel dichter bevölkert als die weniger fruchtbare zentrale Hochebene Spaniens, die Meseta, die sich während der Jahrhunderte des Krieges zwischen Muslimen und Christen noch weiter entvölkert hatte. Vom 10. bis zum 13. Jahrhundert hatten zuerst die nach Norden gerichteten Beutezüge der Kalifenheere von Córdoba und später die allmählich nach dem Süden sich verlagernde Kampfgrenze zwischen den Christen und den Muslimen die zentralen Ebenen verwüstet. Die grosse Zahl von Menschen, die es nun im neu eroberten Süden zu beherrschen und zu kontrollieren galt, bildete einen Unsicherheitsfaktor für die kastilische Krone, weil es ja neben dem Reich von Granada auch jenseits der Meerenge in Nordafrika, im heutigen Marokko und Algerien weiterhin muslimische Herrschaftsbereiche gab, auf die sich mögliche Rebellen abstützen konnten. Der Zusammenbruch des bisherigen Wirtschaftssystems, kombiniert mit immer wachsendem Steuerdruck auf eine verarmende Gesellschaft führte 1264 zu Verzweiflungsaufständen der muslimischen Untertanen. Dies geschah zur Zeit Alfonsos X. «des Weisen» (1252–84) in Jérez, Niebla und Murcia, wobei der kriegsgewohnte aragonesische Herrscher, Jaime I. (der Eroberer), seinem kastilischen Mitkönig und Schwiegersohn half, Murcia 1266 endgültig in kastilischen Besitz zu bringen. Derartige Aufstände trugen natürlich dazu bei, die Haltung der siegreichen Kastilier gegenüber ihren neuen muslimischen Untertanen noch weiter zu verschärfen.

Die Sonderstellung der Juden

In der sogenannten «Aufteilung» (repartimiento) von Sevilla, die Alfonso X. durchführte, wurden alle Moscheen der Stadt in Kirchen umgewandelt, ausser dreien, die sich in jüdischen Vierteln befanden und die zu Synagogen wurden. Die Juden, meist «kastilische Juden» aus Toledo, die bei der Eroberung mitgekämpft hatten, erhielten ihren Anteil an der Kriegsbeute, und auch den sevillanischen Juden wurde ihr Besitz bestätigt, im Gegensatz zu dem, was den Muslimen geschah.

Diese ungleiche Behandlung ging ohne Zweifel darauf zurück, dass die neuen kastilischen Herren die muslimische Bevölkerung fürchteten und sie daher nicht nur politisch, sondern auch wirtschaftlich zu entmachten suchten, indem sie ihnen Landbesitz und städtische Niederlassungen entzog. Die viel kleinere Minderheit der Juden jedoch, die der kastilische König nicht fürchten musste, schon weil sie keine potentiellen Bundesgenossen in Nachbarstaaten aufwies, wurde zu unentbehrlichen Gehilfen und Dienern des Thrones in Finanz, Verwaltung und Politik. Viele Juden kannten die arabischen Länder, sprachlich und in ihrer inneren Organisation, und waren so in der Lage, einen Teil der den Herrschern zufallenden Reichtümer und Produktionsmittel für die Könige zu erhalten und finanziell zum Fruchten zu bringen. Die Herrscher hatten ein nahezu unstillbares Geldbedürfnis, in erster Linie, um ihre Heere zu unterhalten und zu entlöhnen.

Unter dem Eroberer Fernando III., «dem Heiligen», wirkte *Salón Ibn Sadoc* von Toledo, den die Christen Don Çulema nannten, als Oberbankier und Obersteuereinzieher (almoxarife mayor) des Königs. Bei seinem Tode, im Jahr 1273, konfiszierte Alfonso «der Weise», der Sohn Fernandos des Heiligen, ein gewaltiges Vermögen vom *almoxarife* seines Vaters. Doch dessen Sohn, *Don Zag* (auch Çag) *de la Maleha*, diente Alfonso ebenfalls als Steuereinzieher und Bankier.

1278 gab Alfonso Don Çag den Befehl, eine Sondersteuer einzuziehen und ihren Ertrag der kastilischen Flotte auszuhändigen, die damals Algeciras belagerte. Doch der Prinz Don Sancho, der sich mehrmals gegen seinen Vater, den König, erhob und ihm schliesslich – von ihm verflucht – den Thron nehmen sollte, brachte es fertig, seine Hand auf diese Steuerbeträge zu legen. Dem König erschien dies als Hochverrat seines Steuerfachmanns, und er liess ihn 1279 in Sevilla gegenüber dem Palast seines Sohnes erhängen.

Am 1. Samstag des Januars 1281 liess Alfonso «der Weise» alle Juden ins Gefängnis werfen, die sich in den Synagogen befanden, und er gab sie erst wieder frei, nachdem die gesamte jüdische Bevölkerung Kastiliens eine gewaltige Summe Lösegeld entrichtet hatte. Sie soll sich auf das Doppelte der Summe belaufen haben, welche die Juden sowieso schon alljährlich als Sondersteuer an die kastilische Krone zahlen mussten.

Sowohl die Juden wie auch die verbleibenden «Mudéjares» wurden als Besitztum der Krone angesehen (darum die Bezeichnung «sein Jude» in den königlichen Dokumenten und in den Handschriften der Übersetzungen). Der König konnte «seinen» Juden erhebliche Privilegien gewähren, solange sie als seine Instrumente wirkten, aber dem Herrscher gegenüber waren sie völlig rechtlos; kein verbrieftes allgemeines Recht schützte sie. Dennoch waren sie als Verwaltungs- und Finanzspezialisten im ganzen Reich, aber besonders in den neu eroberten arabischen Gebieten, dermassen unentbehrlich, dass sogar die Ritterorden von Calatrava und Santiago jüdische Verwalter anstellten, um ihre wirtschaftlichen Interessen wahrzunehmen und die ihnen geschuldeten Steuern einzuziehen. Die Frage der Zinsen spielte bei alledem eine grosse Rolle; denn den Christen des 12. Jahrhunderts galten diese als religiös verboten. Auch den Juden galt dies gegenüber anderen Juden als verboten, jedoch nicht gegenüber Muslimen und Christen.

Die kastilianischen Cortes jener Zeit, Ständeversammlungen, in denen die Vertreter der Städte sassen, diskutierten die Frage der Zinsen oft, und sie kamen schliesslich zu dem Endergebnis, dass alle Zinsen bis zur Höhe von 33% zulässig seien.

Die katalanische «Rückeroberung»

Die Lage von Aragón, wozu in jener Zeit immer auch Barcelona gehörte, unterschied sich von jener Kastiliens dadurch, dass die *«Reconquista»* der Katalanen von der grossen See- und Handelsstadt Barcelona ausging und das Mittelmeer entlang zog, bis sie die Grenze von Murcia erreichte, welche Region durch frühere Verträge Kastilien zugesprochen worden war. Die katalanisch-aragonesische «Reconquista» begann bezeichnenderweise mit den Balearischen Inseln. Diese zu beherrschen, war für die Schiffahrt von Barcelona entscheidend wichtig, weil andernfalls die Balearen Kriegsschiffen als Basen dienen konnten, von denen aus die Handelsschiffe von Barcelona überfallen und geplündert wurden. Deshalb waren die katalanischen Stände im Jahr 1228 bereit, für die Gelder zu stimmen, die für eine Übersee-Expedition unter Jaime I., «dem Eroberer», notwendig waren.

Die «Rückeroberung» der Aragonesen und Katalanen endete mit der Einnahme von Valencia im Jahr 1238. Die katalanischen Eroberer, die, wie die Kastilier, in diesen ausgesprochenen Garten- und Bewässerungslandschaften angesiedelt wurden, vermochten es eher als ihre kastilischen Kollegen, die Bewässerungssysteme aufrechtzuerhalten und damit dem Land seine Produktivität zu bewahren. Die Erscheinung massiver Verkäufe von neu zugewiesenem Land an die Grossgrundbesitzer war dementsprechend weniger häufig. Das arabische Wassertribunal von Valencia (s. oben S. 152) ist bezeichnenderweise bis auf die heutige Zeit lebendig geblieben.

Ein wichtiger Grund für diese entgegengesetzte Entwicklung ist ohne Zweifel in dem unterschiedlichen Verhältnis zur Arbeit zu suchen, das zwischen den Kastiliern und den Katalanen bis heute besteht. Ihre Bauerntraditionen sind mit den Katalanen aus den Pyrenäentälern an die Küste hinabgezogen, als sie begannen, dem arabischen Druck Widerstand entgegenzusetzen und allmählich die Region von Barcelona zu bevölkern. Katalonien war ein Land von schwer arbeitenden Bauern und – nach der Festsetzung an der Mittelmeerküste – handeltreibenden Stadtbürgern und nicht wie Kastilien eine karge, von Kastellen übersäte Hochebene, über die hinweg die Araber mit den christlichen «Hidalgos» einen Dauerkrieg führten.

Das Ethos ist daher bis auf den heutigen Tag ein anderes. Die Katalanen sind bis heute für ihren Kult der Arbeit und ihren zähen Fleiss berühmt und – im übrigen Spanien – berüchtigt. Für sie ist mit den Händen zuzugreifen, sei es um Land zu bebauen, sei es um irgendeinen handwerklichen und später technischen und industriellen Beruf auszuüben, nie eine Schande gewesen.

Mit der lebendigen bäuerlichen Tradition geht dann natürlich auch die Wertschätzung und der Wille zur Erhaltung, ja zum weiteren Ausbau einer wertvollen und produktiven Bewässerungslandschaft einher. Soweit sie sich nicht selbst als Bauern in den von den Arabern geschaffenen Bewässerungsoasen betätigen wollten, haben die katalanischen und aragonesischen Eroberer und neuen Landherren wenigstens dafür gesorgt, dass die muslimischen Bauern bleiben und ihre Arbeit fortsetzen konnten. In den Bewässerungstälern der Levante sind in der Tat viele der ursprünglichen muslimischen Landbewohner geblieben. Sie wurden erst im Jahr 1609 auf Betreiben Kastiliens und der Kirche und gegen den Widerstand vieler ihrer lokalen Feudalherren ausgetrieben.

Das Überleben des Reichs von Granada

Mit dem Fall von Córdoba und Sevilla, Murcia und Niebla an die Kastilier und der Einnahme von Valencia und Alicante durch die aragonesisch-katalanische Krone war die islamische Geschichte Spaniens noch nicht vorbei. Für die erstaunliche Zeit von 250 weiteren Jahren sollte das Königreich Granada als ein muslimisches Herrschaftsgebiet fortbestehen.

Wie wir schon gesehen haben, hat sich der erste Herrscher der späteren Dynastie von Granada, *Abdullah Ibn Nasir al-Ahmar* mit dem Herrschernamen *Muhammed I.*, «*al-Ghâlib bil-Lah*» («Siegreich mit Gott») zum Gefolgsmann des kastilischen Königs, Fernando III., erklärt und mit den Truppen seines muslimischen Heeres, es sollen 500 Reiter gewesen sein, geholfen, die letzte Grossstadt von al-Andalus, Sevilla, einzunehmen (1247–48). Andere granadinische Truppen halfen bei der Bezwingung der festen Plätze

Jérez, Arcos, Medina Sidonia, Lebrija und Niebla mit. Als der Lehensherr Fernando «el Santo» 1252 starb, entsandte al-Ahmar eine Delegation von Würdenträgern zu seinem Begräbnis nach Sevilla.

Al-Ahmar hatte damals schon eine lange Laufbahn als Eroberer und Haudegen hinter sich. Zur Zeit des Verfalls der Macht der Almohaden hatte ein gewisser Ibn Hûd al-Judhami, der ein Abkömmling der hocharistokratischen Familie, die lange Zeit Saragossa beherrscht hatte, zu sein beanspruchte, von Guadix, Baza und Jaén aus in zwei Jahren, 1227–1229, ein Reich zusammengebracht, das Córdoba und Sevilla umfasste. Doch Ibn Hûd war durch die Macht Kastiliens bedroht, die nach der Schlacht von Las Navas de Tolosa (1212) unwiderstehlich geworden war. Er sah sich 1233 gezwungen, mit dem kastilischen König einen Waffenstillstand zu schliessen.

Sein Gefolgsmann al-Ahmar hatte sich im Jahre zuvor gegen Ibn Hûd erhoben und konnte nun die Unzufriedenheit der muslimischen Bevölkerung über den Waffenstillstand mit den Christen ausnützen, um sich vorübergehend der Städte Córdoba und Sevilla zu bemächtigen. Ibn Hûd vermochte jedoch kurz darauf in die beiden Städte zurückzukehren, und er schloss 1234 ein Abkommen mit al-Ahmar ab, das diesen in seinem Besitz in Ostandalusien bestätigte.

Ibn Hûd, dessen Gebiete auf dem Invasionsweg der Kastilier lagen, verlor Kräfte und Ansehen in seinem Kampf mit Kastilien, besonders als Fernando III. ihm 1236 Córdoba entriss. Die Stadt Granada erkannte darauf seinen Rivalen al-Ahmar im Jahr 1237 als ihren Herren an, und im folgenden Jahr wurde Ibn Hûd ermordet, als er vor Almería gezogen war, um dort den neuen Herrscher von Granada anzugreifen. Der Sohn Ibn Hûds vermochte sich mit Mühe in Niebla und Sevilla zu halten, während al-Ahmar im Osten von al-Andalus ein kompaktes Reich schuf, das Jaén, Granada, Baza, Guadix und schliesslich auch Almería umfasste.

Doch al-Ahmar erkannte, dass gegen Kastilien kein Widerstand möglich sei. Die kastilischen Truppen belagerten Jaén zu Beginn des Jahres 1245, und al-Ahmar begab sich in das Heerlager von Fernando III., um ihm die Stadt anzubieten, sowie seine Bereitschaft zu erklären, selbst Vasalle Kastiliens zu werden, seinem neuen Herrn Tribut zu entrichten und ihm in dessen künftigen Feldzügen mit seinen Truppen zu Hilfe zu kommen.

Der Hauptgegner Fernandos III. war der Sohn Ibn Hûds, des alten Rivalen al-Ahmars, was den Vasallenpakt des Muslims mit dem Christen, der sich gegen seine Mitmuslime richtete, vielleicht etwas verständlicher macht.

Kastilien hatte schon früher zwischen Besetzung und Eroberung muslimischer Gebiete und der Politik indirekter Beherrschung geschwankt. Als Vasallen brachten die «Moros» der Krone Bargeld ein. Wenn ihre Länder erobert und neu besiedelt wurden, war der Herrscher darauf angewiesen, die eroberten Ländereien zur Hauptsache an seine Gefolgsleute zu verteilen; Krondomänen konnte er zwar zurückbehalten, doch die Krieger forderten ihren Lohn in der Form von Lehen, und die grossen Lehensleute konnten ihrerseits unter Umständen gegenüber der Krone aufsässig werden. Deshalb war es anfänglich eine durchaus rationale Politik, wenn der kastilische König einen Teil

Andalusiens eroberte und unter seine Adligen aufteilte, aber einen anderen Teil lediglich seiner eigenen Protektion unterstellte, bedeutende Summen aus ihm zog und dadurch seine persönliche Zentralmacht stärkte. Die Tribute von Granada konnten später, je nach Verträgen und der politischen Gesamtkonstellation, aus der diese hervorgegangen waren, zeitweise bis auf die Hälfte der gesamten Staatseinnahmen des Königreiches ansteigen.

Granada als kastilisches Lehen

Al-Ahmar versprach und bezahlte Fernando III. 100 000 Maravedis jährlich. Die Bedeutung dieser Riesensumme ergibt sich, wenn man sie mit einigen Ausgaben in Beziehung setzt, die Fernando aus politischen Gründen auf sich nehmen musste. Zu Beginn seiner Herrschaft, im Jahr 1220, war er z. B. einen aufsässigen Adligen, der ihn mit Rebellion bedrohte, für 14 000 Maravedis losgeworden. Jener Adlige, Rodrigo Díaz de Cameros, nahm das Geld und begab sich auf eine Kreuzfahrt nach dem Heiligen Land.

Die Infantas, Doña Sanchez und Doña Dulce, Töchter seines Vaters Alfonso IX., die dieser (weil sein Sohn Krieg gegen ihn geführt hatte) zu den Thronfolgerinnen von León bestimmt hatte, fand Fernando im Jahr 1255 mit 30 000 Maravedis jährlich ab, nachdem er sie mit Waffengewalt nicht aus ihren festen Türmen hatte vertreiben können. Später, im Jahr 1265, sollte al-Ahmar in einer für ihn ganz besonders schwierigen Lage dem kastilischen Herrscher sogar 250 000 Maravedis jährlich versprechen.

Der Herr von Granada hatte seinerseits mit Gefolgsleuten zu rechnen, die er in Schach halten musste, um seine Macht zu sichern. Die *Banû Ashkilûla* waren eine kriegerische Sippe, die mit dem Königshaus verschwägert war. Die Spanier nannten sie die «Escayuelas». Diese Verwandten hatten al-Ahmar schon bei seiner zeitweiligen Eroberung von Córdoba und Sevilla gedient. Er erhob sie nun zu Kommandanten der Grenzfestungen. Die Söhne des Oberhauptes der Ashkilûla, des Abu-l-Hassan Ali Ibn Ashkilûla, um ihm mit seinem vollen Namen zu nennen, suchte der König von Granada an sich zu binden, indem er sie mit zweien seiner Töchter vermählte. Der Vater wurde zum «Arraez» (arabisch «Rais», Oberhaupt) von Guadix ernannt; das heisst, die Nordostecke des Reiches, die an Kastilien grenzte, wurde unter seine Obhut gestellt. Die Söhne wurden Statthalter von Málaga und von Comares, der Bergzone südlich der Hafenstadt.

Die Banû Ashkilûla sollten durch die nächsten Jahrzehnte der Geschichte Granadas hindurch eine Rolle spielen, die jener der Dynastie der *Nasriden*, wie man die Nachfahren des Ibn Nasir al-Ahmar nennt, nahezu gleichkam.

Die neueste Forschung nimmt an, dass bei den ursprünglichen Gefolgsleuten der Banû Ahmar eine ähnliche Trennung bestand, wie wir sie von den Almohaden kennen, wo ein geistliches Oberhaupt die prophetische Inspiration gab (Ibn Tumart) und ein mehr weltlich ausgerichteter Schüler dann das Reich eroberte und organisierte (Abdel-Mu'min).

Muhammed I., den die Quellen auch *Scheich* al-Ahmar nennen, wäre demnach ursprünglich der asketische und prophetisch veranlagte geistliche Führer gewesen, die Banû Ashkilûla mehr die Kämpfer und Politiker, die sich um die weltlichen Aspekte der Herrschaft und des entstehenden Reiches kümmerten. Es gibt Texte, die dies anzudeuten scheinen. (Vgl. L. P. Harvey: Islamic Spain 1250 to 1500, Univ. of Chicago Press 1990, p. 29 ff.).

Doch diese Art der Machtteilung (wie wir sie auch aus dem heutigen saudischen Königreich kennen, wo die Nachkommen des Religionsführers Ibn Abdul-Wahhab noch heute als «Âl asch-Schaikh» [Haus des Scheichs] an der Herrschaft mit teilhaben), hätte dann im Falle der granadinischen Dynastie anders geendet als bei den Almohaden. Der ursprüngliche Vertreter der geistlichen Macht riss die weltliche Herrschaft an sich, errichtete seinen Thron in Granada und begann sich auf die Gottesgelehrten der Hauptstadt zu stützen, die, wie immer in al-Andalus, eifrige Vertreter der orthodoxen Schule des Malekismus waren. Die einstigen Militärführer und Politiker, die sich mit dem Haus der Banu Ahmar mehrfach verschwägert hatten, wurden ausgegrenzt, indem sie zuerst aussenliegende Verwaltungs- und Statthalterposten erhielten und am Ende mit dem Zentrum von Granada in Streit gerieten. Der endgültige Bruch dürfte mit der neuen Politik der Herrscher einhergegangen sein, sich militärisch auf die nordafrikanischen Mariniden zu stützen. Dies musste ein Alarmzeichen für die bisherigen Heerführer sein, die nun fürchten mussten, für die zentrale Herrschaft der Könige von Granada entbehrlich und folglich ausgeschaltet zu werden. Ihre eigenen separaten Bündnisse mit den kastilischen Herrschern wären in diesem Falle als Massnahmen zu erklären, die dazu dienen sollten, gegen die Banû Ahmar, d. h. Muhammed I. (r. 1237–73) und seinen Nachfolger, Muhammed II. (r. 1273–1302) ein Gegengewicht zu erlangen.

Herrscher gegen Vasallen

Den kastilischen Herrschern ging es auf ihrer Seite nicht anders. Das Geschlecht der Lara hatte sich zu Beginn der Herrschaft Fernandos III., als sich ein Machtkampf zwischen seinem Vater, Alfonso IX. (von León, r. 1171–1230) und dessen höchst energischer Mutter, Doña Berenguela, abspielte, der Erbin von Kastilien, die von Alfonso geschieden war, auf die Seite des Vaters geschlagen. Ein Lara, Nuño González de Lara, kommandierte die Grenztruppen, die an den Grenzen der granadischen Marken den Kriegern der Banû Ashkilûla in täglichen Kleinkämpfen entgegentraten. Solche Grenzkämpfe wurden nicht als Verletzungen des Friedens und der Waffenstillstände zwischen den grossen Herren wie dem König von Granada und jenem von Kastilien angesehen. Raids hin- und herüber galten vielmehr als normales Tagesgeschehen. Die Lara sollten gelegentlich Verbündete der Nasriden-Herrscher von Granada werden, während sich deren Gefolgsleute, die Banû Ashkilûla, hin und wieder dem kastilischen König anschlossen, wenn dieser sich mit seinem Gefolgsmann in Granada überwarf.

Der Vasallenvertrag al-Ahmars wurde 1246 in Toledo, vom damaligen Kronprinzen, dem späteren Alfonso X., erneuert, und Muhammed I. traf sich persönlich im Jahr 1262 mit seinem Oberherren, dem neuen kastilischen König, in Jaén und in Sevilla. Der König wollte ihn dazu zwingen, Tarifa und Gibraltar, die Schlüssel zur Meerenge, an ihn abzutreten, da er sie als Basen für geplante Expeditionen nach Nordafrika benutzen wollte. Doch al-Ahmar stimmte nicht zu. Die Kastilier eroberten Cádiz, wo bisher eine nordafrikanische Garnison gestanden hatte, während al-Ahmar begann, das komplexe Gewebe eines Aufstandes aller *Mudéjares* (das heisst untertänigen Muslime) von ganz al-Andalus zu spinnen. Diese Erhebung brach 1264 aus, während Alfonso X. ahnungslos eine grosse Expedition nach Nordafrika vorbereitete.

Doch der Aufstand sollte nur einen Sommer lang dauern. Die Mudéjares wurden erneut unterworfen, und der König befahl ihre Ausweisung entweder nach Nordafrika oder in das Königreich von Granada. Im Königreich von Murcia, wo ähnlich wie in Granada ein muslimischer Herrscher unter kastilischer Oberhoheit verblieben war, dauerte der muslimische Widerstand noch länger an.

Nach der Niederschlagung des Aufstandes in seinen direkten Herrschaftsgebieten näherte sich der König den Banû Ashkilûla an, und diese begannen, sich gegen al-Ahmar zu erheben. Das kastilische Heer, mit dem sie zusammenarbeiteten, drang bis ins Innere der Vega von Granada vor. Vega nennt man die fruchtbaren, bewässerten Gärten, die zu Füssen vieler spanischer Städte liegen. Jene von Granada war besonders reich. In seiner Not traf sich al-Ahmar im Jahr 1265 erneut mit dem König in Alcalá de Benzaide, später Alcalá la Real genannt. Dies war die Gelegenheit, bei der er ihm 250 000 Maravedis jährlich versprach. Er sagte dem Kastilier auch Unterstützung gegen den Herrscher von Murcia zu, der sich noch im Aufstand befand und gegen den schliesslich der kastilische König seinen Schwiegervater, Jaime I. von Aragón, um Hilfe zu bitten gezwungen war.

Das Glück sollte erneut al-Ahmar lächeln, als die Adligen von Kastilien mit Alfons dem Weisen immer unzufriedener wurden und schliesslich von ihm abfielen. Sie warfen ihm vor, seine Pläne, die deutsche Kaiserkrone zu erlangen, kosteten allzuviel Geld und nähmen die Aufmerksamkeit des Königs zu sehr in Anspruch. Nuño González de Lara mit seiner ganzen Sippe bat al-Ahmar um Unterstützung gegen den König. Dies erlaubte es dem Herrscher von Granada, sich für die Zusammenarbeit des kastilischen Königs mit den Banû Ashkilûla schadlos zu halten, indem er sich seinerseits mit den Vasallen seines Lehnsherrn und Gegenspielers zusammentat.

Die Unzufriedenheit der Adligen von Kastilien nahm immer weiter zu. Im Jahre 1272 erklärten sich viele von ihnen in Burgos aller Verpflichtungen gegenüber ihrem Lehnsherren ledig, sie «entnaturalisierten» sich, wie der Fachausdruck lautet, und begaben sich, angeführt von Nuño González de Lara und dem Prinzen Felipe, nach Granada, wo al-Ahmar sie fürstlich aufnahm und beherbergte.

Die «entnaturalisierten» Vasallen kehrten jedoch im nächsten Jahre, als al-Ahmar verschied, nach Kastilien zurück, während die Banû Ashkilûla weiter mit dem kastilischen König zusammenarbeiteten. Der Sohn und Nachfolger al-Ahmars, Muhammed II., sah sich gezwungen, mit Alfonso einen neuen Frieden zu schliessen (Sevilla,

Januar 1274). Doch kurz darauf begann er eine neue Politik, indem er die damals mächtigen Mariniden von Fès um Hilfe gegen Kastilien ersuchte.

Die Schaukelpolitik Granadas

Die Intervention der Mariniden brachte eine neue Lage mit sich: Granada konnte nun zwischen den nordafrikanischen und den spanischen Machthabern manövrieren. In Spanien waren stets die beiden Königreiche zu berücksichtigen: Kastilien und Aragón-Katalonien, deren Interessen divergierten. Zu der Seemacht Aragón, die auf den Handelsstädten Barcelona und Valencia basierte, kam jene der Genuesen hinzu, die durch die Enge von Gibraltar hindurch einen für sie lebenswichtigen Handel mit England, Flandern und den französischen Atlantikhäfen führten.

Die Interessenlage war folgende: Barcelona (= Aragón) und Genua waren primär an der Offenhaltung der Meerenge interessiert. Sie wollten daher vermeiden, dass *eine* Macht, sei es Kastilien, seien es die Mariniden, beide Seiten der Enge beherrschten. Zwischen Aragón und Kastilien bestand gleichzeitig eine gewisse Rivalität um die Provinz Murcia (die Quellen sprechen immer vom Königreich Murcia), die ursprünglich zu dem Teil der Halbinsel geschlagen worden war, deren «Rückeroberung» Kastilien zustand, doch war die tatsächliche «Rückeroberung» weitgehend durch die aragonesische Waffenhilfe erfolgt, sogar zum zweiten Mal nach dem Ausbruch des Aufstandes von 1264.

Kastilien versuchte seinerseits, die Häfen und Festungen auf der Nordseite der Enge zu beherrschen: Tarifa, Gibraltar, Algeciras, Almería, Cádiz, und seine Herrscher träumten davon, auch auf der nordafrikanischen Seite Fuss zu fassen.

Die Mariniden beschränkten ihren Ehrgeiz darauf, einen Fusshalt auf der Nordseite zu erlangen, etwa Algeciras, Almería oder Gibraltar, um einem Übersetzen der Kastilier vorzubeugen. Granada schliesslich war daran interessiert, die Festungen und Hafenstädte, womöglich bis nach Gibraltar hinab, zu beherrschen, weil dies ihm erlauben würde, eine Grossmachtrolle im westlichen Mittelmeer zu spielen und sich von der Unterordnung unter die kastilischen Könige zu befreien oder sie wenigstens zu lockern. Bei alledem spielte der Goldhandel aus dem Inneren Afrikas eine wichtige Rolle. Es lag im Interesse Granadas, den Fluss dieses Goldes von Marokko nach Europa, d. h. Kastilien, Barcelona und Genua, zu beherrschen.

Das Ringen um die Meerenge dauerte von 1275 bis 1350 an. Die Allianzen wechselten alle paar Jahre und manchmal noch rascher. Eine wichtige Rolle in dem Ringen der Mächte spielte dabei auch, dass die beteiligten «grossen Drei» bedeutende anderweitige Interessen verfolgten, die sie immer wieder von der Frage der Meerenge ablenkten. Aragón war überwiegend mit seinen italienischen Feldzügen und seiner Expansion über das Mittelmeer hinweg beschäftigt: Sardinien, Korsika, Sizilien. Die Mariniden hatten primär eine nordafrikanische Politik zu führen. Kastilien wurde in der Frühphase durch die Kaiser-Pläne Alfons des Weisen abgelenkt, später vor allem durch die inneren Krisen, die sich so oft um die Nachfolge- und die Regentschaftsfragen drehten. Einzig für das schwache Königreich von Granada war die Frage der Beherrschung der Meerengen beständig die erste aussenpolitische und militärische Priorität.

Gleichzeitig mischten sich natürlich immer auch die inneren Auseinandersetzungen und Krisen mit ein: Nachfolgefragen und umstrittene Regentschaften in einem jeden der vier Königreiche; Aufstände und Aufstandsversuche der Grossen der Reiche. Dabei kamen die Banû Ashkilûla nie von ihrer Gewohnheit ab, mit den jeweiligen Gegnern ihres granadinischen Herren Kontakte zu pflegen und möglicherweise auf ihre Seite überzugehen. Aber auch die kastilischen Herrscher, Alfonso X. (gestorben 1284), Sancho IV. (geboren 1258; regierte 1284–1295), Fernando IV. (starb 1312) und Alfonso XI. (geb. 1311; König 1312–1350; regierte seit 1325) hatten beständig mit ihren unbotmässigen Vasallen zu kämpfen.

Die Grossen Kastiliens

Besonders instruktiv, geradezu exemplarisch für diesen allgemeinen Zusammenhang ist der Lebenslauf des Prinzen Juan, eines Sohns Alfonsos des Weisen (1264–1319). Im Ringen zwischen seinem Vater und seinem älteren Bruder, dem späteren Sancho IV., manövrierte er zwischen den beiden so erfolgreich, dass Alfonso X. ihm in seinem Testament, in dem er Sancho enterbte, ein eigenes Königreich mit Sevilla und Badajoz vermachte. Doch sein älterer Bruder erwies sich als stärker, und Don Juan musste sich ihm unterwerfen.

Später intrigierte er zwischen den beiden «válidos» («Günstlingen», d. h. in der Praxis bevollmächtigten Ministerpräsidenten) seines Bruders, des Herrschers, und als dieser früh starb, stritt er sich mit dem neuen König, Fernando IV., seinem Neffen. Juan begab sich nach Portugal, um von dort aus Kastilien anzugreifen, doch das Unternehmen schlug fehl. Er zog weiter nach Marokko, und er stand 1294 mit dem marinidischen König vor Tarifa, als diese Hafenstadt von den Marokkanern belagert und von Guzmán «el Bueno» verteidigt wurde.

Don Juan hatte damals einen jungen Sohn des Verteidigers in seiner Gewalt. Als die aragonesische Flotte zum Entsatz von Tarifa herbeieilte, drohte er, den Knaben zu ermorden, wenn die Hafenstadt sich nicht ergebe. Don Guzmán lehnte das Ansinnen ab, und Don Juan liess den Sohn umbringen.

Er hatte nach dem Tode seines älteren Bruders sein Erbe, das Königreich von Sevilla, wie es ihm sein Vater vermacht hatte, erneut eingefordert und versuchte es nun mit marokkanischer Hilfe zu erlangen. Aus Marokko kehrte er nach Portugal zurück und versuchte dort eine grosse Koalition gegen Kastilien zustandezubringen, zu der sich der aragonesische Herrscher, Frankreich, der portugiesische und der Hauptprä-

Das Königsschloss von Sevilla, das nach der Eroberung durch die kastilischen Könige von maurischen Handwerkern für die christlichen Herrscher errichtet wurde.

tendent unter den spanischen Hochadligen, Alonso de la Cerda, der den Thron von León beanspruchte, zusammenfanden.

Nachdem die Aragonesen eine Niederlage erlitten hatten, ging Juan erneut nach Portugal, und der portugiesische König drang mit einem Heer bis Valladolid vor, wurde aber geschlagen. Die kastilischen Adligen sammelten sich daraufhin um den Kinderkönig, Fernando IV. (r. 1295–1312), und dessen energische Mutter, die Regentin *María de Molina*. Auch Don Juan versöhnte sich mit ihr im Jahr 1300.

Don Juan vermochte später den 13jährigen König auf seine Seite zu ziehen und gegen seine Mutter, die Regentin, aufzuhetzen. Nach dem Tod des Königs (1312) erhob er Anspruch auf die Regentschaft des erst einjährigen Alfonso XI. (1311–1350, «König» seit 1312) gegenüber dessen Grossmutter, María de Molina, und seinem Bruder Don Pedro. 1314 wurde Don Juan Ko-Regent mit Don Pedro, doch beide zusammen fielen in der Vega von Granada bei Sierra Elvira im Jahr 1319 auf einem bis zu jenem Augenblick erfolgreich scheinenden Vorstoss gegen den muslimischen Herrscher von Granada, Ismail I. (1314–1325).

Die letzte Offensive aus Marokko

Die Schlussphase des Ringens um die Meerenge begann mit einer marinidischen Offensive. Die kastilischen Könige Fernando IV. (r. 1295–1312) und Alfonso XI. (r. 1312 (selbständig seit 1325)–1350) waren so sehr mit den inneren Zwisten ihrer Grossen beschäftigt, dass es dem Mariniden Abu'l-Hassan (r. 1331–51) in Zusammenarbeit mit Muhammed XI. (r. 1325–1333) von Granada gelang, Gibraltar einzunehmen. Alfonso IX. verbündete sich mit den Aragonesen, deren Flotte unter dem kastilischen Admiral Don Jofré Tenorio jedoch nicht verhindern konnte, dass der Marinide im April 1340 mit 200 Schiffen die Meerenge überquerte. Der Admiral griff mit unterlegenen Kräften an und verlor Flotte und Leben. Der Marinide ging daraufhin zur Belagerung von Tarifa über.

Alfonso XI. hatte durch Papst Benedikt XII. einen Kreuzzug gegen die Mariniden erklären lassen. Sein Schwiegervater, Alfonso IV. von Portugal (r. 1325–75), kam ihm zu Hilfe, obgleich die beiden Könige zuvor gegeneinander Krieg geführt hatten, weil der Portugiese den Kastilier anklagte, er habe seine Gemahlin, Doña Maria, die Tochter des portugiesischen Königs, schlecht behandelt (s. S. 295). Die Anführer des Entsatzheeres konnten sich mit den Belagerten in Tarifa dahin verständigen, dass diese einen Ausfall unternehmen würden, wenn die Schlacht zwischen den Belagerern und dem Entsatzheer ihren Höhepunkt erreiche. Es war dieser Ausfall, der die Schlacht zu Gunsten der Kastilier und Portugiesen entschied. Die schweren gepanzerten Reiter des christlichen Heeres konnten in dem schmalen Kampfraum vor Tarifa ihre Stosskraft geballt zur Wirkung bringen, während die leichtere Kavallerie der Muslime ihren Hauptvorzug, der viele andere Gefechte und Kämpfe entschieden hatte, auf diesem beengten Schlachtfeld nicht zu entfalten vermochte: ihre Beweglichkeit.

Dieser allgemeine Vorzug war den Christen nicht verborgen geblieben. Sie lernten von den Muslimen. Deren Art, Krieg zu führen, indem sie mit leicht bewaffneten und beweglichen Reiter- und auch Fussabteilungen operierten, wirkte sich auch auf die christlichen Heere aus. Die Erfolge der Katalanen im Mittelmeer, welche ihre Truppen bis nach Athen und Konstantinopel führen sollten, gingen weitgehend auf solche relativ leichten und daher raschen und beweglichen, zudem wohl ausgebildeten Truppen zurück, die Almogávares, deren Namen schon auf ihren arabischen Ursprung hinweist; er bedeutet «Raid»-Soldaten.

Die Mariniden und Nasriden hatten mit Tarifa eine schwere Niederlage erlitten. Die *Schlacht «am Rio Salado»* (30. Oktober 1340), die Araber nannten sie *«von Tarifa»*, sollte die letzte grosse Feldschlacht sein, welche Kastilien gegen nordafrikanische Invasionsarmeen zu liefern hatte.

Um seinen Sieg auszunützen, belagerte der kastilische König 1342 Algeciras. Englische und französische Adlige nahmen an den Kämpfen teil; der Papst, Frankreich und Portugal leisteten finanzielle Hilfe. Bei der Belagerung wurde zum ersten Mal in der Kriegsgeschichte Artillerie systematisch in grösserem Umfang eingesetzt – auf *muslimischer* Seite! Dennoch fiel die Hafenstadt im März 1344, nachdem im November zuvor ein Entsatzheer der Mariniden und Granadiner beim Palmones-Fluss zurückgeschlagen worden war.

Der kastilische König Alfonso XI. starb an der grossen Pest von 1350, als er Gibraltar belagerte. Der granadinische, Muhammed IV., war schon 1333 auf seiner Rückreise nach der Eroberung Gibraltars ermordet worden. Sein Bruder, Yûsuf I. (r. 1333–54) hatte die Niederlage von Salado erlitten. Doch gelang es ihm, Waffenstillstände mit Kastilien auszuhandeln, einen ersten, auf 10 Jahre, bei der Übergabe von Algeciras 1344. Diesen brach Alfonso XI., als er 1349 Gibraltar angriff. Doch der Tod des kastilischen Königs und vieler seiner Soldaten durch die Pest im folgenden Jahr führte dazu, dass der Nachfolger, Pedro I. «der Grausame» (r. 1350–69), der mit 16 Jahren seine Herrschaft antrat, den Waffenstillstand erneuerte. Pedro, der in Sevilla aufgewachsen war und dort am liebsten Hof hielt, sollte stets ein Freund von Granada bleiben.

In Kastilien, wo ein striktes Erstgeburtsrecht die Nachfolge bestimmte, sind in dieser Epoche immer wieder lange und wirre Regentschaftskämpfe ausgebrochen, weil viele der Könige jung starben und unmündige Kinder hinterliessen. In Granada, wo nach arabischer Sitte die Nachfolge nicht streng nach dem Erstgeburtsrecht geregelt war, sondern eher von jenem Mitglied des Herrscherhauses übernommen wurde, das sie an sich zu reissen vermochte, waren die Nachfolgekämpfe auch blutig, aber kurz, gewissermassen Familien- und oft auch Haremsauseinandersetzungen. Lange Zeit war dies ein Vorteil für Granada, weil die Machthaber, die sich durchsetzten, dann auch Macht ausüben konnten. In der Spätzeit allerdings, als es dann die grossen Familienclans waren, in erster Linie die Sippe der Ibn Serraj («Abencerraje»), welche die Könige ein- und absetzten, ging dieser Vorteil verloren, da nun die Herrscher auch nach ihrer Einsetzung ständig Umstürzen durch Staatsstreiche ausgesetzt waren.

Blüte und Fall Granadas

Granada nach 1340

Für Granada bedeutete der Verfall der marinidischen Macht in Marokko, dass das Königreich der Nasriden seine alte Schaukelpolitik nun nicht mehr fortsetzen konnte. Es stand nach 1340 dem übermächtigen Kastilien alleine gegenüber. In der Zwischenzeit hatten die Genuesen sich eine so starke handelspolitische Stellung erworben – ihre Hauptniederlassung war Málaga –, dass der Aussenhandel von Granada fast ausschliesslich in ihre Hände gelangt war. Die genuesischen Händler fanden dort unter geringeren politischen und geographischen Risiken einen grossen Teil der «orientalischen» Waren und Spezialitäten, die sich ihre Konkurrenten, die Venezianer, weit entfernt in Kairo und Alexandria verschaffen mussten.

Die oben erwähnte Pest von 1350 wirkte sich verheerend auf die Bevölkerung der muslimischen und der spanischen Städte aus. Doch abgesehen von dieser einen demographischen Reduktion scheint die Bevölkerung von Granada beständig zugenommen zu haben, weil ein Teil der von Kastilien und Aragón ausgewiesenen «Moros» in das letzte Zufluchtsgebiet des Islams auf der Iberischen Halbinsel einströmte. Ein anderer Teil wurde übers Mittelmeer nach Nordafrika abgedrängt.

Der Fleiss, die fachlichen Fähigkeiten und die Bedürfnislosigkeit der Handwerker, Bewässerungsbauern und Kaufleute bewirkten, dass das Königreich immer mehr Menschen beherbergen und sogar Gewinne erwirtschaften konnte, von denen dann freilich, wie berichtet, ein guter Teil das Land als Tribute wieder verliess. Diese Zahlungen bestanden in der Praxis aus variablen, den jeweiligen politischen Umständen angepassten Geldmengen, die oft die Hälfte des Staatseinkommens ausmachten. Die Berge der Sierra Nevada wurden bis hoch hinauf intensiv bewirtschaftet, und alle Talgründe, die bewässert werden konnten, wurden sorgfältig kultiviert. Das Züchten von Seidenraupen und die Herstellung von Seidenstoffen war eine arbeitsintensive Spezialität der Muslime von Granada.

Nach den schweren Rückschlägen für Granada von 1340 bis 1350, welche den Verlust der meisten Festungen an der Meerenge mit sich brachten, kam es dennoch nicht zum Zusammenbruch des Königreiches. Es sollte noch weitere 150 Jahre andauern. Die inneren Kämpfe der Kastilier und später die Kriege zwischen Kastiliern und Aragonesen im Rahmen des 100jährigen Krieges zwischen England und Frankreich, in den die Iberische Halbinsel hineingezogen wurde, verschafften dem muslimischen Königreich diese lange Gnadenfrist.

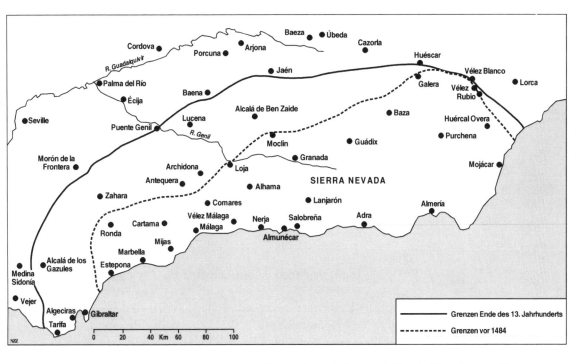

Die Endphase der Kämpfe um das Königreich von Granada begann 1482 mit Kämpfen um die Festung Alhama. Sie endete zehn Jahre später mit der Eroberung von Granada.

Die kastilischen Wirren

Alfonso XI. war in der zweiten Hälfte seines Lebens, ab 1329, ganz der angeblich schönsten Frau seiner Zeit, Doña *Leonor de Guzmán*, ergeben. Er unterhielt für sie einen Hof in Sevilla und hatte von ihr acht Söhne und eine Tochter. Einer dieser unehelichen Söhne, *Enrique de Trastámara*, sollte in die hohe Politik eingreifen und am Ende selbst König werden, indem er einen Bürgerkrieg gegen den ehelichen Sohn Alfonsos, Pedro I., führte («el Cruel», den Grausamen, wie ihn seine Feinde benannten, r. 1350–1369). Diesen Bruderkrieg versteht man besser, wenn man weiss, dass die Mutter Pedros I., die legitime Gattin Alfonsos, *María de Portugal*, nach dem Tod ihres ungetreuen Gemahls ihre Rivalin, Leonor, in ihre Macht bekam und sie schliesslich 1351 in Talavera hinrichten liess. Der Bruderkrieg spielte sich also zwischen zwei Halbbrüdern ab, die von verfeindeten Müttern abstammten und welche deren Feindschaft gegeneinander fortsetzten; eine politische Konstellation, wie sie die muslimischen Dynastien, die keine feste Nachfolgeregelung kannten und in denen die Vielweiberei der Herrscher normal war, nur zu gut kannten.

Enrique verbrachte seine Jugend mit Intrigen gegen König Pedro I., aber auch in fremden Diensten in Portugal und Frankreich. Da Kastilien unter Pedro im 100jährigen Krieg England zuneigte, veranlasste der französische Kronprinz den unehelichen Königssohn, die Krone seines Halbbruders zu beanspruchen, und Kastilien wurde zum Spielball der Franzosen und der Engländer, die auf die Halbinsel eindrangen, um ihre beiden Thronkandidaten zu unterstützen. Aragón und Portugal wurden auch in diesen Krieg verwickelt, und Granada vermochte in seinem Schatten eine relativ ruhige Epoche im Süden der Halbinsel zu durchleben, während deren Zentrum zum europäischen Kriegsschauplatz wurde.

Der Bruderkrieg (1366–69) endete mit der Ermordung Pedros I. nach einer verlorenen Schlacht bei Mantiel durch den Dolch seines Halbbruders. Enrique proklamierte sich selbst zum König Kastiliens. Doch er musste in einem Vierfrontenkrieg den «eisernen Ring» sprengen, den Aragón, Portugal, England und die Muslime von Granada um ihn herum zogen, was ihm erst 1375 gelang, und er hatte bis zu seinem Tode, vier Jahre später, stets mit Intrigen zu kämpfen, die die englische Partei gegen ihn richtete.

Die letzte Blütezeit von Granada

Während dieser Periode der kastilischen und nordspanischen Wirren erlebte Granada eine letzte Zeit der Blüte. Sie begann mit Yûsuf I. (1333–1354), überdauerte die Niederlage vom Salado und die Revolution (unter Abu Sa'id 1360–1362), von der sogleich die Rede sein wird, und sie fand ihre Fortsetzung unter Muhammed V. (1354–1359 und 1362–92).

Yûsuf I. erneuerte die Verwaltung seines Reiches, erbaute die grosse Moschee von Granada, die später, nach dem endgültigen Sieg der Christen, zur Kathedrale umgebaut wurde, und gründete ein Korps von marokkanischen Freiwilligen, das die Verteidigung der Grenzen und Vorstösse über sie hinaus übernahm. Diese Freiwilligen traten an die Stelle der früheren marinidischen Verbündeten, deren Reich in immer wachsende innere Schwierigkeiten geriet. Yûsuf I. war auch der Erbauer der grossen Hochschule von Granada, und er besass einige hervorragende Wesire, unter denen sich Ibn al-Khatîb befand, der letzte der grossen Literaten von al-Andalus, von dem auch noch ausführlicher die Rede sein wird.

Der Umsturz gegen Muhammed V., den Nachfolger Yûsufs I., kam zustande, weil eine Konkubine, Yûsufs, für ihren Sohn, Ismaîl, die Macht anstrebte. Sie brachte einen kriegerischen Neffen des Königs, Abu Sa'id, dazu, sich unerwartet gegen den neuen Herrscher zu erheben. Muhammed konnte gerade noch aus Granada fliehen. Das Kind Ismaîl II. wurde als Herrscher eingesetzt, doch ein Jahr später gelang es Abu Sa'id, Ismaîl zu ermorden und sich selbst zum Herrscher aufzuschwingen. Er konnte von 1360 bis 1362 regieren.

Der «Myrthenhof» der Alhambra war der offizielle Empfangshof des Herrschers.

Muhammed V. floh zum Herrscher von Marokko, Abu Salim. Dieser sandte eine Armee mit ihm über die Meerenge. Doch kaum war sie gelandet, erreichte sie die Nachricht vom Tod des marokkanischen Herrschers.

Die meisten Soldaten kehrten in ihre Heimat zurück. Muhammed vermochte es, sich in Ronda festzusetzen. Er bat Pedro I., der meist in Sevilla residierte, um Hilfe, und die Heere beider verwüsteten darauf die Vega von Granada. Doch als Muhammed die Zerstörungen sah, welche die Christen anrichteten, verzichtete er darauf, die Einfälle weiterzuführen, und sowohl er wie auch Pedro verliessen die Vega.

In den direkten Kämpfen gegen Abu Sa'id erlitt dieser zuerst eine Niederlage, dann trug er einen Erfolg davon. Doch seine tyrannische Herrschaft hatte ihn so unbeliebt gemacht, dass Málaga und andere Städte des Königreiches zu Muhammed übergingen. Abu Sa'id (manche Historiker nennen ihn auch Muhammed VI. oder «den Roten») hielt sich schliesslich auch in Granada für gefährdet und floh mit einigen Anhängern nach Sevilla, in der Hoffnung, bei König Pedro Aufnahme zu finden. Der nahm ihn und sein Gefolge scheinbar gastfreundlich auf, liess jedoch seine Gefolgsleute aller ihrer mitgebrachten Schätze berauben und gab dann Befehl, den muslimischen Flüchtling mit 15 seiner Gefährten vor die Stadt zu geleiten und mit Lanzen zu erstechen. Dies geschah 1362 vor den Stadtmauern auf dem Feld von Tablada, und der König selbst soll an der Hinrichtung, die die Form einer Menschenjagd annahm, teilgenommen haben.

Muhammed V.

Muhammed V. kehrte nach Granada zurück (1362) und beschloss, nun persönlich zu regieren. Er schaffte die Ämter des Wesirs und des Chefs der nordafrikanischen Grenztruppen (Shaikh al-Ghuzzât al-Maghrebiya) ab. Er konnte von dem langen Streit zwischen Pedro und Enrique profitieren, indem er im Namen Pedros Krieg gegen Enrique führte und dabei feste Burgen für Granada zurückgewann. Nach der Ermordung Pedros durch Enrique führte er den Krieg gegen den neuen Herrscher fort und konnte 1368 sogar Córdoba angreifen sowie im Jahr darauf Algeciras zurückerobern. Kurz darauf aber schloss er Frieden mit Enrique, früh genug, um günstige Bedingungen zu erhalten. Die letzten Jahrzehnte seiner Regierung, bis 1391, konnte er so in Frieden verbringen.

Muhammed V. kann trotz des Umsturzes und des Interregnums von Abu Sa'id als der Herrscher gelten, der die Herzgebiete des Reiches von Granada noch einmal zu konsolidieren vermochte und der seine Hauptstadt zu einer kulturellen Zentrale des westlichen Islams machte. Es ist kein Zufall, dass auch die wichtigsten Teile des Schlosses von Alhambra, wie wir es heute nach der spanischen Aussprache nennen, aus seiner Zeit stammen. Dieses Schloss aller Nasriden ist zum Wahrzeichen ihrer langen, aber unruhigen Dynastie geworden, das noch heute beredter über sie spricht als alle kunstvollen Wortspiele in Reimprosa und Gedicht, die ebenfalls auf uns gekommen sind.

Der letzte grosse Wesir

Der wichtigste Intellektuelle von Granada, *Ibn al-Khatîb* (geb. 1313), war Minister und Kanzleivorstand unter Yûsuf I. und Muhammed V. Er ist allerdings auch das Opfer Muhammeds geworden, da er auf seinen Befehl 1375 in einem Gefängnis in Tlemcen erwürgt wurde, wobei sein Schüler, ein ebenfalls wichtiger Intellektueller, Hofdichter und Kanzleichef in Granada, *Ibn Zamraq* (1333–nach 1393), die Fäden gezogen haben dürfte, weil er den Einfluss des berühmten Ibn al-Khatîb fürchtete.

Ibn al-Khatîb war ein offensichtlich hochbegabter junger Mann aus einer Familie von Hofbeamten. Sein Vater war in der Schlacht am Salado (1340) gefallen. Er studierte bei den besten Lehrern von Granada und trat in den Dienst Yûsufs I. unter dessen Wesir Ibn al-Jayyâb. Als dieser an der grossen Pest starb (schon 1349), wurde Ibn al-Khatîb sein Nachfolger und Vorsteher der diplomatischen Kanzlei (Inshâ'), was die Fähigkeit voraussetzte, rhetorisch kunstvoll verzierte diplomatische Sendschreiben zu verfassen. Die seinen galten als unübertreffliche Muster der Gattung, und sie sind deshalb in mehreren Sammlungen auf uns gekommen. Das Reim- und Wortgeklingel, verbunden mit hyperbolischer Schmeichelei, in erster Linie des eigenen Herrschers, übersteigt oft die Geduld des heutigen Lesers, natürlich besonders, wenn er sich mit Übersetzungen begnügen muss, denen der Oberflächenglanz der polierten arabischen Schreiben weitgehend fehlt.

Ibn al-Khatîb hat seine Position auch unter Muhammed V. behalten, und in dessen erster Regierungszeit (1354–1359) muss er als der «Herr der zwei Wesirate», wie er sich betitelte, d.h. der Staatskanzlei und der eigentlichen Regierung, nach moderner Terminologie «Aussen- und Innenminister», am Hofe so gut wie allmächtig gewesen sein. Der Kanzleichef war auch ein Polygraph mit intellektuellem Ehrgeiz, der über alle Wissenszweige seiner Zeit schrieb. Die Titel von 60 Werken sind überliefert, darunter auch solche über Medizin, Philosophie, Mystik, sowie Reiseberichte und Beschreibungen der Orte, die er, meist in beruflicher Mission, zu besuchen hatte. Es gibt auch eine Anthologie von Muwashshaha-Gedichten, die er zusammenstellte, und natürlich verfasste er selbst zahlreiche eigene Gedichte, die er gerne im Zusammenhang seiner Werke zitiert.

Seine wichtigsten Bücher sind jedoch *historischen* Inhalts. Er verfasste eine Beschreibung Granadas, die im zweiten Teil die Biographie aller berühmten Männer, die die Stadt besucht haben, und auch die Lebensläufe ihrer Herrscher enthält. Er schrieb auch eine Geschichte der Nasridendynastie und schliesslich einen Überblick über die Geschichte von ganz al-Andalus, zusammengefasst unter dem Gesichtspunkt der Nachfolgeprobleme und besonders der Zeiten unmündiger Herrscher, die *W. Hoenerbach* übersetzt und kommentiert hat, und aus welcher wir viele Auszüge in der hier vor-

Nächste Doppelseite:
Der «Löwenhof» der Alhambra bildete den Mittelpunkt eines privaten «Erholungspalastes» der Nasridenherrscher.

liegenden Darstellung zitiert haben. (Die islamische Geschichte Spaniens, dargestellt von W. Hoenerbach auf Grund der A'mâl al-A'lâm und ergänzender Schriften, Artemis, Zürich 1970). In solchen Geschichtswerken benützt der Kanzleichef, der offenbar über eine gute Bibliothek, gute Archive und über ein vorzügliches Gedächtnis verfügte, frühere Historiker wie auch Originaldokumente.

In der Auswahl und in den Kommentaren zeigen sich sowohl die Erfahrung des Berufsdiplomaten wie auch seine persönlichen Ansichten über Geschichte, Politik und das Leben überhaupt. Hoenerbach charakterisiert ihn als einen durch und durch aristokratisch eingestellten Mann, der sich ganz auf den Standpunkt der Herrscher und Machthaber stellt und das einfache Volk verachtet. «Gott schuf Córdobas Bürger zum Verdruss der jeweiligen Herrscher, zur Unruhe der Machthaber und zur zersetzenden Propaganda», zitiert ihn sein Übersetzer (S. 31). Er beurteilt ihn als einen «Renaissance-Menschen vor der Renaissance», der auch bei den Grossen Habsucht und Ehrgeiz als die Triebfedern ihrer Handlungen sieht. Durch Ibn al-Khatîb kennen wir viele Einzelheiten aus dem Leben der ersten Periode des Königreiches von Granada, während uns für die zweite Hälfte vergleichbare Quellen fehlen und wir daher oft im Dunkeln tappen.

Der Kanzler und «Herr der zwei Wesirate» wurde 1359 mit Muhammed V. gestürzt. Sein Kollege, der Wesir Ridwan, wurde ermordet, er selbst eingekerkert, kam aber dann durch Fürsprache seines Freundes und Amtskollegen, des Kanzlers des Marinidenherrschers Abu Salim (1359–61), wieder frei und konnte nach Marokko ausreisen. Dorthin war sein Herr, Muhammed V., bereits vor ihm geflohen. Die Restauration Muhammeds V. brauchte auch seine Rückkehr zu Amt und Würden in Granada, nachdem er die Jahre des Exils in Salé, bei Rabat, zugebracht und zur Förderung seines literarischen Werkes verwendet hatte.

Doch jetzt, in der zweiten, der eigentlichen Zeit Muhammeds V., kam es zu Reibungen mit Neidern und Konkurrenten. Ibn al-Khatîb scheint erbittert, aber vergeblich seine frühere Allmacht angestrebt zu haben, was schon darum unmöglich war, weil der Herrscher nun selbst zu regieren gedachte. Der Kanzler sah sich schliesslich veranlasst, vom Hof von Granada zu fliehen, indem er eine Inspektionsreise zu den Aussenfestungen ausnützte, um die Meerenge zu überqueren und bei dem Herrscher von Tlemcen Zuflucht zu suchen. Dieser nahm ihn wohlwollend auf. Die Flucht war offenbar vorbereitet: Ibn al-Khatîb hatte in Marokko Landgüter gekauft. Doch er hatte das Unglück, dass sein Freund, der Herrscher, kurz darauf starb, dessen junger Sohn gestürzt wurde und der neue Herrscher den Anklagen, die von Granada aus erhoben wurden, Gehör schenkte. Eine lautete auf Ketzerei, eine andere auf Hochverrat. Der Kanzler und Literat wurde eingekerkert, mit seinen Anklägern, die aus Granada angereist kamen, konfrontiert, gefoltert und schliesslich auf Befehl des Herrschers von Tlemcen im Gefängnis erdrosselt.

Der Löwenbrunnen.

Besucher Granadas: Ibn Khaldûn

Der Lebensweg Ibn al-Khatîbs hat sich mehrmals mit jenem des grossen *Ibn Khaldûn* gekreuzt und die beiden haben Briefe ausgetauscht. Ibn Khaldûn hat sie in seiner «Autobiographie», die man als ein ausführliches «Curriculum Vitae» bezeichnen kann (franz. Übersetzung: Ibn Khaldûn: Le Voyage d'Occident et d'Orient, von Abdessalam Cheddadi, Paris 1980), wörtlich zitiert. Ibn Khaldûn, geboren in Tunis ca. 1332 und gestorben in Kairo 1406, kann hier nicht voll gewürdigt werden. Er ist der grösste arabische Denker seiner Zeit und wird oft als der «Vater der Soziologie» angesprochen, weil er auf Grund seiner Lebenserfahrungen und seiner Geschichtsstudien eine eigene geschichtsphilosophische These entwickelt hat. Er sieht einen Kreislauf der Dynastien und Reiche, die auf der Basis der von den Beduinenstämmen entwickelten 'Asabiya' (= Solidarität) entstehen und durch die Verweichlichung im Luxus der Städte und ihrer «Zivilisation» ('umrân) wieder vergehen, um dann von neu entstehenden Solidaritätsgemeinschaften aus der Wüste ersetzt zu werden.

Ibn Khaldûn hatte eine ähnliche Laufbahn wie Ibn al-Khatîb angetreten. Nach dem Tod seiner Eltern durch die soeben erwähnte Pestwelle, die in Tunis jedoch schon 1347 und 1349 wütete, trat er in Fès in Fürstendienst. Kurz darauf musste er über ein Jahr im Gefängnis verbringen (1357–58) und bekleidete dann erneut Ämter im Dienste des Mariniden Abu Salim. Er war dann 1363 nach Granada gezogen, als Ibn al-Khatîb gerade zur Macht zurückgekehrt war. Die beiden Intellektuellen waren sich schon zuvor in Marokko begegnet. Der wiedereingesetzte Wesir empfing den Besucher wohl, und der Herrscher, Muhammed V., zeigte sich grosszügig.

«In Granada», so berichtet Ibn Khaldûn, «gehörte ich zu den hervorragendsten Mitgliedern des Rates des Königs. Ich hatte den Vorzug, der Gefährte seiner privaten Vergnügungen zu sein, der Freund seiner Reisen, an seinen Mahlzeiten teilzunehmen und seinen Ruhepausen und geistreichen Spielen beizuwohnen.

Im Jahr darauf (1364) schickte er mich auf eine Gesandtschaft zum König von Kastilien, Pedro, Sohn des Alfonso, um seine Zustimmung zu einem Friedensvertrag zu geben, den dieser Herrscher mit den Königen des Maghreb geschlossen hatte. Ich überbrachte ein reiches Geschenk: Seidenstoffe, Rassenpferde, die Steigbügel aus reinem Gold trugen und vieles anderes mehr. Ich wurde in Sevilla empfangen und konnte dort mit meinen eigenen Augen die Überreste (der Wohnungen) meiner Familie betrachten. Der christliche König tat mir viel Ehre an, zeigte sich sehr zufrieden darüber, dass er mich empfangen konnte und erwies sich als wohlinformiert über die hohe Stellung, die meine Vorfahren in Sevilla eingenommen hatten.

Sein jüdischer Arzt, Ibrahîm Ibn Zarzâr, der auch ein bedeutender Astronom war, pries mich in seiner Gegenwart. Er hatte mich am Hof von Abu Inân (in Marokko) kennengelernt, den er behandeln gekommen war, als er noch im Dienste von Ibn Ahmar (von Granada) stand. Später, nach dem Tod von Ridwân (in der Revolution von Granada), der die Staatsgeschäfte am Hof von Granada geleitet hatte, war er in den Dienst des Königs von Kastilien getreten.

Als er mich vor dem König so hoch pries, forderte dieser mich auf, bei ihm zu bleiben und bot mir an, mir die Güter meiner Vorfahren zurückzuerstatten, die nun im Besitz der hohen Würdenträger seines Königreichs standen. Ich schlug dieses Ansinnen in angemessenen Ausdrücken aus, und er fuhr fort, mir die gleiche Gunst zu erweisen bis zu meiner Abreise. Er gab mir Reisevorräte mit und verschaffte mir ein Reittier, ein munteres Maultier, das schwere Steigbügel trug und einen goldbestickten Zügel. Ich gab es dem Herrscher (von Granada) zum Geschenk, und dieser verlieh mir das Dorf Elivra im bewässerten Gebiet der Ebene von Granada. Er liess mir darüber eine Urkunde aufstellen, deren Text folgt.» (Hier eine Lücke in der Handschrift; offenbar hat Ibn Khaldûn die Urkunde nicht mehr wiedergefunden).

Der grosse Historiker und Geschichtsphilosoph erzählt dann weiter vom Fest in Granada anlässlich des Geburtstags des Propheten und zitiert Verse, die er bei dieser Gelegenheit zum Lob des Sultans verfasst habe. Verse habe er ihm auch bei zwei anderen Anlässen vorgesprochen: als er seinen Sohn beschneiden liess und beim Geburtstag des Propheten im folgenden Jahr. Er schildert, wie er seine Familie von Constantine nach Granada nachkommen liess. Der König habe seinem Admiral Befehl gegeben, sie mit seiner Flotte abzuholen.

«Leider», so schliesst er diesen Abschnitt, «kam es dazu, dass Feinde und Intriganten dem Wesir Ibn al-Khatîb die Gunst vormalten, die mir der Sultan erweise, und es gelang ihnen, bei ihm die Teufel der Eifersucht auf mich zu wecken. Seine Haltung mir gegenüber veränderte sich. Ich bemerkte seine Abneigung und ich fürchtete sie, weil er den Staat ganz in seiner Gewalt hatte.» Der Historiker und Hofmann entschliesst sich, einer Einladung des Herrschers von Bougie zu folgen und bittet den Herrn von Granada um Urlaub. «Ich bewahrte jedoch Schweigen über meine (nun schlechten) Beziehungen zu Ibn al-Khatîb, weil ich seine Freundschaft bewahren wollte.» Der Herrscher beurlaubte ihn «mit Bedauern» und liess ihn für die Reise ausstatten. Ibn Khaldûn zitiert dann noch den vollständigen Text eines Geleitbriefes, mit dem Ibn al-Khatîb ihn ausstattete.

Dies waren die Umstände, die Ibn Khaldûn veranlassten, 1364 erneut nach Nordafrika überzusetzen. In Bougie erhielt er das Amt eines Kämmerers (hâjib), das jenem eines bevollmächtigten Ministerpräsidenten gleichkam. (Ibn Khaldûn: Le voyage d'Occident et d'Orient, Autobiographie, présentée et traduite par Abdessalam Cheddadi, Paris 1980, p. 91ff.).

Der Herrscher jedoch, dem Ibn Khaldûn nun diente, fiel schon zwei Jahre später in einer Schlacht, und Ibn Khaldûn übergab dem Sieger die Stadt Bougie. Er ging nach Biskra, um zu lehren und zu studieren. Von dort aus stand er erneut in Korrespondenz mit Ibn al-Khatîb. Intrigen, bei denen er offenbar mitwirkte, führten zu einer zweiten Einkerkerung in Fès (1372) und nach seiner Freilassung zu einer zweiten Reise nach Granada im Jahr 1375. Dort fiel Ibn Khaldûn in Ungnade und wurde aufgefordert, das Königreich zu verlassen. Er kehrte nach Nordafrika zurück und hat dort in einem Wüstenschloss im Hinterland von Oran, wo er als Gast Aufnahme fand, seinen geschichtsphilosophischen Essay geschrieben, der als zweibändiges Vorwort für seine grosse «Geschichte der Berber und Araber» konzipiert war. Ibn Khaldûn ist noch einmal als Agent unter den Stämmen des algerischen Hinterlandes in Fürstendienst getreten, hat sich aber dann nach einer Pilgerfahrt nach Mekka in Ägypten niedergelassen, wo er die Gunst der Mamlukenherrscher von Kairo fand. Auch nicht ohne Rückschläge; er bekleidete mehrmals das hohe Amt eines Qâdi der malekitischen Rechtsschule, wurde aber auch mehrmals wieder aus ihm entlassen.

In jener zweiten Phase seines Lebens war er mehr Gelehrter als Staatsmann, doch ist er im Jahr 1400 mit Tamerlan (Timur Lenk) zusammengetroffen, der damals vor Damaskus stand, und er hat die Plünderung der Stadt durch sein Heer miterlebt. Darüber hat er in seiner Lebensbeschreibung einen ausführlichen Bericht hinterlassen.

Ibn Khaldûn: Briefe an Ibn al-Khatîb

An den Briefen, die er mit seinem illustren Freund, Ibn al-Khatîb, wechselte, fällt ihre Formelhaftigkeit auf. Komplimente an die Adresse des Freundes und an die seines Herrschers sind der Hauptinhalt. Wenn man ein Schreiben wie jenes von Ibn Khaldûn, in dem er auf die Nachricht von der Flucht seines Freundes und älteren Kollegen nach Marokko reagiert, genauer liest, kann man erkennen, dass derartige Briefe in der Annahme geschrieben wurden, ihr Inhalt werde bekannt werden und den verschiedenen Herrschern nicht entgehen. Der Verfasser befleissigt sich daher, konventionelle Gefühle, Meinungen und Urteile zur Schau zu tragen, die auf keinen Fall Neidern Anlass zu Anschuldigungen bieten können.

«Wenn ich aus Tlemcen so lange nicht schrieb», sagt Ibn Khaldûn, «so war es, weil ich fürchtete, den Verdacht meiner Gastgeber zu erregen, indem ich Beziehungen zu einem anderen Staat unterhielt, besonders dem eurigen (Granada), der immer mit Nordafrika verbunden war. Dein Bote kam mich mehrmals besuchen und teilte mir deinen Wunsch mit, wie den des Herrschers, mehr über meine Lage zu erfahren. Ich habe ihm alles mitgeteilt, was dich interessieren könnte, und er hat mir versprochen, alles getreulich an dich weiterzugeben.» Das gleiche Verfahren scheint Ibn Khaldûn auch jetzt anzuwenden: «Was meine Lage angeht», so fährt er fort, «bin ich geehrt, zu denken, dass sie dich interessiert und deine Besorgnis erregt», schreibt er. «Unser grosser Herrscher kennt sie wohl. Sie ist nichts als Unterwerfung unter seine Grösse, Gehorsam gegenüber seinem Befehl, Eifer in seinem Dienst, in der Hoffnung, dass meine Zurede und meine Bemühungen, viele Personen für seine Seite zu gewinnen und zahlreiche Herzen für ihn zu erobern, in seinen Augen Wohlgefallen finden. Was mein persönliches Leben angeht und das meiner Kinder, so wird mein Bote, der in meinem Haus aufgewachsen ist, euch die sichersten Nachrichten bringen. Erlaube ihm, mit dir zu sprechen und ermutige ihn, sich voll zu äussern, ohne am Beginn seiner Rede anzuhalten. Du kannst ihm voll vertrauen; er ist nicht unwürdig, ein Geheimnis zu bewahren.

Als ein Freund, der nicht zuliesse, dass euch ein Haar gekrümmt werde, erwarte ich die Resultate der Aktionen im Interesse deiner Familie und deines Gutes, die unser gemeinsamer Freund, der erste Mann Nordafrikas, Stütze des Staates und sehr geehrter Herr, Abu Yahya Ibn Abi Maydan, unternimmt» (p. 123 ed. cit.).

Das Ende der Waffenruhe: Muhammed VII. und Fernando de Antequera

Nach Muhammed V. und seinem Waffenstillstand mit Kastilien, dem längsten der ganzen Geschichte Granadas, verschlechterte sich die Lage an der Grenze, weitgehend wegen der Kriegslust Muhammeds VII. (r. 1392–1408). Auch die Kastilier trugen zur Verschärfung der Lage bei. Der Meister des Alcántara-Ordens, Martín Yañez de la Barbuda, brach schon 1394 mit 300 Lanzen und 1000 Soldaten zu Fuss in die Vega ein. Er und seine ganze Truppe wurden vernichtet. Prophezeiungen, die er und seine Gefolgsleute für wahr hielten, hatten den tollkühnen Feldzug verursacht. Granada forderte und erhielt Entschuldigung für diesen Überfall und Friedensbruch vom kastilischen Hof.

1405 ging der Waffenstillstand endgültig zu Ende. Muhammed VII. griff Lorca und andere Festungen an der Grenze zu Murcia hin an, schloss einen neuen Frieden und begann einen neuen Vorstoss Richtung Baeza und Quesada. Dies führte im gleichen Jahr zu einer unentschiedenen Feldschlacht mit den Kastiliern bei Los Collejares.

Der kastilische König Enrique III., der schon sehr krank lag, beabsichtigte, einen grossen Feldzug gegen Granada zu unternehmen. Er starb Ende 1406; doch sein Bruder, der Regent Fernando, beschloss, den geplanten Kriegszug selbst anzuführen. Er konnte sich von einer solchen Initiative gegen die «moros» versprechen, dass die Adligen ihre Gegensätze hintanstellen und die Kirchenfürsten finanzielle Unterstützung gewähren würden, so dass ein derartiges Unternehmen dem Zusammenhalt der Regentschaft zu dienen vermöchte.

Er überredete die Cortes, ihm 45 Millionen Maravedís Kriegsgelder zu gewähren. Nach Vorgefechten in der ersten Hälfte des Jahres 1407, die auch eine für die Kastilianer erfolgreich verlaufene Seeschlacht umfassten, so dass die Sperrung der Meerenge möglich wurde, zog der Regent selbst von Sevilla aus, auf seinen ersten granadinischen Feldzug, verstärkt durch viele Kanonen. Mehrere kleinere Festungen fielen, doch Muhammed VII. war in der Lage, Gegenangriffe auszulösen, deren einer ihn bis vor die Mauern der Stadt Jaén führte. Er starb im Mai 1408, und sein Nachfolger, Yûsuf III. (r. 1408–1417) schloss einen neuen Waffenstillstand mit Kastilien, der aber nur bis zum Jahr 1410 andauerte.

In jenem Jahr begann Fernando einen zweiten, wohl vorbereiteten Feldzug, auch wieder mit Artillerie, der auf Antequera hinzielte. Diese Stadt und Festung war von grosser strategischer Bedeutung, da sie für Truppen, die sich in Córdoba konzentrierten, den wichtigsten Einfallsweg nach Málaga und in die Sierra de Ronda beherrschte. Die Belagerung begann am 26. April 1410. Das muslimische Entsatzheer, das aus Archidona herbeieilte, wurde am 6. Mai zurückgeschlagen. Die Belagerung zog sich den ganzen Sommer hindurch. Yûsuf III. sandte Sa'ad al-Amin, seinen besten Unterhändler, zu dem Regenten und liess ihm Gold dafür anbieten, dass er die Belagerung abbreche und einen zweijährigen Waffenstillstand abschlösse.

Die damaligen Festungen waren für die Zeit vor dem Gebrauch von Artillerie gebaut und konnten sich gegenüber Kanonen auf die Dauer nicht behaupten. Die Angebote des Herrn von Granada wurden abgelehnt, und am 16. September begann der Sturm auf die Stadt. Die Bewohner ergaben sich 8 Tage später gegen freien Abzug, und am 25. September 1410 war die Stadt kastilisch geworden.

Fernando nannte sich seither *Fernando de Antequera*. Der Sieg der Kastilier war der wichtigste, den sie seit der Schlacht um die Meerengen, 70 Jahre zuvor, davongetragen hatten (s. oben S. 292). Ein neuer Waffenstillstand wurde abgeschlossen; Fernando war in Zukunft vor allem mit der Frage der Nachfolge des ausgestorbenen Grafenhauses von Barcelona beschäftigt, dessen Erbschaft er schliesslich erhalten sollte (Kompromiss von Caspe 1412). Dies führte zwei Generationen später zur Vereinigung von Kastilien und Aragón (s. unten S. 312).

Der Feldzug von Antequera war ein Vorläufer des letzten grossen Krieges gegen Granada, den der Enkel Fernandos de Antequera, Fernando II. «el católico», mit seiner Gemahlin, Isabel von Kastilien, nach einem ebenso harten Kampf, der Zerstörung von Málaga und der Belagerung der Hauptstadt selbst 1492 zu einem erfolgreichen Ende bringen sollte. Die gleichen Methoden, die der Grossvater vor Antequera angewandt hatte, sollten dem Enkel schliesslich vor Granada den Sieg bringen.

Wirren in Granada

Doch bis dahin hatten sowohl Kastilien wie auch Granada noch einmal lange Perioden innerer Wirren durchzumachen, die einen grossen Teil der Aufmerksamkeit der Herrscher beanspruchten und nur gelegentlich Raum liessen für die Fortsetzung des kastilisch-granadinischen Ringens.

Granada trat in eine Epoche der Instabilität ein, als Yûsuf III. 1417 starb und die Herrschaft einem Kind, Muhammed VIII., hinterliess. Zwei Jahre später wurde Muhammed von den *Abencerrajes* gestürzt, wie die Spanier die stärkste der granadinischen Sippen nannten. Ihr korrekter arabischer Name war: *Banû Sarraj*, und sie spielten in den letzten Jahrzehnten des Reiches von Granada eine ähnliche Rolle wie die Banû Ashkilûla zu seinem Beginn. In den nächsten Jahrzehnten bis zum endgültigen Fall von Granada sollte es zu nicht weniger als 20 gewaltsamen Umstürzen und Proklamationen von neuen Herrschern kommen.

Die Gegenfront in Granada bildete das Geschlecht der *Banigash* (spanisch: Venegas oder Benegas); sie ergriffen jedesmal gegen die Abencerrajes Partei und versuchten, die von diesen zu Fall gebrachten Emire wieder auf den Thron zu bringen. Beide Geschlechter wollten die Rollen der ersten Diener des Staates spielen und gingen darauf aus, Herrscher einzusetzen, die ihnen möglichst hörig waren. Doch es kam auch vor, dass einer dieser nominellen Machthaber, die stets aus der Nasridenfamilie ausgewählt wurden, selbst die Macht in die Hände nahm und seine vormaligen Protektoren sowie deren Rivalen im Versuch niedermetzelte, die Macht selbst auszuüben.

In diesen Sippenkämpfen schreckten die Gegner, wie wir es als politische Waffe schon kennengelernt haben, nicht davor zurück, bei den Kastiliern und Aragonesen gegen ihre jeweiligen Rivalen Hilfe zu suchen, und es kam des öfteren vor, dass Mitglieder der Herrscherfamilie und die führenden Figuren der beiden rivalisierenden Sippen bei den kastilischen Adligen und an den Königshöfen selbst Zuflucht suchten, ja sogar Bündnisse für den Fall eingingen, dass sie wieder die Macht in Granada erringen sollten. Gesamtresultat war ein verwirrendes Durcheinander von rivalisierenden Machtcliquen, das stetig zunahm, den kastilischen Herrschern mehrfach Gelegenheit gab, in die Politik Granadas einzugreifen, und am Ende den Zusammenbruch des Königreiches beschleunigte.

Die Abencerrajes konnten einen Enkel Muhammeds V. zum Herrscher erheben, der von den Historikern den Namen Muhammmed IX. (r. 1419–27; 1430–31; 1432–45; 1447–53/4) erhalten sollte. Der entthronte Muhammed VIII. (r. 1417–19; 1427–29) floh mit seinen Anhängern, den Banigash und deren Verbündeten. Er konnte acht Jahre später zurückkehren und den Usurpator absetzen. Er versuchte, die Abencerrajes zu versöhnen, indem er ihnen Straffreiheit gewährte. Er versuchte auch, einen Waffenstillstand mit Kastilien zu erlangen, indem er den altbewährten Diplomaten, Sa'd al-Amîn, zum kastilischen Monarchen, Juan II., entsandte. Doch das Oberhaupt der Abencerrajes, Yûsuf Ibn Sarraj, zog selbst an den kastilischen Hof und konnte den Gesandten des Herrschers ausstechen, indem er die Gunst Juans II., erlangte. Er fand auch Unterstützung beim tunesischen Herrscher und bei dem kastilischen Gouverneur von Murcia, was ihm erlaubte, im Jahre 1429 von Nordafrika aus nach Granada zurückzukehren. Muhammed IX. wurde zum zweiten Mal Herrscher und verbündete sich – was lag bei dieser Art des politischen Spiels näher? – mit den aragonesischen Widersachern des Königs von Kastilien.

Die kastilischen Kriegszüge unter Álvaro de Luna

In Kastilien gab es ebenfalls innere Unruhen. Es ging darum, ob der «válido» Juans II. (r. 1406–1454), *Álvaro de Luna*, Einfluss über den König auszuüben vermochte, oder ob dies seinen Feinden, den sogenannten *Infantes de Aragón*, gelang, die als Verwandte des unmündigen Königs den Anspruch erhoben, über seine Person selber die Regierung auszuüben.

1430 kamen die Feindseligkeiten zwischen Álvaro und den Infantes zu einem vorübergehenden Ende. Der Günstling beschloss, einen Krieg gegen Granada zu führen, der ihm auch dazu dienen sollte, sein Prestige am Hof zu fördern. Die Feldzüge wurden von Córdoba aus über Antequera eingeleitet; der König selbst war beteiligt, und ein Plan bestand, einen gewissen Yûsuf IV. (einen Enkel jenes Muhammed VI., den König Pedro vor Sevilla hatte mit Lanzen erstechen lassen, s. oben S. 298) auf den Thron von Granada zu heben. Das kastilische Heer zwang die Granadiner Muhammeds IX. zu einer Feldschlacht vor den Mauern der Hauptstadt, bei *La Higueruela* (1431), die mit einem grossen Sieg der Kastilier endete.

Obgleich Álvaro und der König diesen Sieg nicht voll ausnützen konnten, bewirkte er doch, dass viele Festungen des Reiches von Granada ihre Tore dem kastilischen Kandidaten, Yûsuf IV., öffneten. Die kastilischen Kommandanten der Mark halfen ihm, und 1432 konnte er sogar Granada in Besitz nehmen. Sein Rivale, Muhammed IX., wurde auf Málaga und Ronda zurückgedrängt. Doch Jûsuf IV. wurde im April 1432 ermordet. Der Krieg zwischen Kastilien und Muhammed IX. dauerte bis 1439 an. Erst durch die innenpolitische Niederlage Álvaro de Lunas von 1439, als die Infantes de Aragón die Verbannung ihres Gegenspielers erzwangen, kam es zu einem neuen Waffenstillstand mit Granada.

Sechs Jahre später allerdings kehrte Álvaro de Luna zur Macht am Hofe zurück, nachdem er seine Feinde in der Schlacht von Olmedo (1445) geschlagen hatte, während gleichzeitig in Granada Muhammed IX. durch Muhammed X. (r. 1445–46/7), einen Kandidaten der Feinde der Abencerrajes, gestürzt wurde.

Die Abencerrajes im Bunde mit Kastilien

Die Abencerrajes beschlossen darauf, einen neuen Kandidaten für den Thron von Granada zu suchen, und sie entschieden sich für *Yûsuf (V.)*, den die Kastilianer Aben Ismail nannten, obgleich sein wirklicher Namen Yûsuf ibn Ahmed war. Er war ebenfalls ein Enkel von Muhammed V. und lebte am kastilischen Hof als politischer Flüchtling. Álvaro de Luna sah in ihm eine gute Gelegenheit, über einen gefügigen, viele Steuern zahlenden Herrscher in Granada zu verfügen.

Yûsuf V. (r. 1445–46) sollte tatsächlich bis in die Alhambra gelangen, doch die Abencerrajes verliessen ihn, weil sein Bündnis mit Kastilien bei der Stadtbevölkerung allzu unbeliebt war. Er kam deshalb im Jahr 1446 zu Fall, und Muhammed X. kehrte nach Granada zurück. Auch er wurde gleich wieder gestürzt und Muhammed IX. bestieg 1447 zum vierten Mal den Thron.

Kaum etwas kennzeichnet besser die innere Verfassung Granadas vor seinem Untergang als die eben geschilderten Vorgänge, die sich innerhalb kurzer Zeit abspielten – es sei denn, man betrachtet die Laufbahn Muhammeds IX.: 1419 bestieg er zum ersten Mal den Thron von Granada, dreimal musste er ihn aufgeben, und als er ihn 1447 zum vierten Mal erklomm, war seit der ersten Inthronisation noch nicht einmal die geringe Zeitspanne einer Generation verstrichen.

Da Álvaro de Luna nicht in der Lage war, seine Aufmerksamkeit und seine Heeresmacht, auf Granada zu konzentrieren – er hatte weiter im Zentrum, in Kastilien, gegen seine Feinde, die Infantes de Aragón zu kämpfen – konnten die Granadiner in den folgenden Jahren die meisten Grenzfestungen wieder zurückerobern, die ihnen im ersten Feldzug Álvaros entrissen worden waren.

Muhammed IX. erlangte seine letzten Erfolge dank einer scharfen Gewaltherrschaft, die er in Granada führte. Als er 1453 starb, folgte ihm ein Sohn von Muhammed VIII. nach, wie dies bei seiner Machtübernahme vereinbart worden war. Er erhielt den Herrschernamen Muhammed XI. (r. 1451–52; 1453–54). Doch die Abencerrajes suchten sich einmal mehr einen Gegenkandidaten, der am Hofe von Juan II. gelebt hatte, *Sa'ad* (r. 1454–62; 1462–64), den die Christen «*Ciriza*» nannten. Sie proklamierten ihn in Archidona zum Gegen-Herrscher im Jahr 1454, und der neue kastilische König, Enrique IV., begann im folgenden Jahr einen Feldzug Richtung Granada zur Unterstützung Sa'ads mit einem bedeutenden Heer.

Doch der König beschränkte sich darauf, die Vega zu zerstören. Die Bewohner der Hauptstadt entthronten schliesslich Muhammed XI. und nahmen Sa'ad als Herrscher an. Muhammed versuchte, in die Stadt zurückzukehren und seine Herrschaft zurückzugewinnen, wurde jedoch gefangengenommen und mit seinen Söhnen in der heute «Saal der Botschafter» genannten Prunkhalle der Alhambra hingerichtet.

Im Jahr 1456 zog Enrique IV. erneut gegen Granada; er beschuldigte seinen einstigen Verbündeten Sa'ad, den Waffenstillstand gebrochen zu haben. Der Krieg bestand grösstenteils aus Beutezügen und Zerstörungen auf dem offenen Land, doch im Jahr 1462 schliesslich fielen Medina Sidonia und Gibraltar an die Kastilier. Ein neuerlicher Waffenstillstand wurde vereinbart und später verlängert.

Im Jahr 1462 hatte Sa'ad die zwei bedeutendsten Abencerrajes, deren einer als sein Wesir diente, hinrichten lassen. Dies führte dazu, dass die Abencerrajes unmittelbar nach dem Frieden mit Kastilien einen neuen Herrscher auf den Thron hoben, Yûsuf V., dem sie schon 1445 einmal zur Macht verholfen hatten. Er konnte Málaga in Besitz nehmen und (erneut nur für kurze Zeit) sogar die Alhambra. Doch Sa'ad kehrte 1464 zurück. Sein Sohn, *Abu'l-Hasan* (r. 1464–82; 1482–85), jedoch verbündete sich mit den Abencerrajes und stürzte im selben Jahr seinen Vater. Abu'l-Hasan sollte seinerseits mit den Abencerrajes zusammenstossen, da er ein persönliches Regiment einzurichten suchte, indem er sich auf die Rivalen der Sippe stützte.

Nach ihrer Gewohnheit wählten die Abencerrajes einen neuen Herrschaftskandidaten aus: *Muhammed ibn Sa'ad*, den Bruder des Herrschers, den die Muslime «den Jungen» und die Kastilianer «*el Zagal*» nennen sollten. Er hatte sich 1464 aus Furcht vor Abu'l-Hasan vorübergehend auf kastilisches Gebiet geflüchtet.

Die Abencerrajes warfen nun Abu'l-Hasan vor, er vernachlässige seine rechtmässige Gattin, eine Tochter «ihres» vormaligen Herrschers Muhammed IX., zugunsten einer gefangenen Christin, die den Namen Zoraya trug und von der er zwei Söhne hatte. 1470 erhoben sie el Zagal in Málaga auf den Thron, und andere feste Orte schlossen sich ihnen an. Doch Abu'l-Hasan gelang es, seinen jüngeren Bruder von den Abencerrajes zu trennen, indem er ihm für seine eigene Person Amnestie versprach, aber gleichzeitig eine schwere Verfolgung gegen die Abencerrajes durchführte. Deren Überlebende flohen auf christliches Gebiet und lebten an den Höfen der grossen Adligen und Grenzkommandanten, bis der Granadakrieg der «Katholischen Könige» ihnen erneut Gelegenheit bot, in die Politik ihrer Heimatstadt einzugreifen.

Abu'l-Hasan war ein bemerkenswerter Krieger, doch seine politischen Gaben scheinen seinen krigerischen nicht entsprochen zu haben. Zwischen 1464 und 1482 führte er, ähnlich wie der grosse Kriegsherr al-Mansur ein halbes Jahrtausend vor ihm, jedes Jahr einen oder zwei Raids gegen die christlichen Grenzgebiete durch. Die Grenzkommandanten Kastiliens leisteten Gegenwehr, so gut sie konnten, unternahmen sogar Gegenstösse in Richtung Granada, doch sie konnten nicht auf grössere Hilfe zählen, weil Kastilien selbst in jenen Jahren fast immer im Bürgerkrieg stand. Abu'l-Hasan führte seine Grenzkriege nicht ohne Erfolg, doch er hatte nicht die Weitsicht, vorauszusehen, dass im Falle eines Endes der kastilischen Wirren Granada erneut ein Opfer dann nicht mehr abzuwehrender feindlicher Handlungen sein würde. Eine entscheidende Handlung jedenfalls hat er offensichtlich in ihrer Tragweite nicht erkannt: 1469 fand der lange, kräftezehrende Kampf zwischen Kastilien und Aragón durch die Heirat von *Isabel von Kastilien* und *Fernando (II.) von Aragón* sein Ende. Von nun an sollte eine neue, vereinte christliche *Grossmacht* gegen die Reste der muslimischen Herrschaft auf iberischem Boden stehen. Eine Schaukelpolitik war nicht mehr möglich. Die Karten waren ein letztes Mal gemischt worden, zuungunsten Granadas. Bis zu seinem Untergang sollten noch 23 Jahre bleiben.

Der letzte Krieg gegen Granada

1480 konnte Isabel mit Hilfe ihres königlichen Gatten aus Aragón den letzten Wirren in Kastilien ein Ende setzen. Der entscheidungssuchende Feldzug gegen Granada wurde kurz darauf beschlossen. Er sollte zehn Jahre lang dauern. Eröffnet wurde er durch einen Zufallserfolg, als die grossen Adligen von Andalucía, so nannten die Spanier das den Arabern entrissene südspanische Land, soweit es unter die kastilische Krone kam, im Februar 1482 die Festung von *Alhama* durch einen Handstreich einnahmen. Diese Burg lag tief im Inneren des muslimischen Gebietes, nur gute fünf Wegstunden von Granada entfernt, und sie beherrschte den Verbindungsweg von Granada nach Málaga, der zweiten Stadt und dem einzig verbliebenen Hafen des Reiches. Der Entschluss der Kastilier, die Festung nicht, wie es sonst bei Raids meist der Fall war, zu schleifen, bevor man sich zurückzog, sondern besetzt zu halten, bedeutete, dass der Krieg unvermeidlich andauern würde. Es kam denn auch zu überaus heftigen Kämpfen, in denen die Muslime versuchten, Alhama mit aller Macht zurückzugewinnen. König Ferdinand selbst reiste nach Andalusien und zog in Eile Truppen zusammen, um die eroberte Festung zu behaupten. Er versuchte sogar, jedoch ohne Erfolg, Loja zu belagern, die Stadt, die aufgrund ihrer Lage der Schlüssel zur Vega von Granada war.

«*Boabdil*»

Abu'l-Hasan vermochte jedoch seinerseits nicht, Alhama zurückzuerobern, und dieser Misserfolg zehrte an seinem Prestige, das ohnehin ein rein kriegerisches gewesen war. Die Abencerrajes unternahmen einen weiteren Staatsstreich; sie konnten den Sohn Abu'l-Hasans, *Muhammed* (später XII.) (r. 1482; 1483–85), den sein Vater gefangenhielt, aus seinem Gefängnis in Granada befreien und ihn zum Herrscher ausrufen. Die Spanier sollten ihn *Boabdil* (für Abu Abdallah) nennen.

Sein Vater und dessen jüngerer Bruder, «el Zagal», flohen nach Málaga. Beide granadinischen Parteien führten jedoch den Krieg gegen Kastilien fort, eine jede von ihrer Basis aus. Abu'l-Hasan und sein Bruder konnten dem Grafen von Cádiz und dem Meister des Ordens von Santiago eine schwere Niederlage in den Bergen von Málaga beibringen. Boabdil versuchte seinerseits, von Granada aus einen brillanten Erfolg zu erreichen, indem er im April 1483 die Stadt Lucena überfiel. Doch er wurde in einer Feldschlacht von den Kastiliern gefangengenommen. Das Ergebnis war, dass sein Vater, Abu'l-Hasan, nach Granada zurückkehren konnte.

Die Kriegsdiplomatie Fernandos II.

Fernando kam nach Andalusien und beschloss, Boabdil wieder freizulassen, nachdem er mit ihm und seinen Anhängern einen Friedens- und Vasallenvertrag abgeschlossen hatte. Die Absicht war, die Granadiner zu spalten und ihnen die Möglichkeit einer weiteren friedlichen Koexistenz, wie sie früher bestanden hatte, vorzuspiegeln, als ob der Krieg alleine der Verteidigung der Feste von Alhama und dem Kampf gegen Abu'l-Hasan diene. Muhammed XII. kehrte im Oktober mit kastilischer Hilfe in das Gebiet von Granada zurück, doch konnte er sich nur in Guadix halten.

Die Rolle Isabels

Fernando hatte für das Jahr 1484 die Cortes (sein Parlament) in Aragón einberufen. Er scheint geglaubt zu haben, die Einnahme von Alhama und die Einsetzung des Gegenkönigs in Guadix genügten als Erfolge gegen die Muslime. Ihn interessierten die internationalen Pläne Aragóns in Sizilien und Süditalien mehr als die Frage der muslimischen Vasallen Kastiliens, des Landes seiner Gemahlin. Die Könige von Aragón waren seit 1282 Herrscher von Sizilien, und der aragonesische König Alfonso V. («der Grossmütige») hatte Neapel erobert (1431–1442). Das Königreich von Neapel war an eine Seitenlinie übergegangen, und Fernando suchte es wieder unter seine Gewalt zu bringen. Dies sollte ihm später, im Jahr 1504, dank der Feldzüge seines Heerführers Fernández de Córdoba, «El Gran-Capetán», auch gelingen. Doch Isabel wollte den Krieg bis zu Ende führen. Granada, so war es seit alter Zeit festgelegt, werde nach seiner Eroberung zum kastilischen Königreich gehören. Es waren aus diesem Grunde auch die kastilischen Adligen und Heere, welche die Hauptlast der Kämpfe trugen. Fernando gab der Königin schliesslich nach, weil er wusste, dass er für seine italienischen Pläne die Hilfe Kastiliens benötigte, und weil er erkannte, dass er diese erst nach Beendigung des Krieges gegen Granada erhalten werde.

Von 1485 an traten die Kriegsziele und die Methoden der Königin immer mehr in den Vordergrund. Sie hatte erkannt, dass ein Krieg der Raids und Überfälle auf vereinzelte Festungen den Muslimen immer wieder erlauben werde, ihr Reich zu retten und ihre Herrschaft innerhalb des von ihnen erstellten Verteidigungssystems fortzuführen, wie das nun schon seit über 200 Jahren geschah. Sie beschloss deshalb, eine lange Serie von Belagerungen der Burgen und festen Städte durchzuführen, um diese eine nach der anderen und zum Schluss Granada selbst einzunehmen. Die hierfür benötigten finanziellen und militärischen Mittel waren viel grösser als das, was bisher für die Grenzkriege eingesetzt worden war. Doch ein erfolgreicher Krieg gegen die Muslime versprach auch politische Dividenden in Form einer Konsolidierung des neuen Reiches Kastilien/Aragón abzuwerfen.

Die türkische Bedrohung

Der Umstand, dass die Türkei seit 1453 begonnen hatte, nicht nur die Balkangebiete, sondern auch das Mittelmeer bis nach Süditalien hin zu bedrohen, trug ebenfalls dazu bei, dass die Königin und ihre einflussreichen kirchlichen Berater auf einen Gegenschlag gegen die Muslime drangen, der die ganze Halbinsel von deren Präsenz und Einfluss befreien sollte. Die osmanische See- und Mittelmeermacht, so wurde befürchtet, könnte möglicherweise zu den Muslimen in Spanien stossen und dort offensiv werden, solange der Islam auf der Halbinsel einen Fusshalt besässe.

Die Granadiner hatten im Verlaufe des 15. Jahrhunderts dreimal Botschaften an die Mamluken in Kairo gesandt, welche kulturell wie sie arabische Herrscher waren, nicht türkische, um sie um Hilfe gegen Kastilien zu ersuchen: 1441/42, 1464 und 1487, als Málaga bereits unter Belagerung stand. Vergeblich. Den Geistlichen von Kastilien (und Aragón) dürfte der Unterschied zwischen türkischen und arabischen Muslimen weniger deutlich gewesen sein als das Bedrohungsbild, das von den Muslimen allgemein ausging. Der Papst war nach der Eroberung Istanbuls durch die Türken (1453) vorübergehend aus Rom geflohen, weil die Türken unter Mehmet dem Eroberer in den Jahren vor dem Tod jenes Herrschers (1481) sogar Italien zu bedrohen schienen. In Tarent hatten sie bereits einen Fusshalt gewonnen.

Die Pläne der Königin wurden schliesslich auch durch die neue Waffe begünstigt, die nun den Kastiliern dank der italienischen Kanonengiesser (deren sich auch die Türken bedienten), in grossem Ausmass zur Verfügung stand: die Artillerie. Kanonen erlaubten es, die Festungen des Königreiches von Granada, die im wesentlichen in der Zeit vor der Ausbreitung der neuen mauerbrechenden Waffe gebaut worden waren, relativ leicht zu erobern. In früheren Zeiten hatte man ihre Mauern nur entweder erstürmen können, wobei mit hohen Verlusten zu rechnen war, oder man war auf den langwierigen Prozess des Aushungerns einer jeden einzelnen Festung angewiesen.

Die Endphase des Granadakrieges

Aus all diesen Gründen folgte von 1484 an auf den Krieg um Alhama eine zweite Phase, in der es darum ging, die Hauptstadt allmählich einzukreisen, indem die kastilischen Heere darauf ausgingen, eine nach der anderen von Granadas noch verbliebenen Aussenpositionen zu nehmen. Die wichtigsten waren Ronda mit der Sierra de Ronda, der Hafen von Málaga, der die wirtschaftliche Lunge des Königreiches darstellte, und schliesslich die Vega von Granada, das fruchtbare Talgebiet unterhalb der eigentlichen Stadt, welches die Hauptstadt ernährte.

Da Málaga von «El Zagal» sehr stark befestigt worden war, richteten sich die ersten Operationen des Sommers 1485 gegen Ronda. Als diese Stadt im Juni 1485 fiel, konnten sich die Kastilier anschliessend auch ihrer Berggebiete und der gesamten Küstenstrecke zwischen Málaga und der Meerenge bemächtigen.

Im folgenden Jahr drangen die kastilischen Heere in die Vega ein. Ihr Vorstoss wurde dadurch begünstigt, dass in Granada wieder einmal der Bürgerkrieg ausgebrochen war. Muhammed XII., «Boabdil», war schon 1485 mit kastilischer Unterstützung vom Osten her in Richtung Granada vorgestossen und hatte im Frühjahr darauf die Vorstadt von Granada, Albaicín, in Besitz genommen. Der Umstand, dass «El Zagal» nicht von allen Muslimen als der legitime Emir anerkannt wurde, half ihm dabei.

Der Neffe in Granada und sein Onkel in Albaicín verhandelten untereinander und einigten sich darauf, gemeinsam dem Vorstoss der Kastilier Widerstand zu leisten. Boabdil erkannte seinen Onkel El Zagal als Emir an, reservierte sich aber dafür ein Herrschaftsgebiet im Osten des Königreiches und zog dorthin, in den Flecken Loja, mit seinen Truppen ab.

Die Kastilier sahen die Versöhnung zwischen Neffen und Onkel als einen Bruch des Vasallenvertrages an, den sie mit Boabdil geschlossen hatten. König Fernando kam persönlich nach Granada und liess die festen Plätze im Osten des nun stark reduzierten Königreiches stürmen. In Loja wurde Muhammed XII. Boabdil ein zweites Mal gefangen. Es gelang ihm jedoch, seinen Vasallenvertrag mit den Kastiliern zu erneuern. Er erhielt von Fernando das Versprechen, dass er zum Grafen der Gebiete ernannt werden würde, die ihm ursprünglich von den Kastiliern zugesprochen worden waren, falls es ihm gelinge, diese innerhalb von acht Monaten zurückzuerobern. Der schlaue aragonesische Herrscher bewirkte dadurch, dass ihm nur *ein* granadinischer Gegner übrig blieb, El Zagal, d. h. Muhammed ibn Sa'ad.

Boabdil konnte 1487 sogar noch einmal bis in die Vorstadt Albaicín vordringen; sein Onkel El Zagal konnte ihn nicht aus ihr vertreiben. Die kastilischen Grenzgrafen gewährten Boabdil ihre Unterstützung. Da er nachweisen konnte, dass er die Unterstützung des kastilischen Königs und Heerführers besass, stiessen auch viele der Händler von Granada zu ihm. Sie glaubten, in ihm den von Kastilien getragenen künftigen Machthaber zu sehen.

El Zagal und sein Neffe schlossen einen zweiten Vertrag, in dem der Neffe versprach, er werde nichts gegen Granada unternehmen, während der Onkel ausziehe und versuche, den Kastiliern eine Niederlage beizubringen. El Zagal zog tatsächlich aus, um die Festung Vélez zu entsetzen, die von den Kastiliern belagert wurde. Doch erlitt er eine Niederlage und musste nach Almería fliehen. Muhammed besetzte daraufhin ganz Granada und verhandelte gleichzeitig mit den Kastiliern, denen er die Oberhoheit über die Stadt zusicherte und versprach, auf die Herrschaft über Granada und auf den Titel eines Emirs (den die Spanier mit dem eines Königs gleichsetzten) zu verzichten, solange er selbst die ihm zugesagten Teile des alten Königreiches und noch einige weitere hinzugefügte Gebiete als Grafschaft erhalte. Dies wurde ihm zugesichert.

Tragödie in Málaga

Málaga, das nicht zu den Boabdil versprochenen Gebieten gehörte, sondern erwarten musste, von den Christen direkt in Besitz genommen zu werden, entschloss sich zu einem verzweifelten Verteidigungskampf. Der Chef der nordafrikanischen Garnison von Gibralfaro, Ahmed at-Tagri, übernahm die Verteidigung. Die Belagerung während des Jahres 1487 dauerte dreieinhalb Monate lang. Sie war von blutigen Kämpfen angefüllt, und als sie am 18. August die Stadt eroberten, waren Fernando und seine Gemahlin, die gemeinsam den Titel die Katholischen Könige trugen, über den zähen Widerstand und die Verluste, die er ihnen verursacht hatte, so erbittert, dass sie sämtliche Einwohner als Kriegsgefangene behandelten, das heisst entweder versklavten oder nur gegen Lösegeld freigaben. Zwischen elf- und fünfzehntausend Personen wurden damals versklavt, und die Krone soll 56 Millionen Maravedís aus ihrem Verkauf gezogen haben.

Erholungspause

Das folgende Jahr, 1488, war eines geringer Aktivität, da beide kriegführenden Parteien erschöpft waren. König Fernando versuchte noch einmal, seinen politischen Interessen in Südfrankreich (wo es auch Erbländer der aragonesischen Könige gab) und in Italien Vorrang zu verschaffen, doch die Königin hinderte ihn daran. Es kam zu kurzen Kämpfen an der Ostgrenze des granadinischen Gebietes, bei denen recht bedeutende Landesteile sich ergaben. Sie zählten darauf, künftig zur Grafschaft Muhammeds XII. (Boabdils) geschlagen zu werden. El Zagal versuchte in der Zwischenzeit, die ihm verbleibenden Festungen und Städte in Verteidigungsbereitschaft zu setzen.

Winterfeldzug

Für 1489 trafen die Kastilier grosse Vorbereitungen. Sie begannen ihren Feldzug mit der Belagerung von Baza. Sie erwies sich als schwierig, weil vor der eigentlichen Stadt mehrere vorgelagerte Festungen und Stellungen genommen werden mussten. Als der Winter nahte, zogen die Kastilier nicht ab, wie das in früheren Kriegen die Norm gewesen war, sondern bezogen feste Positionen rings um Baza, in denen sie ihre Artillerie unterbrachten. Königin Isabel kam persönlich, um ihr Heer zu ermuntern. Schliesslich, am 4. Dezember 1489, entschloss sich der Kommandant der Festung, sie auszuliefern, um das Geschick von Málaga zu vermeiden. Kurz darauf ergab sich auch El Zagal den Kastiliern gegen Zusicherung persönlicher Vorteile ähnlicher Art, wie sie sich sein Neffe Boabdil zuvor eingehandelt hatte.

Im Dezember 1490 kamen die Katholischen Könige nach Granada, um ihren Vertrag mit Boabdil zu erfüllen. Doch die Stadtbevölkerung weigerte sich, den Kampf aufzugeben und zwang ihren Herrscher, die Stadt zu verteidigen. Es folgte ein schweres Jahr der Belagerung, in dessen Verlauf die hölzerne Hüttenstadt, die die Kastilier vor Granada angelegt hatten, bei einem Ausfall der granadischen Truppen verbrannt wurde.

Die Kastilier erbauten neue Anlagen aus Stein, die sie Santa Fé nannten. Santa Fé schloss nun Granada nach aussen hin ab, indem es die letzten Lücken zwischen den verschiedenen Festungen und Türmen ausfüllte, die schon zuvor in kastilische Hände gefallen waren. Die Kastilier warteten. Sie hofften, dass auf Dauer ihre Vereinbarungen mit Boabdil doch noch zum Tragen kämen. Auf den Hunger hatten sie allerdings auch gerechnet. Dieser und das warnende Beispiel von Málaga taten das ihre: Die Stadtaristokratie Granadas stimmte dem Herrscher zu, als dieser erneut Verhandlungen mit den Kastiliern führte und ihnen schliesslich erlaubte, heimlich in die Burg von Granada, die Alhambra, einzudringen. Die Erhaltung der Alhambra verdankt man ohne Zweifel diesem äusserlich wenig heldenhaften Vorgehen ihres letzten Herrschers, Muhammed XII. «Boabdil». Von Málaga, der 1487 so heftig umkämpften, sind nur einige Festungsmauern erhalten geblieben.

Die «Goldene Brücke» Kastiliens

Um eine friedliche Auslieferung der Stadt zu erreichen, versprachen die Kastilier den granadinischen Unterhändlern eine ausserordentlich grosszügige Regelung. Die Bewohner der Stadt, so wurde schriftlich zugesagt, dürften ihre Religion, ihre Lebensweise und all ihre Güter behalten. Vielen der Grossen wurden ausserdem unter der Hand Lehen der kastilischen Krone zugesagt. Den Inhabern von Verwaltungsposten wurde versprochen, sie könnten diese behalten. Viele der muslimischen Würdenträger erhielten grosse Geldzahlungen und Ehrengeschenke. Die Übergabe der Stadt erfolgte am 2. Januar 1492, nachdem kastilische Truppen mit Zustimmung des Emirs in der Nacht vom 1. auf den 2. heimlich in die Alhambra und die anderen Festungen der Stadt eingezogen waren.

El Zagal und sein Wesir, Yahya an-Najjâr, hatten Lehen und Gelder erhalten, nachdem sie Baza ausgeliefert hatten, und Muhammed XII. «Boabdil» wurde ebenfalls ein grosser Lehensherr der kastilischen Krone. Doch El-Zagal wanderte schon 1490 nach Nordafrika aus, Muhammed XII. verliess die Halbinsel 1494. Beide erhielten Sonderprivilegien, die ihnen erlaubten, grosse Geldsummen, die sie aus dem Erlös ihrer Güter in Spanien gezogen hatten, nach Nordafrika mitzunehmen. Beide zusammen sollen nicht weniger als 40 Millionen Maravedís in Gold und Silber mitgeführt haben, die sie aus Entschädigungen zogen, welche Kastilien ihnen bezahlte.

Die einfachen Bürger konnten das Land ebenfalls verlassen, doch durften sie entsprechend dem für Kastilien allgemein geltenden Gesetz weder Gold noch Silber noch Schusswaffen mitnehmen. Die Mitglieder der muslimischen Oberschichten, soweit sie sich nach der Eroberung von Granada überhaupt noch im Lande befanden, dürften damals zu überwiegenden Teilen ausgewandert sein. Die Krone sorgte sogar für unentgeltliche Überfahrt der Auswanderer auf kastilischen Schiffen nach Nordafrika.

Epilog auf Granada

Die nicht enden wollenden Intrigen, die die letzten Jahrzehnte des Reiches von Granada ausfüllen, sind so spektakulär, dass sie die Aufmerksamkeit des Beobachters zuerst auf sich ziehen, wenn er nach einer Erklärung für den Zerfall des Königreiches sucht, das sich so lange Jahrhunderte hindurch hatte halten können. Dies ist denn auch die klassische Erklärung der spanischen Geschichtsschreiber geworden. Sie stellen gegeneinander: die langsame Vereinigung des kastilischen Königreiches und seinen Zusammenschluss mit Aragón auf der einen Seite, auf der anderen die immer wachsenden Spaltungen und inneren Konflikte in Granada, und geben dies als den tieferen Beweggrund für den langen Prozess der Einengung und schliesslichen Übermannung des arabischen Königreiches, der sich durch das ganze 15. Jahrhundert hindurchzieht.

Diese langfristige Machtverschiebung ist zweifellos von grosser Bedeutung gewesen. Man kann ihre Wirkung noch ergänzen durch den Umstand, dass gerade zur kritischsten Zeit des Ringens, eben vom frühen 15. Jahrhundert ab, die nordafrikanischen Mächte ebenfalls zerfielen. Damals kamen die Hafsiden in Tunis an die Macht. Sie waren eher Diplomaten als Krieger – schon weil ihr Einkommen weitgehend auf dem Handel beruhte, zur See und durch Afrika auf den Karawanenwegen, die die Sahara durchquerten.

Die Hafsiden unterhielten gute diplomatische Beziehungen mit Kastilien und mit Barcelona; ihre Granadapolitik richtete sich nach den kommerziellen Zwängen und Gegebenheiten im Mittelmeer; höchstens in zweiter Linie berücksichtigten sie auch die muslimische Solidarität mit dem Nachbarvolk der Granadiner. Diese waren legal gesehen ja ohnehin die meiste Zeit tributpflichtige Vasallen und Partner in Waffenstillständen mit der kastilischen Obermacht.

Doch bei näherem Zusehen lässt sich noch eine weitere Ebene ausmachen, auf der Erklärungen für das Ende von Granada gefunden werden können. Die Kastilier führten einen Wirtschaftskrieg gegen Granada, der sich in erster Linie auf das offene Land konzentrierte. Das Königreich hatte sich viele Jahrzehnte lang auch deshalb halten können, weil es durch Gebirge und Festungen so stark abgeschirmt war, dass der Einmarsch auch von grösseren Verbänden allzu gefährlich war. Mehrmals hatten tollkühne kastilische Heereszüge ihre allzu waghalsigen Vorstösse mit vernichtenden Niederlagen bezahlen müssen. Ein Heer, das den Festungs- und Gebirgsring durchbrach, um ins Herzland von Granada einzudringen, musste damit rechnen, dass dieser Ring sich hinter ihm wieder schloss und die Angreifer in einen Kessel gerieten, der ihnen nur zu leicht zum Verderben gereichen konnte (s. z. B. oben S. 292).

Doch diese lange Zeit stabile Lage wurde allmählich erschüttert. Mehr und mehr der Aussenfestungen fielen, und die lokalen Christen unter ihren Feudalherren, den Grossen von Andalusien, sowie ihren «Glaubenskriegern», vor allem den Ritterorden von Alcántara und Santiago, drängten immer mehr auf die «Frontera» hin, die Kampfgrenze, in der die Raubzüge und Grenzscharmützel so lange andauerten, dass sie als Dauererscheinung, nicht als ein Bruch der Waffenstillstände gewertet wurden. Waffenruhe unter den grossen Herren der beiden Zentralmächte gab es zwar immer wieder. Doch die Grenze blieb Kampfgrenze. Kastilien versuchte meistens, nur kurze Waffenstillstände zu gewähren, während Granada darauf ausging, längere Atempausen zu gewinnen. Diese längeren Ruhepausen konnten die Diplomaten der muslimischen Herrscher freilich nur dann erhalten, wenn die kastilischen Herren anderweitig beschäftigt waren, etwa in Kämpfen mit Portugal, Aragón und Navarra, oder auch und besonders mit inneren Zwisten. In solchen Fällen langdauernder innerer und äusserer Wirren hatte Kastilien ein Interesse daran, sich den Rücken im Süden der Halbinsel freizuhalten.

Doch sogar während der Waffenstillstände dauerte der kriegerische Druck im Kleinkrieg der «Frontera» an. Dort waren die «Moros» den andalusischen Rittern und Kriegern oft gewachsen. Sie kannten das Gelände am besten und besassen die beweglichsten Truppen. Doch die Krieger beider Seiten, die es keineswegs als unter ihrer Würde ansahen, dem Gegner das Vieh zu stehlen und seine Bauern beim Ernten zu überraschen, gefangenzunehmen und in die Sklaverei zu schleppen – im Gegenteil, gerade dies war der Zweck der Kleinkriege –, müssen eine unerträgliche Last für die Landwirtschaft gewesen sein.

Je näher nun die «Frontera» an das Herzland von Granada heranrückte, desto mehr schmolz das produktive Bauernland zusammen und desto mehr muslimische Bauern wurden in die festen Städte abgedrängt, wo sie als besitzloses Unterproletariat irgendwie ihr Leben zu fristen suchten. Damit wurde die wirtschaftliche Existenzbasis des Königreiches immer enger.

Zu all diesen Entwicklungen hinzu kam der Umstand, dass die neue Waffe der Kanonen in der Lage war, Festungen und Stadtmauern zu brechen, die bisher entweder erstürmt, untergraben oder durch Aushungerung hatten bezwungen werden müssen. Der Transport der Kanonen über die wenigen bestehenden Wege und Saumpfade hinweg war allerdings so schwierig, dass zuerst nur grössere Heere mit kostspieligen und schwerfälligen Transportzügen die neue Waffe einsetzen konnten. Doch spätestens von der Einnahme Antequeras an wurde die neue Waffe strategisch entscheidend. Jene Seite, die sie einzusetzen vermochte, die königlichen Heere von Kastilien und Aragón, war nun auch in der Lage, die Festungen und befestigten Städte eine nach der anderen zu erobern, ohne unerträgliche Verluste und allzulang dauernde Feldzüge auf sich nehmen zu müssen.

Ein kritischer Punkt scheint im 15. Jahrhundert erreicht und dann überschritten worden zu sein. Noch gab es Schätze und handwerkliche Produktivität in Granada, noch wurde Seide kultiviert und gewoben. Doch die Bauern, welche die landwirtschaftliche Basis bildeten, wandelten sich schrittweise in eine Flüchtlingsbevölkerung hinter den Stadtmauern, welche die grossen, ohnehin übervölkerten Städte und Stadtfestungen von innen her unsicher machte. Diese Flüchtlingsbevölkerung muss einen neuen, wichtigen und wachsenden Teil der Basis für die permanenten politischen Intrigen der grossen Geschlechter abgegeben haben. Drahtzieher, wie die Oberhäupter der grossen Familienklans, konnten immer wachsende Klientele mobilisieren, die sie für ihre politischen Zwecke, Strassenunruhen, Palastcoups und Bürgerkriege einsetzen konnten.

Der Steuerdruck auf die Reichen und einigermassen Wohlhabenden muss immer mehr zugenommen haben, weil die Herrscher sowohl ihre eigene Armee zu finanzieren hatten wie auch die Tributsummen, die sie nach Kastilien abführen mussten (von ihrem eigenen höfischen Luxus ganz zu schweigen), während gleichzeitig ihre wirtschaftliche Basis immer schmaler wurde. Mehrmals wird erkennbar, dass die Bevölkerung von Granada sich einem neuen Herrscher zuwandte, weil der bisherige entweder zuviel Steuern hatte einziehen müssen oder militärisch und politisch so glücklos war, dass sich neue Steuern für neue Heere und neue Tribute am Horizont bereits abzeichneten. Unter solchen Umständen muss es den politischen Drahtziehern im Hintergrund, wie es die Oberherren der verschiedenen Gross-Sippen waren, leicht gefallen sein, einen anderen Kandidaten aus dem königlichen Haus der Nasriden, den ihren natürlich, entweder in der Alhambra selbst oder in einer der Aussenstädte und Festungen an die Macht zu heben.

Bis zum Ende sind es bemerkenswerter Weise immer Nasriden gewesen, die als Legitimitätssymbole von den Mächten hinter dem Thron ein- und abgesetzt wurden. Wie Jahrhunderte früher, zur Zeit der Revolution von Córdoba, schien das Symbol eines rechtmässigen Herren vom altangestammten königlichen Blut nach wie vor eine Vorbedingung dafür zu sein, dass die eine oder die andere Partei von «Politikern» und Demagogen die Macht an sich reissen und sich versprechen konnte, sie auch zu bewahren.

Die rivalisierenden Geschlechter («linajes») nahmen dann die eigentliche Regierung in die Hand, indem sie einen der Ihren, einmal einen Banigash (sp. Venegas), andere Male einen Abencerraje (Ibn Sarrâj), zum Hauptminister (hâjib) erhoben. Sie kontrollierten auf diesem Weg die Verwaltung, die Lastenverteilung im Steuerwesen und die Zuteilung von staatlichen Ämtern, lauter Kompetenzen, die sie zur Erhaltung ihres Einflusses unter den Klienten ihres Geschlechtes und innerhalb der eigenen Sippe einsetzen konnten.

Solch ein Klientelwesen bildete ohne Zweifel das eigentliche Machtgeflecht und -gefüge in einem jedem muslimischen Staat. Doch in Granada scheint eine Zeit gekommen zu sein, in der die wirtschaftliche Decke nicht mehr den ganzen Körper des Staates abdeckte. Deshalb suchte eine jede Partei diese Decke auf ihre Seite zu ziehen, und natürlich verschärfte sich dieses Ringen, nachdem es einmal begonnen hatte, und das Zupfen an der immer mehr zusammenschmelzenden Decke durch Staatsstreiche und Umstürze wurde immer häufiger.

Wenn es einmal ein Gewaltherrscher wie Abu'l-Hasan (regierte 1464–1482, und erneut von 1482–1485, nach Ausrottung der meisten Führer der Abencerrajes) vermochte, durch blutige Schreckensmassnamen eine längere Frist hindurch an der Macht zu bleiben, war er darauf angewiesen, so grausam zu herrschen und mit solcher Gewalt seine Steuern einzutreiben, dass er ein umso stärkeres Gefälle an Ressentiments und Unwillen schuf, was dann beim schier unvermeidlichen Ausbruch des nächsten Umsturzes oder der nächsten Spaltung und Insurrektion umso verderblichere und verheerendere Folgen aufweisen musste. Wir können also für den Untergang Granadas zwei Hauptfaktoren ausmachen, die sich wie in einem System kommunizierender Röhren gegenseitig beeinflussten: eine schwindende ökonomische Basis und eine sich steigernde Spirale von Gewalt und Tod in der Innenpolitik.

Das Wunderwerk der Alhambra

Die positiven Seiten der Kultur von Granada werden für uns am deutlichsten, wenn wir auf das Bauwerk der Alhambra blicken. Sie offenbart uns mehr als alle geschriebenen Quellen, die uns überliefert sind. Die Alhambra ist etwas *Einzigartiges* auf der Welt. Sie stellt das einzige muslimische Schloss dar, das unzerstört aus dem Mittelalter bis auf unsere Zeit gekommen ist. Dieser besondere Glücksfall der Geschichte lässt sich auf zwei Wurzeln zurückführen. Die Burg von Granada ist nie in ihrer ganzen Geschichte im Sturm erobert worden. Die Regimewechsel, die sie erlebte, kamen immer durch Verhandlungen oder Umstürze zustande. Deshalb ist das Schloss der Alhambra nie kriegerischen Zerstörungen anheimgefallen. Zu diesem Entkommen aus der grausamen Hand der Kriegsgeschichte lässt sich positiv hinzufügen: Der königliche Sitz ist der langlebigen Dynastie der Nasriden (sie dauerte von 1237 bis 1492) so lieb gewesen, dass ihre Könige nie ein anderes Schloss bewohnt haben. Die Nasriden haben ihren Herrschaftssitz auch so fabelhaft ausgebaut, dass er den «Katholischen Königen», Fernando und Isabel, die ihn 1492 eroberten, Respekt einflösste. Obgleich sie einer ganz anderen Kultur angehörten, haben sie das Herrschaftssymbol ihrer Feinde nicht zerstört, sondern im Gegenteil sofort nach ihrem Einzug in die Alhambra Massnahmen getroffen, die dazu bestimmt waren, die Burg zu erhalten. Ein königlicher Bevollmächtigter wurde eingesetzt, der in der Alhambra residierte und für die gesamte Zitadelle oberhalb der eigentlichen Stadt verantwortlich war. Die spanischen Monarchen sahen seither den eroberten Herrschaftssitz der Nasriden als ihre Burg an. Ihr Bevollmächtigter hatte dafür zu sorgen, dass sie erhalten blieb.

Karl V., vielleicht, weil er aus Flandern kam, einer Welt, der alles Arabische viel fremder war als den Spaniern, hat die Alhambra auch bewundert. Doch seine Bewunderung nahm die Form eines Renaissance-Palastes an, den er von einem in Italien ausgebildeten Architekten, Pedro Machuca, errichten liess. Dieser Palast, unmittelbar den nasridischen Bauten vorgelagert, wurde 1527 begonnen und ist unvollendet geblieben, obwohl er als das reinste Renaissance-Monument Spaniens bezeichnet wird. Erst in den 20er Jahren dieses Jahrhunderts wurde er notdürftig mit einem Dach abgedeckt.

Dieser Palast ist immer ein Gegenstand der Polemik gewesen. Seine Verteidiger sprechen von einer «schwarzen Legende», die über ihn verbreitet worden sei, und stützen sich darauf, dass er, wie Ausgrabungen erwiesen, auf einem Terrain errichtet worden sei, auf dem keine oder nur ganz unbedeutende Bauten standen. Doch die Gegner betonen, dass der Palast, praktisch ein Vorbau, der sich an die Paläste der Nasriden anlehnt, eine Reorganisation im Inneren der Nasridenbauten mit sich gebracht habe. In der Tat liess Karl V. zwischen 1529 und 1537 sechs Räume in die Alhambra bauen, die er mit seiner Gemahlin, Isabel von Portugal, die er 1526 in Sevilla geheiratet hatte, bewohnte und die er mit den beiden Nasridenpalästen verbinden liess, die zusammen die heutige Alhambra bilden. Der Renaissance-Palast befand sich damals erst in der Planung. Bei dieser Gelegenheit sind offenbar auch die beiden nasridischen Paläste zu einem verschmolzen worden. Fenster wurden zu Toren, und Terrassen wurden zerstört, so dass die Labyrinthhaftigkeit des Palastkomplexes bedeutend zunahm. (Über diese komplizierten Veränderungen s. James Dickie [Yaqub Zaki] in: Al-Andalus. The Art of Islamic Spain, edited by Jerrilynn D. Dodds, Exhibition Catalogue, New York 1992, p. 135–152).

Dass es sich ursprünglich um zwei Gebäude handelte, die sich in ihrer Funktion und daher auch in ihrem Baustil voneinander unterschieden, ist jedenfalls glaubwürdig. Der erste Palast mit dem grossen langgezogenen Innenhof und Becken, der heute als «Patio de Comares» oder «Patio de los Arrayanes» (Myrtenhof) bekannt ist, war der offizielle Palast des Herrschers mit Empfangsräumen, Ratskammer und Thronsaal. Die privaten Gemächer des Herrschers lagen im Stockwerk darüber. Der zweite Palast kann als «Landhaus in der Stadt» verstanden werden. Sein Hof, «Patio de los Leones», liegt im rechten Winkel zur Achse des ersten Palastes. Er weist einen subtil angeordneten Säulenumgang auf. Sein Becken besteht aus dem berühmten von Löwen getragenen Brunnen und von ihm ausgehenden vier Wasserrinnen, die zu den vier auf den Hof hin offen stehenden Kuppelsälen hinführen. Dieser lyrischere Hof und innere Garten mit seinen Sommer- und Winterkuppelsälen muss den intimen Festen und Ruhestunden des Herrschers mit seinen Vertrauten gedient haben. Der erste Palast mit seinem Thronsaal und dem auf ihn hinführenden Myrtenhof, geräumig genug, um den ganzen Hofstaat bei offiziellen Empfängen aufzunehmen, und verbunden mit den Räumen, in denen der Herrscher sein tägliches Leben abwickelte, Rats- und Gerichtssaal, Moschee, Thronsaal, ist im wesentlichen von Yûsuf I. (1333–54) gebaut worden, der Löwenhof mit seinen Umfassungsgebäuden von Muhammed V. (1354–9 und 1362–91).

Natürlich hat die ganze Dynastie der Nasriden an der Alhambra gebaut. Wir wissen aus den literarischen Quellen, dass schon der Dynastiegründer, Muhammed I. al-Ahmar (r. 1237–73), den Bau einer Zitadelle auf dem Felsenvorsprung über Granada beschlossen und begonnen hat. Die frühere Festung von Granada lag der Alhambra gegenüber auf den Höhen über dem heutigen Stadtquartier Albaicín. Auf dem Plateau der Alhambra, Sabika genannt, gab es vor al-Ahmar bereits kleinere Festungsbauten. Der Gründer der Dynastie liess Vermessungen durchführen und begann die Bauarbeiten mit einem Aquädukt, der dem Felsenplateau über Granada erst das Lebenselement des Wassers zuführte. Der grosse Befestigungswall, der das ganze Plateau mit seinen gewaltigen Toren und Türmen umzieht, dürfte das Werk der ersten zwei oder drei Herrscher der Dynastie gewesen sein, Muhammed I., Muhammed II.

Grundriss der Alhambra. Zwei ursprünglich getrennte königliche Paläste sind hier zur Zeit Karls V. miteinander verbunden worden.

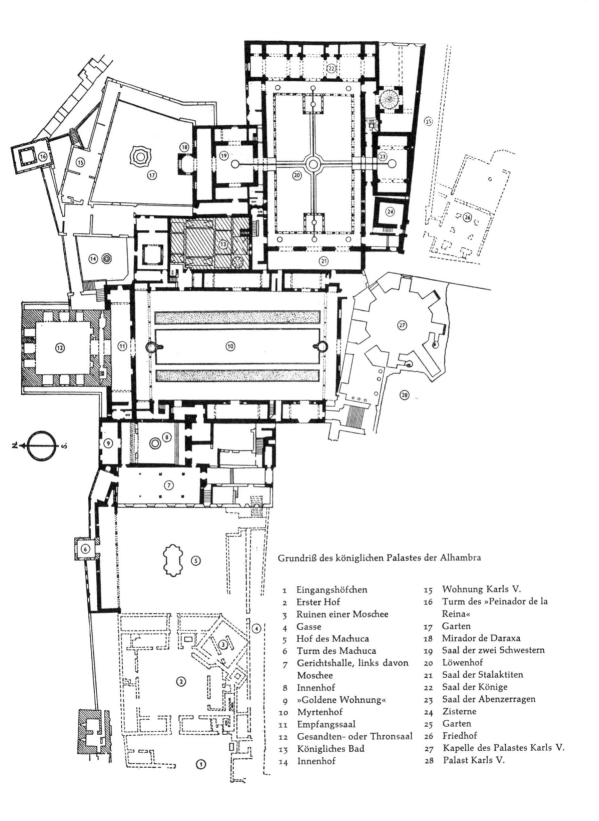

Grundriß des königlichen Palastes der Alhambra

1 Eingangshöfchen
2 Erster Hof
3 Ruinen einer Moschee
4 Gasse
5 Hof des Machuca
6 Turm des Machuca
7 Gerichtshalle, links davon Moschee
8 Innenhof
9 »Goldene Wohnung«
10 Myrtenhof
11 Empfangssaal
12 Gesandten- oder Thronsaal
13 Königliches Bad
14 Innenhof
15 Wohnung Karls V.
16 Turm des »Peinador de la Reina«
17 Garten
18 Mirador de Daraxa
19 Saal der zwei Schwestern
20 Löwenhof
21 Saal der Stalaktiten
22 Saal der Könige
23 Saal der Abenzerragen
24 Zisterne
25 Garten
26 Friedhof
27 Kapelle des Palastes Karls V.
28 Palast Karls V.

(r. 1273–1302) und Muhammed III. (r. 1302–9). Die grosse militärische Festung, deren Überreste mit dem Burgfried (Torre de la Vela) heute noch stehen, war auch ein Werk der frühen Herrscher. Die Paläste, die sie sich damals erbauen liessen, sind verschwunden, weil sie jenen aus dem 14. Jahrhundert weichen mussten, die bis heute überdauert haben.

Die Alhambra war nicht nur Palast- und Festungsstadt; sie bildete eine ganze königliche Zitadelle mit Militärs, Verwaltungsbeamten, Handwerkern, die für den Hof arbeiteten; man hat sich das Felsenplateau in der arabischen Zeit als eine dicht besiedelte arabische *Stadt* vorzustellen, mit engen Gassen, Basaren, Moscheen und mehreren Palästen über die erhaltenen hinaus. Alle zeigten sie in arabischer Art nach aussen hin ungeschmückte und abweisende Mauern und waren auf den Innenhof ausgerichtet, in dem sich das Leben der Familie abspielte und der im Falle von reichen Besitzern mit allem Schmuck ausgestattet wurde, den die überaus fähigen Handwerker und Künstler der Hofwerkstätten hervorbringen konnten. Die Archäologen kennen insgesamt sechs grössere Paläste, die einst auf dem Plateau standen. Daneben gab es auch eine Moschee, deren Grundriss sie als eine verkleinerte Schwester der Moschee von Córdoba (s. oben S. 116ff.) ausweist, Märkte, Handwerkerviertel, Bäder, Zisternen, einen Wasserkollektor, der vom Aquädukt gespeist und von dem aus das Wasser in Kanälen und Bleirohren weiter verteilt wurde. Man kennt durch Grabungen den Verlauf der Hauptstrassen und weiss, wo die wichtigsten Märkte lagen. Den Rundweg auf den äusseren Mauern kann man zu grossen Teilen heute noch abschreiten.

Einer der Nasriden-Paläste aus dem 15. Jahrhundert wurde von den Katholischen Königen dem Conde de Tendilla geschenkt, den sie zum residierenden Wächter und Statthalter der Alhambra ernannten. Renten für die Erhaltung der maurischen Burg wurden festgelegt und von den Tendillas verwaltet bis zum Jahr 1717, als König Philipp V. (r. 1700–24 und 1724–46), der erste Bourbone Spaniens, das Amt der Statthalter der Alhambra abschaffte und die Festungsstadt dem Bürgermeister von Granada unterstellte. Dies geschah, weil die Tendillas im Spanischen Erbfolgekrieg (1701–1714) auf der Seite Österreichs und Aragóns gekämpft hatten. Ältere Berichte wollen wissen, dass der Graf seinen eigenen Palast in Brand gesteckt habe, damit keine neuen Bewohner seine Familienehre befleckten. Doch in Wirklichkeit hat wohl der König die Zerstörung seines Palastes befohlen.

Zwei der Aussentürme der Stadtmauer am Abfall gegen Granada sind innen als kleine Paläste ausgebaut. Man hat ihnen die romantischen Namen «Turm der Gefangenen» und «Turm der Prinzessinnen» gegeben. Der «Generalife», Gartenpalast in den Gärten oberhalb der Alhambra, und der Palast des «Pertal», von dem nur eine seiner vier Seiten und das Becken des früheren Innenhofes erhalten sind, waren einst auch Paläste von Mitgliedern der Nasriden-Dynastie.

Plan des Alhambra-Plateaus heute. In der arabischen Zeit war ein grosser Teil des Plateaus mit einer engen Altstadt überbaut.

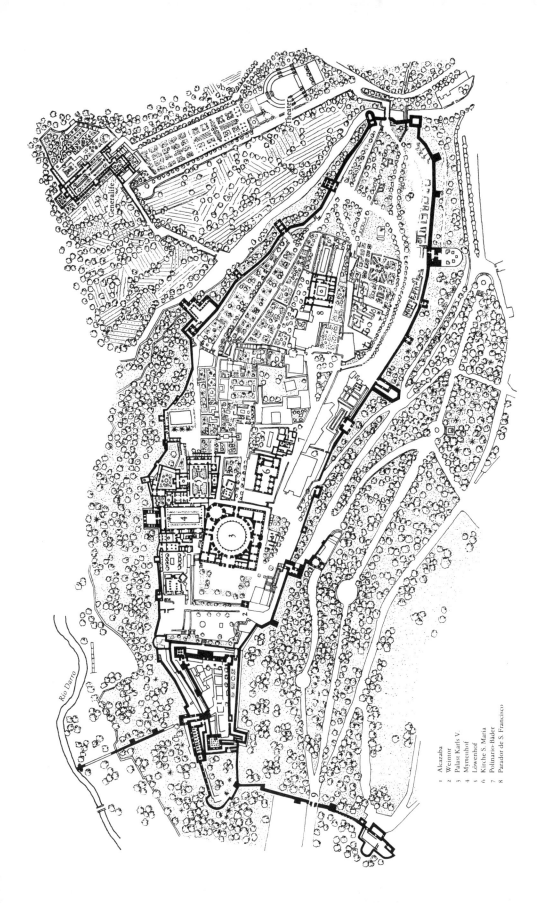

1 Alcazaba
2 Weintor
3 Palast Karls V.
4 Myrtenhof
5 Löwenhof
6 Kirche S. Maria
7 Polinario-Bäder
8 Parador de S. Francisco

Es war die Moschee der Oberstadt, die als erstes Gebäude dem neuen Regime der Christen zum Opfer fiel. Die Katholischen Könige übergaben sie den Franziskanern. Konvent und Kirche wurden auf ihrer Stelle gebaut. Die Kirche steht noch, und das Kloster ist ein Luxushotel geworden.

Die Franzosen der napoleonischen Zeit haben die Burg in Besitz genommen und während der Zeit ihrer Anwesenheit gewisse Renovationsarbeiten durchgeführt, jedoch bei ihrem Abzug einen Teil der Umfassungsmauern und eines ihrer Tore gesprengt. Die Legende will es, dass ein spanischer Soldat die Zündschnur zerrissen habe, die auch eine Sprengung der anderen Umfassungstürme hätte verursachen sollen.

Die beiden erhaltenen grösseren Paläste, die wir heute sehen, sind ganz für ihre Wirkung nach innen gebaut. Man kann sagen, der offizielle Palast rund um den Myrtenhof herum habe eine Fassade. Doch dies ist eine innere Fassade, die am reichsten dekorierte Wand der ganzen Alhambra mit ihren dreifachen Bogengängen und dem zentralen Torbogen, der in den Thronraum führt. Die drei anderen Wände rundum wurden schmucklos gelassen, so dass das Auge sich der einen Fassade zuwendet, vor welcher der Thron des Sultans aufgestellt werden konnte, wenn er eine grosse Versammlung des Hofes durchführte.

Der Schmuck ist innen

Es ist der innere Schmuck der Paläste, der sie in solch einmalige Räumlichkeiten verwandelt. Die Wände sind mit übereinander liegenden Schmuckbändern verziert, deren unterste Lage meist bunt glasierte Kacheln mit geometrischen Mustern bilden. Stuckbänder folgen auf der halben Höhe der Wände, und der oberste Teil wird von Bogenfenstern eingenommen, die ihrerseits in Schmuckrahmen eingesetzt sind. Doch dieses allgemeine Schema wird immer wieder subtil variiert. Inschriftenbänder, auch als Stuckornamente, unterteilen die einzelnen Flächen oder betonen bestimmte Linien der Architektur, denen sie entlang gezogen sind. Darüber schweben wabengleich die Stalaktiten der Deckengewölbe, vieler Torbögen und Fensternischen. Diese Gewölbe wirken wie ein gewaltiger baulicher Luxus; ganze Türme sind errichtet, nur um sie in ihrem Inneren aufzunehmen, manche sind durch Laternenfenster erhellt. Es erscheint als durchaus glaubwürdig, dass sie ein Herrschaftssymbol darstellen, dem Baldachin vergleichbar, der als Himmelsabbild über den Herrscher gehalten wird.

Der zweite grosse Luxus ist die Aussicht. Die Paläste sind in die Türme der Umfassungsmauer eingebaut und ihre Hauptsäle schauen durch Fenster hinaus, hinab und hinüber auf das tief eingeschnittene, grün überwucherte Tal des Darro und auf die den gegenüberliegenden Hang überdeckenden Gärten und Häuser der Vorstadt von Albaicín. Die «Miradores», Aussichtserker und -säle, von denen aus der Blick aus dem schattigen Gehäuse der Palast- und Festungstürme in die Helle Andalusiens hinausgleitet, bieten eine beständige Augenweide, in ihrer Wirkung noch erhöht durch den Kontrast zwischen reichstem und kunstvollstem Schmuck im Inneren und dem Licht einer Aussenwelt der Natur, der Schöpfung für den gläubigen Muslim – ein Schmuck,

Wandschmuck in der Alhambra: Schriftleisten und -medaillons in ornamentalen Rahmen. Zuoberst der Wahlspruch der Nasriden: «Und es gibt keinen Sieger ausser Gott». Man findet ihn in der Alhambra hundertfach.

in dem gewissermassen das Original aufleuchtet, dessen Abstraktionen in geometrischen Figuren, Ranken, Farben und darüber gewölbten Stalaktiten die Wände und die Kuppeln im Inneren überziehen.

Was heute der Aussichtserker der «Lindaraja» genannt wird und wahrscheinlich 'ayn dar al-Ai'sha» (Auge des Hauses der A'ischa) hiess, dürfte der private Erker des Herrschers gewesen sein. Eine Inschrift spielt darauf an, dass dieser Erker, der besonders reich und fein ausgeschmückt ist, mit dem Herrscher darin wie das Auge einer Pupille sei, die von hier aus über das Land blicke.

Weitere Elemente dieses durch sein äusserstes Raffinement zu einem geistigen Genuss gesteigerten Luxus sind die Wasserrinnen und Becken mit den dazugehörigen

Höfen, Pflanzen und Gärten. Ausgesucht schöne Menschen in ihren Prachtgewändern gehörten natürlich, wie wir aus allen Gedichten wissen, ebenfalls zu den Zierden dieser Paläste.

Die Zierschriften in der Dekoration der Wände, zur schönsten Kalligraphie gehörig, die es in der muslimischen Kunst gibt, begnügen sich manchmal damit, den Wahlspruch und Schlachtruf der Nasriden unzählige Male zu wiederholen: «La ghâlib illa-llah», «Kein Sieger ausser Gott», oder sie repetieren koranische Verse oder Versteile. Es gibt aber auch Medaillons und Schriftstreifen, die ausgewählte Verse von Gedichten enthalten, deren einige von Ibn Zamraq stammen, der das Verhör seines Lehrmeisters, des grossen Ibn al-Khatîb, in Marokko leitete und für seine Folter und Hinrichtung (1375) mindestens mitverantwortlich war, und der selbst, etwa 18 Jahre später, auch den Tod, sogar mit seiner ganzen Familie, durch die Mordknechte des Herrschers erlitten hat.

Die an den Wänden in Stuck und Kalligraphie verewigten Verse enthalten Lob der Herrscher oder auch Preis der Alhambra selbst. Sie gelten als technisch und melodisch perfekt, doch ihr Gehalt beschränkt sich auf die Konventionen des Lobs in hyperbolischer Rhetorik. Seinen Sinn für Gärten und deren Pflanzenschmuck hat Ibn Zamraq von Ibn Khafâja, dem grossen Spezialisten der Blumen-, Natur- und Gartenbeschreibung (1058–1139) aus Alcira (Valencia) abgeleitet, dem die Araber den Übernamen «al-Jannân», «der Gärtner», gegeben haben. (vgl. S. 274f.)

(Für Ibn Zamraq s. E. García Gómez, Cinco Poetas Musulmanes, biografías y estudios, Colección Austral, Buenos Aires 1945, und für «den Gärtner» einige Übersetzungen des gleichen Verfassers in Poemas arabigoandaluces, Austral, Buenos Aires, 1946, No. 93 bis 99, sowie auch: H. Pérès: La poésie arabe en Andalousie, Paris, 2e edition, 1953; ein anderer Dichter an den Wänden der Alhambra war Ibn al-Jayyab, s. J. M. Rubiera Mata: Ibn al-Ŷayyab, el otro poeta de la Alhambra, Granada 1982.

Für Granada allgemein den Artikel «Gharnata» in ECI[2] und die dort angegebene Literatur; zu ergänzen etwa durch den oben zitierten Ausstellungskatalog, den J. D. Dodds herausgab, «Al-Andalus. The Art of Islamic Spain», Metropolitan Museum of Art, New York 1992, mit seinen Aufsätzen und Literaturangaben.)

Eine Wandnische in der Alhambra zeigt die harmonische Verwendung von bunten Schmuckkacheln im inneren und von Stuck im äusseren Rahmen.

Die neue Lage nach der Eroberung von Granada

Nach der Eroberung von Granada trat eine grundlegende Veränderung im spanischen Staatswesen ein. Der Hof hatte bis zu jenem Zeitpunkt an der traditionellen Sicht Spaniens als eines Staates der drei «Völker», der Christen, der Muslime und der Juden, festgehalten. Die Könige von Kastilien, Aragón und Portugal sahen sich selbst als Herren über drei Religionen, die ihrem Schutz unterstanden. Dies war zweifellos ein Reflex der Lage, wie sie im muslimischen Spanien und in der gesamten muslimischen Welt bestand, wo ja die christliche und die jüdische Religion, und mit ihnen ihre Gemeinschaften, ein religiös begründetes Recht auf Duldung besassen und bis heute weiter besitzen, dessen Aufrechterhaltung dem Herrscher anvertraut war und bis heute bleibt.

Man sollte sich hüten, diese Duldung als «Toleranz» im heutigen Sinne der europäischen Aufklärung zu verstehen. Eine solche «Toleranz» war sie nie und konnte sie auch nicht sein, weil diese davon ausgeht, dass im Grunde alle Religionen gleichwertig seien (vgl. die Ringfabel). Die muslimische Duldung der anderen «Leute des Buches» geht darauf zurück, dass die beiden anderen monotheistischen Religionen schon vor dem Islam bestanden, und der Prophet seine Botschaft als eine Fortsetzung der Sendungen früherer Propheten auffasste. Alle standen in muslimischer Sicht im Dienste des Einen Gottes, Moses und Christus an besonders hervorragender Stelle.

Der Prophet sollte allerdings auch im Laufe seiner Aktivität als Prophet und politischer Leiter der Gemeinschaft der Gläubigen zur Ansicht gelangen, dass die Schriften der älteren Buchreligionen verfälscht worden waren und dass seine Botschaft alleine die einzig richtige, unverfälschte und abschliessende sei. Deshalb wurden die Angehörigen der beiden anderen monotheistischen Gemeinschaften (wobei die Christen der Dreifaltigkeit wegen den Muslimen oft als Polytheisten erscheinen) als «Ungläubige» eingestuft, die sich weigerten, die endgültige Botschaft des Propheten als die wahre zu erkennen, und sie mussten infolgedessen auf einer niedrigeren Stufe leben, als es jene der Gläubigen war; sie konnten nicht «Staatsvolk» sein, und sie sollten in der Theorie nie Macht über die Gläubigen ausüben. Die Schari'a hatte im 8. und 9. Jahrhundert das Minderheitenstatut der «geduldeten» Religionsgemeinschaften fein ausgearbeitet, bis zu den Heirats- und den Kleidervorschriften, wobei die praktische Durchführung je nach Ort und Herrschaftsbedingungen stark variieren konnte.

Im spanischen christlichen Mittelalter gab es keine religiöse Doktrin, die erlaubt hätte, die Angehörigen des Judentums und des Islams als essentiell der eigenen Religion verbunden zu betrachten. Die Muslime wurden als abfällige Christen gesehen und eingestuft, Muhammed als ein «Sektenführer» und Spalter der Kirche; die Juden galten als jene «Halsstarrigen», welche die Göttlichkeit Christi nicht anerkennen wollten, ja seine Hinrichtung bewirkt hatten. Dennoch hat das muslimische Vorbild so stark auf die spanischen Herrscher gewirkt, dass jahrhundertelang Lösungen des praktischen Problems der Koexistenz der drei Religionen nach dem Vorbild des Islams angestrebt und mehr oder weniger auch verwirklicht worden sind.

Auch auf der christlichen Seite der iberischen Kampfgrenze war der Herrscher Garant der Koexistenz, und die beiden Minderheiten, die nicht zur Kirche gehörten, standen unter seinem persönlichen Schutz. Dies war im Falle der Juden sogar im Städtebau dadurch zum Ausdruck gekommen, dass die *Judería*, wie man das Ghetto in Spanien nannte, sich eng an den *Alcázar* (das Schloss, Kastell, ein arabisches Wort, das seinerseits auf das lateinische castellum zurückgeht) anlehnte. Die Judería lag im Schatten des königlichen Schutzes, wie dies übrigens bis heute in Marokko die Regel geblieben ist.

Zur offiziellen Titulatur der spanischen Könige, besonders der kastilischen, gehörte, dass sie sich Herren über die drei Religionen nannten. «Moros, cristianos y judíos» erscheint immer wieder als Formel, die «alle Spanier» bedeutet (vgl. Américo Castro: La realidad histórica de España, México 1965 p. 62 ff.). Besonders gern werden die Einzüge von Königen und grossen Herren in die Städte geschildert: Vertreter der drei Religionen kommen ihnen entgegen, die Moros tanzen und singen, die Juden rezitieren die Thora und die Christen zeigen mit Lanzen und Schilden ihre ritterlichen Reitkünste.

Zerbrechen des Gleichgewichts

Doch dieses Gleichgewicht zerbrach im Augenblick der Eroberung von Granada. Dass es zerbrochen war, wurde zuerst an den Juden sichtbar. Erst etwas später erlitten auch die Muslime das Schicksal der Juden, denen schon im März 1492 (Granada war am 2. Januar gefallen) befohlen wurde, entweder ihren Glauben aufzugeben oder die Königreiche Kastilien und Aragón zu verlassen.

Américo Castro hat hervorgehoben, wie sehr sich der neue Ton der Grabschrift «der Katholischen Könige» von denen früherer Herrscher unterscheidet. Fernando III., König von Kastilien und León, Eroberer von *Sevilla*, der 1252 starb, besitzt in der dortigen Kathedrale eine vierfache Grabinschrift: lateinisch, spanisch, arabisch und hebräisch, wobei alleine in der lateinischen festgestellt wird, der König habe Sevilla, «die Hauptstadt ganz Spaniens, den Händen der Heiden entrissen und dem christlichen Kult zurückgegeben», während die arabische, die hebräische und auch die spanische nur gerade die Eroberung der Stadt erwähnen. Doch die Eroberer *Granadas*, Isabel und Fernando, die 1502 bzw. 1516 starben, haben eine lateinische Grabinschrift in der Kathedrale von Granada, die lautet:

«Mohameticae sectae prostatores
et heretice pervicacie extinctores
Ferdinandus Aragonorum et Helisabetha Castelle

vir et uxor unanimes
Catolice appellati
marmoreo clauduntur hoc tumulo.»

«Die Vernichter der Mohammedanischen Sekte,
Auslöscher der ketzerischen Falschheit,
Fernando von Aragón und Isabel von Kastilien,
Gemahl und Gemahlin, allerseits
die Katholischen geheissen,
umschliesst dieses marmorne Grab.»

(A. Castro, La Realidad historica de España, Mexico, 1966 p. 38, 47, 169 und 247).

Nur gerade von ihrer Ausmerzung der Ungläubigen und der jüdischen «Häretiker» ist die Rede, alle anderen Leistungen ihrer Regierungszeit scheinen demgegenüber in den Augen der, gewiss geistlichen, Verfasser der Grabschrift so bedeutungslos, dass sie unerwähnt bleiben.

Ein Jahrhundert der Pogrome

Die Ausweisung der Juden hatte sich allerdings lange Zeit schon vorbereitet. Die erste Judenverfolgung im 1085 endgültig von den Christen eroberten Toledo fand schon 1108 statt. Damals hatte der kastilische König und Eroberer der Stadt, Alfonso VI., bei Uclés eine schlimme Niederlage durch die Almoraviden erlitten. Sein einziger männlicher Nachfahre, Prinz Sancho, den der König von der bekehrten Muslimin Zayda erhalten hatte, fiel, noch ein Kind, in dieser Schlacht. Die Ortschaften Uclés, Consuegra und Cuenca gingen der kastilischen Krone verloren. Die Juden von Toledo hatten im «christlichen» Heere mitgekämpft, und in der Stadt ging das Gerücht um, sie seien zuerst geflohen und daher schuld an der Niederlage und am Tod des Königssohnes. Dies diente als Vorwand für die Plünderung der «Judería» von Toledo.

In den spanischen Städten waren die Pogrome seit Sevilla 1391 (s. u. S. 337) immer häufiger geworden. Es war nur der rettenden Hand der Könige und des spanischen Hochadels zu verdanken, dass die Juden immer wieder Schutz finden konnten.

Als Beweggrund der Angriffe auf die spanischen Juden kann man einen gewissen Neid der Kirche auf ihre Stellung an den Höfen erkennen. Die gebildeten Juden, Kenner der arabischen Kultur, hatten eine andere Bildung als die lateinisch-katholische der Kirche anzubieten, in vieler Hinsicht war sie der kirchlichen überlegen. Die Vertreter der Kirche mussten in ihr etwas gegen ihren Einfluss Gerichtetes erblicken, das sich besonders an den Höfen bemerkbar machte. Kein Wunder, dass sie bei jeder Gelegenheit von der Einheit der christlichen Königreiche sprachen, die durch die Präsenz der Juden gefährdet sei.

In den Städten wussten gewisse Vertreter der Geistlichkeit den Neid der kleinen Leute auf die angeblich allesamt reichen Juden zu erregen und auf diesem Wege die Übergriffe auf ihre Viertel auszulösen. Die Listen, die von Handwerkern erhalten sind, machen deutlich, dass es die tüchtigen jüdischen Handwerker waren, die Städten wie Saragossa und Ávila ihren handwerklichen Wohlstand brachten (vgl. Américo Castro: España en su Historia, ed. 1948, S. 529). Während die Christen vielfach vorrangig das Bestreben entwickelten, als «Hidalgos» in den Waffen- und Ritterdienst zu treten, «taten die Juden alles», und als sie dann reich wurden oder wenigstens Wohlstand entwickelten, wurden sie Zielscheiben des Neids ihrer wirtschaftlich weniger aktiven Mitbürger.

Doch die Herrscher waren jahrhundertelang die Verteidiger der Juden, nicht aus humanitären Gründen, sondern weil «diese Juden Kasse und Schatz des Königs sind», wie ein aragonesischer König sich im Jahr 1328 ganz offen ausdrückte (A. Castro, op. cit. 517). Schon 1219, als das damalige lateranische Konzil anordnete, die Juden hätten besondere Kleidungsstücke und Abzeichen zu tragen, und als dieser Befehl in Spanien durchgeführt werden sollte, worauf Unruhen unter den Juden in verschiedenen Städten ausbrachen und einige hervorragende Mitglieder der jüdischen Gemeinschaft dem König von Spanien drohten, sie könnten in die muslimischen Länder auswandern, baten sowohl der König, Fernando III. (r. 1217–52), als auch der Erzbischof von Toledo den Papst, Kastilien von diesen Anordnungen zu befreien. Der Papst, Honorius III., gestand es zu, um dem König, «dessen Einkommen zu grossen Teilen von jenen Juden stammt», Schwierigkeiten zu ersparen (op. cit. 516).

Krone, Hochadel und «ihre» Juden

Dass bei dem engen Zusammenleben von jüdischen Fachleuten für Geld-, Finanz- und Handelswesen, aber auch für Medizin und andere Wissenschaften, mit dem spanischen Hochadel auch enge persönliche Bindungen zustande kamen, ist beinahe selbstverständlich. Ein exemplarisches Dokument dafür findet sich im Testament des Infanten Don Juan Manuel (1282–1349?), des Neffen Alfonsos «des Weisen», der selbst politisch ein unruhiger Baron und literarisch einer der ersten klassischen Schriftsteller spanischer Sprache war. Er schreibt: «Obgleich Don Salamon, mein Leibarzt, ein Jude ist und nicht Testamentsvollstrecker sein kann und soll, dennoch, weil ich immer seine Loyalität als so stark befunden haben, wie man es kaum zu beschreiben oder zu glauben vermag, bitte ich Doña Blanca und meine Söhne, ihn in ihrem Dienst zu erhalten und ihm ihre Angelegenheiten anzuvertrauen; ich bin sicher, dass sie Gewinn davontragen werden, wenn sie es tun. Denn wenn er ein Christ wäre, wüsste ich, was ich ihm vermachen wollte.» (A. Castro, The Structure of Spanish History, Princeton 1954, p. 468)

Die Könige wussten sogar, dass eine gewisse Rechtssicherheit für die Juden *notwendig* war, damit diese prosperieren konnten und ihnen mit ihrem Geld dienten. Das Kapitel der Kathedrale von Toledo hatte im Jahr 1307 so bedeutende Schulden bei den Juden, dass es sich vom Papst eine Bulle erwirkte, die den geistlichen Herren erlaubte, weder die geschuldeten Kapitalien noch die Zinsen zurückzuzahlen. Die Juden von Toledo wandten sich daraufhin an König Fernando IV. (r. 1295–1312), und dieser entsandte einen seiner Ritter, um den Kapitelherren ein Sendschreiben zu verlesen. Es war in so heftiger Sprache abgefasst, dass der Ritter nicht wagte, es vollständig vorzulesen. Der König verbot den Kapitelherren, eine päpstliche Bulle als zivilrechtliches Instrument zu verwenden. Er untersagte den Schuldenerlass und drohte, dass aller Schaden, der den Juden entstehe, doppelt aus dem Gut des Kapitels ersetzt werden müsse; dies «weil ihr wohl wisst, dass alle Juden und was sie besitzen, mir gehören». (A. Castro, ed. 1948, p. 520). Diese Haltung der Könige ist eine historische Konstante, die bis kurz vor der Vertreibung der Juden anhält.

Nach den blutigen Unruhen von 1391, die von Sevilla ausgegangen waren, sich aber über Valencia bis nach Barcelona und Huesca und bis in Teile von Kastilien ausbreiteten, tadelte der damalige König von Aragón, Juan I., die Übergriffe, weil die Juden «unser königliches Vorrecht und unser Schatz sind». 1417 erreichte sein Nachfolger, Alfonso V., dass das Judenviertel von Saragossa wieder aufgebaut werde, nachdem es in einem Pogrom zerstört worden war und ganz zu verschwinden drohte, «unter grossem Schaden und Verlust für Uns und Unsere Vorrechte», und noch 1481, elf Jahre vor der Austreibung, rügte Fernando II., «der Katholische», den Prior der Kathedrale von Saragossa höchst energisch dafür, dass er ein Edikt hatte ergehen lassen, nach dem alle Fenster und Tore des Ghettos, die sich auf die christlichen Stadtteile hin öffneten, vermauert werden sollten und die Juden besondere Kleidung zu tragen hätten. Die Juden, so schreibt der König, sind «unsere Koffer (gemeint sind Geldkoffer) und ihre Verteidigung steht uns und unseren Beamten zu». Der König wünscht, dass «unser erwähntes Judenviertel und die Individuen darin in Ruhe, ohne Gefahr, Skandal und Aufregung leben können». Wenn der Bischof und der Prior der Kathedrale seinem Gebot zuwiderhandeln sollten, so ordnet der Katholische König an, sollen die weltlichen Besitztümer beider in Beschlag genommen werden.

Jedoch die Berater des Königs waren der Ansicht, diese Befehle sollten nicht abgesandt werden, weil die Bevölkerung im Begriff sei, «Unruhen, Tumulte und Skandale» auszulösen. Der König gab diesem Druck nach und beschloss, persönlich nach Saragossa zu ziehen, um die delikate Frage an Ort und Stelle zu lösen. Er erreichte, dass die Vorschriften des Priors rückgängig gemacht wurden, doch später stimmte er unter dem Druck der Kastilier der Ausweisung aller Juden zu (Castro, op. cit., edition 1948, p. 518, gestützt auf die grosse Dokumentensammlung von Fritz Baer: Die Juden im christlichen Spanien, Berlin, Bd. I 1929, Bd. II 1936).

Man sieht, wie die Stellung der Herrscher und grossen Herren in dieser Frage immer schwächer wird: Fernando III. («der Heilige») löst sie im Jahr 1219 gütlich, indem er vom Papst eine Ausnahmeregelung zugestanden erhält. Die Könige von Aragón protestieren, nachdem die blutigen Progrome von 1391 sich auch auf ihre Städte ausgedehnt haben (Barcelona ist seit 1393 eine Stadt ohne Juden; durchreisende Juden dürfen nicht länger als zwei Wochen in ihr verweilen). Der Katholische König von Aragón protestiert ein halbes Jahrhundert später ärgerlich gegen Übergriffe, unter denen «seine Juden» zu leiden haben, doch er ist nicht mehr in der Lage, die kirchlichen Autoritäten, hinter denen die Masse der christlichen Bevölkerung steht, öffentlich zu massregeln, und muss persönlich nach Saragossa reisen, um soweit möglich nach dem Rechten zu sehen.

Agitation in den Städten

Die oben erwähnten Unruhen von Sevilla aus dem Jahr 1391, die sich dann über fast alle wichtigen Städte Spaniens ausbreiten sollten, waren in Sevilla von Ferrant Martínez, Erzdiakon von Ecija, angestachelt worden. Dieser Erzdiakon war ein wütender Feind der Juden, und seine theologischen Theorien, die sich gegen sie richteten, waren sogar der Kirche verdächtig, so dass sein Erzbischof, Barroso von Sevilla, ihn der Exkommunikation unterwarf, indem er ihn als «ungehorsam und der Häresie verdächtig» erklärte. Der Angeschuldigte seinerseits entgegnete immer, wenn er für seine wenig christliche Haltung gegenüber den Juden zur Rechenschaft gerufen wurde, er sei nur bereit, sich in Gegenwart der Vertreter der Stadtbevölkerung zu verteidigen.

Als der Erzbischof starb, entfesselte der Diakon die Massen des niedrigen Volkes in Sevilla. Im Juni 1391 wurde das Judenquartier von Sevilla erstürmt, zahlreiche Juden wurden ermordet, die Häuser geplündert, Frauen und Kinder in die Sklaverei verkauft. Viele Juden erklärten sich bereit, die Taufe anzunehmen, um ihr Leben zu retten. In drei Monaten breiteten die Pogrome sich das Mittelmeerufer entlang über Valencia bis nach Barcelona, aber auch auf die Balearen und über grosse Teile Kastiliens aus. Die Zahl der damals unter Bedrohung ihres Lebens zum Christentum übergetretenen «conversos» soll sehr gross gewesen sein.

Die Eroberung von Granada, nach einem zehnjährigen Krieg, in dem die Katholischen Könige sich auf ihre städtischen Untertanen zu stützen hatten, sowohl für die Kriegsgelder wie für die Rekrutierung der Soldaten, brachte den endgültigen Umschwung. Die Kirche und die von ihr aufgehetzten Unterschichten der Städte setzten sich durch. Man weiss, dass es Isabel war, die zuerst dem Druck nachgab, vielleicht nicht so sehr aus persönlichen Gründen, wie dem Einfluss des Kardinals Cisneros, was oft behauptet wird, sondern vielmehr aus innenpolitischen. Die feindseligen Gefühle gegen die Juden waren in Kastilien besonders heftig, gerade weil es sich um das Zentrum des im kastilischen Selbstverständnis «eigentlichen» Spaniens handelte, also jenes Land, in dem der Wunsch der kleinen Leute, als «hidalgos» zu leben, besonders stark war. Die Kastilier wollten um jeden Preis als Kleinadlige gelten, die zu kämpfen, aber nicht zu arbeiten hatten. Jede Art Arbeit, ausser der Landarbeit der Bauern, wurde von ihnen als schimpflich, weil einem adligen «hidalgo» nicht angemessen, abgelehnt. Der Neid auf jene, die es durch ihr handwerkliches oder wirtschaftliches Geschick verstanden, reich zu werden oder doch einen kleinen Wohlstand zu erlangen, war im Lande eines «Lazarillo de Tormes» (geschrieben vor 1539), der einst einem Ritter diente, welcher zwar nichts zu essen hatte, aber nach der Essenszeit auf die Strasse ging, um sich öffentlich in den Zähnen zu stochern, verständlicherweise besonders leicht anzufachen.

Die Katholischen Könige hatten noch zur finanziellen Vorbereitung des Granada-Krieges jüdische Bank- und Steuerfachleute verwendet, wie das die spanischen Herrscher seit Jahrhunderten getan hatten. Noch 1488, vier Jahre vor dem Ausweisungsdekret, ernannten die Katholischen Könige den «Bankier» Abraham Seneor «wegen der guten und loyalen Dienste, die wir von Euch erlangt haben», zum Schatzmeister der *Santa Hermandad* (königliche Häscher, Vorläufer der Guardia Civil), «um die Gehälter zu bezahlen, die die Leute erhalten und weiter erlangen sollen» (A. Castro, España en su Historia, 1948 p. 514). Nach den jüdischen Historikern soll Isaac Abravanel, der wichtigste unter den Schatzmeistern und Steuereinziehern der Katholischen Könige während der Jahre des Granadakrieges, König Fernando solange angefleht haben, das Vertreibungsdekret zurückzunehmen, bis ihm die Stimme versagte, «doch jener verschloss seine Ohren, wie eine taube Viper ... und auch die Königin, die zu seiner Rechten stand, um ihn zu korrumpieren, redete ihm mächtig zu, sein Werk fortzusetzen und zu vollenden». Nach Ansicht des Steuerverwalters und Finanziers war es die Eroberung von Granada, die König Fernando dazu bewegte, das Edikt zu erlassen. «Er, in seiner Zähigkeit und seinem Stolz, überhob sich und hielt seine Macht für gottgegeben.» (A. Castro, España en su historia, 1948 p. 519, nach Salomón ben Verga, La vara de Judá).

Die «europäischen» Judenverfolgungen

Man muss in Rechnung stellen, dass England seine Juden schon 1290 ausgestossen hatte, Frankreich, mit Ausnahme der Provence, die seinen zum ersten Mal 1306 und endgültig 1394. In Andalusien war schon 1483 der Befehl ergangen, alle Juden hätten die (von Kastilien regierte) Provinz zu verlassen. Er war allerdings nicht streng durchgeführt worden, und in Saragossa gab es 1486 einen ähnlichen Räumungsbefehl, dem auch noch nicht viel Folge geleistet wurde.

Um die Mitte des 14. Jahrhunderts, als sich die Schwarze Pest, die in Nordafrika und in Spanien begonnen hatte, auch in Deutschland ausbreitete, wurden dort 350 jüdische Gemeinden durch Pogrome vernichtet. Rom jedoch behielt sein Ghetto bei, aus ähnlichen Gründen wie jene, die die spanischen Könige so lange zum Schutz der Juden bewegt hatten: Sie waren finanziell nützlich.

Die Zwangsbekehrten als doppelte Opfer

Das Dekret von 1492 erschien, weil die Machtverhältnisse sich geändert hatten. Die Könige vermochten ihre alte Haltung nicht mehr zu behaupten. Beim Umschwung dieser Machtverhältnisse spielte eine wichtige, vielleicht die entscheidende Rolle, dass im Verlauf des Jahrhunderts der Verfolgungen (1391 bis 1492) eine grosse Zahl der spanischen Juden sich mehr oder weniger gezwungen zum Christentum bekehrt hatten.

Es waren nachgewiesenermassen bestimmte Figuren unter jenen «Conversos», einstige Juden, die sich als die eifrigsten Verfolger der Juden erwiesen. Die «Conversos» und die Juden hassten einander wohl noch intensiver und intimer, als es die «Altchristen» gegenüber den Juden und den «Conversos» taten. Die Spanische Inquisition ist weitgehend von den Konvertierten konzipiert und geleitet worden. Américo Castro gibt Einzelheiten, die sich nicht bestreiten lassen.

Unter vielen Figuren sei hier nur von jene von *Simon Halevi* erwähnt, des gegen 1350 geborenen Oberrabbiners von Burgos, der mit seinen Söhnen 1390 zum Christentum übertrat, seither Don Pablo de Santamaría hiess, in Paris einen theologischen Doktorgrad erwarb, Erzieher, dann Kanzler des Königs Juan II. und schliesslich Bischof von Burgos wurde, der Stadt, in der er Oberrabbiner gewesen war. Er hat viele gelehrte Schriften verfasst, «die dem Glauben sehr nützlich waren», wie ein Zeitgenosse schreibt. Doch sein eigenes Volk hat er bitter angegriffen. Er lobte die Pogrome von 1391, in denen er Gottes Hand zu sehen vorgab, welche das Blut Christi habe rächen wollen, und er nannte ihren Instigatoren, Ferrant Martínez, einen einfachen Menschen, jedoch löblichen Lebens. Die Juden, so sagte er in seiner Schrift *Scrutinium Scripturarum*, seien durch die Eingebung des Teufels zu hohen Stellungen in den Palästen der Könige und der Grossen gelangt. (Er selbst hatte auch solche Stellungen inne, doch er hatte sich ja zum Christentum bekehrt.) Sie zwängen die Christen zu Furcht und Unterwerfung, was Anstoss errege und die Seelen gefährde. Sie regierten nach ihrem freien Ermessen Kastilien und hielten das Land für ihren eigenen Besitz (Castro, España en su Historia, p. 554 nach Amador de los Ríos: Historia de los Judíos vol. III, Madrid 1876, p. 38–43). «Die einzige Entschuldigung für soviel Niedrigkeit», so merkt Castro an, «liegt darin, dass man sich denken kann, der Rabbiner-Bischof habe, als er dies schrieb, die Gespenster seines eigenen Lebens beschworen, indem er schrie, um sein Gewissen nicht hören zu müssen. Don Pablo bekehrte sich, um zu hohem Rang im Palast des Königs aufzusteigen und nach seinem Willen Kastilien zu regieren. Seine Vorfahren hatten das gleiche als Rabbiner und Rechtsgelehrte der Herrscher getan, er selbst konnte schon nicht mehr aufsteigen, ohne seine Religion aufzugeben. In ihm zeichnet sich die die finstere Figur des Inquisitoren seines eigenen Volkes ab.»

Die Aufgaben der Inquisition

Der eigentliche Organisator der spanischen Inquisition, *Tomas de Torquemada* (1420–1498), stammte ebenfalls von bekehrten Juden ab. Diese Inquisition, deren Einsetzung die Katholischen Könige noch vor dem Granadakrieg im Jahre 1480 zustimmten, war nicht gegen die Muslime und Juden gerichtet, sondern gegen die *ehemaligen* Juden und Muslime, die zum katholischen Glauben übergetreten waren. Als Aufgabe der Inquisitoren galt, dafür zu sorgen, dass jene «Neuchristen von Juden» oder «von Muslimen», wie das Spanische sagte («neocristiano de judíos» oder «de moros»), nicht wieder heimlich in ihre alte Religion zurückfielen, oder sie dafür zu bestrafen, wenn dies doch geschah. Sie arbeiteten dabei mit notorisch ungerechten Methoden, wie heimliche, oft anonyme Anzeigung, Anklagen, die dem Angeklagten nicht mitgeteilt wurden, Folter in allen «zweifelhaften Fällen», etc. Die Güter der Angeklagten, nicht erst jene der Verurteilten, wurden eingezogen, der Denunziant erhielt einen Teil davon usw.

Die Inquisition entwickelte sich durch diese Methoden zu einem Macht- und Terrorapparat ersten Ranges, den der Staat in seine Dienste nahm, soweit er nicht seinerseits den Staat beherrschte und terrorisierte. Als Machtinstrument wurde die Inquisition ein entscheidendes neues Gewicht in der Machtbalance. Sie hat als solches dahin gewirkt, dass die Juden ihr Land Spanien verlassen mussten, denn als ein solches empfanden sie es, und ihr Gewicht ist es dann auch gewesen, das sich gegen die noch im Lande befindlichen Muslime entscheidend auswirken sollte.

Das Dekret von 1492 gegen die Juden bewirkte, dass sich schätzungsweise 160 000 Menschen zur Auswanderung entschlossen, während vielleicht gegen 240 000 die Taufe annahmen und dadurch die Zahl der schon früher vorhandenen «Conversos» anschwoll. Ältere Historiker neigen sogar zu grösseren Zahlen, bis zu 300 000 für die Ausgewiesenen und 600 000 für jene, die sich bekehren liessen. Die Ausgestossenen wandten sich nach Portugal, Nordafrika, Südfrankreich, ins Türkische Reich, wo der Sultan sie willkommen hiess. In Istanbul findet man heute noch spanisch sprechende Juden, und bis zu ihrer Ausrottung durch die Nazis im Zweiten Weltkrieg waren jene von Thessalonike (Saloniki) besonders zahlreich gewesen.

Die «Judenfrage» war jedoch mit der Ausweisung längst nicht erledigt. Das Problem der «Bekehrten» blieb und verschärfte sich über die Jahre, gerade weil die Inquisition es sich zur Aufgabe machte, den Bekehrten nachzuspüren und sie für angebliche «Rückfälle» zu bestrafen. Die «Conversos» wurden zu den «neuen Juden» der Spanier.

Eine allzu günstige Kapitulation

Die Muslime von Granada erhielten zunächst günstige Bedingungen für ihre Übergabe. Sie wurden noch vor der Auslieferung der Stadt, am 28. November 1491, ausgehandelt. Die Katholischen Könige und ihr Sohn, Infant Juan (der sterben sollte, bevor er seine Herrschaft antrat), sicherten den Bewohnern von Granada «auf immer und ewig» zu, dass sie ihre Religion, ihre Moscheen, ihre gesamte Lebensweise beibehalten dürften. Sie sollten keine höheren Steuern bezahlen, als sie ihren eigenen Herren bisher entrichtet hatten. Sie sollten während drei Jahren frei sein, fortzuziehen, wohin sie wollten, auch nach Nordafrika. Sie könnten dabei ihr Hab und Gut mitnehmen, sogar ihre Waffen, nur nicht die «Pulver-Instrumente, kleine und grosse» (d. h. Schusswaffen und Kanonen). Diese werde der König einziehen. Später hätten die Auswanderer dem König einen Dukaten zu bezahlen.

Weiter: Die Muslime könnten all ihre Güter und Besitztümer behalten oder frei verkaufen, wenn sie auswandern wollten. Es solle ihnen auch möglich sein, ihre Güter Verwaltern anzuvertrauen und sich die Renten ins Ausland senden zu lassen. Ihre Gerichtsfälle sollten von ihren eigenen Richtern nach der Scharia («Xara» in den Verträgen) und Sunna beurteilt werden, im Fall von Prozessen zwischen Christen und Muslimen gleichzeitig von einem Kadi und einem christlichen Richter (*alcalde* im Text, was vom Wort «Kadi» abstammt), «damit die Parteien sich nicht über den Wahrspruch beklagen können».

Ausdrücklich wurde ferner zugesagt, dass die Katholischen Könige und ihre Nachfolger «für immer und ewig» den König Abdullah (Abdilehi), seine Militärführer, Kadis, Muftis, Wesire, Oberhäupter und Anführer (homnes buenos) sowie alle Gemeinen, die kleinen und die grossen (d. h. wohl reiche und arme), am Leben lassen und nicht zulassen sollten, dass ihnen ihre Moscheen und Minarette weggenommen würden, noch dass man sich an ihren Stiftungen (*habices* = habous) und den Renten, die sie daraus bezögen, vergreife. «Auch die Gewohnheiten und Bräuche, die sie haben, sollen nicht gestört werden.»

Diese und verwandte Gesichtspunkte werden in dem ausführlichen Kapitulationsdokument mehrmals in verschiedenen Wendungen wiederholt. Vorschriften für die Gefangenen fehlen nicht, beide Seiten sollen die der Gegenseite zurückgeben. Doch wenn ein christlicher Gefangener vor der Kapitulation nach Nordafrika verkauft worden ist, fällt diese Verpflichtung dahin. Die Muslime sollen in Nordafrika und auch in Kastilien frei Handel treiben dürfen. Die Juden sollen keinerlei Befehlsgewalt über die Muslime erhalten, und die Muslime sollen «auf immer und ewig» nicht gezwungen sein, besondere Kennzeichen wie die Juden an ihrer Kleidung zu tragen. Christen sollen nicht in die Moscheen der Muslime eintreten, ohne Erlaubnis der Gottesgelehrten *(alfaquíes)* erhalten zu haben; wenn sie es dennoch tun, seien sie zu bestrafen. Sogar dass die Metzger der beiden Religionen ihre Geschäfte in getrennten Lokalen einzurichten hätten, ist vertraglich festgelegt. (Zusammenfassung des Vertrages; man findet ihn voll abgedruckt in der Dokumentensammlung von: Mercedes García-Arenal: Los Moriscos, Madrid 1975).

Trotz dieser günstigen Bedingungen war es offenbar fast nur das einfache Volk, das – ohne grosse Wahlmöglichkeit – in Granada zurückblieb. Die meisten Figuren der politischen, religiösen und wirtschaftlichen Elite, an ihrer Spitze der ehemalige Herrscher Abu Abdullah, Mohammed XII., «Boabdil», verliessen die Stadt. Die meisten zogen nach Nordafrika. Fès, Algier und Tunis erhielten einen bedeutenden Zustrom andalusischen Blutes, Könnens und Wissens sowie andalusischer Kultur, die sich bis auf unsere Zeiten bemerkbar macht, z. B. in der Musik, die in ihrer andalusischen Sonderform bis heute neben der in Nordafrika einheimischen kultiviert wird (vgl. oben S. 201 ff.).

Für die Muslime galt es als eine religiöse Pflicht, auszuwandern und nicht in einem Staat zu bleiben, der von Nicht-Muslimen regiert wurde. Natürlich war es für die Wohlhabenden am einfachsten, auszureisen. Sie hatten es relativ leicht, auf der Südseite des Mittelmeers eine neue Existenz zu beginnen. Resultat war, dass eine Gesellschaft, die ihrer natürlichen Führung beraubt war, in Granada zurückblieb.

Zwei Gesichter der Kirche

Der erste Erzbischof, der in der neugewonnenen Stadt eingesetzt wurde, Bruder Hernando de Talavera (1428–1507), der zum Orden der Jerónimos gehörte und Beichtvater der Königin gewesen war, ging ohne Zwang vor. Er soll trotzdem recht erfolgreich gewesen sein und viele Bekehrungen erreicht haben. Doch der zukünftige Kardinal Cisneros (1436–1517), der Hernando de Talavera als Beichtvater der Königin nachgefolgt war und es später bis zum Regent der spanischen Krone bringen sollte, ein Mann stählerner Willenskraft, besuchte Granada im Jahr 1499 in Begleitung des Königspaars und fand, dass die Konversion nicht rasch genug vor sich ging. In seiner Eigenschaft als Beichtvater der Königin griff er sofort zu Gewaltmassnahmen. Massentaufen wurden vorgenommen; Gefängnisstrafen und Körperstrafen für die «Widerspenstigen» wurden häufig. Cisneros gebot, dass alle arabischen Bücher eingesammelt und verbrannt würden, und schwere Strafen wurden über jene verhängt, die beim Lesen des Korans, ja irgendeines arabischen Schriftstückes, überrascht wurden. Nach einer Überlieferung sollen die Bewohner des Albaicín-Quartiers sich mit Bischof Talavera in Verbindung gesetzt haben, um ihm zu versprechen, sie würden sich alle zum Christentum bekehren, wenn nur Cisneros Granada wieder verlasse. Cisneros suchte seinen Rechtsbruch mit dem Argument zu verteidigen, Versprechen, die gegenüber Ungläubigen gemacht würden, gälten ohnehin nichts und bräuchten nicht eingehalten zu werden.

1498 wurde Granada in zwei Quartiere aufgeteilt, ein christliches und ein muslimisches. *Albaicín* wurde zum Herz der muslimischen Stadt. Es kam 1499 zu einer Erhebung, in Granada selbst, und in den Bergen der Alpujarra. Cisneros musste sich mit seinen Dienern eine ganze Nacht lang in seinem Hause verteidigen. Der Aufstand dauerte in den Bergen drei Jahre lang, dann wurde er niedergeschlagen. Er hatte für die Katholischen Könige den Vorteil, dass sie sich hinfort ihrer Versprechen, die sie zur Zeit der Kapitulation «auf immer und ewig» gegeben hatten, entbunden glaubten. Die Muslime von Granada waren natürlich der Ansicht, dass die Könige ihre Versprechen gebrochen hatten, weil der Geistliche Beichtvater der Königin als erster begonnen hatte, Gewalt gegen den Glauben der Muslime anzuwenden.

Der Rechtsbruch der «Ungläubigen»

Ein bemerkenswertes Dokument, das uns der marokkanische Gelehrte al-Maqqari (1591/2–1648) überliefert, stammt aus der Zeit nach dem ersten Aufstand. Die Muslime von Granada sandten ein arabisches Gedicht an den Sultan von Istanbul; es war Bayazid II., 1481–1512, unter dem die Pforte kurz vor dem Höhepunkt ihrer Macht stand. In dem Bittgedicht flehten die Bewohner von Granada ihn um diplomatische Intervention am spanischen Hofe an. Das Werkchen von 105 Langversen zeigt deutlich, was sie empfanden. «Da ja der Ursprungsort ihrer Religion (der Christen) unter Deiner Herrschaft steht, denn von dort aus (Palästina) dehnte sie sich in alle Regionen aus, bei Gott, unser Herr, geruhe, uns einen Rat zu erteilen, oder ein Wort des Protestes einzulegen, denn Du besitzest den hohen Rang, den Ruhm, die Macht, um die Diener Gottes vor allem Übel zu retten. Frag doch ihren Papst, der Rom regiert, warum sie den Verrat zulassen, nachdem sie uns Straferlass zugesichert hatten, und warum sie uns mit ihrem Betrug schädigen, ohne dass unsererseits ein Fehler oder Verbrechen geschehen war.

Als ihr Volk, das erobert worden war, unter der Obhut unserer Religion stand und unter dem Schutz unserer ruhmreichen Herrscher, die ihre Versprechen erfüllten, wurden sie nicht gezwungen, ihren Glauben aufzugeben, noch ihren Herd, noch erlitten sie Verrat oder Entehrung. Einen Vertrag abzuschliessen und ihn dann zu verraten, das ist eine Handlung, die alle Religionen verbieten, besonders wenn es von seiten eines Königs geschieht, denn es ist eine ehrlose, schamvolle Handlung, die alle Religionen untersagen.

Dein Brief hat sie erreicht, doch sie kümmerten sich nicht um ein einziges seiner Worte. Er hat nur ihre Feindschaft und Frechheit gegen uns verschärft und sie in allen Formen der Schlechtigkeit bestärkt. Auch die Abgesandten Ägyptens kamen und wurden ohne Verrat oder Entehrung aufgenommen. Doch sie sagten ihnen, wir hätten aus freiem Willen ihre Religion und Ungläubigkeit angenommen. Sie hätten uns, den Unterworfenen, die Bekehrung zu ihrer Götzengläubigkeit nicht aufgezwungen.

Bei Gott, nie werden wir dieser Behauptung zustimmen. Sie logen über uns mit grösster Falschheit in Worten und Argumenten, als sie dies sagten. Es war die Furcht vor dem Tod und verbrannt zu werden, die uns zum Religionswechsel zwang. Wir sagten das, was sie uns zu sagen zwangen, doch war es das Gegenteil unserer wahren Absicht. Der Glauben an den Propheten Gottes ist unter uns nie erloschen. Es ist offenbar, dass wir die Einheit Gottes anerkennen. Wir werden, bei Gott, unseren Religionswechsel nie anerkennen; auch nicht das, was sie über die Dreifaltigkeit sagen.

Wenn sie behaupten, wir hätten ihre Religion angenommen, ohne dass sie uns Schaden getan hätten: Fragt Huejar nach seinen Bewohnern, wie sie ermordet wurden, entehrt und im Unglück, Belfite, wo sie alle mit den Schwertern zerstückelt wurden, nachdem sie grosse Bedrängung erlitten hatten. Fragt Munyafa; die Bewohner wurden mit dem Schwerte vernichtet. Das gleiche geschah den Bewohnern der Alpujarra. Was Andax angeht, so wurden seine Bewohner vom Feuer verzehrt. Alle, in die Moschee eingeschlossen, wurden sie zu Kohle verbrannt.

Weh uns, unser gnädiger Herr, wir klagen vor Euch. Was uns anficht, ist die schlimmste aller Trennungen! Konnten sie uns unsere Religion nicht lassen, unser Gebet, wie sie es geschworen hatten, bevor sie den Pakt brachen? Wenn es aber nicht sein soll, bewirkt, dass sie uns aus ihrem Land nach Nordafrika auswandern lassen, dem Land unserer Verwandten, mit unserem Besitz. Denn wir ziehen vor, auszuwandern und nicht in der Ungläubigkeit zu verweilen, mit Besitz, aber ohne Religion.

Das ist, was wir von Eurer Hoheit und dem Ruhm Eures Ranges erhoffen, dass unseren Nöten von Euch abgeholfen werde. Von Euch erhoffen wir das Ende unserer Bedrängnis, des Unglücks und unserer Erniedrigung. Ihr, Gott sei dafür gepriesen, seid der beste all unserer Herrscher, und Euer Ruhm erhebt sich über aller anderer Ruhm. Deshalb beten wir zu unserem Herrn, er möge Euer Leben in Herrschertum und Ruhm verlängern, in Freuden und Reichtum. Frieden sei in Eurem Reich, Sieg über Eure Feinde, zahlreiche Heerscharen, Reichtum und Herrlichkeit. Zum Schluss, dass der Frieden Gottes und Seine Langmut über Euch seien alle Stunden und jeden Tag.» (Verse 73 bis 105).

Die Botschaft aus Ägypten, auf die angespielt wurde, hat tatsächlich stattgefunden. Die Mamlukenherrscher deuteten den Spaniern an, dass sie ihrerseits die Christen in Ägypten verfolgen und zur Bekehrung zwingen könnten, wenn der Bekehrungszwang in Granada nicht ende. Die Spanier redeten sich, wie geschildert, damit heraus, dass die Bekehrungen freiwillig seien. (Vgl. Th. Monroe: A curious morisco appeal to the Ottoman Empire, in: al-Andalus (Madrid) Vol. 31, 1966, S. 281–301).

Kurz nach der Erhebung, im Jahr 1501, erschien ein Dekret der Spanischen Könige, nach dem alle Muslime von Granada den christlichen Glauben anzunehmen hätten. Sie wurden dadurch von «mudéjares» zu «moriscos». Das heisst von «gezähmten Muslimen» (der spanische Ausdruck kommt von arabisch «mudajjan», «gezähmt», gemeint ist, der christlichen Herrschaft unterstellt) zu «bekehrten moros», die sich rechtlich von den anderen Mitgliedern der christlichen Kirche nicht mehr unterscheiden sollten. Dies allerdings nur in der Theorie, in der Praxis bestand ein Unterschied weiter dadurch, dass nun die Inquisition voll zur Wirkung kam. Sie übte die Aufsicht über die «Neubekehrten» (oft waren es Zwangsbekehrte) aus, was bedeutete, dass diese Gefahr liefen, des Abfalls von der Kirche (Apostasie) angeklagt zu werden und dann in die Fänge der Inquisition zu geraten, genauso wie die bekehrten Juden, die «conversos».

Ein Mudéjar, der ja als Muslim anerkannt war, befand sich insofern in einer besseren Lage als der Morisco, der theoretisch als Christ galt, als die Inquisition ihm gegenüber nicht einschreiten konnte. Es sei denn, sie warf ihm vor, Christen, etwa eben Moriscos, beeinflusst und vom wahren Glauben wieder abtrünnig gemacht zu haben.

Im Augenblick des Dekretes, das die Muslime von Granada zum «Christentum» zwang, gab es in vielen Teilen des spanischen Reiches, sowohl in Kastilien wie in Aragón, noch immer grössere Gemeinschaften von Mudéjares, das heisst Muslimen, die unter der christlichen Herrschaft lebten, wie sie bei der Eroberung ihrer Städte und Dörfer den Islam überlagert hatte.

Je nach dem Königreiche, in dem sie sich befanden, wurden die Mudéjares mehr oder weniger gerecht, in den Augen der meisten spanischen Christen wohl: mehr oder weniger milde, behandelt. Eine rühmliche Ausnahme in dieser Hinsicht bildete Navarra. In einigen der südlichen Teile des kleinen Königreiches waren bis zur Hälfte der Bewohner Muslime, umgelegt auf ganz Navarra mögen es 17 Prozent gewesen sein. Als die Stadt Tudela 1109 von Alfonso I. (r. 1104–1134) den Muslimen entrissen wurde, erhielten diese Kapitulationsverträge, wie sie im spanischen Hochmittelalter nicht ungewöhnlich waren. Doch im Fall von Navarra war ungewöhnlich, dass die Bestimmungen dieser Verträge über die Jahrhunderte hinweg auch eingehalten wurden.

Entscheidend dabei waren wohl zwei Umstände: Die Muslime waren ein bedeutender und wirtschaftlich produktiver Teil der navarresischen Bevölkerung, und Navarra hatte schon bald keine gemeinsame Grenze mehr mit muslimischen Ländern, weil das rasche Wachstum von Aragón und Kastilien das Königreich von der muslimischen Kampfgrenze abschnitt. Nicht einmal zur See gab es für die Navarresen, ein Volk des Inlandes, eine muslimische Bedrohung. Die einheimischen Muslime konnten unter diesen Umständen schwerlich als potentielle Verräter verdächtigt werden. Die Krone beschützte ihre muslimischen Untertanen. Es gibt Dokumente, wie einen «laissez passer» für muslimische Pilger aus dem Jahr 1357, den der König von Aragón auf Betreiben des Königs von Navarra ausstellen liess. Ein anderes aus dem Jahr 1341 zeigt, dass die Behörden von Navarra Wächter für das muslimische Quartier von Tudela bezahlten, die dafür zu sorgen hatten, dass Kreuzritter aus dem Norden Frankreichs beim Durchzug durch Tudela das dortige Muslimquartier nicht schädigten. (s. Mercedes García-Arenal y Béatrice Leroy: Moros y Judíos en Navarra en la Baja Edad Media, Madrid, 1984 p. 43).

Die navarresischen Muslime kämpften sogar in den navarresischen Heeren mit, wo sie sich als Kanoniere hervortaten. Die «morería» oder «aljama» (d. h. das in sich abgeschlossene Muslimquartier der Stadt) von Tudela lag in einer Vorstadt. Sie erhielt 1375 starke eigene Mauern, für deren Bau die Bewohner allerdings selbst aufkommen mussten.

Als dann freilich im Jahr 1516 Fernando el Católico Navarra durch einen bewaffneten Überfall in Besitz nahm und Kastilien eingliederte, wurden die dortigen Muslime den kastilischen «gleichgestellt». Sie mussten Navarra, ihre Heimat seit vielen Jahrhunderten, überstürzt räumen. (Für die Lage der «mudéjares» in Kastilien, Aragón, Valencia und Navarra sowie ihre innere Organisation s. das schöne Buch von *L. P. Harvey:* Islamic Spain 1250 to 1500, Chicago Univ. Press 1990, das auch über Granada sehr lesenswert ist.)

Zwangsbekehrung und Krypto-Islam

In den Hauptkönigreichen jedoch, Kastilien und Aragón, drang die Kirche, gestützt auf die Bürger und kleinen Leute, immer energischer darauf, dass diese Reste des Islams durch mehr oder minder erzwungene Bekehrungen zu Ende kämen. Die Mudéjares wurden im Verlauf der ersten Jahrzehnte des 16. Jahrhunderts praktisch überall gezwungen, Moriscos zu werden.

Doch die Herren von der Inquisition wussten, wie aus vielen Darstellungen und Dokumenten hervorgeht, dass es eine muslimische Doktrin von der *taqiya* gibt, das heisst der Möglichkeit, unter lebensgefährlichem Zwang den Islam nach aussen hin zu verleugnen, jedoch innerlich an ihm festzuhalten. Wir besitzen sogar Rechtsgutachten, die den Moriscos von Algerien aus zugestellt wurden und in denen das Vorgehen der Taqiya genau beschrieben wird, wie in jenem des Muftis von Oran: «Wenn sie euch zwingen, Wein zu trinken, trinkt ihn, indem ihr jede Absicht, einem Laster zu frönen, (in Gedanken) entfernt... Wenn sie euch zwingen, Schweinefleisch zu essen, tut es, indem ihr eure Absicht rein erhaltet und (innerlich) anerkennt, dass es nicht erlaubt ist; genauso mit allen anderen Dingen, die (religiös) verboten sind... Um das Gebot der Reinigung zu erfüllen, badet euch im Meer oder in den Flüssen; wenn sie euch das verbieten, tut es während der Nacht. Das wird euch so gut dienen, wie wenn es am Tage geschieht. Begeht die religiöse Waschung, wenn es auch gleich bloss sei, indem ihr die

Hände gegen eine Mauer reibt; und wenn dies unmöglich ist, versucht, eure Augen auf die Erde zu richten, oder auf einen Stein, der euch zur Reinigung dienen könnte, und formuliert die Absicht, es zu tun ...

Wenn sie euch zur Stunde der Anbetung zwingen, zu gehn und die christlichen Götzen anzubeten, formuliert (innerlich) die Absicht, das *Allahu Akbar* des Gebetsbeginnes zu sprechen und euer (muslimisches Ritual-)Gebet zu begehen. Eure Augen können sich auf das Götzenbild richten, wenn die Christen das tun, aber eure Absicht soll sich Gott zuwenden, sogar dann, wenn ihr nicht in der Richtung der Qibla (Gebetsrichtung) sitzt, so wie jene beten, die im Krieg dem Feind gegenüberstehen ...» (Anfang Rajab 910 der Hijra, geschrieben am 3. Mai 1563). (Ebenfalls abgedruckt in M. García Arenal: Los Moriscos S. 43)

Geld für Aufschub

Solange Carlos I. (Kaiser Karl V.) (1500–1558, regierte Spanien 1517–56) in Nachfolge der Katholischen Könige regierte, wurden zwar regelmässig Vorschriften erlassen, nach denen die Moriscos auf ihre traditionelle Kleidung zu verzichten hätten, sich nicht mehr rituell waschen dürften und all ihre anderen Gebräuche einstellen müssten, ja sogar ihre Türen offen zu halten hätten, damit sie nicht hinter verschlossenen Türen ihren eigenen Gebräuchen und Gebeten nachgingen. Doch die Moriscos erlangten immer wieder Aufschübe, indem sie dem König viel Geld bezahlten. Carlos I. brauchte immer Geld, und der sagenhafte Fleiss der Moriscos, besonders ihrer Bewässerungsbauern, brachte es mit sich, dass diese immer wieder Geld anzusammeln vermochten.

1525 wurde feierlich vorgeschrieben, dass auch die Mudéjares der Levante, in den Gärten von Murcia, Orihuela, Valencia, das Christentum annehmen, also Moriscos werden mussten. Die Adligen, welche die Renten jener Gärten einzogen, wussten, wieviel mehr ihnen die Moriscos einbrachten als irgendein kastilischer Bauersmann, der von Bewässerung gar nichts verstand, obwohl er ein guter und vor allem *alter Christ* («cristiano viejo») sein mochte; sie versuchten daher, ihre Mudéjares, die nun durch Dekret Moriscos geworden waren, nach Möglichkeit zu schützen. Es gibt Inquisitionsdokumente, in denen grossen Adligen der Levanteküste vorgeworfen wird, sie hätten Geistlichen, die zur Missionierung der Moriscos ausgesandt worden waren, den Zugang zu «ihren» Moriscos und deren Dörfern verboten. (Vgl. die langen Prozessakten gegen Don Sancho de Cardona, Admiral von Aragón, der beschuldigt wird, seine Morisco-Vasallen geschützt und in ihrem Glauben belassen zu haben, Valencia 1540–42, abgedruckt bei García-Arenal in op. cit., S. 136–156).

Die Aufständischen der Bruderschaften (Germanías, Comuneros), die zu Beginn des 16. Jahrhunderts versuchten, gegen die Zentralisationspolitik und die flandrischen Minister des Königs Carlos Widerstand zu leisten, erwiesen sich als blutige Feinde der Mudéjares. Wo sie vorübergehend die Macht erlangten, führten sie, neben Mord und Totschlag, Massenzwangstaufen durch. Moriscos, die sich in einer Burg verschanzt hatten, lieferten sich aus, nachdem sie die Zusage erhalten hatten, dass sie nur getauft und weiter nicht behelligt werden sollten. Doch die «Comuneros» tauften sie alle und enthaupteten dann 600 von ihnen, ohne sich an ihre Versprechen zu halten. «Sie sagten, so könnten sie gleichzeitig Seelen in den Himmel und Geldstücke in ihre Börsen senden.»

Später, als diese Aufstände niedergeschlagen waren, stellte sich die Frage, ob die Zwangstaufen gültig seien oder nicht. Es gab Moriscos, die behaupteten, sie seien in Wirklichkeit als Mudéjares einzustufen, weil das Wasser, das bei der Zwangstaufe «aus einem in den Strassengraben getauchten Zweig oder Besen» über sie gespritzt wurde, sie gar nicht berührt habe.

Es war, mindestens teilweise, um die Diskussionen über die Gültigkeit oder Ungültigkeit der Zwangstaufen abzubrechen, dass Carlos I. 1525 verordnen liess, alle Mudéjares von Valencia hätten Moriscos zu werden (Vgl. García-Arenal op. cit. 107).

Unbeugsamkeit unter Philipp II.

In Granada kam die Lage erst zur endgültigen Krise, nachdem sie sich jahrzehntelang vermittels Geldzahlungen hatte aufschieben lassen, als König Philipp II. (geb. 1527; reg. 1556–1598) die Regierung übernahm. Er wollte wirklich ernst machen mit den Bekehrungen und der endgültigen Zerstörung aller Reste der muslimischen Zivilisation. Ein neues Dekret erschien 1567, das die alten Forderungen neu erhob, und diesmal liessen sich die Behörden nicht mehr dazu überreden, Aufschub zu gewähren und dafür Geld in der Form von Sondersteuern anzunehmen.

Wir besitzen ein Memorial, in dem der spanisch gebildete Morisco *Don Francisco Nuñez Muley*, der bei früheren Gelegenheiten erfolgreich als Mittler zwischen «seinen» Moriscos und der Regierung aufgetreten war, beredt und vernünftig die Sache seiner Gemeinschaft vor der Audiencia, d. h. dem Obergericht, von Granada vertrat. Er geht alle Punkte des neuen Dekretes durch: Verbot der arabischen Sprache, Schrift und Bücher; der arabischen Kleidung, der arabischen Festlichkeiten bei Hochzeiten usw., Offenhalten der Haustüren, Verbot der Henna-Färbung von Händen und Haaren, wie sie bei den arabischen und berberischen Frauen bis heute üblich ist, Verbot der Bäder, Verbot der Haltung von Zigeunern und Schwarzen als Sklaven (was den Spaniern, unter staatlicher Lizenz, erlaubt war).

Die Generallinie des Verteidigers ist, dass es sich bei all diesen Bräuchen um Volksbräuche handle, die sich keineswegs gegen die christliche Religion richteten. So sagt er zum Beispiel: «Unsere Hochzeitsfeiern, Musikfeiern und Freudenfeste, wie wir sie pflegen, hindern uns in keiner Hinsicht daran, Christen zu sein. Ich weiss nicht, wie man behaupten kann, dies seien Zeremonien von Moros (hier in der Bedeutung von «Muslimen»). Ein guter Moro nahm niemals an solchen Festlichkeiten teil. Die Alfaquíes (Ulemâ', Rechtsgelehrten) gingen immer weg, wenn die Festlichkeiten mit Singen und Tanzen begannen. Ja, wenn der König der Moros (Muslime) seinerzeit die Stadt verliess und den Albaicín durchquerte, wo viele Kadis und Rechtsgelehrte lebten, befahl er, die Musikinstrumente sollten schweigen, bis er das Elivra-Stadttor verlassen hatte. Er tat dies, um ihnen Respekt zu erweisen. Weder in Afrika noch in der

Türkei gibt es diese Musikkapellen («zambras»). Sie sind ein Provinzgebrauch (offenbar geht es hier um die «andalusische» Musik) . Wenn sie eine Sache der Sekte wären (das heisst hier: der mohammedanischen «Sekte»), müsste es sie gewiss überall geben.»

Der Advokat spielt hier auf die Abneigung der Gottesgelehrten gegen die Musik an, die bis auf unsere Tage angedauert hat, wie Khomeiny bewies. Freilich ist in Wirklichkeit gerade die andalusische Musik, wie ihre Texte zeigen, tief durchdrungen von der islamischen Mystik.

Francisco Nuñez Muley fährt fort: «Der heilige Erzbischof (Hernando de Talavera ist gemeint) hatte viele Freunde unter den Gottesgelehrten und Muftis, es gab sogar solche, die (von ihm) ein Gehalt erhielten, um ihn über die Riten der Moros (wieder: Muslime) zu informieren. Wenn er die Zambras als solche (muslimische Riten) angesehen hätte, hätte er sie bestimmt verboten, oder sie mindestens nicht so hoch geschätzt (wie er das tat), denn er pflegte sich daran zu freuen, dass sie das Heilige Sakrament begleiteten und über die Prozessionen von Corpus Christi, wo alle Dörfer untereinander wetteiferten, welches die schönste Kapelle hinausführte («sacaba», wie man heute noch von den Prozessionen sagt).

Im Alpujarragebirge, wenn er visitieren kam (gemeint ist: Talavera), und wenn er ein gesungenes Hochamt feierte, antworteten die Kapellen an Stelle der Orgeln, die es nicht gab. Sie begleiteten ihn auch von seiner Herberge bis zur Kirche. Ich erinnere mich, wenn er sich in der Messe dem Volk zuwandte, sagte er statt ‚Dominus Vobiscum' auf arabisch ‚Y bara ficun' (und das Heil sei mit euch), und die Kapelle respondierte sofort.»

Man findet an dieser Stelle mehrere Anklänge späterer Entwicklungen: die erwähnte, stets mystisch gefärbte, andalusische Musik, die im arabischen Raum bis heute lebendig geblieben ist; die Karfreitagsgebräuche von Sevilla, wo bis heute eine jede Bruderschaft wetteifert, wer die schönste Prozession auf die Strasse hinausbringt («sacar una procesión»); den Gebrauch, den die späteren Jesuiten in ihren indianischen Reservaten («reducciones») von Südamerika von der Musik machen sollten, um die Indios an die Kirche zu binden.

Talavera als Opfer der Inquisition

Über den «heiligen» Erzbischof Talavera ist noch anzumerken, dass er ebenfalls ein Opfer der Inquisition werden sollte. In Córdoba war im Jahr 1500 ein besonders fanatischer Schulmeister Inquisitor geworden: Diego Rodríguez Lucero. Er liess so viele Unschuldige in die Kerker der Inquisition von Córdoba sperren, dass die Adligen der Stadt sich beim König beschwerten. Doch Fray Diego de Deza (1443–1523), der höchst einflussreiche Grossinquisitor in Nachfolge Torquemadas, wollte Lucero nicht absetzen. Es dürfte dem Grossinquisitor dabei in erster Linie um das Prestige des «Heiligen Officiums» gegangen sein, welches alle Inquisitoren, wenn nötig mit Blut, verteidigten. Jede Kritik an seinem Wirken genügte, um die Kritiker vor die Inquisitoren zu zerren.

Lucero klagte den Erzbischof von Granada im Jahr 1505 an, sich gegenüber den

Moriscos, den Conversos und den Juden wohlwollend gezeigt zu haben. Ausserdem wurde ihm zur Last gelegt, er habe verhindert, dass das «Heilige Officium» nach Granada käme. In der Tat gab es in den ersten Jahren nach der Eroberung keine Inquisitoren in Granada; zuständig war Córdoba. Kurz nach der Anklageerhebung brach ein Aufstand in Córdoba gegen die Inquisition aus. Ihr Gefängnis wurde gestürmt und die Gefangenen befreit. Mehrere der grossen Adelshäuser hatten die Führung der Erhebung inne. Lucero musste verkleidet fliehen. Der Prozess gegen Talavera sollte von Grossinquisitor Deza übernommen werden. Doch er lehnte dies ab, und auch Kardinal Cisneros wollte mit dem Prozess nichts zu tun haben. Einige Verwandte von Talavera waren in Córdoba eingekerkert worden. Lucero hatte sogar eine angebliche jüdische Grossmutter Talaveras entdeckt. Der Papst musste schliesslich seinen Nuntius, Juan Rufo, damit beauftragen, den Prozess gegen Talavera zu Ende zu führen. Der Erzbischof wurde schlussendlich von ihm freigesprochen. Deza sah sich kurz darauf gezwungen, sein Amt als Grossinquisitor nierzulegen. Er zog sich als Erzbischof von Sevilla in die andalusische Hauptstadt zurück, wo er 1515 das zweite Statut für «Reinheit des Blutes», das es in Spanien geben sollte, für das Kapitel der Kathedrale einführte ...

Die «limpieza de sangre», die daraus bestand, dass nachgewiesen werden musste, eine Person habe keinerlei jüdische oder muslimische («moro») Vorfahren gehabt, spielte im späteren Spanien auf Jahrhunderte hinaus eine entscheidende und verderbliche Rolle.

Lucero wurde in Burgos eingekerkert, aber nicht bestraft, obgleich die Häuser von Angeklagten, die er in Córdoba hatte einreissen lassen, auf Kosten der Inquisition wieder aufgerichtet werden mussten. Nachfolger von Deza als Grossinquisitor wurde Cisneros. Die Adligen von Córdoba, die sich gegen Lucero erhoben hatten, erhielten schwere Strafen in der Form von grossen Geldbussen.

Sprachprobleme der Moriscos

Doch zurück zum Verteidiger der Moriscos, Nuñez Muley. Was er über das Verbot der arabischen Sprache zu sagen hat, ist bis heute lesenswert: «Kommen wir also zur arabischen Sprache, was das grösste Unglück von allen ist. Wie kann man den Leuten ihre natürliche Sprache wegnehmen, in der sie geboren und aufgewachsen sind? Die Ägypter, Syrier, Malteser und andere christliche Völker lesen und schreiben arabisch und sind doch Christen wie wir. Ausserdem wird man in diesem Land niemanden finden, der nach seiner Bekehrung (zum Christentum) ein Rechtsschreiben, einen Vertrag oder ein Testament in arabischer Schrift aufgestellt hätte. Wir alle wollen ja die kastilische Sprache lernen, aber das ist nicht allen möglich. Wie viele Leute gibt es nicht in den Dörfern und Weilern da draussen, die nicht einmal ihre eigene arabische Sprache richtig zu sprechen verstehen ausser in Formen, die sich ganz voneinander unterscheiden (d. h. Dialekte). Sie haben so verschiedene Akzente, dass man von einem Mann aus der Alpujarra, wenn man ihn nur sprechen hört, sofort sagen kann, aus welchem Bezirk (*«taa»*) er stammt. Sie sind in kleinen Ortschaften geboren und aufgewachsen, wo man nie das wirkliche Arabisch (aljamia) gesprochen hat und wo niemand es versteht (gemeint ist das klassische Arabisch), höchstens der Priester oder der Inhaber eines kirchlichen Amtes (beneficiado) oder der Sakristan. Diese sprechen immer (Hoch-)Arabisch. Es wäre schwierig, ja beinahe unmöglich, dass die Alten es lernten, solange sie noch am Leben bleiben, und noch viel weniger in einer so kurzen Zeit wie drei Jahren, sogar wenn sie nichts anderes täten, als nur in die Schule und von ihr wieder nach Hause zu gehen. Dies ist unzweifelhaft ein Artikel, der erfunden wurde, um uns geistig zu verarmen («a nuestra desnutrición»; der Anwalt der Moriscos spielt hier auf die Vorschrift der Kirchenbehörden an, nach der alle Moriscos Hocharabisch zu erlernen hätten, um den Predigten, die damals hocharabisch gehalten wurden, folgen zu können. Dies wurde später zugunsten des Kastilischen geändert.) Denn es gibt niemand, der die hocharabische Sprache lehren könnte, und dennoch sollen sie sie mit Gewalt lernen und jene Sprache (d. h. ihren ererbten Dialekt) aufgeben, die sie so gut kennen. Damit dies Gelegenheit gebe für Strafen und Unglück und damit schliesslich die Einheimischen, wenn sie sehen, dass sie soviel Beschwerden nicht aushalten können, ihr Land aus Furcht vor den Strafen verlassen, wegziehen in andere Landesteile oder ‹Verbannte› werden. («Monfíes», nach dem arabischen Wort für Verbannte, bedeutet hier, was man später «bandoleros» nennen sollte, Räuber, die sich in den Bergen zusammentun). Wer dies angeordnet hat in der Absicht, Seelen zu retten, sollte begreifen, dass es nichts anderes als grossen Schaden bringen kann und absolut verurteilt werden sollte. Man denke an das Zweite Gebot von der Liebe zum Nächsten und dass niemand für einen anderen das begehren soll, was er für sich nicht begehrt. Denn wenn man ein einziges Ding von so vielen, die man uns auferlegt, den Christen von Kastilien oder von Andalusien aufzwingen wollte, würden sie vor Unglück sterben oder weiss ich was sonst tun. (Vorsichtige Anspielung an einen möglichen Aufstand).» (Dokumentensammlung von M. García Arenal wie oben zitiert, p. 52 und 55).

Der grosse Aufstand der Moriscos

Die Vorstellungen des guten Nuñez Muley verhallten ungehört. Als er sie dem Obergericht vorlegte, befanden sich im Verborgenen die Vorbereitungen für den grossen Aufstand der Moriscos bereits im Gang. Die Moriscos von Granada und in den benachbarten Bergen kamen in Gruppen zusammen, wählten sich Anführer und traten in heimliche Verbindung mit den Muslimen Nordafrikas und deren teilweise bereits türkischen Oberherren. Die Verbindungen zu den benachbarten Muslimen scheinen nie ganz abgerissen zu sein, und die Feinde der Moriscos sprachen stets laut (und eher übertrieben) von der angeblichen Gefahr für Spanien, welche die «Fünfte Kolonne» der Moriscos darstelle, die sich ja stets im Bunde mit den Türken befänden. (Die Seeschlacht von Lepanto, die zur vorübergehenden Entfernung der türkischen Kriegsflotten aus dem westlichen Mittelmeer führte, fand erst 1571 statt.)

Die Verschworenen wählten in ihren geheimen Zusammenkünften einen gewissen *Hernando de Válor*, der den Kalifennamen *Aben Humeya* annahm, zu ihrem Kalifen, weil er aus der Familie der einstigen Herrscher von Córdoba abzustammen behauptete. Als sein Wesir wurde ein gewisser Faraj Abenfaraj bestimmt, der ein Schwarzer gewesen sein soll und zu den *Monfíes* gehörte, das heisst zu den «Verbannten» und Räubern, die sich schon zuvor in den Bergen stark gemacht hatten. Zwischen dem Kalifen und seinem Ersten Wesir soll von Beginn an eine gewisse Spannung und Misstrauen bestanden haben.

Abenfaraj führte zu Beginn des Aufstandes eine Expedition in den Albaicín. Er drang in der Nacht vom 24. auf den 25. Dezember 1568 mit möglicherweise 6000 Bewaffneten in den muslimischen Stadtteil von Granada ein, offenbar in der Hoffnung, dass die Bewohner sich ihm anschliessen würden. Doch dies geschah nicht, obwohl Abmachungen in diesem Sinne bestanden. Die spanischen Zeitgenossen glauben, der Aufständische hätte sehr wohl die Alhambra einnehmen können, wenn er es versucht hätte, denn dort habe sich bloss eine Besatzung von 40 Soldaten und 50 Pferden befunden, wie der Capitán General, das heisst der militärische Kommandant von Granada, der Graf von Mendoza, seinem Verwandten, Diego Hurtado de Mendoza (ca. 1500–1543) persönlich mitteilte. *Diego Hurtado de Mendoza* schrieb einen der klassischen spanischen Berichte über den Krieg der Moriscos, der als eine der Hauptquellen zu gelten hat.

Der Albaicín verhielt sich auch später still, was freilich nicht verhinderte, dass er am Ende des Krieges von den beutelustigen Kastiliern Granadas geplündert und seine Bewohner deportiert wurden.

Aus den Beschreibungen des Aufstandes, die über die muslimische Seite gegeben werden, geht hervor, dass die Aufständischen versuchten, das alte andalusische Kalifat wieder aufzurichten, so gut es ging. Aben Humeya wurde mit Zeremonien eingesetzt, die als jene der Kalifen von Córdoba galten. Im Alpujarra-Gebirge wurden Kirchen zerstört, Priester ermordet, Versuche, Moscheen wiederaufzubauen, unternommen. Moriscos, die ihren neuen, christlichen Glauben nicht mehr aufgeben wollten, wurden ermordet oder gefoltert. Die spanischen Zeitgenossen geben ausführliche Beschreibungen von den Plünderungen der Sakristeien, die oft von Burlesken begleitet waren, in denen die Plünderer sich die Sakralgewänder überzogen und darin herumparadierten. Der aufgestaute Hass auf die Priester, die in den Bergdörfern offensichtlich als Verkörperung der neuen Staatsautorität und ihrer Religion galten, kam deutlich zum Ausdruck.

Erinnerungen an ähnliche Ereignisse zur Zeit der ersten Monate des Spanischen Bürgerkrieges, als ebenfalls in Andalusien Dorfgeistliche gefoltert und hingerichtet wurden, drängen sich auf. Damals geschah das gleiche im Namen der «madre anarquía», was 367 Jahre zuvor im Namen eines unterdrückten Islams verübt worden war.

Der Capitán General zog sofort in den Krieg in die Berge. Doch den Bürokraten von Madrid ging die Befriedung des Aufstandes nicht rasch genug, und der Graf von Mendoza hatte Feinde in der Kanzlei von Granada. Dies führte dazu, dass der Halbbruder Philipps II., Don Juan de Austria (1545–78) nach Granada entsandt wurde. Zuerst nur mit dem Befehl, von der Stadt aus nach dem Rechten zu sehen; schliesslich erhielt er nach langem Drängen von Madrid die Erlaubnis, selbst zu Felde zu ziehen. In

Briefen, die er an den König richtete, beschwert sich der illustre Kriegsmann, der Don Juan war, über die undisziplinierten Soldaten, die in der Alpujarra dienten, und wir besitzen viele Berichte über ihre Lust am Plündern. (Vgl. Julio Caro Baroja: Los moriscos del reino de Granada, Madrid 1976, p. 199). «Es gab Soldaten, die sogar die Katzen mitnahmen» und auch «Kochtöpfe, Siebe, Backtröge, Hecheln und Spulen, Glocken, Bratspiesse und ähnliche geringe Geräte, all das nur, um die Gewohnheit des Stehlens nicht zu verlernen». Die Menschen, das Vieh, die Nahrungsmittelvorräte, Rohseide (das wichtigste Handwerksprodukt der Alpujarra), Kleinperlen und Gold werden immer wieder als wertvolle Beute genannt.

Auch die muslimische Seite versklavte ihre Gefangenen und verkaufte sie an Händler, die mit Schiffen aus Nordafrika kamen. Es gab einen Markt in Sorbas (Almería), wo man «einen Christen für eine Muskete» eintauschen konnte (op. cit. 188). Ein anderer Markt befand sich in Ugíjar, wo man Waffen, Munition, Nahrungsmittel und alle Art Waren erhalten konnte, «im gleichen Überfluss wie in Tetuán».

Die hohen spanischen Gerichte diskutierten darüber, ob es zulässig sei, die gefangenen Moriscos zu versklaven. Schliesslich waren sie nominell Christen geworden. Doch die Gerichtsherren kamen zu dem Schluss, es sei erlaubt, denn «die Moriscos» seien ja wieder vom rechten Glauben abgefallen. Aus den Dokumenten geht allerdings hervor, dass dies keineswegs immer der Fall war. Was immer die theoretische Diskussion der Gelehrten, in der Praxis kam es sogar zu öffentlichen Versteigerungen von gefangenen Moriscos in Granada zugunsten der königlichen Kasse.

Mehrmals war die Gier der Soldaten, «morisco»-Frauen gefangenzunehmen, Ursache von Waffenstillstandsbrüchen; und J. C. Baroja meint sogar, dies sei ein Hauptgrund für die lange Dauer des Krieges gewesen. (op. cit. 195).

Juan de Austria übernahm das Kommando in Granada am 13. April 1569, also ein Vierteljahr nach dem Beginn des Aufstandes. Doch der ganze darauffolgende Sommer verlief zu Ungunsten der Kastilier. Im Oktober wurde Aben Humeya von unzufriedenen Oberhäuptern seiner Seite ermordet. Im Dezember zog Juan de Austria mit einem neuen Heer aus und belagerte den Flecken Galera, der am 10. Februar 1570 eingenommen und gänzlich zerstört wurde. Dann richtete der kastilische Feldherr seinen Marsch gegen die Berge der Alpujarra, und vom April ab begannen die Moriscos Verhandlungen über ihre Kapitulation. Im November 1570 kam der Feldzug nach Ronda zu Ende, und alle dortigen Moriscos wurden deportiert. Die Deportation wurde kurz darauf zum Schicksal aller Überlebenden des Krieges.

Das Ende des Aufstands: Deportationen

Die muslimischen Bewohner von Granada waren schon am 24. Juni 1569 aus dem Albaicín vertrieben worden. Sie wurden über Kastilien und das südwestliche Andalusien verstreut. Die letzten Kämpfer flüchteten mit ihren Frauen und Kindern in Höhlen, wo sie ausgeräuchert wurden. Wer nicht erstickte, wurde gefangengenommen und unter die führenden Kastilier verteilt. Baroja zitiert ein Inventar, das nach dem

Tode des Silberschmieds Sebastián de Córdoba aufgenommen wurde, der in Córdoba lebte. Darin steht unter «beweglichen Gütern» und unter dem Datum des 9. April 1587 zu lesen: «Isabel, morisca, von denen aus dem Königreich Granada, im Alter von 34 Jahren, mehr oder weniger». Nachher folgt in der Liste: «6 mit Wappen versehene Mauleseldecken, eine alt und vier gebraucht.»

Die Deportationen wurden systematisch durchgeführt. In jedem Dorf wurde die Bevölkerung in der Kirche oder einem anderen grösseren Raum versammelt. Von dort wurden sie von einem Kapitän, 200 Soldaten, 20 Reitern und einem Kommissar in Gruppen von 1000–1500 fortgeleitet. Verschiedene Gruppen, die nicht an dem Aufstand beteiligt waren und Anspruch erhoben, anders behandelt zu werden, fanden kein Gehör. Die Alpujarra wurde von Kastiliern neu bevölkert; die Behörden allerdings versuchten, aus den Neusiedlern soviel Geld herauszuschlagen, dass die neuen Dörfer nicht gedeihen konnten.

1572 erliess die Regierung Vorschriften darüber, wie die Deportierten zu behandeln seien. Nach diesen Regeln sollten in den Dörfern, in die sie gelangt waren, Register aufgestellt werden, mit Personalbeschreibungen; Todesfälle und Geburten seien aufzuführen.... Ihre Ein- und Ausreisen sollten kontrolliert werden, indem ihnen zeitlich beschränkte Erlaubnisscheine für ihre Reisen und Geschäfte erteilt würden. Schwere Strafen für jene, die versuchten, in ihre alte Heimat zurückzukehren, wurden festgelegt, und die Verbote, die zuerst die Erhebung verursacht hatten, Sprache, Gebräuche, Kleidung, Bäder usw. betreffend, wurden wiederholt. Kinder und junge Leute hatten in Werkstätten von Altchristen zu arbeiten und sollten die Gebräuche der Kastilier lernen. Es wurde verboten, dass die Deportierten sich gemeinsam niederliessen. Sie sollten vereinzelt unter den lokalen Altchristen leben.

Diese Vorschrift hatte zur Folge, dass die Moriscos von Granada, im Gegensatz zu jenen der Levante, die auf ihren angestammten Bauerngütern unter ihren nun christlichen Feudalherren verblieben waren, der Kontrolle der kastilischen Behörden weitgehend entschlüpften. Viele von ihnen wurden Wagenführer (arrieros), die Transporte auf den wilden Wegen des Landes durchführten, oder ländliche Hausierer.

Unter den spanischen «Altchristen» entstand ein Mythos vom hart arbeitenden, äusserst sparsamen, sehr kinderreichen Morisco, der sich nach wie vor mit den Landesfeinden, den Muslimen Nordafrikas und der Türkei, in Kontakt und Einverständnis halte. Die Moriscos, sagten die Abhandlungen der Staatstheoretiker und Verwaltungsleute, dienten weder im Krieg noch würden ihre Söhne und Töchter Mönche und Nonnen. Sie seien ausserdem besonders «lasziv», und das sei der Grund, weshalb sie sich viel rascher vermehrten als die Altchristen Kastiliens. Sie lebten gut, auf Kosten der Christen, denn sie hätten fast keine Bedürfnisse... Argumente, die man in den Kolonien bis in die 60er Jahre dieses Jahrhunderts vernehmen konnte.

Dieser Mythos vom fremden potentiellen Landesfeind und Verräter hat ohne Zweifel entscheidend zum letzten Akt in der Geschichte der Moriscos beigetragen: ihrer endgültigen Ausweisung im Jahr 1610 und in den folgenden zwei Jahren.

Die Austreibung der Moriscos

Nach der Deportation der Moriscos von Granada setzte eine 30jährige Diskussion unter den staatlichen und kirchlichen Stellen darüber ein, was nun mit den Moriscos zu geschehen habe. Theoretisch waren sich alle Altchristen und Conversos darüber einig, dass die Moriscos assimiliert werden müssten, wie wir in der heutigen Sprache sagen würden. In der damaligen hiess das, sie müssten «gute Christen» werden.

Doch je mehr Zeit verstrich, desto deutlicher wurde, dass dies nicht geschah. Die altsesshaften Moriscos und ehemaligen Mudéjares in Kastilien und Navarra sowie in der Levante von Murcia bis Katalonien waren nach wie vor bereit, hart zu arbeiten und sich den Schutz ihrer Feudalherren mit hohen Abgaben zu erkaufen, wenn man sie nur in Ruhe liess und ihnen erlaubte, ihre altangestammte Lebensweise fortzusetzen, von der sich in ihren Augen der Islam nicht wirklich trennen liess, obgleich sie natürlich gezwungen waren, nach aussen hin so zu tun, als ob sie inzwischen gute Christen geworden wären.

Die zerstreuten und vom Staat bewusst entwurzelten Moriscos der Deportation, in Kastilien und in Andalusien, waren auch nicht in der Lage, sich in die spanische Gesellschaft einzufügen. Sie wurden Aussenseiter mit Berufen, die ihnen nur am Rande der Gesellschaft, wohl meist schlecht, zu leben gestatteten, meist solche mobiler Art, die ihnen erlaubten, herumzuziehen und dadurch der Kontrolle der kirchlichen und staatlichen Behörden zu entgehen.

Je deutlicher wurde, dass die Assimilation nicht zu gelingen schien, desto unheimlicher und gefährlicher erschienen den Spaniern die Moriscos. Was man nicht kennt, das fürchtet man. So entstanden die politischen Theorien von den 500 000 Moriscos, die es angeblich in Spanien gebe, und die beständig im Begriff seien, mit den Feinden des «Imperiums» zu konspirieren, einmal mit den Türken, dann mit den Franzosen und dann wieder mit den Marokkanern.

Wobei zugegeben werden muss, dass in der Tat verborgene Kontakte und ein heimlicher Verkehr über das Mittelmeer hinweg bestanden. Der bequemste und sicherste Weg verlief über Marseille, von wo die Franzosen die fliehenden Moriscos «noch so gerne» in ihren Schiffen überführten. «... sie setzten nach jenen Regionen (Nordafrika) über und tun es heute noch immerfort mit ihren Frauen und Kindern über Marseille und andere Orte in Frankreich, wo sie sich frei einschiffen können und wo die Franzosen sie gerne in ihren Schiffen überführen.» (Fray Diego de Haedo: Topografia e historia general de Argel, Madrid 1927, p. 51). In Algerien, so fährt diese Beschreibung aus dem 16. Jahrhundert fort, gebe es viele ehemalige Moriscos aus Spanien. «Sie sind weiss und wohlgebildet, wie jene, die in Spanien auf die Welt kamen oder von dort einwanderten. Sie üben viele verschiedene Berufe aus, denn alle kennen sie irgendeine Kunst. Manche stellen Armbrüste her, andere Pulver, andere Salpeter, noch andere sind Schmiede, andere Schuhmacher, Zimmerleute, Töpfer und haben ähnliche Berufe und Handwerke. Viele kultivieren Seide und noch andere haben Geschäfte, in denen sie alle Arten von Kleinwaren feilbieten. Alle zusammen sind sie die schlimmsten Feinde, die wir Christen in Nordafrika (berbería) haben, denn nie und nimmer enden ihr Hunger und Durst, die sie in ihrem Inneren hegen, nach christlichem Blut.» (zitiert in M. García-Arenal, Les moriscos, op. cit, p. 274).

Natürlich fehlten auch die Aufrufe um Hilfe nicht, die in der Tat von manchen Moriscos an die Feinde der Spanier gerichtet wurden. Doch die Polemiker waren bestrebt, daraus eine grosse Bedrohung zu konstruieren.

Am 10. August 1600 beriet der spanische Staatsrat über den Brief eines valenzianischen Korrespondenten, der indirekt zitiert wird: «... ob die Moriscos irgendwelche Übereinkommen mit Frankreich pflegen? so sagt er, er sei dieser Frage sorgfältig nachgegangen und habe nichts von Wichtigkeit feststellen können, obgleich sie zur Zeit unzufrieden sind (die Moriscos) wegen des Gnadenedikts (ein offizieller Euphemismus), das kürzlich gegen sie erlassen wurde. Doch was er sicher in Erfahrung gebracht hat, ist, dass sie mit dem Türken im Gespräch stehen, und dies muss zur Zeit besonders intensiv sein, weil sie dort (in Valencia) beengt werden.»

Weiter: «Falls sie sich wirklich mit den Franzosen verstehen, so muss das über die Moriscos von Aragón laufen, mit denen der französische König in den vergangenen Jahren Kontakt unterhielt. Er erwähnt auch (der Agent), dass es im Königreich Aragón eine grosse Menge von Franzosen gibt und in dem von Valencia mehr als 14 oder 15 Tausend. Er sagt, dass er voller Aufmerksamkeit weiter beobachtet, denn wenn jene Moriscos Unterstützung erhielten, ob es gleich nur eine geringe wäre, würde das viel Schwierigkeiten verursachen. Er sorge vor, mit der Umsicht und Heimlichkeit, die geboten seien, indem er sich bemühe, dass das Königreich (Valencia) wohl bewaffnet sei und die Festungen wohlbewacht, obgleich das von ihnen (den Moriscos) als eine Herausforderung gesehen werden könnte ...»

«Nachdem dieser Brief im Rat zur Kenntnis genommen wurde, schien es (uns) gut, Seiner Majestät in Erinnerung zu rufen, dass dies der wichtigste und behandelnswerteste Gegenstand ist, und jener, der möglichst schnelle Beschlussfassung erfordert, unter allen anderen, die sich ergeben könnten.» (Heute würde man von «Priorität» sprechen). «Denn diese inneren Feinde sind von solch grosser Zahl und schliesslich auch Spanier, während man nicht daran zweifeln kann, dass sie ihre bösen Absichten verwirklichen werden, sobald sich eine Gelegenheit dazu bietet, ihre Partei zu fördern, wie die Erfahrung des Königreiches von Granada gezeigt hat; so dass es im Falle einer tatsächlichen Invasion des Königreiches durch Feinde nicht geringe Konfusion und Schwierigkeiten brächte, sich dieser Leute versichern zu müssen. Deshalb bittet dieser Rat, dass Seine Majestät befehle, dies zu beachten, indem die Expertisen (consultas), die darüber gemacht worden sind und die Ihrer Majestät vorliegen, erneut in Betracht gezogen werden, so dass in dem Sinne vorgesorgt werden kann, wie es dem Dienst Seiner Majestät am besten entspricht. Der Rat ist der Ansicht, dass aller Aufschub in dieser Sache sehr schädlich wäre, denn mit der Zeit wachsen die Nachteile und Gefahren, so dass die Heilmittel immer schwieriger anzuwenden werden.»

Während dies die Stimme der hohen Staatsräte ist, kann man aus anderen Dokumenten jene der einfacheren Leute heraushören. In den Cortes am 13. September 1607 wurde darüber beraten, ob die Moriscos, wie das offenbar häufig der Fall war, den Arztberuf ausüben dürften. «Aus den Aufständen, die stattgefunden haben und vielen anderen Anzeichen geht hervor, dass jene (die Moriscos) die Alten Christen hassen. Wer aber will von seinem Feind ärztlich behandelt werden? Wir wissen von vielen Morisco-Ärzten, die von der Heiligen Institution (der Inquisition) bestraft worden sind, weil sie, wie aus ihren Geständnissen hervorgeht, ihre Artgenossen nach allen Regeln der Kunst behandelten, aber die Alten Christen absichtlich umbrachten und (ihren Frauen) Tränke verabreichten, die zu Aborten führten. Da sie Ärzte sind, müssen sie notwendigerweise in seidenen Kleidern herumlaufen und auf Maultieren reiten, während die Gesetze dieser Königreiche dies den erwähnten Moriscos verbieten und ihnen auch untersagen, ehrenhafte Berufe auszuüben. Da der eines Arztes dieses so sehr ist (ehrenhaft), warum sollen sie ihn ausüben dürfen? Wenn sie einer Heilung wegen in Nonnenkonvente eindringen, weil diese (die Nonnen) so neugierig und auf Neuigkeiten bedacht sind, könnte es sein, dass sie ihnen Dinge beibringen, die den Glauben schädigen ...» (nach Mercedes García Arenal, p. 219 f.)

Solche Stimmen, die Ressentiments und dahinter kaum versteckte Angstgefühle verraten, könnte man in grosser Zahl zitieren. Die damalige spanische Gesellschaft ist die erste bürokratische Gesellschaft der europäischen Geschichte, in der möglichst viel auf Papier aufgezeichnet und unter den Machthabern zirkuliert wird. Die Papiere werden dann archiviert, und sie sind es geblieben, bis sie im vergangenen und in diesem Jahrhundert Gegenstand der historischen Forschung wurden.

Eine humane Gegenstimme

Es soll jedoch auch nicht verschwiegen werden, dass es im damaligen Spanien wie auch in anderen Perioden immer wieder Personen gab, die sich nicht einfach dem geltenden Vorurteil anschlossen, sondern tiefer nachdachten. Leuten mit eigener Meinung musste die Frage unterlaufen: warum denn die Moriscos so schwer oder gar überhaupt nicht assimilierbar seien? Die Antwort eines offensichtlichen Kenners der Lage, der aus Madrid einen Bericht an die Kommission von Theologen sandte, die 1561 im Königspalast von Valencia versammelt wurde, um über die Frage der Moriscos zu beraten, ist lesenswert: «... Zum ersten ist es absolut notwendig, dass jene, denen diese Bekehrung zur Aufgabe gestellt ist, die Überzeugung gewinnen, dass eine solche nicht schlechterdings unmöglich sei (imposible moralmente hablando), denn unsere heilige Lehre ist von solcher Stärke, und die Barmherzigkeit unseres Herrn ist so gross, dass sie überall, wo in Güte gepredigt wurde, in Seiner göttlichen Gnade die Herzen verwandelte, sowohl der Ketzer und Heiden wie auch der Abfälligen. Dies kann man heute vielerorts beobachten, und auch in diesem Königreich hat es sich im Falle vieler Moriscos bewahrheitet, denn als einige religiöse Persönlichkeiten ihnen predigten, erwies sich dies, vor wenigen Jahren, als äusserst fruchtbar. Doch dies ging schnell verloren, weil es nicht mit zweckmässigen Mitteln fortgeführt wurde.

Wenn dagegen eingewandt wird, dass viele und gute Mittel bereits angewandt worden seien und dass sie dennoch verstockt blieben, ist zu sagen: dies kann nicht ein genügender Grund sein, um daran zu verzweifeln, dass diese Kranken geheilt werden können. Denn es ist gewiss, dass nie die Heilmittel angewandt wurden, die die richtigen gewesen wären. Vielmehr war die Kur die falsche. Obwohl das Übel im Herzen lag, sind alle Mittel, die dagegen eingesetzt wurden, äusserliche gewesen. Dies war der Grund, dass der *humor* (im Sinne von Krankheitserreger) sich im Inneren konzentriert (se encierre mas adentro). Man sieht so, dass der Zwang, Messe zu hören, und andere äussere Massnahmen nichts nützen, sondern vielmehr, weil sie nicht in ihr Inneres dringen, sie verhärten und noch mehr irritieren und manchmal bis zur Rebellion führen können, worüber man sich nicht wundern sollte, denn, indem sie statt in der Messe ein gottgefälliges Werk zu tun, dort stehen als Ungläubige und fern von der Kirche, begehen sie ein schwerwiegendes Sakrileg.»

Der hier zu Wort kommende Geistliche, der anonym bleibt(!), muss sich offensichtlich vorsichtig ausdrücken, weil er sonst riskiert, selbst vor die Inquisition gezogen zu werden. Er gibt einen kurzen historischen Überblick, in dem er hervorhebt, nach dem ersten Zwangsbekehrungsdekret Karls V. von 1525 seien 12 «Moros» aus dem muslimischen Stadtteilen zum Kaiser gesandt worden, um ihm darzulegen, dass im Falle eines Aufschubs von 40 Jahren viele der Muslime sich freiwillig bekehren würden, solange nur die Inquisition nichts mit ihnen zu tun habe. Dies sei zugegeben worden und einige Geistliche seien ausgesandt worden, um den Muslimen zu predigen. Da die «Oberhäupter» diesen Predigern gesagt hätten, alle wollten Christen werden, und sie sollten nicht versuchen, jeden einzelnen zu unterrichten, und sie auch nicht einzeln untersuchen, um zu wissen, was ihr eigener Willen sei, wurden sie «herdenweise» getauft, «in solcher Art, dass später einige anscheinend Prozesse anstrengten, indem sie sagten, das Wasser habe sie nicht berührt, das über allen ausgeschüttet wurden war.»

«So liess man sie, ohne ihnen Geistliche zu geben noch Prediger, in ihrer vermaledeiten Sekte bleiben, genau wie zuvor.» Zehn Jahre später wurden weitere apostolische Kommissionen entsandt. «Diese richteten 122 Gemeinden ein, wobei eine jede mit (nur) 30 Pfund ausgestattet wurde. Dies ist so wenig, dass kaum jemand sie begehrt, und bis heute sind einige davon ohne Geistliche geblieben.» Man habe diesen Unglücklichen nie das Evangelium «entsprechend ihren Bedürfnissen gepredigt» (según su necesidad). Hauptsächlich seien sie gezwungen worden, Messen zu hören «und andere äusserliche Massnahmen» seien angewandt worden, wie «Zwang unter Beleidigungen, Geldbussen und in einigen Fällen Hinrichtungen». Man sehe klar, dass die falschen Heilmittel angewandt worden seien. «Man sieht auch, dass bis heute jene, denen diese Angelegenheit oblag, ihre Schuld gegenüber unserem Herrn nicht genügend abgetragen haben, weil sie nicht die Mittel einsetzten, die Christus unser Herr dafür angeordnet hat.»

Es sei notwendig, etwas zu tun, fügt der Bericht hinzu, und wenn es nur zu dem Zweck sei, dass die «Oberen» vor Gott ihrer Schuldigkeit nachkämen und dadurch «entlastet» würden. Man brauche Prediger, sagt der Bericht weiter, die in der Lage wären, den Moriscos entsprechend ihren Bedürfnissen zu predigen, nämlich als Menschen, die «unseren Glauben nicht teilen, sondern ihm vielmehr feindlich gegenüberstehen».

Deshalb müsse die «Instruktion mit viel Geschick vorgenommen werden, auf Grund eines Katechismus, der ihnen angepasst ist. Denn die Art und Weise, in der man den Christen in den Kirchen predigt, wird den Moriscos von keinerlei Nutzen sein.» Es wäre gut, wenn die Prediger einige der jungen Moriscos mitnähmen, die sich im Kolleg von Valladolid befinden, meint der Ratgeber, wegen der arabischen Sprache und auch, weil die Leute die Ihrigen lieben. Bevor eine Evangelisierungskampagne beginne, sollte die Inquisition die «alfaquíes» (die Gottesgelehrten) gefangen nehmen, die sich der Predigt widersetzen würden. Doch während die Kampagne voranschreite, solle die Inquisition nicht eingreifen.

Der Ratgeber schreibt weiter, drei Dinge müssten garantiert werden, damit die Predigt bei den Moriscos Frucht trage: Die Prediger müssten von der Pflicht befreit werden, die Moriscos bei der Inquisition anzuzeigen, und die Moriscos müssten wissen, dass sie nicht von ihnen angezeigt würden. Zweitens müssten die Prediger selbst die Möglichkeit haben, ihren Bekehrten Ablass zu erteilen. Es komme nämlich gegenwärtig in vielen Fällen vor, dass jenen Moriscos, die beichten wollten oder zum Christentum übertreten, bedeutet werde, sie sollten zur Inquisition gehen, um das zu tun. Woraufhin die Moriscos, aus Angst vor der Inquisition, unbekehrt blieben. Drittens müssten jene, die gewillt seien, das Christentum anzunehmen, von der Verpflichtung, die ihnen die Inquisition auferlege, befreit werden, nämlich ihre bisherigen Freunde und Brüder anzuzeigen. Solange diese drei Dinge nicht vom Papst oder Grossinquisitor gewährt würden, so der Ratgeber, «wird kein intelligenter Mensch gehen und den Moriscos predigen, und wenn er es dennoch täte, würde er bald beladen mit Gewissensbissen und in Trauer zurückkehren». (Boronat y Barrachina: Los moriscos españoles y su expulsion, Valencia 1901, vol. II, p. 493–499, zitiert von M. García Arenal, op. cit., p. 116 ff.).

Die bürokratische Mehrheit

Diese humane und psychologisch einfühlsame Stimme ist jedoch deutlich jene einer Minorität. Es waren andere, die überwogen. Als letzter sei daher hier noch der Bischof von Segorbe erwähnt, der im Jahr 1587 einen langen Bericht an König Philipp II., «dessen katholische Person Gott zum grösseren Wohl der Kirche erhalten möge», richtete. In diesem Schreiben, das sich stilistisch durch seitenlange Sätze auszeichnet, zeigt sich der Bischof sehr anderer Meinung. Seiner langen Ausführungen kurzer Sinn ist, dass die Moriscos «scheussliche Ketzer» seien und bleiben würden. Er sagt in seinem Schreiben zum Beispiel, die Katholischen Könige hätten, trotz der damaligen finanziellen Bedrängnis, das Rechte getan, als sie (1492) die Juden ausgewiesen hätten, ohne sich um die wirtschaftlichen Folgen zu kümmern. Umsomehr müsse man nun die Moriscos ausweisen, da sie viel schlimmer seien als die Juden. Diese waren ja «keine getauften Ketzer und auch nicht so lasterhaft in ihren Gebräuchen, wie es die Moriscos sind; auch nicht Spione der Türken, Mörder und Strassenräuber, wie es die besagten Moros sind; auch haben sie keinerlei Rebellion in diesen Königreichen angezettelt, wie besagte Moros es taten; noch brauchte man je zu fürchten, dass sie es tun könnten, wie man es von besagten Moros zu befürchten hat. Sie hatten auch keine offensiven und defensiven Waffen, versteckte und offen zur Schau getragene, wie es besagte Moros haben. Die Katholischen Könige kümmerten sich auch nicht um die grosse Zahl von Männern und Frauen, die es in jenen Synagogen gab, die viel grösser war als die Zahl der Moros, die es in Spanien gibt», usw. usw.

Abschliessend erklärt der Bischof dem König, er mache sich schuldig, wenn er seine Königreiche nicht von der «besagten abominablen Sekte Mahomas» reinige, denn sie seien schlimmer als die Juden, die Heiden und die arianischen Ketzer. Dass dies nicht schon in der Vergangenheit geschehen sei, müsse als eine keineswegs leichte Schuld angesehen werden. Heute aber wäre es schwere Schuld, denn wer die Möglichkeit habe, ein Verbrechen zu verhindern und tue es nicht, gebe Anlass zum Verdacht, dass er es heimlich billige und für gut befinde, wie der heilige Hieronymos sage. «Für dieses und alles andere, was Eure Majestät tut, wird Gott Euch in diesem Leben das *centuplum* heimzahlen und im anderen das ewige Reich seiner Herrlichkeit.»

Eine wohlgeplante Aktion

Als dann 1609 der endgültige Beschluss von König Philipp III. (r. 1593–1621) und von seinem allgewaltigen Reichsverweser, dem Duque de Lerma (1553–1625), gefasst wurde, alle Moriscos aus Spanien zu vertreiben, ging der Staat generalstabsmässig vor. Offenbar wollte man eine neue Krise, wie jene des Aufstandes von 1568–70, unbedingt vermeiden. Die verschiedenen Regionen, in denen Moriscos lebten, vor allem die ehemaligen Königreiche der Levante, d. h. Valencia und Murcia, aber auch Kastilien und Andalusien, wurden einzeln behandelt. In einer jeden wurden ein militärischer und ein administrativer Verantwortlicher ernannt; die spanische Flotte wurde mobilisiert, Häfen wurden bestimmt, von denen aus die verschiedenen Gruppen von Ausgewiesenen ausreisen sollten, gestaffelte Daten wurden für die verschiedenen Regionen festgelegt.

Die Deportationen begannen in der Region von Valencia 1609; sie endeten 1611 mit der Zwangsausweisung der Moriscos des Val Ricote, denen man anfänglich versprochen hatte, sie seien von der Deportation ausgenommen. Jenes Tal, in der Provinz Murcia, war berühmt für seine besonders kompakte und alteingesessene Morisco-Bevölkerung, deren heimliche Anhänglichkeit an den Islam sprichwörtlich war, obgleich ihre offizielle Bekehrung zum Christentum schon früh erzwungen worden war.

Es gab wenig bewaffneten Widerstand. Zu Beginn der Massnahmen, im Jahr 1609, erhob sich eine Gruppe von Moriscos im gebirgigen Hinterland zwischen Albacete und Murcia. Die Aufständischen wollten zuerst einen Gottesgelehrten aus dem Ort Cortes zu ihrem Oberhaupt erheben, eines der vielen Anzeichen dafür, dass in den abgelegenen Gebieten trotz aller erzwungenen Christianisierung und ungeachtet der systematischen Jagd, die die Inquisition auf sie machte, die muslimischen Gottesgelehrten noch existierten und weiter Einfluss auf die Bevölkerung ausübten. Als dieser «Alfaqui» es ablehnte, ernannten sie einen reichen Morisco der Region namens Turigi. Der militärische Anführer war Pablillo de Ubecar aus dem Ayora-Tal.

Der Vizekönig von Valencia schritt sofort mit den für solche Erhebungen bereitgestellten Truppen ein. Trotz heroischen Widerstandes wurden die Aufständischen niedergeschlagen. Turigi wurde auf der Flucht durch Verrat seiner eigenen Seite gefangengenommen und in Valencia nach Folterungen hingerichtet. Von Pablillo de Ubecar verlor sich jede Spur.

Der zweite Aufstand nahm Laguar als Zentrum, ebenfalls im Gebirge hinter der levantinischen Küste. Dort sollen sich im Oktober 1609 gegen 20 000 Moriscos konzentriert und befestigt haben. Ihr Oberhaupt war ein gewisser Millini. Schon im November aber erlagen seine Parteigänger den spanischen Regulären in einer Schlacht bei Laguar, in der Millini und 2000 seiner Anhänger gefallen sein sollen.

Die Gesamtzahl der Ausgewiesenen wird von den heutigen Historikern auf ungefähr 150 000 geschätzt, vielleicht etwas weniger. Doch diese Zahlen sind blosse Schätzungen und Vermutungen.

Die spanischen Feudalherren, die bisher «ihre» Moriscos geschützt hatten, widersetzten sich dem königlichen Befehl nicht. Widerstand war teilweise dadurch überwunden worden, dass der Duque de Lerma ihnen die Güter der Ausgewiesenen zusprechen liess. Einige der Feudalherren geleiteten jedoch ihre Moriscos in Person bis in die Häfen, in denen sie sich einzuschiffen hatten. Einer von ihnen, der Herzog von Maqueda, begleitete die seinen bis nach Oran (das damals ein spanischer Hafen war). Die Ausgewiesenen durften nur mitnehmen, was sie tragen konnten. Die staatlichen Seetransporte auf den Kriegsschiffen gingen nach Nordafrika, doch den Ausgewiesenen wurde freigestellt, sich anderen Zielen zuzuwenden. Manche der aragonesischen Moriscos zogen über die Pyrenäenpässe nach Frankreich.

Sechs Prozent der lokalen Moriscos sollten zurückbleiben, um die nachrückende kastilische und katalanische Bevölkerung ihre Anbaumethoden zu lehren. Später jedoch wurden diese sechs Prozent ebenfalls ausgewiesen.

Manche der Moriscos scheinen anfänglich bereit gewesen zu sein, fortzuziehen, weil sie sich von ihren Religionsgenossen in Nordafrika eine freundliche Aufnahme und ein künftiges freieres Leben erhofften. Darin wurden viele schwer enttäuscht. Die Transporte fielen oft in die Hände von Korsaren und Beduinenstämmen. Die Auswanderer wurden von ihnen ausgeraubt, versklavt, getötet. Die schlechte Aufnahme, die sie fanden, führte zu Versuchen einzelner und ganzer Gruppen, heimlich nach Spanien zurückzukehren. Die spanische Regierung traf scharfe Polizeimassnahmen, um dies zu verhindern, wobei natürlich auch wieder die Inquisition eingeschaltet wurde. Einige blieben trotz allem in Spanien oder fanden ihren Weg zurück.

Der «morisco» als Erinnerung

In der spanischen Literatur des «Goldenen Zeitalters» (frühes 17. Jahrhundert) findet man die meist komische Figur des «Morisco», sowohl auf den Bühnen wie in den Romanen und Romanzen. Er spricht ein dialektal gefärbtes, komisch verstümmeltes Spanisch, in dem vor allem die S-Laute als Sch-Laute erscheinen.

Das abenteuerliche Leben, das manche der Rückwanderer hinter sich hatten, gab Anlass zu romantischen Novellen, wie etwa jenen, die in den *Don Quijote* eingeflochten sind. Am berühmtesten ist die Figur von *Ricote*, des Morisco und ehemaligen Nachbarn von Sancho Panza, den dieser wiedertrifft, als er verkleidet als St. Jakobspilger mit einer Schar von trinkfreudigen Deutschen aus Augsburg, wohin es ihn verschlagen hat, nach Spanien zurückkehrt, um einen Schatz zu heben, den er dort vor seiner Auswanderung verborgen haben will. Er bietet Sancho Panza Geld an, wenn er ihm helfen wolle. Doch dieser weist den Gedanken von sich, weil ihm scheint, er würde damit Verrat an seinem Herren, dem König, begehen. (Teil 2, Kapitel 54; der zweite Teil des Don Quijote erschien 1615, sechs Jahre nach dem Beginn der Deportationen).

In seinem letzten Roman, *Persiles und Sigismunda,* schildert *Cervantes* den Überfall von muslimischen Piraten auf ein Dorf an der Levanteküste, in dem Moriscos wohnen. In der recht realistisch gehaltenen Erzählung stecken sie mit den Dorfbewohnern unter einer Decke und diese sind bemüht, die durchwandernden Christen in ihren Häusern zu beherbergen, weil sie wissen, dass der Überfall bevorsteht, und sie hoffen, die Gäste zu ihren Gefangenen zu machen. Die durchreisenden Christen, Persiles und seine Gesellschaft, werden jedoch von der schönen Tochter ihres Morisco-Gastgebers gewarnt. Sie nehmen Zuflucht beim Dorfgeistlichen, dessen Kirchturm mit einer eisernen Türe versehen ist, so dass er einer Belagerung standhalten kann. Auf dem Turm entgehen sie dann dem Ansturm der Piraten. Sie steigen am nächsten Morgen hinab und finden das Dorf verbrannt. Alle Bewohner sind mit den Piraten fortgezogen. Die Tochter ist zurückgeblieben und bekehrt sich zum echten Christentum.

Das Ganze gibt Cervantes Gelegenheit, einen der Moriscos, der sich als «guter Christ erklärt, obwohl er Morisco ist», eine Prophezeiung ex eventu aussprechen zu lassen. Er sagt die Stunde voraus, in der Spanien sich «allseitig, vollständig und massiv in der christlichen Religion sehen» werde, denn «es (Spanien) ist der einzige Winkel in der Welt, in den sich die wahre Religion Christi zurückgezogen hat und wo sie geehrt wird». Wobei, wie oft bei Cervantes, nicht ganz ausgeschlossen werden kann, ob bei alledem nicht eine wohlversteckte, tief verborgene und natürlich jederzeit abstreitbare Ironie mitspielt. Etwa in dem Nebensatz der gleichen prophetischen Rede: . . . «wie die Erfahrung in kurzer Zeit zeigen wird, dass diese Erde sich mit *neuen alten* Christen bevölkern, zu ihrer Fruchtbarkeit zurückkehren und sich besser befinden wird als gegenwärtig. Ihre Herren werden, wenngleich nicht so viele und so demütige Vasallen, dafür katholische haben, in deren Schutz diese Wege sicher sein werden, so dass der Frieden in seinen Händen Reichtum herbeibringen kann, ohne dass ihn die Strassenräuber davontragen.» (Miguel de Cervantes: Pérsiles y Sigismunda, Buch III, Kap. 11).

Die Kultur der Moriscos

Aljamiado: Spanische Literatur in arabischer Schrift

Das zeitgenössische konventionelle Bild der spanischen «moriscos» malte diese als blosse Bauern, ohne eigene Kultur, abergläubisch und primitiv, dem Tanz und Gesang ergeben, wegen einer ihnen besonders anhaftenden «Laszivität» reich an Kindern, tückisch und voller Ressentiments, stets darauf aus, mit allen Mitteln Geld zu verdienen, ohne irgendwelche, noch so geringe, Arbeiten zu scheuen. Doch die neuere historische Forschung hat ein anderes Bild zutage gefördert. Untersuchungen der Bevölkerung der spanischen und portugiesischen Städte im 15. und 16. Jahrhundert haben ergeben, dass es eine ganze bürgerliche Oberschicht von Moriscos gab. Ihre Söhne gingen sogar auf die Universitäten. Die Medizin war der Beruf vieler ihrer angesehensten Leute. Doch findet man auch Handwerker unter ihnen, Kaufleute, Lehrer, Tierärzte, Schreiber, und das Studium der Schriften, die sie hinterliessen, zeigt uns genauer, was ihre Hauptinteressen waren.

Die spanischen Bibliotheken besitzen gegen 200 handgeschriebene Bücher in *Aljamiado*, das heisst in romanischer Sprache (kastilisch, portugiesisch, katalanisch, aragonesisch, leonesisch und verschiedene andere Dialekte des Spanischen), jedoch mit den Buchstaben des arabischen Alphabets. Diese Texte sind heute in vielen Fällen studiert und ediert worden. Man kann sie in verschiedene Gruppen einteilen: Geschichten und Epen, die zur arabischen Tradition gehören, etwa ein Alexander-Roman; die Geschichte von Yûsuf (Joseph) entsprechend der koranischen Tradition; Liebesgeschichten, die manchmal verwandt sind mit solchen, die man in «1001 Nacht» findet; ein Buch der Schlachten und Kämpfe, die der Prophet lieferte, basierend auf den klassischen Lebensbeschreibungen des Propheten (Sira), jedoch ausgeschmückt nach der Phantasie eines Bewohners der Halbinsel aus dem 16. Jahrhundert; die Geschichte der Liebe von Paris und Viana; jene des Bades von Zarieb; der Bericht von Tamim Addar (eines Gefährten des Propheten, der eine Reise in das Land der Jinn unternahm und zurückkehrte, um davon zu berichten); die Legende vom Mond (den Muhammed in Gegenwart eines Königs Habib verschwinden und wieder leuchten lässt, dann dazu bringt, die Kaaba zu küssen und sie siebenmal zu umkreisen, schliesslich in einen der Ärmel des Propheten zu schlüpfen und aus dem anderen wieder hinauszugleiten); jene vom «Antichrist», ad-Dajal, der am Ende der Zeiten kommt und das letzte Gericht anzeigt («al-kitab» des «Samarqandi»). Man findet auch Prophezeiungen vom Jüngsten Gericht und von der Rückkehr des Islams nach al-Andalus sowie Berichte über die Reise Muhammeds in die Himmel, bis er erlebt, wie der Schleier vom Angesicht Gottes fällt und die Hand des Herrn sich einen Augenblick lang auf seine Schulter legt.

Zahlreiche Geschichten befassen sich mit Figuren der Bibel: Abraham; Ismael; Moses; Sulaimân (Salomon), und es gibt besonders viele Geschichten und Legenden von Isa (Jesus). Ebenso handeln viele Schriften von Figuren des Korans. Neben Yûsuf finden sich Bücher über Geburt und Tod des Propheten Muhammed; die Legende vom Tod des Bilâl, des ersten Gebetsrufers zur Zeit Muhammeds; die Geschichte von der Eidechse, die zu Muhammed sprach; die Geschichte der Bekehrung Omars und jene vom Sohn Omars mit der Jüdin. Ein Buch, das die Biographie des Propheten enthält, betitelt sich: «Buch der Lichter».

Es gibt sogar Reisebücher wie den Wegweiser von Spanien nach der Türkei und das Buch der Lehren für den Wanderer, in dem man Angaben findet über die Wegzehrung, die mitzunehmen sei, die Orte, an denen Gefahren drohen, andere, wo ein Morisco hoffen darf, gut aufgenommen zu werden, Städte, wo er Geld wechseln kann und Häfen, die ihm erlauben, sich einzuschiffen.

Es gibt Bücher mit Ratschlägen, wie die «Weisungen Alis», oder jene «eines Gelehrten an seinen Sohn»; ein «Buch und Übermittlung guter Doktrin, Lehre und Sitten», ein anderes von «Predigten, Beispielen und Lehren, um die Seele zu heilen, das andere Leben zu lieben und dieses zu scheuen; oder Warnungen für die Menschen» (all dies nach der Darstellung von *Alvaro Galmés de Fuentes*, der einer der besten Kenner dieser Literatur und Herausgeber mehrerer ihrer interessantesten Werke ist, in: Lamalif, al-Andalus, Almeria, No. 5, Dec. 1992, p. 6–15).

Der «Junge Mann von Arévalo»

Einen Höhepunkt der Aljamiado-Literatur stellen ohne Zweifel die Schriften des *«Jungen Mannes von Arévalo»* dar. Wir wissen von ihm, dass seine Mutter 25 Jahre lang Christin war und er selbst zum Islam zurückkehrte. Wir können vermuten, dass dies nicht nur er, sondern viele Moriscos des späteren 16. und frühen 17. Jahrhunderts taten, weil sie hatten einsehen müssen, dass die spanische Gesellschaft, unter der Aufsicht der Inquisition, ihnen nie erlauben würde, voll berechtigte Christen wie die «alten Christen» Spaniens zu werden. Im Gegenteil, zu den seit dem Mittelalter für Mudéjares und Moriscos bestehenden Sondersteuern kamen später, im 16. Jahrhundert, neue Sonderabgaben hinzu wie die *farda*, die nur die «neuen Christen» zu entrichten hatten. Die Gefahr, dass ein jeder Neider oder Feind einen Neuchristen vor die Inquisition zerren konnte, indem er ihn – anonym – der heimlichen Sympathie mit dem Judentum oder dem Islam beschuldigte, bedeutete natürlich eine Diskriminierung, die noch viel schwerer wog.

Galmés de Fuentes glaubt, angesichts des Umstandes, dass die Werke religiösen Gehalts in der Zeit gegen Ende des 16. und Beginn des 17. Jahrhunderts offensichtlich zunehmen, dass zunächst, nach dem Fall Granadas, viele Moriscos bereit waren, sich in die spanische Gesellschaft einzupassen, doch dass sie später, als deutlich wurde, dass die Moriscos nie vollberechtigte Spanier werden würden, auf ihre eigene Tradition zurückzugreifen suchten und taten, was sie vermochten, um ihre Religion wieder zu beleben.

Jedenfalls spricht aus den Schriften des «Jungen Mannes», dessen Name uns unbekannt bleibt, echte und tiefe Religiosität mystischer Art. «Wohlan, sanftester Schöpfer aller Dinge, bringt alles, wie es Euch gefällt, in mir zum Erliegen, und beseitigt von mir alles, was Eure Liebe schädigt, gebt mir beständige Demut, gebt mir, Herr, frohgemute Sanftmut, gebt mir Geduld, befeuert von Barmherzigkeit; Herr, gebt meiner Zunge und all meinen körperlichen Gliedern und Sinnen eine perfekte und heilige Genügsamkeit; Herr, gebt mir Nacktheit und innere Freiheit und Einsicht und innere Erkenntnis, stattet meinen Geist aus und formt ihn nach Eurem eigensten Willen; und, da ich nicht genug bin, um Euch zu loben, bewirkt, dass Ihr vollkommen gelobt werdet. Ich bin in mir sicher, Herr, dass, wenn in mir alleine alle Liebe Deiner Geschöpfe zusammenflösse, ich sie Euch, mein grosser Gott, mit uneingeschränktem und reinem Herzen gäbe. Oh Herr, Gott, Geliebter, mein Ursprung, sanfte Essenz voller Einfachheit und Heiterkeit; Du Angenehmer, Du sanfter Abgrund, entzückend, begehrenswert. Oh Freudigkeit und süsses Licht aller Seelen, oh Strom schätzbaren Entzückens, oh Ozean unsagbaren Trosts, oh volle Schönheit aller Güter, oh Herr aller Genüge.»

Was hier als Gott übersetzt ist, ist das arabische Wort Allah (das nichts anderes als Gott bedeutet). Nur ihm kann man entnehmen, dass es sich um einen islamischen, nicht um einen christlichen Text handelt. Dass es ein besonderer Text ist, kann man den Zügen entnehmen, die fehlen: In einem normalen arabischen Text der mystischen Tradition würde man wohl wenigstens an der einen oder anderen Stelle den Ausdruck der Einheit und Einzigkeit Gottes finden; in einem christlichen andererseits wahrscheinlich eine Anrufung der Maria oder Erwähnung der Dreifaltigkeit.

Über das Gebet sagt der «mancebo» (spanisch für junger Mann, Junggeselle): «Eine der hauptsächlichen Tugenden, die das Gebet aufweist, ist, dass man in seiner Durchführung alle Taten der Tugend üben kann. Hier ist es nötig, dass alle Handlungen von Tugend und Vorsicht geübt werden, weil der Mensch sich hier demütigt vor jener einzigartigen Majestät; hier erneuert er sich und verspricht Besserung, hier richtet er seine Hoffnung auf; hier glaubt er, hier hofft er, hier liebt er, hier fürchtet er, hier verehrt er, hier gibt er Dank für die erhaltenen Gaben, hier reinigt er sich und bietet sich der höchsten Güte an, hier klagt er sich an, und hier bereut er seine Sünden, hier nimmt er sich ihre Verbesserung vor, hier festigt er sich, hier steht er in seinem Willen nach einem jeden geistlichen Gewinn, hier bittet er um Gnade und Anstrengung um sein Seelenheil, hier bittet er, nicht alleine für sich selbst, sondern vielmehr für alle seine Lieben, lebendige und tote, indem er in all dem die Werke seiner Tugenden übt» (nach A. Galmés de Fuentes, op. cit.).

Der «mancebo» betitelt sein Buch: «Zusammenfassung der Religion und geistliche Übung». Er muss eine christliche Schule besucht haben, da er sowohl Lateinisch wie Hebräisch kennt. Er kopiert ganze Passagen aus der «Imitatio Christi» des Thomas a Kempis. Doch er schreibt für heimliche Muslime in arabischen Lettern.

Angesichts solcher Schriften, die sich kaum von christlichen Werken ähnlicher Ausrichtung unterscheiden, ist der Gebrauch der arabischen Buchstaben eine Frage der Identität, nicht der Kenntnisse. Ihr Gebrauch soll dokumentieren, welcher Religion man sich als zugehörig empfindet. Die arabische Schriftsprache ist den Moriscos Kastiliens, zu denen der «junge Mann» gehört, seit geraumer Zeit verlorengegangen. Doch sie halten an den arabischen Lettern fest, um zu unterstreichen, dass sie weiterhin Muslime sind und sein wollen, sogar wenn sie gezwungen sind, diesen Umstand geheimzuhalten.

Ein Seekapitän in Tunis

Es gibt allerdings auch Fälle, in denen das Aljamiado die einzige Schriftsprache war, die ein «Morisco» verstand. Wir wissen aus arabischen Quellen von einem Morisco, der in Tunis lebte, dort natürlich zu seiner angestammtem muslimischen Religion zurückgekehrt war, jedoch ein ausführliches Buch in 50 Kapiteln über den Gebrauch von Schiesspulver und Kanonen «zum Nutzen der Kämpfer im Krieg auf dem Weg Gottes mit Kanonen» in Aljamiado geschrieben hat. Dies war ar-Raez, d. h. der Schiffskapitän, *Ibrahim Ibn Ahmed Ibn Ghanim Ibn Muhammad Ibn Zakariya,* der gegen Ende des 16. Jahrhunderts in Tunis lebte. Sein Buch handelt vom Pulver, von den Kriegsgeräten und Geschossen, von der Art, wie die verschiedenen Typen von Kanonen aufgestellt und auf Schiffe montiert werden müssen, es beschreibt ihre Bestandteile und die Art, wie sie geladen und abgefeuert werden müssen sowie andere technische und taktische Einzelheiten. Das Buch war mit Zeichnungen europäischer Herkunft illustriert. Das Aljamiado-Original des Schiffskapitäns ist nicht auf uns gekommen, doch eine arabische Übersetzung wurde angefertigt und ist in mehreren Handschriften, die sich in Tunis und Kairo befinden, bekannt.

Ein Fluchtbericht

Wir kennen den Übersetzer: *Ahmad al-Qasim Shihab al-Hayâri.* Er war ebenfalls ein Morisco, und ein glücklicher Zufall hat uns Fragmente seiner Lebensbeschreibung bewahrt, die er nach seiner Flucht nach Marokko arabisch geschrieben hat. Die Autobiographie selbst ist verschollen, doch ein Gelehrter des 17. Jahrhunderts hat längere Abschnitte daraus in einer Genealogie über «den mütterlichen Zweig unseres Herren Mawlay Zaydan» abgeschrieben. Die Geschichte der Flucht des Shihab al-Hayâri aus Spanien ist spannend und lehrreich, weil sie die Umstände deutlich werden lässt, unter denen ein gebildeter Morisco jener Zeit leben musste.

Der Fluchtbericht ist betitelt: «Reise von Shihab zum Treffen mit den Freunden». Die Freunde sind seine Mitmuslime in Nordafrika. Der Verfasser beschreibt, wie er sich auf die Flucht vorbereitete. Er erzählt: «Ich weiss, dass die erste Sprache, die ich im Land al-Andalus redete, das Arabische war. Doch weil die Christen jene bestraften, die sie beim Lesen des Arabischen überraschten, lernte ich, für meine Geschäfte ihre Sprache zu schreiben. Später inspirierte mich Gott, jenes Land zu verlassen und zu den Muslimen zu ziehen. Die Christen standen in den Küsten- und Grenzzonen und suchten nach allen, die versuchten, sie zu durchreisen. Wenn ein Andalusier sie heimlich zu durchqueren versuchte, töteten sie ihn. Sie hatten ihnen verboten, sich den Grenzen anzunähern, damit sie nicht in die Länder der Muslime flöhen». (Der Verfasser spricht vom Jahr 1598, also von der Zeit vor dem Ausweisungsedikt von 1609. Damals war es in der Tat den Moriscos streng verboten, Spanien zu verlassen. Staaten sind in ihren Weisungen, besonders gegenüber machtlosen Minderheiten, die sich nicht wirklich wehren können, bekanntlich nicht immer konsequent.)

Al-Hayâri fährt in seinem Fluchtbericht fort: «Während Jahren befasste ich mich damit, ihre Bücher zu lernen, damit sie glaubten, ich sei einer der Ihrigen, um so durch das Land reisen und in die Gebiete des Islams fliehen zu können. Als ich an die Küste gelangte, war sie streng bewacht. Ich weilte bei ihnen, und sie argwöhnten nichts, da sie feststellten, dass ich ihre Sprache und Schrift beherrschte und sie wohl kannte, auch in ihrer Art, wie sie miteinander verkehrten. So konnte ich von ihnen aus zu den Ländern des Islams ausreisen. Es war in dieser Absicht, dass ich in ihren Büchern lernte und forschte, gemäss unserer Tradition («hadîth»), die sagt: ‹Der Wert einer Handlung hängt von ihrer Absicht ab›. Wie ich gesagt habe, war es jenes Studium, obwohl die ihre eine sündige Wissenschaft ist, das mir die Tore ihrer Könige zu den Ländern der Muslime öffnete, die normalerweise den meisten Menschen geschlossen sind; dies geschah in der Absicht, mich Gott in den Ländern der Muslime anzunähern.»

Der heimlich Ausreisende gelangte zum Hafen Puerto de Santa María in der Algarve. Es gelang ihm, als Passagier in einem Schiff mitgenommen zu werden, das Weizen nach Mazaghan transportierte. Mazaghan, heute Jadide genannt und südlich von Casablanca gelegen, war von 1514 bis 1769 eine portugiesische Festung. Portugal und Kastilien waren zwischen 1580 und 1640 in Personalunion unter den spanischen Königen vereint. «Wir besprachen uns mit dem Kapitän, der uns fragte, woher wir kämen. Wir teilten ihm mit, dass wir aus Sevilla kämen und dass uns etwas zugestossen sei, wegen dessen wir für unser Leben fürchteten. Wir baten ihm um Erlaubnis zurückzukehren, wenn wir dies wollten. Doch wir waren bereits entschieden, von diesem Land in jene der Muslime zu fliehen. . . . Als wir die Mauern von Mazaghan sahen, die jeder Eroberung zu widerstehen schienen – sie waren dreizehn Armlängen breit, das Meer umgab sie von zwei Seiten und Gräben auf den anderen beiden – begriffen wir, dass wir eine List anwenden mussten, um die Festung verlassen zu können. Daher fuhren wir fort, uns zu verstellen, bis ein anderes Schiff von al-Andalus anlangte. Wir wandten uns an den Kapitän und erklärten ihm, wir wollten nach Hause zurückkehren, wir fragten ihn auch, ob er etwas aus al-Andalus brauche und er gab uns einen Auftrag, um ihn dort auszuführen.

Eines Nachmittags zog ich mit zwei Gefährten (aus der Festung) aus, nachdem wir Proviant gekauft hatten, um uns damit während der Reise zu verköstigen, wir fanden ein Boot vor, das auf die Reisenden wartete. Wir händigten unsere Vorräte aus, sowie Kleider, blieben jedoch (am Strand), um auf den Händler, den Herren des Schiffes, zu warten. Solange bis sechs Christen Mazaghan verliessen, welche während der Nacht die Wache besorgten und des Morgens (in die Festung) zurückkehrten. Sie gingen in unserer Nähe vorbei und folgten ihrem Weg. Wir warteten weiter auf den Händler, bis es dunkel wurde. Wir hielten das Abendgebet ab, und dann sagte ich meinen Gefährten: ‹Dies ist der beste Augenblick, gehn wir und retten wir uns.›

Wir verliessen den Weg, dem wir in Richtung as-Sammur (heute Azamour geschrieben) folgten, da wir fürchteten, die christlichen Reiter könnten uns nachspüren, wenn sie sich Rechenschaft darüber gaben, dass wir geflohen seien. Wir wanderten weiter der Küste entlang nach rechts hin, bis wir ein Minarett im Land der Muslime sahen. Es gehörte zu einer Festung, die sich Tit nennt. Sie war von ihren Bewohnern verlassen.

Am Morgen, als die Christen unsere Flucht bemerkten, kamen sie alle heraus, um uns zu verfolgen. Wir suchten Zuflucht auf einem Baum, auf dem wir den ganzen Tag über blieben, bis sie umkehrten. Als der Befehlshaber von As-Sammur, Muhammed Ibn Ibrahim ash-Sha'yani, davon hörte, dass Gruppen von christlichen Spähern aus Mazaghan ausgezogen waren, dachte er sich, dass etwas unter den Christen geschehen war, und er sandte einen Befreier von Gefangenen («al-faqueque», es handelt sich um beiderseitig akkreditierte Unterhändler, die hauptsächlich die Angelegenheiten des Lösegelds zu behandeln hatten), damit er in die Stadt ziehe und mit ihnen über die Befreiung von einigen gefangenen Muslimen verhandle und gleichzeitig in Erfahrung bringe, was vor sich gehe. Dieser traf die Christen in der Vega (den Gärten vor der Stadt) und sie fragten ihn nach den Christen, die von Sevilla nach Mazaghan geflohen und von dort aus ins Gebiet der Muslime eingedrungen waren. Der Auslöser von Gefangenen sagte ihnen, die Flüchtlinge seien am Morgen in as-Sammur eingetroffen. Er sagte das, um ihnen alle Hoffnung zu nehmen, dass sie uns noch fangen könnten, so dass sie uns nicht weiter verfolgten.

Wir blieben auf dem Baum bis zum Abend, später machten wir uns auf den Weg nach as-Sammur. Wegen Wolken konnten wir die Sterne nicht sehen, die uns die Richtung nach as-Sammur wiesen, so verbrachten wir den meisten Teil der Nacht, indem wir durch die Gärten wanderten, bis wir zu einer Quelle kamen, von der wir tranken und wo wir blieben, bis der Morgen heraufzog. Wir begingen dort das Morgengebet.

Dann machten wir uns von neuem auf den Weg nach as-Sammur. Wegen der Wolken konnten wir die Sonne nicht sehen, bis sie mitten am Himmel stand. Wir suchten nach Wasser, weil es sehr heiss geworden war. Wir fanden Sodbrunnen, doch sie waren trocken. Wir sahen einen grossen Baum und gingen auf ihn zu. Dort begingen wir das Nachmittagsgebet und ruhten in seinem Schatten aus. Während wir ruhten, konnten wir die Wellen des Meeres hörten. Wir freuten uns sehr, weil wir, wenn wir uns nah an der Küste befanden, den Weg finden konnten. Wir kamen bei Sonnenuntergang an und wussten, dass wir uns zwischen Tit und der Küste befanden. Mein Freund sagte, lass uns nach Tit gehen, um von den dortigen Sodbrunnen zu trinken. Ich antwortete ihm, wenn wir nach Tit gingen, hätten wir keine Kraft mehr, um dorthin zu gelangen. Doch als wir hungrig wurden, änderte ich meine Ansicht, und wir gingen weiter bis Tit. Wir stiessen auf einen breiten Weg und kehrten gegen Mitternacht zurück. Wir waren gewiss, dass der Weg, dem wir zu folgen hätten, das Meer entlang führte. Wir hielten nahe bei den Stellungen an, wo die Vorhut der Christen stand. Diesen Ort verliessen wir eilig und schritten fort Richtung as-Sammur. Wir erstiegen einen Berg und sahen die Muslime, die mit der Ernte beschäftigt waren. Als sie uns sahen, verfolgten sie uns mit ihren Waffen. Wir sagten ihnen, dass wir Muslime seien. Sie freuten sich sehr und gaben uns Wasser und Brot. Sie beherbergten uns drei Tage lang, und nachher zogen wir mit ihnen nach as-Sammur. Dort empfing uns der Anführer (al-Qa'id) Muhammed Ibn Ibrahim ash-Sha'yani. Er hiess uns willkommen und fragte: ‹Wo seid ihr diese drei Tage geblieben? Wir haben euch gesucht und keinerlei Spur von euch gefunden.› Er sprach zu uns auch über die Dinge der Religion, und ich gab ihm Antwort auf seine Fragen. Er schrieb an den Sultan, Mawley Ahmed adh-Dhahabi, den Gott selig habe, über unsere Lage. Der Sultan antwortete ihm und teilte ihm mit, er wolle uns kennenlernen. Für das Treffen setzte er den Tag des 'Id (Opferfestes) zusammen mit dem Truppenführer fest. Das 'Id des Jahres 1007 (d.H. = 1598 n. Chr.) stand bevor. Wir zogen mit dem Truppenführer Richtung Marrakesh aus, damit wir am 'Id-Tage vor Sultan Mawlay Ahmed erscheinen könnten. Wir stiegen an einem Ort ab, wo ein Suq mit Ladenbuden abgehalten wurde. Der Truppenführer sagte einigen seiner Freunde: ‹Geht mit ihnen, damit die Leute auf dem Markt sie kennen lernen›.

Diese Leute verliessen ihre Geschäfte und umringten uns. Sie waren erstaunt und fragten uns nach unseren Geschäften, da sie glaubten, wir seien Christen. Sie sagten zu uns: ‚Sprecht das Glaubensbekenntnis in seiner Wahrheit!' Zuerst schwiegen wir. Doch dann sahen wir, dass immer mehr uns umringten. Da sagte ich: ‹Ashhadu la illaha illa 'l-lah, wa ashhadu inna Muhammad ,'abduhu wa rasûluhu.› Sie sagten: ‚Bei Gott! Er hat es besser gesagt als wir es können!' Sie gingen fort und kamen bald wieder mit Datteln, Brot und Geldstücken. Wir sagten ihnen, wir benötigten nichts.

Als wir wieder zu Muhammed Ibn Ibrahim kamen, fragte er uns: ‹Wie waren die Leute vom Suq der Muslime?› Ich antwortete ihm: ‹Gut, Gott sei gepriesen!›

Später erreichten wir das Lager des Sultans Mawlay Ahmad adh-Dhahabi. Auf dem Weg nach Marrakesh hatten wir uns mit Muhammed angefreundet. Er hatte mit über 1000 Reitern an der Kampfesfront gestanden. Sie trugen dort alte, verbrauchte und abgenutzte Kleider. Als wir in die Nähe des Lagers des Sultans gelangten, befahl der Truppenführer, einem jeden Reiter solle ein Überhemd, ein Mantel und ein Turban ausgehändigt werden, all dies registriert auf einer Liste. Am Tag des 'Id zogen sie alle schmuck wie Schmetterlinge aus. An jenem Tag versah ein jeder Befehlshaber seine Truppe mit dem gleichen wie unser Muhammed, und so wurden sie vor unseren Augen ganz andere. Sie schienen nicht mehr dieselben wie zuvor.

Als am Tag des 'Id die Muslime ihre Truppenabteilungen zusammenzogen, wurden alle Soldaten einberufen, und ein Schriftgelehrter, den der Sultan Mawlay Ahmed entsandt hatte, war zugegen, um einen jeden Befehlshaber mit seinen Kompanien und Soldaten zu zählen. Ich fragte jenen Gelehrten: ‹Was ist die Gesamtzahl?› Er antwortete mir: ‹29 000›, und er fügte hinzu: ‹Sogar wenn der Sultan mit all seinen Truppen auszöge, könnte er dennoch den andalusischen Glaubensbrüdern nicht gegen die Christen helfen.›»

Der Bericht geht weiter, indem der Flüchtling erzählt, wie ihn der Sultan auf Empfehlung des Generals, wie wir heute sagen würden, Muhammed zuerst zum «Übersetzer des Hofes» ernannte, und ihm dann, als er seine Fähigkeit, vom Arabischen ins Kastilische und umgekehrt zu übersetzen, unter Beweis gestellt hatte, den Titel eines «Dolmetschers der Sultane von Marrakesh» erteilte. Der Sultan verwendete ihn auch als Botschafter in verschiedenen europäischen Ländern. Nach dem Tod des Sultans Ahmed, im Jahr 1603, wirkte Shihab im selben Amt für seinen Nachfolger, Sultan Mawley Zaidan (Zidan). Gegen Ende seines Lebens hat Shihab die Pilgerfahrt nach Mekka vollbracht, und auf der Rückreise liess er sich in Tunis nieder. Dort hat er den oben erwähnten Kapitän Ahmed Ibn Ghanim kennengelernt und dessen Buch über die Kanonen in gutes Arabisch übertragen. (Nach den spanischen Texten, die Muhammad Abdullah 'Unan mittelt, in: Lamalif, Almeria, No. 5, Dez. 1992, p. 77 ff.).

Eine Übersicht über die «Aljamado»-Literatur gibt *Anwar G. Chejne* in seiner «Historia de España musulmana», spanische Ausgabe, Madrid 1980; englischer Titel: Muslim Spain. Its History and Culture, Univ. of Minnesota Press 1974. Im Kapitel XX findet man eine Darstellung dieser Literatur mit Zusammenfassungen von vielen ihrer erzählenden Texte sowie bibliographische Angaben. Siehe auch: *Luce López-Baralt:* Huellas del Islam en la literatura española, p. 119–149, Crónica de la destrucción de un mundo: la literatura aljamiado-morisca. Vgl. auch *dies.:* San Juan de la Cruz y el Islam, Madrid 1990, Bibliographie, unter ihrem eigenen Namen, sowie Handschriften. Weiter: *Álvarez Galmés de Fuentes*, wichtige Textausgaben wie: El libro de las Batallas de los campeones, 2 Bde., Madrid 1975, sowie: Historia de los amores de Paris y Viana, Madrid 1970. Ein englischer Fachmann für «Mudéjares» und «Moriscos» ist *L. P. Harvey*. Seine Übersichtsartikel über beide in dem mehrfach zitierten Sammelband The Legacy of Muslim Spain (ed. *S. Kh. Jayyusi*, Leiden, 1992) auf den S. 176–187 und 201–234, mit Bibliographen und Zitaten aus der «Aljamiado»-Literatur, können als eine gute Weiterführung dienen.

III

Die arabische Welt als Horizont

Auswirkungen der islamischen Präsenz auf Spanien

Santiago und die Ritterorden

Die erste Folge, welche die Präsenz der damals weit überlegenen muslimischen Kultur für die verbliebenen christlichen Bewohner der Iberischen Halbinsel hatte, sollte sich weit über Spanien hinaus auf ganz Europa auswirken. Es war, gegen das Jahr 800, die «Findung» etwas weniger gläubige Menschen als die mittelalterlichen Christen würden eher sagen Erfindung (ein römisches Grab war in «Campo Stellae» entdeckt worden) des vermuteten Grabes des Apostels Jakobus an der äussersten Nordwestecke der Halbinsel, wo heute die Stadt Santiago de Compostela steht. Die Legende behauptete, der Leichnam des in Palästina hingerichteten Apostels sei wundersamerweise auf einem Schiff ganz alleine an die spanische Nordwestküste gereist und dort begraben worden, um auf seine spätere Auffindung zu warten. Dies sei geschehen, weil der Apostel zu seinen Lebzeiten die Iberische Halbinsel zum Christentum bekehrt habe. Das ganze ist ein typisches Beispiel für «credo quia absurdum». Die frühen Spanier mussten und wollten solch wundersame Dinge glauben, weil sie der Wunder bedurften, um sich der damals weit überlegenen Araber zu erwehren.

Américo Castro hat als erster gesehen und ausführlich dargestellt, wie der hispanische Santiago, der auf deutsch St. Jakob heisst, in seiner Funktion auffallend genau der muslimischen Figur des *Khidr* entspricht, des «Grünen», der den Heeren des Islams im Falle der Not zu Hilfe kam und auch den Mystikern und Frommen als Eröffner neuer Erkenntnisbereiche erscheinen konnte (prominent bei Ibn Arabi etwa).

Im Fall des christlichen Santiago haben sich verschiedene Vorstellungen verschmolzen, wie man aus den Namen erkennen kann, die dem Heiligen gegeben werden. Er ist im Volksglauben zweiförmig, sowohl der Apostel wie der Bruder des Herrn, weil das Evangelium einen Jakob, Bruder Christi, erwähnt. Die Doppelförmigkeit erleichtert eine Identifikation mit den Dioskuren, Castor und Pollux, antiken Trägern von Blitz und Donner, Söhnen des Jupiter und Schlachtenhelfern. Was auch schon im Evangelium gegründet sein dürfte, wo Jakobus als Boanerges, hebräisch für Sohn des Donners, in Erscheinung tritt. (Belege bei Castro, The Structure of Spanish History, 2nd edition 1954, Princeton p. 130–201).

Was immer seine mehr oder weniger synkretistische Entstehung sein mag, deutlich ist jedenfalls, dass Santiago in der Vorstellung der spanischen Kämpfer und Soldaten auf einem weissen Ross, mit weisser Fahne und blitzendem Schwert den Heeren seiner Getreuen vom Himmel herab zu Hilfe kam. Diese Bilder findet man schon in der Chronica Generál Alfonsos des Weisen auf Grund älterer Quellen ausgemalt: Vor der Schlacht von Clavijo (822) erschien der Apostel dem König Ramiro I. (von Asturias, 842–850) und sagte ihm: «Unser Herr, Jesus, hat zwischen mir und meinen Brüdern, den Aposteln, alle Provinzen dieser Erde aufgeteilt. Mir alleine gab er Spanien, um über ihm zu wachen und es vor den Händen der Feinde des Glaubens zu bewahren ... Damit du nicht an dem zweifelst, was ich dir sage, teile ich dir mit, dass du mich morgen sehen wirst, wie ich auf einem weissen Pferd mit einem weissen Banner und einem grossen, glänzendem Schwert in die Schlacht ziehe». (Castro, op. cit., p. 136).

Hilfspatron gegen die «moros»

Die Vorstellung dieser militärischen Hilfe durch den Himmlischen Patron Spaniens hat sich auf der Halbinsel viele Jahrhunderte lang erhalten, und sie ist sogar mit den spanischen Soldaten nach Südamerika hinübergezogen. Im Jahr 1535 erschien Santiago «offenbar den Spaniern, denn diese und auch die Indios sahen ihn, wie er auf einem herrlichen weissen Ross ritt» (Garcilaso el Inca, in Comentarios reales II, 2, 24). Und im Jahr 1626 erklärte der General Don Diego Flores de León in einer öffentlichen Aussage, er habe dank dem Apostel 7000 Indios von Chile mit nur 260 Soldaten besiegt. Auch in Orán soll Santiago den spanischen Heeren geholfen haben, wie 1635 der Markgraf von Flores, Dávila, erlebt haben will. Und Bruder Vicente Palatino führte als Beweis dafür, dass der Krieg der Spanier in Südamerika ein gerechter Krieg gewesen sei, an: Während einer Schlacht des Hernán Cortés mit dem Mexikanern sei ein Mann auf einem weissen Pferd erschienen und habe viele Indios erschlagen. Sein Pferd kämpfte ebenfalls gegen sie, indem es sie biss und mit den Hufen schlug. (Tratado de derecho y justicia en la guerra 1559, in L. Hanke und Millares, Cuerpo de documentos del siglo xvi, México 1943, p. 24. All dies nach A. Castro, op. cit., p. 182).

Santiago war zweifellos eine Gegenfigur, welche die iberischen Christen er-fanden, um sie und ihre geistliche Macht den Muslimen gegenüberzustellen. Ein berühmter Vers im spanischen Nationalepos, dem «Cantar de mío Cid», lautet: «Los moros llaman Mafomat e los cristianos Santi Yague» (173) – «die Muslime rufen Mohammed an und die Christen Sankt Yago.» Wobei in Wirklichkeit die Muslime aller Wahrscheinlichkeit nach «Allahu Akbar» gerufen haben, ihren alten Schlacht- und Gebetsruf, der in beiden Funktionen bis heute andauert.

Der entscheidende Punkt ist, dass die hispanischen Christen sich veranlasst, ja gezwungen sahen, eine geistige (Gegen-)Macht zu er-finden, um sie jener entgegenzusetzen, die den Zusammenhalt der Muslime bewirkte.

Die Muslime selbst waren sich der Bedeutung Santiagos für ihre Gegner bewusst: Nach Ibn Idhari, dem Historiker, ist «Santiago das wichtigste christliche Heiligtum nicht nur in Spanien, sondern in ganz Europa. Die Kirche in jener Stadt ist für sie das, was Mekka für uns ist. Sie berufen sich auf Santiago in ihren Eiden, und Christen kommen dorthin zur Pilgerfahrt aus den fernsten Ländern ... Manche Christen sagen, Santiago sei der Sohn Josephs, des Zimmermanns, gewesen ... Fromme kommen zu seinem Heiligtum sogar aus Nubien, dem Land der Kopten.» Der grosse Historiker Ibn Hayyân gibt eine noch ausführlichere Darstellung (Castro, op. cit., p. 141).

Santiago diente den Leonesen, Asturianern und Kastiliern, um ihnen in den

Schlachten gegen die so weit überlegenen «Moros» den Rücken zu stärken und die nötige Sicherheit zu geben, die ihnen erlaubte, den Muslimen trotz aller Übermacht standzuhalten.

Der Mönch von San Pedro de Arlanza in Kastilien, der gegen 1240 das Lied von Fernán González verfasste, ein Heldenepos zum Lob des Gründers der Grafschaft Kastilien, die später Königreich werden sollte, war der Meinung, Gott habe Spanien besonders ausgezeichnet:

> «De Inglatera y Francia quisola mejorar,
> que no yaz apóstol en todo aquel lugar»

> (Über England und Frankreich machte er es erhaben,
> Denn in all jenen Orten ist kein Apostel begraben.)

Pilgerziel

Das Grab des Apostels in Nordwestspanien, in Galizien (Galicia) am damaligen Ende der Welt, wurde so berühmt, dass es auch noch eine zweite Funktion erfüllte. Es zog massenweise Pilger aus Europa an. Die Pilgerfahrt nach Santiago wurde mindestens ebenso berühmt und wichtig wie jene nach Rom und die ungleich schwierigere und gefährlichere nach dem Heiligen Grab. Der Orden von Cluny begann sich schon kurz nach seiner Gründung (im Jahre 910) für diese Pilgerfahrt zu interessieren und seine Mönche wurden das, was wir heute Organisatoren von religiösen Reisen nennen würden. Sie sorgten für die Propaganda und zugleich, ganz realistisch gedacht, für die Obhut der Pilger unterwegs. Zu diesem Zweck gründeten sie Klöster die ganze Pilgerstrasse entlang, die man in Spanien bald auch den «französischen Weg» (camino francés) nennen sollte.

Die Könige von Aragón, Navarra, Kastilien, Asturias, León waren daran interessiert, die Verbindung mit dem christlichen Hinterland aufrecht zu erhalten, die sich durch die Pilgerfahrt ergab. Sie und ihre Hochadligen statteten die Klöster und Kirchen am «französischen Weg» mit Ländereien und Geschenken aus. Sahagún wurde das reichste und berühmteste unter ihnen. Von Cluny aus ferngesteuert, wurde es auch zu einem Zentrum des französischen kirchlichen Einflusses in dem neu zu christianisierenden Gebiet, das die «Wiedereroberung» schrittweise gewann. Der erste Bischof von Toledo nach der Eroberung von 1085, Don Bernardo, war ein Franzose, wie wir gesehen haben; er kam mit all seinen Mönchen und Kanonikern in die neu eroberte Stadt und stützte sich auch auf die ebenfalls burgundische Königin.

Von Frankreich aus wurde auch der Verzicht auf die alte, «mozarabische» Form der Messe in Toledo und damit in ganz Spanien durchgesetzt, ebenso wie die Ersetzung der alten gotischen durch die neuere und gemeineuropäische karolingische Schrift.

Die sogenannte «mozarabische» Liturgie ist jene, die schon die Westgoten verwendeten. Sie ist der gallikanischen verwandt, hat aber auch Ähnlichkeiten mit den Liturgien der nahöstlichen Christen. Verglichen mit der römischen ist sie lyrischer, blumenreicher, jedoch weniger straff. Ihre Gegner warfen der «mozarabischen» Liturgie vor, sie sei der Ketzerei verdächtig, weil sie von der «adoptio» Christi spricht. Der Adoptionismus war 918 endgültig als eine Irrlehre verurteilt worden. Die Verteidiger der hispanischen Liturgie sind der Ansicht, «adoptio» sei in ihr als gleichbedeutend mit «assumptio» zu verstehen. Kardinal Jiménez de Cisneros (1436–1517) erreichte es bei Papst Julius II. (1503–1513), dass die mozarabische Liturgie in Toledo wieder zugelassen wurde. Dort wird sie bis heute in bestimmten Kirchen zelebriert.

Die Äbte von Cluny betrieben Weltpolitik zugunsten Burgunds, und sie übten auf das damals bedrängte und stützungsbedürftige Nordspanien einen Einfluss aus, der bis hinüber an die portugiesisch-arabische Kampfgrenze reichte. Unter ihrem Einfluss ist nach Américo Castro die Lostrennung Portugals von den spanischen Königreichen und seine direkte Unterstellung unter den Papst zustandegekommen. Diese Meinung ist allerdings auf heftigen Widerspruch vieler portugiesischer Historiker gestossen, die den Ursprung ihres Landes in der besonderen Landschaft und Besiedlung Urportugals sehen wollen. Darunter verstehen sie die Minho-Zone im portugiesischen Norden, die unmittelbar südlich an Galicia, das Land Santiagos, anschliesst.

Darüber jedoch, dass die Pilgerstrasse nach Santiago ein wichtiges Band zwischen den sich allmählich festigenden christlichen Königreichen auf der nördlichen Hälfte der Halbinsel und den christlichen Herzgebieten in Frankreich und im Rest Europas gebildet hat, dürfte keinerlei Zweifel bestehen. Wie wichtig einst die Pilgerfahrt nach Santiago in ganz Europa gewesen ist, zeigen die Jakobskirchen, Jakobsstrassen, Jakobsvorstädte, -viertel oder -quartiere, die es in allen älteren europäischen Städten gibt. Es waren jeweilen die Kirchen, Strassen oder Quartiere, die an der Ausfallstrasse lagen, der entlang die Pilgerscharen nach St. Jakob wanderten. (Eine schöne Zusammenstellung von Pilgerberichten bieten: *Pierre Barret* und *Jean-Noël Gurgand* unter dem Titel: Priez pour nous à Compostelle, Paris 1978).

Das Grenzland von Kastilien

Kastilien, den anderen Königreichen des Nordens vorgelagert, zuerst eine blosse Grafschaft in der arabischen Mark, übernahm die Hauptrolle im Grenzkampf gegen die «Moros». Der Name, von Castilia (Burgen) abgeleitet, zeigt die ursprüngliche Rolle der Mark. Und weil dieses vorgelagerte Burgenland jenes wurde, in dem die Kämpfer sich sammelten und auf den Krieg konzentrierten, entwickelte es dann auch die Kraft, sich im Inneren der Halbinsel auszudehnen, Toledo einzunehmen und schliesslich – mit Aragón – die Vormacht der Halbinsel zu werden. Eine auffällige Parallele zur Geschichte der Türkei besteht. Dort war es ebenfalls die ursprünglich unbedeutende Macht der Osmanli an der Kampfgrenze zu Konstantinopel, an der sich die kriegerische Macht und die militärischen Traditionen herausbildeten, die schliesslich zur Eroberung eines Reiches, zur Erstürmung von Konstantinopel und zur weiteren Ausdehnung der osmanischen Macht über den ganzen muslimischen Westen und den Balkan führen sollten.

Sowohl Kastilien wie das alte osmanische Reich waren «Jihad»-Fürstentümer und «Ghazi»-Reiche (die Türken gebrauchten eher das Wort «Ghazi», Grenzkämpfer im Heiligen Krieg, doch «Jihad» meint das gleiche): das eine muslimisch, das andere christlich. Der Grenzkampf der Kastilier war gegen die Muslime gerichtet, aber die christlichen Glaubens- und Grenzkämpfer sahen sich durch die Präsenz ihrer muslimischen Widersacher, deren Lebensweise und anfänglich weit überlegene Kultur dazu gezwungen, mit vergleichbaren Methoden gegen die Muslime anzutreten und daher einen zu grossen Teilen durch die Muslime beeinflussten Kampf- und Lebensstil zu entwickeln.

Hinterland der Kampfgrenzen

Die Kampfgrenzen sind im Verlauf der Jahrhunderte vom Jahre 1000 bis zum Jahr 1492 durch fast die ganze Iberische Halbinsel hindurchgewandert. Die grossen Ströme, die Spanien und Portugal von Westen nach Osten und in umgekehrter Richtung durchqueren, haben die Etappen ihrer Verschiebung nach Süden markiert. Der Ebro bildete die früheste Kampfgrenze; sie rückte dann an den Duero vor; bewegte sich darauf zum Tajo, wo sie lange Zeit stehen blieb, weil der Gegenangriff der Almoraviden und Almohaden sie zum Halten brachte; dann kam es zum Einfall der Christen in das Guadalquivir-Tal. Doch sogar dann noch blieb eine muslimisch-christliche Kampfgrenze bestehen, die nun nicht mehr durch einen Strom, sondern durch die Gebirgsketten Südwest-Andalusiens markiert war.

Das Leben an diesen Grenzen, weder ganz christlich noch ganz muslimisch, ist immer ein besonderes gewesen, und im Verlauf ihrer Geschichte hat fast die ganze Halbinsel über kürzere oder längere Zeit dieses besondere Grenzleben erfahren. An der Grenze fanden ständig Kriege statt; wenn nicht, herrschten Waffenstillstände, die nicht von den Bewohnern der Grenzgebiete selbst, sondern von den Machthabern hinter der Kampfgrenze, etwa in Córdoba und in León, ausgehandelt und – soweit möglich – durchgesetzt wurden. Die Grenzer selbst hielten sich eher selten daran – auf beiden Seiten. Die Bevölkerung der Grenzgebiete nämlich bestand zu einem hohen Grad aus professionellen Grenzkämpfern, wie der Cid einer wurde. Diese waren darauf angewiesen, Krieg zu führen: Das war ihr Beruf und ihr Auskommen zugleich. Dies war so sehr der Fall, dass kleine Raids hinüber und herüber nicht als Brüche der Waffenstillstände angesehen wurden. Sie gehörten einfach zum täglichen Leben der Grenzer. Diese lebten in einem beständigen Alarmzustand, und sie konnten in ihren kargen und ständig gefährdeten Positionen ohne Vieh- und sogar Menschenraub gar nicht auskommen.

Ein Minimum an Gesetz und Ordnung wurde dennoch aufrechterhalten. Die Grenzen hatten ihre besondere Organisation. Wir kennen sie am besten aus der späten Zeit von Granada, weil aus dem 15. Jahrhundert die meisten Dokumente bewahrt sind. Doch ähnliche Organisationsformen müssen schon früher, weiter im Norden der Halbinsel, bestanden haben.

Die «frontera»

Mehrfach gestaffelte Abwehrlinien und Truppenzentren beschützten die Grenzmarken. Zuvorderst lag die *Talaya* (von arabisch: «Tali'a», Vorhut), ein befestigter Turm, der Wächtern zur Überwachung der Durchgangswege und Ebenen diente. Das Heranziehen der Feinde konnte von dort aus gemeldet werden. Dann folgten die Kastelle, «Husn» auf arabisch, die angelegt wurden, um entweder als Fluchtburgen der Grenzbauern und ihres Viehs zu dienen oder als Festungsburgen mit Garnisonen, die Angreifer entweder erobern oder mühsam umgehen mussten, wenn sie tiefer in das feindliche Grenzgebiet vordringen wollten. Im zweiten Fall bestand dann die Gefahr für sie, dass sie von hinten und von vorne in die Zange genommen werden konnten.

Hinter den Festungsburgen, castilia (vgl. Kastilien), arabisch «Qal'a» (vgl. Ortsnamen wie *Calatayud* von «Qal'at Ayyub» oder *Alcalá de Henares*; in diesem Fall mit dem Artikel al-), gab es städtische Zentren, befestigt natürlich, die jeweilen den wirtschaftlichen und administrativen Mittelpunkt abgaben, von dem aus ein bestimmter Grenzabschnitt kontrolliert und militärisch und wirtschaftlich organisiert wurde. Dort lagen dann auch die Märkte für grössere Mengen von Beute.

Menschenraub gehörte mit zu den Tätigkeiten der Grenzkämpfer. Auf beiden Seiten wurden Gefangene gehalten, um entweder ausgetauscht, ausgelöst oder endgültig versklavt zu werden. Dabei hatte ein christlicher Sklave den Ausweg, Muslim zu werden, was meist seine Befreiung mit sich brachte. Ein muslimischer Sklave auf der christlichen Seite jedoch blieb versklavt, sogar wenn er die Taufe annahm.

Für die komplexen Verhandlungen über Austausch und Bezahlung des Lösegeldes gab es besondere Beamte auf beiden Seiten, die spanisch «alfaqueques» (vermutlich von arabisch: al-faqih, Rechtsgelehrter) genannt wurden. Wir kennen ihr Vorgehen im Detail aus den Dokumenten der granadinischen Zeit. Doch die Institution ist viel älter. Das grosse Gesetzeswerk von Alfonso dem Weisen, die «Partidas», spricht ausführlich von ihnen. Es kennt schon den Alfaqueque Mayor, der die gewöhnlichen Alfaqueques ernennt und beaufsichtigt und der kraft seines Amtes zu den obersten Räten des Königreiches gehört. Diese Unterhändler für Austausch und Auslösung wirkten auf beiden Seiten und hatten auf beiden Seiten Zutritt. Die Katholischen Könige haben sie 1485 abgeschafft, weil sie ihrer Ansicht nach eine legalisierte Form von Spionage trieben. (Vgl. den Bericht des nach Marokko geflohenen spanischen Muslims am Ende unseres Abschnittes über die Kultur der Moriscos, oben S. 363 ff.)

Um die Zwiste zu schlichten, die es während der offiziellen Waffenstillstände angesichts der beständigen lokalen Übergriffe und Raubzüge gab, wurden auf beiden Seiten *Alcaldes de Frontera* ernannt, «Grenzrichter» (das spanische Wort «alcalde», «Bürgermeister», kommt vom arabischen *al-Qadi*, da dieser neben richterlichen auch bürgermeisterliche Funktionen ausübte). Ihre Aufgabe war, Vorfälle zu untersuchen, über die sich die Gegenseite beklagte, meist Vieh- und Menschenraub. Sie hatten auch dafür zu sorgen, dass Unrecht wieder gutgemacht wurde, soweit dies in ihrer Macht lag. Als Gehilfen standen ihnen «los fieles del rastro» zur Seite, die «Vertrauensleute der

Spurenfindung», die es in jeder grösseren Ortschaft der Grenzzonen gab. Sie hatten die Klagen entgegenzunehmen und zu versuchen, die Schuldigen ausfindig zu machen. Auch sie gab es bei den Muslimen und bei den Christen.

Eine alte Tradition der Grenze war ferner, dass Verbrecher, die in die Grenzfestungen gelangten und bereit waren, dort zu kämpfen, Asylrecht erhielten. Ausgenommen waren nur jene, die sich gegen die königlichen Erlasse und Vorschriften vergangen hatten. Man nannte diese Flüchtlinge vor den Gerichten und aus den Gefängnissen «homicianos». Es muss in Zeiten der Wirren hinter den Grenzen jeweilen Hunderte von ihnen gegeben haben.

Eine andere Sondergruppe bildeten die «enaciados». Dies waren einzelne und Gruppen, die je nach ihrer Lage und ihrem Vorteil ihre Religion und damit ihre Zugehörigkeit zu einem der beiden Lager wechselten.

Dazu kamen oft verbannte Adlige mit ihrer Hausmacht (wie der Cid einer war), sowie «adalides», Einheimische, die den Beruf von Spähern und Pfadfindern ausübten. Sie waren unentbehrlich als Führer der Vorstösse über die Grenze und als Fachleute für Verfolgungen und Hinterhalte. Das Wort kommt vom arabischen «ad-dalîl», Führer. Weiter fand man die «Almogávares», das heisst die eigentlichen Grenzkämpfer, die die Vorstösse durchführten, beweglich und leicht bewaffnet. Auch ihr Name ist arabisch, «al-Mughâwir», der Teilnehmer an einem Überfallunternehmen.

Ritterorden

Einen weiteren Aspekt dieses besonderen Kampf- und Lebensstils an den Grenzen sollten die Ritterorden liefern, die von *Calatrava, Alcántara* und eminent der von *Santiago*, der nicht nur dem Kampf gegen die Muslime diente, sondern auch der Sicherheit der Pilger auf der Strasse nach Santiago. In Aragón kam der Orden von *Montesa* dazu, dem König Jaime II. die Nachfolge und die Güter der Johanniter übergab, nachdem diese 1312 vom französischen König Philippe IV. le Bel (1285–1314) zerschlagen und aufgelöst worden waren.

Die kastilischen Orden sind die älteren; jener von *Calatrava* kam dadurch zustande, dass König Alfonso VII. (r. 1126–57) die Stadt Calatrava, südlich von Toledo gelegen, nach ihrer Eroberung im Jahr 1147 dem Johanniter-Orden zur Verteidigung übergeben hatte. Doch acht Jahre nach ihrer Einsetzung erklärten sich die Johanniter für unfähig, Calatrava gegen den Ansturm der Almohaden zu halten. Sancho III. (r. 1157–58), der neue König, bot daraufhin die Stadt einem jeden an, der sich getraue, sie zu verteidigen, und zwei Zisterzienser-Mönche nahmen das Angebot an. Raimundo de Calatrava, der damals Abt des Klosters von Fitero (Navarra) war, und ein Mitmönch, Fray Diego Velázquez, sammelten Kriegsleute und Geistliche um sich und zogen nach Calatrava. Ihre Organisation unterstand weiter der Oberaufsicht der Zisterzienser, die sich von Frankreich aus, besonders den Sankt-Jakobs-Weg entlang, jedoch mit den Eroberungen auch über alle neu errungenen Reichsgebiete der christlichen Herrscher ausgedehnt hatten. Doch sie war eine Kampfgemeinschaft, in die offenbar viel vom Geist der muslimischen «Ribats», das heisst Kampfgenossenschaften von frommen Glaubenskämpfern an den islamischen Grenzen, einfloss.

Die Almoraviden (al-Murabitûn = Ribatbewohner) waren bekanntlich aus solchen Ribats, entweder am Nordrand der Sahara oder jenseits der Wüste nach Senegal oder Niger hin, hervorgegangen, und in Spanien zeigen viele Ortsnamen, die auf Ribat zurückgehen, die Verbreitung dieser Institution unter den andalusischen Muslimen.

Die hispanischen Ritterorden (in Portugal kam jener von *Avís* dazu) bildeten ein christliches Gegenstück zu diesen muslimischen Grenzkampf- und Glaubensgemeinschaften.

Calatrava ging übrigens dennoch an die Muslime verloren, und der Ordensgründer Raimundo, der später heiliggesprochen wurde, zog sich als Büsser in den kleinen Flecken Ciruelos (Toledo) zurück. Der Orden jedoch bestand weiter und entwickelte später Macht und Reichtum, besonders bedeutenden Landbesitz.

Die anderen Orden haben eine ähnliche Geschichte. Jener von *Alcántara* wurde ursprünglich von einer Gruppe von Rittern aus Salamanca gegründet und hiess zuerst Ordén de San Julián de Pereira (1156 oder 1166), weil er sich der Verteidigung dieses Fleckens widmen wollte. Später hat Alfonso IX. (von León, r. 1188–1230) dieser Rittergruppe die Ortschaft Alcántara in der Extremadura anvertraut, von der sie dann ihren endgültigen Namen erhielt. Auch diese Ritter übernahmen die Regeln der Zisterzienser, und deren Äbte besassen ein Besucherrecht, das heisst Inspektionsbefugnisse.

Der Orden von *Santiago* erhielt die Stadt Cáceres nach ihrer Eroberung (1170) von Fernando II. (von León, r. 1157–88) und nannte sich zuerst nach ihr: *frates de Cáceres*. Doch er verband sich mit dem Erzbischof von Santiago, der als ein Mitbruder aufgenommen wurde, und begann schon von 1171 an, den Namen Santiago zu führen. Die Ritter von Santiago erhielten schliesslich die Stadt Ulcés von König Alfonso VIII. (r. 1158–1214) und richteten dort ihr endgültiges Zentrum ein. Sie wurden noch reicher an Landbesitz als die beiden vorausgehenden Orden und machten diesen den Vorrang streitig.

Die Könige des spanischen Mittelalters, für welche die Besiedlung der neu eroberten Gebiete durch getreue Anhänger oft eine schwierige Frage war, bedienten sich der Ritterorden, um Adlige indirekt in den Dienst der Defensive und später der Offensive gegen die Muslime zu stellen. Auf solche geistlichen Ritter konnten sie mit grösserer Sicherheit zählen als auf ihre weltlichen Vasallen, die sie für einen jeden Feldzug einzeln aufrufen – und entlohnen – mussten.

Mit zunehmendem Reichtum teilten die Orden ihren Besitz in zwei Klassen ein. Eine Hauptmasse der Ländereien unterstand direkt dem Ordensmeister: das *Maestrazgo* (von Maestre, Meister). Andere mehr verstreute Besitztümer wurden einzelnen Rittern, den *Comendadores*, als *encomiendas* («anempfohlene» Gebiete) anvertraut.

Doch nach der Zeit Fernandos III., der 1252 starb, als die Hauptgebiete der Muslime erobert waren und die Orden immer mehr an Landbesitz zunahmen, verwickelten sie sich in die inneren Machtkämpfe Kastiliens. Die Katholischen Könige haben sie schliesslich während ihrer Regierung weitgehend entmachtet, indem sie die Maestrazgos direkt der Krone unterstellten.

Man kann diese Ritterorden als Übergangsorganisationen ansehen – zwischen dem alten Kastilien, das unter dem Druck der muslimischen Nachbarschaft stand und sich ihrer erwehren musste, wobei es den muslimischen Ordnungsprinzipien eigene entgegensetzte, die oft Spiegelbilder der muslimischen waren – und einem neueren Kastilien, das sich in die europäischen kirchlichen Traditionen (Cluny, dann Zisterzienser, Nachfolge der Templer) einfügte und diese selbst dann noch fortführte, als sie in Frankreich bereits anachronistisch geworden waren, weil auf der Halbinsel die muslimische Grenzmark bis ins 13., ja in Resten bis ins 15. Jahrhundert hinein, eine Realität geblieben war.

Nicht nur für die Juden und die «Moros», sondern auch für ihre Gegenspieler, die Ritterorden, wurde die Zeit der Katholischen Könige schliesslich zur Wasserscheide. Sie wurden dem neuen nationalen Staat Spanien entweder untergeordnet oder aus ihm verwiesen, ein- oder ausgegliedert. Doch die Jahrhunderte, während derer die Spanier an den durch die Halbinsel wandernden Grenzen ihren muslimischen Gegenspielern und Vorbildern wachsam und angestrengt gegenüberstanden und bestrebt waren, es ihnen in jeder Hinsicht gleichzutun, sind nicht spurlos an Spanien vorübergegangen.

Der «Cid» als Vorbild der Kastilier und die Folgen

Über die Haltung und Mentalität, die sich unter den Kastiliern während der Jahrhunderte herausbildete, in denen sie die wichtigste Grenzkampfnation Europas im defensiven und offensiven Krieg gegen die Muslime bildeten, gibt am besten das schon mehrfach angeführte spanische Nationalepos, el Cantar de mío Cid, Auskunft. Der Cid war eine historische Figur, wir haben sein, dort recht negatives, Bild in der muslimischen Geschichtschreibung bereits angetroffen. Sein Heldenlied gibt natürlich eine idealisierte Version seiner Persönlichkeit und seiner Aktivitäten. Es wurde wahrscheinlich gegen 1140 niedergeschrieben (und es ist in einem Manuskript von 1307 auf uns gekommen), das heisst, sein anonymer Verfasser lebte mehr als ein Menschenalter nach den Ereignissen, die er schildert. Das Lied enthält dennoch erstaunlich viele realistische Einzelheiten, etwa viele heute noch verifizierbare geographische Namen und historisch belegbare Ereignisse, neben anderen, die in den Bereich der Erfindungen und Fabeln gehören.

Der Spielmann, der den Cantar niederschrieb oder verfasste, war wahrscheinlich in der Region von Medinaceli, also in Altkastilien, zu Hause, denn am genauesten kennt er die dortige Geographie. Sein Bild vom Cid ist keineswegs das phantasiebeschwingte von fabelhaften und fabulösen Helden der französischen Ritterromane, und die Handlung nimmt nie märchen- oder mythenhafte Züge an. Sowohl der Held selbst wie auch sein Tun bleiben auf einer vergleichsweise viel realistischeren Ebene. Gewiss, der Cid ist ein starker Ritter und immer erfolgreicher Heerführer, doch er kämpft gegen muslimische (und christliche) Gegner, die auch nur Menschen sind, nicht Fabelwesen, und er tut dies mit durchaus irdischen Mitteln, seinem guten Pferd *Babieca* und seinem Schwert *Colada*, mit der Hilfe seiner getreuen Vasallen und Kampfgefährten. Der Dichter verschweigt auch nicht, dass die Beute für diesen Freibeuter, der von seinem König aus dem Land gewiesen wurde, überaus wichtig ist, weil er und die Seinen von ihr leben müssen.

Ein Grenzkrieger

Dass es die Kampfgrenze gibt mit den Burgen und Kleinstädten, die der Cid den Muslimen streitig machen und abnehmen kann, ist ein Glück für den von seinem Herren und König Geächteten und seiner angestammten Lehen Beraubten, denn diese Grenze verschafft ihm den Freiraum, in dem er sich bewähren und am Ende sein eigenes Königreich, jenes von Valencia, erobern kann. Die Kampfgrenze erlaubt ihm, als Ritter zu leben, obgleich er aus seinem ursprünglichen Lehensverhältnis ausgeschieden ist und damit die bisherige Grundlage seines Rittertums verloren hat. Dank seiner ausserordentlichen Fähigkeit als Kämpe und Kriegsherr vermag er sich sogar ein neues, nun eigenes und unabhängiges Herrschaftsgebiet zu schaffen.

Dies ist der historische Kern des Heldenliedes. Angehängt findet sich ein Roman, in dem es um die *Ehre* des Cid geht. Er verheiratet seine beiden Töchter auf Wunsch des Königs mit den «Infantes» de Carrión, die Söhne eines Grafen sind; der Cid, aus dem Dorf Bivar, ist nur ein einfacher Ritter. Doch die Infantes glauben sich dadurch in ihrer *Ehre* verletzt, dass ihre Schwäche als Ritter und ihre Feigheit bei zwei Gelegenheiten in Gegenwart ihres Schwiegervaters offen zutage getreten waren, und sie beschliessen, sich an ihren Frauen, den Töchtern des Cid, zu rächen, indem sie sie auf dem Heimweg in ihre Grafschaft auspeitschen und in der Wildnis den Tieren zum Frass überlassen wollen. Die beiden Frauen werden von einem der Anhänger des Cid gerettet, und dieser nimmt langsame und feierliche Rache an den Infantes, indem er, nun mit seinem Herren, dem König Kastiliens, versöhnt, ein königliches Gericht einberufen lässt. Der Cid erreicht zuerst, dass ihm zwei wertvolle Schwerter zurückgegeben werden, die er seinen Schwiegersöhnen geschenkt hatte, dann lässt er sich die Morgengabe seiner Töchter zurückerstatten, und am Ende fordern drei seiner Vasallen die treulosen Schwiegersöhne und deren Bruder zum Zweikampf heraus. Die drei Feinde werden schliesslich in Gegenwart des Königs von den getreuen Gefolgsleuten des Cid schwer verletzt und besiegt. Der Cid verheiratet seine Töchter ein zweites Mal, diesmal an Freier königlichen Ranges, und zieht heim nach Valencia.

Es ist diese romanhafte Fortsetzung, die offenbar das Interesse des Spielmanns besonders in Anspruch nahm, dem wir die uns erhaltene Fassung des Heldenliedes verdanken. Er hat sie in mehreren hundert Langversen breit ausgeführt. Über die (historische) Eroberung Valencias berichtet er in nur 25 Versen. Dennoch tritt die Figur des Cid in den «historischen» Teilen klarer hervor als in dem angehängten Roman von der Ehrenschändung und Ehrenrache. Der Cid ist ein ausgesprochen nüchterner, kühler und besonnener Held. Loyalität seiner Lehensleute schätzt er sehr hoch, und seinerseits bleibt er immer loyal gegenüber seinem König; er weigert sich, gegen ihn zu kämpfen, obwohl er bei ihm in Ungnade gefallen ist. Der Cid lobt seine Gefolgsleute, besonders den guten *Alvar Fañez Minaya*, der ihm als Unterfeldherr und als vertraulicher Botschafter nach Kastilien dient. Ihn schickt er auf Beutezüge aus, während er selbst zu Beginn seines Exils darum besorgt ist, eine feste Burg einzunehmen, wo er die Schätze in Sicherheit bringen kann, welche die ausgesandten Reiter von ihren Vorstössen zurückbringen. Die Verteilung dieser Beute wird regelmässig erwähnt. Die Soldaten zu Fuss erhalten die Hälfte des Anteils der Ritter.

Der Cid ist ein guter Familienvater, der sich um seine zurückgelassene Frau mit den zwei Töchtern sorgt. Er hat sie zu Beginn seiner Verbannung einem Kloster anvertraut, dessen Abt er verspricht, für jedes Geldstück, das er für sie ausgäbe, werde er, der Cid, ihm das Vierfache zurückerstatten. Später, als er Valencia besitzt, lässt er seine Familie in Kastilien abholen und, mit Zustimmung des Königs, auf seinen neuen Herrschaftssitz bringen.

Was die Muslime angeht, formuliert er sein Programm schon zu Beginn seines Rittes, nach der Eroberung der ersten festen Burg: «Wir können die Moros und die Moras nicht verkaufen. Davon, dass wir sie enthaupteten, hätten wir keinen Gewinn. Nehmen wir sie von innen her, denn wir haben die Herrschaft inne. Wir werden in ihren Häusern leben und uns ihrer bedienen» (Verse 619–22). Dies ist natürlich das Programm aller Kastilier gewesen, die sich muslimischer Städte und Dörfer bemächtigen konnten, während die französischen Ritter, die ihnen bei manchen Eroberungen zu Hilfe kamen, keineswegs einzusehen vermochten, weshalb die Spanier die geschlagenen «Moros» nicht umbrachten.

Später, als sie in ihrer Burg von einem grossen muslimischen Heer belagert werden, hält der Cid Kriegsrat und sein Getreuer, Alvar Fañez Minaya, spricht den entscheidenden Satz: «Aus dem edlen Kastilien sind wir hierher hinausgezogen; wenn wir nicht mit den Moros kämpfen, werden sie uns kein Brot geben!» Worauf ein Ausfall beschlossen wird, der dann siegreich verläuft.

Ideal des Kastiliers

Der Vater aller spanischen Literaturkritik, *Menéndez y Pelayo*, der in der zweiten Hälfte des 19. Jahrhunderts entscheidend mithalf, das bis kurz zuvor wenig geschätzte epische Werk in seiner vollen Bedeutung hervorzuheben, spricht von «der moralischen Kraft des Helden (gemeint ist der Cid), in dem sich die vornehmsten Eigenschaften der kastilischen Seele vereinigen, die Ernsthaftigkeit in den Absichten und den Worten, die familiäre, aber vornehme Einfachheit, ungeschminkte und ruhige Höflichkeit, Grösse ohne besondere Emphase, eine Vorstellungskraft, die eher solide ist als brillant, Frömmigkeit eher aktiv als kontemplativ, eheliche Zärtlichkeit eher tief als expansiv, Loyalität gegenüber dem König und männlicher Nachdruck bei den Klagen über dessen Übergriffe. Wenn der realistische Sinn für des Leben manchmal prosaisch und utilitär wirkt, und wenn die Mässigung und Ruhe der Phantasie eine gewisse Trockenheit hervorbringt..., möge man bedenken, dass solches sich in den meisten Heldengedichten findet, welchen der *Mío Cid* in Humanität der Empfindung und der Gebräuche überlegen ist, in moralischer Würde und sogar in einer gewissen Delikatesse der Gefühle, die man leichter spürt, als dass man sie in Worten erklären könnte, und die der Besitz der starken Menschen und der gesunden Rassen zu sein pflegt.» (De la Poesía heroicopopular castellana, Barcelona 1874, p. 240 f., zitiert von R. Menéndez Pidal im Vorwort zu seiner Ausgabe des Gedichtes, Clásicos Castellanos, Madrid 1931, p. 56).

All die aufgezählten Tugenden des Cid beruhen auf seinem Selbstgefühl. Dieses bricht empor im Augenblick der grössten Gefahr der Schlacht mit dem Ruf:

«Schlagt auf sie ein, Ritter, aus Liebe zum Schöpfer!
Ich bin Roy Díaz, el Cid aus Bivar, Campeador!»

Das ganze Gedicht beruht letzten Endes auf dieser Selbstgewissheit des Kämpfers (Campeador), auf dem «Ich bin Ich». Auf sich selbst gestellt, seiner natürlichen Freunde und Protektoren beraubt, alleine aus Burgos verstossen und ausgezogen, bewährt sich der Cid (der Titel ist arabisch und bedeutet «Herr») aus eigener Kraft. Später rächt er seine Ehre auch gegenüber Höhergestellten. Nach einem Sieg über «los moros» preist der Cid – ausnahmsweise – sich selbst, und träumt gleichzeitig von seiner Zukunft.

> «Dank sei Gott, der Herr der Welt ist.
> Früher war ich heruntergekommen, nun bin ich reich.
> Denn ich habe Land, Gold und Ehre,
> Und meine Schwiegersöhne sind die Infanten von Carrión;
> Ich gewinne die Schlachten, wie es dem Schöpfer gefällt,
> Die Moros und die Christen fürchten mich sehr.
> Dort, innerhalb von Marokko, wo die Moscheen stehen,
> Erleiden sie meinen Überfall, vielleicht eines Nachts,
> So müssen sie fürchten, doch ich gedenke es nicht zu tun:
> Ich werde ihnen nicht nachlaufen. In Valencia will ich bleiben.
> Sie sollen mir Abgaben zahlen mit Hilfe des Schöpfers,
> Die sie mir geben oder Jenem, dem ich sie zuteilen will»
> (Verse 2493–2504).

In den Begriffen Land, Gold und Ehre, die sich für ihn vermutlich kaum trennen lassen, fasst der Cid seinen Erfolg zusammen.

Daneben wird auch immer wieder betont, dass er zugunsten der Christen und gegen die Muslime (Moros) streite. Er bestimmt sogar einen Bischof für Valencia und sorgt dann dafür, dass auch er seine Beuteanteile erhält. Dies ist *Don Jerónimo*, der wirklich der erste Bischof von Valencia nach der Eroberung durch den Cid war und der aus Frankreich kam wie sein Kollege Don Bernardo, der erste Bischof des wiedererlangten Toledo. Doch Beute, Ehre und Landbesitz sind ohne Zweifel die Hauptanliegen des Cid.

Die Kirche ist mehr als eine Schutzmacht gesehen, unter deren Obhut er sich und die Seinen stellt. Anfänglich, nachdem er Kastilien verlassen hatte, war der historische Cid sogar in den Dienst des muslimischen Herrschers von Saragossa getreten, und im Heldengedicht verkauft er seine erste Eroberung, die Burg von Alcocer, den Muslimen für «viertausend Silbermark».

Auch in der Entehrungs- und Rachegeschichte stehen die Person und ihre Ehre im Mittelpunkt. Die Formel, mit der sich die streitenden Ritter gegenseitig herausfordern ist, «valer menos» und «valer mas», weniger oder mehr «wert sein» als der andere. Dabei berufen sich die Infantes de Carrión auf ihren höheren Adelsrang, aber die Verteidiger des Cid weisen auf die Feigheit und die Untaten der Grafensöhne hin. Die Töchter des Cid, so sagen sie, «valén mas», seien mehr wert, als die feigen und hinterlistigen «infantes». Ihre Aussage wird dann durch den erfolgreichen Dreikampf erhärtet.

Das Imperium der Persönlichkeit

Der Cid ist das Urbild für das klassische kastilische Selbstbewusstsein geworden: das Hochhalten, ja der Kult, des aus eigenem Willen heraus stolz und unbeirrbar handelnden «Ich». Es ist, historisch gesehen, hervorgebrochen aus der Notlage des Landes und seiner Menschen, als diese sich während Jahrhunderten gezwungen sahen, gegen eine überlegene Macht und Kultur anzukämpfen und sich selbst zu behaupten. Die christlichen Iberer vom Nordrande der Halbinsel hatten anfangs nichts, was sie den reicheren, mächtigeren, zivilisierteren Muslimen hätten entgegensetzen können, ausser ihrem nackten Willen, doch zu überleben.

Ihre Personen mussten sich bis zum Äussersten anspannen und sich ungeteilt, vollständig dem Überlebenskampf hingeben, um ihn bestehen zu können. Sie mussten zu diesem Zweck die «imperative Dimension» ihres Ichs pflegen und stärken, ja zum zentralen Wert ihres Lebens ausformen.

Die Jahrhunderte der Grenzkämpfe gegen den Islam brachten daher dort, wo so lange ihr Zentrum war, eine ganz eigene, spezielle Ausformung des Lebensstils und der Lebensideale mit sich. An der Kampfgrenze zu streiten, wurde Lebensaufgabe und Lebenszweck für eine bestimmte Kaste, die sich ganz dieser einen Aufgabe zuwandte und in ihr Erfüllung suchte, aber gleichzeitig auch weltlichen Erfolg, «Ehre, Gold, Land» nach der Formel des Cids, anstrebte.

Der «hidalgo» als Erbe des Cid

Das Kampfideal der Adligen dehnte sich auch auf deren Gefolgsleute aus. Der Begriff des *«hidalgo»* kam so zustande, «Sohn eines Erbes» mag man ihn übersetzen. Der Cantar de Mío Cid kennt auch die «fijas dalgo» (z. B. Vers 2232), modern spanisch wären das «hijas de algo», «Töchter mit etwas», nämlich einem Lehenserbe. Gemeint ist jeweils der Mann oder die Frau, die von ihrem Erbe leben können und nicht gezwungen sind, irgendeine «niedrige» Geldarbeit zu verrichten. Das heisst für den Mann auch, ein Angehöriger der Kriegerkaste zu sein, die sich ganz dem Grenzkrieg widmet, so sehr, dass ihre Mitglieder kein anderes Tun als ehrenvoll erachten, ausser einzig das Schwert für die Sache der «Cristianos» zu führen.

Die gemachten Eroberungen führten dazu, diese Spezialisierung der Kasten weiter festzuschreiben. Nun hatte man die *al-mudéjares*, das heisst die zurückgebliebenen Muslime auf dem Land und in den Städten, denen man gerne die Land- und die Handwerksarbeit überliess, und es waren die Juden, *«judíos»*, und ihre Nachfahren, die *conversos*, die als tüchtige Verwalter von Geld und Gut, als Ärzte, Steuereinzieher und Finanzfachleute (weil das Geld der Steuern vom Steuerpächter vorgestreckt werden musste), als Inhaber und Übermittler arabischer Wissenschaften herangezogen wurden. Neben diesen «Hofjuden» gab es natürlich viele Arme, die ihr bescheidenes und abgesondertes Leben mit handwerklicher Arbeit und Kleinhandel fristeten.

Die Bauern Kastiliens sahen sich bald selbst als *hidalgos*, zum mindesten in ihrer eigenen Vorstellungskraft. Ihre Arbeit, der Landbau, war in ihren Augen nicht gleich jener der beiden anderen Kasten, der Moros oder der Judíos; sie wollten sich deshalb als «reiner» ansehen. Wenn die Gelegenheit sich ergäbe, so hofften sie, würden sie zu «hidalgos» aufsteigen. «Judío» oder «moro» (auch nicht in ihrer christianisierten Gestalt von «converso» und «morisco») konnten nie hoffen, «hidalgos» zu werden. Ihr Blut war nicht «rein». Für den «hidalgo» jedoch wäre es seinerseits eine Schande gewesen, eine andere Arbeit als das Waffenhandwerk zu verrichten.

Weil aber die Kämpfe nicht permanent waren, besonders nachdem die muslimische Präsenz auf Granada reduziert worden war, wurde die Kirche als Versorgungsinstitution für Familienmitglieder der Adligen herbeigezogen. Klöster und Konvente, wenn keine grösseren kirchlichen Benefizien zu haben waren, galten ebenfalls als ehrenwerte Versorgung. Eine ähnliche Rolle spielten die königlichen Armeen und die Kriegsflotte für die *segundones*, das heisst die jüngeren Söhne der adligen Familien, besonders wenn diese Majoratsrechte besassen, welche das «algo», das etwas, das heisst den Familienbesitz, in der Hand des Erstgeborenen konservierten. In keinem europäischen Land war das Standesbewusstsein so ausgeprägt und wurde es so ängstlich bewahrt wie in Spanien. Die gesamte Literatur des klassischen Zeitalters und der späteren Jahrhunderte bezeugt dies beredt.

Der Ehrbegriff des «hidalgo»

Die «Ehre» war eng mit der Zugehörigkeit zur Klasse der Hidalgos (oder höherer Adelsklassen, jene der Hidalgos war die niedrigste) verknüpft. Wer zu den «dienenden» Klassen der Muslime und der Juden gehörte oder auch nur der Abstammung von ihnen verdächtig war, galt den Angehörigen des kleinen und grossen Adels und den Mitgliedern der einfachen Bevölkerung, die sich als «alte Christen» verstanden, als ehrlos.

Die Ehrlosigkeit schloss in sich ein, dass gewisse Berufe den Angehörigen der minderen Kasten verschlossen sein sollten, natürlich eben jene, welche die «hidalgos» ausübten, weil nur sie ihrer Ehre angemessen waren: Waffen- und Staatsdienst, kirchliche Positionen, der Besitz von Gütern, deren Bebauung (manchmal durch Moriscos) ein «hidalgo» beaufsichtigen oder noch besser durch Drittpersonen beaufsichtigen lassen konnte. Wobei als die tüchtigsten Beaufsichtiger, Verwalter und Steuereinzieher während Jahrhunderten eben die «judíos» und die «conversos» galten.

Die Inquisition war da, um die «mindere» Lage der Nachfahren der Andersgläubigen nicht nur zu einer moralischen Erniedrigung und einer wirtschaftlichen Behinderung, sondern auch zu einer unter bestimmten stets drohenden Umständen freiheits- und lebensgefährdenden Realität zu machen.

Kasten der «Ehrlosen»

Eine Linie durchzieht die hispanische Geschichte, deren Anfang in der Herausbildung der «imperativen Person» als Gegengewicht gegen die andringende Übermacht der

Muslime liegt. Das Ideal der kämpferischen und auf sich selbst gestellten Person des Adligen und seines «alt-christlichen» Gefolgsmannes, die sich ganz dieser einen Aufgabe widmen und nur diese als vornehm anerkennen, ist primär kastilisch, dehnt sich dann aber mit dem Einfluss des kastilischen Hofes auf ganz Spanien und sogar auf die «neuen spanischen Gebiete» in Südamerika aus.

Gegenüber den Verfechtern dieses herkömmlichen Menschen- und Adelsbildes melden sich jedoch in den Jahrhunderten nach der endgültigen Eroberung der arabischen Gebiete die «diskrimierten» Klassen zu Wort, die Nachfahren der Muslime und Juden, die als Leute «unreinen Blutes» gelten, dem Druck der Inquisition unterliegen und durch die «alten Christen» soweit immer möglich von allen führenden Positionen und lukrativen Pfründen ferngehalten werden.

Die Überfahrt nach América war bekanntlich den «Neuchristen» verboten. Wenn sie sie dennoch unternehmen wollten, mussten sie, wie der Verfasser des bitteren Schelmenromans «Guzmán de Alfarache», *Mateo Alemán*, einen der die Kontrolle ausübenden Funktionäre bestechen.

In der gesamten spanischen Kultur des sogenannten «siglo de oro», das Castro seinerseits die «edad conflictiva», die Konfliktzeit, nennt, spielen die «Diskriminierten» eine gewaltige Rolle. Es gibt nur wenige Figuren des literarischen Lebens, der Mystik, des Humanismus, die nicht zu den neuen Christen «unreinen Blutes» gehörten.

Für die meisten ist dies freilich erst in den letzten Jahrzehnten nachgewiesen worden, seitdem die Archive und Prozesse der Inquisition genauer studiert worden sind. Sie selbst hatten kein Interesse daran, derartige Umstände an die grosse Glocke zu hängen; die Zeitgenossen kannten oder ahnten sie ohnehin.

Für *Cervantes* lässt sich die Abkunft «unreinen Blutes» nicht sicher nachweisen. Doch gibt es viele Umstände, die für sie sprechen: die Abstammung von einem Arzt, seine vergeblichen Versuche, nach Amerika auszuwandern oder eine ehrenwerte Anstellung zu erlangen, obwohl er Kriegsdienste in Lepanto und eine lange Gefangenschaft in Algerien als Verdienste ausweisen konnte. Er erhielt jedoch (wie Mateo Alemán, dessen «neuchristliche» Abkunft keinem Zweifel unterliegt) nur den Posten eines kleinen Steuereinziehers. Die Rivalität mit Lope de Vega, einem Befürworter des bestehenden Klassensystems und «Mitarbeiter», genauer Spion, der Inquisition, sowie die Anspielungen des Dramatikers sprechen alle für die Zugehörigkeit zu der «minderen» Kaste.

Jedenfalls gehörte Cervantes zu den Autoren, die sich dem herrschenden System entgegenstellten und es mit den Mitteln, die ihnen offenstanden, kritisierten. Diese Mittel mussten äusserst subtil sein. Verbeugungen vor der Inquisition waren oft eine nötige Vorsichtsmassnahme. Im Falle des *Don Quijote* ist die Gesellschaftskritik vielschichtig. Die oberste Schicht, jedermann zugänglich und deshalb mehr eine Abschirmung als der tiefere Inhalt des Werkes, besteht aus der Kritik an den Ritterromanen und an den Phantasten, die ihnen Glauben schenkten. Doch darunter verbirgt sich die Figur des «Ritters von der Traurigen Gestalt» als die eines Menschen, der in der Welt seiner eigenen Schöpfung lebt, ein «weiser Narr», dessen innerer Wachstumsprozess der geduldige Leser verfolgt, bis er seine Grösse erkennen kann. Noch einmal dahinter spiegelt sich die Person des Verfassers selbst, der auf ein Leben voller Sturm und Leiden zurückschaut, auch das eines weisen Narren, der durch seine bitteren Erfahrungen weiser wurde, ohne seine Narrheit je aufzugeben. Vielleicht, weil sie ihm ohnehin angeboren war, sowohl als Mensch schlechthin, wie auch als Mensch, der zu der «unreinen» Kaste gehörte?

Suche nach Auswegen aus der Verurteilung

Die Wege, welche die grossen Menschen aus den als geringer geltenden Kasten gingen, sind sehr verschiedener Art gewesen. Es gab Neuchristen, die sich der Inquisition zur Verfügung stellten und führende Posten in ihr übernahmen, weil sie sich davon Sicherheit versprachen, oder auch weil die Feindschaft zwischen den Juden und den Bekehrten so gross war, dass sie auch in den Zeiten fortlebte, in denen es keine Juden mehr gab, sondern nur noch die Neuchristen, die zur Kirche gehören wollten, und jene, die sich heimlich weiter mit dem Judentum verbunden fühlten. Die Frage des «reinen» oder «unreinen» Blutes polarisierte die spanische Gesellschaft der klassischen Zeit.

Dass es «heimliche Juden» in der Tat gab, zeigt der Fall jener, die ins Ausland flohen, zum Beispiel nach Holland, und dort ihre alte Religion wieder aufnahmen. Umgekehrt versuchten viele der Abkommen von Bekehrten, die fromme Christen geworden waren, in der Kirche Schutz zu finden. Ein sprechendes Beispiel war der neue Orden der *Jesuiten* (gegründet 1540). Er galt – in den Augen seiner Feinde – als ein Zufluchtsort für die Leute «unreinen» Blutes, und Vater Laínez, der Nachfolger des Gründers Ignatius von Loyola, gehörte zu ihnen. Manche der Jesuiten, die der verfolgten Kaste angehörten, haben ihr Leben in Ostasien verbracht, fern von den Nachstellungen der Fanatiker des «reinen Blutes». (s. Antonio Dominguez Ortiz: Los Judeoconversos en España y América, Madrid 1971, p. 101)

Noch andere versuchten, den im Grunde wenig christlichen Ideen der Inquisitoren und der fanatischen Altchristen mit Vernunftgründen und echter christlicher Lehre entgegenzutreten. *Erasmus* z. B. hatte in Spanien unter den Neuchristen Anhänger gefunden, weil er ein «innerliches» Christentum des Glaubens predigte, das sich auf die biblischen Texte berief und deren Verständnis anstrebte. Dies war ein gefährliches Unterfangen, weil die Inquisition sich nicht auf dem intellektuellen Plan herausfordern liess. Sie schlug physisch zu, sobald Individuen oder Gruppen sie in Frage stellten.

Der Orden der *Jerónimos* (Hieronimitaner) erlaubte sich ebenfalls eine kritische Sicht der Aktivitäten der Inquisition und erinnerte daran, wie wenig diese den Geboten des Evangeliums entsprächen. Es ist nicht verwunderlich, dass sich viele und bedeutende Neuchristen diesen Gruppierungen anschlossen und ihre Sicht echter christlicher Religion mit ihren eigenen Stimmen zu stützen strebten. Doch die Inquisition hat sowohl die Erasmusanhänger wie die Jerónimos-Mönche buchstäblich ausgerottet. (Über die Erasmusanhänger in Spanien gibt es das meisterhafte Buch von *Marcel Ba-*

taillion, Erasme et l'Espagne, Paris 1937. Über die Jerónimos und die Erasmusanhänger siehe *Américo Castro*: Aspectos del vivir hispánico, Madrid 1970).

Die Gründe, mit denen diese Verteidiger eines universalen und paulistischen Christentums gegen das Kastenkonzept als ein unchristliches vorgingen, lassen sich in wenigen Sätzen des Dominikaners *Domingo de Valtanás* anführen, der die Neuchristen verteidigte: «Gott wäre wohl gedient, wenn wir die neu Konvertierten wie Brüder behandelten. Gott straft die Söhne nicht für die Schuld der Väter, wie Jeremias es sagt. Und trotz der Sünde der Juden hat Gott aus ihnen Sankt Peter und den Heiligen Johannes ausgewählt sowie die anderen Schüler und Apostel, deren wichtigste Juden waren. – Niemand hat geringere Schuld als jene Leute und nie sind sie so sehr verletzt worden wie in unserer Zeit ... Es ist keine kleine Beleidigung, dass man sie absondert und von den Berufen und Arbeiten der Christen ausschliesst, denn durch diese Absonderung bleiben sie für immer entehrt (infames).» Es folgt dann eine lange Aufzählung von Konvertierten, die hervorragende Christen gewesen seien, unter ihnen: Tomás de Torquemada, Deza, Juan de Torquemada, Francisco de Vitoria (der Begründer des Völkerrechtes) und andere. «Diese alle», sagt der Dominikaner, «waren Meister der Theologie, Brüder in Sankt Domingo, in unserer Zeit, hervorragende Menschen in Leben und Lehre, Nachahmer von Sankt Paulus und ihm vergleichbar nicht nur im Geist, sondern auch im Fleisch.»

Der Dominikaner erinnert auch daran, dass zu Zeiten der Katholischen Könige Abraham Senior, vom Heiligen Geist erleuchtet, von sich aus dem Königspaar erklärte, er wolle Christ werden. «Sie freuten sich sehr darüber und sagten, sie wollten seine Taufpaten sein. Es wurde beschlossen, dass er am nächsten Tag in aller Feierlichkeit getauft werden solle. Daraufhin ging er in die Synagoge, um mit den anderen Juden zu beten. Die Katholischen Könige hörten davon und liessen ihn kommen, weil sie dachten, er habe seinen guten Vorsatz aufgegeben. Doch er antwortete ihnen: bis er getauft sei, wolle er das nicht unterlassen, wozu er als Jude verpflichtet sei, denn er wolle nicht eine Stunde ohne Gesetz leben.» Abraham Senior sei dann als ein guter Christ gestorben.

Für solche und vergleichbare liberale Ansichten wurde Fray Domingo de Valtanás von der Inquisition zu lebenslänglicher Einkerkerung in ihren Verliesen verurteilt. (Nach *Américo Castro*: De la edad conflictiva, Madrid 1961, p. 95 f.; Fray Valtanás veröffentlichte ein Buch mit dem Titel: Apolgía sobre ciertas matérias morales que hay en la opinión, Sevilla 1556. Den Inquisitionsprozess gegen ihn, in Sevilla 1561–63, veröffentlichte *Luis Sala Balust* in Estudios Giennenses, 1958, V, p. 93–140).

Formen der Weltflucht

Wieder andere Neuchristen haben sich in die dieser Welt entrückten aulischen Gefilde der *Schäfer- und Hirtenromane* geflüchtet, wie der Begründer der Gattung in Spanien, *Jorge de Montemayor* (ca. 1520–1561).

Auch der *Schelmenroman* ist ihre Sache, nicht nur, weil er Gesellschaftskritik erlaubt, sondern auch, weil in ihm Aussenseiter der Gesellschaft zu Wort kommen können, wie sie selbst es sind.

Die frühe spanische *Komödie* eines *Juan de Encina, Lucas Fernández, Torres Naharro,* war ihr Werk. Sie suchten darin ihren Anteil an der christlichen Religion und Gesellschaft durch Mitwirken und Mitleben zu dokumentieren, und das grösste Werk der spanischen Literatur vor Cervantes, die *Celestina,* wurde von dem Neuchristen *Fernando de Rojas* geschrieben. In der Tragikomödie fand er die Möglichkeit, sowohl die strahlende Schönheit einer jungen, der Liebe zugewandten Welt zu schildern, wie auch die Zerrissenheit und abgründige Trauer darüber zum Ausdruck zu bringen, dass diese bunte Welt sich auf einen Schlag in finstere Hoffnungslosigkeit wandeln kann.

Einige der grossen *Chronisten* waren «neue Christen», unter ihnen *Hernando del Pulgar,* der Geschichtsschreiber der Katholischen Könige.

Die grossen *Mystiker* Spaniens, *Sta. Teresa, San Juán de la Cruz* und der grosse humanistische Dichter, *Fray Luis de León,* gehörten zu den Leuten «unreinen Blutes». Sie suchten den direkten Zugang zu Gott, weil die Gesellschaft und die Kirche sich ablehnend gegen sie verhielten.

Im Falle von Fray Luis ging diese Ablehnung bekanntlich bis zu einem Inquisitionsprozess, dem der Dichter, Humanist und Theologe nach 5 Jahren Kerkerhaft entkam. Doch die mit ihm gefangenen Kollegen, *Gaspar de Grajal,* Professor in Salamanca, und *Alonso Gudiel,* Professor in Osuna, haben die Verliese der Inquisition erst als Tote verlassen.

Von einem der Inquisitoren ist die Meinung überliefert, «da es allgemein bekannt ist, dass Grajal und Fray Luis Neuchristen sind, *müssen* sie daran interessiert sein, unseren katholischen Glauben zu verdunkeln und zu ihrem eigenen Gesetz zurückzukehren» (nach *A. Castro*: De la edad conflictiva, Madrid 1961, p. 182; dieser beruft sich auf *Aubry F. G. Bell*: Luis de León, Oxford 1923, p. 155).

Die Verteidiger der Konventionen

In der spanischen Literatur des «siglo de oro» gibt es auch die Gegenfront der Verteidiger der konventionellen Regeln der damaligen Gesellschaft. Dies sind die Leute «reinen Blutes», die man daran erkennt, dass sie keine Kritik an den konventionellen Ehren-Kriterien üben. «Honor», Ehre, gerade ihnen überaus wichtig, ist in ihrer Sicht nichts Innerliches, das den Personen selbst innewohnt, sondern vielmehr bedingt durch die Sicht von aussen. Die anderen, die Gesellschaft, die Mitmenschen aus der ebenbürtigen Gesellschaftsklasse erhalten oder verderben die «Ehre». In ihren Augen darf nichts Ehrenrühriges sichtbar werden. Wird es *sichtbar,* sogar wenn diese Sichtbarkeit objektiv unbegründet ist, muss die Ehre mit Blut reingewaschen werden. Dies ist die Grundhaltung der grossen Dramatiker *Lope de Vega, Tirso de Molina* und *Calderón de la Barca.*

Die Lehre von der «Reinheit» oder «Unreinheit» «des Blutes» passt zu diesem Ehrbegriff, weil es sich dabei natürlich auch um ein von aussen auferlegtes Kriterium von «valer mas» oder «valer menos» handelt, nicht um eine innere Haltung der betroffenen

Menschen. Die Gesellschaft der Gleichrangigen beschliesst, wer «reines» oder angeblich «unreines» Blut habe, indem sie auf die Abstammung schaut und versucht, alle jene Personen, die jüdische oder muslimische Vorfahren haben, zu «schlechteren» Menschen zu machen.

Es gab Gerichte und Kommissionen, die über die einwandfreie oder «befleckte» Abstammung befanden. Manchmal konnten sie bestochen werden. Wenn das gelang, war «die Ehre» zunächst und vorläufig gerettet, denn sie beruhte eben auf der Sicht von aussen, jener der anderen.

Neben dem *Theater* ist das *Romancero*, das heisst die balladenartige Dichtung im volkstümlichen Stil, gleich ob es sich um Kunstballaden oder um echte Volksdichtung handelt, der literarische Ausdruck der Mehrheitsgesellschaft. *Quevedo*, der gesellschaftskritische Dichter, Pamphletist und Romanschriftsteller (1580–1645), war auch ein Autor, der sich emphatisch auf die Seite der «Altchristen» stellte und «Spanien» mit ihnen gleichsetzen wollte.

Der hermetische Stil als ein weiterer Ausweg

Der grosse barocke Lyriker, *Don Luis de Góngora* (1561–1627), hat Gedichte in einem höchst gelehrten und verschlungenen Stil verfasst und wird deswegen von den modernen spanischen Dichtern besonders geehrt, weil sie in seinen Werken die Qualitäten von «abstrakter» Kunst erkennen, die der modernen ungegenständlichen Lyrik nahe kommt. Er stand notgedrungen auf der Gegenseite, und sein absichtlich schwer verständlicher Stil hängt mit seiner Lebenslage als Angehöriger der verfemten Kaste zusammen. Er schrieb für eine geistige Elite von gelehrten Humanisten, denen er zutrauen konnte, dass sie in ihrem Urteil nicht durch die Vorurteile der einfachen Leute und der anderen Vorkämpfer der Ideologie des «reinen Blutes» beeinflusst würden, und er formte seine eigene künstlerische Welt, die sich in ihrer bewussten Künstlichkeit meilenweit von irgendwelchen theologischen, ideologischen oder gesellschaftlichen Fragen entfernt hielt, und deren Berührung einen Neuchristen wie ihn, den illustren Domherrn und Dichter von Córdoba, beinahe unvermeidlich vor die Inquisition gebracht hätte.

Die Übersetzungen aus dem Arabischen

Die kulturellen Einflüsse liefen während der ganzen muslimischen Zeit, mit Ausnahme der granadinischen Epoche (1237–1492), von der muslimischen Seite der Halbinsel auf die christliche: Die Muslime waren die kulturell weit Überlegenen.

Gerbert von Aurillac

Die Übernahme von kulturellen Errungenschaften der Muslime durch die europäischen Christen begann schon im 10. Jahrhundert mit Figuren wie jener des Cluniazensers *Gerbert von Aurillac* (ca. 940–1003), der als junger Mann von seinen Vorgesetzten in das Pyrenäenkloster von Ripoll gesandt wurde und bis nach Vich in Katalonien gelangte, um die mathematischen Künste der Araber zu lernen.

Gerbert war noch kein Übersetzer arabischer Texte, er hat selbst wohl kein Arabisch verstanden. Doch er war ein Schüler der arabischen Mathematik, die schon zu seiner Zeit bis ins Kloster von Ripoll in den Pyrenäen gelangt war. Auf der Grundlage seines mathematischen Wissens beruhte offensichtlich ein grosser Teil seines Ansehens als ausserordentlicher Gelehrter. Seine Zeitgenossen und Nachfahren haben ihn sogar als einen «Magier» und «Hexenmeister» angesehen, weil er soviel ihnen unbekanntes mathematisches und astronomisches Wissen besass. Dass seine Lehrzeit in Katalonien, der damaligen Grenzmark zum Islam, den Grundstock seines Prestiges legte, durch welches er schliesslich bis zum Papsttum aufsteigen sollte, geht aus seiner Lebensbeschreibung durch seinen Schüler, den Chronisten und Historiker Richer, hervor. Er gibt uns eine knappe Lebensbeschreibung: «Aquitaner nach seiner Herkunft, wurde er von Kindheit an im Kloster des Heiligen Beichtvaters Géraud aufgezogen, wo er die Grammatik erlernte. Er war schon zum ersten Mannesalter gelangt und lebte immer noch in dem Kloster, als Borel, der Herzog der spanischen Mark, kam, um dort zu beten. Der Abt nahm ihn gastfreundlich auf, und nach einigen anderen Reden fragte er ihn, ob es in Spanien Leute gebe, die in den Wissenschaften hervorragten. Der Herzog antwortete sofort, indem er die Frage bejahte. Der Abt bat ihn darauf, ein Mitglied der Mönchsgemeinschaft auszuwählen und mit sich zu nehmen, um ihn unterrichten zu lassen. Der Herzog nahm dies ohne Schwierigkeiten an und führte Gerbert mit der Zustimmung seiner Brüder mit sich. Er vertraute seine Ausbildung dem Bischof (von Vich) Hatton an.» Gerbert widmete sich erfolgreich dem Studium der Mathematik unter Hatton. Sein Aufenthalt in Katalonien muss von 967 bis 970 gedauert haben.

«Doch weil Gott Gallien, das damals in Dunkelheit eingetaucht war, einen Strahl hellen Lichtes schenken wollte, inspirierte er den Herzog und den Bischof, nach Rom zu reisen, um dort zu beten. Nachdem sie Vorbereitungen dazu getroffen hatten, machten sie sich auf die Reise und nahmen den jungen Mann, der ihnen anvertraut war, mit. Sie gelangten nach Rom, und nachdem sie ihre Gebete zu Füssen der Heiligen Apostel gesprochen hatten, gingen sie, den Heiligen Vater glücklichen Angedenkens zu besuchen. Sie meldeten sich bei ihm und gaben ihm alle Nachrichten, die sie für ihn angenehm hielten.

Die Intelligenz Gerberts und sein Wunsch zu lernen entgingen dem Papst nicht. Und weil die Musik und die Astronomie damals auf der (italischen) Halbinsel völlig unbekannt waren, sandte der Papst Boten an Otto, den König Deutschlands und Italiens, um ihm zu melden, ein junger Mann sei bei ihm angekommen, der die Mathematik vollkommen beherrsche und in der Lage sei, sie seine Völker zu lehren. Der König liess dem Papst sofort ausrichten, er solle den jungen Gerbert zurückbehalten und ihm keine Möglichkeit geben, nach Hause zurückzukehren. Der Papst liess den Herzog und den Bischof, die aus Spanien gekomen waren, unter allerhand Vorsichtsmassnahmen wissen, der König wolle den jungen Mann für einige Zeit bei sich behalten, er werde ihn aber bald darauf mit Ehren wieder zurücksenden; er werde ihn auch für seine Dienste belohnen. Der Herzog und der Bischof willigten ein, Gerbert unter diesen Bedingungen zurückzulassen, und sie kehrten nach Spanien zurück.

Gerbert, der beim Papst zurückgeblieben war, wurde von ihm dem König vorgestellt, der ihn über sein Wissen befragte. Er antwortete, er kenne die Mathematik ziemlich gut, doch wolle er die Logik studieren. Da er darauf brannte, diese Wissenschaft zu erwerben, verbrachte er nur wenig Zeit damit, Unterricht zu erteilen.» Aus anderen Quellen wissen wir, dass Gerbert den Erzdiakon Geran, den König Lothar von Frankreich an den Papst gesandt hatte, nach Reims begleitete und von ihm Logik lernte, während er selbst ihm Unterricht in der Mathematik erteilte. Bischof Adalberon von Reims ernannte Gerbert zum Studienleiter der Kathedralschule von Reims. Sein Unterricht wurde bald berühmt; zu seinen Schülern gehörten Robert der Fromme, der künftige König von Frankreich, der Geschichtsschreiber Richer, Fulbert, der künftige Schulvorsteher und Bischof von Chartres, Johann, der künftige Schulvorsteher und Bischof von Auxerre. Gerbert verbrachte die Jahre 972 bis 982 in Reims.

Später liess Otto II. ihn nach Italien kommen, um dem Kloster des Heiligen Kolumbanus von Bobbio vorzustehen, das damals für seine Bibliothek und seine kulturelle Ausstrahlung berühmt war. Doch der Kirchenmann und Gelehrte geriet von da an in die Strudel der hohen Politik. Sein Versuch, in dem Kloster Reformen durchzuführen, zog ihm die Feindschaft mächtiger Persönlichkeiten zu. Er sah sich nach dem Tod Ottos II. (983) gezwungen, Bobbio fluchtartig zu verlassen und in Reims Zuflucht zu suchen. In Reims spielte er eine wichtige politische Rolle als Adlat des Bischofs Adalberon, der die französische Kanzlei leitete. Doch Hugo Capet, der neue französische König, der mit Hilfe Aldaberons auf den Thron gelangt war, versuchte nach dessen Tod, einen unehelichen Sohn des vorausgegangenen Königs, Lothars, auf den Bischofssitz von Reims zu bringen. Dieser, Arnoul, wurde jedoch bald abgesetzt (991 durch das Konzil von Vierzy); Gerbert sollte den Bischofsthron erhalten, doch zwei aufeinanderfolgende Päpste weigerten sich, ihn anzuerkennen. Da seine Bischofsstadt Reims ihm zu unsicher schien, zog Gerbert 997 an den Hof des Kaisers Otto III. und begleitete ihn nach Italien. Dort wurde er durch den Einfluss des Kaisers zuerst zum Erzbischof von Ravenna und dann zum Papst gewählt (2. April 999 als Sylvester II.). Der Kaiser und sein Papst scheinen ein politisches Ideal verfolgt zu haben, das darauf ausging, dass Kaiser und Papst gemeinsam und in Einigkeit über ein einziges Weltreich regiert hätten. Sie wollten so das Reich Konstantins des Grossen wieder aufrichten. Doch Otto III. starb 22jährig im Jahre 1002 und sein Papst wenige Monate später am 12. Mai 1003.

Gerbert hat in der Kathedralschule von Reims das Rechnen mit Hilfe eines *Abacus* (vgl. unten S. 422) eingeführt, der auf dem 9-Zahlensystem beruhte, ohne Null, und nach der Beschreibung von Richer aus einem Rahmen mit 27 parallelen Feldern bestand, auf dem neun Marken verschoben wurden. Er war auch offensichtlich berühmt für seine Kunst, Sternsphären zu zeichnen und einzurichten. Aus den uns erhaltenen Briefen Gerberts geht hervor, dass er solche Himmelsmodelle, wenn sie von ihm gefordert wurden, herzustellen versprach, aber als Gegenleistung die Abschrift von Büchern verlangte, die ihm in seiner Kathedralsbibliothek fehlten. Ein grosser Teil seiner Briefe, die er an die verschiedenen kirchlichen Würdenträger richtet, dreht sich um Bücher; fast immer sind es antike Klassiker, deren Abschrift er zu erhalten sucht und zu belohnen verspricht.

Das Ebro-Tal bildete in jener Zeit eine Achse, welche die muslimische Welt mit der christlichen verband. Im unteren Teil des Tales gab es wichtige muslimische Zentren wie Saragossa und Tortosa, im obersten Teil herrschten die christlichen Adligen von Asturien, wenn sie nicht gerade durch einen Feldzug der Muslime vorübergehend vertrieben wurden. Handel fand statt, und eine wichtige Handelsstrasse zog über die Pyrenäenpässe, die sogenannten «trockenen Häfen», die Rhône hinauf und Saône entlang bis zum Rhein, dann durch Deutschland hindurch zur Elbe hinüber. Dies war der Weg, auf dem die slawischen Sklaven nach al-Andalus gelangten, und auf der gleichen Strasse reisten die nordischen Pelze und fränkische Stahlklingen für Schwerter, die gerne als Damaskus-Stahl ausgegeben wurden. Zurück kam Gold aus Afrika, das in Córdoba geprägt worden war. Händler waren die Juden, die ein Netz von Religionsbrüdern besassen, das sich über alle Verkehrsknotenpunkte hinweg bis nach Itil an der Wolga hinübererstreckte.

Der Orden von Cluny nahm sich besonders eifrig der Pilgerfahrt nach Santiago an. Die Pilgerstrasse zog den nördlichen Rand der Iberischen Halbinsel entlang nach Westen, sie verlief jedoch meistens südlich der hohen cantabrischen Gebirge (Picos de Europa), parallel zur maurischen Mark und fast in Kontakt mit dem muslimischen Grenzgebiet. Es ist leicht einzusehen, dass entlang dieser Grenzen die ersten Übernahmen von Kulturgut aus al-Andalûs stattfanden.

Bevor Gerbert die katalanische Mark verliess, beauftragte er einen der dortigen Übersetzer, Lupitus (= Llobet), der in Barcelona wirkte, ihn über die wissenschaftlichen Neuentwicklungen im Süden auf dem Laufenden zu halten. Es dürfte ihm in erster Linie um neuentdeckte Handschriften gegangen sein. Die Übersetzer suchten stets zweierlei: neue wissenschaftliche Texte aus der Antike oder aus der arabischen Tradition, die ja ihrerseits auf übersetzten antiken Texten fusste; aber auch bessere Handschriften und neue Übersetzungen von klassischen Texten, sowie Kommentare dazu, weil die bekannten Manuskripte oft nicht gut genug überliefert waren, um ganz verständlich zu sein. Gerbert wollte auch darüber unterrichtet werden, was ein gewisser Yusuf Sapiens neu in Erfahrung bringe, über den heute allerdings nichts wissen.

Die Überlieferung will wissen, dass Gerbert in Reims Dialektik, Logik und Rhetorik unterrichtete oder unterrichten liess. Er kommentierte die Isagoge des Porphyrius, die ihrerseits ein Kommentar zu den Kategorien des Aristoteles ist. Er soll auch Abhandlungen über das Astrolab verfasst haben, das wichtigste Instrument aller Astronomen und Astrologen, das dazu diente, die Höhe der Sterne über dem Horizont zu messen. Neben verschiedenen Himmelsgloben habe er auch eine Orgel entworfen, die mit Dampf funktionierte. Musik, Medizin, Redekunst interessierten den gelehrten Bischof ebenfalls, und es konnte nicht fehlen, dass der Volksmund ihm Hexerei nachsagte.

Die Kathedralschulen jener Zeit wurden von den Söhnen hoher weltlicher Würdenträger besucht, und sie hatten weiter gefasste Lehrpläne als die auf Theologie und ihre Hilfswissenschaften beschränkten Klosterschulen, weil sie künftige weltliche Herren des Regierens würdig und fähig machen sollten.

Die Juden als Übersetzer

Wir kennen mehr Namen von Übersetzern aus dem 11. Jahrhundert, wie Ishâq Ibn Reuben (starb 1043), Ibn Chicatella aus Saragossa (ca. 1050–80) und Tobias ben Mosche ben Ma'tiq; alle drei waren Juden. Die Juden spielten eine entscheidende Rolle im gesamten Übersetzungswesen, weil sie die arabische Kultur von al-Andalus sehr intim kannten, ja an ihr eng beteiligt waren und gleichzeitig über die Verbindungen und Sprachkenntnisse verfügten, die ihnen im Norden der Halbinsel Wirkungsstätten verschafften.

Wie eng das Arabische sich mit dem Hebräischen der hispanischen Juden verbunden hatte, zeigt vielleicht am deutlichsten der granadinische Dichter und Prosaschriftsteller *Mosche Ben Ezra*, dessen Familie in Granada unter dem jüdischen Wesir Samuel Ibn Nagralla (s. oben S. 144) wichtige Stellungen bekleidet hatte. Er selbst jedoch musste in der zweiten Hälfte seines Lebens in die christlichen Gebiete auswandern und sich dort als politischer Exilierter durchschlagen. Er ist möglicherweise gegen 1140 gestorben. In seinem arabisch verfassten Werk über die Dichtkunst, das er «Das Buch von Vortrag und Erinnerung» betitelte, schreibt Ibn Ezra: «Seitdem die Araber sich der Halbinsel von al-Andalus bemächtigten, indem sie sie den Händen der Goten entrissen, erlernten die Israeliten, die sich auf der Halbinsel befanden, von den Arabern mit den Jahren die verschiedenen Zweige der Wissenschaften. Dank ihrer Ausdauer und ihres Fleisses lernten sie die arabische Sprache, vermochten es, ihre Werke zu erforschen und in den innersten Sinn ihrer Schriften einzudringen, während sie sich gleichzeitig am

Zauber ihrer Gedichte erfreuten. Infolge dieser Entwicklungen bewirkte Gott, dass die Israeliten die Geheimnisse der Hebräischen Sprache und ihrer Grammatik zu begreifen vermochten in dem, was ihre schwachen und angeglichenen Buchstaben angeht, ihre Vokale und Halbvokale (Schewas), ihre Variationen und Assimilationen sowie andere Einzelheiten, die die Grammatik angehen.

Es gab auch einige Verfasser, die sich der philosophischen Wissenschaften und spekulativen Fragen annehmen wollten, doch ihre Arbeiten waren nicht vom Erfolg gekrönt. Die Nachahmung (des Arabischen) war am perfektesten in der Kunst der Dichtung, denn dort übernahmen die Israeliten ihre Vorgehensweisen, und sie zeigten sich sehr empfänglich für ihre Wunder. Ausserdem kam es im Jahrhundert, das zwischen den Jahren 4700 und 4800 seit der Schöpfung liegt (das heisst zwischen 940 und 1040), zum Prinzipat von Abu Yûsuf Hasday ben Ishâq ben Schaprut. Der Ort seines Ursprungs war Jaén, der seines Prinzipates Córdoba. In seiner Zeit wachten die schläfrigen Geister auf und befreiten sich von ihrer Trägheit, da sie die Werke sahen, die jener edle Mann förderte und die vornehme Grösse seiner Pläne, sowie die Höhe seines grosszügigen Gemüts und die Gerechtigkeit und Güte seines Charakters ...» (Nach J. M. Millás Vallicrosa, Literatura hebraicoespañola, Barcelona 1967, p. 25f.). Der jüdische Schriftsteller spielt hier auf die Bedeutung des Arztes und Diplomaten (und Kalifen) Abdurrahmâns III. für das hispanische Judentum an.

Toledo als neues Zentrum kultureller Kontakte

Eine gute Generation nach der Eroberung von Toledo, als dort der Erzbischof Don Raymundo das kirchliche Regiment führte (1126–1152), verschob sich das Schwergewicht der kulturellen Kontakte von Katalonien und dem Ebrotal nach der neuen kastilischen Hauptstadt. Die Stadt war unversehrt in christliche Hände gefallen und hatte grosse Teile ihrer muslimischen, mozarabischen und jüdischen Bevölkerung bewahrt.

Die im Mittelpunkt der Iberischen Halbinsel gelegene ehemalige Hauptstadt der Westgoten war in der arabischen Epoche Grenzstadt geworden. Toledo stellte für das muslimische Reich von Córdoba die Festungsstadt dar, welche die weite mittlere Grenzmark beherrschte und kontrollierte. In diesem weitgehend entvölkerten Grenzgürtel, der die Region zwischen dem Tajo und dem Duero umfasste, spielten sich die fortdauernden Kämpfe von Christen und Muslimen ab. In den späteren Jahrhunderten war sie mit den Burgen (castella) übersät, denen Kastilien seinen Namen verdankt.

In Toledo waren die imperialen Ansprüche aus der gotischen Zeit nie ganz ausgestorben, und Adlige westgotischer Abstammung lebten in der Stadt sowie auf den Landsitzen und Burgen um sie herum. Viele dieser Adligen waren Christen geblieben, hatten sich aber kulturell assimiliert und sogar die arabische Sprache als Bildungssprache übernommen. Die «Mozaraber» sprachen arabisch und viele verwendeten das arabische Alphabet. Andere Abkömmlinge der grossen Westgotenfamilien waren zum Islam übergetreten und bewahrten als Muslime, Mitglieder des Staatsvolkes, erst recht den alten Anspruch, in den politischen Fragen Iberiens mitzusprechen. All dies bewirkte, dass Toledo zur Zeit der Vorherrschaft Córdobas (711–1009) berühmt für seine Aufstände und die Halsstarrigkeit seiner Stadtaristokratie war.

Das Patronat der Dhû-n-Nûn

In der Zeit der «Ta'ifas» (d. h. der Kleinkönige, 1009–1085) herrschte das berberische Haus der Dhû-n-Nûn über das «Königreich» von Toledo. Ihr bedeutendster Herrscher war Abu'l-Hasan Yahya *al-Ma'mûn* (1043–1075), dessen Hof sich besonders für Astronomie (und die damit verbundene Astrologie) interessierte. Unter al-Ma'mûn wirkte der *Astronom Ibn az-Zarqâla* in Toledo, die Christen nannten ihn *Azarquiel*. Er hat in der Stadt am Tajo die Planetentafeln berechnet, die später – unter Alfonso dem Weisen – ins Spanische und ins Lateinische übersetzt wurden und in ihrer lateinischen Fassung bis tief in die Renaissance hinein den Astronomen als Referenz dienten. Ibn Az-Zarqâla soll auch eine grosse Wasseruhr am Tajo gebaut haben, auf der man die Mondphasen ablesen konnte, die für den muslimischen religiösen Kalender grundlegend sind.

Azarquiel war nach Juan Vernet (Historia de la ciencia española, Madrid 1975, p. 64 f.) ein Autodidakt, der zuerst als Instrumentenmacher für die Astronomen am Hofe arbeitete. Doch seine Fähigkeiten waren derart, dass er zuerst zum Schüler jener Astronomen und am Ende zu deren Meister wurde. J. Mª. Millás Vallicrosa, der seine Werke studiert hat (Revista del Instituto de Estudios Islámicos en Madrid, 1957 V, 1 und 2, und: Estudios sobre Azarquiel, Madrid, 1943–50) sieht ihn als den bedeutendsten europäischen Astronomen vor Kepler an.

Christliche Grenzstadt

Schon zehn Jahre nach dem Tod al-Ma'mûns, seines grössten Herrschers, ist Toledo in die Hände des kastilischen Königs, Alfonso VI. übergegangen (1085). Doch der Schock des Verlustes dieser wichtigen Stadt hat entscheidend mit dazu beigetragen, dass die Kleinkönige die damals neue Dynastie der Almoraviden in Marokko um Hilfe anriefen. Die Almoraviden und später die Almohaden haben die christlichen Spanier in die Defensive gezwungen. Alfonso VI. selbst musste schwere Niederlagen einstecken. Toledo blieb zwar kastilisch, wurde aber nun weitere 150 Jahre lang eine Grenzstadt und Grenzfestung der Christen, in der diese sich gegen die muslimische Gegenoffensive der Almoraviden und Almohaden verteidigen mussten. Der kastilische Vormarsch nach dem Süden, die sogenannte Wiedereroberung («reconquista»), kam für anderthalb Jahrhunderte zum Stillstand. Er wurde erst nach dem Zerfall der Almohaden wieder aufgenommen. Toledo wurde dann zum Ausgangspunkt für die Feldzüge Fernandos III., des Heiligen (r. 1217–1252), welche die Eroberung von Córdoba (1236) und von Sevilla (1248) mit sich brachten.

Zur Zeit der Almoraviden und Almohaden (1086–1236) kam es mehrmals zu Verfolgungen der Juden und der Mozaraber in Südspanien. Die neuen Herrscherhäuser aus Nordafrika trauten ihnen nicht und versuchten sie aus al-Andalus zu vertreiben.

Dies führte dazu, dass wohlhabende und gebildete Juden und Mozaraber nach Toledo auswanderten. Sie waren den damaligen kastilischen Herrschern als tüchtige Fachleute willkommen. Bewässerungsbauern, Handwerker aller Art, Gelehrte, Musiker, Hofleute, Händler und Finanzspezialisten konzentrierten sich in der ehemaligen Hauptstadt Iberiens, die nun eine Grenzstadt geworden war. In der kastilischen Epoche (nach 1085) dürften auch Mitglieder der grossen muslimischen Familien, die in Toledo verbleiben wollten, zum Christentum übergetreten sein. Die Gegenwart der «Mozárabes», die selbst Christen waren, aber kulturell den Arabern nahestanden, bildete eine Brücke für derartige Konvertiten, weil die arabische Kultur der «mozarabischen» Christen ihnen erlaubte, ihre alte Kultur und Lebensweise beizubehalten, wenn sie zum Christentum in seiner mozarabischen Spielart übertraten.

Die Juden aus al-Andalus, die nun ebenfalls durch die Verfolgungen gezwungen wurden, nach Toledo auszuwandern (andere zogen nach Nordafrika), waren, wie wir gesehen haben, ebenfalls stark arabisiert.

Wie ebenfalls schon erwähnt, gelangten jedoch mit der kastilischen Eroberung auch die französischen und römischen Einflüsse nach Toledo, die damals in erster Linie von Cluny ausgingen. Der erste und mehrere der späteren Erzbischöfe von Toledo waren Cluniazenser, und die erste Königin, Konstanze von Burgund, stand unter cluniazensischem Einfluss. Cluny war das Hauptinstrument des Papstes, das der Ausbreitung des römischen Messekanons auf der Iberischen Halbinsel diente. Er sollte den alten westgotischen ersetzen, der von den «Mozarabern» weiter verwendet wurde. Ebenso wurde die ältere westgotische Schriftform damals durch die karolingischen Lettern abgelöst. Toledo wurde in römische und in mozarabische Kirchgemeinden aufgeteilt. Die mozarabischen Christen durften weiter ihre eigenen Kirchen besuchen und dort die Messe nach dem mozarabischen Ritus hören. Doch die sechs für die Mozaraber reservierten Kirchen standen nur den Familien mozarabischer Abstammung offen. Die anderen die «neuen Christen», hatten die römischen zu besuchen.

Mozarabische Gemeinschaftskultur

Die mozarabischen Dokumente aus der frühen kastilischen Zeit Toledos zeigen, dass damals nicht nur die mozarabischen Christen, sondern sogar solche «fränkischer» Herkunft ihre Unterschriften in arabischen Lettern leisteten. Das Umgangsarabisch der Mozárabes scheint die Lingua Franca der damaligen Geschäftsleute und Händler gewesen zu sein. Schliesslich war ja auch der Maravedí (von «Murabití»), das heisst die Goldmünze der Almoraviden, zur Standardwährung geworden, die über Spanien hinaus bis nach Frankreich hin Geltung besass.

Ein christlicher «Maravedí»

Ein «Maravedí», der in Toledo im Jahr 1184 geschlagen wurde, befindet sich im Nationalen Archäologischen Museum von Madrid. Die Goldmünze ist, fast hundert Jahre

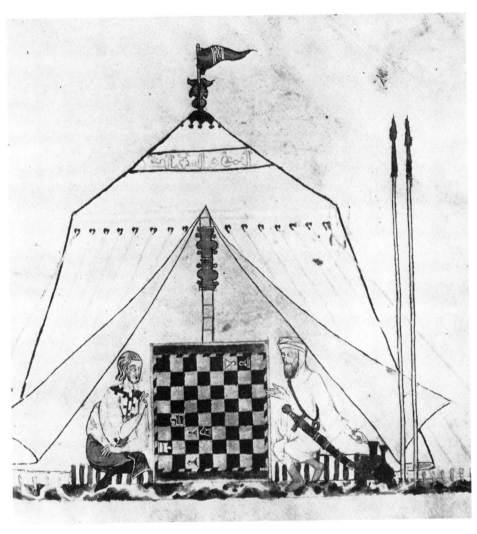

Miniatur aus dem Schachzabelbuch Alfons des Weisen. Ein muslimischer und ein christlicher Ritter im Zelt des Muslims beim Schach. Die Lanzen der beiden sind friedlich nebeneinander in die Erde gepflanzt.

nach der Eroberung der Stadt, in arabischen Lettern gehalten und wirkt ganz wie eine muslimische Goldmünze (die Ähnlichkeit war gewiss absichtlich, um das Prestige der muslimischen Währung auszunützen). Dieses beruhte auf der Qualität der arabischen Münzen, deren Goldgehalt beständiger war als jener der christlichen Prägungen des Nordens. Doch trägt sie ein Kreuz über den arabischen Schriftzeichen, die besagen: «Imam des christlichen Glaubens der Papst Alf» (Al-imâm al-bai'a al-masihiya bâbah alf [offenbar mit falscher Genitivkonstruktion?]). Auf dem Rand steht immer in arabischer

Sprache und Schrift: «Im Namen des Vaters, des Sohnes und des Heiligen Geistes, des einen Gottes».

Auf der Rückseite kann man lesen: «Herrscher der Katholiken, Alfons Sohn des Sancho, möge Gott ihm helfen und ihm den Sieg schenken.» Und auf dem Rand: «Dieser Dinar wurde in der Stadt Toledo geschlagen im Jahr zwei und zwanzig und zwei Hundert und Tausend ‹li-Ssafar›.» (Dies meint die Hispanische Ära, die jener von Christi Geburt um 38 Jahre vorauseilt). Das «alf», das auf «bâbah», Papst, folgt, aber schwer leserlich ist, könnte Alfonso bedeuten, vielleicht im Sinne einer zusätzlichen Markierung der Urheberschaft, denn als Papst würde sich Alfonso doch schwerlich bezeichnen. Es muss sich um Alfonso VIII. handeln (r. 1158–1214), den Sohn von Sancho III. (r. 1157–58). (Veröffentlicht im Katalog der Ausstellung: Al-Andalus, The Art of Islamic Spain, ed. Jerilynn D. Dodds, Metropolitan Museum, New York 1992 als No. 133.)

Die Dokumente zeigen uns auch, dass viele der «fränkischen», d. h. französischen, burgundischen und provenzalischen Händler der Grenzstadt muslimische oder mozarabische Frauen mit arabischen Namen geheiratet hatten. (Einzelheiten in: «Autrement», Tolède XIIe–XIIIe siècle, Musulmans, chrétiens et juifs, la savoir et la tolérance, Paris 1991; besonders die Beiträge von J.-P. Molénat und D. Jacquart.) Die Münze und die Heiratsverbindungen können beide als Belege dafür dienen, dass in Toledo nach der Eroberung das mozarabische Milieu tief in die Kreise der Händler der Stadt eingedrungen war, sogar jener, die ursprünglich aus Frankreich zugereist waren.

Toledo: Das «arabische» Stadtbild

Das besondere geistige Klima der Stadt Toledo im Hochmittelalter kommt auch in dem architektonischen Gewand der alten hispanischen Hauptstadt zum Ausdruck. Ihr Grundriss ist muslimisch, wie die vielen Sackgassen bezeugen, ebenso der Umstand, dass die heutige Kathedrale auf der Stelle und über den Grundmauern der Hauptmoschee steht, der Alcázar, der ebenfalls den Ort der muslimischen Zitadelle einnimmt, die alte Brücke von Alcántara (das Wort bedeutet «Brücke» auf arabisch), die sich in einem vollkommenen Halbrund über den Tajo wölbt, so dass sie mit ihrem Spiegelbild im Fluss zusammen ein volles Rund bildet.

Doch der Aufriss ist mozarabisch, gotisch und in den spanischen Stilen der iberischen Renaissance und des Barocks der Halbinsel, was daher kommt, dass die Gebäude der Stadt auf ihren arabischen Grundrissen später erneuert wurden.

Von der arabischen Bausubstanz ist wenig übrig: einige Mauerteile; die berühmte «Puerta del Sol», die jedoch in der frühen christlichen Zeit umgebaut wurde; die kleine Moschee, die heute dem Cristo de la Luz gewidmet ist. Die meisten Gebäude im «arabischen» Stil stammen aus der nacharabischen, christlichen, Zeit, so die Kirchtürme in der Form von Minaretten von Santo Tomé und San Román, San Andrés und San Sebastián, und die beiden berühmten Synagogen im «maurischen» Stil, heute «el Transito» und «Santa María la Blanca». Der «arabische» Geist, der aus all diesen Bauwerken

Ein alter Stich von Toledo mit «Alcántara», der römischen und arabischen Brücke über den Tajo, und der Stadtfestung, dem «Alcázar».

spricht, besonders eindrücklich in «Santa María la Blanca», ist ein Zeugnis dafür, wie lange Zeit, das ganze 13. und mindestens Teile des 14. Jahrhunderts hindurch, die arabisierten Christen und die arabisierten Juden in der damaligen Grenz- und Hauptstadt Neukastiliens künstlerisch und bildungsmässig tonangebend blieben.

Es ist die einmalige intime Mischung der Religionsgemeinschaften gewesen, Muslime, Juden, arabisierte und römische Christen, verbunden mit einer Konzentration von hochgebildeten Eliten dieser Religionen und Religionszweige, welche durch die Ausweisungspolitik der Almoraviden und Almohaden zustande kam, die letztlich das geistige Klima bewirkte, das Toledo unter der Oberaufsicht zuerst seines Erzbischofs und später des kastilischen Königs zum Schatzhaus der arabischen Wissenschaften und, während anderthalb Jahrhunderten (von 1126 bis 1284), zum Zentrum der Übersetzungsbewegung werden liess.

«Santo Cristo de la Luz» (früher Bib Mardum) ist die einzige erhaltene Moschee Toledos.

Die Übersetzungen ins Lateinische: Die erste Epoche (1126–1187)

Die verschiedenen Übersetzer, die für den Erzbischof *Raymundo* (r. 1126–1187) arbeiteten, kannten sich in vielen Fällen, was daraus hervorgeht, dass sie ihre Übersetzungen einander widmeten. In diesen Widmungen erscheint die Figur eines *Juan de Sevilla*, der zwischen 1135 und 1153 wirkte. Die Gelehrten streiten sich über seine Identität, manche erblicken in ihm einen bekehrten Juden, andere einen Mozaraber. Er war jedoch ohne Zweifel eine wichtige Persönlichkeit im damaligen Geistesleben. Er besass die Gunst des Erzbischofs und arbeitete zusammen mit dem Erzdiakon von Segovia und Cuellar, Domingo Gundisalvo, der gegen 1180 gestorben sein muss. Er übersetzte aus dem Arabischen ins Kastilische und der Erzdiakon aus dem Kastilischen ins Lateinische. Solche Doppelarbeit war die Norm, weil die guten Arabisch-Kenner wohl häufig Hebräisch, aber selten Latein schreiben konnten. Das Lateinische war unter den Mozarabern immer weniger geübt worden; für die Juden war es die Sprache des kirchlichen Gegners, während für sie das Hebräische Kultsprache, das Arabische Kultursprache und das Altspanische Umgangssprache waren. (Vgl. das bis heute in der Levante, in Istanbul und in Israel erhaltene «Judenspanisch».)

Toledo wird oft als eine «Übersetzerschule» angesprochen. Doch dürfte es sich mehr um ein Zentrum der Finanzierung gehandelt haben, die wohl auch die Form von Kirchenpfründen für die oft geistlichen Verfasser der lateinischen Versionen annahm. Jedenfalls wurden arabische Werke auch in Barcelona übersetzt, wo *«Platon von Tivoli»* zwischen 1134 und 1145 wirkte, und in Tarascona, wo *Hugo de Santalla* seinen Sitz hatte, der mit dem Juden *Abraham bar Hyya* (starb 1136) zusammenwirkte. Hugo werden insgesamt 13 Übersetzungen astrologischer und alchemistischer Texte zugeschrieben (Sarton, History II, part 1, p. 174). Er arbeitete in Tarascona, in der Nähe von Barcelona, unter Erzbischof Michael zwischen 1119 und 1151. «Platon von Tivoli» widmete seine Übersetzung der Abhandlung über Astrolabien des Ibn as-Saffâr, der 1035 in Denia gestorben war *(Liber Abulcasim de operibus astrolabiae)*, dem erwähnten Juan de Sevilla. Auch *Rudolf von Brügge*, der um 1143 wirkte, hat seine Übersetzung des Astronomen Abul-Qâsim Maslama von Madrid (wirkte um 1056) dem Juan de Sevilla gewidmet.

Der Lehrer des Rudolf von Brügge war *Hermann der Dalmatier*, welcher seinerseits seine Übersetzung der Planisphäre des Ptolemaios seinem Lehrer, Theoderich von Chartres, widmete. Über ihn und seinen Astronomenkollegen *Robert von Chester* hören wir in einem Brief, den Petrus Venerabilis, Abt von Cluny 1122–1145, im Jahre 1134 an den heiligen Bernhard richtete. Der Abt schreibt, wie er zwei weise Schriftkundige getroffen habe, die sich mit Übersetzungen astrologischer Texte befassten. Er habe beide aufgefordert, den *Koran* zu übersetzen. Sie unterzogen sich dieser wahrhaft anspruchsvollen Aufgabe. Die Übersetzung diente dann dem Abt von Cluny für seine anti-islamische Polemik, indem er zuerst den Versuch einer Darstellung des Islams unternahm: *«Summa totius haeresis Saracaenorum»*, dann dessen Widerlegung verfasste: *«Liber contra sectam sive haeresim Saracaenorum»*.

Robert von Chester ging später, gegen 1140, nach Spanien und blieb bis 1147. Erhalten sind von ihm neben der erwähnten Koranübersetzung ein Buch über Alchemie (1144) und eines über Algebra des *al-Khwârizmi*, datiert 1145.

Avendehut

In der ersten Hälfte des 12. Jahrhunderts gibt es drei überragende Übersetzer: *Iohannes Avendehut (Ibn Dawud); Dominicus Gundisalinus* (auch spanisch Domingo Gundisalvo genannt) und *Gherardus Cremonensis* (Gerardo de Cremona). Iohannes «Avendehut» oder «Ibn Dawud», das eine ist eine Umschreibung seines Namens aus dem Arabischen, das andere aus dem Hebräischen, könnte möglicherweise mit dem obengenannten Juan de Sevilla (der auch als Juan Hispanus erscheint) identisch sein. Doch die Gelehrten sind, wie gesagt, verschiedener Ansicht. Man kennt seine Lebensdaten nicht, nur jene einiger der von ihm übersetzten Bücher. Jedenfalls handelt es sich bei Avendehut um einen Juden oder zum Christentum übergetretenen Juden, der viel von Astronomie,

Mathematik und vielleicht auch Medizin verstand. Er wirkte in Toledo etwa von 1130 bis 1180.

Wir besitzen 11 Übersetzungen von ihm, die über Astrologie handeln (drei davon kann man als astronomisch einstufen, die Grenzen zwischen den beiden Disziplinen in jener Zeit sind fliessend). Weiter gibt es sieben, die als philosophische Bücher gelten können; dazu ein besonders wichtiges Werk über Mathematik, das *Liber algoarismi de practica Aritmeticae*, sowie eines über Medizin. Erhalten sind weiter eigene Schriften, die meist Zusammenfassungen, Exzerpte und Erklärungen von arabischen Werken darstellen, wie eines, das als Kompendium der Astronomie bezeichnet wird, ein anderes über astronomische Streitfragen; eines über das Astrolab; weiter ein mehr philosophisches Werk über primäre und sekundäre Ursachen. Nach den Aussagen der Zeitgenossen soll Abendehut auch eine Physik und eine Metaphysik verfasst haben, die aber nicht auf uns gekommen sind. Auch ein Buch über Chiromantie wird ihm, zu Recht oder zu Unrecht, zugeschrieben. Er arbeitete mit einem Erzdiakon von Cuellar zusammen, der gewiss sein lateinischer Redaktor gewesen ist. Doch scheint Avendehut einen Namen und eine Stellung besessen zu haben, die bewirkten, dass seine Übersetzungen in seinem eigenen Namen erschienen, nicht wie in anderen Fällen unter jenem des lateinischen Redaktors. Es gibt Anzeichen dafür, dass er als Astrologe und als Arzt am Hof von Toledo gewirkt hat. (Vgl. *L. Thorndike:* A History of Magic and Experimental Science, New York 1929, vol. 2, p. 78. Auch *G. Sarton:* Introduction to the History of Science, Baltimore 1931, vol. II, part 1, p. 125).

Von den lateinischen Übersetzungen seiner astrologischen Werke gibt es Drucke in Nürnberg 1546 und 1549; in Augsburg 1448, Venedig 1545; nochmals anderer Schriften in Venedig 1505 und 1525; Tafeln des al-Battani: in Venedig 1481, 1485, 1491, 1493, 1507, 1537. Al-Qabisi: De coniunctionibus planetarum, wurde gedruckt in Venedig 1485, 1511, 1521; weitere Werke astronomisch-astrologischen Inhalts in Venedig 1493; in Basel 1535, in Nürnberg 1549. Von den philosophischen Übersetzungen erschien nur eine im Druck: Über die Ziele der Philosophie von al-Ghazâli (Venedig 1502).

Mehr Erfolg als der grosse muslimische Theologe und Mystiker al-Ghazâli († 1111) hatte in der europäischen Renaissance al-Fargani (der im 9. Jahrhundert in Bagdad lebte). Sein *«Buch der Himmelsbewegungen»* in der Übersetzung Ibn Dawuds (oder Juan de Sevillas) wurde in Ferrara 1493, Nürnberg 1537 und Paris 1547 gedruckt. Das Handbuch für Astronomie und Astrologie, das Ibn Dawud selbst zusammengestellt hatte, erschien im Druck in Nürnberg 1548.

Man sieht aus diesen Angaben, wie sehr bis in die Renaissance hinein die Astronomen und Astrologen an den arabischen Werken interessiert waren. Für die Philosophie und Mathematik gab es in der Renaissance bedeutend aktuellere Werke. Dennoch

---

Die Synagoge, die heute «Santa María la Blanca» heisst, wurde im 13. Jahrhundert im bereits christlichen Toledo von muslimischen Handwerkern im Stil der Almohaden erbaut.

ist für die Geschichte der mathematischen Wissenschaft die Schrift, die Ibn Dawud übersetzt hat, wohl die wichtigste, das auf *Muhammed Ibn Musa al-Khwârizmi* beruhende *Liber algoarismi de practica Aritmeticae* (Veröffentlichung von B. Bouncompagni, Rom 1957; s. auch Sarton: II, 1, p. 169). In ihr wird unter anderem der Gebrauch der Null erklärt. Es handelt sich allerdings nicht um eine Originalschrift des grossen Muhammed, der im frühen 9. Jahrhundert in Bagdad gewirkt hat, sondern um eine Zusammenfassung seiner arithmetischen Lehren durch einen arabischen Mittelsmann.

Gundisalinus übersetzt Philosophie

Der zweite grosse Übersetzer war *Domingo Gundisalvo (Dominicus Gundisalinos)*, der Erzdiakon von Segovia und von Cuellar war und ebenfalls zwischen 1130 und 1180 arbeitete. Er hat fast nur philosophische Bücher übersetzt und mit Avendehut sowie mit anderen hebräischen Gelehrten zusammengearbeitet. Er scheint jedoch gewisse Bücher, wie die Metaphysik des *Avicenna* (Kitab ash-Shifâ), alleine übersetzt zu haben. Vielleicht war er ein Schüler des Ibn Dawud (s. M. Alonso in: Al-Andalus 9/1944, p. 46f. und 419–440).

Man kann dem Gundisalinos 11 Bücher zuschreiben, manche nur vermutungsweise, die alle Übersetzungen arabischer Philosophen sind: zwei Werke des *Avicenna* (Ibn Sina); eines des *al-Kindi*; vier des *al-Fârâbi*; den Teil, der von Logik handelt, aus der «philosophischen Encyclopädie» der Ikhwân as-Safâ, aus dem 10. Jahrhundert; *Alexander von Aphrodisias* und *al-Ghazâli*.

Man kennt auch fünf eigene Schriften, alle philosophischen Inhalts: Über die Unterteilungen der Philosophie; die Unsterblichkeit der Seele; den Ablauf der Welt *(de processione mundi)*; von der Einheit; von der Seele. In diesen eigenen Schriften zeigt Gundisalvo sich als ein Anhänger des Aristoteles und Ibn Rushds.

Gerhard von Cremona sucht den Almagest

Der dritte grosse Übersetzer der Epoche ist *Gerhard von Cremona* (auch Gherardus Toletanus), der 1114 in Cremona geboren wurde, 1167 in Toledo eintraf und 1175 seine Übersetzung des *Almagest* abschloss. Er soll den Mozaraber Galippus (Ghaleb?) sowie verschiedene jüdische Gelehrte als Übersetzer und Lehrer gehabt haben. Von ihm ist überliefert, dass er nach Toledo reiste, um des Almagest habhaft zu werden. Er hatte in Italien erfahren, dass die arabischen Handschriften bessere Texte böten, als was im lateinischen Europa von dem grossen astronomischen Handbuch des *Ptolemaios von Alexandria* (ca. 90 bis 168 n.Chr.) bekannt war.

Von Gherardus wissen wir etwas mehr als über seine Übersetzerkollegen, weil ein Lobschreiben, das seine Mitarbeiter (socii) nach seinem Tod vom Jahr 1187 verfassten, erhalten ist. Er war als 73jähriger gestorben. «Aus Liebe für den Almagest, den er bei den Lateinern nicht finden konnte», so sagt dieses Lobschreiben, «ist er nach Toledo gereist. Als er dort die grosse Zahl Bücher sah, die arabisch verfasst waren und über alle

Disziplinen handelten, und weil er die Armut der Lateiner bedauerte, deren Ausmass er kannte, lernte er, angetrieben von dem Wunsch, zu übersetzen, die arabische Sprache. Er vertraute auf sein doppeltes Wissen, wissenschaftlicher und sprachlicher Natur (denn wie Ahmed Ibn Yûsuf in seinem Sendschreiben über Proportionen und Verhältnisse sagt, ein guter Übersetzer muss neben ausgezeichneten Kenntnissen der Sprache, aus der er übersetzt, und jener, in der er sich ausdrückt, auch Kenntnis der Disziplin besitzen, um die es geht) sah er – in der Art eines weisen Mannes, der, wenn er durch eine grünende Wiese wandert, einen Kranz nicht aus allen Blumen flicht, sondern nur aus den schönsten – alles, was er arabisch geschrieben vorfand, durch. Und er hörte nicht auf, bis zum Ende seines Lebens alle die Bücher ins Lateinische zu übertragen, als ob er es für einen hochgeschätzten Erben täte, die ihm in den verschiedenen Disziplinen als die vollendetsten erschienen, und er tat es in so verständlicher und klarer Sprache, wie er es nur konnte.» (Vgl. Tolède XIIe–XIIIe siècle, wie oben S. 398, Danielle Jacquart, p. 185).

Wir wissen weiter von Gherardus, dass er in Toledo eine Art von Lehrfunktion ausübte. Ein englischer Reisender, Daniel de Moreley, der nach Toledo gekommen war, um sich zu instruieren, erklärt in einem seiner lateinischen Werke, das er «Philosophie» nennt und das eine Art Einführung zu Kosmologie darstellt, er habe Gherardus konfrontiert «und seine Worte mit mehr Unwillen aufgenommen als alle anderen, die seinen Lektionen beiwohnten», als dieser sich auf die astrologische Schrift *Isagoge Japharis* bezog (dies ist die «Kleine Einführung in die Astrologie» des arabischen Astrologen Abu Ma'schar, der in Bagdad in der zweiten Hälfte des 9. Jahrhunderts wirkte). Er, Moreley, habe Gherardus in Erinnerung gerufen, was der heilige Gregorius in seiner Predigt gegen die Astrologie gesagt habe.

Mehr als dies ist nicht auf uns gekommen. Doch die Übersetzungen, die Gherardus hinterlassen hat, machen deutlich, dass es sich um einen Gelehrten von grosser Spannweite handelte, wie sie nur ein mittelalterlicher Weiser besitzen konnte.

Das Verzeichnis seiner Übersetzungen lässt sich einteilen in 11 Wiedergaben arabischer Texte antiker Mathematiker und Astronomen, darunter *Euklid, Hypsicles, Theodosius, Geminos, Menelaos*, aber vor allem der Almagest des *Ptolemaios*. Seine Übersetzung wurde 1515 in Venedig gedruckt. Zu den Arbeiten des Cremonesen gehören weiter 18 Werke von arabischen Astronomen und Mathematikern; unter ihnen finden sich *al-Khwârismi, Thâbit Ibn Qurra; Jâbir Ibn Aflah* (gedruckt Nürnberg 1534), *az-Zarqâli*. Gherardus hat auch Werke über Physik und Mechanik übertragen, unter ihnen solche von *al-Kindi, Thâbit Ibn Qurra, Ibn al-Haitham* (Drucke Lissabon 1542 und Basel 1572).

Weiter verdankt man ihm acht medizinische Schriften des *Galen* und eine dem *Hippokrates* zugeschriebene, sowie 10 Bücher arabischer Mediziner, darunter *ar-Razi* (Rhazes, gegen 865–925) und der Pharmakologe und Botaniker *Ibn al-Wâfid* (1007–1074), der den botanischen Garten von Toledo, in der heutigen «huerta del rey», gepflanzt und betreut hatte. Die meisten dieser Werke sind in Venedig, Padua, Strassburg und Milano im 15. und 16. Jahrhundert gedruckt wurden.

Am wichtigsten war jedoch seine Übersetzung des grossen medizinischen Kompendiums des *Avicenna* (Abu Ali Husain Ibn Abdullah *Ibn Sina*, 980–1037), das «*Kanon*» genannt wird. *Ibn Sina* war ja nicht nur ein Philosoph, sondern auch ein sehr berühmter und erfolgreicher Arzt. Sein systematisch geordnetes Lehrbuch, eben der Kanon, in der Übersetzung des Cremonesen blieb das Hauptlehrbuch der Medizin in Europa bis ins 16. Jahrhundert hinein.

Dem Cremonesen verdankten das Mittelalter und die frühe Neuzeit auch das wichtigste Handbuch über Chirurgie, das jahrhundertelang in Europa benützt wurde. Dies war das Buch 30 der grossen medizinischen Enzyklopädie des Abu'l-Qâsim Ibn Abbas az-Zahrâwi (lateinisch: *Abulcasis Alsaharavius*), geb. 1009 in Córdoba. Seine Einführung stellte für Europa einen bedeutenden Fortschritt in dieser Kunst resp. Wissenschaft dar (s. M. *Tabanelli*: Abulcasi. Un chirurgo arabo dell'alto Medioevo, Firenze 1961).

Weiter liegen die Übersetzungen von fünf astrologischen Werken der Araber vor, darunter *Mashallah* (starb gegen 815) und andere, wiederum oft gedruckt in Venedig, Paris und Nürnberg. Dazu kommen vier Schriften über Logik, darunter eine von al-Fârâbi (872–950), und weitere Schriften von *Jabir Ibn Hayân* und *Râzi* über Alchemie, total vier Werke.

Unter den philosophischen Übersetzungen finden wir sechs aus arabischen Versionen des *Aristoteles*; ein weiterer Band enthält fünf andere Bücher mit ihren Kommentaren durch *Alexander von Aphrodisias*. Drei Bücher von *al-Kindi* (796–ca.873) übersetzte er auch, zusammen mit zweien weiteren von *al-Fârâbi*.

Marcus von Toledo überträgt Galen

Nach dem Tod des Erzbischofs Raymundo (1187) wurden die Übersetzungen allmählich seltener (vgl. unten S. 412) *Marcus von Toledo*, dessen Namen zum ersten Mal in den Kapitel-Akten von Toledo im Jahr 1191 erscheint, erzählt uns selbst im Vorwort einer seiner Übersetzungen, nämlich der Galen zugeschriebenen Abhandlung über den Puls, wie er Übersetzer geworden ist. Er verliess seine Geburtsstadt Toledo, wo er schon als junger Mann Arabisch gelernt hatte (vielleicht stammte er aus einer mozarabischen Familie), um Medizin an einer ausländischen Universität zu studieren. An welcher, verrät er uns nicht. Die Lehrer und Studenten an seiner Universität (vielleicht Montpellier, vielleicht Paris, vielleicht auch eine italienische), baten ihn inständig, seine Sprachkenntnisse zu benützen, um ihnen die Schriften des *Galen* (ca. 131–201 nach Chr.), die arabisch vorlagen, zugänglich zu machen. Marcus sagt, er habe sich nach Toledo zurückbegeben, um ihren Wünschen nachzukommen, und er hat in der Tat viele Werke des antiken Arztes übersetzt, wie auch die «Fragen über die Medizin» des arabischen Klassikers und Übersetzers nestorianischer Herkunft, *Hunain Ibn Ishaq* (809–873). Marcus erscheint in den Dokumenten von Toledo mit der Bezeichnung «Priester» zum letzten Mal im Jahr 1216. Was später aus ihm geworden ist, wissen wir nicht.

Toledo: Die zweite Epoche (1252–1284)

Eine zweite Periode der Übersetzungen fällt ins 13. Jahrhundert. Ihr Aufblühen verdankt man König Alfonso X., «dem Weisen» (geb. 1221 reg. 1252–1284). Schon als Kronprinz, unter Fernando III., «dem Heiligen», hatte er Bücher aus dem Arabischen übersetzen lassen, damals meist erzählende Werke wie die Fabeln von *Calila und Dimna*, ein arabischer Klassiker, der auf Indien zurückgeht, wo das Buch als Pantscha Tantra bekannt ist. Dazu kamen Werke von mehr oder weniger erbaulichem Charakter, meist mit illustrativen Erzählungen ausgeschmückt, die dazu dienen sollen, die verschiedenen moralischen Vorschriften und Ratschläge zu erläutern, die darin gegeben werden: so etwa *Barlaam und Josafat*, wobei Barlaam ursprünglich Buddha war; *Sendebar*, ein Buch über die Listen und Hinterhältigkeiten der Frauen, das im europäischen Mittelalter grossen Anklang fand; Sammlungen von Weisheitssprüchen wie die «Goldenen Worte» *(bocados de oro)* und das «Geheimnis der Geheimnisse» *(poridad de poridades)*; das «Buch der zwölf Weisen»; «Blüten der Philosophie».

Alle diese und die meisten der späteren Übersetzungen, die Alphons der Weise anfertigen liess, wurden nicht ins Lateinische, sondern ins Kastilische übertragen. Der König, der sich auch selbst dichterisch betätigte, hat dadurch entscheidend dazu beigetragen, dass die kastilische Schriftsprache als eine der ersten der europäischen Nationalsprachen entstand. Sie sollte sich fortentwickeln und später zum heutigen Spanischen werden. Bemerkenswerterweise hat der König jedoch sein persönlichstes Werk, die *«Cantigas de Santa María»* (Lieder für die Heilige Maria) nicht auf Kastilisch, sondern auf Gallego verfasst, in der Sprache des iberischen Nordwestens, die später zur Mutter des Portugiesischen werden sollte. Das sogenannte Galaico-Portugués war schon damals die lyrische Sprache der Minnedichter und Spielleute, und es galt offenbar dem Herrscher als besser geeignet für seine gesungene Lyrik, die er dem Lob der Maria widmen wollte. Die «Cantigas» (Gesänge) sind allerdings auch erzählenden Inhaltes; sie handeln von verschiedenen Wundern, die Maria an Leuten vollbracht haben soll, die besonders eifrig zu ihr beteten und an sie glaubten. Der König selbst wollte sich offenbar durch seine Lobgesänge in diese Reihe der Mariengläubigen einfügen.

Der «mitschwingende» Stil Alphons des Weisen

Américo Castro zeigt durch einen Vergleich mit französischen Werken, in denen ähnliche Marienwunder behandelt werden, wie der König (oder auch seine Mitarbeiter, die in seinem Namen schreiben) sich selbst, seine eigene, ihn unmittelbar berührende Umwelt in die Legendenschilderung einbezieht. Der königliche Dichter macht kaum einen Unterschied zwischen seiner eigenen Person und Erfahrungssphäre und dem Berichteten; er geht vielmehr darauf aus, die beiden zu vermischen, indem er den Erzähler zum Teilnehmer erhebt, der aus der Perspektive des persönlich betroffenen Augenzeugen beschreibt, was er selbst gesehen hat, sieht und sehen kann. Er «schwingt mit», statt «objektiv» zu berichten, und er erreicht dadurch trotz der einfachen Technik, die ihm zur Verfügung steht, eine lyrische Qualität. Sie kommt dadurch zustande, dass er sich selbst und sein eigenes Lebensgefühl mit in die Erzählung einbringt. Dies ist eine eminent arabische Darstellungsweise, man erinnere sich an Ibn Hazm und seine Schilderungen «der Liebe», die stets mit *seiner* oder mit der Person *seiner* Freunde verbunden sind (s. oben S. 158 ff.), und es überrascht nicht, dass auch die Vers- und Strophenform, die Alfonso benützt (oder benützen lässt) und die natürlich an die Melodie angepasst ist, in der die «Cantigas» gesungen wurden, der arabischen Form des «Zajal» entspricht (s. oben S. 197 ff.).

Castro macht auch deutlich, warum dem Kastilischen in jener Periode das Lyrische und Verinnerlichte einer subjektiven Dichtung fremd war, während beides dem Gallego-Portugués und dem Katalanischen auf den Flügeln der Halbinsel bereits möglich war: Im Zentrum, in Kastilien mussten die inneren Kräfte für die grosse Auseinandersetzung nach aussen weiterhin angespannt bleiben, hatten doch die Kämpfe mit den Muslimen soeben erst einen Höhepunkt überschritten. Castro zeigt, wie dann im folgenden Jahrhundert mehr und mehr Raum aufgetan wird, um Ausdruck für die inneren Vorgänge des Individuums zu finden, zuerst gebunden an die eigene Person. Der Prozess wurde vermittelt über die Dichter jüdischer Herkunft und judeo-arabischer Kulturtradition, um dann einzumünden in das Doppelgesicht der klassischen spanischen Literatur mit ihrem ans Äussere gebundenen und an der Geste interessierten Zweig, den Lope de Vega am sichtbarsten vertritt, und in den Pfad, der sich dem Inneren einer Person und Persönlichkeit zuwendet, indem er darzustellen sucht, woher und woraus sie lebt, wie sie sich aus ihrem Inneren manifestiert, ja selbst hervorbringt. Dies ist der Weg, der zu Cervantes führt. (A. Castro, The Structure of Spanish History, Princeton 1954, p. 361–368).

Der König als Redaktor

Doch dieser Ausblick, über die lyrischen Mariengesänge und -erzählungen des gelehrten Königs hinaus, greift weit in die Zukunft. Als Herrscher hat Alphons der Weise eine gewaltige intellektuelle Tätigkeit entfaltet: Astronomie und Astrologie, Agrikultur, Alchemie, Medizin, Geschichte, Jurisprudenz, die Bibel waren Wissensgebiete, die seine Aufmerksamkeit in Anspruch nahmen.

Die grossen Prachtcodices, die in seinem Namen hergestellt wurden, sind gewiss nicht immer die Werke seiner persönlichen Feder. Es handelt sich meist um grosse kompendienartige Zusammenstellungen, die eine gesamte Wissenschaft zu umfassen suchen. Lateinische, hebräische, arabische Quellen flossen in sie ein. Die arabischen Grundlagen, die zweifellos direkt aus dem Arabischen übersetzt worden waren, sind für die «naturwissenschaftlichen» Bücher (besonders über Astrologie und Astronomie) grundlegend. Doch sind arabische Quellen auch, gemeinsam mit den hebräischen und lateinischen, in den «geisteswissenschaftlichen» Zusammenstellungen, wie etwa den Geschichtsbüchern der sogenannten «Crónica General», nachweisbar. Diese Sammelwerke wurden von den wissenschaftlichen Mitarbeitern des Herrschers verfasst, die er an seinen Hof nach Toledo zog. Doch Alfonso ist immer beteiligt geblieben. Er legte offenbar die grossen Richtlinien fest, nach denen gearbeitet wurde; er bestellte die verschiedenen Fachleute, die mitarbeiten sollten, und er liess es sich persönlich angelegen sein, die Arbeiten durchzusehen und dafür zu sorgen, dass sie in einem klaren und korrekten Kastilisch geschrieben waren, das allgemein verständlich sein sollte. In der heutigen Sprache würden wir sagen, der König war so etwas wie der Chefredaktor der von vielen Gelehrten hergestellten «Handbücher» und «Kompendien», indem er den Herstellungsprozess festlegte und beaufsichtigte, und er wirkte ausserdem noch als der Chefkorrektor, der sich besonders der sprachlichen Seite der Werke annahm.

Diese Rolle des weisen Königs kam nicht von ungefähr. Die Methode der Übersetzungen blieb im wesentlichen die alte, wie sie schon unter Erzbischof Raymundo im vorausgehenden Jahrhundert entwickelt worden war. Des Arabischen, und im Falle von ausgesprochenen Fachgebieten wie Astronomie, Medizin, Botanik, Mathematik etc. auch des jeweiligen Faches kundige jüdische oder mozarabische Gelehrte übersetzten die arabischen Grundtexte in ein gesprochenes «Hispanisch», das nicht unbedingt Kastilisch sein musste und vielleicht in vielen Fällen der von den Mozarabern gesprochenen hispanischen Sprache (die man Mozárabe nennt) näher stand als dem kastilischen Dialekt, wie er durch die Arbeit des Königs und seiner Mitarbeiter zur spanischen Hochsprache erhoben werden sollte.

Auf Grund dieser ersten hispanischen Fassung formulierte dann ein des Kastilischen kundiger zweiter Redaktor die endgültige Übersetzung. Der König liess sich die fertigen Manuskriptentwürfe vorlesen, und wir wissen von Fällen, in denen er eine zweite Fassung erarbeiten liess, weil ihn die erste nicht befriedigte. Dabei spielten zwei Kriterien eine Rolle: Das arabische Originalmanuskript, aus dem zuerst gearbeitet worden war, konnte sich als unvollständig erweisen, eine bessere Fassung des gleichen Textes nachträglich auftauchen, was dann eine Überarbeitung und Neufassung der Übersetzung mit sich brachte. Oder aber die Sprache befriedigte den Herrscher nicht, sie schien ihm zu schlecht verständlich oder entsprach nicht dem kastilischen Standard, den er anstrebte. Auch in solchen Fällen mussten die Werke überarbeitet und neu gefasst werden, bevor schliesslich die königlichen Prunkexemplare angefertigt wurden, von denen wir ganze Sammlungen noch heute besitzen, grosse Folien in sorgfältiger Kalligraphie, wie etwa die gesammelten astronomischen Schriften *(libros del saber de astronomía)*, die heute im Escorial und in der Spanischen Nationalbibliothek lagern.

Die wirklichen Übersetzer sind Juden

Wir kennen die Namen von mindestens 11 Mitarbeitern und Redaktoren des Königs aus den Einleitungen oder Kolophonen der verschiedenen Werke. Sechs der Mitarbeiter waren Spanier wie etwa *Alvaro de Oviedo* und *Garci Pérez*, «ein Geistlicher hochgelehrt in Astrologie»; auch Meister *Bernardo «el-Arábigo»* findet sich unter den Spaniern, offenbar ein Konvertit vom Islam. Fünf Mitarbeiter waren Italiener wie *Aegidius von Parma, Juan de Mesina, Juan de Siena*, Notar des Königs; *Buenaventura de Siena, Pedro Reg-*

gio, Notar der Kanzlei des Herrschers. Sie waren für Versionen der bereits erstellten kastilischen Schriften ins Lateinische oder ins Französische zuständig.

Doch die wirklichen *Übersetzer* und die eigentlichen Fachleute für Astronomie (wozu auch die Astrologie gehörte) und die anderen naturwissenschaftlichen alttestamentlich-biblischen Fächer waren Juden wie *Jehuda Ben Mosca ha-Cohen*, «sein Alfaquim» (d. h. Weiser und Arzt des Königs), der auch als Astronom und Astrologe wirkte. Er war der Rabbiner der Synagoge von Toledo; seine Gemeindemitglieder nannten ihn «Qatón», den Kleinen. Der König schenkte ihm 1266 einige Häuser in Andalusien, in Jérez de la Frontera, wie wir aus der erhaltenen Schenkungsurkunde wissen. In Toledo muss er zwischen 1231 und 1272 gewirkt haben. Zu den Werken, die er übersetzte, gehören *«el lapidario»* (das Steinbuch), eine Sammlung von astrologischen Traktaten, die ihren Namen dem Umstand verdankt, dass sie gleichzeitig auch von den Fähigkeiten bestimmter Edelsteine handelt, gewissen unglücklichen Konstellationen entgegenzuwirken. Das arabische Originalmanuskript (von Abu'l-'Ayiš, vgl. Sarton II, 2, S. 842) war ursprünglich im Besitz eines Juden von Toledo, «der es niemanden sehen liess». Der König, damals noch Kronprinz, erfuhr davon und wurde des Werkes 1243 habhaft. Er liess es von fach- und sprachkundigen Juden lesen und eine erste Übersetzung im Jahr 1250 anfertigen. Später liess er es revidieren und neu ordnen, eine Arbeit, die erst 1279 abgeschlossen war, was wir alles aus dem Vorwort der revidierten Fassung wissen.

Das bekannte astrologische Werk von *Abu Hassan Ali Ibn Abi-r-Riǧal* (lateinisch *«Abenragel»*) wurde vom selben Übersetzer 1254 in Angriff genommen. Bis 1257 hat er grosse oder alle Teile des umfangreichen und höchst repetitiven Werkes übersetzt; in diesem Jahr wurde die lateinische Übersetzung auf Grund der spanischen vorgenommen. Das Werk besteht aus Aufzählungen aller denkbaren Variationen von Konstellationen, die viel einfacher und übersichtlicher in Tabellenform hätten gegeben werden können. Es ist in seiner lateinischen Form im 16. Jahrhundert oft gedruckt worden (Venedig 1485 und 1525; Basel 1551 und 1571 etc.). Die spanischen und die lateinischen Fassungen sind alle unvollständig geblieben, wahrscheinlich, weil das arabische Manuskript, das ursprünglich zugrunde lag, auch schon unvollständig war. Weitere Werke über Astrologie, deren Übersetzer Jehuda ha-Cohen war, sind das *«Buch der Kreuze» (libro de las cruces)* und die *«Vier Bücher der achten Sphäre»*.

Jehuda ha-Cohen hat aber auch bei dem grossen astronomischen Unternehmen des Königs mitgewirkt. Alfonso liess neue Tafeln der Planetenumläufe berechnen, welche die von dem arabischen Astronomen *az-Zarqâli* verfassten *Tabulae Toletanae* (übersetzt von dem oben erwähnten *Gerhard von Cremona*) korrigieren sollten. Die neuen Tafeln nahmen den Beginn der Regierung Alfonsos, das Jahr 1252, als Ausgangspunkt einer neuen Zeitrechnung, der sogenannten *Aera Alphonsina*, und sie sind bis zur Zeit von Tycho Brahe und Kepler in Gebrauch geblieben, allerdings wurden ihre Werte oft umgerechnet auf andere Meridiane als jenen Toledos, je nachdem, wo neue Auflagen der Übersetzungen erschienen. Ein Manuskript, das heute in Uppsala aufbewahrt wird, zeigt, dass Kopernikus diese Tafeln mit eigener Hand bearbeitet und mit Anmerkungen versehen hat.

Das Vorwort der spanischen Ausgabe der Tafeln berichtet: «Die Astronomen Abu Rag und Alquibicio, seine (des Königs) Meister von Toledo, Aben Musio und Mohamat von Sevilla, Joseph Aben Ali und Jacob Abenvena von Córdoba sowie mehr als 50 andere kamen zusammen. Er (der König) hatte sie mit grossen Gehältern aus der Gascogne und aus Paris kommen lassen. Er befahl ihnen, das Viererbuch von Ptolemäus zu übersetzen (dies ist das «Tetrabiblion», ein Kompendium der hellenistischen Astrologie) und Bücher von Montesan und Algazel hinzuzufügen. Diese Aufgabe wurde Samuel ben Jehuda el-Coheneso (= ha-Cohen), dem Alphaqui (al-Hakim, Arzt, Weiser) von Toledo gestellt. Sie sollten sich alle im Schloss von Galiana (bei Toledo) versammeln und über die Bewegungen des Firmaments und der Sterne disputieren. Aben Ragel und Alquibicio sollten den Vorsitz führen, wenn der König abwesend sei. Am Ende machten sie die berühmten Tafeln, die alle kennen, und nachdem sie dieses grosse Werk zwischen 1258 und 1262 (hispanische Ära, die 38 Jahre vor der unsrigen beginnt) vollendet hatten, sandte er sie zufriedengestellt in ihre Länder zurück. Er gewährte ihnen Zollfreiheit und Steuerfreiheit aller Arten für sie selbst und für ihre Nachkommen, worüber es Dokumente gibt, die in Toledo am 12. Mai 1300 besiegelt wurden.» (Dies entspricht dem 12. Mai 1262 unserer Zeitrechnung).

Ein weiterer jüdischer Mitarbeiter des Königs war *Isaac Ibn Cid*, der auch als *Rabiçag* bekannt ist und in den Handschriften ebenfalls als *Aben Çaid* erscheint. Er war Vorsänger in der Synagoge von Toledo und wirkte zwischen 1263 und 1277. Er diente dem König auch als Financier und gehörte zu der Gruppe von Bankiers (in der damaligen Sprache *almoxarife*, von arabisch *al-musarraf* [Wechsler] genannt), die den König in Zeiten der Geldnot, wie sie eher häufig auftraten, unterstützten. Sie erhielten bestimmte Einkünfte der Krone als Gegenleistung, die sie dann selbst für sich einziehen mussten. Ein weiterer dieser Finanzleute, Don Zag Ibn Zadog de la Maleha, diente dem König als Hauptbankier (almoxarife mayor) und Finanzminister. Er fiel schliesslich in Ungnade und wurde in Sevilla auf Befehl Alfonsos gehenkt, weil er sich im Kampf des Königs mit seinem Sohn und Nachfolger, Don Sancho, auf dessen Seite stellte und Don Sancho gewisse Gelder auslieferte, die der König für sich beanspruchte.

Rabiçag, der Vorsänger, wird vom König «unser Weiser» genannt, und er soll Kenntnisse in Astronomie, Astrologie, Architektur und Mathematik besessen haben. Er hat vor allem Werke über astronomische Instrumente übersetzt, darunter eines über den Quadranten und vier Bücher über Sonnen- und Wasseruhren.

Abraham «al-Faqui» de Toledo (die abweichenden Formen, al-Hakim, al-Faqui, al-Faquim usw. sehen auf verschiedene Umschreibungen der Arabischen zurück) wirkte seinerseits als Übersetzer zwischen 1260 und 1270. Er übertrug Werke von *Ibn al-Haitham*: «de mundo et coelo», «de motibus planetarum». Die spanischen Versionen dieser Übersetzungen sind jedoch nicht erhalten. Wir kennen sie nur durch die hebräischen und lateinischen Fassungen, die auf Grund der spanischen Erstübersetzungen angefertigt wurden. Bei einer Erhebung des Hochadels des Reiches gegen den König im Jahr 1270 entführten die Adligen diesen Abraham, den Arzt, und andere Juden des Hofes, um den König zu zwingen, gewisse Sondersteuern aufzuheben. Der Aufstand wurde erst fünf

Jahre später niedergeschlagen, und Abraham kehrte an den Hof von Toledo zurück, übersetzte auf Wunsch des Königs auch das *«Buch der Leiter» (Libro de la escala)*, das die Himmelfahrt (mirâj) des Propheten Muhammed schildert und sehr wahrscheinlich die *Divina Commedia Dantes* beeinflusst hat. Die ursprüngliche spanische Version ist verloren, jedoch eine altfranzösische, 1264 von Buenaventura de Siena auf Grund der spanischen angefertigt, ist erhalten (Edition des lateinischen Textes mit franz. Übersetzung als «livre de poche» «Lettres gothiques», Le livre de l'échelle de Mahomet, Paris 1991) und von ihr wurden lateinische Übersetzungen angefertigt, deren eine Dante vorgelegen haben dürfte.

Schliesslich arbeitete Abraham am Buch der «Açahefa», was «Lamelle» bedeutet und ebenfalls ein astronomisches Instrument ist. Hier handelt es sich um eines der Werke, das in seiner ersten Version den König nicht befriedigte, weshalb er es ein zweites Mal, «besser und vollständiger», übersetzen liess durch Abraham und «Bernhard den Araber» (s. oben).

Endlich finden wir noch *Samuel ha-Levi Abulafia* aus einer sehr bekannten jüdischen Familie, die ursprünglich aus Tunis nach Toledo gekommen war. Samuel wirkte ebenfalls als Redaktor, Übersetzer und Verfasser von astronomischen Büchern wie dem «Buch der Kerzenuhr», einer Ergänzung zu den vier Uhrenbüchern des Rabiçag, und dem «Buch des Instrumentes, das arabisch Ataçir genannt wird», von dem nur eine italienische Übersetzung des spanischen Originals erhalten ist. Als Redaktor wirkte er für die vier Bücher über die Sterne der 8. Sphäre, die der oben aufgeführte Yehuda ha-Cohen aus dem Arabischen übertrug.

Zwei Hauptperioden

Die grosse Zeit der Übertragungen von Toledo hat anderthalb Jahrhunderte lang gedauert (1130–1284). Diese lange Frist teilt sich jedoch in zwei klar erkennbare Hauptepochen, jene des Erzbischofs, Don Raymundo (1130–1187) und die des Königs Alfonso des Weisen (1252–1284). Dazwischen liegt eine Übergangszeit von 70 Jahren, während der die Arbeiten der ersten Epoche nur noch verlangsamt fortgeführt wurden, da ein überragender Mäzen fehlte. Später tauchten dann in Alfonsos Thronfolgerzeit bereits die Vorboten der zweiten Epoche auf.

Die beiden Perioden unterscheiden sich dadurch voneinander, dass in der ersten ins Lateinische übersetzt wurde und dass die Philosophie damals mindestens eines der Zentren der Aufmerksamkeit bildete. Unter Alfonso jedoch wird dann Kastilisch zur Übersetzungssprache, und philosophische Schriften werden nicht mehr übersetzt.

In die Übergangszeit fallen die philosophischen und astronomischen Übertragungen von *Michael Scotus*, der sich zwischen 1217 und 1220 in Toledo befand, später in den Dienst des Papstes trat (1224–1227), dann in Pisa und schliesslich am Hof des Staufers Friedrichs II. in Sizilien wirkte (zwischen 1228 und ca. 1236). Aus derselben Zeit des Übergangs stammen die Werke des *Hermannus Germanicus*, der 1240–1256 in Toledo arbeitete, sich zwischen 1258 und 1266 in Neapel im Dienste des Königs Manfred befand, nach Spanien zurückkehrte und dort 1266–1272 Bischof von Astorga war.

Hermann der Deutsche gehört chronologisch in die alfonsinische Zeit, er hat aber hauptsächlich lateinisch geschrieben und Werke des *Aristoteles* aus dem Arabischen übersetzt: die *Nikomachische Ethik* (datiert «1240 in der Kapelle der Heiligen Dreifaltigkeit in Toledo»); den Mittleren Kommentar des *Averroes* (Ibn Rushd) zur Rhetorik des Aristoteles (1256) und die Kommentare des Averroes sowie des *Alfarabi* zur Rhetorik des Aristoteles. Schliesslich übertrug er auch, höchstwahrscheinlich auf Wunsch des Königs, den Psalter ins Spanische.

Die entscheidende Rolle der Juden

Die raimundische und die alfonsinische Übersetzungsperiode haben gemeinsam, dass sie sich der spanischen Juden als Fachleute für Arabisch und für Astronomie, Astrologie, Mathematik, Medizin und andere Naturwissenschaften bedienten. Es waren Juden, welche die eigentliche Übertragungsarbeit leisteten, während die spanischen und die europäischen Gelehrten mehr die Glättung und Redaktion im Lateinischen und im Kastilischen übernahmen. Die Juden dürften in jener Zeit in den christlichen Königreichen der Halbinsel den Bevölkerungsteil ausgemacht haben, der sich am besten in der arabischen Kultur auskannte, von den Arabern selbst natürlich abgesehen.

Arabisch gebildete Christen, wie sie zur Zeit des Kalifates von Córdoba zahlreich gewesen waren (die Mozárabes), gab es seit der Almoravidenzeit immer weniger. Sie wurden damals gezwungen, al-Andalus zu verlassen (s. oben S. 212 ff.). Jene von ihnen, die sich nach dem kastilischen und leonesischen Norden wandten, hatten alles Interesse daran, in der christlichen Landeskultur ihrer neuen Heimat aufzugehen. Sie hatten zwar ihren typischen Baustil nach Norden gebracht – einige mozarabische Klöster und Kirchen sind bis heute erhalten – doch die arabische literarische Kultur scheint sich unter ihnen nicht lange gehalten zu haben.

Die muslimischen Gebildeten zogen ihrerseits mit dem Fortschreiten der «Reconquista» nach Nordafrika, Ägypten und dem Nahen Osten, wie wir es bei Ibn 'Arabi gesehen haben, der in dieser Hinsicht keineswegs ein Sonderfall war. Die Absetzbewegung der Gelehrten und Intellektuellen, oft bei Gelegenheit der Pilgerfahrt, von der sie nicht mehr nach al-Andalus zurückkehrten, lässt sich durch die ganze Almoraviden- und Almohadenzeit hindurch (1086–1248) beobachten. Wir würden heute von einem regelrechten «brain drain» sprechen, der al-Andalus schädigte.

Die Juden waren unter den Almoraviden und Almohaden Verfolgungen ausgesetzt, wie gelegentlich auch die Christen. Sie waren, wie wir gesehen haben, vielleicht weniger systematisch, als die späten Quellen sie darstellen, doch es gab sie ohne Zweifel (s. oben S. 212 ff.). Die Familie des jungen Maimonides (Musa Ibn Maymûn 1135–1204) musste z. B. wegen solcher Verfolgungen Córdoba gegen 1149 verlassen. Diese Nachstellungen waren ein Grund für die Auswanderung von jüdischen Gelehrten nach dem Norden Spaniens. Im Gegensatz zu ihren muslimischen Kollegen hatten die Juden keinen natürlichen Zufluchtsort, wie er jenen im Nahen Osten offen stand.

Einige von ihnen sind zwar ebenfalls nach Ägypten gezogen, doch viel mehr fanden Zuflucht auf der christlichen Seite der iberischen Kampfesfront.

Da sie voll in die arabische Kultur integriert waren und weil diese Kultur bei den grossen Herren des christlichen Spaniens hohes Ansehen besass, war es natürlich, dass die aus dem Süden einwandernden jüdischen Gebildeten als Übermittler dieser Kultur auftraten. Als Ärzte wurden sie von den gerade auf medizinischem Gebiet besonders entwicklungsbedürftigen Christen wohl in erster Linie gebraucht. Mit der Medizin eng verbunden war die Astrologie, weil angenommen wurde, der Einfluss der Planeten bestimme das Wohlergehen oder die Schwäche der Körper. Viele der Ärzte interessierten sich auch für Philosophie. Auch so manche Experten in Mathematik und Astronomie gab es unter den Juden. Dies befähigte sie, eine Rolle bei der Entwicklung des Navigationswesens und der Kartographie zu spielen, besonders auf den Balearen. Kolumbus hat einen arabisch sprechenden Converso auf seine erste Expedition mitgenommen, weil er sich über ihn mit dem Grosskhan von Indien zu verständigen hoffte, den er auf der anderen Seite des Ozeans anzutreffen erwartete. Das Finanz-, Steuer- und Geldwesen gehörte ebenfalls zu den Spezialitäten von Juden.

Die Kenntnis des Arabischen, welche die Juden aus al-Andalus besassen, war besonders wertvoll in Regionen (wie es Toledo eine war), die erst kürzlich zurückerobert worden waren und wo es eine grössere arabophone Bevölkerung von Mudéjares und Mozárabes zu besteuern und zu verwalten galt. Toledo und später auch Saragossa (nach der «Reconquista» von 1118) wurden so natürliche Sammelplätze für die gebildeten, nicht nur ihre eigene, sondern auch die arabische Kultur beherrschenden jüdischen Auswanderer aus dem Süden. Diese zugewanderten Juden stiessen zu den Altansässigen in den «Juderías» dieser und aller anderen Städte des christlichen Nordens der Halbinsel. Die Altansässigen hatten ihrerseits in der Vergangenheit ebenfalls eine mehr oder weniger enge Verbindung mit der arabischen Kultur besessen.

Die Juden wurden deshalb in den kritischen Jahrhunderten zwischen 1100 und 1300 die wichtigsten Kulturübermittler, indem in erster Linie sie es waren, die dem Auftrag jener christlichen Würdenträger und Machthaber nachkommen konnten, die begehrten, die kulturellen Schätze der Araber in ihre Kultursprachen, zuerst das Lateinische, später auch das Kastilische, übertragen zu sehen.

Das Interesse an Astrologie

Gemeinsam ist den beiden Übersetzungsperioden auch das starke Interesse an der Astrologie. Dieses ist so zentral, dass die Astronomie oft wie eine Hilfswissenschaft wirkt, die man im Interesse der Astrologie betreibt. Der Epoche und bekanntlich noch vielen späteren Jahrhunderten erschien die Astrologie als eine vollgültige «Wissenschaft». Es galt als «wissenschaftlich» erwiesen, dass der Mond, die Sonne und die «anderen» Planeten sich um die Erde drehten, und auf dieser Grundannahme beruhte dann auch die Hypothese, dass die Planeten die Ereignisse auf dieser Erde bestimmten oder beeinflussten.

Auch die Medizin glaubte an den Einfluss der Gestirne auf den Körper des Menschen. Der Leibarzt des Königs von Aragón, Alphons «des Schlachtgeübten» (Alfonso el Batallador, r. 1104–1134) war *Petrus Alfonsi*, der *Moshe Sefardí* geheissen hatte, bevor er 1106 das Christentum annahm. Er hat selbst astronomische Tabellen zusammengestellt und erklärt im lateinischen Vorwort zu diesen «Tabulae» ausführlich, wie die Medizin seiner Ansicht nach mit dem Umlauf der Gestirne zusammenhänge. Er beginnt mit der Sonne, deren Stand im Winter, Frühling, Sommer und Herbst, offensichtlich alle Lebewesen beeinflusse. Im Winter vermindern sich alle Lebenskräfte, nach der Wintersonnenwende wachsen sie wieder an. Er geht dann zum Mond über: «Ferner wechselt das Meer mit Ebbe und Flut, so, wie der Mond sich durch die vier natürlichen Abschnitte des Tages bewegt, und so, wie er durch die vier Himmelsgegenden wandert, so verändern sich die Gezeiten in Springfluten und Nippfluten, d. h. grössere und geringere Strömungen ... In den Menschen und Tieren gehen die Säfte nach diesem Rhythmus zurück und steigen wieder wie das Blut des Marks, das Hirn usw.»

Auch die «übrigen Planeten», so glaubt der Leibarzt, üben Wirkungen auf die Lebewesen aus. Es gibt viele Schwankungen im Wetter, in den Krankheiten und in der Gesundheit usw., «die sich nicht aus dem Lauf der Sonne erklären lassen, wenn man nicht eine Kombination mit anderen Ursachen annimmt». «Unzählige andere Dinge geschehen auf Erden nach dem Lauf der Gestirne, aber die ungebildeten Menschen nehmen es nicht wahr. Die Klugen jedoch, die sich auf die Wissenschaften verstehen, durchdringen und erkennen dieses Geheimnis mit ihrem Scharfsinn.»

Der «scharfsinnige» Arzt und Sternkundige schreitet dann zu einer Unterscheidung von zwei Arten der irdischen Lebewesen: vernunftbegabte und unvernünftige. Der Mensch «ragt durch seinen Scharfsinn und seinen Geist empor, weil der Schöpfer ihm von seiner Weisheit eingegossen hat, damit er das Werk des Schöpfers erkenne und durch die Erkenntnis der Schöpfung zur Erkenntnis des Schöpfers gelange».

Auch die himmlischen Geschöpfe sind in zwei Arten geschieden, geistige und materielle Wesen. Von den geistigen besitzt der Mensch nur durch die Offenbarung Kenntnis. «Die materiellen Wesen aber erkennt er durch Beobachtung mit den Sinnen, Beschreibung der Phänomene und durch Kontrolle (der Erkenntnisse) im Experiment. Diese dreifache Erkenntnis nennt man die Wissenschaft von den Sternen. Sie zerfällt in drei Abschnitte: In der Vorstellung werden die Gegenstände bemerkenswert, in der Beschreibung kenntlich, im Experiment einsichtig. Von ihnen kommt als erste die Wissenschaft von der Eigenart und Ausdehnung der Himmelskreise mit allem, was dazu gehört, die der wache Geist des Menschen mit Hilfe der geometrischen Zeichnung, mit Zahl und Mass erwirbt. Die zweite ist die Kunde von den Bewegungen der Himmelkreise und der Sterne, die sich durch die Arithmetik begreifen lassen. Die dritte ist die Kenntnis von der Gesetzlichkeit der Kreise und Sterne und ihrer Bedeutung für die Vorgänge auf der Erde, die sich aus jener Gesetzlichkeit und aus der Verschiedenheit der Bewegungen ergibt. Diese Auswirkungen werden im Experiment erkannt.» (Petrus Alfonsi: Die Kunst vernünftig zu leben, von Eberhard Hermes, Artemis Verlag, Zürich 1970, S. 106 ff.).

An der Wiege der spanischen Schriftsprache

Die kastilischen Übersetzungen aus der Zeit Alphons' X. sind, anders als die früheren ins Latein, für Europa weniger bedeutsam als für Spanien selbst. Sie legten den Grundstein für die spanische Prosa und, auch in ihren Themen, den ersten Grundstock zu einer nationalen spanischen Literatur- und Geisteswissenschaft. Die grossen Geschichts- und Gesetzeswerke, die der König zusammenstellen liess, die *Crónica General* (was man als «Geschichte der Iberischen Halbinsel» übersetzen könnte) und die *«Siete Partidas»* (ein Gesetzeskompendium des gesamten kastilischen Rechts), wobei in die Grosse Chronik bewusst auch arabische Quellen und Überlieferungen aufgenommen wurden, zeigen deutlich, dass eine Art Grundsteinlegung für eine kastilisch-spanische Reichskultur beabsichtigt war.

Was die Lutherbibel gegen zweieinhalb Jahrhunderte später für die deutsche Schriftsprache bewirken sollte, hat das alfonsinische Corpus für die spanische getan. Dabei erfüllten die arabischen Quellen und Originalschriften, auf deren Niveau das Kastilische der Übersetzungen sich emporschwingen musste, wenn sie brauchbar sein sollten, die Funktion einer geistigen Herausforderung, der sich das neu entstehende Spanisch als gewachsen zu erweisen hatte. Die Übersetzungsbewegung der zweiten Epoche hat so die Grundlage für die neue hochspanische Prosa geliefert, den wichtigsten Konzentrationspunkt sprachlicher Art, aus dem die spezifisch spanische Kultur der kommenden Jahrhunderte emporwachsen sollte.

Américo Castro hat deutlicher als alle anderen Historiker und Philologen gezeigt, dass die hispanischen Juden bei diesem Entstehungsprozess der spanischen Hochsprache eine entscheidende Rolle spielten. Für diese Juden war und blieb das Lateinische die Sprache des Feindes, nämlich jene der Kirche, die ihnen nachstellte. Ihr gegenüber standen sie in einem Rivalitätsverhältnis, denn die Kirche strebte ein Monopol auch in geistigen, nicht nur in geistlichen Dingen an, und trat daher den Bemühungen der jüdischen geistigen Elite entgegen, ein an ihren mitgebrachten Werten ausgerichtetes eigenes Leben zu führen. Die jüdische Kultur Spaniens aber hatte sich in den Jahrhunderten der Blüte von al-Andalus nun einmal eng mit der arabischen verbunden. Es genügt, daran zu erinnern, dass Maimonides arabisch schrieb, um dies deutlich zu machen.

In der aufsteigenden weltlichen Macht der kastilischen Herrscher erblickten die Juden eine Möglichkeit von Protektion und Aufstieg, nachdem die Kultur von al-Andalus zu Fall gekommen war. Die neuen Herrscher schützten die Juden, weil sie sie brauchten: finanziell, kulturell, administrativ, als Handwerker, Händler und Übermittler des praktischen und theoretischen Wissens und Könnens der ehemaligen oder noch vorhandenen arabischen Gegenspieler Kastiliens.

Die Sprachen, welche die Juden beherrschten und gerne kultivierten, waren die eigene hebräische und das Arabische. Dazu kamen neu die romanischen Umgangssprachen der verschiedenen christlichen Königreiche, unter denen das Kastilische, die Sprache des neuen Hofes von Toledo, zunehmend an Bedeutung gewann. Es lag im Interesse der Juden und entsprach ihrer Abneigung gegen die Kirchensprache, wenn die neue Kultur, deren Grundzüge sie nach Kastilien brachten und dort einzupflanzen suchten, eine hispanische wurde, nicht eine lateinisch-kirchliche.

Ihr eigenes kulturelles Interesse traf sich in dieser Hinsicht mit jenem des Königs, ja sie hatten wohl bis einem gewissen Grade den König selbst zu seinem kastilischen Kulturprogramm, das nicht mit dem der Kirche zusammenfiel, inspiriert und ermutigt. Castro hebt hervor, dass wir nicht wirklich wissen, wer den jungen Alfonso den Weisen erzogen hat und welche Art Bildung er erhielt. Wir wissen jedoch, dass er sich, wie geschildert, persönlich dafür interessierte, dass die gelehrten Bücher, die unter seiner Patronage entstanden, in einem guten und leicht verständlichen, klaren Kastilisch gehalten waren, nicht etwa in Latein. Und wir wissen auch, dass andere grosse Herren seines Reiches und seiner Zeit Juden als Berater, Vertraute, Ärzte und Erzieher zuzogen.

Das Arabische als Zugang zur Kultur

Das hispanische «Romance» der nach dem Norden übergesiedelten Juden muss ein mehr oder weniger verschwommenes prä-kastilisches, hebräisch und arabisch beeinflusstes «Mozárabe» gewesen sein. Die hispanischen Juden, die am Kreuzweg der Kulturen lebten, müssen sich der Tatsache sehr bewusst gewesen sein, dass ihre Fähigkeit, die verschiedenen Sprachen der Halbinsel zu beherrschen, die Grundlage ihres stets gefährdeten Einflusses bei den grossen Herren der Höfe und damit ihrer gesellschaftlichen und politischen Position überhaupt bildete. Dies zeigt die Bemerkung des *Jehuda Ben Tibbon* an seinen Sohn Samuel: «Du weisst, dass die Grossen unseres Volkes zu Grösse und hohem Rang nur durch das Schreiben des *Arabischen* gelangten.» (Petrus Alfonsi. op. cit. S. 88)

Die Tibbon waren eine bedeutende Übersetzerfamilie, die in Montpellier lebte und die grossen arabisch geschriebenen Werke der andalusischen Juden ins Hebräische übertrug: der Vater, Jehuda, den *Kusari* des *Jehuda ha-Levi*; der Sohn, Samuel, den *«Führer der Verirrten»* des *Maimonides*. Der Brief des Vaters an den Sohn ist zwischen 1186 und 1189 geschrieben worden. Eberhard Hermes, der Herausgeber des Petrus Alfonsi, von dem oben die Rede war, hebt zu Recht hervor, dass hinter der Hochschätzung der Vielsprachigkeit mehr steckte als die einer blossen technischen Fertigkeit: «Der Sprachbegabte muss die Fähigkeit haben, die Dinge unter verschiedenen Aspekten sehen zu können. Diese Fähigkeit macht den Mehrsprachigen zum geeigneten Unterhändler und Diplomaten. Da die studierten Juden das Arabische vor allem bei der Beschäftigung mit arabischer Medizin und Naturwissenschaft gelernt hatten, war die Verbindung von Dolmetscherdienst mit diplomatischer und ärztlicher Tätigkeit ganz natürlich. Dazu kam bei den wohlhabenden Juden die Kenntnis der überlegenen arabischen Verwaltungspraxis, an der die christlichen Herrscher ein so grosses Interesse hatten.» (op. cit., S. 88)

In unseren Zusammenhang gehört auch der Umstand, dass der am Hofe von Aragón zum Christentum übergetretene Petrus Alfonsi Lateinisch geschrieben hat. Er suchte und fand, auch dank seiner ärztlichen Fähigkeiten, den Anschluss an eine europäische Kulturwelt jenseits der Pyrenäen, die sich des Lateinischen bediente. Aragón und Katalonien besassen im Hochmittelalter enge dynastische, kulturelle und sprachliche Verbindungen mit der Provence. Erst der Anschluss der Provence an Frankreich hat die allmähliche Loslösung Kataloniens von seinen nördlichen Nachbarn im heutigen Südfrankreich mit sich gebracht. Sie begann politisch mit der Schlacht von Muret (1213), in der Simon von Montfort, der fünf Jahre zuvor den Kreuzzug gegen die Albigenser (in der Kirchengeschichte als Katharer bekannt) eröffnet hatte, entscheidend über die «Ketzer» obsiegte. Der König ihres Bündnispartners Aragón, Pedro II., fiel in diesem Treffen.

Petrus Alfonsi ist bis nach England gereist und hat in Montpellier gelehrt. Seine späteren Kollegen, die Übersetzer von Toledo hingegen, haben im Zusammenspiel mit dem kastilischen König ein hispanisches «Kulturprogramm» in die Wege geleitet.

Patronage für Hofjuden

Américo Castro beschreibt, wie dieses hispanisch-jüdische Hofprogramm von den Königen und grossen Herren gegen die Kirche und die städtischen Bürgerschichten verteidigt wurde und zwei Jahrhunderte lang im Konkurrenzkampf mit der katholischen Kirche überleben sollte, aber zum Schluss mit dem Austreibungsdekret gegen die Juden von 1492 dem vereinten Druck des niederen Volkes und der kirchlichen Demagogen erlag.

«Es war besonders typisch für jene Epoche, dass die christlichen Könige sich den Zielen der Kirchenleute so energisch, wie sie nur konnten, widersetzten. Der Monarch wollte die Gans, welche die goldenen Eier legte, füttern, die Kirche, gestützt auf volkstümliche Ressentiments, versuchte sie auszuhungern, damit *sie* alle Gewinne ein für allemal einziehen könne. Der Staat sah die Juden als eine dauernde Quelle des Reichtums; die Kirche und das Volk sahen sie als wertvolle Beute.» (Américo Castro, The Structure of Spanish History, p. 506. Das ganze Kapitel: p. 466–550, gehört in unseren Zusammenhang und liefert zahlreiche Beispiele für die Lage der Juden und den – offen eigennützigen – Schutz, den ihnen die Herrscher und Grossen Spaniens gewährten, solange sie es vermochten bzw. wollten.)

Castro zeigt auch die Folgen auf, die dieser lang hingezogene Kampf für das spätere spanische Leben der frühklassischen und der klassischen Zeit aufweisen sollte. Davon soll später noch, mindestens andeutungsweise, die Rede sein: «Reinheit des Blutes», Inquisition, Zensur – gegen stets neue Versuche, die Freiheit des Geistes gegen den Druck der offiziellen Mentalität und der herrschenden Kaste durch subtile Mittel des versteckten Protestes so gut wie möglich zu verteidigen.

Weitere Einflüsse der maurischen Kultur

Neben diesen Einflüssen und Übernahmen auf höchster Ebene der zeitgenössischen Kultur, wie sie sich in den übersetzten Handschriften dokumentieren lassen, läuft eine Fülle von Übernahmen einer, die sich nur indirekt erschliessen lassen, weil sie nicht den schriftlichen Ausdruck hinterlassen haben, den wir im Falle der literarischen, philosophischen, astronomisch-astrologischen, medizinischen, botanischen, mathematischen und anderen Übersetzungen vor uns haben.

Der Ursprung des x-Symboles in der Mathematik

Faszinierend ist beispielsweise die Geschichte des Symbols x, das heute ein jeder Schüler praktisch auf der ganzen Welt verwendet, sobald er sich in die Anfangsgründe der Mathematik einweihen lässt. Die Araber haben Gleichungen ersten und zweiten Grades eifrig studiert und die Formeln, die sie aus der griechischen Mathematik übernommen hatten, ausgebaut und verfeinert. Sie benötigten solche Gleichungen nicht nur für die Astronomie und Astrologie, sondern ganz praktisch auch für das persönliche, alltägliche Leben: für die komplexen *Erbteilungen*, die in den arabischen Grossfamilien mit mehreren Frauen und Kindern stets nach dem im Koran festgelegten Prinzip durchgeführt werden mussten, nämlich dass die Männer im selben Verwandtschaftsgrad mit dem Erblasser doppelt soviel wie die weiblichen Erben desselben Grades erhielten, während die Erben, waren sie desselben Grades und Geschlechtes in einem, das Erbe gleichmässig unter sich teilen konnten. Bei den Formeln, die für solch eine Erbteilung aufgestellt wurden, verwendeten die Araber einen Buchstaben (=sch) für «Schay» (=«Sache») in der Funktion unseres heutigen x. Das Altspanische und auch das Lateinische der Epoche pflegten ihrerseits den Buchstaben x für die Wiedergabe des arabischen «sch»-Lautes zu verwenden, weil es sich beim x um einen Buchstaben des lateinischen Alphabetes handelte, für den sie damals keine Verwendung hatten (ausser später für eingeführte Latinismen). Der Buchstabe war frei, um für den im Arabischen so häufigen «sch»-Laut gesetzt zu werden. So kam es zu altspanischen Schreibungen wie Xérez (für das heutige Jérez; arabisch: Sharish) und Don Quixote (vgl. französisch Don Quichotte) für den heutigen Quijote, auch México (phonetisch Meschico). Aus diesem Grunde war es auch logisch, dass die alten Spanier x für die arabische Abkürzung «Sh» in mathematischen Formeln setzten, und dieses Symbol ist dann weltweit gültig geworden, so sehr, dass es heute auch in arabischen und indischen Schulen verwendet wird.

Die «arabischen» Zahlen

Die komplexe Geschichte des Eindringens der arabischen Zahlen soll hier auch kurz Erwähnung finden, obwohl ihr Schauplatz nicht auf die Iberische Halbinsel beschränkt ist, da Italien hierfür ebenfalls eine wichtige Rolle als Verbindungsweg spielte. Die arabischen Zahlenzeichen sind aus Indien übernommen worden. Diese Herkunft erklärt, warum die *Zahlen* bis heute in arabischen Dokumenten von rechts nach links geschrieben werden, nicht wie die arabischen *Buchstaben* von links nach rechts. Die indischen Zahlen scheinen Vorgänger in einem babylonischen Zahlensystem gehabt zu haben, das ebenfalls auf Stellenwert beruhte, und, seit dem Jahr 200 vor Christus, auch schon die Null als Stelle kannte, aber nur sechs Zeichen verwendete. Für die Null als Stelle scheinen die Inder jedoch eine Lücke verwendet zu haben. Da dies graphisch zu Zweideutigkeiten führen konnte, haben die Araber die leere Stelle durch einen Punkt bezeichnet.

Die «guarismos» (spanisch für Zahlzeichen, Ziffer), die *Algorithmen* gehen auf den Namen des grossen, schon mehrfach angeführten arabischen Mathematikers *al-Khwârizmi* (starb gegen 846) zurück, der neben vielen anderen wichtigen mathematischen Schriften ein Buch verfasste, das uns im Original verloren ist, doch dessen Titel überliefert ist: *«al-Jam' wat-Tafrîq bi Hisâb al-Hind»* (Addieren und Dividieren nach der indischen Rechnungsart). Die lateinische Übersetzung, in Toledo hergestellt, trägt den Titel: *Algoritmi de numero Indorum*.

Unser Wort «Ziffer» ist abgeleitet vom arabischen *Sifr*, was Null bedeutet, und seinerseits mit *Safr* (=leer) zusammenhängt. Die romanischen Worte für «Null» (=Nulla Figura), nämlich *zéro, zero, cero* etc. gehen ihrerseits auf ein lateininisches «cephirium» zurück, das den Übersetzern dazu diente, den arabischen Begriff *sifr* als Fremdwort wiederzugeben.

Während langer Zeit zogen die Nicht-Mathematiker, zum Beispiel in den Kanzleien, diejenigen Zahlensysteme vor, die von Buchstaben abgeleitet waren (auch die «römischen» Zahlen bilden ein solches), wobei bestimmte Buchstaben jeweilen einen bestimmten Zahlenwert hatten und sie alle nebeneinander geschrieben und – *ohne* Stellenwert – addiert wurden. Diese Buchstaben mit Zahlenwerten haben sich einzig in Nordafrika erhalten, so dass dort die «arabischen» Zahlen später von den Franzosen (zurück)-übernommen werden mussten, wie der Umstand beweist, dass die «arabischen» (einst indischen) Zahlen in Nordafrika in ihrer französischen (d. h. allgemeineuropäischen) Schriftform verwendet werden, während sie im Nahen Osten ihre ältere, von den Arabern seit ihrer Einführung gebrauchte graphische Form erhalten haben. Jedes Nummernschild auf einem Automobil, das aus Nordafrika bzw. aus dem Nahen Osten stammt, zeigt heute diesen Unterschied.

Eine «Noria», ein Wasserrad zur Beförderung des Wassers in einen höher liegenden Kanal, wie man es seit der arabischen Zeit verwendete.

Doch Handschriften beweisen, dass die «arabischen» Ziffern *mit* Stellenwert auf der Iberischen Halbinsel schon früh bekannt waren. Die älteste lateinische, die Zahlen im Stellenwertsystem enthält und deren Datum *gewiss* ist, der *Codex vigilianus*, wurde 976 im Kloster von Albelda (Logroño) geschrieben. Eine Sammelhandschrift des früher in anderem Zusammenhang erwähnten St. Eulogius (hingerichtet 859), die wohl in Córdoba geschrieben wurde und von dort aus nach Oviedo gelangte (884), heute jedoch im Escorial ruht, verwendet ebenfalls bereits «arabische» Ziffern. Doch in diesem Fall hat man natürlich an die arabische Kultur der Christen von al-Andalus zu denken, obwohl gerade Eulogius für diese Kultur seiner Mitchristen wenig übrig hatte.

Die Mathematiker in den Kathedralschulen und länger noch die Händler auf den Märkten und in den Kontoren gebrauchten für ihre Rechnungen oft den Zählrahmen, *Abacus*, der für kompliziertere Rechnungen viel weniger schwerfällig zu handhaben ist als die Buchstabensymbole. Wer einmal versucht hat, beispielsweise MMMCCLX VI durch CXLII zu dividieren, ohne die arabischen Stellenwerte zu Hilfe zu nehmen, versteht sofort, weshalb der *Abacus* einen wesentlichen Schritt voran bedeutete. Nach *William von Malmesbury* (ca. 1080–1142) war der schon erwähnte *Gerbert von Aurillac* (Papst Sylvester II., s. oben S. 390 ff.) «der erste, der von den Sarazenen den Abacus übernommen und die Regeln für seinen Gebrauch aufgestellt hat, welche die Abacus-Rechner nur im Schweiss ihres Angesichts erlernen». Die frühesten Übersetzungen mathematischer Schriften, die wir kennen, sind arabische Anleitungen für die Benützung des Zählrahmens. Sie wurden zur Zeit des späteren Papstes Sylvester im Kloster von Ripoll (Katalonien) und in Barcelona um etwa 970 ins Lateinische übertragen. (All dies nach *Juan Vernet*, La cultura Hispanoárabe en Oriente y Occidente, Barcelona 1978, p. 61 f.).

Das Schreiben von Zahlen in Stellenwerten und die Verwendung des Nullzeichens wurden in Europa aber allgemein erst üblich, nachdem *Leonardo da Pisa* sein Buch über die arabischen Zahlen verfasst hatte. Er war der Sohn eines Händlers, den sein Vater als jungen Mann aus Italien zu einem arabischen Geschäftsfreund nach Tunis entsandt hatte, damit er in die Geheimnisse des Mittelmeerhandels eingeweiht werde. Da er ein mathematisches Genie war, erkannte er die Bedeutung der arabischen Schreibweise und Stellenwerte einschliesslich der Funktion des Null-Symbols und machte diese zur Grundlage seines 1202 veröffentlichten Buches *«Liber Abbaci»*. Leonardo da Pisa, auch bekannt als *Leonardo Fibonacci* (mit einem Vatersnamen im arabischen Stil: Filius Bonacci, wie Ibn Bonacci) ist später als Mathematiker in den Dienst des Stauferkaisers Friedrich II. (lebte 1194–1250) getreten.

Dinge und ihre Namen

Auf einer noch praktischeren Ebene sind die Einflüsse bautechnischer, handwerklicher, landwirtschaftlicher, kommerzieller, seefahrerischer und schiffsbauerischer Natur oft an den sprachlichen Übernahmen zu erkennen. Die neuen Techniken und ihre Produkte sowie die Roh- und Grundstoffe, die zu ihrer Herstellung notwendig waren, wurden

Viele andalusische Landschaften tragen in ihrer Kombination von Siedlungen, bewässerten Gärten und kahlen Bergen im Hintergrund bis heute den Stempel der arabischen Landwirtschaft und Lebenskultur.

oft mit ihren arabischen Ursprungsbezeichnungen übernommen. Dabei war fast immer der Weg über Spanien der eine, jener über Italien der andere, den die neuen Begriffe und die durch sie bezeichneten Produkte, Methoden und Fachausdrücke nahmen. Die Handelsbegriffe etwa, wie *Risiko* von arabisch «rizk», über italienisch «rischio», *check* vom arabischen Sakk, drangen überwiegend über die italienischen Seehandelsstädte ein: Salerno und Palermo im früheren Mittelalter; Pisa, Genua, Venedig in den späteren Jahrhunderten, während die landwirtschaftlichen, bautechnischen und handwerklichen Neuerungen meist über Spanien nach dem Inneren Westeuropas wanderten.

Textilien und ihre Fachbezeichnungen sowie die astronomisch-astrologischen Fachbegriffe und viele der Medizin sind auf beiden Wegen gewandert. In diesen Bereichen waren die arabischen Vorbilder und Neuerungen so übermächtig, dass sie sich überall gleichzeitig durchsetzten. Die Kreuzzüge haben nur einen kleinen Teil zur Übernahme von Lehn- und Fremdwörtern beigetragen; die etwa gleichzeitige Öffnung der Karawanen- und Handelswege durch Innerasien, die durch die mongolischen Eroberungen zustande kam, hat mehr bewirkt. Ein letzter Übertragungsweg ging dann nach dem Fall Konstantinopels (1453) in der türkischen Zeit durch den Balkan.

Ins Spanische und Portugiesische sind besonders viele Wörter der Kochkunst übernommen worden, ein Zeichen dafür, dass die nachrückenden Christen viel von der verfeinerten Lebenskunst der vorausgehenden Araber und Moriscos annahmen. *Acebibe* (portug. *acepipe*), Rosinen; *azúcar*, Zucker; *alcorza*, Zuckerguss; *albaricoque*, Aprikose; *alcachofa* (port. *alcachofra*), Artischocke; *alfónsigo*, Pistazie; *albóndiga* (port. *almondega*), Fleischkloss; *almojávenas*, portugiesische Käseküchlein; *azafrán*, Safran; *limón*, Zitrone; *laranja,* (port. *laranga*) Orange; *sandía*, Wassermelone; *berenjena* (ursprünglich persisch), Aubergine; *arroz*, Reis; *escabeche*, Salzbrühe; *járabe* (früher *xárabe* geschrieben), Sirup, Heiltrunk.

Für die Agrikultur brachten die Araber neue Feldfrüchte und neue Arbeitsmethoden, damit auch neue Wörter auf die Halbinsel: *acequia*, Wasserrinne; *aljibe*, Zisterne; *noria*, Schöpfrad; *zanahoria*, Mohrrübe (wobei das deutsche Mohr auf die Mauren hinweist); *algodón*, Baumwolle.

Bestimmte Handwerker und Handwerksmethoden sowie -materialien und, -produkte kamen aus den arabischen Herrschaftsgebieten: *alfarero*, Töpfer; *taza*, Tasse; *jara*, Tonkrug; *recamar*, besticken; *damasco*, Damask. Im Bereich des Hausbaus sind diese Einflüsse besonders häufig: *albañil*, der Maurer; *albañal,* der Wasserablauf; *alféizar*, Fenster- oder Türrahmen; *alfombra*, der Teppich, diente dem inneren Schmuck, wie *azulejo*, die bunte Zierkachel, auch *almohada*, das Kissen, und *alhaja*, das Kleinod, sind arabischer Herkunft. Auch die Farben *azul*, blau und *carmesí*, Karminrot, dürften über die Handwerker in die spanische Sprache gelangt sein. Zu den Handwerken, deren Geschicklichkeit von den Arabern übernommen wurde, gehörte *alfayate,* (heute noch portugiesisch) der Schneider. Das spätere Spanisch ersetzte ihn durch den französischen «sastre». Auch *alicerce*, Fundament, hat sich im Portugiesischen erhalten, während es im Spanischen durch das spätere *cimiento* ersetzt wurde.

Spiele waren übernommen worden wie *ajédrez*, das Schach, und andere, bei denen *el azar*, der Zufall (französisch hazard), eine grössere Rolle spielte.

Doch auch die Händler hatten arabische Methoden anwenden gelernt, so den öffentlichen Verkauf (durch Ausrufen), *almoneda*. Ihre Waren lagerten in einem *almacén*, Magazin. Sie mussten mit Gold von einem bestimmten *alquilate* (Karat) bezahlen. Der *quintal* (Zentner) konnte dabei als Mengenmass gelten, eine *tara* («Elle») als Längenmass. Den *cheque*, Check, hatten zuerst die Italiener aus dem Arabischen übernommen und an den Rest von Europa weitergegeben. Doch die spanische *tarea,* Aufgabe, war ein arabisches Wort, das Projekt bedeutete.

Verwaltungsbegriffe aus der arabischen Welt drangen in die Gebiete der christlichen Spanier ein: *alcalde* wurde vom Richter zum Bürgermeister, weil der muslimische Qadi auch dessen Funktionen erfüllte; *aldea*, das Dorf, war ein arabischer Begriff, bevor er zum hispanischen wurde; ebenfalls *barrio*, Quartier. *Aduana,* der Zoll kommt aus dem Arabischen; das portugiesische *alfandega* stammt von einem anderen ebenfalls arabischen Wort ab.

Waffen und Pferdeausrüstungen, die einst wichtig waren, sind heute ziemlich vergessen: *adarga*, der Schild, *alfanje*, der Dolch oder das kurze Schwert; *barbacana*, Zinne; *jáez*, der Harness; *albarada*, der Packsattel; *albéitar*, Tierarzt (franz. vétérinaire) sind arabische Wörter.

Die Sternkunde benützte viele arabische Begriffe, wie die grundlegenden von *nadir* und *cenit* (Nadir und Zenit), auch viele Namen der Fixsterne, dazu kommen die Begriffe *alquimía*, Chemie; *alcali*, Kali; *alcool,* Alkohol; *alambique*, Destilliergefäss; wie auch mathematische Grundbegriffe wie *cifra*, Ziffer, *cero*, Null, über das latinisierte arabische Wort *cephirium*, das auf *sifra* (leer) zurückgeht; auch das Wort *algebra*, und unser Zeichen x. Der spanische Ausruf «olé» stammt von seinem arabischen Vorgänger «wallah!» ab.

Dozy und Engelmann in ihrem Glossaire des mots espagnols et portugais dérivées de l'arabe (Leiden 1869 und 1965) kommen auf ein Total von etwa 1200 Wörtern. Doch viele davon gehören einem älteren Stand des Spanischen an.

Die Vielfalt der *deutschen* Wörter, die aus dem Orient stammen, ohne dass wir es immer wahrnehmen, wobei viele über Spanien gewandert sind, zählt *Erdmute Heller* in einem unterhaltsamen und instruktiven Buch auf, das sie «Arabesken und Talismane» betitelt hat (München 1992); in der Form eines kleinen Wörterbuches gibt den im Deutschen vorhandenen arabischen Wortschatz *Nabil Osman* (Kleines Lexikon deutscher Wörter arabischer Herkunft, München 1992).

Spanische Wörter, die mit dem Arabischen zusammenhängen, findet man in *Américo Castro*: España en su Historia, Ausgabe von 1948, Buenos Aires, in einem eigens dafür angelegten Register der «palabras estudiadas», p. 700 f. Dort finden sich von «aceite» bis «zarabanda» eine grosse Zahl arabischer Wörter, die ins Spanische eingedrungen sind, wobei vor allem jene Fälle von Wichtigkeit sind, in denen der Gebrauch spanischer Wörter und Redensarten vergleichbare psychologische und vitale Grundstrukturen belegt, die bei den Arabern und ihren spanischen Zeitgenossen bestehen: etwa «amanezco» («ich trete in den Morgen ein»), entsprechend dem arabischen «asbahtu», oder «mesturar» (im Sinne von «verzeigen, zu Unrecht verklagen»), entsprechend dem arabischen «washâ». Auch der für die mittelalterliche und frühneuzeitliche Geschichte Spaniens bis in seine Kolonialreiche zentrale Begriff «hidalgo» gehört hierher. Er geht

Nächste Doppelseite:
Zahara in Andalusien ist eines der berühmten «weissen Dörfer» (Pueblos Blancos), die ihre arabische Grundstruktur behalten haben, obgleich die Kathedrale die Stelle der Moschee eingenommen hat.

auf «fidalgo» zurück, Sohn von bzw. mit Etwas, d. h. «Adliger», «Erbe», «Besitzer eines Lehens oder einer Rente», «Mann, der nicht von der Arbeit seiner Hände oder seines Gehirnes zu leben braucht». Was dieser Begriff für die spanische Kultur bedeutete, kann man bei *Lazarillo de Tormes* nachlesen, oder kürzer im spanischen Wörterbuch, das die folgenden Redewendungen aufzählt: *Hidalgo de ejecutoria* = Edelmann, dessen Adel gerichtlich bestätigt ist; *hidalgo de gotera* (Dachrinnenadliger) = Adliger, der nur in seinem Wohnort dafür gilt; *hidalgo por los cuatro costados* = Adliger mit vier Ahnen; weiter: *hidalgón* = Edelmann, der stolz auf seinen Adel ist, und *hidalgarse* = sich das Ansehen eines Edelmannes geben, den Edelmann spielen. Der Begriff, den es in verwandter Form in den anderen romanischen Sprachen nicht gibt, dürfte den arabischen Verbindungen mit Ibn + Substantiv (Sohn des ...) nachgebildet sein.

Schiffahrt

Unter den praktischen Dingen, die von den Christen der Iberischen Halbinsel übernommen wurden und dann in den Rest der europäischen Welt weiterwanderten, gehören an ganz herausragender Stelle einige wichtige nautische Errungenschaften, ohne welche man sich das Zeitalter der europäischen Entdeckungsfahrten nicht vorstellen könnte. Die Araber hatten ihre Schiffahrt auf Grund von Erfahrungen und Techniken verbessert, die sie aus dem Indischen Ozean übernommen hatten und die in vielen Fällen ursprünglich von China her dorthin gelangt waren. Die nautischen Fachausdrücke der Araber sind, nimmt man ihre direkte Quelle, fast alle persischen Ursprungs. Der Hafen von *Sîrâf*, in Oman, ausserhalb der Meerenge von Hormuz, war der Endpunkt einer Fernschiffahrtslinie mit chinesischen Grossdschunken, die solch grossen Tiefgang hatten, dass sie nicht ins Innere des Golfes eindringen konnten, während umgekehrt die flachergehenden arabischen Segler von Basra aus bei Bedarf bis nach Kanton gelangten. Dort gab es denn auch eine beständige arabische Handelskolonie. Die beiden Schiffahrtstraditionen, jene Chinas und jene Arabiens, müssen sich unterwegs, auf halbem Wege etwa, begegnet sein: auf «Insuliden» (dem heutigen Inselreich Indonesien) an der Meerenge von Singapur und in den indischen Häfen.

Die erste Nachricht von einem Kompass, der zu Seefahrtszwecken benützt worden sei, stammt von dem chinesischen Schriftsteller *Chu You*, der um das Jahr 1100 n. Chr. lebte und verzeichnete, ein Kompass sei auf einem Schiff gefunden worden, das von Sumatra nach Kanton gelangt war. Da es sich um etwas Neues und Ausserordentliches handelte, dürfte das Schiff ein fremdes, wohl arabisches, gewesen sein. Die frühesten Kompasse scheinen die Form von in einem Wassergefäss schwimmenden Magnetnadeln aufgewiesen zu haben. Es dauerte fast zwei Jahrhunderte, bis ein gewisser *Baylaq al-Qipjaqi* (starb 1282) vom Gebrauch eines Kompasses im Mittelmeer berichtete. Dieser Verfasser schrieb in seinem «*Schatz der Händler*» (Kanj at-Tujjâr) von einer Reise auf dem östlichen Mittelmeer, wo die Kompassnadel den Süden anzeige, weshalb sie *Qibla* (die Gebetsrichtung nach Mekka) genannt werde. Juan Vernet vermutet, die Araber könnten den Kompass lange Zeit gekannt, seinen Gebrauch jedoch als «Handelsgeheimnis» verborgen gehalten haben. Wissen über den Kompass besitzen auch schon *Albertus Magnus* in Köln, der sich auf den Übersetzer Gerhard von Cremona beruft, *Alfonso X.* «der Weise», *Ramón Llull* (s. unten S. 434 ff.) und *Vincent de Beauvais* († 1264) und andere (A. Mieli, L'invention de la boussole, in: «Science» 15, 3, 37).

Zu den nautischen Errungenschaften, die die Araber ihrerseits aus dem Osten mitbrachten, gehörte das sogenannte *«lateinische Segel»*, das in Wirklichkeit aus dem Indischen Ozean zuerst nach Ägypten gelangt war. Das *Achtersteuer* ist wohl gleichzeitig mit dem lateinischen Segel eingeführt worden; es kam ebenfalls aus dem Indischen Ozean. Diese Neuerungen müssen dann vom Mittelmeer aus in die atlantische Küstenschifffahrt gelangt sein.

Es gibt Texte, die nachweisen, dass die Maghrebiner die Kanarischen Inseln besucht haben, und dass auch ihre Schiffe, wie die portugiesischen, der afrikanischen Westküste entlang vordrangen (s. *Juan Vernet*: Textos árabes de viajes per el Atlántico, in: Anuario de Estudios Atlanticos 17, 1971, Madrid, p. 401–427).

Die Genuesen und Katalanen waren ihrerseits die wichtigsten Händler auf der Route, die durch die Meerenge von Gibraltar hindurch nach den französischen, englischen und flandrischen Atlantikhäfen führte. Die Basken ihrerseits waren Fachleute für die stürmische Hochseeschiffahrt an ihren Küsten und über den Golf von Biskaya hinweg nach Südengland. Die Portugiesen haben schliesslich ihre neuen hochbordigen Segelschiffe gebaut, indem sie von den neuen Segel- und Steuereinrichtungen ausgingen und diese weiter perfektionierten. Ohne «lateinische Segel» und Achtersteuer wäre der Bau ihrer Karavellen für die atlantische Seefahrt nicht denkbar gewesen.

Einen ähnlichen Weg scheinen die Seekarten gegangen zu sein. Die *Portolane*, Aufzählungen der Häfen und Beschreibungen der Küsten mit Distanzangaben in Segeltagen und Richtungen, waren im Indischen Ozean schon alt. Der Lotse des Vasco da Gama (1469–1524) zwischen der afrikanischen Ostküste und Kerala in Indien, *Ahmed Ibn Majîd*, der gegen 1500 gestorben sein muss, zählt in seinen über 20 Schriften und arabischen Lehrgedichten über die Küsten und Häfen des Indischen Ozeans Vorgänger seiner Pilotenkunst auf, die bis ins 10. Jahrhundert zurückreichen, und Juan Vernet ist sogar der Ansicht, dass die Portolane im Indischen Ozean zu Ahmeds Zeit schon über 1000 Jahre alt waren. Karten und Kartenskizzen über die Weltozeane findet man im «Buch über das Bild der Welt» (Kitâb Sûrat al-Ard), das eine Überarbeitung der Geographie des Ptolemaios durch *al-Khwârizmi* (starb 846) darstellt (ed. Hans von Mžih, Leipzig 1926). Werke dieser Art enthielten die im Altertum übliche Einteilung in sieben Klimen; *al-Birûni* (starb 1048) musste zwei weitere nördlich und südlich hinzufügen, um den Neuentdeckungen Rechnung zu tragen. Der andalusische Geograph Ibn Sa'id († 1274) kannte allerdings noch sieben Klimen, wie der Titel seines Werkes «Buch der Geographie in sieben Klimen» besagt.

Doch die erste Karte, die ein Netzwerk von Koordinaten trug, scheint wiederum auf China zurückzugehen. Dort wird sie einem Geographen namens *Chu-ssu-pen* (um 1311–1320) zugeschrieben. Die Karten der Mongolenzeit kennen sie ebenfalls, wie jene des *Mustaufi*, der 1349 starb, und die des *Hafiz-i-Abru* (starb 1349) (nach Juan Vernet, deutsche Ausgabe, S. 262; vgl. Sarton, IHS 3,807). Gegen 1335 wurde der Wert von 56,66 Meilen pro Grad auf die Seekarten eingetragen. Er ging zurück auf eine Messung, die der abbasidische Kalif *al-Ma'mûm* (r. 813–833), ein berühmter Freund der Gelehrsamkeit, durch seine Astronomen von einem Berg über dem Mittelmeer aus hatte durchführen lassen.

Dies ist der Wert, den Kolumbus für richtig hielt, weshalb er glaubte, in Indien angelangt zu sein, als er Amerika erreichte. Später, zu Beginn des 15. Jahrhundert, erscheint auf den Seekarten die Abmessung 1 Grad = 66,66 Meilen, die der arabische Astronom *Abu'l-Hasan Ali al-Marrakûshi* (starb 1262) errechnet hatte.

Auch die Orientierung auf hoher See mit der Hilfe von Sternen (Polarstern auf der nördlichen Hemisphäre) und mit Hilfe des Sonnenstandes waren Techniken, die aus dem Indischen Ozean eingeführt wurden, dann freilich im Westen vervollkommnet werden konnten, als Chronometer auf den Schiffen verfügbar wurden.

Die Synthese aller der verschiedenen Techniken, die über die arabischen Seefahrer, Geographen und Astronomen ins Mittelmeer gelangten, scheint in vielen Fällen auf Mallorca vorgenommen worden zu sein. Der Gelehrte und Kartograph *Jaffuda Cresques*, der seinen jüdischen Glauben aufgab und als *Jaime Ribes* unter Heinrich dem Seefahrer in portugiesische Dienste trat (erste Hälfte des 15. Jahrhunderts) stammte aus einer Familie mallorquinischer Kartographen (was die Verbindung zwischen den portugiesischen Karten Heinrichs des Seefahrers und der Schule von Mallorca sicherstellt).

Das Schiesspulver

Aus China kam auch das *Schiesspulver*, und wiederum waren es Araber, die es in den Mittelmeerraum brachten. Die Chinesen hatten 1232 Raketen gegen die Mongolen eingesetzt. Im Westen hört man zuerst von Kanonen anlässlich einer Beschreibung, die *Ibn al-Khatîb* von der Belagerung von Huescar durch Ismail, den Sultan von Granada im Juli 1324, gibt. Er spricht von Wurfmaschinen und einem grossen Apparat, der mit Hilfe von Naft (einem frühen Namen für Pulver, später gebrauchte man Barûd) Bomben «aus glühendem Eisen» gegen den Turm der Befestigung schleuderte, die einschlugen «wie ein Blitz vom Himmel» (Ihâta Bd. 1 S. 231). Eine ausführlichere Beschreibung stammt von christlicher Seite aus dem Jahr 1343, als Alfons XI. Algeciras belagerte. Die Muslime schossen «viele Eisenkugeln ab, die sie mit Donner auswarfen, was den Christen grosse Angst verursachte, denn jedes Glied, das sie trafen, rissen sie völlig aus, als ob es mit einem Messer abgeschnitten worden wäre, und jeder Mann, der durch sie verletzt wurde, starb, keinerlei Chirurgie konnte ihm helfen. Dies zum einen, weil sie brannten wie Feuer, und zum anderen, weil die Pulver, mit denen sie geworfen wurden, solcher Art waren, dass eine jede Wunde, die sie verursachten, sofort tödlich war.» (Crónica del rey don Alfonso el Onceno, cap. 270, 279, 344 und 352, zitiert nach Juan Vernet, spanische Ausgabe, S. 231).

Die älteste in Europa erhaltene Kanone datiert von 1356. Es gibt Erwähnungen der neuen Waffe in Frankreich (1338) und Italien (1358). Doch die Echtheit der Aussagen ist umstritten. Später wurden die Transsylvaner für den Guss von Kanonen bekannt, und Mehmet Fatih, der Eroberer von Konstantinopel, hat transsylvanische Geschützmeister für seine Belagerungsartillerie berufen. Er hat die grössten damals bekannten Geschütze verwandt, um eine Bresche in die berühmten Mauern von Konstantinopel zu schlagen (s. F. Babinger, Mehmet II, le conquérant, Paris 1954, p. 104, 111, 126). Schon bei der vorausgehenden, vergeblichen, Belagerung der byzantinischen Hauptstadt von 1422 hatten die Osmanen Kanonen eingesetzt, und in Varna 1444 verwendeten sie Musketen. Im letzten Krieg gegen Granada, 1480–1492, erwies sich die überlegene Artillerie der Kastilier und Katalanen als entscheidend.

Maijolica aus Mallorca

Auch die Keramik in ihren feineren Formen kam aus der arabischen Welt nach Spanien, und die chinesische hat wiederum auf jene der Muslime in bestimmten Zeiten einen bedeutenden Einfluss ausgeübt. Samarra und Fustât (Kairo) haben in der abbasidischen Zeit eine kunstvolle Keramik hergestellt, in der Silber- und Kupferoxyde gebraucht wurden, um den Gefässen ihren besonderen Glanz zu verleihen. Diese Technik ist in Málaga und in Calatayud um das Jahr 1000 bereits bekannt. Von Málaga aus gelangte sie nach Mallorca und von dort aus haben sie die Katalanen, nach ihrer Eroberung (1229–1231) der Insel, nach Italien gebracht, wo Faenza ein Zentrum für die sogenannten Maiolica (von Mallorca) – Gefässe wurde. In Spanien blieb die Kunsttöpferei noch lange Zeit nach der Reconquista eine Spezialität der Moriscos von Valencia, Sevilla, Granada und Aragón. Die bis heute in Südspanien und in Portugal so beliebten *azulejos* (port. azulêjos) leiten ihren Namen vom arabischen *az-zulaij*, Kachel, ab. *Az-zallîj* ist die Kunst der Kachelornamente; der Wortstamm *zalaja* bedeutet: glatt sein, gleiten.

Seide, Papier und Windmühlen

Seide und Papier waren chinesische Erfindungen, aber in der arabischen Welt seit dem 8. Jahrhundert bekannt. Nach dem sizilianischen Geographen *al-Idrissi* (starb ca. 1165) wurde Papier in der andalusischen Stadt Játiva hergestellt und nach den Ländern Europas exportiert. *Alfonso der Weise* schrieb seine Briefe auf Papier statt auf Pergament. Der Herrscher von Tunis, al-Mu'izz ibn Badîs, der von 1005–1061 regierte, beschreibt die Herstellung von Papier. In Italien erfahren wir von Papierherstellung erst im Jahr 1268, in Troyes 1348, in Nürnberg dann 1390.

Die Seide scheint in Westeuropa ein Monopol von al-Andalus gewesen zu sein, bis der Normanne Roger II. 1146 Korinth einnahm und Gruppen griechischer Seidenarbeiter nach Palermo brachte. Die Venezianer erhielten ihrerseits Zugang zur Seidenherstellung im 4. Kreuzzug, als sie 1203 und 1204 Konstantinopel besetzten. Gegen 1300 ist die Seidenherstellung bis nach Augsburg vorgedrungen.

Die Windmühlen scheinen aus Zentralasien zu kommen. Die ersten Belege in der muslimischen Welt stammen aus Sijistan, am Südrand des heutigen Afghanistans. Das arabische Wort «tâhûna» hat das spanische *tahona* (Mühle) ergeben. In Andalusien erwähnt das geographische Wörterbuch von *al-Himiyâri* (geschrieben 1461, jedoch auf Grund alter Quellen) die Windmühlen von Tarragona in Katalonien. Sie könnten von dort in andere Gegenden Europas gelangt sein. Windmühlen sind bereits belegt 1170 in England, 1180 in Frankreich, 1237 in Italien, 1274 in Holland.

«Eisgekühlt»

Schnee über den Sommer in tiefen Höhlen und Schächten aufzubewahren, um daraus eisgekühlte Getränke zu bereiten, ist eine alte orientalische Technik, die schon auf 1700 vor Christus zurückzugehen scheint, als in Mari am Euphrat *schuripu* (Eis, Schnee) in tiefen Höhlen gelagert wurde, den man aus 200 km Entfernung aus den Bergen hatte herbeischaffen müssen (R.J. Forbes: Studies in Ancient Technology, Leiden 1955–64, vol. 6, p. 101–118; zitiert von J. Vernet). In den muslimischen Ländern galt der mit Schnee gekühlte *sorbete* (von arabisch «shurba»: Trank), unser Sorbet, als dermassen unentbehrlich, dass es nach *Qalqaschandi* (Ende des 14. Jahrhunderts) besondere Karawanen gab, die Schnee in 16 Etappen aus dem Libanon nach Ägypten brachten. Auch besondere Schiffe hätten diesem Zweck gedient!

In al-Andalus gibt es viele Berichte über Schnee, der aus den Bergen herbeigeschafft und unterirdisch gelagert wurde. Auch die Ärzte empfahlen ihn bei bestimmten Krankheiten. Der Brauch, Schnee und Eis unter der Erde aufzuspeichern, war später auch in den nördlicheren europäischen Ländern, wo es bis in das 20. Jahrhundert «natürliche» unterirdische Eishäuser gab, verbreitet. Über einen direkten Zusammenhang lässt sich indes nur spekulieren.

Madrid = Majrît

Unterirdische Wasserleitungen, die von den Bergen herkommen und in den zu bewässernden Ortschaften zu Tage treten, heissen im Iran, wo sie häufig sind, Qanat. Ein arabischer Name für sie ist *majrâ*, die lateinische Entsprechung *matrice*. Die spanische Hauptstadt verdankt ihnen ihren Namen.

Zwei derartige Kanäle sind in Madrid bis heute erhalten und speisen bestimmte öffentliche Brunnen. Darüber, wie genau das arabische Wort sich in den spanischen Namen gewandelt hat, gibt es verschiedene Theorien unter den Fachgelehrten, doch alle sind sich einig darüber, dass der Ursprung in diesen Wasserführungen liegen muss, die man in späteren Zeiten «viajes» nannte und die insgesamt bis ins vergangene Jahrhundert hinein funktionierten. *Madrid*, arabisch *Majrît*, war eine Grenzfestung, die schon zur Zeit der Omayyaden-Emire von Córdoba angelegt wurde. Die ursprüngliche maurische Befestigung muss an der Stelle des heutigen Königspalastes gelegen haben, der sich über dem Manzanares erhebt.

Von Spanien wiederum aus scheint die Technologie der unterirdischen Kanäle dann nach Marokko gelangt zu sein, wo sie für die Bewässerung der neuen Hauptstadt der Almoraviden, Marrakesh, verwendet wurde. Ein andalusischer Architekt jedenfalls, Abd Allah ibn Yûsuf, wurde von Yûsuf ibn Tâshfin (r. 1061–1106) nach Marrakesh beordert, um die neue Hauptstadt mit diesen Wasserleitungen zu versehen. Später scheinen sie sich mit der Expansion des Hauses Habsburg von Spanien bis in die Niederlande und nach Südamerika verbreitet zu haben. (Nach Juan Vernet: La cultura hispanoárabe en Oriente y Occidente, Barcelona 1978, p. 225 ff.).

Ramón Llull: Die Suche nach den Gemeinsamkeiten von Christentum und Islam

Der Einfluss des Islams auf die Vorstellungswelt des grossen katalanischen Theosophen und Philosophen Ramón Llull, spanisch Lull geschrieben, ist ganz besonderer Art, weil sich Llull als ein faszinierter Gegenspieler zeit seines Lebens (ca. 1232–1316) mit dem Islam auseinandergesetzt hat. Ihm ging es ursprünglich darum, die andere Religion zu studieren und zu beherrschen, um die Mittel zu finden, die Muslime von der Wahrheit des Christentums zu überzeugen, an welcher er selbst keinen Augenblick zweifelte. Bei seinen Studien des Arabischen und der muslimischen Religion stiess Llull auf die arabische Mystik. Vielleicht hat sie ihn anfänglich vor allem deshalb interessiert, weil im Bereich der Mystik die meisten Berührungspunkte zwischen den beiden Religionen zutage treten. Doch Llull hat sich offensichtlich von der muslimischen Mystik tiefer beeinflussen lassen; sie ist für ihn mehr als ein Gegenstand seiner Studien geworden. Er hat seine eigene Beziehung zu Gott in den Formen der muslimischen Mystik zum Ausdruck gebracht. Ursprünglich mag er dies wohl unternommen haben, weil er nach einem spirituellen Erlebnis suchte, das den Muslimen, die er bekehren wollte, und ihm selbst als gläubigem Christen gemeinsam sei. Doch die mystischen Formen muslimischer Frömmigkeit wurden ihm offensichtlich so vertraut, dass er seine eigenen Gotteserlebnisse in sie einkleidete. Er fand dabei in der Tat eine Möglichkeit der Öffnung seiner eigenen, durchaus orthodoxen, christlichen Religiosität auf die islamische hin. Die Kirche, unter deren Verweltlichung und Machtbedürfnis er litt, konnte für ihn nicht den wahren Weg zu Gott weisen. Sie war zu seiner Zeit viel zu tief in die Welt verstrickt, um glaubhaft zu Gott hinführen zu können. Llull wird nicht müde, Geschichten zu erfinden, in denen der «Einsiedler», nicht der Papst, die wahre Nähe zu Gott erreicht. Die Kirche, so wie sie war, natürlich nicht die ideale Kirche, so wie sie sein sollte, hat ihn eher abgestossen als angezogen. Dennoch sah er es als seine Pflicht und Aufgabe an, die muslimischen «Heiden» zu ihrem Glauben zu bringen; doch gleichzeitig fand er für sich selbst einen Weg, der ohne die Kirche, über die Kontemplation der Schöpfung Gottes und Seiner Vollkommenheiten durchaus im Stil der islamischen Mystiker zur Erkenntnis des Wahren führe. Die Aversion, die Llull gegen die Kirche seiner Zeit empfand, das Ende seines Lebens fällt in die Epoche der Päpste von Avignon (1299–1377)), muss es ihm erleichtert haben, den Weg der «Einsiedler» einzuschlagen, der auch der Weg vieler muslimischer «Weiser» war.

Llull ist jedoch voller Widersprüche. Seinen Traum, die «Heiden» zu bekehren, damit auch sie Gott Ehre erweisen, hat er nie aufgegeben. Er hat unermüdlich nach Mitteln gesucht, wie er ihn erfüllen könne, intellektuellen und solchen der Predigt, ja er dachte sogar mehrmals, in Rückfällen in die Mentalität seiner Zeitgenossen und ihrer kreuzfahrenden Vorväter, an Waffengewalt. Trotz dieses missionarischen Zugs steht Llull jedoch in anderen Werken dem Islam so nahe, dass manche seiner Schriften, in denen er nach einer Brücke sucht, die von der einen zur anderen Religion führe, ein einzigartiges Zusammentreffen zwischen den beiden, sich so oft als Feinden gegenüberstehenden Religionen zustande bringen. Zwei Flammen verschmelzen zu einer, und Llull wollte diesen Effekt bewirken, weil er in den hellsichtigeren Augenblicken seines langen Lebens erkannt haben muss, dass die erhoffte «Bekehrung» der Muslime wohl nur auf diesem Wege zustande käme, auf dem der Suche nach den Gemeinsamkeiten, die dann in gemeinsamer Aufschau zum Schöpfer und Geliebten der Seele einen Zusammenschluss bringen könnten. Es ist diese Vision einer Überwindung durch Übersteigen der theologischen Grenzen und Gegensätze, die vielen seiner Schriften zugrunde liegt, welche dem Werk Lulls einen einzigartigen Charakter unter allen theosophischen und theologischen Schriften der mittelalterlich-christlichen Tradition verleiht.

Ramón Llull ist nicht Kastilier gewesen, sondern Katalane. Als solcher hat er in engerer Verbindung mit dem Europa jenseits der Pyrenäen gelebt als die meisten Kastilier. Seine Reisen haben ihn immer wieder zum Papst geführt, und ein grosser Teil seiner Lehrtätigkeit spielte sich in Montpellier und in Paris ab. Doch Ramón Llull ist auf der Insel Mallorca zur Welt gekommen, kurz nach ihrer Inbesitznahme (1229–1231) durch Jaime I. von Aragón, den «Eroberer». Sein Vater, ebenfalls Ramón, gehörte zu den Rittern, die bei der Eroberung mitgewirkt hatten und dafür mit Landbesitz auf dem neuen Inselkönigreich Kataloniens belohnt wurden.

Bekehrung eines Weltmannes

Der junge Mann muss in einer Welt aufgewachsen sein, deren meiste Bewohner noch Muslime waren. Sie gehörten freilich der das Land bebauenden Unterschicht an; eine neue «christliche» Herrenschicht, zu der Ramóns eigene Familie gehörte, lag nun über ihnen. Ramón ist, wie er es selbst berichtet, als verwöhnter Jüngling aufgewachsen. Als Page stand er bereits im Dienst des Königs und reiste in seinem Gefolge durch die Länder der Krone von Aragón. Er war einer der beliebtesten Freunde und Begleiter der beiden Prinzen Pedro und Jaime, deren einer später über Aragón herrschen sollte, während der zweite König von Mallorca wurde.

Als Jaime I. 1256 seinen zweiten Sohn zum Gouverneur von Mallorca ernannte und die Bewohner der Balearen ihm als ihrem künftigen Herren Treue schwören liess, wählte er Ramón Llull, damals etwa 24jährig, zum Vorsteher des Haushalts des künftigen Königs (der erst 14 Jahre alt war), und er bestimmte, dass der neue Hofmeister, der den Titel «Senechal» und «Majordomo» erhielt, sich mit einer der grossen Erbinnen von Mallorca vermählte. Dies war Doña Blanche Picany, von der Ramón eine Tochter und einen Sohn haben sollte.

Einige Jahre nach seiner Hochzeit und mitten in einem bunten und höchst weltlichen Hofleben, hatte Ramón ein Bekehrungserlebnis, das an jenes von Franz von Assisi (1181–1226) erinnert. Nach seiner eigenen Darstellung war er mit dem Schreiben von Liebesgedichten beschäftigt, als ihm Christus am Kreuz erschien und ihn voller Schmerzen angeblickt habe. Diese Vision habe sich bei verschiedenen Gelegenheiten fünfmal wiederholt, stets unerwartet und ungeachtet des Umstandes, dass er sie jedesmal neu zu verdrängen suchte.

Die Legende mischt einen zweiten Strang in diese Bekehrungsgeschichte ein, wonach Ramón, der reiche und schöne Ritter, einer besonders schönen keuschen Adeligen von Palma vergeblich den Hof gemacht habe, mit solcher Zähigkeit, dass er sie einst zu Pferde in die Kirche hinein verfolgt habe. Die vornehme Frau habe ihm darauf sagen lassen, sie sei bereit, ihn zu empfangen, um dem Skandal ein Ende zu setzen. Dem Herbeigeeilten habe sie dann jedoch ihre Brust entblösst und gezeigt, wie diese von Krebs zerfressen gewesen sei.

Das Ganze ist wohl symbolisch aufzufassen. Die Legende zeigt das Weltkind, das zu Pferd in die Kirche stürmt, nur um am Ende mit der Sterblichkeit und Verderblichkeit des Fleisches konfrontiert zu werden. Die Anwendung solcher Symbole in der Form von Erzählungen ist bezeichnend für Ramón Llull.

Nach einer weiteren Vision ging er, weiter seiner Darstellung folgend, in sich: Er büsste, meditierte, lebte als Einsiedler und kehrte in die Welt zurück, weil er den grossen Plan seines Lebens gefasst hatte: die ungläubigen Muslime, von denen es seiner Ansicht nach sehr viel mehr gab als Christen, sollten zum wahren Glauben bekehrt werden.

Arabisch-Studien

Der angehende Missionar lernte Arabisch von einem Sklaven, den er auf Mallorca besass. Nach seiner eigenen Erinnerung geriet er mit diesem über eine Glaubensfrage in Streit und versetzte ihm in der Wut einen Schlag. Der Sklave wollte sich rächen; zudem reute es ihn, seinen Herrn eine Sprache gelehrt zu haben, die dazu dienen sollte, den Muslimen ihren Glauben zu nehmen. Er überfiel Llull mit einem Messer und verwundete ihn an der Brust, bevor er ergriffen werden konnte. Während sein Meister noch darüber nachdachte, was zu tun sei, Anklage, Verurteilung oder Vergebung, erhängte sich der Sklave im Gefängnis. – Auch eine symbolische Geschichte oder eine wahre Begebenheit? Wir wissen es nicht. Ihre Lehre war jedenfalls, dass die Bekehrung der Muslime nicht leicht zu bewerkstelligen sein werde.

Die Schwierigkeit der Bekehrung

Etwas später hat Llull diese Erfahrung so formuliert: «Die Menschen sind so tief in ihrem Glauben, verwurzelt und in dem Glauben den ihre Eltern und Vorfahren für sie gewählt haben, dass es unmöglich ist, sie durch Predigt oder Diskussion oder durch sonst irgend etwas davon loszureissen.»

Doch Llull selbst in der Person einer zweiten Figur, die dieser Meinung widerspricht, gibt eine Antwort darauf, die ihn selbst ohne Zweifel veranlasst hat, weiter zu hoffen und zu wirken: «Es gehört zur Natur der Wahrheit, dass sie tiefer in der Seele verwurzelt ist als der Irrtum. Denn die Wahrheit gehört der Ordnung des Seins an; der Irrtum jener des Nicht-Seins. Wenn wir also viele wären, die mit Macht und ohne Unterlass den Irrtum mit der Wahrheit bekämpften, müsste die Wahrheit notwendigerweise den Irrtum besiegen. Besonders wenn man in Betracht zieht, dass der Irrtum nicht die geringste Hilfe von Gott erhält, während die Macht Gottes immer der Wahrheit hilft, der ungeschaffenen Wahrheit, welche die geschaffene Wahrheit hervorbrachte, um den Irrtum zu zerstören ...» (Le Livre du Gentil et des trois Sages, ed. A. Llinarès, Paris 1966).

Damit «unserer viele» würden, veranlasste Llull seinen Prinzen, Don Jaime, ihm bei der Gründung eines Kollegiums auf Mallorca zu helfen, das den Namen *Miramar* erhalten und dem Studium des Arabischen dienen sollte. 13 Franziskaner sollten dort einziehen, um später als Missionare in Südspanien und in Nordafrika zu wirken. Um die Gründung seines Kollegiums zu erreichen, musste Llull nach Montpellier reisen, einem Lehen der katalanischen Könige, auf dem sich der Infant Don Jaime damals aufhielt. Eine päpstliche Bulle aus dem Jahr 1267 billigte und bestätigte die Gründung dieser Schule.

Gleichzeitig liess Llull sich in Montpellier von einem Vertrauensmann des Königs examinieren, weil er inzwischen die Entdeckung (er schreibt sie einer Erleuchtung zu) seiner «Grossen Kunst» gemacht hatte. Er lehrte diese Kunst zwei Jahre lang in Montpellier und kehrte dann im Geleit des Königs nach Palma zurück.

Die «Grosse Kunst»

Die «Grosse Kunst» (Ars Magna) und viele Variationen, die Ramón Llull im Verlauf seines weiteren Lebens ausarbeiten sollte, sind Darlegungen der Dinge und Erscheinungen dieser und jener Welt, die so angeordnet werden, dass sie auseinander hervorgehen und einander entsprechen, hierarchisch und zugleich harmonisch. Der Baum dient als Symbol dieses harmonischen Weltaufbaus. Die Kunst besteht daraus, dass ihre Zusammenhänge und Entsprechungen deutlich gemacht werden, wobei Zahlensymmetrien gesucht und gefunden werden. Das Bestehen von solchen «Bäumen» aus Harmonie und Hierarchie, die für die natürlichen Dinge gelten, aber auch für die moralischen Qualitäten, die Wissenschaften und sogar für die Eigenschaften Gottes in einem «Baum der Theologie», ist für Llull offenbar so etwas wie ein Gottesbeweis und zugleich eine Kontemplationshilfe. Die «Bäume» dienen dazu, das Universum zu strukturieren und zu artikulieren, sodass seine harmonische und von Gott geordnete, ja auf Gott beruhende, Natur deutlich wird. Die «Grosse Kunst» dürfte im Grunde daraus bestehen, dass sie die Welt erkennbar, weil überschaubar macht und ihre Ordnung zum Ausdruck bringt, die natürlich ihrerseits auf den Ordner hinweist.

Für Llull muss in dieser Sicht der physischen und geistigen Harmonien ein starker Gottesbeweis gelegen haben, und er hat sich offenbar ursprünglich vorgestellt, dass seine Darlegung dazu dienen könne, die Ungläubigen von der Richtigkeit seiner Religion und Gottesschau zu überzeugen. «Die universellen Prinzipien», steht in der Einleitung zur «Grossen Kunst», «sind jene alles Seins und aller Dinge, jene, in deren Ebenbild diese Dinge und Seienden geschaffen worden sind. Sie müssen in ihrem weitesten Sinne verstanden werden. Zum Beispiel ist der Instinkt, der die Tiere erkennen lässt, was ihnen nützlich ist, zur Ordnung der Weisheit zu rechnen. Der Wille erhält bei den niedrigeren Wesen, den Pflanzen und sogar den Mineralien den Namen Appetit. Da sie die Perfektionen und die Attribute des Schöpfers darstellen, müssen sie (die Prinzipien) in der Schöpfung präsent sein, und ganz besonders im Menschen. Gott hat den Menschen in Seinem Bilde geschaffen, folglich im Bilde Seiner Perfektionen, die alle produktiv und effektiv und alle gleich mächtig sind. Er hat ihn geschaffen, damit Er von ihm erkannt und geliebt werde, und Er kann nicht erkannt werden ausser durch die Ähnlichkeit, die Er in sein Geschöpf legt. Wenn es eine Qualität Gottes gäbe, an welcher der Mensch nicht teilhätte, würde daraus folgen, dass Gott in dieser Qualität nicht gekannt und geliebt werden wollte. Diese würde keinerlei Wirkung ausüben und wäre deshalb nicht gleicher Art wie die anderen, und dies wäre doppelterweise absurd.»

In der Erkenntnis der Geschöpfe und der Eigenschaften der Menschen und ihrer inneren Ordnung liegt also die Kenntnis Gottes. Solches sind in der Tat Grundsätze, die für die Religionen der Christen und der Muslime zugleich gelten (sowie natürlich für alle Religionen, die einen Schöpfer kennen).

Selbstbekämpfung?

Llull ist ein scharfer Gegner der lateinischen Averroisten gewesen und hat grosse Teile seiner Lehrtätigkeit in Paris und in Montpellier damit zugebracht, gegen sie zu polemisieren. Er sprach ihnen die Meinung zu, dass die Schöpfung ewig sei, weil sie nicht vom Schöpfer getrennt werden könne. Ibn Rushd kannte ohne Zweifel Anschuldigungen in diesem Sinne, die schon gegen ihn erhoben worden waren; doch er suchte ihnen durch feine Unterscheidungen aus dem Wege zu gehen. Seine lateinischen Schüler dürften es gleich gehalten haben, aber ihre Feinde wollten die verschiedenen «Distinguos», die jene nun in ihre Lehre von Schöpfer und Schöpfung einfügten, nicht berücksichtigen. Sie erblickten darin nur Versuche, die ketzerische Grundhaltung, die eben doch da sei, zu verkleiden.

Man versteht leicht, warum Llull sich über die Lehre der «Einheit» von Schöpfer und Geschöpf so empörte. Er selbst stand ihr nicht ganz fern, und sein Kampf gegen die Averroisten richtete sich wohl auch immer gegen ein von ihm selbst als gefährlich empfundenes Abgleiten der eigenen Lehre von der Schau Gottes in den moralischen und physischen Dingen in den Bereich dessen, was man damals schon polemisch «Materialismus» nannte, Gottes Einssein mit «der Materie», worunter die Schöpfung verstanden wurde. Heute würde man von Pantheismus sprechen.

Im übrigen besitzen wir ein Dokument aus dem Jahre 1275, in dem der Gouverneur von Mallorca bestätigt, Blanche, Gemahlin des Ramón Llull, sei vor ihm, dem

Gouverneur, erschienen und habe erklärt, dass ihr Gatte «so kontemplativ geworden» sei, dass er sich nicht mehr mit der Verwaltung seiner zeitlichen Güter befasse, und dass sie deshalb zugrunde gingen. Da dies für sie und für ihre Kinder von Bedeutung sei, habe sie den Gouverneur gebeten, einen Vormund zu ernennen, der sich dieser Güter annehme. Wir wissen nicht, was daran richtig ist – nur eines ist sicher: Der Gouverneur gab dem Ersuchen statt.

Zwischen Symbol und Allegorie

Aus Miramar stammt eine Reihe der frühen Werke des mystischen Theosophen. Als die Kapelle seiner Lehranstalt zu eng wurde, weil zu viele Besucher in sie drängten, hat er sich eine Einsiedelei in der Nähe gebaut, um ungestört seine Werke zu verfassen. So entstand das später sehr oft wiedergedruckte *Buch vom Ritterorden*, geteilt in sieben Kapitel, die den sieben Planeten entsprechen und zusammen eine frühe Darstellung des Ritters im Dienste Gottes abgeben.

Ein *Buch vom Heiden und den drei Weisen*, aus dem wir schon oben zitiert haben, soll Llull sogar zuerst auf arabisch verfasst haben. Auch hier finden sich symbolische «Bäume», in denen sich die Ordnung der moralischen Welt, Tugenden und Laster, spiegelt.

Wettkampf zwischen drei Religionen

Drei Weise begegnen hier einem Heiden, der hoch gebildet ist, aber Gott nicht kennt. Die drei anerbieten sich, ihn Gott durch Beweise erkennen zu lehren. Der Heide schaut auf die Bäume und die Früchte, die sie tragen, und in diesem Augenblick erleuchtet ein göttliches Licht seinen Verstand. «Er kniete nieder, erhob seine Hände zum Himmel, seine Augen füllten sich mit Tränen, und er dankte Gott. Dann dachte er an seinen Vater und seine Mutter, die in Unwissenheit gestorben waren und an all jene, die in seinem Vaterland lebten, ohne die Wahrheit zu kennen, und er sagte den Weisen: Ah, Ihr Herren Weise, die Ihr zu einem solch hohen Grad die Gaben der Gnade innehabt, wie fühlt Ihr kein Mitleid mit so vielen Menschen, die sich im Irrtum befinden, kein Wissen von Gott besitzen und Gott nicht dafür dankbar sind, was sie von Ihm empfangen? Ihr, die Gott vor allen anderen Menschen geehrt hat, warum geht Ihr nicht, um Gott zu ehren, unter das Volk, das Ihm keine Ehre erweist, das Ihn nicht liebt und nicht kennt, das keine Hoffnung auf Ihn setzen kann und Seine hohe Herrschaft nicht fürchtet?»

Er bittet dann die drei, seinen Unterricht zu vervollständigen, und bemerkt erst bei dieser Gelegenheit, dass die Drei nicht der gleichen Meinung sind, sondern vielmehr ein jeder für sich versucht, ihn, den Heiden, zu der «richtigen» Religion zu bekehren. Er wird bedrückt, wie er sie untereinander disputieren hört. Dann bittet er sie, ihre Lehren darzulegen, so dass er jene wählen kann, die ihm als die beste erscheint.

Die drei Weisen, welche die drei abrahamitischen Religionen symbolisieren, beginnen drei kurze Darstellungen ihres Glaubens. Diese zeichnen sich dadurch aus, dass sie ganz sachlich und ohne irgendwelche Entstellungen gegeben werden, so wie sie wirklich aus dem Munde eines der drei Religionsangehörigen kommen könnten.

Der Jude sagt beispielsweise über den Messias: «Wir harren aus Liebe zu Gott in der Gefangenschaft aus, in der wir leben, verachtet von Christen und Muslimen. Wenn Gott uns nicht zu Hilfe käme, uns, die wir unsere Freiheit zurückgewinnen könnten, wenn wir unseren Glauben aufgäben, so bedeutete dies, dass in der Güte Gottes nicht die Vollendung der Liebe, der Grösse und der Macht läge, was unmöglich ist. Durch diese Unmöglichkeit wird unserem Glauben und unserer Hoffnung offenbar, dass Gott uns den Messias senden wird, der uns aus der Gefangenschaft befreit.»

Der christliche Weise führt nach der Darlegung seiner Glaubensgrundsätze aus: «Wisse, Heide, dass der Gott des Ruhmes, sei Er gesegnet, dem Menschen das Gedächtnis gegeben hat, damit er sich erinnere, den Verstand, damit er begreife, und den Willen, damit er Gott und Seine Werke liebe. Daraus folgt: Je mehr die Seele Erinnerung, Verstehen und Liebe für Gott besitzt, desto edler ist sie und desto besser stimmt sie überein mit dem letzten Sinn, für den sie gemacht und geschaffen ist. Da dies so ist, und wenn du meine Worte, die ich dir gesagt habe, indem ich meine Glaubenssätze bewies, stärker erinnern, verstehen und lieben kannst, als jene, die dir der Jude gesagt hat und der Muslim sagen wird, und wenn du einräumst, dass du durch ihre Worte Gott nicht so erinnern, verstehen und lieben kannst, wie durch meine Aussagen, so beweist das, dass mein Gesetz das wahre ist.

Allen Adel, den die Juden und die Muslime nach ihren Gesetzen Gott zuerkennen können und in ihm zu erkennen vermögen, können wir auch kennen und noch mehr als sie, denn wir glauben an die Dreifaltigkeit Gottes und an die Inkarnation Seines Sohns. (...) Deshalb ziemt es sich, dass du meinen Worten und Gründen Glauben schenkst, wenn du den Segen in der Herrlichkeit Gottes erhalten willst.»

Unter den Darlegungen des Muslims finden sich Sätze wie: «Muhammed war ein gewöhnlicher Mann des Volkes ohne literarische Bildung. Der Koran ist aber das schönste Buch, das es gibt und das es je geben wird. Wenn es also nicht im Willen Gottes und seines Wirkens gelegen wäre, hätte Mohammed nie ein so schönes und sprachlich vollendetes Buch schreiben können. Es ist durch die göttliche Macht, dass der Koran so schön ist und Muhammed, der nicht gebildet war, die Möglichkeit erhielt, solch herrliche Worte zu diktieren. Daraus geht hervor, dass der Koran das Wort Gottes ist.» (Die Unnachahmlichkeit des Korans ist in der Tat ein wichtiger Gottesbeweis in der muslimischen Theologie).

Weiter sagt der muslimische Weise: «Macht und Liebe gehören beide zu Gott. Die grosse Liebe, mit der Gott sein Volk liebt, wird im Koran deutlich, denn er enthält die Darstellung aller Glückseligkeiten, die Gott jenen verheisst, die seine Herrlichkeit besitzen werden. In keinem anderen Gesetz sind den Menschen so viele Glückseligkeiten verheissen wie im Koran. Dies zeigt, dass der Koran Gott wohlgefälliger ist als alle anderen Gesetze. Wenn es nicht so wäre, ginge daraus hervor, dass man Gott mehr lieben könnte, wenn er weniger Glückseligkeiten verhiesse. Dies ist unmöglich und widerspricht den Ordnungen der Bäume.» Auf all dies antwortet der Heide: «Seid gesegnet und gesegnet sei Gott, der in euren Willen den Wunsch hierherzukommen gelegt hat. An diesem Ort, an dem mir soviel Gutes begegnet ist, will ich, in eurer Gegenwart, meine Herren, den Weg finden und wählen, der mir durch die Gnade Gottes als der wahre gezeigt worden ist, durch die Worte, die Ihr an mich gerichtet habt. Auf diesem Weg will ich bleiben und alle Tage meines Lebens daran arbeiten, ihn zu ehren und offenzulegen.»

«Nachdem er dies gesagt hatte, erhob sich der Heide. Er wollte niederknien, um das Gesetz, das er wählte, zu erklären. Doch zwei seiner Landsleute, die er kannte, traten in diesem Augenblick aus dem Wald hervor. Der Heide sagte, er wolle warten und seine Wahl in ihrer Gegenwart durchführen. Die drei Weisen erhoben sich ihrerseits und nahmen liebevoll Abschied von dem Heiden. Viele Küsse, Tränen und Umarmungen begleiteten ihre Trennung. Bevor sie ganz auseinandergingen, äusserte der Heide seine Verwunderung darüber, dass die drei Weisen nicht abwarten wollten, bis er seine Wahl getroffen habe. Sie entgegneten, sie wollten die Wahl nicht erfahren, so dass ein jeder von ihnen glauben könne, der Heide habe sich für sein Gesetz entschieden.»

Keine Entscheidung

Llull gibt dann noch ein Endgespräch unter den drei Weisen, dessen wichtigste Sätze sind: «Wir müssen Gewinn ziehen aus der Aventure, die wir im Wald erlebt haben. Wir könnten jeden Tag einmal nach der Methode der fünf Bäume und der zehn Arten von Blumen, die sie bringen, entsprechend den Normen, die uns Frau Intelligenz gegeben hat, diskutieren. Wir werden so lang fortdiskutieren, bis wir alle drei einen einzigen Glauben und ein einziges Gesetz haben werden.» Das wird dann verabredet. (Abgekürzt nach *Jean-Claude Frère*, Raymond Lull, Paris 1972, p. 81–93).

Llull bezieht sich selbst auf dieses Buch in seinem *«Buch vom Liebenden und Geliebten»*, von dem noch die Rede sein wird. Dort fragt ihn ein Aussenstehender: «Sag, Verrückter: Woran erkennst du, dass der katholische Glauben der wahre ist und jener der Juden und Sarrazenen Falschheit und Irrtum? Er antwortete: An den beiden Bedingungen des ‹Buches vom Heiden und den drei Weisen›.»

Trost und Ermahnung

Ramón Llull war auch ein grosser Dichter. Die weltlichen Gedichte seiner Jugend hat er selbst voller Reue und Ekel zerstört. Erhalten sind geistliche Gesänge, die oft immer noch einen sehr persönlichen Ton besitzen. Berühmt ist das lange Gedicht, das er *Desconhort* (Trauer) betitelt hat und in Rom am Hof des Papstes verfasste. Er beklagt sich darin bitter, dass kein Mensch, nicht einmal der Papst, seinen Vorschlägen Gehör leihen oder auch nur seine «Grosse Kunst», die doch der Menschheit so viel Gutes brächte, anerkennen will. Was er bei alldem am wenigsten leiden mag, ist jedoch, so versichert er immer wieder, dass Gott von den Menschen nicht gebührend geehrt werde.

Eine andere längere Dichtung richtet Ramón an das Konzil von Vienne, das 1311 eröffnet wurde. In liedartigen Troubadourstrophen ruft er den Papst, die Kardinäle, die Fürsten, die Ritter, die Mönche auf, etwas für «Ultramar», das Heilige Land, und die Bekehrung der Muslime zu unternehmen. Dann folgen Gebete für dasselbe Ziel, die auch Warnungen an die Konzilsteilnehmer enthalten, und das Ende bildet ein Strophenlied mit Kehrreim, wie eine geistliche *Kharja*, in dem Gott um seinen Schutz für die Versammlung angefleht wird.

Das berühmteste und gewiss lyrischste der Gedichte ist ganz autobiographischer Natur, der *Gesang Ramóns*: «Ich wurde geschaffen und erhielt mein Sein, um Gott zu dienen, damit er geehrt werde. Ich bin in viele Sünden gefallen und wurde in Gottes Zorn gestellt. Jesus am Kreuz hat mich besiegt und wollte, dass Gott mein Geliebter werde.»

Dieses Lied enthält die berühmte Strophe:

«Das Kloster von Miramar liess ich den Minderen Brüdern, um den Sarrazenen zu predigen. Zwischen Rebe und Heustock hat mich Liebe ergriffen, machte mich Gott lieben, unter Seufzern und Tränen sein.» Nach zwei Strophen, die ein abgekürztes Glaubensbekenntnis geben, kommt Ramón wieder auf sich selbst zurück: «Neues Wissen hab' ich gefunden, der Mensch kann mit ihm die Wahrheit erfahren und die Falschheit zerstören; es wird Sarrazenen zur Taufe bringen, Tataren, Juden und viele Beter durch das Wissen, das Gott mir gab.» ... «Ich bin ein alter Mann, arm, verachtet, kein Mensch auf der Welt hilft mir aus. Zu grosse Dinge hab ich unternommen, viel in der Welt gesucht, manches gute Beispiel hab ich gegeben, doch bin ich wenig bekannt und geliebt.» ...

«Ich will im Ozean der Liebe ertrinken. Er ist so gross, dass ich keinen schlechten Fürsten, keinen schlechten Hirten fürchten muss. Jeden Tag seh' ich die Geringachtung, die die grossen Herren Gott entgegenbringen. Sie führen die Welt in die Irre. (...)» (Poesies, Barcelona 1928, p. 30, 69 und 121).

Lehrromane

Weiter hat Llull grosse lehrhafte Romane verfasst, in denen er seine Ideen den Lesern durch Allegorien und Gleichnisse nahe zu bringen sucht. Er hat z. B. ein Buch voller Gleichnisse verfasst, in dem er die ganze Schöpfung von Gott bis zu den Tieren und Pflanzen, mit Hölle und Paradies, beschreibt und durch Erzählungen erklärt oder illustriert, das *Buch der Wunder*. Es wird auch das *Buch von Felix* genannt, weil alle die Erklärungen und Schilderungen einem jungem Mann, Felix, gegeben werden, dem sein Vater aufgetragen hat, durch die Welt zu ziehen, ihre Wunder kennenzulernen und für sie Zeugnis abzulegen.

Die Erklärungen und Erzählungen erteilt ein weiser Eremit, *Blanquerna*, der dann in dem grössten romanartigen Werk Llulls die Hauptfigur abgibt. In diesem langen Roman, der viele autobiographische Züge aufweist und gleichzeitig auch eine Art angewandter Kirchenkritik enthält, geht Blanquerna durch die Stadien eines Laien, eines

Mönchs, Bischofs und Papstes hindurch, um endlich als Eremit zu enden. Er zeigt dabei jedesmal an zahlreichen praktischen Beispielen anekdotenhaften Charakters, wie sich ein idealer Kirchenmann in seinem jeweilen gegebenen Amt verhalten und worüber er meditieren sollte.

Katalanisch zur Schriftsprache

Llull ist der erste grosse katalanische Klassiker gewesen und kann als Begründer der katalanischen Literatursprache gelten. Doch er hat gleichzeitig auch ein gewaltiges lateinisches Werk geschaffen, das mehr der gelehrten, theologischen und kirchenpolitischen Sphäre angehört. Die Mainzer Ausgabe der lateinischen Werke aus dem 18. Jahrhundert (1721–1740 von I. Salzinger) umfasst 10 Bände, eine neuere in Palma-Turnhut 1959–80 erschienene acht.

Aus dem Islam für die Muslime

Die Theologie und Theosophie Llulls ist wohl immer in der bewusst oder unbewusst gegenwärtigen Hoffnung geschrieben, dass ihre Argumente und Beweise dazu dienen könnten, die praktischen Hoffnungen Llulls auf Bekehrung der Muslime voranzubringen. Er hat ohne Zweifel muslimische Theologen und Philosophen gelesen, gewiss etwa al-Ghazâli, den Algazal des lateinischen Mittelalters, besonders wohl sein philosophiekritisches Werk, das der Zurückweisung der Philosophie (in ihrer aristotelischen Tradition) dient. Er muss den Islam gleichzeitig auch aus alltäglichen Kontakten auf Mallorca gekannt haben, und seine Arabisch-Studien müssen weitere Annäherungen mit sich gebracht haben. Es ist deshalb nicht verwunderlich, das Ramón zentrale Konzepte der muslimischen Theologie in seine Lehre übernommen hat, natürlich stets so, dass sie der christlichen Orthodoxie nicht widersprachen.

Dazu gehört, was die Muslime die «schönen Namen Gottes» nennen: Sie bezeichnen die Eigenschaften Gottes. Oft werden 99 genannt, die den Menschen bekannt seien, und eine hundertste, die sie nicht kennten. Gott durch seine Eigenschaften zu erkennen, war ein Anliegen vieler muslimischer Theologen und Theosophen; wir finden es bei Llull an zentraler Stelle wieder.

Ebenso steht das Bemühen, Gott durch seine Schöpfung zu erkennen, im Mittelpunkt vieler geistlicher und theosophischer Betrachtungen der Muslime. Es bildet auch das wichtigste Motiv, das hinter den bedeutendsten Erscheinungen ihrer literarischen und bildenden Kunst steht. Immer soll der Schöpfer durch die Darstellung seiner Geschöpfe hindurchscheinen. Auch auf diesem Gebiet hat Ramón Llull versucht, mit den Muslimen in Wettbewerb zu treten. «Was ihr als Muslime könnt, können wir Christen auch, nur noch besser!» sucht er seinen erhofften Katecheten nahezulegen, und den Beweis sollen immer wieder seine künstlerischen, katalanisch verfassten Schriften erbringen. Die «Bäume» und ihre Harmonien gehören in den gleichen Bereich. Sie kommen in der muslimischen Mystik in ähnlicher Funktion wie bei Llull vor.

Die Technik, Geschichten und Exempla in die Erbauungsschriften einzubauen, um diese lesbarer und konkreter zu machen, ist uralt, doch hat sie wiederum im Orient ihr eigentliches Ursprungsland und erreichten dort auch ihre künstlerischen Höhepunkte. Die frühe spanische Klassik ist voll von ihr. Llull benützt sie in einer persönlichen Art, die Exemplum und Erbauungsdiskurs besonders eng verbindet, so dass sie fast nahtlos ineinander überlaufen. Man kann das auf der biographischen Ebene mit dem ausserordentlichen Leben des Doctor Illuminatus verbinden: er selbst hat ein Exemplum fabelhafter Natur vorgelebt (und ist sich dieser Tatsache bewusst; vgl. den oben erwähnten Gesang Ramóns).

Nach dem Vorbild der Sufis

Auch seine religiöse Grundhaltung ist nicht von seiner Lebensgeschichte zu trennen, vielmehr drückt sich die eine in der anderen aus. Dass Leben und Religion in *Din wa Dunya* (Glauben und Welt) zusammengehören und nicht getrennt werden sollten, ist wiederum eine muslimische Grundhaltung, bei den «Sarrazenen» um so viel folgerichtiger durchgeführt und gelebt, dass sie für einen Christen, der sie auf dem religiösen Feld beeindrucken wollte, ohne Zweifel zu einer unausweichlichen Pflicht werden musste.

Die Verschmelzung muslimischer Theosophie mit christlichem Dogma, die bei Ramón allenthalben sichtbar wird, findet ihren Höhepunkt und ihren unvergänglichsten Ausdruck in dem kleinen Werk, das er in den Roman von Blanquerna eingefügt hat, und zwar an der Stelle, an der Blanquerna auf das Papsttum verzichtet und zum Einsiedler wird: *El libre de Amich e Amat*, das «Buch vom Liebenden und Geliebten». Im Blanquerna-Roman sagt Llull selbst im Vorwort dazu: «Er (Blanquerna) erinnerte sich, dass einmal, als er Apostel (Missionar) war, ein Sarrazene unter den Sarrazenen (die arabische Sprachstruktur läuft wie zufällig ein) ihm von gewissen religiösen Männern erzählte, die unter ihnen sehr hoch geschätzt werden. Es sind Leute, die man *Sûfis* nennt, und sie besitzen Worte der Liebe und bewährte Exempla, welche den Menschen grosse Andacht bringen. Es sind Worte, die der Auslegung bedürfen. Durch die Auslegung wird das Verständnis weiter emporgehoben, und durch dieses Aufheben wächst und vervielfältigt sich die Andacht. Weshalb Blanquerna sich dieser Betrachtung bediente und sich vornahm, das Buch in der oben besagten Art zu verfassen.» Es folgen 365 Aphorismen über die Gottesliebe, einer für jeden Tag, die in der Tat der *sûfi*-Tradition (das heisst jener der islamischen Mystiker) überaus nahestehen. Hier sollen nur einige wenige Beispiele übersetzt werden:

«Liebender und Geliebter»

«No. 2: Die Wege, auf denen der Liebende seinen Geliebten sucht, sind lang, gefährlich, bevölkert von Nachdenken, Seufzern und Tränen, und sie sind erleuchtet von Liebe.

No. 6: Sprach der Liebende zum Geliebten: Du, der die Sonne mit Glanz füllst, füll mein Herz mit Liebe! Der Geliebte entgegnete: Ohne Erfüllung durch Liebe wären Deine Augen nicht voller Tränen, noch gelangtest du an diesen Ort, wo du deinen Liebenden siehst.

No. 9: Sprich, Liebender, sagt der Geliebte, kannst du ertragen, dass ich dir die Sehnsucht verdopple? – Ja, wenn du mir die Liebe verdoppelst.

No. 12: Du Narr, der du liebst: Warum zerstörst du deine Person und schätzest dein Geld gering, verlässt die Entzücken dieser Welt und gehst verachtet unter den Leuten? Er antwortete: Um meinen Geliebten zu ehren, der von mehr Menschen ungeliebt und ungeehrt bleibt als geehrt und geliebt.

No. 27: Es sang ein Vogel im Baumgarten des Geliebten, da kam der Liebende und sagte dem Vogel: Wenn wir uns nicht durch die Sprache verstehn, verstehn wir uns durch die Liebe, denn in deinem Gesang erscheint mein Geliebter mir vor den Augen.

No. 29: Der Liebende und der Geliebte begegneten sich, und der Liebende sagte: Es ist nicht nötig, dass du zu mir sprichst; mach mir nur ein Zeichen mit deinen Augen. Sie sind Worte für mein Herz, worauf ich dir gebe, was du von mir willst.

No. 54: Der Liebende sagte dem Geliebten: Ich bin nie geflohen und habe nie unterlassen, dich zu lieben, seitdem ich dich kennenlernte. Denn in dir und durch dich und bei dir bin ich das geworden, was ich seither bin. Der Geliebte antwortete: Noch habe ich, seitdem du mich kennen und lieben gelernt hast, dich je vergessen und bin dir niemals in Untreue und Betrug entgegengetreten.

No. 55: Der Geliebte sprach: Ein Wunder gegen die Liebe ist es, wenn der Liebende einschläft und den Geliebten vergisst. Der Liebende antwortete: Es ist auch ein Wunder gegen die Liebe, wenn der Geliebte den Liebenden nicht aufweckt, wo er ihn doch begehrt.

No. 56: Sie fragten den Liebenden: Was sind deine Reichtümer? Er antwortete: Die Armut, die ich für meinen Geliebten litt. – Und woraus besteht deine Ruhe? – Aus der Sehnsucht, die mir die Liebe gibt. – Und wer ist dein Arzt? – Mein Vertrauen auf meinen Geliebten. – Und wer ist dein Meister? – Er antwortete und sagte, die Hinweise, welche die Kreaturen auf seinen Geliebten gäben.

No. 57: Der Vogel sang auf einem Zweig voll Blätter und Blüten, und der Wind bewegte die Blätter und trug den Wohlgeruch der Blumen. Der Liebende fragte den Vogel, was die Bewegung der Blätter und der Wohlgeruch der Blüten bedeuteten. Er entgegnete: Die Blätter bedeuten in ihrer Bewegung: Gehorsam; und der Duft bedeutet: Leiden und Ungemach.

No. 84: Der Liebende suchte seinen Geliebten, und er fand einem Mann, der starb ohne Liebe. Er sagte sich, es sei ein grosses Übel, dass der Mann, wie immer er sterbe, ohne Liebe dahingehe. Daher sagte der Liebende dem Mann, der im Sterben lag: Sag, warum stirbst du ohne Liebe? Er entgegnete: Weil ich ohne Liebe gelebt hab'.

No. 86: Der Liebende litt unter Sehnsucht, Trauer und allzuvielen Gedanken; deshalb bat er den Geliebten, ihm ein Buch zu übersenden, in dem seine Züge beschrieben seien, damit er ein Heilmittel finde. Der Geliebte übersandte jenes Buch seinem Liebenden, deshalb verdoppelten sich für den Liebenden seine Leiden und Sehnsüchte.

No. 87: Der Liebende war krank vor Liebe, und es kam, ihn zu sehen, ein Arzt, der seine Sehnsucht und sein Gedenken vervielfältigte; in jenem Augenblick war der Liebende geheilt.

No. 89: Der Liebende sagte zum Geliebten, auf vielen Wegen komme er in sein Herz und erscheine vor seinen Augen, und seine Sprache nenne ihn mit vielen Namen. Doch die Liebe, durch die er ihm Leben und Reue gebe, sei doch nur eine allein.

No. 97: Man fragte den Liebenden, wer er sei. Er antwortete: Liebe.– Woher kommt sie? – Aus Liebe. – Wer hat dich gezeugt? – Liebe. – Wo bist du geboren? – In Liebe. – Wer hat dich genährt? – Liebe. – Wovon lebst du? – Von Liebe. – Wie heisst du denn? – Liebe. – Woher kommst du? – Von Liebe. – Wohin gehst du? – Zur Liebe. – Wo bist du? – In Liebe. – Hast du anderes ausser Liebe? – Er antwortete: Ich habe Schläge und Unrecht gegen meinen Geliebten.– Gibt es bei ihm Verzeihung? – Der Liebende sagte: bei seinem Geliebten gäbe es Barmherzigkeit und Gerechtigkeit, und daher weile er selbst zwischen Hoffnung und Furcht.

No. 100: Das Licht aus der Kammer des Geliebten kam und erleuchtete die Kammer des Liebenden, so dass es die Dunkelheit daraus hinauswarf und sie mit Freude erfüllte, mit Sehnsucht und Nachdenken. Da warf der Liebende alle Dinge aus seiner Kammer hinaus, damit sein Geliebter Raum darin finde.»

Der Drang nach dem Heiligen Land

Ramón Llull hat erlebt, dass die letzten Kreuzfahrer das Heilige Land verlassen mussten. 1291 fiel als letzte die Festung von Akka in die Hände des Mamlukenherrschers Baibars. Jerusalem war schon über 100 Jahre zuvor von Saladin erobert worden (1187). Die Vertreibung der Christen aus dem Heiligen Land scheint die Anstrengungen Llulls, einen neuen Kreuzzug zustande zu bringen, befeuert zu haben. Er war 1291 in Rom und versuchte den damaligen Papst, Nikolaus IV., dazu zu bewegen – vergebens. Kurz darauf finden wir ihn in Genua, wo er eine innere Krise durchmacht und sich entschliesst, alleine nach Tunis zu fahren, um seine so lange vorbereitete «Heidenmission» zu beginnen. Dort sind, nach seiner eigenen Darstellung, die Herrscher so sehr beunruhigt über seine Bekehrungserfolge, dass sie ihn gefangennehmen und ihn hinrichten wollen. Doch auf das Zureden «weiser Leute» hin wird er nur des Landes verwiesen.

Llull ist noch zweimal nach Nordafrika gereist, nach Tunis erneut und nach Bougie. Eine Legende will, dass er dort als Märtyrer durch Steinigung starb. Er hat sich auch einmal vom König von Neapel, Karl II., eine Lizenz erteilen lassen, um den Muslimen sizilianischer Herkunft zu predigen, die in Lucera angesiedelt worden waren (1294); er hat in Neapel gefangenen Muslimen seine Botschaft zu überbringen versucht, und er hat später wieder (1300) auf seiner Heimatinsel Mallorca Muslimen gepredigt; auch die Bekehrung von Juden in Barcelona versuchte er.

Im Jahr 1301 ist Llull sogar nach Cypern gereist, wo die letzten Kreuzritter unter der französischen Dynastie der Lusignans noch ein Reich regierten; er hat sich dort mit dem letzten Ordensmeister der Templer, Jacques de Molay, getroffen, der bald darauf (zwischen 1310–1314) den Foltern Philipps des Schönen von Frankreich erliegen sollte. Der Templer ermöglichte ihm, nach Kleinasien in das dortige Kleinarmenische Königreich (Kilikien) überzusetzen, welches Llull ebenfalls an einem Kreuzzug interessieren wollte. Doch wie alle praktischen Unternehmungen des Katalanen sollte auch diese zu keinen fassbaren Ergebnissen führen.

Die Legende hat sich der Person Llulls bemächtigt und hat ihn zu einem grossen Reisenden hochstilisiert, der alle der damaligen Welt bekannten Länder besucht habe, um in ihnen als «Apostel», wie er selbst es nennt, zu wirken. Sie hat damit seinen Wunsch in Realität verwandelt. Beim *historischen* Llull lässt sich ein beständiges Oszillieren beobachten: zwischen Wissenschaft und Theologie, Eremitentum und politischem Einsatz, Gottesliebe und Aufruf zum kriegerischen Glaubenskampf; abstrakter, kombinatorischer Philosophie und einer Fülle von Geschichten und Anekdoten, die er erzählt; Anschauung und Abstraktion, diplomatische Weltläufigkeit und Einsiedelei, Allegorie und Dogmatik, Dichtung und Kontemplation, Kampfschrift und Lyrik. Er geht darauf aus, all diese Gegensätze und Widersprüche im Letzten zu vereinen, und dies gelingt ihm am besten in seiner Liebesphilosophie, die er mit den muslimischen Mystikern, den Sûfi, gemein hat.

Allegorie eines geistigen Lebens

Ein letztes Exemplum Ramóns sei zitiert, eines, von dem man glauben kann, dass es sich auf ihn selber bezieht:

«Man erzählt, dass ein Philosoph, der Meister der Theologie war, die Gewohnheit hatte, wenn er ob seiner Studien ermüdet war, sein Paradepferd zu besteigen und sich in den Baumgärten und Wiesen zu ergehen, die es nahe bei seiner Stadt gab. Eines Tages ergab es sich, dass er durch eine Wiese geritten kam und einen schönen Brunnen anschauen ging, vor dem ein schöner Baum stand, beladen mit Früchten. Wie er durch die Wiese ritt, stiess er auf einen Ochsen, der in ihrem Gras weidete und auf einen anderen, der dalag und das Gras wiederkäute, das er gefressen hatte.

Als er vor den Brunnen und an den Baum gelangte, sagte er sich, dass der Brunnen die Wissenschaft bedeute, die aus Verstand und Willen hervorquoll, so wie das Wasser des Brunnens in die Wiese. Er sagte sich auch, dass er selbst dem Ochsen gleiche, der im Gras weidete, denn jeden Tag erlangte er mehr Wissen, und er war doch nicht befriedigt von dem, was er wusste.

Als er die Früchte des Baumes vor sich sah, schien ihm, dass die Früchte entfernt davon blieben, was er wusste, denn er war nie befriedigt und begehrte immer mehr zu wissen. Wenn jemand mit ihm disputierte, war er stolz darauf, was er wusste, weshalb er Beleidigungen zu den Leuten sprach und oftmals gegen Wahrheit und Lehre falsche Schlüsse vorbrachte, damit die Leute nicht merkten, dass sein Verstand durch den eines anderen besiegt worden war.

Als er dieses erwog, fand er sich wenig zufrieden mit sich selbst und sagte sich, dass all das, was er gelernt hatte, ihm wenig fruchtete, da er keine Genugtuung empfand und auch die Frucht der Demut nicht erlangt hatte, die über dem stand, was er wusste. So verliess er den Brunnen unzufrieden, und als er in die Nähe des Ochsen kam, der das Gras wiederkäute, das er gefressen hatte, sagte er sich, dass die Wissenschaft, die er besass, auch nicht gut verdaut war. Er wollte sie wiederholen, und er wollte sich an einen Ort begeben, wo Frieden sei und er mit niemandem darüber streite, was er wusste, vielmehr begehrte er mit allem Nachdruck, der Frucht nachzustreben, die man vom Wissen erlangen kann.

So stieg er sogleich auf einen hohen Berg, wo er sich eine Zelle baute. Dort studierte er und suchte die Frucht der Wissenschaft, wie sein Willen sie anstrebte. Sein Verstand ging noch einmal durch alle Passagen seiner Bücher hindurch, die er schon einmal durchgearbeitet hatte. Nachdem er alle Bücher der Philosophie wiederholt hatte, fühlte er sich nicht von Wissen gesättigt. So ging er über zu den Büchern der Theologie. Als er sie alle durchgelesen hatte, fühlte er sich gesättigt, und er erkannte, dass die Theologie die Frucht der Philosophie sei und die Philosophie ihr Instrument. So stieg er auf, um die Frucht der höchsten Dreifaltigkeit zu erlangen. Er betrachtete das Hervortreten der göttlichen Personen und die Natur sowie die Gründe für diese Erscheinung, so wie der Vater aus seiner Natur den Sohn ewig und ohne Ende hervorbringt aus dem Grund seiner Grösse, die ebenso unendlich ist, und aus dem Grund seiner Ewigkeit, die ebenso ewig ist, sowie aus dem Grund seiner Güte, die gleichermassen gütig ist, und aus dem Grund der natürlichen Natur. In gleicher Art betrachtete er die anderen göttlichen Gründe und die Hervorbringung des Heiligen Geistes. So war er daran, die Früchte reichlich zu sammeln auf dem höchsten Gipfel von Einsicht und Willen, als er ausatmete und starb. Alle Schritte, die er getan hatte, waren vollendet, sein Verstand erfüllt von der höchsten Dreifaltigkeit und sein Willen befriedigt. Gott sei der Ruhm gegeben, Amen.» (Aus dem «Baum der Beispiele» [Arbre exemplifical], Palma 1971, p. 171 f.).

Die «Reconquista» in Nordafrika

Im Jahr 1492 ging die Eigenstaatlichkeit der Muslime auf der iberischen Halbinsel zu Ende. Für die heutigen Spanier und mit ihnen die Europäer bedeutet dies rückblickend das Ende der «Wiedereroberung» der alten römischen Hispania; die «Reconquista» Spaniens und Portugals war beendet. Die «Expansion» des spanischen Weltreiches begann. Doch die Zeitgenossen dürften keinen gleich scharfen Unterschied zwischen «Reconquista» einerseits und «Expansion» andrerseits gemacht haben. Für sie war es natürlich, die Herrschaft ihrer Könige (sie dachten höchstens teilweise in den Begriffen der heutigen Nationalstaaten) weiter auszudehnen, so wie sie es während der Jahrhunderte dauernden Kämpfe gegen die «Moros» seit langem getan hatten. In der Tat sollten die damaligen Kastilier ihre Eroberungen («conquista», s. unten S. 457 ff.) weit über die Halbinsel hinaus nach Mittel- und Südamerika ausdehnen. Der Zugang zu den vermeintlichen «Indias» hatte sich ja im selben Jahr 1492 dank der waghalsigen Reise des Kolumbus geöffnet. Die Katalanen und Aragonesen besassen ihrerseits näherliegende Expansionsziele; ihre Überseereiche lagen nun schon seit Jahrhunderten, beginnend mit der Sizilianischen Vesper von 1282, in Sizilien und Süditalien. Für die Grossen von Andalucía schliesslich, Hochadlige unter den kastilischen Krone, die im Krieg gegen Granada massgeblich mitgewirkt hatten, bedeutete die Fortsetzung «ihrer» Kriege gegen die «Moros», dass sie versuchten, jenseits der Meerenge Fuss zu fassen. Die andalusischen Hochadligen setzten sofort die Linie der bisherigen «Reconquista» in Richtung Afrika fort. Es gab dafür auch ganz konkrete Gründe: Überlegungen sicherheitspolitischer Natur liessen es als angezeigt erscheinen, das Gegenufer des Mittelmeers zu besetzen und zu kontrollieren, um muslimischen Angriffen aus Afrika vorzubeugen, dies umso mehr, als die Moriscos als «Fünfte Kolonne» verdächtigt wurden, sollten die afrikanischen Muslime zum Gegenschlag ausholen.

Zudem war die Freibeuterei von Häfen am Mittelmeer wie auch an der Atlantikküste Marokkos mit der Vertreibung der hispanischen Muslime stark angewachsen. Die aus der Halbinsel Ausgewanderten kannten deren Beute verheissende Angriffsflächen. Sie hatten Motive zur Rache. Die Freibeuterei (die damals im übrigen von allen Staaten geübt wurde, die sich gegeneinander im Krieg befanden) war für sie auch ein Weg, um in Nordafrika, in Marokko, Algerien und Tunesien zu neuer eigener Macht und Ansehen zu gelangen. In Salé, bei Rabat, und an anderen Orten entstanden sogar Republiken der Freibeuter hispanischen Ursprungs, die sich auf die Jagd auf christliche Schiffe spezialisierten. Spanisch war sogar für geraume Zeit die Sprache mancher der muslimischen Korsaren.

Gleichzeitig war auf der anderen Seite, mindestens in geistlichen Kreisen, das Ideal von Kreuzzügen weiter lebendig, und die Vorstellung bestand, es könnte möglich sein, «dem Islam» in Afrika einen entscheidenden Schlag zu versetzen, der «alle Muslime» schwächen würde.

Eine Vorgeschichte von Übergriffen

Die Angriffe auf das afrikanische Ufer hatten bereits vor der Einnahme von Granada begonnen. Schon Fernando III. und Alfonso der Weise hatten davon geträumt, Feldzüge über die Meerenge hinweg zu unternehmen. Dann hatte Henrique III. von Kastilien (r. 1390–1406) 1399 Tetuan erobert und, wenn man den Quellen trauen darf, die Hälfte der Bewohner töten und die andere Hälfte versklaven lassen.

16 Jahre später, 1415, hatten die Portugiesen Ceuta besetzt, weil sie vermeiden wollten, dass die Kastilier sich an den marokkanischen Küsten festsetzten. Aber ihr Versuch, sich auch Tangiers zu bemächtigen (1437) schlug fehl. (Ceuta wurde schliesslich doch spanisch, als sich Portugal und Spanien 1640 wieder trennten, nachdem die beiden Königreiche 60 Jahre lang in Personalunion vereinigt gewesen waren. Die Bürger der Stadt zwangen den Gouverneur, sich für Spanien zu erklären. Ceuta, zusammen mit Melilla, ist bis heute spanisch geblieben, sehr zum Leidwesen der Marokkaner, die auf beide Festungsstädte [spanisch «presidios»] Anspruch erheben.)

In den folgenden beiden Jahrhunderten haben dann die Spanier versucht, ihre Herrschaft im Mittelmeer durchzusetzen; die Portugiesen hingegen gründeten Festungen und Handelsniederlassungen entlang der marokkanischen Atlantikküste. Die Teilung der beiden Interessensphären war 1479 vertraglich festgelegt worden: Den Portugiesen waren Einfluss und Handelsniederlassungen an allen marokkanischen Küsten zugesichert, den Spaniern an jenen des Mittelmeers von Tlemcen nach Osten.

Die Besetzung von Melilla, das die Spanier 1497 einnahmen, indem der Herzog von Medina Sidonia von der Anwesenheit der Flotte profitierte, die für die zweite Reise des Kolumbus nach Amerika ausgerüstet worden war, stellte einen Bruch dieses Vertrages dar, und der erfolgreiche spanische Überfall auf die Inselfestung von Vélez de la Gomera (1508), die der marokkanischen Rif-Küste vorgelagert ist, hat ebenfalls portugiesische Proteste ausgelöst. Doch beide Streitfragen wurden schliesslich gütlich gelöst.

Schon damals verfolgten die Portugiesen den Plan, die ganze afrikanische Westküste zu erforschen und den Weg um sie herum nach Indien zu finden. Ihre Handelsniederlassungen sollten sich bald weit über Marokko hinaus nach Süden erstrecken. In Marokko fanden die Portugiesen starke einheimische Gegner: Kämpfer im «Heiligen Krieg» standen rund um ihre Festungen auf, und die Anführer dieser Mujahidîn-Gruppen haben schrittweise die Herrschaft über ganz Marokko an sich genommen. Die beiden letzten Dynastien des Königreiches, jene der Saaditen und die noch heute herrschende der Alawiten, gingen beide aus den Gruppen dieser Kämpfer hervor. Der besondere Charakter des Königreiches innerhalb der arabischen Welt ist wesentlich durch diesen frühneuzeitlichen Kampf gegen die christliche Penetration entstanden.

Der Kreuzzug des Kardinals Cisneros

Im Gegensatz zu den Portugiesen stiessen die Spanier am Mittelmeer neben dem einheimischen, arabisch-berberischen, bald auch auf einen äusseren muslimischen Widersacher, nämlich das türkische Reich, dessen Flotten erst die Verteidigung und dann die Herrschaft der Häfen am Südrande des Mittelmeers übernehmen sollten.

Nach der Einnahme von Granada war die türkische Macht im westlichen Mittelmeer allerdings noch nicht präsent. Nur vier Brüder aus Lesbos, Söhne eines türkischen Reitersoldaten (sipahi, nach anderen Quellen eines «griechischen Töpfers»), der sich der auf Insel niedergelassen hatte: Arûj, Khair ed-Dîn, Eliâs und Ishâq, die als Abenteurer und Freibeuter an den afrikanischen Mittelmeerküsten einflussreich geworden waren, traten zunächst der spanischen Expansion entgegen. Dies erklärt die leichten Anfangserfolge des «spanischen Kreuzzuges» nach Afrika.

Man kann in der Tat von einem Kreuzzug sprechen, weil Kardinal Cisneros, nun Erzbischof von Toledo, der Hauptförderer war. Er setzte die Idee eines Feldzuges nach Afrika gegenüber Fernando II. durch, indem er selbst das Geld dafür aus dem Kirchenschatz von Toledo und den dortigen Kirchensteuern zur Verfügung stellte, und er persönlich zog als Oberbefehlshaber mit in den «Heiligen Krieg» der Christen. Als militärischen Chef, der unter ihm diente, ernannt er Pedro de Navarra, der sich in den Jahren zuvor als Freibeuter auf der spanischen Seite einen Namen gemacht hatte. Fernando, immer in erster Linie König von Aragón, war vornehmlich mit den Angelegenheiten seines Hauses in Italien beschäftigt.

Dem Kreuzzug des Kardinals waren zwei erfolgreiche Aktionen an der Mittelmeerküste vorausgegangen: Diego Fernández de Córdoba hatte 1505 von Málaga aus *Mazalquivir* eingenommen. So nennen die Spanier bis heute *Mers el-Kebir*, den Hafen vor Oran, der bis zur Gegenwart den wichtigsten Flottenstützpunkt Algeriens darstellt. Und 1508 war die Festung von Vélez de la Gomera vom eben erwähnten Pedro de Navarra durch einen Handstreich eingenommen worden. Dies war eine Inselfestung nahe am Festland gelegen, etwa 70 km westlich von Ajdir an der Rif-Küste. Beide Aktionen waren unternommen worden, um die Tätigkeit der muslimischen Freibeuter einzuschränken.

Nach zweijähriger Vorbereitung lief die Flotte des Kardinals am 16. Mai 1509 von Cartagena aus und erreichte schon am nächsten Tag den Hafen von Mers el-Kebir. Am selben Tag noch marschierte Pedro de Navarro auf Ersuchen des Kardinals gegen Oran, und es gelang ihm, die Stadt zu erstürmen, bevor die Sonne unterging. Am Tage darauf kam der Kardinal selbst nach Oran, liess die christlichen Sklaven befreien und verwandelte die Moscheen in Kirchen. Die Angreifer sollen nur 30 Tote beklagt haben, die Verteidiger der Stadt hätten 4000 Gefallene und 5000 Gefangene verloren. Manche der Spanier wollten die Hand Gottes in dem raschen und leichten Erfolg des Kardinals sehen.

Oran und der Hafen von Mers el-Kebir sind trotz zahlreicher Belagerungen und Bedrohungen spanisch geblieben bis 1708; damals, im Zusammenhang mit dem Spanischen Erbfolgekrieg, ging die Stadt verloren. Doch die Spanier eroberten sie 1732 unter Philipp V. zurück, und sie blieb zusammen mit dem Hafen in spanischem Besitz bis 1792. Dann wurde sie aufgegeben, nachdem ein Erdbeben im Jahr 1790 grosse Teile von Oran zerstört hatte.

Pedro de Navarra dehnte nach dem Erfolg von Oran seine Herrschaft über die anderen Häfen der Küste aus. Seine Flotte zwang Bougie, Alger, Tunis, Tlemcen und sogar Tripolis zu direkter oder indirekter Unterwerfung unter die spanische Oberhoheit.

Der Gegenschlag der Freibeuter

Der schon erwähnte türkische Freibeuter Arûj hatte zwischen 1504 und 1510 als Korsar im westlichen Mittelmeer Ansehen gewonnen Der hafsidische Herrscher von Tunis hatte ihm gegen Beteiligung an der Beute erlaubt, von seinem Gebiet aus zu operieren und hatte ihm die Insel Djerba (damals Gelves genannt) als eine zweite Basis anvertraut. Arûj versuchte 1512, Bougie zu erobern und verlor dabei einen Arm. Es gelang ihm zwei Jahre später, sich in Cherchel = Djidjelli festzusetzen, und von dort aus nahm er nach dem Tod Fernandos II. (1516) die Stadt Algier ein.

Die Spanier standen zu jener Zeit mit ihren Kanonen auf den Algier damals vorgelagerten Inselchen «al-Jaza'ir», von denen die Stadt ihren Namen hat, und beschossen sie von dort aus. Die Stadtbewohner riefen Arûj um Hilfe an. Er kam auch und bemächtigte sich der Stadt. Der Freibeuter ging dann gegen Tlemcen vor, dessen Herrscher die spanische Oberhoheit angenommen hatte. Er nahm die Stadt ein, doch ein spanisches Heer unter dem Markgrafen von Gomara, der von Oran aus operierte, schnitt ihn von seiner Basis in Algier ab, belagerte ihn in Tlemcen und zwang ihn schliesslich zur Flucht aus der Stadt. Er wurde von den Spaniern gestellt und niedergemacht (1518).

Doch die Folge war nur, dass sein Bruder Khair ed-Dîn, der unter dem Namen «Barbarossa» berühmt werden sollte, die Führung der Freibeuter übernahm. Er beschloss, den Sultan von Istanbul um Hilfe anzurufen und erhielt von Selim I. (1512–1520) Gelder, 2000 Mann einschliesslich Artillerie, sowie das Recht, Freiwillige auszuheben. Von jenem Zeitpunkt an wurde in Algier der Sultan als Oberherr des Landes anerkannt. Ein Angriff von Hugo de Moncada, dem spanischen Capitán General, gegen Algier schlug fehl (1519). Karl V. hatte ihn angeordnet, weil Barabarossa zuvor, als der junge Kaiser in Barcelona weilte, um sich dort huldigen zu lassen, mit 17 leichten Galeeren in den Hafen von Barcelona eingedrungen war, um dort zu rauben. Moncada konnte sich jedoch der Insel Djerba bemächtigen (1520). Barbarossa umgekehrt gelang es, die Festungsinsel Vélez de la Gomera zu erobern (1522). Er erstürmte dann 1529 die Inseln und die dortige Festung, die vor Algier lagen, und die Stadt wurde zu seinem Hauptsitz. Er liess durch christliche Sklaven eine Hafenmauer errichten, welche die Stadt mit den Inselchen verband und schuf so den Hafen von Algier. Barbarossa wurde zum eigentlichen Organisator der dortigen Korsarenherrschaft, die ursprünglich als eine Art Republik der Freibeuter aufgebaut war.

1529 noch lieferte er dem baskischen Kapitän Portuondo eine Seeschlacht bei Fomentera, nachdem er von einer Raubexpedition an den levantinischen Küsten zurückgekehrt war. Er soll damals anähernd 60 000 Moriscos die Flucht ins islamische Gebiet ermöglicht haben. 1531 schlugen seine Soldaten in Abwesenheit Barbarossas Andrea Doria zurück, als dieser versuchte, Cherchell zu überfallen, und 1534 eroberte Barbarossa, der sich unterwegs nach Istanbul befand, wohin der Sultan, nun Suleyman (r. 1520–66), ihn geladen hatte, Coron in der Peloponnes. Er begab sich nach Aleppo und erhielt dort vom Grosswesir den Titel eines «Beylerbey der Inseln», was sich auf alle Mittelmeerinseln bezog, die unter türkischer Herrschaft standen, und als «Grossadmiral» übersetzt werden kann. Kurz darauf fuhr er mit einer Flotte von 84 Schiffen ins westliche Mittelmeer zurück, plünderte die italienischen Küsten bei Reggio Calabria und im Golf von Neapel, wässerte an der Tibermündung bei Rom, segelte darauf nach Bizerta, das er einnahm, eroberte La Goulette und kurz darauf die Stadt Tunis sowie das ganze Land, das er seinem Herrscher, dem Hafsiden Mulay Hassan, entriss.

In Tunis wurde der neue Grossadmiral der Pforte zum Mittelsmann zwischen dem Sultan und dessen Verbündetem, dem französischen König. Er empfing französische Botschafter und leitete sie weiter an die Pforte. Die Franzosen und Osmanen bereiteten eine gemeinsame Seeaktion vor, die Korsika plündern und Sizilien und Sardinien erobern sollte, lauter Inseln, die damals unter spanischer Herrschaft standen.

Karl V. in Nordafrika

Doch Karl V. kam im Jahr 1535 diesen Plänen zuvor. Unter seinem eigenen Oberbefehl und der Flottenleitung von Andrea Doria führte er 400 Schiffe mit 50 000 Mann, die sich vor Cagliari ein Stelldichein gegeben hatten, gegen Tunis. Er nahm die Festung von La Goulette (spanisch Goleta) und dann die Stadt Tunis ein. Dort erhoben sich 4000 christliche Gefangene, um seinen Sieg zu beschleunigen. Der von Barbarossa vertriebene Herrscher, Mulay Hassan, der sich beim spanischen Heere befand, flehte Karl V. an, die Stadt zu schonen, doch dieser liess sie drei Tage lang plündern.

Barbarossa zog sich nach Bône zurück, dann weiter nach Algier, plünderte Mahon und Palma auf den Balearen und kehrte am 15. Oktober 1535 nach Istanbul zurück. Schon im Frühling darauf plünderte er erneut die kalabrische Küste. Er brachte dann im Auftrag des Grossherren eine neue Flotte von 280 Schiffen zusammen, die 1537 vor Albanien aufkreuzte. Der grösste Teil dieser Flotte zog nach Kalabrien, und ein kleinerer Teil unter Barbarossa gegen die griechischen Inseln, die Venedig gehörten. Die Flotte sollte eigentlich einem gemeinsamen Feldzug der Osmanen und der Franzosen gegen Karl V. und seine italienischen Verbündeten dienen, wobei die Franzosen gegen Mailand ziehen wollten, die Türken zur See gegen Unteritalien. Doch der französische König schloss 1538 Frieden mit seinem spanischen Gegner, wohl in der Hoffnung, Milano mit friedlichen Mitteln zu erlangen, solange die Osmanen Italien mit ihren Flotten unter Druck hielten. Die beiden Hauptadmirale Andrea Doria und Barbarossa standen jedoch ihrerseits untereinander in heimlicher Korrespondenz, weshalb es zu keinen entscheidenden Seeschlachten kam. Barbarossa zwang zwar Andrea Doria bei Prevenza im Jahr 1538 zum Rückzug, doch keine der beiden Flotten erlitt grossen Schaden.

Im Oktober 1541 führte Karl V. persönlich von den Balearen aus eine grosse Flotte gegen Algier. Andrea Doria, der erneut die maritime Leitung der Expedition innehatte, riet ab, da es zu spät im Jahr sei. In der Tat gerieten die Spanier nach ihrer Landung bei Algier in Regen und Stürme. Auf dem Marsch gegen die Stadt wurde ihr Pulver nass, und die Gegner führten einen erfolgreichen Ausfall durch, in dem sie die italienischen und deutschen Soldaten des Kaisers in die Flucht schlugen. Die Nachricht, dass auch noch der Sturm 150 seiner Schiffe an die Küste geworfen habe, bewirkte, dass Karl V. den Rückzug beschloss.

Die Einschiffung der spanischen Truppen erwies sich als schwierig und verlustreich. Karl V. musste in Bougie haltmachen, um seine eigene Galeere reparieren zu lassen. Erst im Dezember kehrte er nach Cartagena zurück.

Barbarossa trat noch einmal als Flottenführer in Aktion, als 1543 im Zuge einer neuen Allianz die Flotten des Sultans und Franz' I. wiederum zusammenarbeiteten. Der nun 77jährige plünderte Reggio, bedrohte Rom, stiess in Marseille zum Französischen Admiral, dem Herzog von Enghien, und beide Flotten zusammen plünderten Villefranche und belagerten Nice. Die türkische Flotte überwinterte in Toulon. Die Stadt wurde zu diesem Zweck von ihren Bewohnern geräumt. Eine Flottenabteilung zog aus, um die spanischen Küsten zu plündern. Als Franz I. 1544 Frieden mit Karl V. schloss, kehrte die türkische Flotte nach Istanbul zurück, nicht ohne unterwegs noch einmal die Küsten der Toscana und des Königreichs von Neapel geplündert zu haben. Den Rest seines Lebens, bis 1546, widmete der Freibeuter und Admiral, der bis heute als türkischer Nationalheld gesehen wird, frommen Werken in Istanbul und Beşiktaş.

Khair ed-Dîn «Barbarossa» kann als der eigentliche Organisator der Regenz von Algier gelten. In seiner Zeit und durch ihn übte das osmanische Reich die Vorherrschaft sowohl im östlichen wie im westlichen Mittelmeer aus.

Das 1535 eroberte Tunis sollte nur kurze Frist unter der spanischen Oberherrschaft bleiben. Karl V. hatte den Hafsiden Mulay Hassan als Regenten eingesetzt und die Stadt verlassen. Die Küsten Nordafrikas wurden bald wieder zum Schauplatz der Freibeuterüberfälle. Dragut, Piali und Eulj Ali nahmen die Stelle der Brüder Barbarossas ein. Der zweite von ihnen, Beylerbey von Algier zwischen 1568 und 1587, eroberte Tunis von Algier aus im Jahr 1569, nachdem er zuvor zusammen mit Dragut bei der grossen Belagerung von Malta durch die Türken (1565) eine hervorragende Rolle gespielt hatte. Eulj Ali tat sich auch in der Schlacht von Lepanto (1571) hervor und erhielt dafür von der Pforte den Titel eines Kapitan-Paschas.

Der Sieger von Lepanto, Don Juan de Austria, konnte Tunis im Jahr 1573 beinahe kampflos wiedereinnehmen. Doch im Jahr darauf eroberten Eulj Ali und der osmanische Admiral Sinan Pascha Tunis und La Goleta zurück, und 1581 schloss Philipp II. einen Waffenstillstand mit der Pforte ab.

Das Ende der aktiven Afrikapolitik Spaniens

Dies stellte das Ende eines Ringens dar, das 72 Jahre zuvor als «Kreuzzug» begonnen hatte, aber bald in einen Kampf zwischen zwei Reichen, zwischen dem Sultan und den spanischen Königen, Karl und Philipp, umgeschlagen war. Für beide Grossmächte stellte das Mittelmeer allerdings meist nur einen Nebenkriegsschauplatz dar. Die grossen Heere der Osmanen marschierten gegen Wien und Ungarn, und die Pforte hatte auch mit Iran Kriege zu führen. Für Karl V. hatten seine vier Kriege mit Frankreich Priorität, und seine Grossaktionen über das Mittelmeer konnten nur stattfinden, wenn vorübergehend Frieden mit Frankreich herrschte. Die Fragen der Reformation in Deutschland, das Konzil von Trient und die Politik der Niederlande neben jener Spaniens genossen wohl ebenfalls Priorität im Geiste des Kaisers. Die Korsaren stellten zwar eine wirtschaftliche Bedrohung der Küsten Italiens und Spaniens dar, doch bildeten sie keine strategische Gefahr für das Grossreich der Spanier.

Für Philipp II. dann hatten Grossunternehmen wie jenes der Armada gegen England (1588) und die Niederhaltung der Aufstände in den Niederlanden Priorität. In seiner Zeit gab es sogar eine Diskussion darüber, ob Spanien Oran räumen sollte. Doch der König entschied 1574 dagegen, und die Stadt sollte noch über 200 Jahre spanisch bleiben.

Der «Kreuzzug» nach Afrika kam bald auch schon unter Konkurrenzdruck, weil es ja auch einen «Kreuzzug» nach dem neuentdeckten amerikanischen Kontinent gab und es sich erwies, dass die dortigen Reichtümer bedeutend grösser und leichter zu erobern waren als alles, was Afrika bieten konnte. Dort, in Mittel- und Südamerika, sollten die grossen Kolonien Spaniens entstehen, die in Afrika nicht zustande kamen.

Portugal in Nordafrika

Ähnlich erging es auch den Portugiesen. Sie hatten sich schon im 15. Jahrhundert im Bereich der Meerenge von Tanger befestigt, indem sie ein Festungsviereck eroberten und hielten: Ceuta (1415), al-Qasr as-Saghir (1458), Tanger selbst (1471) und Arzila im gleichen Jahr. Im nächsten Jahrhundert kamen Azammur und Mazagan (1513 und 1514) dazu. Safi, weiter im Süden, war 1508 in Besitz genommen worden und zuvor Santa Cruz de Aguer (= Agadir) 1505. Aguer wurde 1541 von den Marokkanern erstürmt, und König João III. (r. 1521–1557), der vor allem nach Brasilien blickte, gab daraufhin Befehl, Safi und Azammur zu schleifen und aufzugeben, Mazagan dafür besonders gut zu befestigen. Mazagan war handelspolitisch wichtig, weil sein Umland Weizen für Portugal und später auch für Spanien lieferte. 1542 ging auch Arzila verloren, und 1550, nach rund 100 Jahren der Herrschaft, wurde al-Qasr as-Saghir (portugiesisch: Alcacer Ceguer) aufgegeben. Dies lag landeinwärts in der Nähe von Al-Qasr al-Kabir (portugiesisch: Alcacer Quibir), das in marokkanischen Händen geblieben war und zwischen 1471 und 1550 den Sammelpunkt für die Angriffe der Kämpfer im Heiligen Krieg gegen die Festungen im Norden Marokkos gebildet hatte.

Nach diesem Übergang in die Defensive setzte sich unter König *Sebastião* (r. 1557–78) der Kreuzzugsgedanke noch einmal für kurze Zeit durch. Der junge König, Enkel von João III., mit drei Jahren auf den Thron gelangt und von Jesuiten erzogen, glaubte, «Afrika» erobern und dann das «Heilige Land» befreien zu sollen. Er sah sich selbst als von Gott für grosse Aufgaben bestimmt, sammelte ein Heer um sich, in dem nicht wenige Abenteurer Platz fanden, und begab sich 1578 auf einen Kreuzzug nach Marokko, ohne dass sein Onkel, Philipp II. von Spanien, der ihm davon abriet, sich durchsetzen konnte. Er landete mit 20 000 Mann, viel Artillerie, aber wenig Kavallerie in Arzila. Ein abgesetzter marokkanischer Herrscher, al-Mutawakkil, hatte sich mit einer kleinen Hilfstruppe auf seine Seite geschlagen. Das Heer bewegte sich so langsam auf al-Kasr al-Kabir hin, dass der Herrscher von Fès, Abdel Malik, der mit seinem Bruder Ahmed zu Felde zog, eine grosse Armee von 50 000 Kämpfern gegen die Angreifer zusammenbringen konnte. Der portugiesische König liess sich nach Anfangserfolgen in eine ausweglose Lage zwischen zwei Flüssen hineinm‚anövrieren. Er verlor die Schlacht, sein Heer und sein Leben. Auch sein Verbündeter fand den Tod, ebenso wie der Gegner, Abdel Malik. Dessen Bruder Ahmed, der sich den Beinamen al-Mansur, der Siegreiche, geben sollte, führte die Schlacht zu Ende und übernahm die Macht in Marokko, das er bis 1603 regierte.

Die «Schlacht der drei Könige», wie die Portugiesen sie nannten, sollte wichtige Folgen für Portugal haben, weil die herrschende Dynastie mit Sebastião ausstarb. In der Folge sollte die Krone Philipp II. zufallen, und Portugal blieb 60 Jahre lang mit Spanien in erzwungener Personalunion. Sebastião, dessen Leiche nie aufgefunden wurde (obgleich Philipp nach seiner Machtübernahme in Portugal dafür sorgte, dass 1582 eine Leiche in grossem Pomp aus Marokko nach Lissabon transportiert wurde, um dort als Sebastião beigesetzt zu werden), sollte für das portugiesische Volk ein Symbol der verlorenen Unabhängigkeit, der «guten alten Zeit» und der Grösse Portugals werden. Über Jahrhunderte hinweg erhielten sich zähe Mythen, dass Sebastião doch noch zurückkehren und die ersehnte grosse Zeit zurückbringen werde. In Portugal spricht man in diesem Sinne bis heute vom «Sebastianismo».(Über die Bedeutung der Schlacht der drei Könige für die portugiesische Volksphantasie s. Lucette Valensi: Fables de la mémoire. La glorieuse Bataille des trois rois, Paris 1994.)

Für die Portugiesen wie für die Spanier haben schliesslich die grossen Überseeimperien die Bedeutung der afrikanischen Politik weit in den Schatten gestellt. Am Ende blieb nur die Bekämpfung der Korsaren, welche in der Nähe der Heimathäfen den Hochseehandel und -verkehr gefährden konnten, als einziger Grund der Beibehaltung einiger weniger Festungen, wie Mazalquivir mit Oran am Mittelmeer und Mazagan an der südlichen Atlantikküste Marokkos.

Die Conquistadores

Zwischen den Kriegen der «reconquista» in Spanien und den neuen Eroberungszügen, welche die spanischen «conquistadores» (Eroberer) in den neu entdeckten Ländern Amerikas führen sollten, besteht eine Verbindungslinie. Die berühmtesten dieser Kriegszüge waren jene von *Hernán Cortés* in Mexiko und der von *Francisco Pizarro* in Peru, bekannt sind auch jene von *Almagro* und *Pedro de Valdivia* in Chile. Doch gab es zahlreiche weitere kriegerische «Entdecker» und «Eroberer», zuerst zur See und später auf dem Lande, wie die Brüder *Pinzón*, die 1500 die Küsten von Guyana und Brasilien bis zur Höhe des Amazonas entlang segelten oder *Alonso de Ojeda*, der im selben Jahr die Küsten von Venezuela erforschte. 1503 erforschte *Rodrigo de Bastidas* die Landenge von Panamá, fünf Jahre später erreichte *Diego de Nicuesa* Veragua in Kolumbien.

Um diese Zeit begannen die eigentlichen Niederlassungen der Spanier (und Portugiesen) auf den Inseln und an den Küsten: 1508 Puerto Rico; 1509 in Jamaica und an der atlantischen Küste von Panamá; 1510 bauten die Spanier die ersten bleibenden Niederlassungen auf Cuba. *Vasco Nuñez de Balboa* überquerte den Isthmus von Panamá 1513 und gelangte an den Pazifischen Ozean. Im selben Jahr entdeckte *Juan Ponce de León* Florida. 1516 erreichte *Juan Díaz de Solís* den Rio de la Plata, und ein Jahr später erforschte *Hernández de Córdoba* die Küsten von Yucatán. 1518 fuhr *Juan de Grijalva* die mexikanische Küste entlang, und 1519 führte Cortés seine berühmte Expedition ins Innere Mexikos.

Die Entdeckungsfahrten und Eroberungszüge dauerten weiter an: 1521 *Juan Ponce de León* in Florida; 1522 *Gil González Dávila* in Nicaragua; 1523 *Pedro de Alvarado* in Guatemala; 1525 erster, fehlgeschlagener Versuch von *Pizarro* und *Diego Almagro* gegen Peru; 1526 Erforschung von Honduras durch *Hernán Cortés* und Yucatáns durch *Francisco de Montejo*; 1531 Eroberung der Region von Cartagena (Kolumbien) durch *Pedro de Heredia*; 1532/33 Gefangennahme von Atahuallpa durch *Pizarro*, Eroberung von Cuzco (Peru) und Hinrichtung des Inka-Kaisers. 1535: *Pedro de Alvarado* landet in Ecuador, *Almagro* vermag nicht, Chile zu besetzen. 1539: Die drei Eroberer *Belalcázar*, *Federmán* und *Quesada*, treffen sich auf dem Hochplateau von Bogotá, während *de Soto* seine Erforschung des heutigen Südens der USA beginnt. 1540: *Nuñez Cabeza de Vaca* reist zum Río de La Plata, *Valdivia* dringt nach Chile vor, die Eroberung der Mayas von Yucatán wird von *Francisco de Montejo* d. J. in Angriff genommen. 1543 stösst *Orellana* zum oberen Amazonas vor. Gleichzeitig beginnen in Perú die Bürgerkriege zwischen den Gefolgsleuten Pizarros und jenen Almagros, die bis 1548 dauern. 1553 wird *Pedro de Valdivia* in Chile von den Araucanos getötet, und im Jahr 1556 setzt die spanische Regierung den «Eroberungen» dadurch ein symbolisches Ende (obgleich sie, wenn auch unter anderen Vorzeichen, in Wirklichkeit bis heute andauern, z. B. im Amazonasgebiet), dass der Gebrauch des Wortes «conquista» (Eroberung) und die Bezeichnung «conquistadores» (Eroberer) untersagt werden. Künftig soll es «descubrimiento» (Entdeckung) und «colones» (Siedler) heissen.

Eine Flutbewegung aus Spanien

Diese lange und trockene Aufzählung von Namen und Gebieten soll dazu dienen, deutlich zu machen, dass die Eroberungen sich nicht auf die berühmtesten und spektakulärsten der Expeditionen beschränkten, sondern dass in den ersten 50 Jahren nach der Entdeckung beinahe Jahr um Jahr neue Eroberer auszogen, um ihr Glück zu suchen. *«Valer mas»*, mehr wert zu sein, Rang, Reichtum, Ansehen zu erlangen, war das Ziel der Anführer und ihrer Soldaten.

Bernal Díaz del Castillo, der berühmte Chronist der Expedition von Hernán Cortés, der sein Werk bezeichnenderweise die «Wahre Geschichte von der Eroberung des *Neuen* Spaniens» genannt hat, macht den Ehrgeiz der Soldaten, die an der Expedition teilnahmen, sehr deutlich:

«Ich habe bereits von uns, den Soldaten, die mit Cortés auszogen, gesprochen und auch von dem Ort, an dem sie gestorben sind. Wenn man etwas über unsere Personen wissen will, sei gesagt, dass wir alle *hidalgos* waren, wenngleich einige keine allzu berühmte Abstammung für sich beanspruchen konnten. Denn es ist bekannt, dass die Menschen nicht alle gleich geboren werden, weder an Grossherzigkeit noch an Tapferkeit. Doch wenn man dies einmal beiseite lässt, zusammen mit (der Frage nach) unserm alten Adel, bleibt doch, dass wir mit unseren heroischen Aktionen und den hohen Werken, die wir in den Kriegen vollbrachten, indem wir Tag und Nacht kämpften, um unserem König und Herrscher zu dienen, diese Länder entdeckten und so weit gelangten, dass wir dieses Neue Spanien eroberten sowie die grosse Stadt Mexiko und andere zahlreiche Provinzen, obgleich wir so weit von Kastilien entfernt waren und keine andere Hilfe genossen als jene unseres Herrn Jesus Christus, der die wahre Hilfe und Unterstützung gewährt – (bleibt doch, sage ich) *dass wir dadurch sehr viel edler geworden sind, viel mehr als zuvor.*

Wenn wir die alten Schriften zu Rate ziehen, die davon sprechen, (sehen wir), dass in den vergangenen Zeiten zahlreiche Ritter, sowohl in Spanien wie auch in anderen Ländern, mit Lob überschüttet und zu hohem Rang erhoben wurden, die in den Kriegen den Königen, die damals herrschten, gedient und andere nützliche Dienste erwiesen hatten. Ich habe auch festgestellt, dass manche jener Ritter, die in alten Zeiten Staatstitel und Adelsrang besassen, nicht in die Kriege zogen und sich nicht in die Schlachten begaben, bevor ihnen nicht Sold und Gehalt bezahlt worden war, und dass ihnen trotz der Tatsache, dass sie bezahlt wurden, grossmütig Städte und Schlösser und grosse Ländereien sowie beständige Privilegien gewährt worden sind, welche ihre Nachfahren bis heute besitzen.

Darüber hinaus: als der König Don Jaime de Aragón (Jaime I., ‹el conquistador›,

1213–76) grosse Teile seines Königreiches von den Moros erstritt, teilte er diese unter die Ritter und die Soldaten auf, die an der Eroberung beteiligt waren und die seither ihre Wappenschilder besitzen und Macht ausüben. So auch, als Granada erobert wurde... – damals gaben die Könige Ländereien und Herrschaftsgebiete an jene ab, die ihnen in den Schlachten und Kriegen halfen.

Ich habe dies alles in Erinnerung gerufen, damit deutlich werde, dass, wenn man die guten und zahlreichen Dienste betrachtet, die wir unserm König und Herren und der ganzen Christenheit geleistet haben, und wenn man sie in eine Waage legt, die ein jedes Ding nach ihrem echten Wert wägt, damit dann deutlich werde, dass wir der Belohnungen würdig sind und sie verdient haben so gut wie die Ritter, von denen ich oben sprach.» (Kapitel 207, zitiert in R. Romano: Les Conquistadores. Les mécanismes de la conquête coloniale, Paris 1972, p. 86).

Von der «Reconquista» zur «Conquista»

Es ist nicht verwunderlich, dass Männer, die in ihrer Kindheit vom Krieg gegen Granada und seine «Moros» als von einem zeitgenössischen Ereignis hatten sprechen hören oder ihn als einen Krieg ihrer Väter kannten; Leute, die in der Kriegsromantik der kastilischen Grenzballaden *(romances fronterizos)* aufgewachsen waren, deren Zeitgenossen an den spanischen und portugiesischen Vorstössen nach Nordafrika teilnahmen, ihre Feld- und Eroberungszüge nach «Übersee» als eine Fortsetzung dessen empfanden, was ihre Vorfahren jahrhundertelang gegenüber den Muslimen von al-Andalus getan hatten. So war es für die damaligen Soldaten ganz natürlich, die Tempel der Indios als «Moscheen» (mezquitas) zu sehen und ihre Schlachten gegen die «heidnische» andere Zivilisation und deren Träger, wie auf der Iberischen Halbinsel, in den Schutz des Santiago «matamoros» (des Maurentöters) zu stellen.

Wie ihre Vorfahren das Land der Muslime übernommen und sich dort herrschaftliche Positionen aufgebaut hatten, wollten sie ebenfalls Herren von Stand und Land werden. Kriegsbeute war wie zuvor auf der heimatlichen Halbinsel auch auf dem neuen Kontinent ein Hauptgrund, wenn nicht der Hauptgrund, um in den Krieg zu ziehen.

Im Verlauf der Jahrhunderte von «reconquista»-Kämpfen hatten sich ein Verhaltenskodex und politische sowie militärische Konventionen herausgebildet, die man schon im «Cantar de mío Cid» erkennen kann und die geradezu unvermeidlicherweise auf den neuen Kontinent hinübergebracht wurden. Diese Konventionen besassen sogar ihre juristische Ausprägung, etwa im «Fuero Viejo» Kastiliens, und später in der Gesetzcopilation der «Siete Partidas» Alphons' des Weisen. Das «fuero viejo», was man mit «Altes Sonderprivileg» übersetzen kann (es handelt sich um von den hispanischen Königen erlassene Freibriefe für jeweilen bestimmte Provinzen oder Städte), sieht vor, dass der «Herr über die Person des ‹solariego› (Leibeigenen) verfügen kann, sowie über alles, was dieser möglicherweise besitzt, und dass der Leibeigene dagegen bei keiner Person irgendwelchen rechtlichen Rekurs besässe».

Die Conquistadores suchten die besiegten Indios zu solchen Leibeigenen zu machen. Man erfand zu diesem Zweck den Begriff der «encomienda» (wörtlich «Empfehlung»). Die Indios bestimmter Regionen und Ortschaften wurden den Eroberern «empfohlen». Diese sollten theoretisch als ihre Schutzherren fungieren und auch dafür sorgen, dass sie gute Christen würden. Als Gegenleistung hatten die «encomendados» für den «encomendero», der in der Praxis zu ihrem Feudalherren wurde, Arbeit zu leisten. Diese war nicht allerorten gleich schwer. In Mexiko waren die geforderten Leistungen bedeutend geringer als im Vizekönigreich Peru, wo 1545 die Silberminen von Potosí entdeckt worden waren und wo man besonders viele billige, besser kostenlose Arbeitskräfte benötigte, um sie auszubeuten.

Eine neue Welt

Die neue Umgebung, in die die Eroberer gelangten, war natürlich eine ganz andere als jene der spanisch-arabischen Kampfgrenzen der jüngsten Vergangenheit. Es handelte sich um gewaltige Räume, die nicht mit denen der Halbinsel verglichen werden konnten. Spanien und sein König lagen in unendlicher Ferne. Was es leicht machte, der Krone Lippendienst zu leisten, jedoch in der täglichen Praxis zu tun, was ein jeder der höchst selbstherrlichen Anführer und Caudillos tun wollte.

Die amerikanischen Landeskinder waren nicht wie die bisherigen islamischen Gegenspieler der Spanier seit Jahrhunderten an sie und an den Kampf mit ihnen gewöhnt; sie sahen im Gegenteil in den auf ihnen unbekannten Ungetümen reitenden Eroberern Erscheinungen und Unheilsdämonen aus einer anderen Welt, auf die frühere Prophezeihungen hingewiesen hatten. Es bestand auch keine nur annähernde Gleichheit der Waffen, sondern einseitige spanische Überlegenheit; diese beruhte nicht so sehr auf den immer noch schwerfälligen Musketen als auf der Armbrust und auf den Waffen und Panzern aus Stahl, wie sie die Indios nicht kannten.

Die Zahl der Eroberer war erstaunlich klein; Cortés führte weniger als 1000 Soldaten mit sich; Pedro de Valdivia in Chile keine 150! Die Eroberer konnten allerdings des öfteren aus Bündnissen mit Völkern Gewinn ziehen, die von den indischen Imperien unterworfen worden waren, Cortés fand in Tlaxcala, Pizarro in den Brüdern von Atahuallpa, Huáscar und Manco Capac, politische Stützen. Dennoch, dass die Eroberer ihnen an Zahl x-fach überlegene Völker unterjochen konnten, ist eines der deutlichsten Indizien dafür, dass die kulturelle, psychologische, ja physiologische Distanz zwischen ihnen und ihren Feinden gewaltig war (die Indios begannen schon bald den europäischen Krankheiten zu erliegen, gegen die sie keine Immunität besassen, besonders den Pocken).

Zu den materiellen Unterschieden kamen entscheidende psychologische hinzu: Die Indios waren durch den Kontakt mit dem unbekannten Volk verunsichert, erschüttert und letztlich aus ihrer eigenen Welt geworfen worden. Die Kastilier hingegen waren durch den jahrhundertelangen Kampf mit den muslimischen Gegnern, die ja auch Menschen aus einer «anderen», fremden Welt waren, daran gewöhnt, ja darauf vorbereitet, mit einer fremden Kultur zusammenzustossen und dann alles daranzusetzen, um sie und ihre Träger mit allen Mitteln zu unterwerfen.

Gerade das Ringen mit der lange Zeit hindurch überlegenen muslimischen Zivilisation hatte sie dazu ausgebildet, sich ganz auf die Macht ihrer Person, das Die-Stirne-Bieten und das Zuschlagen im ersten Moment zu verlassen, ja die «imperative Dimension» ihrer Person vor allem anderen aufzubauen und zur vollen Wirkung zu bringen. Dass Pizarro den Inka-Kaiser Atahuallpa im Angesicht von dessen grossem Heer in seine eigene Festung Cajamarca, die der Spanier besetzt hielt, einladen, gefangen setzen und schliesslich zum Tode verurteilen konnte, war eine dermassen «grandiose» Freveltat, dass sie nicht nur für die Inkas, sondern wohl auch für einen weniger zum Letzten entschlossenen Europäer kaum denkbar gewesen wäre. Doch ohne solche Tat wäre Pizarro damals schwerlich davongekommen. Es waren schliesslich auch bezeichnenderweise nicht Inkas, sondern Spanier, die 10 Jahre später, am 26. Juni 1541, in Lima in sein Haus eindrangen, um ihn zu ermorden. Einer seiner Feinde versetzte ihm einen Florettstich durch den Hals, Pizarro fiel zu Boden und, so will es die einem Hidalgo angemessene Überlieferung, zeichnete auf der Erde mit seinem Blut ein Kreuz, küsste es und starb.

Die Conquistadores waren meistens kleine oder mittlere Adlige, die als «segundones» (d. h. nicht Erstgeborne ihrer Familien) keine Aussicht auf ein eigenes Erbteil und Landbesitz hatten. Den Landbesitz mit den dazugehörigen Leibeigenen erwarben sie sich in Amerika, falls ihre Expeditionen glücklich verliefen. Man weiss, dass es in Mexiko 25 Jahre nach der Eroberung durch Cortés rund 1385 Spanier gab; von ihnen waren 577 «encomenderos». Von den 150 Gefährten des Valdivia, die mit ihm nach Chile zogen, erhielten sogar fast alle ihre «encomiendas» (R. Romano: Les Conquistadores, p. 51.). In dem oben zitierten Auszug aus Bernal Díaz del Castillo macht dieser selbst den Präzendenzfall von Jaime I. von Aragón (1213–1276) geltend. Er erwähnt nicht die gleichzeitigen *kastilischen* Landverteilungen *(repartimientos)* durch Fernando III. und Alfonso X., obgleich er selbst Kastilier war. Wahrscheinlich war er sich bewusst, dass in Andalusien die grossen kastilischen Feudalherren am Ende das Land übernahmen, während in den neuen Herrschaftsgebieten der aragonesisch-katalanischen Krone tatsächlich die einzelnen Soldaten der «Reconquista» Landbesitzer geworden und geblieben waren (vgl. oben S. 319) und, wie er sagt, «Wappen und Herrschaft» erworben hatten; genau das, was er und seine Gefährten im «neuen Spanien» anstrebten.

Bartolomé de las Casas: Erfahrung der Grausamkeit

Es gereicht zum Ruhm der Spanier, dass sich in ihren Reihen dennoch schon früh Menschen fanden, die gegen die Methoden aufbegehrten, mit welchen die Eroberer vorgingen. Der berühmteste, aber nicht der einzige, Fall ist jener von *Fray Bartolomé de las Casas*. Der «Verteidiger der Indios» stammte aus einer Familie von Amerikafahrern: Sein Vater hatte zur zweiten Expedition des Kolumbus gehört und blieb bis 1498 in Mittelamerika, kehrte dann nach Spanien zurück und nahm seinen Sohn Bartolomé, der in Sevilla Theologie studiert hatte, 1502 auf eine neue grosse Fahrt nach «Westindien» mit. Bartolomé, der als Geistlicher mitfuhr, obgleich er damals die Weihen noch nicht besass, gelangte mit der Flotte des Statthalters *Ovando* nach Hispaniola. Dort wurde er zum ersten in der Neuen Welt geweihten Priester. Er begleitete *Diego Velázquez* auf dessen Expedition nach Cuba. Dort vermochte er nicht, ein Massaker zu verhindern, das einer der Offiziere von Velázquez, *Narváez*, unter den Indios anrichtete.

Las Casas beschreibt dies in seiner «Geschichte Westindiens»: «Es war gebräuchlich bei den Spaniern, dass einer von ihnen, den der Kapitän bezeichnete, auf sich nahm, die Nahrungsmittel und Gegenstände, die ihnen die Indios gaben, zu verteilen, entsprechend dem, was einem jedem zukam. Der Kapitän sass auf seinem Ross und so auch die anderen Reiter, und der Abbé (Las Casas selbst) beaufsichtigte die Verteilung von Brot und Fisch, als plötzlich ein Spanier (von dem man glauben muss, er sei vom Teufel besessen gewesen) seinen Degen zog, und die hundert anderen taten sofort das gleiche. Sie machten sich daran, jene Lämmer und Schafe zu entleiben, zu erstechen und zu massakrieren, Männer und Frauen, Kinder und Greise, die dort ruhig sassen und voller Erstaunen die Pferde und die Spanier betrachteten. In kürzester Zeit blieb nicht ein Überlebender unter all jenen, die sich dort befanden...

Der Abbé hatte sich kurz vor dieser Schlachterei von dem Ort entfernt, wo sie stattfand, um sich auf einen anderen kleinen Platz des Dorfes zu begeben, in die Nähe eines grossen Hauses, in dem er und alle Spanier logieren sollten. Dort befanden sich gegen vierzig der Einheimischen, die die Lasten der Truppe bei der Durchquerung jener Provinzen getragen hatten, sie lagerten auf dem Boden, um sich auszuruhen. Fünf Spanier, die den Abbé begleiteten, hörten auf einmal die Schwertschläge und die Schlächterei, jedoch ohne sehen zu können, was vorging, denn die Häuser hinderten sie daran. Sie legten Hand an ihre Degen und gingen hin, um die vierzig Indios zu ermorden, die erschöpft von ihren Lasten und Ballen sich dort ausruhten. So wollten sie diese ohne Zweifel für ihre Trägerdienste belohnen.

Der Abbé griff voller Zorn ein, tadelte sie schwer und bemühte sich, sie anzuhalten. Da sie für ihn einen gewissen Respekt empfanden, gaben sie ihre Absicht auf, so dass jene vierzig Indios ihr Leben retteten. Doch die fünf Spanier gingen sofort weg, um an dem Massaker der anderen teilzunehmen. Als der Abbé, der sich verzögert hatte, um den Mord der vierzig Träger zu verhindern, den Ort erreichte, sah er überall Leichen, ein schrecklicher Anblick, wenn es je einen solchen gab.»

Die Beschreibung geht weiter: «Der Abbé ging überall hin, um die Spanier aufzufinden und sie daran zu hindern, zu töten, denn sie befanden sich auf der Verfolgung von neuen Opfern in den Wäldern. Sie sparten weder die Kinder noch die Frauen noch die Greise. Schlimmer noch: Gewisse Spanier gewannen den Weg zum Fluss, der ganz in der Nähe war, und alle Indios, die trotz der Schwertschläge, der Wunden und Stiche zu fliehen vermochten und sich zu retten versuchten, indem sie sich ins Wasser warfen, stiessen auf sie und erhielten von ihnen den Gnadenstoss.» (Historia de las Indias, Buch III, Kapitel 130, zitiert von Marcel Bataillon et André Saint-Lu: Las Casas et la défense des Indiens, Paris 1971, p. 74 f.)

Las Casas war selbst «encomendero», zuerst auf Hispaniola, später auf Cuba, doch im Jahr 1514 erlebte er eine Art von Bekehrung. Die Dominikaner waren schon vor ihm gegen das Unrecht aufgetreten, das gegenüber den Indios begangen wurde. Las Casas stand ihnen nahe. Er verzichtete in einer öffentlichen Predigt auf seine «encomienda». 1515 reiste er nach Spanien, um seine Meinungen über die schlechte Behandlung der Indios dem König vorzulegen. Er sprach mit Fernando II., doch dieser verwies ihn an die hohen spanischen Beamten, die für Hispaniola verantwortlich waren, und auch schon finanzielle Beteiligungen an den dortigen Pflanzungen besassen.

Nach dem Tode des Königs (1516) wurde Kardinal Cisneros, der 1509 den «Kreuzzug» nach Nordafrika angeführt hatte, ein wichtiger Gesprächspartner von Las Casas. Doch der «Verteidiger der Indios» hatte sein Leben lang mit Gegnern am Hof zu ringen, die im Auftrag der «encomenderos» die These des «gerechten Krieges» vertraten, den die Spanier nach ihrer Ansicht in Südamerika führten, sowie des angeblichen Rechtes, die Eingeborenen zur Arbeit zu zwingen und sie sogar, wenn sie Widerstand leisteten oder zu fliehen suchten, zu versklaven.

Las Casas hat 50 Jahre lang einen leidenschaftlichen Kampf um die Menschenrechte der Indios geführt, wie wir das heute nennen würden. Er hat an die Notwendigkeit geglaubt, die Indios zu bekehren. Doch hielt er daran fest, dass dies nicht mit Gewalt geschehen dürfe. Darin unterschied er sich grundlegend von der überwältigenden Mehrheit seiner Zeit- und Standesgenossen, die den harten Geist der «Reconquista» in die neue Welt mitgenommen hatten und dort ungebrochen in eine neue, noch härtere Praxis umsetzten. In seinen Kämpfen in Spanien hat Las Casas Teilerfolge erringen können, etwa als er 1516 zum Protektor aller «Indios», d. h. der süd- und mittelamerikanischen Eingeborenen, ernannt wurde, sowie auch später, als es ihm gelang, Kaiser Karl V. persönlich zu sprechen (1542) und er daraufhin zum Bischof von Chiapas ernannt wurde, um seine Autorität in América zu verstärken. Ein weiterer Teilerfolg war seine berühmte Disputation, die er 1550 in Valladolid vor dem Rat für «las Indias» abhielt, der für die Verwaltung der neuen Gebiete verantwortlich war. Sein Gegner war der Humanist und Historiker Juan Ginés de Sepúlveda, der die klassische These vom «gerechten Krieg» vertrat. Die Theologen, die in dem Rat sassen, gaben Las Casas recht, da sie sich vor seinen Argumenten, nach denen die «Indios» auch Menschen seien und als solche Menschenrechte besässen (wie wir heute sagen würden), nicht verschliessen konnten. Doch die Juristen schlossen sich seinem Gegner an, der die Thesen vom «gerechten Krieg» auf die Lage in «América» anwenden wollte.

Die Versuche des Geistlichen jedoch, in América selbst die Lage der Eingeborenen zu verbessern, schlugen jedesmal gründlich fehl. Das Experiment, auf einer Landkonzession einen Modellstaat zu errichten, brach 1520 zusammen, bevor Las Casas noch seinen Staat organisieren konnte, weil die Siedler Kämpfe mit den Eingeborenen provozierten. Später, 1536, wurde Las Casas nach Madrid zurückgerufen, um sich gegen den Vorwurf zu verteidigen, er habe in seinen Predigten die spanischen Soldaten zur Meuterei aufgehetzt, und als Bischof von Chiapas (1544 bis 47) stiess er auf solch wütenden Widerstand durch die Siedler, dass er nach drei Jahren im Amt erneut nach

Madrid zurückkehren musste. Dies kam, weil er sich weigerte, die Siedler zur Kommunion zuzulassen, wenn sie nicht ihre bisherigen Untaten bereuten und als Zeichen aufrichtiger Reue ihre in seinen Augen zu Unrecht erworbenen Landgüter an die rechtmässigen Besitzer, die Einheimischen, zurückerstatteten. Die Siedler verursachten Tumulte und behaupteten sogar, Las Casas sei ein «Agent der Engländer».

Nach diesem letzten Rückschlag in América blieb Las Casas in Spanien und versuchte dort durch Schriften, Predigten und Gutachten, die Sache der «Indios» zu verteidigen. Zu seinen berühmtesten Schriften gehören die «Ganz kurz gefasste Darstellung der Zerstörung Westindiens» (Brevísima relación de la destrucción de las Indias), die er 1523 verfasste und 1552 im Druck erscheinen liess, sowie seine beiden umfangreichen Werke: Apologie und Geschichte der «indischen» Gebiete (Apologética y Historia de las Indias), die beide erst lange nach seinem Tode gedruckt worden sind.

Der Verteidiger der Indios – ein «Nuevo Cristiano»?

Americo Castro macht es wahrscheinlich, dass Bartolomé de las Casas ein *«Nuevo Cristiano»*, also jüdischer Herkunft war, die er streng verborgen halten musste. Falls dies zutrifft, zeigt sich auch in seiner Person und Haltung die im spanischen Geistesleben der klassischen Zeit so häufige Figur des Neuchristen, der durch die Lebensumstände, in denen er sich befindet, auf die Hohlheit der offiziellen Geistlichkeit und ihres Macht- und Prestigestrebens geradezu gestossen wird, ohne sich direkt dagegen auflehnen zu können, jedoch einen Weg findet, um ihre Pseudo-Religiosität blosszustellen, ohne selbst seine «uneingestehbaren» Wurzeln, deren Aufdeckung ihm zum Opfer der Inquisition prädestiniert hätte, offenbaren zu müssen.

Wenn das, was er sah, und es war ohne Zweifel schauderhaft, nicht genügte, um den Vulkan von Empörung zum offenen Ausbruch zu bringen, den man hinter allen Schriften des grossen Verteidigers der Indios spürt, so hat man auch daran zu denken, dass er selbst höchstwahrscheinlich zur Kaste jener Ausgeschlossenen und angeblich «Verruchten» gehörte, deren noch so tiefer christlicher Glaube in den Augen der Zeitgenossen den Makel nicht ausgleichen konnte, dass sie «unreinen Blutes» gewesen seien.

Seine persönliche Lage und sein persönlich erlittenes Unrecht müssen das Empfinden des bekehrten «encomendero» für wirkliches Recht und wirkliches Unrecht so stark beeinflusst haben, dass er lauter und heftiger, fester entschlossen als all seine Zeitgenossen – auch jene, die mit der Behandlung der Indios nicht übereinstimmten –, gegen das Unrecht auftrat, das den einheimischen Bewohnern des Neuen Spaniens, jenes «anderen Weltkreises» (otro orbe), wie ihn Las Casas gerne nennt, angetan wurde.

In seinem Testament aus dem Jahr 1564 schreibt der 80jährige Kämpfer: «Ich glaube, dass Gott Spanien zur Strafe für seine Freveltaten, die in solch verbrecherischer Art, so ehrbefleckend, so tyrannisch und bestialisch begangen wurden, mit seinem Zorn und seiner Rache bestrafen wird. Ganz Spanien hat ja, in grösserem oder geringerem Masse, Anteile an den blutigen Reichtümern erlangt, die durch Gewalt und zum

Preis von so viel Zerstörung und Mord zu Unrecht erworben wurden. Ich fürchte sehr, dass es die strenge Busse, die Spanien retten könnte, zu spät antrete, wenn es sie beginnt: denn die Blindheit, mit der der Himmel Gross und Klein geschlagen hat, und vor allem jene, die sich rühmen oder das Ansehen geniessen, weise und vorausschauend zu sein und die sich für fähig halten, die Welt zu regieren –, diese Verblendung ihrer Vernunft als Strafe für ihre Sünden und, allgemeiner, für alle Fehler der spanischen Nation ist heute noch so allumfassend wie sie es vor siebzig Jahren war, als diese Räubereien und Quälereien, diese Massaker und Zerstörungen begannen. Nie haben sie verstehen wollen, dass so viel Skandal und Frevel zum Schaden unseres heiligen Glaubens, so viel Unrecht und Räuberei, Zerstörung und Metzelei, Versklavung und Usurpation und, um abschliessend alles zu sagen, so vollständige Zerstörung und Hinmordung nichts als unrechte Handlungen und Todsünden sind.» (Nach: Marcel Bataillon et André Saint-Lu: Las Casas et la défense des Indiens, Paris 1971, p. 262)

Die Zusammenstösse des «Goldenen Zeitalters»

Ob man nun «Gottes Hand» darin erblicken will oder eher eine gewisse «Logik der Geschichte», die Vorausahnungen des greisen Bartolomé de las Casas sollten sich weitgehend erfüllen. Um zunächst im Bereiche der «Indios» zu bleiben: Spanien erhielt eine «Silberstrasse», auf der sich das mit grausamen Mitteln erpresste Silber der südamerikanischen Minen über die Halbinsel ergoss. Sie begann in Sevilla, dem Monopolhafen für die «Américas», und zog dann über Land durch die Extremadura, bis nach León, Oviedo, Gijón. In jenem nordspanischen Hafen wurde das Silber wieder eingeschifft, um über Europa verteilt zu werden. Was in Spanien unterwegs hängen blieb, wurde in vielen Fällen «versteinert»: Die Adligen und jene, die gerne adlig erscheinen oder werden wollten, bauten sich Paläste, mit prunkvollen Wappenschildern über klotzigen Torbögen, wie sie heute noch etwa das Stadtbild von Cáceres bestimmen. Ein anderer Teil des amerikanischen Silbers wurde in Madrid und anderen Städten zu Münzen geprägt, die grössten Mengen jedoch verliessen die Halbinsel sofort wieder, weil es in den Niederlanden, in England, in Frankreich die produktiven Unternehmen gab, Handwerksbetriebe und Manufakturen, die in der Lage waren, aus dem Silber etwas Verwendbares und von allen Menschen Begehrtes zu machen. Begehrt auch von den Spaniern und gekauft von jenen jedenfalls, die Anteil an der «Silberstrasse» oder am alten Besitz hatten. Für viele von ihnen galt nicht ein «Oder», sondern das «Und».

Der wirtschaftliche Niedergang Spaniens

Spaniens Wirtschaft ingesamt blieb rückständig. Sie basierte immer noch auf der wenig mobilen feudalistisch-agrarischen Ordnung des mittelalterlichen Kastiliens. Einkünfte, ob vom Lande oder aus der neuen überseeischen Beute, flossen überwiegend sogleich in den Konsum, in den Kauf benötigter oder begehrter Waren. An deren Herstellung aber verdienten andere: die fleissigen und geschickten Handwerker, Kaufleute und Unternehmer der Produktionsländer. Diese Länder befanden sich anfangs sogar zu Teilen unter spanischer Herrschaft, man denke an die Niederlande; sie setzten indes bald einen Teil ihrer Gewinne dazu ein, sich ihre Freiheit von der spanischen Oberherrschaft zu erkämpfen, oder um sie, wie England, gegen spanische Angriffe zu verteidigen und aufrecht zu halten. Dabei spielte für Spanien eine entscheidende Rolle, dass die Finanzspezialisten, die bisher praktisch ausschliesslich aus der jüdischen Gemeinschaft gekommen waren, ihm nun fehlten.

Dies ist gewiss eine stark vereinfachte Sicht der spanischen Wirtschaftsentwicklung, doch sie trifft in grossen Zügen zu. Alle Betrachter der spanischen Wirtschaftsmisere, die schon unter Philipp II. begann, waren sich einig darüber, dass die produktiven Kräfte auf der Halbinsel immer weiter abnahmen. Schon die Zeitgenossen wussten, dass dies darauf zurückging, dass immer mehr Bauernsöhne und andere Mitglieder der produzierenden Schichten ihre Felder und Werkstätten verliessen, um am Hof von Madrid ihr Glück zu versuchen, in der Armee, in der Flotte oder am besten: auf einem der bürokratischen Posten, wie sie immer zu grossen Teilen von Geistlichen gefüllt wurden («iglesia, mar o casa real»), was dann als «Herr», «hidalgo», zu leben erlaubte, ohne dass die erfolgreichen Bauernsöhne ihre Hände noch mit «Arbeit» «beschmutzen» mussten.

Das Ideal des «hidalgo» zog die Spanier an und bewirkte ihre Hinwendung zur Klasse der von der «Arbeit» Befreiten. Wer eine Arbeit verrichtete, wie sie die «Moros» und die Juden früher zu leisten pflegten, geriet in Gefahr, zu den Abkömmlingen dieser Volksschichten «unreinen Blutes» gezählt zu werden. Dadurch wurde seine Ehre verletzt, sogar wenn der Verdacht ungerechtfertigt war, weil die «Ehre» («honra», nicht: «honor») darauf beruhte, wie man öffentlich angesehen wurde, ganz gleich, ob dies den Tatsachen oder der blossen «Meinung» der Umwelt entsprach.

1619 beriet der spanische Staatsrat darüber, warum die Ländereien der Halbinsel sich entvölkerten und verarmten. Er kam zum Schluss, dass die unglaubliche Zunahme der Latein- und Grammatikschulen daran schuld sei. Eins daran war richtig beobachtet: Immer mehr Bauern sandten ihre Söhne in die Schulen, weil sie hofften, ihre Nachkommen könnten auf diese Weise auf die Karriereleiter des Staates oder der Kirche gelangen und damit zu «hidalgos» werden. Ein Kommentator der Beratungen merkte an, dass eine «unzählbare Menge» unter den Bauernsöhnen, die in die Schulen eilten, gar nicht bis zu den kirchlichen Weihen gelangten und dann «Schelme» würden, Vagabunden, Strassenräuber und Kriminelle, während andererseits viele von denen, denen es doch gelinge, Kleriker zu werden, durch ihre Armut (darin nämlich lebte der durchschnittliche Geistliche) gezwungen seien, tausend Praktiken anzuwenden, die ihres Standes unwürdig seien. Die Aufstiegsaussichten für ehrgeizige Hidalgo-Aspiranten waren also äusserst unsicher. Das galt im übrigen auch für den Staats- und Militärdienst.

Gleichzeitig lief ein anderer Prozess ab: die Entwertung des Geldes. Das massenhafte Einströmen und ebenso massenhafte Prägungen des amerikanischen Silbers bewirkten, dass in Spanien alle Preise und Dienstleistungen extrem teuer wurden, das Land in einen ausgezeichneten Markt für Verkäufer und einen sehr schlechten für Käufer verwandelte. Alle europäischen Händler suchten daher, Güter nach Spanien zu verkaufen, während sie es vermieden, spanische Produkte zu kaufen. Den Cortes waren die Folgen der beständigen Geldemissionen, deren Nominalwerte immer höher wurden, durchaus bewusst. Doch die Geldnöte der überbesetzten Bürokratie und vor allem der überall in Europa kämpfenden Heere bedingten immer wieder, dass die Könige sich von ihren Versprechen, keine neuen Münzen mehr zu prägen, «ausnahmsweise» befreien liessen. Der Entwertungsmechanismus verstärkte natürlich die negative Entwicklung der spanischen Wirtschaft, und ihre Krise wirkte auf den Willen und die Notwendigkeit zurück, die bei vielen einst im Produktionsbereich tätigen Bürgern zu Tage traten, koste es, was es wolle, ihr Glück bei Hof und in der weltlichen oder kirchlichen Bürokratie zu versuchen.

Der Anfang dieser Spirale dürfte jedoch im Bereich der «Sonderkultur» der hispanischen Länder liegen, die aus den drei Klassen emporwuchs. Die eine der drei, die siegreiche, jene der «alten Christen», empfand es als einzig ehrenhaft, dem Staat mit den Waffen zu dienen oder sich eine *sinecura* zu erwerben, die ihren Mitgliedern erlaubte, als «hidalgos» zu leben und die «ehrenrührigen» Beschäftigungen der Leute «unreinen Blutes» zu vermeiden, während die in der Landwirtschaft und im Handwerk besonders tüchtigen «Moros» und später «Moriscos» des Landes verwiesen wurden und die als Verwaltungs-, Geld- und Handelsfachleute bestausgewiesenen Juden entweder das gleiche Schicksal erlitten oder als zwangsbekehrte «Neuchristen» den Verfolgungen der Inquisition ausgesetzt waren.

Dies ist natürlich nur ein Aspekt der späteren Entwicklung, der wirtschaftliche. Er vor allem aber führte zum Standardbild «des Spaniers», wie ihn die anderen im 18. und 19. Jahrhundert sahen: ebenso stolz wie zerlumpt, ebenso tapfer wie uneffizient.

Überlebensstrategien der «Neuchristen»

Die «Neuchristen» in Kastilien waren zu machtlos, um selbst an eine Änderung der politischen Verhältnisse denken zu können. Jene in Portugal und in Katalonien dürften sich den nationalen Kräften dieser beiden Staaten angeschlossen haben, wenn sich diese erfolgreich, wie im Falle Portugals, oder mit beschränktem Erfolg, wie in jenem Kataloniens, gegen Kastilien erhoben.

Die Auswanderung wurde *ein* Weg der Verfemten, zu überleben. Amsterdam war das Hauptziel der Neuchristen, die sich, oft unter Schmerzen, von der Halbinsel losrissen. Viele von ihnen sind zum Judentum zurückgekehrt, sobald sie die Möglichkeit dazu erhielten. Dasselbe geschah oft auch im türkischen Machtbereich, wohin sich ebenfalls viele Vertriebene wandten. Die in ihrer Heimat blieben, verfolgten subtile Wege, wenn es darum ging, ihre Menschenwürde und Eigenheit gegenüber den «hidalgos» und der Mehrheitsgemeinschaft zu bewahren. Dies waren in erster Linie jene, die sich selbst als Spanier und als Christen fühlten und sich daher nicht von Spanien losreissen wollten. Sie standen unter dem Druck der Verfemung durch die «Alten Christen» und schuldeten es sich selbst, ihrer eigenen Selbstachtung, Wege zu finden, um die Ungerechtigkeiten, unter deren Last sie zu leben hatten, als solche zu entlarven. Wenn sie sich von der sie umgebenden Meinung anstecken liessen, nach welcher die Leute des «unreinen Blutes» tatsächlich «unrein» und «minderwertig» seien (*«valer menos»*), liefen sie Gefahr, ihre innere Existenz zu verlieren.

Es wurde deshalb eine psychologische Notwendigkeit für sie, die Gleichwertigkeit, wenn nicht sogar die Überlegenheit ihrer Herkunft hochzuhalten und in ihrem eigenen *Inneren* zu bestärken, wenigstens dort, da es nicht möglich war, wegen der Gefahr, welche die Inquisition bedeutete, dies öffentlich zu tun.

Notgedrungen wurde deshalb mit allen Formen des Indirekten, der Verschleierung gearbeitet. Im künstlerischen Bereich bot sich die beste, wenn nicht einzige Möglichkeit, das eigene Recht auf Menschenwürde indirekt zu manifestieren oder zu fordern. Direkte Äusserungen waren unmöglich; die Inquisition wäre eingeschritten. Doch die Ausarbeitung von Kunstwerken bot einen Ausweg.

Selbstdarstellung

In den frühen Kunstwerken, die der islamischen oder der jüdischen Tradition nahe stehen, geht es mehr um Selbstdarstellung, wie im Falle des *Libro del Buen Amor*, dessen Verfasser, *Juan Ruiz*, der Erzpriester von Hita (starb gegen 1350), sogar eine ausgesprochene Selbstironie entwickelt. Eine wahrscheinlich zutreffende Endbemerkung in den Manuskripten will, er habe sein Gedicht, voll von orientalischen Einflüssen, im Gefängnis geschrieben, als ihn sein kirchlicher Vorgesetzter dort einsperren liess.

In den späteren Jahrhunderten wird die Kritik an der Welt der Mehrheitsgesellschaft immer stärker unterstrichen. Sie kann bis zur bitteren Ablehnung der Welt überhaupt gehen, zum «mundo inmundo» *Mateo Alemáns* im sechzehnten Jahrhundert. In der frühklassischen Welt des Neuchristen Fernando de Rojas aus dem späten 15. Jahrhundert drohen Blitzschläge aus heiterem Himmel wie in dem mit glühenden Farben gemalten Liebesgarten der Tragikomödie «Celestina», in dem alle Freude plötzlich zerbricht und nur bittere Klage übrigbleibt.

Das gleiche gilt von Wissenschaftlern wie den frühen spanischen *Humanisten* «unreinen Blutes» vom Schlage eines *Luis de León, Nebrija, Juan Vives*, und von *Mystikern* wie *Juan de Avila* und *Luis de Granada*; auch von *Santa Teresa* und *San Juan de la Cruz* wird man es annehmen können. Ihnen geht es darum, ihren eigenen Weg zu finden und einzuschlagen, sei es jenen der wissenschaftlichen Leistungen, die einer eigenen Wahrheit verpflichtet sind, oder jenen einer anderen Wahrheit, des direkten Zugangs zu Gott auf dem Weg der Mystik.

Santa Teresa und ihre Burg Gottes

Die berühmte mystische Schrift der Heiligen Teresa (1515–1582) über die «Moradas del castillo interior» (deutsch meist: Die innere Burg) baut auf dem Bild eines kristallenen Schlosses auf, das aus sieben konzentrischen Mauern besteht. Dies ist ein Symbol der Seele. Im innersten Schloss wohnt Gott, und die Seele will sich mit ihm vereinigen, indem sie von einer Ringmauer zur nächsten nach innen vordringt. Aussen umlagern die Festung allerhand giftige Tiere, die ebenfalls einzudringen suchen. Das spanische Wort «moradas» kann man mit «Etappen» übersetzen, doch es gehört zu dem Verb «morar» = weilen, bleiben, so dass die Bedeutung von «Bleibe» mitschwingt. Das spanische entspricht sehr genau dem arabischen «Maqâm»: Standort, Bleibe auf dem Weg zu Gott, den der Mystiker durchläuft. (*S. H. Ritter*: Das Meer der Seele, Leiden, 1968, p. 191 f. und Index).

Auf der Suche nach den Ursprüngen des Bildes von den sieben konzentrischen Burgen gelangt Luce López-Baralt, nach der Durchsicht vieler anderer ähnlicher Bilder in der spanischen und europäischen Mystik, die alle eine gewisse Verwandtschaft besitzen, zu einem Text des Mystikers *Abu'l-Husain an-Nûri* (starb 907 in Bagdad; über ihn siehe: A. Schimmel: Mystische Dimensionen des Islams, Köln 1985, p. 96 ff.), welcher in der Tat auch eine Burg aus konzentrischen Wällen malt, die «Gott in den Herzen der Gläubigen geschaffen hat». Das Innerste ist Sitz der «Kenntnis Gottes»; aussen bellt der Teufel, wie Hunde es tun.

Asín Palacios hatte zuvor auf einen ähnlichen arabischen Mystikertext hingewiesen, der jedoch späteren Datums ist als die Schrift der Teresa. Der neugefundene, viel frühere Text legt nahe, das es einen *mystischen Topos der sieben Schlösser* gab, der sich durch die arabische Mystik hindurchzog und dann auf die spanische einwirkte. Damit ist weiterhin nicht klargestellt, wie das Bild zu Teresa gelangt sein könnte. Sie selbst spricht von einer göttlichen Inspiration (L. López-Baralt, Huellas del Islam, wie oben p. 73 und Anmerkung 1). Doch die Möglichkeit, dass solche Bilder von den Mystikern des einen zu jenen des anderen Glaubens wanderten, ist nicht auszuschliessen.

Literarische Einflüsse oder «Kasten-Zugehörigkeit»?

Es gilt, in unserem Zusammenhang zwei Diskussionen auseinanderzuhalten: eine, die sich um die möglichen «neuchristlichen», d. h. lebensweltlichen Ursprünge bedeutender (und weniger bedeutender) Figuren des spanischen Geisteslebens dreht, und die andere um mögliche islamische Einflüsse auf der formalen Ebene.

Bei der ersten geht es darum, ob und wie die Zugehörigkeit zur Klasse der «Unreinen» das Leben und die Geisteshaltung der betroffenen Figuren der spanischen Kultur beeinflusst hat. Dies ist im Falle von Luis de León überaus deutlich. Im Falle von San Juan de la Cruz und der Heiligen Teresa – bei beiden ist ihre neuchristliche Herkunft erwiesen – liegt ein Zusammenhang von Herkunft und mystischem Denken nahe, denn die Zugehörigkeit so vieler der spanischen Mystiker zu den «Neuchristen» dürfte kaum zufällig sein. Die nicht-offizielle, nicht-kirchliche Natur der mystischen Gottessuche wird das entscheidende Element gewesen sein. Die Mystik erlaubte es, ein geistliches Leben zu führen, ohne sich auf die offizielle Kirche abstützen und von ihr niederhalten und verachten lassen zu müssen, wie es den «Neuchristen» nur zu leicht geschah, wenn sie die Aufmerksamkeit der Altchristen und besonders deren Institution zur Reinerhaltung des «alten Glaubens», der Inquisition, auf sich zogen.

In diesem Bereich liegt aber natürlich auch die Wurzel des Misstrauens, das die Kirche den Mystikern entgegenbrachte. Sie entzogen sich ihrer Vermittlung und Kontrolle, so weit sie es, ohne gegen das Dogma zu verstossen, vermochten und soweit sie vermeiden konnten, deswegen mit den Kircheninstanzen, die ihnen vorgesetzt waren, in Konflikt zu geraten. Verfolgungen, wie im Falle von San Juan de la Cruz, und Misstrauensäusserungen wie gegenüber Santa Teresa, gab es dennoch, wie es bekanntlich das Schicksal vieler Heiliger war.

Die Frage, wieweit islamische «Einflüsse» in den Werken der grossen Mystiker nachweisbar sind, ist eine ganz andere. Hier geht es darum, ob und in welcher Form eine erkennbare Tradition bestand, welche die Mystiker beider Religionen miteinander verband.

Während im Falle der Wissenschaftler die Selbstachtung verbunden ist mit der Entwicklung der Fähigkeit zur rationalen Erkenntnis, ist im Falle der Mystiker die Selbstachtung verbunden mit der Achtung vor dem Göttlichen, das ein jeder Mensch ihrer Überzeugung nach in sich trägt und das es mit der Hilfe Gottes zu aktivieren gelte.

Zuflucht im Innern der Kirche zu suchen, besonders bei neuen und intellektuellen Orden wie jenen der Jesuiten und der Jerónimos, war ein anderer Weg, um zu versuchen, der Verfemung des «unreinen Blutes» zu entkommen, wobei nicht immer an eine bewusste Verhaltensstrategie gedacht werden sollte. Bei den meisten und wohl gerade bei den geistig hervorragendsten unter den «Neuchristen» ging es gewiss vielmehr darum, sich selbst als gute Christen zu erweisen, gerade weil die Gesellschaft ihnen ungerechterweise, die Fähigkeit, solche zu sein, aus Gründen des «Blutes» absprechen wollte.

Vielleicht deshalb fanden die Ideen des Erasmus von Rotterdam grossen Anklang bei den spanischen «Neuchristen», lehrte der Niederländer doch ein «inneres» Christentum, bei dem es auf die Gesinnung ankam. Er stützte sich dabei auf Paulus, und die «Erasmisten» sind denn auch stets «Paulisten» gewesen. Man braucht bloss den Anfang des Ersten Korintherbriefs zu lesen, um auf etliche Verse zu stossen, aus denen die verachteten Neuchristen Trost beziehen konnten. Ein Beispiel wäre 1 Kor 28 f.: «Und das Unedle vor der Welt und das Verachtete hat Gott erwählet, und das da nichts ist, dass er zunichte machte, was etwas ist, auf dass sich vor ihm kein Fleisch rühme. Vom Ihm kommt auch ihr her in Christu Jesu ...»

Die Lehre des «Neuchristen» Paulus, der ja selbst aus dem Judentum kam, war den sich als «echte» Christen *und* Spanier ansehenden «Neuchristen» wichtig, weil sie ihnen erlaubte, auf das Wesentliche der *inneren Gesinnung* hinzuweisen und das Merkmal der Geburt, aus dem die «Altchristen» und die Inquisition ein Fundamentum machen wollten, als nebensächlich zurückzuweisen. Doch die spanischen Erasmisten sind von der Inquisition buchstäblich ausgerottet worden, wo immer sie es wagten, ihre Meinungen darzulegen. (S. das berühmte Buch von Marcel Bataillon, Erasme et l'Espagne, Paris 1937 und spätere Auflagen).

Es gab für die Verfolgten aber auch die Möglichkeit, in irreale Wundergefilde auszuweichen. *Jorge de Montemayor*, ein «Cristiano Nuevo», führte mit seiner «Diana» (Valencia 1559?) ein Werk, das einen ungeheuren nationalen und internationalen Erfolg hatte, die *Schäferromane* in Spanien ein. Einige seiner religiösen Gedichte hat die Inquisition verboten. *Cervantes* hat sich ebenfalls in einem Schäferroman versucht, als er sein erstes grösseres Prosawerk schrieb («Galatea» 1585).

Wie der Dichter *Góngora* (1561–1627) sich damit abfand, zur Klasse der «Unreinen» zu gehören, haben wir schon erwähnt. Er erfand eine Form der Dichtung von solch komplexer, verwickelter, beinahe «abstrakter» Form, dass sie nur jenen Hochgebildeten zusprechen konnte, von denen zu erwarten war, dass sie sich nicht durch die Vorurteile des «vulgus» beeinflussen liessen. Nur für solche wollte der Chorherr der Kathedrale von Córdoba schreiben, von dem bekannt war, dass er zu der «bewussten» Klasse gehörte. «Es ehrt mich», schrieb er im Jahre 1613 oder 1614 an einen Unbekannten, «dass ich für Ungebildete dunkel bin, denn dies ist der Rang der Gelehrten, dass sie derart sprechen können, dass es jenen (den Ungebildeten) Griechisch scheint; schliesslich sollte man Edelstein nicht an die Schmalztiere verschwenden».

Die «Schmalztiere» (animales de cerda), d. h. Schweine, sind eine Anspielung auf die Altchristen, die ihre Vorliebe für Schweinefett, das den Neuchristen aus ihrer Ursprungskultur widerlich war, zum Kult erhoben. Wer sich damit mästete, «bewies», dass er nicht zu der verfemten Gemeinschaft gehörte, und wer es vermied, konnte bei der Inquisition verzeigt werden. Viele Feinde der Neuchristen machten daher den «tocino» (Speck) zu einer Flagge der alten gegen die neuen Christen. (S. A. Castro, Hacia Cervantes, Madrid 1967, p. 22 f., wo man auch die Verse des Lope de Vega findet:

Yo te untaré mis versos con tocino,
porque no me las muerdas, Gongorillo ...
Ich will dir meine Verse mit Schweinefett einreiben
Damit du mir sie nicht beissest, Gongorillo ...)

Im Jahr 1588 tadelte der Bischof Francisco Pacheco seinen Chorherren und beschuldigte ihn, dass seine Gedichte nicht so geistlich seien, wie man es erwarten sollte. Der Dichter antwortete: «Meine geringe Theologie möge Entschuldigung finden, sie ist so schwach, dass ich es vorzog, als leichtsinnig verurteilt zu werden statt als Ketzer» (A. Castro: De la edad conflictiva, Madrid 1961, p. 179, nach M. Artigas, Don Luis de Góngora, 1925, p. 64).

Weltflucht und Kampf bei Luis de León

Wenn Fray *Luis de León* (1527–1591), einer der grössten Dichter spanischer Sprache, Augustinermönch und «Nuevo Cristiano», eine der schönsten seiner Oden dem abgeschiedenen und bescheidenen Landleben widmet, war er sich zweifellos des Vorbildes Horaz' bewusst, als er sein eigenes Werk verfasste. Doch das berühmte Gedicht «Vida retirada» (15–57), das beginnt: «Qué descansada vida / la del que huye el mundanal ruido ...» (Welch geruhsames Leben [ist jenem beschert], der vor dem Lärm der Welt flieht ...) ist gerade darum eines der schönsten und am tiefsten empfundenen der spanischen Dichtkunst, weil es nicht eine Nachahmung ist, sondern selbst, unter Schmerzen gelebt.

Im Falle von Luis de León wissen wir viele Einzelheiten darüber, was das «Leben in der Welt» für ihn persönlich bedeutete und welche Gefahren es ihm gebracht hat, weil er zur Klasse der *Conversos*, der «Konvertierten» gehörte. Dass für ihn das ideale Leben in der Abgeschiedenheit als Kontrast mit dem Leiden und der Gefahr zusammenhängt, die ihm seine Zugehörigkeit zur Klasse der Konvertierten gebracht hat und stets wieder zu bringen droht, geht aus dem Gedicht hervor, das er nach seiner Entlassung nach fünf Jahren im Kerker der Inquisition geschrieben hat: «Hier hielten mich Neid und Lüge eingeschlossen. Glücklich der demütige Rang des Weisen, der sich zurückzieht von dieser gemeinen Welt und sich, bei armem Haus und Tisch, beglückt, auf dem Lande, einzig mit Gott begnügt,– der in Einsamkeit sein Leben verbringt, nicht beneidet und selbst ohne Neid.»

Der Dichter und Gelehrte, einer der berühmtesten Bibelspezialisten seiner Zeit, damals Inhaber eines Lehrstuhls in Salamanca, war 1572 vor der Inquisition verzeigt worden, weil er zehn Jahre zuvor das Hohe Lied aus dem hebräischen Original ins Spanische übersetzt hatte. Die Übersetzung, heute veröffentlicht unter dem Titel «el cantar de los cantares», und wohl die schönste in allen Weltsprachen, die wir von Salomons Hohem Lied besitzen, hatte er vorsichtig in der Handschrift zurückbehalten, doch einige Blätter davon waren in die Hand eines Schülers geraten, der sie weitergezeigt hatte. Die Denunzianten blieben, wie immer in den Inquisitionsprozessen, anonym. Doch Luis de León hatte offenbar einen klaren Begriff davon, wer sie sein könnten. Er hatte bittere Feinde unter den Dominikanern, weil er mehrere von ihnen in den «Oppositionen» (akademische Disputationen, deren Sieger einen zu besetzenden Lehrstuhl erhielt) besiegt hatte, die er im Verlauf seiner akademischen Laufbahn bestanden hatte. Es gab eine scharfe Rivalität unter den geistlichen Orden um solche Lehrstühle, und im Falle der Augustiner und Dominikaner war sie besonders giftig geworden, weil die beiden Orden miteinander um den Vorrang an den Universitäten und in bezug auf die geistlichen Würden beim Hof und in der Kirche stritten. Das Hohe Lied in die Umgangssprache der Epoche zu übersetzen galt deshalb als bedenklich, weil für die lateinische Bibel in der Zeit nach Luther im streng katholischen Spanien der Anspruch erhoben wurde, der lateinische habe als der wahre, der unabänderliche Text zu gelten. Das Hohe Lied enthält lyrische Aussagen voll von glühender Liebe. Die damalige Orthodoxie wollte sie als Ausdrücke der Liebe verstanden wissen, die die Menschenseele zur Kirche empfinde. Gerade weil diese Behauptung auf schwachen Füssen stand (es gab keine Kirche zur Zeit Salomons), wollte die Kirche den Text des Hohen Liedes nicht von jedermann diskutiert und interpretiert wissen, schon gar nicht von Leuten, die nicht einmal Lateinisch verstanden. Die Ankläger scheinen den Verdacht geäussert zu haben, der «Jude» (gemeint ist «Neuchrist») wolle sich mit Hilfe seiner Übersetzung über die Kirche lustig machen und die Autorität der lateinischen Bibel schwächen. Wir wissen aus den Prozessakten, dass einer der Inquisitionsrichter, der dem Dichter übel gesinnt war, argumentierte, ein «Jude» müsse doch notwendigerweise gegenüber der Kirche schlechte Absichten verfolgen.

Luis de León konnte sich nach fünf Jahren «Untersuchungshaft» in den Verliesen der Inquisition von den Anschuldigungen befreien. Doch zwei seiner Mitangeklagten, ebenfalls Hebräisten und Professoren, kamen nicht mehr frei. Sie starben im Gefängnis.

In das Prosawerk, das er teilweise während seiner Haft im Kerker der Inquisition niederschrieb: «De los nombres de Cristo» (Über die Namen Christi), hat Luis de León eine Passage eingeschlossen, in der er, mit aller gebührenden Vorsicht, sehr deutlich macht, was er über die Politik der Diskrimination gegenüber den «Neuchristen» dachte. Das Buch handelt von den Namen Christi, die in der Bibel vorkommen. Es ist in der Form eines Gespräches zwischen drei Personen gehalten. Im Abschnitt über Christus als «Gottkönig» schreibt der verfolgte Gelehrte und Dichter: «Was zum wichtigsten gehört, das dieser KÖNIG zur Vollendung (seiner Herrschaft) getan hat, liegt darin, dass seine Untertanen alle seine Verwandten sind, um es besser zu sagen, dass sie alle aus ihm geboren sind, sein Werk und in seinem Bilde geschaffen (...).

Um die Wahrheit zu sagen, fast alles reduziert sich auf das Folgende: Sie sind grossmütig und edel und alle aus einem einzigen Geschlecht («de un mismo linage»). (...) zu seinem Reich gehören die Guten und Gerechten alleine, die von hoher Kaste («linage alto») und alle von einer einzigen sind (...) Das heisst, all seine Vasallen werden wie Könige sein und Er, den die Schrift zu recht KÖNIG nennt, wird Herr der Herren sein.

Hier sagte Sabino, indem er sich an Juliano (diese beiden führen den Dialog des Buches) wandte: ‚Dies ist ein grosser Ruhmestitel des Königreiches, in dem kein Gefolgsmann durch seine Abstammung («linage», man kann das Wort auch, wie oben, als Geschlecht oder «Kaste» übersetzen) minderwertig ist («vil»), keiner erniedrigt wird («affrentado») wegen seines Standes («condición») und keiner weniger wohlgeboren ist als ein anderer. Es scheint mir, dass dies echtes und ehrenhaftes KÖNIGTUM bedeutet: nämlich keine minderwertigen und erniedrigten Gefolgsleute («vasallos viles y affrentados») zu haben.'

‚In diesem (irdischen) Leben, Sabino', antwortete Juliano, ‚sind die Könige hier, um die Schuld zu bestrafen, gewissermassen gezwungen, jenen, die sie regieren, Kennungszeichen und Erniedrigung («poner nota y affrenta») aufzuerlegen. Wie es ja auch im Bereich der Gesundheit des Körpers geschieht, wo es manchmal richtig ist, einen Teil zu misshandeln («maltratar»), damit die übrigen Teile nicht verlorengehen. Deshalb sind in dieser Hinsicht unsere Herrscher («príncipes») nicht zu tadeln.'

‚Ich tadle sie ja auch nicht', sagte Sabino, ‚doch ich beklage ihre Lage, denn wegen dieser Notwendigkeit, von der Ihr, Juliano, sprecht, werden sie unvermeidlich Herren von schlechten und minderwertigen Gefolgsleuten («vasallos ruynes y viles»). Man hat sie um so mehr zu bedauern, je unvermeidlicher diese Notwendigkeit ist. Doch wenn es einige Herrschaften gibt («príncipes»), die dies anstreben («procuran») und denen es scheint, sie seien um so mehr Herren («señores»), je mehr Gelegenheit sie finden («quando hallen mejor orden»), nicht nur die Ihrigen zu erniedrigen («affrentar»), sondern auch (dafür zu sorgen) dass diese Erniedrigung («affrenta») während vielen Generationen durchschlägt («vaya cundiendo») und nimmer endet – was würdest du Juliano, von solchen sagen?'

‚Was?' antworte Juliano –, dass sie alles andere sind als Könige, zum einen, weil der Zweck ihres Auftrags ist, dafür zu sorgen, dass ihre Gefolgsleute glücklich seien («buenaventurados»), und diesem widerspricht in klarster Weise («por maravillosa manera»), sie herabzuwürdigen und zu erniedrigen («hacerlos apocados y viles»). Zum anderen, weil sie, wenn sie sich nicht um ihre Gefolgsleute kümmern wollen, sie sich selbst schädigen und herabmindern. Denn, wenn sie Häupter sind, welche Ehre liegt darin, Haupt eines missgestalteten und erniedrigten («vil») Körpers zu sein? (...) Sie schädigen nicht allein ihre eigene Ehre, wenn sie nach Massnahmen suchen («buscar invenciones»), um die Ehre jener zu beflecken, welche sie regieren, sie tun auch ihren eigenen Interessen grossen Schaden an und bringen den Frieden und die Beständigkeit ihrer Herrschaft in offenbare Gefahr. Denn gleichermassen, wie sich zwei gegensätzliche Dinge (...) nicht mischen können, ist es unmöglich, dass der Frieden in einem Reiche zustande komme («se añude con paz»), dessen Teile einander entgegengesetzt sind und in dem solch grosse Unterschiede (bestehen): für die einen grosse Ehre und für die anderen unübersehbare Erniedrigung («señalada affrenta»). Genau wie der Körper, dem es in seinen Teilen schlecht geht («está maltratado en sus partes») und dessen Säfte schlecht miteinander übereinstimmen, ohne Zweifel Gefahr läuft und sich Krankheiten, ja dem Tod ausgesetzt sieht, in gleicher Art droht einem Reich Krankheit und Krieg bei einer jeden Gelegenheit, wenn viele Schichten und Stände und viele einzelne Häuser in ihm sich verletzt und gekränkt («sentidas») fühlen und in dem der Unterschied, den aus diesen Gründen Glück oder Gesetz auferlegt, nicht zulässt, dass sie sich gut untereinander mischen und abstimmen. Denn Selbstbedauern («la propria lástima») und Verletzungen, die ein jeder in seiner Brust eingeschlossen trägt, halten sie wach und lassen sie immer nach einer Gelegenheit, sich zu rächen, ausschauen.» (Fray Luis de León: De los nombres de Cristo, Buenos Aires 1945, p. 167 ff.). Wegen dieser Passagen ist Luis de León nach seinem Tode erneut vor der Inquisition denunziert worden. Doch sie verzichtete darauf, gegen den Verstorbenen einen Prozess anzustrengen.

Die Anspielungen des Textes sind allgemeingültig, könnten sich aber leicht auch auf den damals soeben niedergeschlagenen Aufstand der letzten Muslime in den Alpujarras (1568/69, vgl. oben S. 348 ff.), beziehen.

Der Islam und die grossen spanischen Mystiker

Wieweit die grössten Mystiker Spaniens, *Santa Teresa* (1515–1582) und *San Juan de la Cruz* (1541–1591), von der arabischen Mystik beeinflusst sind, ist ein umstrittenes Thema. Deutlich ist immerhin, dass San Juan, Mystiker und einer der grössten Dichter der spanischen Literaturgeschichte, für gewisse Motive, die zu seiner zentralen Symbolik gehören, arabischen, ja persischen Mystikern näher steht als irgendwelchen europäischen Einflüssen. Man darf jedoch auch nicht vergessen, dass das Hohe Lied Salomons sein Lieblingsbuch unter allen Büchern der Bibel war.

Luce López-Baralt zählt in ihrem Buch «San Juan de la Cruz y el Islam» (Madrid 1990) alle Motive auf, zu denen sich enge Parallelen in der mystischen Literatur des Islams finden: den Wein des mystischen Rausches; die dunkle Nacht der Seele; die Flamme lebendiger Liebe und die Blitze von Feuer; das Wasser und die mystische innere Quelle; den Aufstieg auf den Berg; den einsamen Vogel; den Kampf des Asketentums; die Seele als mystischer Garten; die Lilie der Selbstaufgabe; den Fuchs des Sinnenlebens und die Locke als «geistlicher Haken». Weiter werden Parallelen zu Ibn 'Arabi, wie er und

San Juan ihre eigenen Gedichte kommentieren, herausgearbeitet und Bezüge zu dem grossen Dichter der mystischen Liebe, Ibn al-Farid (starb 1235) vorgelegt.

Die Verfasserin räumt ein, dass sie keine Texte hat auffinden können, über welche diese Beeinflussung sich hätte abspielen können, das heisst solche, die San Juan mit einiger Wahrscheinlichkeit hätte lesen können. Dies war aber auch der Fall in der heiss umstrittenen Frage der Einflüsse der Legende vom Aufstieg des Propheten, «Mirâj», auf die Konzeption der «Divina Commedia» Dantes gewesen. Die Parallelen hatte der Arabist *Miguel Asín Palacios* schon seit 1919 nachgewiesen. Doch erst nach seinem Tod wurden Übersetzungen von Texten der Himmelfahrtslegende Mohammeds ins Spanische und ins Lateinische entdeckt, die von Dante gelesen worden sein könnten (die spanische ist verloren, aber man weiss heute, dass es sie gab).

Die Verfasserin zweifelt nicht daran, dass das fehlende literatische Glied in der Kette auch im Falle der spanischen Mystiker noch gefunden werden könnte. Sogar wenn dies nicht der Fall sein wird, bleiben doch die erstaunlichen Parallelen und die Möglichkeit mündlicher Beeinflussung oder von Einflüssen, die genereller sind und als Themen, die in religiös ausgerichteten Gruppen umgingen, «in der Zeit lagen».

Vor allem die «Sekte», besser wohl Gruppierung der *Iluminados*, *Alumbrados* oder *Dejados* (alle drei Namen werden verwendet) kommt hier in Betracht. Von ihnen ist gesagt worden, sie stellten die einzige original spanische heterodoxe Bewegung dar, die es gegeben habe. Wir kennen diese Iluminados fast nur aus den Dokumenten der Inquisition, die 1525 in Toledo einen Prozess gegen gewisse Alumbrados durchführte, und aus einem anderen gegen eine spätere Gruppe, der sie ähnliche «ketzerische» Doktrinen vorwarf, im Jahr 1575 in Llerena.

Die «Alumbrados» vor der Inquisition

Ignatius von Loyola, der Gründer des Jesuitenordens, und Fray Luis de Granada, ein berühmter Prediger und Mystiker, sind ebenfalls des Illuminismus verdächtigt worden, jedoch nicht offiziell angeklagt und verurteilt. Nach den Inquisitionsdokumenten, natürlich stets eine feindliche Darstellung, vertraten die Alumbrados neben anderen ketzerischen Ansichten die Idee, «dass es keine Hölle gibt, und wenn gesagt wird, es gäbe sie, sei das nur, um uns zu erschrecken, wie man die Kinder erschreckt, wenn man sagt, ‹warte nur, der Coco kommt!›».

An anderer Stelle wird die gleiche Idee etwas ausführlicher und wohl weniger verzerrt dargestellt, wenn einem der Angeklagten, Pedro Ruiz de Alcarraz, nachgesagt wird, er behaupte, «nur Beginner und Kinder seien es, die sich über die Hölle entsetzten; die heroischen Menschen jedoch, die auf dem Gipfel der Vollkommenheit stünden, dienten dem Herrn nicht aus Angst vor der Hölle, was eine primitive und knechtische Einstellung sei, sondern aus Angst, dem Geliebten zu missfallen, was den Befürchtungen eines Sohnes entspreche.» Die Frage der Gottesliebe stehe im Zentrum der Lehre der Alumbrados von Toledo, schreibt Antonio Márquez, der das Manuskript ihres Prozessprotokolls studiert hat (in seinem Buch: Los Alumbrados, Orígines y Filosofia, 1525–1559, Madrid 1972, das zum Teil auf dem noch unpublizierten Inquisitionsprozess von Toledo fusst). «Sie scheinen die Hölle nicht so sehr als Dogma zurückzuweisen, sondern vielmehr in der Praxis», merkt ein anderer Gelehrter an, der sich mit ihren Ideen befasst. «Insofern, als die Hölle in keiner Hinsicht unter die Gründe christlichen Handelns gezählt werden soll; wie wenn es sie gar nicht gäbe». (Fray Domingo de Santa Teresa OCD: Juan de Valdés. Su pensamiento religioso y las corrientes espirituales de su época, Roma 1957, p. 35; beide zitiert von Luce López-Baralt in: Huellas del Islam en la literatura española, Madrid 2ª ed. 1989, p. 109 ff.).

Dass man Gott aus Liebe zu gehorchen habe, nicht aus Furcht vor der Hölle, ist ein Grundgedanke, der sich häufig bei den arabischen Mystikern findet, besonders auch im Orden der Shâdiliya, der bis heute in Nordafrika weit verbreitet ist und auch in Spanien zur arabischen Zeit stark vertreten war. *Asín Palacios* hat auf diesen mystischen Orden verwiesen, als er von den möglichen Einflüssen der arabischen Mystik auf die grossen Mystiker Spaniens handelte. (Šadiliyes y alumbrados, in: al-Andalus vols. IX–XVI (1944–51); vgl. auch ders.: «Un precursor hispano-musulmán de San Juan de la Cruz» in al-Andalus I, 1933, p. 7–79). Ähnlichkeiten, ja in manchen Fällen beinahe deckungsgleiche Bilder, Symbole und Ausdrucksformen sind feststellbar. Bestanden Verbindungen zwischen den beiden geistlichen Bewegungen oder handelte es sich um voneinander unabhängige Entwicklungen, die sich parallel zueinander ausbildeten?

Zur Zeit scheint dem Verfasser die wahrscheinlichste Annahme, dass es in der Tat einen gemeinsamen Wurzelgrund gibt, aus dem beide Geistesströmungen hervorgingen. Am ehesten lässt er sich wohl in der Strömung der Alumbrados erkennen. Dies schliesst nicht aus, dass sich die beiden mystischen Strömungen, von verwandten Vorstellungen ausgehend in verschiedene Richtungen entwickelt haben, denn es wäre gewiss unsinnig, behaupten zu wollen, die spätislamische und die spanische Mystik seien «das Gleiche».

Zum Verständnis der spanischen Kultur und der grossen «nicht-konformistischen» (und daher in ihrer Zeit verfemten) Figuren des spanischen Geisteslebens der Klassik ist die erste Fragestellung von viel grösserer Wichtigkeit. Die zweite, jene der «Einflüsse», mag die Literaturhistoriker brennend interessieren, doch ist sie eher episodischer Natur.

Von «Lazarillo» zu Cervantes

Im Jahr 1554 erschien gleich bei drei Druckern: in Burgos, in Alcalá und in Antwerpen, ein anonymes Büchlein. Es trug den Titel *«Leben des Lazarillo de Tormes und seine Glücksfälle und Unglücke»*. Das Buch wurde ein Welterfolg. Es erschien in französischer Sprache 1560, in englischer sechs Jahre später, niederländisch noch einmal drei Jahre später, deutsch dann 1617 und italienisch 1622. Überall rief es Nachahmungen, Fortsetzungen und literarische Weiterentwicklungen hervor. Die vielleicht berühmtesten sind in Spanien der bereits erwähnte *«Guzmán de Alfarache»* von Mateo Alemán (1599) und Grimmelshausens *«Simplicissimus»* in Deutschland (1669).

Neu an diesem Buch war die Perspektive von unten. Es handelte nicht von ritterlichen Helden, wie sie bis dahin die Romanliteratur beherrschten, sondern von einem gesellschaftlichen Aussenseiter, der sich bei verschiedenen Herren durchzuschlagen sucht und stets unter leerem Magen leidet. Von «Standesehre» kann bei diesem neuen «Helden» nicht die geringste Rede sein. Er verkörpert geradezu ihr Gegenbild. Die spätere Literaturkritik hat in erster Linie vom «neuen Realismus» gesprochen, der durch diese *Sicht von unten* in die Erzählung gelange. In der Tat werden Dinge sichtbar und geschildert, die bisher in der Literatur nicht ins Auge gefasst worden waren: das häusliche Leben eines überaus geizigen Priesters; das eines «hidalgo», der seine Tage in äusserster Armut verbringt, ohne dies nach aussen hin merken zu lassen; die Beziehungen zwischen einem blinden Bettler und dem Knaben, «Lazzarone», den er als Führer benützt und grausam ausbeutet.

Doch eine eingehendere Analyse des «Lazarillo» und der ganzen Literaturgattung der *Schelmenromane*, die von ihm ihren Ausgang nahmen, macht klar, dass für die Zeitgenossen mindestens ebensosehr wie das Motiv der Armut jenes der Ehrlosigkeit zählte und faszinierte. Lazarillo und alle Schelmen *(«Pícaros»)*, die ihm in Spanien nachfolgen, sind Anti-Helden, in erster Linie, weil sie nicht um ihre «Ehre» (honra) besorgt sind. Sie haben schlicht keine. Das besagt schon ihre Geburt; manchmal andeutungsweise, manchmal ausführlich ausgemalt, stammen sie von den «Ehrlosen» ab. Sie sind nicht nur illegitime Kinder, sondern darüber hinaus meist Abkömmlinge von «Moros» oder «Judíos». Sie gehören «jenem» Milieu an. Die Augen, die von unten her auf die Nachtseite der spanischen Gesellschaft blicken, pflegen auch Augen von solchen zu sein, die direkt oder indirekt mit den Bevölkerungsschichten «unreinen Blutes» zusammenhängen.

Im Falle des Lazarillo, dessen Verfasser unbekannt ist, kann es nur Vermutungen darüber geben, ob dieser selbst zur Klasse der «Unreinen» gehört haben könnte. Doch sein Romanheld tut sich am Ende mit «Jenen» zusammen, wenn er nicht von Beginn an zu ihnen gehört hat. Im Falle von Mateo Alemán, dessen «Guzmán» eine gute Generation später erschien, ist die Abstammung des Verfassers selbst und die seines (Anti-)Helden kein Geheimnis. Im Gegensatz zu Lazarillo, der sogar Sympathie gegenüber seinen Herren empfinden kann, besonders dem Hidalgo, den er schliesslich mit erbetteltem Weissbrot versorgt, ist der Pícaro Alemáns ein Verbrecher, der seine Karriere auf der Galeere beschliesst, und die Weltsicht seines Verfassers ist überaus schwarz.

Mateo Alemán stopft sein Buch mit überaus langfädigen moralischen Betrachtungen und vielen frommen Sprüchen aus, die heute schrecklich langweilig zu lesen sind, aber anscheinend seine damaligen Leser nicht abstiessen. Vielleicht dienten diese Frömmigkeitsprotestationen dazu, die nötigen Lizenzen von der Inquisition zu erhalten und in ihren Augen die radikale Kritik des Verfassers an der Welt, ja der Schöpfung, so wie er sie sah und darstellte, zu verschleiern.

Das Buch vom «Lazarillo de Tormes» hatte die Inquisition wiederholt zensiert und expurgiert. Wahrscheinlich ist eine solch lange Zeit, mehr als eine Generation, zwischen dem ersten und dem zweiten Schelmenroman in Spanien verstrichen, weil der Lazarillo der Inquisition und ihrer Zensur missfiel.

Wie dem auch sei, nach dem *Guzmán de Alfarache* erschien dann rasch ein ganzer Strom von Schelmenromanen. Einer der berühmtesten ist *«La vida del Buscón»* von Quevedo (1626). Francisco Gómez de Quevedo war keineswegs ein «Neuchrist», sondern stolz auf sein «Altchristentum», seinen Adelsbesitz und sein Kreuz von Santiago; er war sogar ein heftiger Gegner der «Conversos». Sein Schelm Buscón, «Vorbild der Vagabunden und Spiegel der Geizhälse», gehört zu den «Neuchristen», und er macht eine Karriere als Hochstapler, so dass deutlich wird, dass Quevedo die Form des Schelmenromans umgekehrt verwendet hat; als polemische Waffe *gegen* die «Neuchristen».

Die Form des Schelmenromans wurde von verschiedenen Seiten für ihre Zwecke benützt; es gab sogar eine *Pícara Justina*, die ihre Liebhaber betrog wie der Pícaro seine Herren. Fast konsequent verheiratete ihr Verfasser sie in dritter Ehe mit dem Guzmán des Mateo Alemán. Der Autor dieses Romans (1605), *Francisco López de Ubeda*, war Hofarzt und, sehr wahrscheinlich, «Neuchrist»; er schrieb seine Erzählung als Schlüsselroman, um die Höflinge zu ergötzen. Als Motto über den ganzen Roman könnte man einen Satz der Heldin schreiben, den sie ausspricht, nachdem sie eine ihrer frechen Taten begangen hat:

«Lo que hay de culpa, Diós lo perdone;
lo que hay de donaire el lector lo goze».
(Was dies an Sünde enthält, möge Gott vergeben;
was an Witz, geniesse der Leser).
(Marcel Bataillon: Pícaros y picaresca, Madrid 1969, p. 190).

Seine Heldin, die, wie der Roman versichert, ursprünglich den arabischen Namen Aldonza trug (der eigentlich Alaroza lautete, vom Arabischen al-'Arûs = Braut), verbindet physische Attraktivität mit einem «arabischen» Wissen über die «morisco»-Küche von Andalusien und die Geheimnisse von Schönheits- und Heilmitteln, durch welche sie sich der Kurtisanenwelt der korrupten Grossstadt Rom unentbehrlich macht, bis sie soweit kommt, ihr eigenes Haus aufzumachen und damit so gut zu verdienen, dass sie sich zum Schluss in Begleitung ihres getreuen Freundes und Dieners Rampín (von Beginn an hat sie es sich zur Regel gemacht, dass sie nur mit ihm schläft – des Nachts – «tagsüber komme, was da wolle») auf die Insel Lipari zurückzieht.

Die Schelmenromane, von denen es noch ungezählte weitere gibt, sind auch deshalb von Bedeutung, weil *Cervantes* seine Hand an Schelmenerzählungen versucht hat.

Sein berümtestes Werk, das ihn zu einem Grossen der Weltliteratur gemacht hat, *«Don Quijote»* (1605), gehört und gehört zugleich auch nicht in den Kreis dieser Gattung. *Formal* beginnt es als eine Mischung zwischen kritisch gesehenem Ritterroman und Schelmengeschichte. Das Vagabundentum etwa, das die Figuren des grossen Romans von der normalen städtischen Welt und Gesellschaft trennt, um ihnen ihre eigene Bühne zu schaffen, auf der sie sich glaubhaft bewegen können, ist ein durchgehender Zug des Schelmenromans. Cervantes freilich verfolgt damit eigene künstlerische Ziele.

Nach Américo Castro besteht eine Beziehung dialektischer Art zwischen dem Guzmán de Alfarache des «Neuchristen» Mateo Alemán und dem Hauptwerk des Cervantes. Dies insofern, als der bittere Schelmenroman Alemáns, den Cervantes gelesen haben muss, eine Replik von seiten Cervantes' provoziert hätte: Konfrontiert mit dem – überaus erfolgreichen – Roman pessimistischer Härte, der davon ausgeht, dass die Welt «schlecht» sei, dem «mundo inmundo», habe Cervantes mit seiner künstlerischen Entdeckung geantwortet, die feststellt: Die Menschen «machen» sich ihre Welt. Sie hängt davon ab, was die Menschen in ihren Köpfen tragen und wie sie das dann in der Welt zu verwirklichen suchen. Diese Antwort sollte zum Keim des modernen Romans werden. Der Keim hat allerdings erst gegen 200 Jahre später ausgeschlagen, nicht in Spanien, sondern in England, wo zuerst *Don Quijote* eine tiefere Wirkung ausüben sollte. «Fielding, Smollet, Scott und Dickens gehen aus ihm hervor» (Gerald Brenan, The Literature of the Spanish People, Cambridge Univ. Press 1951, Peregrine Books, 1963, p. 186).

Cervantes: Auch ein «Neuchrist»?

Ist auch Cervantes «ex illis» gewesen? – Man versteht, dass die Frage, auch heute noch, Dynamit enthält. Generationen von Spaniern haben in der Schule gelernt, dass Cervantes so etwas wie ein spanischer Nationalheld sei: *Unser* Genie, etwa neben Picasso. Das konventionelle Cervantes-Bild war jenes eines verarmten «urspanischen» Hidalgo. Dann kommen gewisse Professoren und behaupten, anscheinend ohne handfeste Beweise, er sei «ein Jude»! – Natürlich behauptet Castro dies nicht. Er anerkennt durchaus, dass der grosse Vater des modernen Romans ein zutiefst gläubiger katholischer Christ gewesen sei, der das Dogma der Kirche ausdrücklich anerkannte. Doch er glaubt, er habe zu der Kaste der «Neuchristen» gehört. «Die Jagd auf Neuchristen ist für einige Forscher ein faszinierender Sport geworden», meint Antonio Domínguez Ortiz etwas ironisch, «und weil sie einige bedeutende Jagdstücke haben erbeuten können, ist in ihnen der Wunsch nach dem grössten von allen erwacht, Miguel de Cervantes Saavedra». (Los Judeoconversos en España y América, Madrid 1971, p. 212.)

Doch der Verfasser dieses Buches kann nicht umhin, von dem Jagdzug Castros beeindruckt zu sein. Wer sein Plädoyer für den «neuchristlichen» Standort des grössten spanischen Dichters liest, kann es schwerlich einfach beiseite legen. Die äusseren Umstände aus dem Leben des Cervantes (1547–1616) treten neben die innere Evidenz seiner Schriften. Zu den äusseren Umständen gehört: Sein Vater war Wundarzt und zog in der Welt herum, ohne zu lange an einem Ort zu verweilen. Der spanische Staat hat es dem Sohn trotz der kriegerischen Taten seiner Jugend, der Empfehlungen seiner militärischen Kommandanten und seiner heroischen Haltung in langer algerischer Gefangenschaft, zweimal abgelehnt, ihm eine Position in Amerika anzuvertrauen. Dafür hat der Staat ihn mehrmals ins Gefängnis gesteckt.

Die Ehegattin des Cervantes, mit der er sich im übrigen nie gut vertrug und die alleine in ihrem Dorf Esquivias lebte, wo sie Güter besass, war aus einer neuchristlichen Familie. Die Neuchristen haben sehr oft untereinander geheiratet. Zu ihrer Familie, also ebenfalls zu den vermutlichen Neuchristen, gehörte auch jener Juan Quijada, von dem es heisst, er habe die Anregung zur Figur des Alonso Quejada el Bueno gegeben, was der Namen von Don Quijote war, bevor er sich selbst einen ritterlichen Namen verpasste. (Details bei A. Castro: Cervantes y el «Quijote», in: Cervantes y los casticismos españoles, Madrid 1966, p. 166).

Schlagender noch als die äusseren Indikatoren sind die inneren: Cervantes ist ein Erasmusanhänger, wie so viele der «Neuchristen»; das heisst, er tritt für ein «innerliches» Christentum ein und verachtet die bloss äusserlichen, formal christlich-kirchlichen Gesten und Fuchteleien. Er lässt zwar Sancho Panza gelegentlich über sich selbst sagen: Wenn er, Sancho, nur fest und wirklich an Gott glaube und an alles das, was die heilige Katholische Römische Kirche behaupte und lehre, und wenn er, Sancho, auch «Todfeind der Juden sei, wie ich es bin», müssten die künftigen Geschichtsschreiber in ihren Schriften gut über ihn sprechen. Doch die Meinung Don Quijotes ist eine andere. «Das Blut wird vererbt, die Tugend (‹virtud›) erworben; die Tugend besitzt in sich selbst soviel Wert, wie das Blut ihn nicht hat.» Dies war bestimmt auch die Ansicht des Dichters. Sein Zwischenspiel vom «Retablo de las Maravillas», in dem er sich recht offen über die «Altchristen» lustig macht, ist nur ein Indiz von vielen für seine Grundhaltung (s. A. Castro, Cervantes y los casticismos españoles, Madrid 1966, p. 127). In diesem «entremés» wird die alte Geschichte vom «König und seinen Kleidern, die nur Wohlgeborene sehen können», auf die «alten» und «neuen» Christen umgemünzt; nur Alt-Christen können sehen, was auf dem Retablo, einer Schaubühne, vor sich geht. In Wirklichkeit geschieht gar nichts.

Der Standpunkt eines Aussenseiters

Es lässt sich nicht leugnen, dass der Quijote das Werk eines ausgesprochenen Aussenseiters ist: Es spielt sich fern von der Stadt ab, in der die tonangebende spanische Gesellschaft lebte, und es ist gegen diese Gesellschaft geschrieben. Nur, weil Cervantes, arm, enttäuscht, unzufrieden mit seinem Leben, verbittert über seine verschiedenen Fehlschläge und Zurücksetzungen war? – Gewiss war er dies. Doch wir wissen heute genug über die innere Struktur der damaligen spanischen Gesellschaft mit ihren bitteren Kämpfen zwischen den «Kasten» der Alt- und der Neu-Christen, dass es einfach unrealistisch wäre, der Frage auszuweichen: auf welcher der beiden Seiten stand der Dichter?

Schon seine Gegnerschaft gegenüber *Lope de Vega* weist ihm seinen Platz an. Denn Lope war der erfolgreiche, glänzende «Star» der Epoche, Dichter der Mehrheitsmeinung, Verfasser von hunderten von Dramen, in denen die Welt sich so spiegelte, wie die spanischen Alt-Christen sie sehen wollten: «ihre» Welt der stolzen Adligen, der kämpferischen, jedoch stets heilbringenden Kirche, des Königshauses, das zu Recht die Welt regiere, der Ehre, die Ehrerweisung war und die daher auf der Einschätzung einer jeden Person von aussen beruhte («honra», nicht «honor») und die mit Blut gewaschen werden musste, wenn sie befleckt war, wobei die Flecken durchaus nur im Auge des Beschauers liegen konnten.

Cervantes war die Gegenfigur, die an den Meinungen und Dogmen der grossen

Menge allerhand Fragezeichen anbrachte und ihnen gegenüber Nachdenken forderte. Cervantes, der Lope nicht mochte und dem Lope dies mit giftigen Gedichten und Epigrammen heimzahlte, war dessen Gegenspieler, wenig erfolgreich zu Lebenszeiten, ein Dichter, der nach vergeblichen Versuchen, auf den konventionellen Wegen zum Erfolg durchzubrechen, seine eigene Welt erfand und artikulierte, indem er eine neue Sicht der Menschen niederschrieb, die auf dem Handeln der einzelnen aus ihrer eigenen Meinung beruhte, aus ihrer inneren Vorstellungswelt heraus, welche ihr Denken und Wollen bestimmt und ausrichtet.

Ob «Narr» oder «Weiser» oder «Narr mit Lichtblicken», Don Quijote verdient alle drei Qualifikationen. Jedenfalls ist der «Ritter von der traurigen Gestalt» ein Mann, der sich selbst hervorbringt, gänzlich unabhängig von der «Meinung» der Gesellschaft, sein eigenes Schicksal. Er ist, zum ersten Mal in der spanischen Literatur, ja wohl in der westlichen Geistesgeschichte seit den Tagen des Altertums überhaupt, nicht mehr Figur in Rahmen einer physisch und metaphysisch festgeschriebenen Welt, die seine Möglichkeiten festlegt und begrenzt. Don Quijote bestimmt, «macht» sich selbst.

Wahrscheinlich hat Castro recht: Cervantes selbst gehörte zu «Jenen». Doch auch wenn er hinsichtlich der Abstammung unrecht hätte: dass Cervantes auf «ihrer» Seite stand, die Welt mit «ihren» Augen ansah, unter den gleichen Nachteilen litt wie «sie», und diese auf seine eigene, gänzlich neue Art, ins Auge zu fassen, zu überwinden und als Ausgangspunkt für eine neue Weltsicht zu nehmen verstand, die er zu einem Kunstwerk bisher nie dagewesener Art prägte, lässt sich nicht ernsthaft bestreiten.

Geistig erschöpft ins 19. Jahrhundert

Die kulturzerstörerischen Gegensätze zwischen den «alten» und den «neuen» Christen setzten sich über die «Edad de Oro», das klassische Zeitalter, hinaus fort. Die Zahl der «Neu-Christen» nahm zwar ab: Sie waren ausgewandert oder hatten sich mit der übrigen Gesellschaft verschmolzen. Doch die Regeln, nach denen «reines Blut» nachgewiesen werden musste, um bestimmte Positionen einnehmen oder Beschäftigungen ausüben zu dürfen, nahmen immer mehr zu. Es gab sogar bestimmte handwerkliche Zünfte, etwa die Schneider von Toledo, die derartige Statute aufstellten. «Sogar um Primarlehrer zu werden, hatte man nach einem Gesetz von 1771 sein reines Blut nachzuweisen». (A. Castro: España en su Historia, México 1966, p. [33]). Zeugnisse «reinen Blutes» konnten oft durch Bestechung erlangt werden. Doch dieser Umstand, der natürlich allgemein bekannt war, bewirkte nur, dass der Verdacht «unreinen Blutes» nie zur Ruhe kam. Der Ausdruck «in den Geschlechtern herumschnüffeln» («bucear en los linajes») wurde sprichwörtlich.

Es gab weiterhin Beschäftigungen, die als «neuchristlich», d. h. «typisch jüdisch» galten. Allzu scharfe Intelligenz konnte schon genügen, um den Verdacht des «unreinen Blutes» heraufzubeschwören. «Ni Judío necio ni liebre perezosa» (weder dumme Juden noch langsame Hasen), sagte das Sprichwort. Und allgemein blieb «Judío» als Schimpfwort bis heute in aller Mund, obwohl es Juden in Spanien in Wirklichkeit kaum mehr gab. Und die Nordspanier, Asturier, Montañeses und Basken, legten grossen Wert auf die Behauptung, dass *sie* jedenfalls «reinen Blutes» seien, weil die «Moros» und die «Judíos» nie bis in ihre Landesteile gelangt seien.

Mathematik oder Griechisch zu studieren oder gar zu verstehen, gehörte auch zu den verdächtigen Tätigkeiten. Denn nur «gescheite Juden», so nahm der «Normalspanier» an, würden sich mit dermassen schwierigen und kompromittierenden, d. h. ehrenrührigen, Wissenschaften einlassen. Der Lehrstuhl für Mathematik in Salamanca blieb unbesetzt vom Beginn des 17. Jahrhunderts bis 1743. *Torres Villaroel*, der erste Inhaber des Lehrstuhls nach dieser langen Pause, schilderte die Lage an der illustren Universität im Jahr 1743: «Alle Lehrstühle der Universität standen leer, und sie litt unter einer unaussprechlichen Unwissenheit. In jener Zeit galt eine geometrische Figur als Hexerei und Versuchung des Heiligen Antonius, und in einem jeden Kreis glaubte man einen Kessel zu erkennen, in dem in kochenden Blasen die Pakte und Vereinbarungen mit dem Teufel brodelten.» (Vida, col. Austral, 1948, p. 63).

Der *Graf von Peñaflorida*, der im 18. Jahrhundert lebte, schrieb in seinem Buch *«Los aldeanos críticos»* (Die kritischen Bauersleute): Auf der einen Seite stehe «der Altchrist Aristoteles» (als Verkörperung aller wissenschaftlichen Tradition und Orthodoxie), auf der anderen «die hündischen Ketzer, Atheisten und Juden, wie Newton, der ein schrecklicher Ketzer war ... oder ein Galileo de Galileis, der wie sein Name zeigt, ein Erzjude gewesen sein muss». (A. Castro: Hacia Cervantes, Madrid 1967, p. 159). Hier manifestiert sich die alte Grundhaltung, aber sie hat nun ein neues Zielobjekt: In dem Masse, in dem die Neuchristen im Inneren verstummten, denn es gab sie kaum mehr, befasste sich die Inquisition mit der Bekämpfung der *fremden* Ideen, die aus Frankreich, England und Italien vor allem einzudringen drohten. Ganz Spanien wurde abgeschottet, Häfen und Landgrenzen ganz besonders gegen das Eindringen von Büchern abgedichtet. Die Zensur wurde nun eine der Hauptbeschäftigungen der Inquisitoren.

Leben unter einem ungerechten Gesetz

Wichtig für die Gemeinschaft der Spanier wurde seither der Umstand, dass sie alle, nun nicht mehr bloss die «Neu-Christen», die als solche langsam von der Bildfläche verschwanden, ausser den wenigen Privilegierten immer gewisser empfanden, sie stünden unter einem ungerechten Gesetz. Die Privilegien und das Wohlleben der Kirche, besonders der Mönche, sowie der Umstand, dass der Staat seine Macht auf die Kirche stützte und diese wiederum ihm dazu diente, die eigene absolute Macht zu halten, mit allen daraus hervorgehenden Machtmissbräuchen, bewirkten dieses Grundgefühl. Doch es brachte nicht, wie in Frankreich, schlussendlich eine Revolution oder, wie in England, eine politisch-kirchliche Reform. Es führte vielmehr zu einer Verstärkung der spanischen Selbstherrlichkeit, die oft falsch als Individualismus gedeutet wird. Das eigene «Ich» wurde zum Mass aller Dinge. Gewiss, es inkorporierte die «eigene», ja «allereigenste» Religion, *«unseren* katholischen Glauben» und *«meinen* Herrn», *«unseren*

König». Doch das Bewusstsein, dass die Diener der Religion und des Königs, *unseres* Glaubens und *unseres* Herren, unwert waren, bestand gleichzeitig und nahm immer zu, je mehr die wirtschaftliche und kulturelle Lage der Nicht-Privilegierten sich verschlechterte.

Wie Castro zeigt, war diese Grundhaltung jene, aus der die spanische Neigung zur «madre anarquía» hervorging: Chiliastische Hoffnungen, verbunden mit Abneigung gegen alle Regierung schlechthin. Die *Lehre* des Anarchismus kam aus dem Ausland, doch der *Widerhall*, den sie, primär in Südspanien, fand, beruhte auf der Zustimmung, die sie beim verabsolutierten «Ich» der spanischen Unterschichten, der Landarbeiter und Auswanderer in die frühen Industriestädte, fand. (La realidad histórica de España, México 1966, p. 276–325.)

Das geltende äussere Gesetz wurde immer fragwürdiger. Korruption und Privilegien entstellten es so weit, dass es als eine falsche Fassade erschien, die nur dazu diente, die praktisch permanenten Machtmissbräuche zu verkleiden. Da es offensichtlich ein ungerechtes Gesetz war, wurde die eigene Person, das souveräne «Ich», zum alleine gültigen Mass.

Die Festung des «Ich»

Dieses «Ich» stammte aus der alten Zeit, als die «Hidalgos» es ausbildeten, um den überlegenen Muslimen entgegentreten zu können. Es fand seine Rechtfertigung nicht im Herstellen von Dingen, im Aufbau eines Werkes oder einer Ordnung ausserhalb des «Ich», im Objekt einer Arbeit, sondern *«in sich selbst»*. Nur manche Kunstwerke bildeten eine Ausnahme, weil sie dem Selbstausdruck dienten. *Velázquez* malte, was *er* sah, und Goya zeichnete *seine* Caprichos, «Launen», auf das Papier und malte *seine* Sicht des Hofes der späten Bourbonen oder des spanischen Volkslebens auf die Leinwand oder in Fresco auf die geweisselten Mauern.

Die neuen Ideen hingegen wurden aus dem Ausland importiert. Im Spanien des 18. und frühen 19. Jahrhunderts wurde der Aufklärer «afrancesado» genannt, «französiert». Sogar die systematische Reaktion aus «ideologischen» Gründen wurde (ebenfalls aus Frankreich) eingeführt, nachdem die «guerrilla» (immerhin eine spanische Erfindung) der anti-napoleonischen Zeit abgeklungen war. Die «100 000 Söhne des Saint Louis» hoben 1823 nicht nur den Absolutismus, sondern sogar die Inquisition in Madrid noch einmal auf den Thron.

Schlussbetrachtung:
Über das hispanische Zusammenleben

Segmentierte Gesellschaften sind in der Terminologie der Ethnologen solche, in denen viele Gruppen mit starkem innerem Zusammenhalt nebeneinander bestehen. Sie sind überwiegend vertikal gegliedert. Man findet ein Nebeneinander verschiedener Stammes-, Volks- und Religionsgruppen. Innerhalb dieser einzelnen Gruppen lassen sich horizontale Schichtungen erkennen. Doch die horizontalen Trennungslinien treten weniger scharf zutage als die vertikalen, die eine Gemeinschaft von ihrer Nebengemeinschaft unterscheiden. Rivalitäten, die oft bis zu kriegerischen Auseinandersetzungen führen, sind fast ausschliesslich durch die scharf betonten vertikalen Trennungslinien bestimmt, welche diese Gesellschaften durchziehen.

In stark segmentierten Gesellschaften kann es Staatsvölker und Staatsreligionen geben sowie unterworfene Staats-, Stammes- und Religionsgemeinschaften. Doch auch die unterlegene Gemeinschaft behält ihre Struktur als Stamm, Gliedstaat, Klan, Religionsgemeinschaft bei. Wenn die Machtverhältnisse sich lockern, strebt die unterlegene Gemeinschaft an, ihrerseits die führende Gruppe, das Staatsvolk, die vorherrschende Religionsgemeinschaft zu werden.

Eine solche segmentierte Gliederung ist in den islamischen Gesellschaften die Regel. Vertikale Risse treten denn auch im früh- und hochmittelalterlichen Spanien überall deutlich hervor.

Die Christen wie die Muslime hielten Sklaven, und die Grenze zwischen Freiheit und Unfreiheit war gewiss eine der wichtigsten horizontalen Trennungslinien, die die vertikal aufgeteilte Gesellschaft durchzogen. Doch sie war verwischt durch die verschiedenen Formen von Leibeigenschaft, die es ebenfalls auf der christlichen wie auf der muslimischen Seite gab. Die Bedeutung der vertikalen Linien tritt unter den Muslimen sogar im Falle der Sklaverei hervor: in die Freiheit entlassene Sklaven schlossen sich der Familie des ehemaligen Besitzers an und wurden deren Gefolgsleute. Auf diesem Weg fanden sie ihren Platz im vertikalen Klan- und Stammessystem. Einen Sklaven zu befreien galt als eine der verdienstvollsten Taten, die ein Muslim überhaupt verrichten konnte, was zu häufigen Freilassungen führte. Im Fall von Frauen, die ihrem Besitzer ein Kind gebaren, war die Befreiung obligatorisch. Doch die freigelassenen Sklavinnen, die Mütter von Kindern ihres ehemaligen Herren waren, blieben natürlich normalerweise ebenfalls im Verbund der Grossfamilie.

Damit eine solche «segmentierte» Gesellschaft nicht in beständigem Krieg der Stämme und Klans leben muss, braucht sie einen starken Herrscher. Seine Macht muss so gross sein, dass sie die vertikalen Solidaritäten der vielen nebeneinander stehenden Kolonnen von Stamm, Klan, Sprachgemeinschaft, Religionsgruppe übersteigt und die

Gesellschaft über sie hinaus zusammenzuhalten vermag. Die Geschichte von al-Andalus zeigt immer wieder, dass starke Herrscher sich nach Jahren der Kämpfe zur Überwindung der verschiedensten Aufstände von einzelnen Segmenten der Gesellschaft schliesslich zur Macht über alle durchringen. Haben sie ihre Überlegenheit über alle Segmente einmal erwiesen, herrscht meistens Ruhe, und ihre Politik kann sich dem Glanz ihres Thrones oder einer ruhmreichen Aussenpolitik zuwenden. Dies ist der Grund für die grosse Bedeutung langer Herrschaftsjahre. Erst in der zweiten Hälfte ihrer Regierungsperiode erhalten die verschiedenen grossen Herrscher Gelegenheit, ihre Reiche kulturell, wirtschaftlich, aussenpolitisch aufzubauen und durchzuorganisieren. In ihren ersten Jahrzehnten sind sie gewöhnlich gezwungen, all ihre Widersacher einen nach dem anderen sich botmässig zu machen.

Nur in seltenen Fällen hält die überragende Vorherrschaft eines Herrschers über seinen Tod hinaus an. Die dritte Generation sieht sieht in der Regel den Zerfall. Sogar die Kleinkönige gehen auf eine erste Herrschergeneration zurück, die es vermochte, alle die verschiedenen Segmente der Gesellschaft im engeren Umkreis der Kleinkönigtümer unter ihre Herrschaft zu zwingen.

Das überaus langsame Fortschreiten der «Wiedereroberung» Spaniens durch die Christen des Nordens hängt entscheidend damit zusammen, dass auch sie ihre vertikalen Spaltungen aufwiesen und diese nur in Ausnahmezeiten unter besonders energischen und glücklichen Herrschern überwunden werden konnten.

Die mittelalterlichen Christen übernahmen von den Muslimen die Praxis des in drei verschiedene Säulen oder Stämme gegliederten Zusammenlebens der drei Religionen, wie es die Städte mit ihren gesonderten «Juderías» (Judenvierteln, Ghettos) und «al-Jamías» (wörtlich: «Gemeinschaften», nämlich der Muslime) auch physisch zum Ausdruck brachten. Doch die Christen übernahmen von den Muslimen nicht das *Gesetz*, auf dem die religiöse Stufenordnung unter den Muslimen beruhte. Das Zusammenleben der drei Gemeinschaften war auf ihrer Seite der Halbinsel ein Gebot der *Zweckmässigkeit,* die Juden und die Muslime (zuerst als solche, dann als Zwangsbekehrte) waren nützlich, besonders den Herrschern und dem Hochadel, als Verwaltungsfachleute und als Bewässerungsbauern und (Kunst-)Handwerker. Deshalb wurden sie «geduldet» und «beschützt». Sogar die zwangsbekehrten «Moriscos» konnten sich noch unter Karl V. immer wieder durch Geldzahlungen Befreiung von allzu einschneidenden Massnahmen der Kirche gegen ihre Bräuche und Lebensgewohnheiten erkaufen.

Doch der Schutz, den sie genossen, war nicht, wie im Islam, im Religionsgesetz gegründet. Er war nur eine Frage der Nützlichkeit, die vor allem den Hohen Herren zugute kam, und deshalb geschah es, dass der Druck, den die unteren Bevölkerungsschichten gemeinsam mit der Kirche ausübten, schliesslich zur Vertreibung der Muslime und der Juden (1492) aus der Halbinsel und zur späteren Austreibung der Moriscos (1611) sowie zur Verfolgung der zwangsbekehrten – und zwar so gut der heimlich ihrer alten Religion nachtrauernden wie der echt kirchengläubigen – «Neu-Christen» durch die Inquisition führte.

Diesen Durchbruch gegen die alte Gesellschaftsordnung «muslimischen» Stils erreichten die Geistlichen und das niedere Volk endgültig im Jahr 1492, nachdem sich bereits ein gutes Jahrhundert lang regional begrenzte Verfolgungen, in der Form von «Pogromen», abgespielt hatten.

Mit dem Ende des Königreiches von Granada war das politische Gegen- und zugleich Miteinander von christlichen und muslimischen Herrschaftsgebieten auf der Halbinsel endgültig zu Ende gekommen. Beide Religionen herrschten auf der Halbinsel bis zum Ende der granadinischen Zeit (1237–1492), wenngleich das eine Herrschaftsgebiet viel kleiner und machtmässig zunehmend unterlegen war, ja das muslimische Königreich den Christenherrschern als ein Vasall ihrer eigenen Staatsmacht galt. Solange aber ein muslimischer Herrschaftsbereich fortbestand, erschien es den nordspanischen Herrschern auch erträglich (und nützlich), im Inneren ihrer Königreiche «beschützte» Enklaven von Andersgläubigen zu dulden. Doch mit dem Ende der politischen «Segmentierung» im christlichen Bereich (symbolisiert durch den Zusammenschluss von Fernando und Isabel, die Aragón und Kastilien vertraten) und der religiösen Segmentierung auf der Halbinsel durch die Liquidation von Granada wurde die religiöse Dreiteilung innerhalb der christlichen Herrschaftsbereiche plötzlich sogar von den Herrschern (die natürlich unter starkem Druck durch die Kirche standen) als unerträglich empfunden. Die «Segmentation» war im staatlichen Bereich überwunden worden; deshalb sollte sie im religiösen Bereich auch nicht mehr weiter bestehen. Juden wie Moros, auch in ihrer mehr oder weniger zwangsbekehrten Form von «Moriscos» und «Neu-Christen» wurden nun plötzlich als potentielle «Fünfte Kolonne» empfunden. Sie wurden verdächtigt, mit dem türkischen oder auch dem protestantischen Landesfeind in heimlicher Verbindung zu stehen, und dementsprechend behandelt. Dass es dabei besonders im Falle der städtischen «Neu-Christen» auch allerhand Geld zu gewinnen gab, indem ihre Güter beschlagnahmt wurden, stellte gewiss eine weitere Verlockung dar, ihnen nachzustellen. Doch diesen Anreiz hatte es auch schon vor den Ausweisungsdekreten gegeben.

Es liegt an diesem späteren Verhalten der «Katholischen Könige» und ihrer Nachfahren, dass die muslimischen Herrscher von al-Andalus zur Zeit des Kalifats und auch später die Ta'ifa-Herrscher und die Nasriden von Granada oft als «tolerant» beschrieben werden. In der Tat hatten die Minderheitsgemeinschaften, darunter auch die religiösen, unter ihnen ein besseres Los. Doch es handelte sich nicht um «Toleranz» im Sinne der heutigen Bedeutung des Wortes. Unser Toleranzbegriff geht auf die Aufklärung zurück. Er gründet sich auf ein neues Bewusstsein, das die Religionen bei allen dogmatischen Unterschieden als im Grunde verwandte Kräfte erkennt. Die Ringparabel ist zwar orientalischen Ursprungs. Sie dürfte auf Kreise der islamischen Mystik zurückgehen, in denen auf die Erkenntnis von der Verwandtschaft, wenn nicht sogar Gleichwertigkeit aller Religionen, lange vor der europäischen Aufklärung vorsichtig angespielt wurde. Doch war es erst die europäische Aufklärung, die eine solche Erkenntnis ohne Verschleierung in das Licht einer öffentlichen Debatte stellte, nicht ohne

Risiko übrigens für die damaligen Aufklärer, so dass schliesslich in unseren Tagen Toleranz als eine Tugend und als eine gesellschaftliche Notwendigkeit gesehen wird.

Dies ist etwas ganz anderes als die durch das islamische Religionsgesetz (Schari'a) festgeschriebene «Duldung» der anderen Buchreligionen. Weil es sich um eine innerhalb des Islams niedergelegte Vorschrift handelt, muss sie notwendigerweise auf eine Stufenordnung hinauslaufen, in der die Muslime zuoberst stehen und das Staatsvolk bilden, welchem die Mitglieder der anderen beiden Religionsgemeinschaften höchstens teilweise, als «Beschützte» («Dhimmi») angehören. Unser Toleranzbegriff ist von Menschen geprägt worden, die sich ausserhalb der spezifischen Formen (Dogmen, Zeremonien, «abergläubischen» Phänomenen) einer bestimmten Religion stellten. Bis heute gilt übrigens: Je strenger sich Angehörige aller drei Religionen, Juden, Muslime, Christen, den traditionell bestehenden Lehren und Vorschriften ihrer Lehre unterstellen, desto schwieriger ist es für sie, den modernen Toleranzbegriff mit ihren religiösen Anschauungen zu vereinbaren.

Wie im Falle der anderen Segmente der muslimischen Gesellschaft war es auch im Bereich der religiösen Gemeinschaften letzten Ende die Herrschergewalt, welche die Segmentierung so weit überwand, wie sie ihre Eintracht und Einigung schaffende Macht über die gesamte Gesellschaft ausdehnen konnte. Wie im Stammesbereich oder in jenem der Klans oder der ethnischen Gegensätze brachen die Gräben auch zwischen den Religionsgemeinschaften erneut auf, sobald die Herrscher nicht ihre Macht einsetzten oder einsetzen konnten, um alle Segmente unter Kontrolle zu halten.

Im Falle der Almoraviden und Almohaden waren es die Herrscher selbst, die darauf ausgingen, die Präsenz der Juden und Christen in ihren iberischen Provinzen zu reduzieren, wenn nicht ganz aufzuheben. Wie später die «Katholischen Könige», doch wahrscheinlich weniger konsequent durchgreifend, haben schon sie versucht, in ihrem Herrschaftsbereich eine einheitliche religiöse Ordnung durchzuführen. Dies kann wenigstens teilweise damit erklärt werden, dass sie in ihren nordafrikanischen Ursprungsländern keine gleichstarken religiösen Minderheiten kannten wie ihre Zeitgenossen von al-Andalus. Es gab nur weitgehend marginalisierte, maghrebinische Juden, schon seit langer Zeit keine Christen mehr. Wichtiger noch war wahrscheinlich der Umstand, dass beide afrikanische Dynastien durch religiöse Bewegungen innerhalb des Islams zustandekamen, nicht wie die Herrscherhäuser von al-Andalus durch «weltliche» Machtergreifung.

Auf der christlichen Seite der Halbinsel wurden zunächst in der Praxis die unter den Muslimen geltenden Herrschaftsvorstellungen von den christlichen Machthabern weitgehend übernommen. Es waren die muslimischen Regeln, die auf der nördlichen Hälfte der Halbinsel während des Mittelalters für eine Koexistenz der drei Religionsgruppen unter dem Thron sorgten. Für ein solches Zusammenleben bestand strikte genommen keine Grundlage in der (damaligen) christlichen Glaubenslehre. Doch in der politischen Praxis lief alles darauf hinaus, dass die verschiedenen Glaubensgemeinschaften die Halbinsel untereinander zu teilen hatten.

Solange die Herrschaft über die Iberische Halbinsel auf viele rivalisierende Kräfte verteilt war (was natürlich nicht ausschliesst, dass vorübergehend eine von ihnen das Übergewicht innehatte), bestand eine Lebensgemeinschaft über alle Trennungslinien hinweg. Es war ein Zusammenleben aus praktischen Gründen. Im täglichen Leben brauchten die Gemeinschaften einander oder waren zum mindesten füreinander nützlich und rotteten einander daher nicht aus. Dies gilt vom Cid und seinem Programm gegenüber den «moros», wie wir gesehen haben, aber auch von al-Mansur, der dem Einsiedler oder Mönch auf dem Grab des Santiago fortzubeten erlaubte, als er als einziger Christ in der zerstörten und verlassenen Kathedralenstadt entdeckt wurde und der erklärte, er sei auf dem Grabe zurückgeblieben, «um den Apostel nicht alleine zu lassen».

Die gleiche Haltung galt noch für Fernando III., der zwar Córdoba und Sevilla direkt in Besitz nahm, aber in Granada die Errichtung eines Vasallenstaates zuliess, der weiterhin ein voll muslimischer Staat bleiben konnte.

Granada überlebte dann zweieinhalb Jahrhunderte als ein muslimischer Bestandteil des iberischen Gleichgewichtes. Dieses war während dieser Jahrhunderte ein Gleichgewicht vieler Pole und Zentren. Es gab Kriege und divergierende Machtinteressen zwischen den Königreichen Granada, Kastilien, Aragón, León, Portugal, Galicia, ganz abgesehen von «inneren» Bürgerkriegen in den einzelnen «Königreichen». Sogar Frankreich und England griffen vorübergehend in die iberischen Machtkämpfe ein, und Granada konnte periodisch mit den muslimischen Staaten jenseits der Meerenge zusammenarbeiten. Auch die See- und Handelsmacht Genua bildete einen Teil des gesamten, sich beständig drehenden Machtkaleidoskops.

Die «Rückeroberung», die von der christlichen Staatsideologie theoretisch gefordert wurde, musste in der Praxis immer wieder vor politisch dringlicheren Aufgaben zurücktreten, bis schliesslich die Halbinsel ihre politische Vielfalt zu einem bedeutenden Teil verlor, weil Kastilien (mit León) und Aragón (mit Katalonien) schliesslich gemeinsam zur Reduktion des islamischen Landes von Granada schritten sowie zu der sofort daraufolgenden Eliminierung der religiösen Minorität der Juden.

Die plötzliche Umstellung von der Koexistenz islamischen Stils auf den katholischen Monismus, der bald schon durch die Gegenreformation verstärkt und weiter ausgebaut wurde, sollte Folgen besonderer Art aufweisen. Die Zwangsbekehrungen von Muslimen und Juden gaben den Vorwand zur Einführung der spanischen Inquisition ab, deren theoretische Aufgabe es war, dafür zu sorgen, dass die Zwangsbekehrten nicht heimlich ihre alte, eigene Religion weiter ausübten.

In der politischen Praxis jedoch wurde die Inquisition eine Macht für sich selbst. Sie war teils Instrument der Regierung zur Durchsetzung des staatlichen Willens, doch mehr noch Instrument der Kirche, das sich immer mehr in die Lage manövrierte, auf die Regierung selbst einen ideologischen Einfluss auszuüben. Das Wirken und die Ideologie der Inquisition sorgten dafür, dass sowohl die freiwillig wie die durch Zwang Bekehrten und sogar deren Nachfahren zu den neuen «Juden» und zu den neuen «Muslimen» der Halbinsel wurden.

Schon damals waren es offensichtlich «die Anderen», nämlich die Inquisitoren, welche die «Juden» und die «Muslime» Spaniens weitgehend *machten*, indem sie für eine blinde, ungerechte und zweifellos unchristliche Verfolgung all jener sorgten, die angeblich «unreinen Blutes» waren. Man kann sagen, dass die Zwangsbekehrungen der Juden und Muslime ihre eigene Rache in sich trugen. Sie schufen den Vorwand für das Wirken der Inquisition, weil ihretwegen die Ungewissheit entstand, ob ein zwangsbekehrter Muslim oder Jude ein «guter» und «echter» Christ geworden sei oder nicht. Dies bedeutete, dass die alten Trennungslinien, über die hinweg früher eine gewisse Koexistenz, vollständiger oder gebrechlicher, je nach den Zeitläuften, möglich war, neu gezogen und diesmal vertieft, doktrinär auszementiert und gewissermassen vergiftet wurden.

Das Gift lag darin, dass die Unterscheidung zwischen Neu- und Alt-Christen zutiefst unchristlich war. Manche Spanier, wohl auch solche, die keine Neu-Christen waren, wussten dies. Doch die Inquisition – sie liess sich «das heilige Büro», santo oficio, nennen – schritt mit aller Gewalt dagegen ein, dass diese heikle Frage je öffentlich zur Sprache gebracht wurde. Sie erzwang damit Scheinheiligkeit als Norm der Gesellschaft.

Im wirtschaftlichen, kulturellen und wissenschaftlichen Bereich bewirkte die neue Aufspaltung der Spanier in reine und unreine «Kasten», dass bestimmte Beschäftigungen, die bisher von Juden oder Christen ausgeübt worden waren, als «unehrenhaft» galten. Die Mitglieder der herrschenden Kaste entwickelten eine Rentner- und Kriegermentalität, welche sich auf die nächsten Jahrhunderte spanischen Lebens lähmend und durchaus negativ auswirken sollte. Denn in dieser «altchristlichen» Mentalität, welche «Beschmutzung» durch unstandesgemässe Arbeiten und Beschäftigungen fürchtete, muss der tiefere Grund des Zerfalls Spaniens vom 17. Jahrhundert an gesehen werden.

Der Kastengegensatz zwischen Alt- und Neu-Christen, den die Inquisition verschärfte, liegt aber auch vielen der grössten künstlerischen Leistungen der Spanier zugrunde. Manche besonders begabte Individuen der «entehrten» Kaste, die nicht in der Lage waren, gegen ihre ungerechte Behandlung zu protestieren, suchten und fanden Wege des Selbstausdrucks und damit der Selbstbestätigung in künstlerischen Leistungen hervorragender Art.

Solche Leistungen, im Gegensatz zu jenen wirtschaftlicher oder wissenschaftlicher Natur, konnten auch von den Spaniern der herrschenden Klasse verstanden und geschätzt werden, weil auch ihre Kaste, seit der Zeit des Ringens gegen die kulturell überlegenen Muslime, die Pflege der «imperativen Dimension der eigenen Person» geübt hatte, um in der Lage zu sein, ihren damals zivilisatorisch überlegenen muslimischen Gegenspielern erfolgreich entgegenzutreten, und weil sie deshalb die Intensität des Selbstausdruckes zu würdigen verstanden, wie sie in den frühen und klassischen, religiösen und weltlichen, Kunstwerken und überzeugenden Selbstdarstellungen aller Spanier, genauer der Menschen aller Kasten unter den Bewohnern der Iberischen Halbinsel, immer wieder und gerade auch in den dunkelsten Zeiten ihrer Geschichte, erlösend und erleuchtend zum Durchbruch kam.

Anhang

Die Herrscherdynastien

Die Omayyaden

Emire:

Abdurrahmân I., Ibn Mu'awiya, 756–788
Hishâm I., Ibn Abudurrahmân, 788–796
al-Hakam I., Ibn al-Hishâm, 796–822
Abdurrahmân II., Ibn al-Hakam, 822–852
Muhammed I., Ibn Abdurrahmân, 852–886
al-Mundhir Ibn Muhammed, 886–888
Abdullah Ibn Muhammed, 888–912, Bruder von al-Mundhir

Kalifen:

Abdurrahmân III., Ibn Muhammed, Enkel Abdullahs
   Emir 912–929, dann *Kalif* bis 961, Titel: an-Nâsir li-Din'illah
al-Hakam II., Ibn Abdurrahmân, 961–976, Titel: al-Mustansir
Hishâm II., Ibn al-Hakam, 976–1009 und 1010–1013, Titel: al-Mu'ayyad

Kalifen der Revolutionszeit:

Muhammed II., 1009, Titel: al-Mahdi, Urenkel Abdurrahmâns III.
Sulaimân, 1009 und 1013–1016, Titel: al-Musta'in, Urenkel Abdurrahmâns III.
Abdurrahmân IV., 1018, Titel: al-Murtada, Urenkel Abdurrahmâns III.
Abdurrahmân V., 1023–1024 Titel: al-Mustazhir,
   Bruder von al-Mahdi, Urenkel Abdurrahmâns III.
Muhammed III., 1024–1025, Titel: al-Mustakfi, Urenkel Abdurrahmâns III.
Hishâm III., 1029–1031, Titel: al-Mu'tadd
   Bruder von Abdurrahmân IV., Urenkel von Abdurrahmân III.

Die Amiriden

Muhammed Ibn Abi Âmir, al-Mansûr, 981–1002
Abdel Malik, al-Muzaffar, 1002–1008
Abdurrahmân, Sanchuelo, Bruder des Vorausgehenden, 1008–1009

Könige von Valencia aus dem gleichen Haus:

Abdul-Azîz Ibn Abdurrahmân, 1026–1061
Abdulmalik Ibn Abdulazîz, al-Muzaffar, 1061–1065

Die Hammudiden von Málaga und Córdoba

Ali Ibn Hammûd, Nâir li-dini-Llah, 1016–1018, Kalife in Córdoba
Al-Qâsim Ibn Hammûd, al-Ma'mûn, 1018–1021 und 1023, Kalife in Córdoba
Yahya I., al-Mu'tali, 1021–23, 1025–1035, König von Málaga
Idris I., al-Muta'ayyad, 1035–1039, Málaga, Bruder des Obigen
Yahya II., al-Qâ'im, 1038–1040, Málaga, Sohn des Obigen
und weitere fünf Könige von Málaga: 1040–1058
Auch zwei Herrscher desselben Geschlechts in Algeciras, 1022 und 1048–1048 sowie 1049–1055

Die Banu Jahwar von Córdoba

Abul-Hazm Jahwar Ibn Muhammed Ibn Jahwar, 1031–1043
Abu Walîd Muhammed, «ar-Rashîd», 1043–1058
Abdel Malik, 1058–1069

Die 'Abbâdiden von Sevilla

Muhammed Ibn Isma'il Ibn 'Abbâd, 1023–1042
'Abbâd Ibn Muhammed, «al-Mu'tadid bi-Llah», 1042–1069
Muhammed Ibn 'Abbâd, «al-Mu'tamid», 1069–1091,
    starb 1095 in Aghamât als Gefangener der Almoraviden
Vier Söhne, deren drei vor ihrem Vater starben, Abu Nasr, Abu 'Amr, Abu Khalıd Yazid;
    ausser Abu Hassan 'Ubayd Allah «ar-Rashid», der 1130 in Marokko starb

Die Dhû-n-Nûn von Toledo

Isma'il Ibn Dhû-n-Nûn «az-Zâfir», 1016(?)–1043, nach anderen 1032–1043
Abu'l-Hasan Yahya, «al-Ma'mûn», 1043–1075
Yahya II. «al-Qâdir», Enkel des Vorausgehenden, 1074/75–1085, starb 1092 in Valencia

Die Zîriden von Granada

Zâwi Ibn Zîri, 1013–1019, und dessen Bruder Maksan
Habûs Ibn Maksan, 1019–1038
Bâdîs Ibn Habûs, 1038–1073, dessen Bruder: Buluqqîn Ibn Habûs
'Abdullah Ibn Buluqqîn, 1073–1090, Neffe des Obigen
Tamîn, «al-Mu'izz», in Málaga 1067–1090, Bruder des Obigen, starb 1095 in Marrakesh

Die Aftasiden von Badajoz

Abdallah Ibn Muhammed at-Tujîbi, Ibn al-Aftas, «al-Mansur», 1022–1045
Muhammed, «al-Muzaffar», 1045–1068
Yahya, «al-Mansur», 1068–1072(?)
Omar, «al-Mutawakkil», 1072(?)–1095, Bruder des Obigen

Die Banu Sumâdih von Almería

Ma'n Ibn Ahmed Ibn Sumâdih, 1041–1051/2
Abu Yahya, Muhammad, «al-Mu'tasim bil-Lah», 1051/2–1091
Ahmad, «Mu'izz ad-Daula», 1091, starb in Bougie

Die Hûdiden von Saragossa

Sulaymân Ibn Muhammed Ibn Hûd al-Judhami, «al-Musta'în bil-Lah», 1039–1046
Ahmad I., «al-Muktadir bil-Lah», 1046–1082
Yûsuf, «al-Mu'taman», 1082–1085
Ahmad II., «al-Musta'în bil-Lah», 1085–1110
Abdalmalik, «'Imâd ad-Daula», 1110, floh nach Rueda, starb 1130 in Rueda
Sayf ad-Daula, «al-Mustansir bil-Lah», in Rueda, 1130–1146

Die Almoraviden (al-Murâbitûn)

Yûsuf Ibn Tâshufin (oder Tâshfin) 1061–1106
Ali Ibn Yûsuf, 1106–1143
Tâshufin, 1143–1145
Ibrahim 1145, abgesetzt im gleichen Jahr
Ishâq Ibn Ali 1145–1147, Bruder von Tâshufin, Onkel des abgesetzten Ibrahim

Die Almohaden (al-Muwahhidûn)

Ibn Tumart, al-Mahdi, 1121–1130 (geistlicher Gründer)
Abdel-Mu'min, 1130–1163
Yûsuf Abu Ya'qûb, 1163–1184
Ya'qûb, «al-Mansur», 1184–1199
Muhammad, «an-Nasir», 1199–1213
Yûsuf, «al-Mustansir», 1213–1224
Abdul-Wâhid, «al-Makhlu'» (der Abgesetzte) 1224, Bruder des Ya'qûb, «al-Mansur»
Abdallah, «al-'Âdil», 1224–1227, Bruder des Muhammad, «an-Nasir»
Yahya, «al-Mu'tasim bil-Lah», 1227–1236,
   Sohn des Muhammed «an-Nasir», Bruder von Yûsuf, «al-Mustansir»
Idrîs «al-Ma'mûn», 1227–1232,
   Sohn des «Ya'qûb al-Mansur», Bruder von Muhammad, «an-Nasir» und Abdallah, «al-Âdil»
Abdul-Wâhid, «ar-Rashîd», 1232–1242
Ali Abul-Hasan, «as-Sa'îd», 1242–1248, Bruder des Vorhergehenden

Christliche Herrscher in Nordspanien

Asturias
Pelayo, 718–737
Alfonso I., 739–757
Alfonso II., 791–824
Ramiro I., 842–850
Ordoño I., 850–866
Alfonso III., 866–910

León
García I., 909–914
Ordoño II., 914–924
Alfonso IV., 925–931
Ramiro II., 931–954
Ramiro III., 976–984
Bermudo II., 984–999
Alfonso V., 999–1028

Kastilien und León
Fernando I., 1035–1065
Sancho II., 1065–1072
Alfonso VI., 1072–1109
Doña Urraca, 1109–1126
Alfonso VII., 1126–1157

Kastilien
Sancho III., 1157–1158
Alfonso VIII., 1158–1214
Enrique I., 1214–1217
Doña Berenguela, 1217

Kastilien und León
Fernando III., 1217–1252
Alfonso X., 1252–1284
   «der Weise»
Sancho IV., 1284–1295
Fernando IV., 1295–1312
Alfonso XI., 1312–1350
Pedro I., 1350–1369
Enrique II., 1369–1379
Juan I., 1379–1390
Enrique III., 1390–1406
Juan II., 1406–1454
Enrique IV., 1454–1474
Isabel, 1474–1504
   «die Katholische»

Aragón
Ramiro I., 1035–1063
Sancho Ramírez, 1063–1094
Pedro I., 1094–1104
Alfonso I., 1104–1134
   «el Batallador»
Ramiro II., 1134–1137
Raimundo Berenguer,
   1137–1162,
   Graf von Provence,
   Reichsverweser
Alfonso II., 1162–1213
Jaime I., 1213–1276
   «el Conquistador»
Pedro III., 1267–1285
Alfonso III., 1285–1291
Jaime II., 1291–1327
Alfonso IV., 1327–1336
Pedro IV., 1336–1387
Juan I., 1387–1395
Martín I., 1395–1410
Fernando I., 1412–1416
   «de Antequera»

Alfonso V., 1416–1458
Juan II., 1458–1479
Fernando II., 1479–1516
  «el Católico»

Aragón und Kastilien
Carlos I., 1516–1555 (Karl V.)
Felipe II., 1555–1598

Navarra
Sancho Garcés, 925–970
Sancho Garcés II., 970–994
García Sanchez II., 994–1000
Sancho Garcés, III., 1000–1035
García, 1035–1045
Sancho IV., 1054–1076

Sancho Ramírez
  vereint mit Aragón, bis 1134
Sancho 1194–1234
Teobaldo I., 1234–1253
Teobaldo II., 1253–1270
Enrique I., 1270–1274
Doña Juana, 1274–1304

Die Nasriden von Granada

Muhammed I., Ibn Nasr, al-Ahmar, «al-Ghâlib bil-Lah», 1237–1273
Muhammed II., «al-Faqih», 1273–1302
Muhammed III., «al-Makhlu'» (der Abgesetzte), 1302–1309
Nasr, 1309–1314, Bruder des Obigen
Isma'îl I., 1314–1325, aus einer Seitenlinie der Nasriden, Urgrossneffe von Muhammed I.
Muhammed IV., 1325–1333, Sohn des Obigen
Yûsuf I., 1333–1354, Bruder des Obigen
Muhammed V., «al-Ghani bil-Lah» 1354–1359 und 1362–1391
Isma'îl II., 1359–1360, Bruder des Obigen
Muhammed VI., 1360–1362, «der Rote» («el Bermejo»), aus einer Seitenlinie, Grossneffe von Isma'îl I.
Yûsuf II., 1391–1392, Sohn von Muhammed V.
Muhammed VII., 1392–1408, Sohn des Obigen
Yûsuf III., 1408–1417, Bruder des Obigen
Muhammed VIII., «der Kleine», 1417–1419 und 1427–1429
Muhammed IX., «der Linkshänder» («el Zurdo»), 1419–1427, 1430–1431, 1432–1445, 1447–1453, Enkel von Muhammed V.
Yûsuf IV., «Abenalmao», 1431–1432, Enkel von Muhammed VI.
Saad, «Ciriza» («Muley Zad»), 1434–1462; 1462–1464, Neffe von Yûsuf III.
Yûsuf V., «Aben Ismael», 1445–1446; Sept.–Dez. 1462
Muhammed X., «der Lahme («el cojo»)» 1446–1447, Neffe von Muhammed IX.
Muhammed XI., «der ganz Kleine», «el Chiquito», 1451–1452, Sohn von Muhammed VIII.
Abu'l-Hasan Ali, «Muley Hacen», 1464–1482; 1482–1485, Sohn von Saad «Ciriza»
Muhammed XII., «Boabdil», 1482–1492, Sohn des Obigen
Muhammed Ibn Saad, «az-Zagal», Sohn von Saad «Ciriza», Onkel von Muhammed XII., «Boabdil», Bruder von Abul'-Hasan Ali, «Muley Hacen», Teilherrscher von Granada